JN025215

類語活用辞典

新装版

東京堂出版

序

私たちは、昭和六十年三月に、東京堂出版から『表現類語辞典』を出版した。収録した類語グループ数は一二三二種、とりあげた語の総数は八三六一語であった。そして、各語について、基本義と派生義、また、類語相互の意義差、ニュアンス差、用法差等の説明を加えるとともに、近現代の文学作品約三六〇作から、生きた文例を数多く引用して、その説明の補いとした。

こうして、『表現類語辞典』は、語数こそかならずしも多いとは言えないものの、類語辞典としては画期的な詳述辞典となり、幸いに世間からも評価されて、版を重ねて今日にいたっている。ただ、この辞典は、どちらかといえば、専門向きの研究辞典的色彩を帯びていて、一般向きとしては、やや重い印象がなくもないところから、このたび、もう少し簡素化した普及版をつくってほしいという書店がわの要請を受けることになった。普通教育の場をも視野に入れたうえで、青少年たちの、または一般の人々のことばへの意識を高めるとともに、日常の表現活動に気楽に利用できる座右の小辞典がほしいというわけである。

私たち編著者は、逆に、『表現類語辞典』の一段の拡充と整備に願望を持っているので、この要請にはとまどったが、とくに若い世代の表現意識の向上を重要とする共通認識があって、結局、その仕事をひきうけることにした。『表現類語辞典』は、藤原与一・磯貝英夫・室山敏昭の共編であるが、このたびは、藤原与一先生の意向を受けて、磯貝・室山の両人がその仕事を担当することになった。

二人は協議して、次の方針を立てて、編集・執筆の作業にとりかかった。

一　なるべくコンパクトにという出版社の要請を受けて、解説を加える類語を、きびしく、日常語彙の、しかも重要語彙の範囲に限定する。

二　しかし、総語彙数を減少させることは望ましくないので、解説を加えない類語（句）をより多く列挙するとともに、反義語・転成語などの記入も、一段と充足させる。また、日常語を重視する立場から、近年ふえてきている外来語を多く加える。

三　解説は、『表現類語辞典』のそれを土台としながら、なるべく簡素化し、さらに、修訂の筆を加える。

四　近現代文学作品からの文例はほとんど長文であるために割愛し、かわりに、編者作成の短い用例を加える。

こうしてできあがったのが、この『類語活用辞典』である。結果として、とりあげた類語グループ数は一一四六種、列挙類語・反義語・転成語等を含む採録語彙総数は約六七〇〇語となった。

見られるとおり、この辞典は、『表現類語辞典』の単なる縮小版ではなく、両者の関係は、いわば姉妹関係にあると言ってよいであろう。本辞典は、表現の機微にまで踏みこんだ日本語基本語彙辞典といった性格を持っていて、日常の表現用にはほぼ十分であると考えるが、さらに専門的に踏みこもうとするならば、日本近現代の豊富な文例に支えられている『表現類語辞典』が役立つと思われる。

この辞典は、とりわけ、近年いよいよ盛んになりつつある、外国人への日本語教育の好伴侶となるであろうと思うが、そうした時代を迎えて、日本の普通教育においてもようやく重視されるようになってきた、新しい表現意識・言語意識の育成のうえにも、この辞典が何らかの貢献をすることを願ってやまない。そのためにも、この辞典の構成と記述内容の両面について読者諸賢の率直な御批判をいただきたいと思う。

本辞典は、室山敏昭が起草し、磯貝英夫が点検して修訂加筆した。なお、東京堂出版の編集担当者広木理人氏がいろいろの気付きを書き送られたことについて、お礼を申しあげたい。

平成元年八月二十五日

磯貝英夫

この辞典を使う人のために

1　見出し語は、それぞれの類語（類義語）のグループのうち、最も意味用法が広く、一般的に使われる語をとりたて、最初に平仮名で示した。そのあとに、類語（類義語）を一括して掲げ、ついで各語を、一括して掲げたその順序に従って小見出しとして立て、各語ごとに解説を加えた。

2　類語（類義語）グループの並べ方は、各グループの見出し語の五十音順による。

3　解説は、類語（類義語）相互の意味の重なりとずれ、また、ニュアンスの差の説明に重点をおき、各語について次の順序で説明をした。まず、品詞名を示し（活用語は活用の種類を示し、名詞・副詞のうち、サ変動詞またはいわゆる形容動詞としての用法を併せ持つものは、そのことを明示した）、次いで、語義をそれぞれの語の基本義を中心として記し、意味用法が広く多義であるものは、①②③などの形で列記した。その後に、類語（類義語）相互の意義差を説明し、それぞれの語の用例を作成して示した。また、用例の後に、(反)、(転)、⇩、[名]、[動]等の符号を用いて各語の関連語形を示し、(反)、(転)として、反義語、転成語を示した。

4　より豊かな言語表現への道のいとぐちとなることを願って、各グループの末尾に関連の類語（類義語）を列挙した。

5　巻末に索引を付した。索引には解説を行った各語だけでなく、関連の類語（類義語）、解説文中の関連語形・反義語・転成語などもすべて含めた。したがって、求める語がどこにあるかを知るには、まず索引によることが便利である。なお、解説をつけた語の頁数はボールド体（太字）とし、また、類語（類義語）グループの代表見出し語には語のあとに☆印をつけてある。

類義語の世界

一　類義語とは何か

類義語は、どの言語にも認められるものだが、日本語は、とくに類義語の豊かな言語の一つであると言われている。われわれは、日常の言語生活において、多くのことばを使用しているが、その中で、「愛情」と「情愛」、「あがる」と「のぼる」、「美しい」と「きれいだ」、「にわかに」と「だしぬけに」などのように、意味の似通った語のセットを文脈や場面によって、無意識のうちに正しく使い分けている。これらの語のセット（をはじめとして、多くの場合三語以上の関係）が、普通、類義語と呼ばれるものである。日本人が日本語を用いる場合には、「富士山にのぼる。」では「のぼる」を用い、「二階へあがる。」では「あがる」を用いるということは、瞬間的に、しかも、とくに意識しないで判断することができる。このような意味の似通った語を、無意識のうちに、しかも、瞬間的に正しく使い分けることができるというのが、日本語を自分の言語とする日本人のあかしであると言うこともできるであろう。

類義語を、先には、意味の似通った語のセットと言ったが、意味の似通いにはさまざまの段階があり、また、一口に意味と言っても、いろいろの内容が考えられる。「のぼる」「あがる」は、ともに、移動動詞であり、①空間的な移動、②下から上への移動を表すという点で共通する。また、「走る」「歩く」も移動動詞で、①空間的な移動、②前方への移動を表すという点で共通する。それでは、これらの四語はすべて類義語かというと、「のぼる」と「あがる」は類義語だが、「走る」と「歩く」は、普通、類義語とは言わない。これはなぜだろうか。「のぼる」と「あがる」は、意味の核のようなもの、それを知的意味と呼ぶと、その知的意味がきわめてよく似ている。だから、「階段をあがって二階に行く。」の「あがって」を、「のぼって」と置き換えて、「階段をのぼって二階に行く。」と言っても、意味はほとんど変わらない。しかしながら、「道を歩く。」の「歩く」を「走る」と言いかえると、別の動作を表すことになってしまい、意味を変えないで「走る」と置き換えることはできない。したがって、厳密に言うと、知的意味が非常に近い関係にある語のセットが、類義語と呼ばれるものである。

ところで、たとえば、「あす」「あした」「明日（みょうにち）」という三語の類義語は、「今日という日を基準にして、その次の日」という知的意味は完全に同じである。しかし、「明日」は、普通、話しことばでは、改まった場面でしか用いられず、文章語として使われることの方が多い。それに対して、「あした」は、普通、日常のうちとけた会話の中で用いられるものである。「あす」は、文章でも会話でも使用され、最も日常的なことばである。このようなちがいは、書きことばと話しことばという文体のちがい、あるいは、改まった場面とうちとけた場面という場面のちがいなどを示すものであって、知的意味に対して、情緒的意味あるいは文体的意味と呼んでいる。「こども」と「がき」を比べてみると、知的意味は同じであるが、文体的意味がはっきりとちがうことがよくわかるであろう。また、「冷たい」と「冷たさ」は、ともに、冷感覚という同一の概念を表しているが、ことばとしては、「冷たい」が形容詞で状態を表し、「冷たさ」は名詞であって事柄を表しており、品詞も意味もはっきりとちがう。類義語の意味のちがいを考える場合には、このような品詞のちがいも無視することができないのである。

二　ことばの意味がわかるということ

日常の会話において、われわれは、「のぼる」と「あがる」、「美しい」と「きれいだ」などの類義語を、無意識のうちにしかも正確に使い分けている。しかしながら、ここで、改めて、「あがる」と「のぼる」は、どのようなルールによって使い分けられており、どういう点で意味がちがうのかということを正確に説明しようとすると、たちまち困ってしまうのではないだろうか。日本人同士の会話なら、類義語が格別問題になることも少ないであろうが、もし、外国人からどのように使い分けたらよいか質問された場合、どのように説明すればよいであろうか。問題は、外国人から聞かれた場合だけではない。たとえば、われわれが小説を読んでいて、

中にはあの男をののしって、画のために親子の情愛も忘れてしまう、人面獣心のくせものと申すものもございました。（芥川龍之介＝地獄変）

の中の「情愛」を「愛情」と言い換えることはできないだろうか、なぜ、ここは、「情愛」でなくてはならないのだろうかと考えることがある。

外国人に聞かれて困った場合や、小説を読んでいてふと頭に浮かんだ疑問を解こうとするとき、われわれは、おそらく、まず国語辞典によって、それらの語の意味がどう説明されているかを確かめようとするであろう。そこで、早速、先の「情愛」と「愛情」の意味を、国語辞典で確かめてみることにしよう。手元にある国語辞典の一冊を開いてみると、次のような説明が見える。

情愛　いつくしむ心。なさけ。愛情。

愛情　①肉親や親しい者をいとおしく思う気持ち。情。愛。情愛。②物事に対して、親しく大切に思う気持ち。愛。

これを見ると、「情愛」と「愛情」の意味のちがいが、いまひとつはっきりしない。とくに、先の地獄変の「情愛」が、なぜ「情愛」でなければいけないかということは、この説明からは理解することができないようである。もし、この国語辞典に、「情愛は、肉親・夫婦間の関係で用いられることが多く、愛情ほど激しくはないが、深いこまやかな思いやりの気持ちを表す場合に使う。」といった説明が加えられていたなら、地獄変の「親子の情愛」は、やはり、「情愛」でなければいけないということがわかるはずである。

このように、「あがる」と「のぼる」、「愛情」と「情愛」などの類義語が、どのような意味の重なりとずれを示し、そのずれが、実際の表現において、どのように使い分けの基準として働くかを正しく知っているということが、実は、ことばの意味がわかるということである。

さらには、「美しい友情」とは言えるが「きれいな友情」とは言えないことや、「廊下をきれいに掃除する。」とは言えても「廊下を美しく掃除する。」とは言えないといったことなどがある。これはどうしてか。その理由を多くの用例について深く考えることによって、「美しい」が対象を美的感覚でもって内面的・精神的に捉えているのに対して、「きれいだ」が整っていること、清潔であること、巧みであることなどの意を含んでいる点で、より具体的であり感覚的であるというちがいが明らかになったとする。このことを通して、日本人が、対象を美的感覚でもって捉える場合、鑑賞や評価に値する対象としてより内面的・精神的に捉えようとする場合と、清潔感にポイントをおいてより具体的・感覚的に捉えようとする場合の二つがあり、このような二つの面からの捉え分けを行っているという事実を知ることも、きわめて重要である。すなわち、類義語の意味のちがいを通して、認識の仕方、発想の仕方の多様性に気づくということである。

三　日本人と類義語

最初に、日本語は、とくに類義語の豊かな言語の一つであると言った。この類義語が豊かであるということが、現代日本語の語彙の一つの特徴であるとされている。日本語の語彙を、使用率の高いものから順に数えていって、それが文章の中で占める割合を調べてみると、約一万語で全体の九一・七%をまかなうことができるという。ところが、英語・フランス語・スペイン語では、使用度数順で五千語になると、すでに九十%をこすという報告がある。また、フランス語の話しことばでは、千語で九十%をこし、書きことばでは四千語で九七・五%に達するという報告もある。日本において、ことばで表される事柄の種類が他の言語社会に比べて、格段に多いのならともかく、どこでも、ほぼ同じであると仮定するならば、日本語は、ずいぶん語彙について選択の自由が大きいぜいたくな言語であるということになる。これは、日本語が、英語・フランス語・スペイン語などに比べて、類義語が多いからである。

日本語に類義語が多い理由はいろいろ考えられるであろうが、とくに大きな理由としては、次の二つのことが挙げられるであろう。一つは、日本語には、和語・漢語・外来語という三種類の語種があり、たとえば、

つくり（和語）・構造（漢語）・システム（外来語）
手洗い（和語）・便所（漢語）・トイレ（外来語）
のぼり（和語）・上昇（漢語）・アップ（外来語）

のような類義語のセットが、かなり多く見出されるということである。もう一つの理由は、事物や語のプラス・イメージ、マイナス・イメージということに、日本人は、かなり神経質なのではないかということである。「めし」と「御飯」、「食う」と「食べる」、「うまい」と「おいしい」のように、上品なことばと下品なことばのセットが日本語の類義語には、かなり多く見出されるのである。さらには、マイナス・イメージを減少させるために、「厠・雪隠・後架・はばかり・手水場・手洗い・洗面所・WC・トイレット・トイレ・おトイレ・化粧室・レストルーム」のように、近代から現代までの百年少々の間に、さまざまのことばを作り変えたり、プラス・イメージを増加させるために、「マンション」をはじめとして、「ハイツ・コーポラス・メゾン・ボルテール・フラット・レジデンス・アビタシオン」のようなことばを新しく作り出すなどといったことがある。

このように、日本人は、多くの類義語に恵まれ、豊か

な言語の中で生きているわけだが、しかし、一方から言えば、多くの類義語を正しく使い分け、理解し分けなければならないことになり、それだけ大きな負担を背負わされているとも言えるのである。

四　類義語の認定と分類

宇宙の諸事物、諸事象が、互いに関連し合って存在するように、語彙の世界もまた、その独自の内面的な世界を形成して、すべての語が、遠近さまざまの形で関連し合っている。これらの語彙の中から類義語を認定し、正しく分類していくのは、なかなか容易なことではない。

一つの方法として、次のようなことが考えられるであろう。先にも述べたように、「あがる」の知的意味には、「空間的な移動」「下から上への移動」という特徴が認められる。まず、このような知的意味の特徴を一つ設定し、その特徴を共有する語を集めるという方法である。「あがる」に認められる「垂直移動」という上——下の方向性を基準にして、語を集めると、「のぼる」「おりる・さがる」といった語が集まってくる。「のぼる・あがる」「おりる・さがる」に対して、自動詞と他動詞という文法的な機能のちがいによって、それぞれ、「のぼせる・あげる」「おろす・さげる」という語を得ることができる。これらの語は、知的意味の特徴が最も近い関係にあるものである。これらの語に含まれている「空間的な移動」という別の特徴を基準にすると、領域がさらに広がって、「行く」「来る」「いらっしゃる」「寄る」「進む」「戻る」「帰る」「回る」などの多くの語が得られることになる。今度は、新たに、足の動きという特徴を設定すると、「歩く」「走る」「跨ぐ」「つまづく」「蹴る」「跳ぶ」「踏む」「ぶらつく」のような語が得られることになる。このようにして、動詞について言えば、「着る」「付ける」「はめる」「被る」「締める」「脱ぐ」「外す」「解く」「取る」などの衣類の着用に関する語彙や、「焼く」「炊く」「煮る」「沸かす」「ゆでる」「いためる」「煎る」などの調理に関する語彙が得られる。このような操作を繰り返していって、多くの動詞を分類し、その中から、知的意味のとくに近い関係にある語のセットやグループを見出すという方法である。

知的意味の特徴によって語を分類することは、動詞に限らず、すべての語について可能である。ただ、語によって、さまざまの意味の特徴があり、どのような特徴を基準にして分類するかによって、さまざまな分類が可能となるわけで、この点に、語を正しく分類することのむずかしさがあるのである。

ところで、日本には、約三万二千六百語の日本語を意味の観点から分類した『分類語彙表』（国立国語研究所、一九六四年）という本がある。この語彙表は、まず、全体を、

一　体の類（名詞）
二　用の類（動詞）
三　相の類（形容詞・副詞）
四　その他（接続詞・感動詞）

の四つに大きく分け、各類のなかを、

一・一　抽象的関係
一・二　人間活動の主体
一・三　人間活動——精神および行為
一・四　生産物および用具
一・五　自然物および自然現象

のように分け、さらに三けたないし四けたの数字を使って細分している。細分された分類項目の数は、全部で七九六項である。内訳は、体の類五四五項、用の類一四五項、相の類八三項、その他二三項である。日本語の類義語を分類しようとする場合、『分類語彙表』が最も参考になる。

『分類語彙表』は、一八五二年にイギリスのP. M. Rogetが刊行した『Thesaurus of English and Phrases』の改定版の分類体系を、さらに全面的に修正し、それに約三万二千六百語の日本語をあてはめたものである。したがって、ロジェのシソーラスに認められるさまざまの不備や欠点が、『分類語彙表』においてはほとんど正されており、信頼度の高い語彙表となっている。

五　類義語の構造

ところで、一口に類義語といっても、その内容上の類似や相違は、決して単純ではない。たとえば、国立国語研究所が、現代日本語における類義語の使われ方の実態とその使い分けについての意識を調査した報告書を見ると、類義語の間の知的意味の類似のしかたのタイプを、次のように分類している。

イ、ほとんど重なり合う関係
　　来年と明年、ふたごと双生児、投手とピッチャー
ロ、一方が他を含む（包摂する）関係
　　幅と幅員、うまいとおいしい、時間と時刻、木と樹木

ハ、一部分が重なり合う関係

　愛と愛情、のぼるとあがる、美しいときれいだ

ニ、意味することがらが互いに近いもの

　注意報と警報、軽震と微震、烈震と激震

　イのタイプは、知的意味が同じであって、話しことばと書きことばといった文体的特徴だけがちがうものである。これらの語は、普通、同義語と呼ばれることが多い。ロのタイプは、たとえば、「うまい」と「おいしい」であれば、「うまい」は男性が使い、「おいしい」は女性が使うことが多いというちがい以外に、「うまい」は飲食物の味がよいという意味だけでなく、「なかなかスキーがうまい。」のように技術的に見事である意や「うまくいけば、成功するかも知れない。」のように、それをすればプラスになる意にも用い、「おいしい」よりも知的意味が広いのである。このように、類義語には、一方の語の知的意味が広くて、他の語を包摂する関係にあるセットも、かなり多く認められるのである。ハのタイプは、最も類義語らしいセットと言えるものである。ニのタイプは、事柄として見ると、厳密には別々の事柄であるが、ことばの意味としては、普通、よく似たものと理解されているセットである。

　以上述べたイからニのタイプは、類義語の知的意味に関するものだが、そのほかに類義語について問題になる事柄として、いわゆる情緒的意味、語感のちがいがある。いくつかの語の知的意味が同じような内容を表していても、それぞれの語に伴う感じが異なり、それが、それらの語の使い分けに関係していることが少なくないのである。情緒的意味に関しては、次のようなタイプが挙げられる。

一、古い感じがあるかどうか

　婚礼と結婚式、身代と財産、後家と未亡人、乗合自動車とバス

二、新しい感じがあるかどうか

　キッチンと台所、ショッピングと買い物

三、改まった感じがあるかどうか

　定めると決める、ゆだねると任せる、ただちにとすぐに、書簡と手紙、昨年と去年、明後日とあさって

四、優雅な感じがあるかどうか

　まなこと目、いずことどこ、あゆむと歩く、つどいと集まり

五、わるいことばという感じがあるかどうか

　めしと御飯、食うと食べる、うまいとおいしい

六、いやしめる感じがあるかどうか

野郎と男、あまと女、ほざくと言う、くたばると死ぬ

七、呼ばれる本人たちがきらう語感があるかどうか

めくらと盲目、かたわと身体障害者、女中とお手伝い

八、忌まれる語感があるかどうか

月経と生理、強姦と暴行

類義語の情緒的意味を明らかにするためには、さらにいろいろの観点から分析する必要があるであろう。たとえば、使用分野、その語を使う主体、使用される度合いなどの観点である。とくに、一般用語か専門語か、社会問題の話題に用いられるかスポーツの話題に用いられるかなどといった使用分野の観点は、類義語の使い分けに、かなり深い関係があるようである。たとえば、新聞や雑誌について見ると、「女」という語は社会・婦人・家庭・芸能・娯楽の話題に、「女子」という語はスポーツの話題に、「女性」という語は社会・芸能・娯楽の話題に、それぞれ現れやすいといったことがある。また、その語を使う主体の問題は、とくに、僕・うまいなどは男性が使い、わたし・おいしいなどは女性が用いるという、男性語と女性語のちがいが重要であろう。

六　類義語の意味分析の方法

類義語の意味のちがいを明らかにするための基本的な分析方法の説明に入る前に、一般に語の意味を考える場合、その前提として心得ておかなければならない二つの事柄について、簡単に説明しておくことにしょう。

第一は、多くの語は基本義と派生義を持っており、意味について考える場合には、つねに基本義を中心として見ていかなければならないということである。たとえば、「走る」という動詞について、「人が全速力で走る。」「犬が走っている。」「彼はあわてて走り出した。」といった例文から、動作主体が人間または四つ足の動物であり、走るために用いる道具は両足であること、また、前方への移動であって、歩くよりも速いことなどの知的意味を構成する特徴を導き出すことができる。これらは、「走る」という語の普通の用法における最も基本的な特徴である。ところが、「走る」という語には、

私の家の前を、一本の川が走っている。

悪の道へ走る。

といった用法も見出される。前者の例では、基本的な

特徴のうちの動作主体が人間か四つ足の動物であるということと移動するための道具が両足であるということの二つが認められない。後者の例では、道具が両足であるという特徴と前方への移動という特徴が消去され、動作主体が人間に制限されている。これらは、基本的な特徴を消去することによって成立した派生的用法であり、普通、比喩的用法と呼ばれるものである。

意味分析を行う場合、これらの派生的用法が認められることをもって、基本的な特徴を否定してはいけないということである。言いかえれば、語の意味を考える場合には、その語の典型的な用法から基本義を取り出さなければいけないということである。もう一例挙げよう。たとえば、「むしる」という動詞がある。これは、指先を使う動作を指し、対象物は、「毛・草・花びら・羽・木の芽・するめ」などの多かれ少なかれ細長い物である。細長いと言っても、一本の糸の先を指でつまんで引き切る場合は「むしる」とは言えないことからもわかるように、毛や羽のように多数あるものでなければ、「むしる」は使えない。ところが、畳表などにたった一本だけぴんと出ている「けば」を対象とする場合も、「畳のけばをむしる。」のように「むしる」を使うことができる。このような用法を他の用法と同列に扱うと、大多数の用例に共通する〈多数の〉という特徴を立てることができなくなる。畳表のけばは、多数あるものの一つが、たまたま出ているという認識がこの用法の裏にあるものと解される。

第二は、語の意味の分析は、内部観察と客観的観察とに基づいて行い、後者の比重をできるだけ大きくするように努力しなければならないということである。言いかえれば、意味分析は、内省・場面・文脈の三つを観察することによって進められなければならないが、そのうちの場面・文脈の観察を、できるだけ重視するということである。なぜかといえば、内省は純粋に客観的に行ったつもりでも、どうしても個人差があって、内省をゆがめるさまざまの力が働くことが多い。たとえ、私自身の言語と呼べる現代日本語であっても、多数の実例による検証を行わないかぎり、内省だけでは、一般の意味用法を必ずしも正確に捉えることはできないと言ってよい。そのことは、たとえば、森田良行の『基礎日本語』の「かこむ」の意味記述を見てみてもよくわかる。森田は、「かこむ」について、「取り巻き方は完全に包囲する形でなければならない。半分や三分の二程度では『かこむ』とは言えない。」と述べている。ところが、文学作品を見てみると、「三方をかこむ」例がかなりある。

反対の西側のほうは子供部屋と自分の居間と隠居部屋とに三方を囲まれた中庭になっている。(『寺田寅

彦全集』第二巻）

町はうしろを山々に囲まれて、前に流れの早い川をもっていた。（幸田文＝駅）

ただ睫毛の長い眼はやたらに大きく、長く引いた弓形の眉で囲まれていた。（大岡昇平＝武蔵野夫人）

これらの例がかなりあることから、「かこむ」の包囲の仕方は、三方までは許容されていることがわかる。このことからも、用例主義が意味分析の基本に捉えられなければいけないことが、よく理解されるであろう。

さて、類義語の意味分析の基本的な方法であるが、これは、服部四郎が『岩波講座哲学XI　言語』（一九六八年）の中の「意味」という論文において示した考え方が、最も参考になるであろう。服部は、その中で、次のような作業原則を示した。

一、同じ自立語と同じ統合型によって統合される自立語は同じ語義的意義特徴（筆者注、前に述べた知的意味にほぼ相当する）を共有する。（語義的同位置の作業原則）

二、互いに統合され得る自立語は互いに呼応する語義的意義特徴を有する。（語義的呼応の作業原則）

この二つの作業原則は、互いに緊密に関連するものであって、相互に関係のない別々の作業原則ではない。

まず、語義的同位置の作業原則について、少し具体的に説明してみることにしよう。

田中さんがアメリカにもどった。

という文において、「もどる」を「帰る」に置き換えて、

田中さんがアメリカに帰った。

とも言うことができる。どちらも、「アメリカまで移動する」という同一の行為を表す。また、

家にもどる。

故郷にもどる。

という場合も、「もどる」を「帰る」に置き換えて、

家に帰る。

故郷に帰る。

と言うことができるが、次の場合は、「もどる」を「帰る」に置き換えることができない。

ホテルの玄関にもどる。

ちょっと前までいた交差点にもどる。

同位置に置き換えることができる場合の意味の特徴は、「もどる」「帰る」とも共通しているが、置き換えることができない場合の意味の特徴は異なっていると考えるわけである。それでは、どのようなちがいが認められるのか。「帰る」場合の到達点は、家・故郷など、いずれも動作主体の〈本拠地〉であることがわかる。一時的に離れることがあっても、動作主体の本来存在すべき場所で

ある。ところが、ホテルの玄関・交差点は、もといた場所ではあるが、決して動作主体の〈本拠地〉とは言えない。このことから、「帰る」は「本拠地への移動」であり、「もどる」は「もといた場所への移動」であるということがわかる。

右に行った分析は、実は、最初に、同位置の作業原則を適用して置き換えの適不適を検討し、ついで、呼応の作業原則によって、到達点を表す名詞との関係に注目して、「もどる」と「帰る」の知的意味のちがいを考察したわけである。このように、二つの作業原則は、互いに緊密に関係するものであるが、順序としては、「同位置の作業原則」──→「呼応の作業原則」の順に分析を進めるのがよいと考えられる。

ついで、呼応の作業原則について、具体例を引きながら簡単に説明することにする。たとえば、「美しい」という形容詞は、「美しい女性」「美しい顔」「美しい絵」「美しい夕景色」「美しい声」「澄み切った美しい水」などのような語と呼応する。このことから、「美しい」は、人の容貌・事物の色・声音・澄んだ水などと呼応し、いずれも美的鑑賞の対象と結び付いていることがわかる。これらの名詞については、「美しい」だけでなく、「きれいだ」を使うこともできる。しかしながら、「美しい友情」のように、精神的・道徳的に価値があって、人々の心を打つような対象と呼応する場合には、「きれいだ」を使うことができない。逆に、「服をきれいに洗濯する。」「投手の球をきれいに打ち返す。」「きれいに身を引く。」などのように、「服」「球」のような名詞や「洗濯する」「打ち返す」「身を引く」のような動詞とは、「美しい」は呼応しない。このことから、清潔さや動作・行動の巧みさ、あるいは潔白さなどを感覚的・具体的に表現する場合には、「きれいだ」を使い、「美しい」は使えないことがわかる。

類義語の意味分析が進んでいる動詞、とくに動作動詞については、呼応の作業原則に基づいて、意味を構成する特徴を洩れなく取り上げるためには、次の七種類の枠組みを用意すればよいことが明らかにされている。

何が（動作主体）
いつ（時間）
どこで（場所）
何を（対象物）
何のために（目的）
何を用いて（道具）
どうする（動作）

これによって、たとえば、「しぼる」という動作動詞が、最大限どれだけの枠組みを要求するものであるかを考えてみよう。そのためには、最も丁寧な表現を用意しなければならない。

妻が庭の片隅で洗濯物を両手で力いっぱいしぼっている。

これによって、「しぼる」という動詞は、

妻が（動作主体）
庭の片隅で（場所）
洗濯物を（対象物）
両手で（道具）
しぼっている（動作）

の五つの枠組みを要求することがわかる。これを一般化すると、「しぼる」の意味は、

人が（動作主体）どこかで（場所）中に水分を含むものを（対象物）両手を使って（道具）左右にねじるようにして中の水分を外へ出す（動作）。

のように記述されることになる。これが、「しぼる」という動詞の基本義である。しかしながら、実際の用例においては、

手拭を絞って金盥の底を見ていると、忽ち砂の様な滓が澱んだ。（夏目漱石＝彼岸過迄）

のように、対象物と動作の二つの枠組しか現れないことが多い。

同位置の作業原則、呼応の作業原則のほかに、もう一つ、どのような構文（文型）の中で用いられるかを見てみることも重要である。たとえば、「出す」という動詞は、

私は先生にレポートを出す。
主催者が参会者に景品を出す。

のように、「AガBニCヲ出す」という文型をとる場合と、

列車がスピードを出す。
会社が赤字を出す。

のように、「AガCヲ出す」という文型をとって、相手Bを必要としないものとがある。この構文のちがいによって、「出す」の意味が、それぞれちがっていることがわかる。前者の文型をとる場合は、事物を提出したり、与えたりすることを意味するが、後者の文型をとる場合は、内にあったものが外にはっきりと現れるということを意味している。

七　参考文献

以下に、主要な参考文献を掲げる。

まず、類義語の意味分析に参考になると思われる文献を最初に挙げることにする。

①『類義語の研究』国立国語研究所（秀英出版、一九六四）

②『動詞の意味用法の記述的研究』宮島達大（秀英出版、一九七二）

③『形容詞の意味用法の記述的研究』西尾寅弥（秀英出版、一九七二）

④『ことばの意味』柴田武（平凡社、一九七六）

⑤『ことばの意味 二』柴田武（平凡社、一九七九）

⑥『ことばの意味 三』国広哲弥（平凡社、一九八二）

⑦『基礎日本語 一』森田良行（角川書店、一九七七）

⑧『基礎日本語 二』森田良行（角川書店、一九八〇）

⑨『基礎日本語 三』森田良行（角川書店、一九八四）

⑩『類義語辞典』徳川宗賢・宮島達夫（東京堂出版、一九七二）

⑪『食のことば』柴田武・石毛直道（ドメス出版、一九八三）

⑫『日本語研究』東京都立大学日本語研究会（一九七八―一九八三）

ついで、ひろく語の意味記述や意味分析において参考になると考えられる文献を掲げる。

①『構造的意味論』国広哲弥（三省堂、一九六七）

②『意味の諸相』国広哲弥（三省堂、一九七〇）

③『意味論の方法』国広哲弥（大修館書店、一九八二）

④『意味論』池上嘉彦（大修館書店、一九七五）

⑤『意味の世界』池上嘉彦（日本放送出版協会、一九七八）

⑥『英語基礎語彙の研究』服部四郎（三省堂、一九六八）

⑦『否定の意味』太田朗（大修館書店、一九八〇）

⑧『シンポジウム日本語三 日本語の意味・語彙』阪倉篤義（学生社、一九七五）

⑨『意味の意味』オグデン・リチャーズ（刀江書院、一九五一）

⑩『意味の構造——成分分析』ユージン・A・ナイダ（研究社出版、一九七七）

⑪『意味と構造』エルンスト・ライジー（研究社出版、一九六〇）

⑫『意味論とは何か』G・ムーナン（大修館書店、一九七五）

⑬『言語と意味』S・ウルマン（大修館書店、一九

六九）

⑭『岩波講座日本語九　語彙と意味』大野晋・柴田武（岩波書店、一九七七）

⑮『国語語彙論』田中章夫（明治書院、一九七八）

⑯『講座日本語の語彙一　語彙原論』佐藤喜代治（明治書院、一九八二）

⑰『英語学大系第七巻　語彙論』柴田省三（大修館書店、一九七五）

⑱『単語指導ノート』宮島達夫（麦書房、一九六八）

⑲『ことばの研究・序説』奥田靖雄（むぎ書房、一九八四）

⑳『意味をつむぐ人びと―構成意味論・語彙論の理論と方法―』野林正路（海鳴社、一九八六）

なお、意味記述が詳しかったり、実例や例文がたくさん挙げられている国語辞典・類語辞典としては、次のようなものがある。

①『新明解国語辞典』山田忠雄（三省堂）

②『学研国語大辞典』金田一春彦・池田弥三郎（学習研究社）

③『例解国語辞典』時枝誠記（中教出版）

④『例解新国語辞典』林四郎（三省堂）

⑤『表現類語辞典』藤原与一・磯貝英夫・室山敏昭（東京堂出版）

（室山敏昭）

類語活用辞典

あ

あい

愛・愛情・情愛・慈愛

愛（あい）〔名〕〈愛情〉とほぼ同義だが、「学問への愛」のように、そのものに尽くすことこそ自分の生きがいだと考え、自分をその中に没入させる心の意にも用いる。㊎憎

愛情（あいじょう）〔名〕自分の身近にいる人や、自分より弱い立場にある人に対して、何とかしてあげたいと思う心。また、異性に対して、特にその人でなければならないと思う心情。〈愛〉は、「友愛」「人類愛」のように、同性や自分から遠い存在についても使い、意味内容が抽象的であるが、〈愛情〉は、おもに肉親や親しい異性などについて用い、具体性がある。また、〈愛〉は、「仕事への愛」「音楽への愛」のように、人間以外の対象についても使い、それを自分の生きがいだと考えて、深く好む意にも用い、〈愛情〉より意味が広い。

情愛（じょうあい）〔名〕親しい人に対する、激しくはないが深い思いやりの気持ち。肉親・夫婦間の深い思いやりについて使う。「親子の情愛」

慈愛（じあい）〔名〕自分の血を分けた者、肉親に対する愛情を言い、〈情愛〉の意に近い。かなりかたい文章語。「慈愛に満ちたまなざし」

類語　恋愛・仁愛・熱愛・恩愛・恋情・純愛・寵愛・溺愛・博愛

あいさつ

挨拶・会釈・お辞儀

挨拶（あいさつ）〔名・スル動サ変〕人と会ったときや別れるときにやりとりする社交的な言葉や動作。また、開会や閉会のことば、あるいは儀礼として祝意や謝意を表わしたりすることば。「挨拶をかわす。」「挨拶にうかがう。」

会釈（えしゃく）〔名・スル動サ変〕相手に対するあいさつとして、軽く頭を下げること。〈挨拶〉は、人と会ったときや別れるときにやりとりする、社交的なことばの方に重点があるが、〈会釈〉は、「軽く会釈する。」のように、動作について言う。

お辞儀（おじぎ）〔名・スル動サ変〕相手への挨拶として、頭を下げること。〈会釈〉は軽く頭を下げることだが、〈お辞儀〉は、頭を下げるだけではなく、上半身を前にかがめて挨拶することを言う。したがって、〈会釈〉は、表情も含まれるが、〈お辞儀〉は、特に表情は問題にしない。

類語　礼・最敬礼・黙礼・一礼・辞

あいする

愛する・惚れる・慕う・恋する・好く

愛する（あいする）〔動サ変〕異性に対して愛情を持つ。また、「酒を愛する。」のように、好きでいつも

それに親しんだり、「子供を愛する。」のように、かけがえのないものとして大切にするなどの意にも用いる。
[反]憎む

惚(ほ)れる 〔動下一〕 たまらなくそれが好きになって、他の存在などすっかり忘れてしまう。異性だけでなく、ときに同性に対しても、強い愛情を持つ場合に用いることが多いが、「聞きほれる」のように、歌や話の内容の素晴らしさについても使う。〈愛する〉は、「子供を愛する。」「祖国を愛する。」のようにかけがえのないものと思って大切にする意や、「酒を愛する。」「釣りを愛する。」のように、食べ物・趣味などを感覚的にではなく精神的に強く好む意にも用い、意味が広いが、〈惚れる〉は、主として、人について使い、〈愛する〉よりも意味が狭い。やや俗語的な言い方。

慕(した)う 〔動五〕 異性に対して愛情を持ち、その人のそばにいたいと思う。〈慕う〉は、「夫のあとを慕ってフランスまで行く。」のように、その人のいる場所まで行きたいと思う意や、「今は亡き母を慕う。」のように、その人のイメージや思い出をいつまでも心の中に抱き続けたり、「先生の学風を慕って、やってまいりました。」のように、その人の学問や人間性を尊敬して、それに従おうと思う意にも用いる。自分より優れた人について使い、〈愛する〉のように、自分よりも年下の者や食べもの・趣味などについては用いない。

恋(こい)する 〔動サ変〕 恋をする。特定の異性に、特別の愛情を抱くことを言う。「恋に恋する。」

好(す)く 〔動五〕 理屈抜きに相手に心が引きつけられる。好きだと思う。今は、「人に好かれて困る。」「いけ好かない人」のように、受身形や否定形で用いられることが多く、普通、「好きだ」「好きになる」の言いかたで用いる。

[類語] 焦(こ)がれる・見染(みそ)める・気(き)がある・愛(い)とおしむ

あいそう
愛想(あいそう)・愛嬌(あいきょう)

愛想(あいそう) 〔名〕 現在は、あいそと言うことが多い。しかし、「無愛想」は、ぶあいそうと言う。客にサービスしようとする、応対の仕方や顔つき。また、好意を持って相手になってやる気持ち。あるいは、相手に取り入るための笑いの意にも用いる。「愛想がいい。」「愛想をつかす。」

愛嬌(あいきょう) 〔名〕 接する人に好感を与える、やわらかな物腰や表情。また、客や同席者を喜ばせたり、楽しませたりする態度。〈愛想〉は、男女のどちらの態度にも用いるが、〈愛嬌〉は、女性の態度に用いることが多い。また、〈愛嬌〉は、「あの子は愛嬌のある顔をしている。」のように、その人の身についたものとして、態度や動作とは関係なく使うことがあるが、〈愛想〉は、常に、相手の目を意識して示す動作や態度について使う。そのことは、〈愛嬌〉について、普通、「愛嬌がある（ない）」という言いかたをするのに対して、〈愛想〉については、「愛想がいい（悪い）」の言いかたをすることでも分かる。「愛嬌を振りまく。」

あいにく

あいにく・折(おり)あしく・運悪(うんわる)く

あいにく

〔ダ形動・副〕〈あいにくと〉の形でも用いる。期待に反したり、目的に合わないで、具合の悪いこと。〈あいにく〉は、「あいにく雨が降って来た。」のように、当人が何かをしようとするときに目的に反する現象が認められる場合にも、「あいにく留守だった。」「あいにく品切れだった。」のように、期待に反する状態が認められる場合にも用いる。次の〈折あしく〉は、何かをしようとするときに、目的に反するような状態が出現する場合に使うことが普通である。「あいにくな天気」

折(おり)あしく

〔副〕あいにく具合の悪いときに。事をなそうとするちょうどそのときに、都合が悪い（目的に反する）状態であることを言う。かなり改まった、文章語的な言いかた。「彼の結婚式には、折あしく風邪をひいていて、出席することができなかった。」

運悪(うんわる)く

〔句〕何かしようとして、自分に運がなくうまくいかない様子。なにかしようとしたが、自分にうまい具合にチャンスがなくて、目的や期待が遂げられない場合に使う。「運悪く病気で出席できなかった。」 反運良く

あいまいだ

曖昧(あいまい)だ・あやふやだ・うやむやだ・いい加減(かげん)だ・おぼろげだ

曖昧(あいまい)だ

〔形動〕物事のはっきりしないこと。あやふや。また、怪しげで、道徳上・風儀上、いかがわしいことの意にも用いる。「あいまいな返事ばかりする。」 反明確だ、転曖昧さ(名)

あやふやだ

〔形動〕不確かではっきりしないこと。または、あてにならないこと。〈曖昧だ〉も〈あやふやだ〉も、ともに、態度・様子のはっきりしないことについて用いるが、〈曖昧だ〉は、はっきり分かっていても、意図的にぼかして、あえてぼんやりと答えたり返事したりする場合にも用いるのに対して、〈あやふやだ〉は、本人にはっきり分かっていないために、明確に返事したり、はっきりした態度をとろうと思っても、それができない場合に使うことが多い。したがって、「彼のあやふやな態度を見ていると、不安になってくる。」のように、あてにならない（頼りにならない）の意にも用いる。

うやむやだ

〔形動〕物事をはっきりさせないで、分からぬままにごまかしておくこと。〈曖昧だ〉の和語的表現で、はっきりさせようとすればはっきりさせることができるのに、意図的にはっきりさせないで、ごまかすことに意味の重点がある。〈曖昧だ〉よりも、能動者側の態度がはっきり出るため、マイナスに評価する意味合いが強い。

いい加減(かげん)だ

〔形動〕無責任で投げやりな態度や様子。また、「いい加減な処置」のように、程度が軽くなまぬるいさまの意に

も用いる。〈曖昧だ〉〈あやふやだ〉は、自分の考えや態度がはっきりしない（はっきりさせない）ことを言うが、〈いい加減だ〉は、はっきりしている、していないに関係なく、無責任なため投げやりに事を処理することに使い、結果的に、したことの内容がはっきりしなくなることを言う。「いい加減な返事をしないでくれ。」 転いい加減さ

おぼろげだ 〔形動〕はっきりしないさま。また、確かでないことの意にも用いる。〈おぼろげだ〉は、おもに記憶や理解のはっきりしないさまについて用いる。やや古風な言いかた。

類語 漠然(ばくぜん)と・ぼんやりと・茫漠(ぼうばく)と・薄弱(はくじゃく)だ・不徹底(ふてってい)だ・ルーズだ

あう

会(あ)う・出会(であ)う・出(で)くわす・落(お)ち合(あ)う・遭遇(そうぐう)する

会(あ)う 〔動五〕逢うとも書く。ある場所で人と一緒になり、互いに話をしたり用事をしたりする。また、偶然に会う。あるいは、好ましくない事態を経験する意にも用いる。「彼女とはここしばらく会っていない。」

出会(であ)う 〔動五〕外出しているときに、偶然に会う。〈会う〉は、前もって約束したり、ある場所で人と一緒になり、互いに話をしたり何か用事をしたりすることを期待する気持ちを持つ場合に使うことが多いが、〈出会う〉は、「ひょっこり映画館の中で出会った。」のように、偶然に会う場合に使うことが多い。また、〈会う〉は、事前に時間と場所を約束して一緒になる場合にも用い、場所は外でも自宅でもよいが、〈出会う〉は、おもに外でばったり会う場合に使う。

転出会い(名)

出(で)くわす 〔動五〕〈でっくわす〉とも言う。〈出会う〉とほぼ同義だが、「いやな奴と出っくわしたもんだ。」のように、多くマイナスの意味合いに用いる。また、〈出くわす〉は、人と会うだけでなく、難問題・事件などに思いがけなく出会う場合にも使う。やや俗語的な言いかた。

落(お)ち合(あ)う 〔動五〕同類のものが、動いて行って、ある場所で一緒になる。〈落ち合う〉は、「友達と六時にその場所で落ち合うことになっているんだ。」のように、人が会う場合にも、「二つの川がここで落ち合う。」のように、川が一緒になる場合にも用いる。人について用いる場合は、事前に場所と時間を約束しておき、同じ場所へ向けて動いて行き、一点で一緒になるという意味合いが強い。 名落ち合い

遭遇(そうぐう)する 〔動サ変〕思いがけない敵・困難・いやな出来事に出会うこと。ややかたい文章語。「思いがけない事件に遭遇した。」

名遭遇

類語 巡(めぐ)り会(あ)う・お目(め)にかかる

あお

青(あお)・青青(あおあお)・真青(まっさお)・紺(こん)・ブルー

青(あお)〔名・イ形〕藍・緑・水色等、青系統の色の総称。また、「青二才のくせに、出すぎたことを言うな。」「青臭い議論」のように、未熟の意にも用いられる。(反)赤

青青(あおあお)〔ト副・スル動サ変〕一面に青い緑色であること。または生き生きとした濃い青色、緑色をしていること。〈青〉は、三原色の一つ、青系統の色の総称として用いるが、〈青青〉は、「青々とした草原」のように、一面が青い緑色である場合に使うことが多い。

真青(まっさお)〔ダ形動〕非常に青いこと。〈青い〉程度のきわめてはなはだしいことを言う。〈青青〉は、空・海・山・平原など、自然について言うことが多いが、〈真青〉は、「真青な空」のように、澄んだ空のような色の場合にも、「真青な顔」のように、人間の顔色のよくない場合にも使う。

紺(こん)〔名〕青と紫が混ざり合った色を言う。「紺のスーツ」

ブルー〔名〕晴れた空などの青い色。「ブルーカラー」(筋肉労働者の意)

類語 藍(あい)・コバルト・紺青(こんじょう)・空色(そらいろ)

あおむく

あおむく・仰(あお)ぐ・見上(みあ)げる

あおむく〔動五〕仰むくと書く。上を向く。顔を上に向けることを言う。「あおむいて空を見ていた。」(反)うつむく、(転)あおむき(名)

仰ぐ(あおぐ)〔動五〕顔を上に向ける。顔を上げて、上の方を見る。〈あおむく〉は、からだの動きを伴って顔を上に向ける意に用いるが、〈仰ぐ〉は、その意とは別に、「指導者と仰ぐ。」のように、自分より上の人として扱い、その指導に従う意にも用いる。改まった文章語。

見上げる(みあげる)〔動下一〕顔を大きく動かして、下から上の方を見る。仰ぎ見る。また、行為・精神などがすぐれていて、尊敬に値すると思う意にも用いる。「見上げるような大男」(反)見下ろす・見下げる

類語 ふり仰(あお)ぐ・敬(うやま)う・あがめる

あおる

あおる・掻(か)き立(た)てる・おだてる・けしかける・そそのかす

あおる〔動五〕煽ると書く。①そそのかしたり何らかの手段を用いたりして、ある状態が起こるように仕向ける。「民衆をあおって、暴動を起こさせる。」②風を起こして、火の勢いを強める。「火をあおる。」③強い風が吹いて、物をバタバタいわせたり、飛ばしたりする。④酒などをあおむいて一気に飲む。(転)あおり(名)

掻き立てる(かきたてる)〔動下一〕強い刺激を与えて、その気持ちを起こさせる。また、灯心を出して光を強めたり、炭などの位置を動かして衰えかけた火勢を強くしたりする意にも用いる。〈掻き立てる〉は、人間の意欲や危機感・不安などの心理について使うが、〈あおる〉は、さらに広

い対象について言い、人間の行為、景気・インフレのように人間以外のもの、あるいは世論のような民衆の動向などにも用いる。また、〈あおる〉は、他人にそのようにさせることを言うが、〈掻き立てる〉は、自分の気持ちについても使う。「政治家の病理的な金権意識が、国民の政治に対する不信感を掻き立てた。」

おだてる　〔動下一〕　何かをやらせる下心があってしきりにほめる。相手にうまく取り入ろうと思ったり、自分のプラスになるように使おうと思って、しきりにほめることを言う。「おだてられるとすぐその気になる。」　㊕おだて(名)

けしかける　〔動下一〕　相手をそそのかしたりおだてたりして、自分が思う通りの行為を起こさせるようにする。また、犬に声をかけて、相手に向かわせる意にも用いる。〈おだてる〉は、その行為をするかどうか、あるいはどのように行うかは、一応相手が決めるわけだが、〈けしかける〉は、行為の仕方や程度を、こちらから具体的に指示して、相手に働きかける場合に用いる。

そそのかす　〔動五〕　相手に勧めたりおだてたりして、自分がやらせたい事をさせる。〈けしかける〉とほぼ同義だが、〈けしかける〉のように、その場にいる相手にことばだけでなく行為なども用いて、動的、直接的に働きかけるのではなく、相手の心理を巧みにかきたてることばなど、より手のこんだ方法を用いて、相手をその気にさせる場合に使う。また、〈そそのかす〉は、人間以外のものについては用いない。「彼をうまくそそのかして、あの仕事をやらせよう。」　㊕そそのかし(名)

類語　あおりたてる・煽動(せんどう)する・アジる・かりたてる

あか

赤(あか)・赤赤(あかあか)・真赤(まっか)・紅(くれない)・真紅(しんく)

赤(あか)　〔名・イ形〕　三原色の一つ。人間の血や、燃える火の色。広義では、紅色・桃色・だいだい色などをも含む。また、「赤の他人」のように、それ以外の何物でもない意にも用いる。「顔が赤くなる。」　㊀青

赤赤(あかあか)　〔ト副〕　明るい赤色や入り日の光、火の燃えかたが、いかにも赤く盛んに見える様子。

真赤(まっか)　〔ダ形動〕　赤以外の何物でもない様子。〈赤〉の程度がより強い場合や、あたりの一部分だけでなく、全体が〈赤〉色を呈している場合に用いる。「真赤な太陽」

紅(くれない)　〔名〕　あざやかな赤色。〈真赤〉とほぼ同義だが、やや改まった、古風な文章語。

真紅(しんく)　〔名〕　深紅とも書く。濃い紅色。まっかの雅語的な言いかた。「真紅の大優勝旗」

類語　緋(ひ)・朱(しゅ)・紅色(べにいろ)・ピンク・鴇色(ときいろ)

あかり

明(あ)かり・灯(ひ)・ともし火(び)

明(あ)**かり**　〔名〕　あたりを明るくするもの。また、光を出す元が見えないで、一面に明るい状態の意にも用いる。電灯・灯火など、あた

りを明るくするものや、「明かりがさす。」「雪明かり」のように、光源が見えないが、あたり一面が明るい状態を言う。

灯（ひ）　〔名〕　燈とも書く。明かり。明るくするための光を言い、電灯・灯火などの具体的な光について使うことが普通である。〈明かり〉は、「家の明かりが外にもれる。」とか「雪明かり」のように、薄あかりについても使うが、〈灯〉は、はっきり目につくものについて用いることが多い。また、〈明かり〉は、「前途にいくらか明かりが見えてきた思いがする。」のように、希望の意に用いることがあるが、〈灯〉は、はっきり目に見える光について使い、抽象的な内容の事柄には使わない。「灯をともす。」

ともし火（び）　〔名〕　ともした火。明かり。〈灯〉とほぼ同義の雅語的表現だが、家の中の明かりについて言うことが多い。

類語　灯火（とうか）・燈明（とうみょう）・ライト・燈（あかし）

あきらかだ

明らか（あき）だ・明瞭（めいりょう）だ・明白（めいはく）だ・明晰（めいせき）だ・はっきり

明らかだ（あき）　〔形動〕　ある事柄や事態が誰の目にも疑う余地のないものと認められたり、他と紛れる点がないと判断されたりする様子。「犯人が彼であることは明らかだ。」　反 不明だ

明瞭だ（めいりょう）　〔形動〕　あいまいな点がどこにも感じられない様子。〈明らかだ〉は、「記憶が明らかでない。」「明らかにそう読める。」「態度を明らかにする。」のように、思考・判断・立場などが、疑う余地のないものと認められるさまを言う。〈明瞭だ〉は、その意にも用いられるが、たとえば、「発音が明瞭だ。」「表現意図が明瞭だ。」のように、感覚的にとらえる内容についても用いる。文章語。　反 不明瞭だ、　転 明瞭さ（名）

明白だ（めいはく）　〔形動〕　だれもが疑いなくそうだと認める様子。〈明らかだ〉とほぼ同義の漢語的表現だが、より確実な根拠や理由があって、だれもが疑いなく納得し、承知する程度がさらに強い場合に用いる。かたい文章語。　転 明白さ（名）

明晰だ（めいせき）　〔形動〕　文章や発言の内容がきちっと筋道が通っていたり、発音がはっきりしていたりして、だれにもよく分かる場合に用いる。内容の論理的な明瞭さについて使うことが多く、かなりかたい文章語である。「彼の発言はいつも論理明晰なので、聞いていてよく理解できる。」　転 明晰さ（名）

はっきり　〔副・スル動サ変〕　〈はっきりと〉とも言う。物の輪郭や物事の区分、ことば、考えの意味・内容などが、他と明確に区別されたり、理解され（聞きとられ）たりする様子。また、どうなるのかよく分かる様子の意にも用いる。「この眼鏡で見ると、はっきり見える。」のように、物の輪郭や色調などが明確に認められたり見分けられたりする意に用いることが多い。この場合、「やっと事態がはっきりした。」の

ように、不明確な状態がその前にあることが前提となって使われることが多いようである。また、どうなるかよく見分けられる意に用いるときは、「天気がはっきりしない。」のように、下に打ち消しの言いかたがきて、よく分からない意を表わすことが多い。

類語 確かだ・ありありと・歴然・さだかだ・瞭然・火を見るより明らかだ

あきらめ

諦め・断念・思い切り・見切り

諦め 〔名〕望んでいることが実現できないと認めて、それ以上考えたり、したりするのをやめること。「諦めが早すぎる。」動 諦める

断念 〔名・スル動サ変〕やむを得ない事情で、自分の希望などを不本意ながらすっぱりあきらめること。〈諦め〉は、「あの人はあきらめのいい（わるい）人だ。」「何事もあきらめがかんじんだ。」のように、人の態度を評価する意味合いを伴うことが多いが、〈断念〉は、自分が抱いている希望などを、自分の決心によってすっぱりとあきらめる場合に用いる。「水泳はもう断念した。」

思い切り 〔名・副〕ほとんど同義だが、〈諦め〉と自分で決意してすっぱりとあきらめる態度がいくらか強いように思われる。また、〈思い切り〉は、「久しぶりにおもいきり遊んだ。」のように、副詞としても用い、できる限り・思う存分の意を表わす。動 思い切る

見切り 〔名〕それ以上見込みがないと考えて、以後つきあったり世話をしたりするのをやめること。〈思い切り〉は、自分の希望していることが実現できないと判断して自分の決心ですっぱりとあきらめることを言うが、〈見切り〉は、自分の関係している人や事態がそれ以上、自分の希望している状態になる見込みがないと判断して、その関係をやめることを言う場合に使う。「見切りをつける」という言いかたで用いる。動 見切る

類語 お手上げ・悟り・見限る・観念する

あきる

飽きる・飽き飽きする・退屈する

飽きる 〔動上一〕十分満足して、それ以上続けることがいやになる。「仕事に飽きてしまった。」反 凝る、転 飽き(名)

飽き飽きする 〔動サ変〕これ以上はとても続けられないという気持ちがする。〈飽きる〉は十分満足して、それ以上続けるのがいやになることを言うが、〈飽き飽きする〉は、それよりも程度がはるかに強く、うんざりして、それ以上はとても続けられない、あるいは続けてもらいたくないという気持ちがする場合に使う。「長旅に飽き飽きする。」

退屈する 〔動サ変〕何もすることが無かったり、単調だったりして、いやになる。また、興味がなくて、それ以上続ける気がしないの意にも用いる。〈飽きる〉は、そのことに十分満足することが前提とな

って、それ以上続ける気がしないことを言うが、〈退屈する〉は、何もすることがなかったり、そのことに最初から興味が感じられない場合に使う。图退屈

類語 倦む・アンニュイ・嫌気がさす

あくしつだ
悪質だ・あくどい・腹黒い・陰険だ・悪辣だ

悪質だ 〔ダ形動〕性質や品質が悪い様子。「きわめて悪質な犯罪だ。」のように、事柄の性質が悪いことをはじめとして、「悪質者」のように人の性質にも、また、「悪質な製品」のように品物についても使う。反良質だ

あくどい 〔形〕少しぐらいの違法は構わず犯して、自分のやりたいようにやる様子を言う。多く、「あのあくどい商法には、とてもついて行けない。」のように、自分の利益だけを追求する場合に使う。また、「あくどい色」のように、普通よりけばけばしくて、いやな感じがする意にも用いる。転あくどさ(名)

腹黒い 〔形〕根性がよくない様子だ。「あの男は腹黒いから、油断ができない。」のように、表面にははっきり出さないが、心の中でいろいろよくないことをたくらんだりする性質について言う。転腹黒さ(名)

陰険だ 〔形動〕表面はよく見せかけて、陰でこっそりあくどいことをする様子。また、〈陰険だ〉は、相手に対して悪意をもってふるまう場合に使い、主として、態度や表情について言うが、〈腹黒い〉は、性質について言うことが多い。「陰険な人物」転陰険さ(名)

悪辣だ 〔形動〕常識のある人なら到底できないような恥知らずなことを平気でやって、自分の利益をはかる様子。〈あくどい〉とほぼ同義の漢語的表現だが、「あくどい色」のように、どぎつい意に用いられることはない。転悪辣さ(名)

類語 凶悪・極悪・邪悪

あくにん
悪人・人でなし・悪者・悪・悪党・悪漢・性悪・与太者・ごろつき・やくざ

悪人 〔名〕悪者。性質がよくなくて、人に害を与える者。「そんな悪人とは思われない。」反善人

人でなし 〔名〕人間でありながら人間らしい心を持たず、恩義や人情の分からない人。〈悪人〉は、性質がよくなくて、人に害を与える者を一般的に言うが、〈人でなし〉は、自分（発語者）に対して、人間らしい心を持たず、非情で冷酷にふるまう人について多く使う。「私の父からさんざん恩義を受けていながら、私に対して平気でこんなことをするなんて、全く人でなしだ。」

悪者 〔名〕〈悪人〉とほぼ同義の和語的表現だが、〈悪人〉は、行為に重点があり、〈悪者〉は、行為とともに生まれつきの性質として

とらえるという違いがあるように思われる。「人を平気で殺すような悪者は、とうてい生かしておけない。」

悪（わる）　〔名〕〈悪者〉の意の俗語的表現。〈悪者〉は、普通、大人について使うが、〈悪〉は、「わるがき」のように、子供についても用いる。「このわるには全く手を焼く。」

悪党（あくとう）　〔名〕〈悪人〉とほぼ同義だが、〈悪人〉は、普通、ひとりの人について言うのに対して、〈悪党〉は、ひとりもおおぜいにも言う。「悪党の一味」

悪漢（あっかん）　〔名〕悪いことをする男。〈悪者〉と同じように、行為に重点があるが、〈悪者〉は女性についても使うのに対して、〈悪漢〉は、男性だけに言う。「悪漢に襲われる。」

性悪（しょうわる）　〔名・ダ形動〕〈意地悪〉の意の古風な言いかた。わざと人を困らせたり、いやがらせをしたりして喜ぶいやなやつ。

与太者（よたもの）　〔名〕〈よたもん〉〈よた公〉とも言う。ゆすり・たかりや暴力団の用心棒などをして世を渡る、町の小悪党。〈ならず者〉は大きな悪事でも平気でする者を言うが、〈与太者〉は、小さな悪事ばかりを行う者を言う。

ごろつき　〔名〕無職や住所不定で、弱みを持つ人をいつもねらいながら、ゆすりやたかりを働いたりする悪いやつ。〈ならず者〉とほぼ同義の俗語的な言いかた。

やくざ　〔名・ダ形動〕ばくちうち・不良など、まともでない者。また、「やくざなしなもの」のように、ちゃんとしたものではない様子の意にも用いる。

［類語］曲者（くせもの）・したたか者（もの）・ならず者（もの）・人非人（にんぴにん）・意地悪（いじわる）

あける

開（あ）ける・開（ひら）く・押（お）しあける・こじあける

開ける（あける）　〔動下一〕そこを占拠しているものや遮っているものを取り除いて、すきまや通路の流通をはかる。「窓を勢よく開ける。」㊇閉じる・閉める・閉ざす

開く（ひらく）　〔動五〕中が見えるように、広げた状態にする。「本を開く。」「足を開く。」のように、左右に広げて、中が見えるように空間を作ることを言う。したがって、「戸を開く。」と言う場合は、開き戸のように、中央から前後に開閉するものを指す。「カーテンを開く。」も、左右（両側）に押し開く場合を言う。〈開ける〉は、引き戸やカーテンを一方に開ける場合に使う。また、「道を開ける。」と言う場合は、たとえば道をふさいでいる自転車などを取り除いて、通れるようにすることを指すが、「道を開く。」と言うと、今まで道のなかった所に、木や草や岩石などを左右に押しのけて、切り開くことを言う。すなわち、もともと存在しないところに何らかの手がかりを与えて広げていく場合には〈開く〉を用いるわけである。また、〈開く〉は、「会議をひらく。」「知識を切り開く。」のように、抽象的な事柄にも用いる。㊇閉める・閉じる、㊕開き（名）

押しあける（おしあける）　〔動下一〕なかなか開かない戸などを、

力をこめて（無理矢理に）開けることを言う。

こじあける 〔動下一〕 閉じてあるものを、すき間に物をさしこんだりして、無理に開ける。「戸のすき間から鉄パイプをさしこんで、無理矢理こじあけて、中に入ったものと思われる。」

類語 広(ひろ)げる・切(き)り開(ひら)く・開放(かいほう)する

あざける

あざける・あざわらう・辱(はずかし)める・嘲笑(ちょうしょう)する

あざける 〔動五〕 嘲ると書く。相手をせせら笑うように、ばかにする。 転 嘲り(名)

あざわらう 〔動五〕 嘲笑うと書く。ばかにして笑う。〈あざわらう〉は、ばかにして笑う意を表わすが、〈あざける〉は、「彼はむっとして嘲るように言った。」のように、ばかにしたような態度や口調でものを言う場合に使うことが多い。〈あざわらう〉は、やや雅語的。

辱(はずかし)める 〔動下一〕 恥をかかせる。また、「社長の名を辱めないよう努力したい。」のように、地位・名誉をけがす意にも用いる。〈あざける〉は、ばかにして笑ったり、ばかにしたような口調でものを言ったりして、相手に恥ずかしい思いをさせる場合に使うが、〈辱める〉は、態度や物言いだけでなく、行動によって相手に恥をかかせる場合にも用いる。かなりかたい、改まった言いかた。「家名を辱める。」「彼はなぜ万座の中で、このように辱められなければならないのか、全く見当もつかなかった。」 転 辱しめ(名)

嘲笑(ちょうしょう)する 〔動サ変〕 ばかにして笑うこと。〈あざわらう〉の意の漢語的表現。かたい文章語である。 名 嘲笑

類語 冷笑(れいしょう)する・愚弄(ぐろう)する・揶揄(やゆ)する

あざやかだ

鮮(あざ)やかだ・くっきり・鮮明(せんめい)だ

鮮(あざ)やかだ 〔形動〕 見た瞬間に受けた強い印象が、後のちまで忘れられない様子。また、「実に鮮やかなプレーだ。」のように、動きにむだがなく、きわだって上手だという印象を与える様子の意にも用いる。はっきりと際立っていて目立つ状態に使う。 転 鮮やかさ(名)

くっきり 〔副・スル動サ変〕 〈くっきりと〉とも言う。他からはっきりと区別されて見える様子。〈鮮やかだ〉は、人から受けた印象をはじめとして、記憶、色調、光、あるいは人の行為、ものの形など、広く用いるのに対して、〈くっきり〉は、「今日は富士山がくっきりと見える。」「くっきりとした色どり」のように、ものの形・色・光などの具体的な内容について言い、人の行為や人から受けた印象については使わない。

鮮明(せんめい)だ 〔形動〕 〈鮮やかだ〉の意の漢語的表現で、「鮮明な色」のように具体的な内容にも、「記憶に鮮明だ。」のように抽象的な内容にも用いる。 転 鮮明さ(名)

類語 まざまざと・クリアー

あじけない

味気(あじけ)ない・わびしい・寂莫(せきばく)・物悲(ものがな)しい

味気(あじけ)ない　〔形〕〈あじきない〉とも言う。なんのおもしろみも張り合いもなくて、つまらない。㊟味気なさ(名)

わびしい　〔形〕侘しいと書く。心を慰めるものがなくて、ものさびしい。また、ひどく貧しい暮らし向きで、心が晴れない意にも用いる。〈味気ない〉は、「見ていても単調で味気ない。」のように、おもしろみがなくて、それ以上見つづけるのがいやになる気持ちを言うが、〈わびしい〉は、「わびしい山里の景色」のように、心を慰めてくれるものがなくて、寂しい場合に使う。㊟わびしさ(名)

寂莫(せきばく)　〔名・タル形動〕ものさびしくて、気持ちが満たされない様子。〈索莫〉は、心が満たされていないことに意味の重点があり、〈寂莫〉は、寂しさの方に意味の重点がある。〈わびしい〉の意の漢語的表現で、かたい言いかた。

物悲(ものがな)しい　〔形〕いかにも悲しい。何かにつけて悲しい。文章語。「両親に死なれて、物悲しい気持ちに閉ざされていた。」㊟物悲しさ(名)

類語　物憂(ものう)い・やるせない・憂鬱(ゆううつ)・索莫(さくばく)・うらがなしい

あした

あした・あす・明日(みょうにち)・翌日(よくじつ)

あした　〔名〕きょうの次の日。〈あす〉の口語的表現。「あしたの朝、駅で会おう。」㊋きのう

あす　〔名〕明日と書く。きょうの次の日。〈あす〉は日常語で、文章語としても口頭語としても用いるが、口頭語として用いる場合には、やや改まった言いかたになる。「あすもう一度参ります。」また、〈あす〉は、「あすの時代に備える。」とか「あすの時代を切り開く若者」のように、将来の意にも用いるが、〈あした〉は、この意に用いることはない。

明日(みょうにち)　〔名〕〈あす〉の改まった言いかたで、文章語として用いる。㊋昨日

翌日(よくじつ)　〔名〕その次の日。あくる日。〈あす〉〈明日〉は、きょうを基準にして、その次の日を言うが、〈翌日〉は、ある日を基準にしてその次の日を言い、〈明日〉の意に用いられることはない。文章語的な言いかた。

類語　明(あ)くる日(ひ)

あせる

焦(あせ)る・じれる・苛立(いらだ)つ・慌(あわ)てる

焦(あせ)る　〔動五〕ある事を早く実現させたくて、ふだんの落ち着きを失う。「焦らないでじっくりやればいい。」㊟焦り(名)

じれる　〔動下一〕焦れると書く。どうしてもっとはやく解決できないのか、あるいは実現できないのかと思って、落ち着いてこと

の成行きを見ていられない気持ちだ。〈焦る〉は、自分がやってみて、期待した結果が得られないため、落ち着きを失うことを言い、〈焦る〉原因が自分にある場合に使うが、〈じれる〉は、「バスがなかなか来ないのでじれる。」のように、自分以外に原因がある場合に用いる。

苛立つ（いらだつ）〔動五〕思いどおりに行かないで、落ち着かなくなる。〈焦る〉〈じれる〉は、あることを実現するのに、予想以上に時間がかかるため、ふだんの落ち着きを失うことを言うが、〈いらだつ〉は、時間とは関係なく、自分の思いどおりに行かない（ならない）ために、神経をいらいらさせる場合に使う。また、〈いらだつ〉は、「神経をいらだたせる。」のように、格助詞の「を」をとる用法がある。（転）苛立ち(名)

慌てる（あわてる）〔動下一〕突然のことに出会って、ふだんの落ち着きを失う場合に使う。また、びっくりして急ぐ意にも用いる。「そんなに慌てなくても、十分間に合うよ。」

類語 うろたえる・狼狽（ろうばい）する

あせる
あせる・さめる

あせる〔動下一〕褪せると書く。色などが薄くなり、もとの美しさを失う。「色あせる」とほぼ同義だが、〈あせる〉は、ものの色や自然の色以外にも、「名声があせる。」「かつての栄光が、すっかりあせてしまった。」「色香があせる。」のように、名声・人気・栄光・容貌の美しさなどについても使う。

さめる〔動下一〕褪めると書く。色が薄くなる。〈あせる〉とほぼ同義だが、人工的に付加された色が薄くなる場合に使うことが多い。したがって、「色香がさめる。」「紅葉の色がさめる。」とは言いにくい。また、〈あせる〉は、単に色が薄くなるだけでなく、その結果として美しさが失われることにも注目するが、〈さめる〉も、これと同様に、色が薄くなるだけでなく、その結果見劣りがするという意味合いを伴う。

類語 退色（たいしょく）する・色（いろ）あせる

あそぶ
遊（あそ）ぶ・戯（たわむ）れる・ふざける・じゃれる

遊ぶ（あそぶ）〔動五〕遊興したり、どこかへ出歩いたり、趣味・レクリエーションなどをして時間を過ごす。また、「今、あの機械は遊んでいる。」のように、仕事をしないで時を過ごす意にも用いる。（転）遊び(名)

戯れる（たわむれる）〔動下一〕物をいじったり、そばに近づいたりして遊ぶ。また、おもしろいことを言ったりして、しばらく時間をつぶす意にも用いる。〈遊ぶ〉は、人間の行為についてしか言わないが、〈戯れる〉は、「子犬がまりとたわむれている。」のように、動物の行為についても用いる。また、〈遊ぶ〉は、「静養のために、一週間ほど海辺に遊んだ。」のように、何か目的があって少し長い時間を過ごす場合にも使うが、〈戯れる〉は、これといった目的を持たず、わずかの時間を過ごす場合に用いる。（転）戯れ(名)

ふざける

〔動下一〕人を笑わせるために、わざとばかなことを言ったりしたりする。また、子供や気の合った若者などが、たわいもないことをして騒ぐ意にも用いる。〈戯れる〉の意味に近いが、〈ふざける〉は、人を笑わせることをはっきり意識して、わざとばかなことを言ったりしたりする場合に用いる。したがって、相手を困らせる場合もある。また、〈ふざける〉は、動物の行為について使うことはない。「数人の若者が広い部屋の片隅でふざけている。」

じゃれる

〔動下一〕犬や猫などが、何かをおもちゃにして遊び戯れることを言う。

あたえる

与（あた）える・授（さず）ける・上（あ）げる・やる・施（ほどこ）す

与（あた）える

〔動下一〕自分の所有物を渡して、その人の所有物とさせる。また、「必要な品を貸し与える。」のように、相手に便宜を施す意や、「軽い仕事を与える。」のように、何かを割り当てる意にも用いる。また、「ショックを与える。」のように、マイナスになるような作用を相手に受けさせる意にも用いる。ふつう、叙述文の中で用い、固い言いかたになる。〈与える〉は、現在では、目上・年上の者が、恩恵的な意味で目下・年下の者に何かをやる場合に使うことが多い。(反)奪う・取る

授（さず）ける

〔動下一〕普通以上の段階に達した人に、その証として与える。〈与える〉は、「子供におもちゃを買い与える。」のように、私的に物を相手に渡し、その人の所有物とさせる場合にも、「賞を与える。」のように、公的な性格のものを改まった場席や方法で渡す場合にも使うが、〈授ける〉は、賞や秘伝などを、公的な場席や改まった方法で与える場合だけに用いる。目上の人が目下の者に与えるという意味合いが強い。〈授ける〉は他動詞であるが、自動詞の〈授かる〉も、「師から秘伝を授かる。」のように、「を」の格を取ることがある。「ノーベル賞を授ける。」「監督が秘策を授ける。」(反)受ける

上（あ）げる

〔動下一〕〈与える〉〈やる〉の丁寧な言いかた。〈上げる〉は、「お金を上げる。」のように、人に対して使うのが普通だが、現在は、「花に水を上げる。」のように、人間以外の生物に使うことも多くなってきている。また、補助動詞としても用い、形式動詞「やる」の補助動詞としての用法の丁寧な言いかたを表わす。口頭語的な言いかた。「これをあなたに上げるわ。」「勉強を見てあげる。」

やる

〔動五〕同等または目下の者に物を与える。また、「盆栽に水をやる。」のように、人以外のものについても用いる。

施（ほどこ）す

〔動五〕弱い立場にある者に、無料で何かを与える。また、ある効果を期待して、何かの上にそれを与える意にも用いる。〈施す〉は、上位者が恵まれない者に金品を与える場合に使うことが多い。また、それ以外の場合でも、「ショックを与える。」に対して「ショック療法を施す。」のように、具体的な行為や物を与える場合にも使う。(転)施し

あたたかい

類語 握らせる・つかませる
暖かい・温暖だ・生暖かい

暖かい 〔形〕 温かいとも書く。また、〈あたたかだ〉〈あったかい〉とも言う。温度がほどよくて、暑くもなく寒くもない様子。〈暖かい〉は、寒さや暑さのために抵抗を感じることがない、ほどよい温度の状態を言うのに用いることが多いが、「暖かく迎え入れた。」のように、気持ちが通いあって違和感が感じられない意にも、また、「暖かい目で見守ってやろう。」のように、同情・理解がある様子の意にも用い、〈生暖かい〉〈温暖だ〉よりも意味が広い。 反 冷い、 転 暖かさ(名)

温暖だ 〔形動〕 気候が穏やかで、暖かな様子についていて使う。「気候の温暖な地方へ転地して、療養することにした。」 名 温暖

生暖かい 〔形〕 ちょっと暖かみが感じられる状態。〈暖かい〉は、からだに快適さを感じる温度の状態を言うが、〈生暖かい〉は、「いやに生暖かい風が吹く。」のように、いやな感じを覚える状態を言う。口語的な言いかたとして、〈なまあったかい〉がある。 転 生暖かさ(名)

類語 生ぬるい・ぬくい・ホット

あたふた

類語 あたふた・そそくさ・そこそこに・うろうろ・そわそわ

あたふた 〔ト副・スル動サ変〕 あわてて何かをする様子。全く予期しない事柄に直面して、あわただしく急ぐさまを言う。「急の知らせを聞いて、あたふたと出かけて行った。」

そそくさ 〔ト副〕 あわてて落ち着かないさま。落ち着かず、忙しそうに行動する様子。〈あたふた〉は、全く予期しない事柄に直面して、あわてふためく場合に用いることが多いが、〈そそくさ〉は、時間がなかったり早くかたづけてしまいたかったりして、素気なく忙しそうに行動する様子について言う。「着がえをして、そそくさと出かけてしまった。」

そこそこに 〔副〕 ゆっくりと何かをする暇もないさま。先を急いであわてているさま。〈あたふた〉〈そそくさ〉は、あわてて何かをすることを言うが、〈そこそこに〉は、「立ち話もそこそこに右と左へわかれた。」のように、先を急いだり、何か次にすることがあったりして、あることを最後までゆっくりとする時間がなく、中途で終える場合に用いる。

うろうろ 〔ト副・スル動サ変〕 「突然の父の死の報に、うろうろする。」のように、悲しみなどのために、あわて迷うさま。また、「うろうろと歩き回る。」「怪しい男が家の前をうろうろしている。」のように、あてもなくさまよったり、うろつくさまの意にも用いられる。

そわそわ 〔ト副・スル動サ変〕 何か大事なことやいいことを目の前にひかえて、気持ちや態度が落ち着かないさまを言う。

類語 ばたばた・まごまご

あたま
頭・かしら・おつむ・首

頭（あたま）〔名〕 人や動物の首から上の部分。また、「くぎの頭」のように物の上部、てっぺんの意にも用いる。狭義では、人間の顔の上部、毛の生えている所を指すが、広義には、「あいつは頭が悪い。」のように、頭脳の意にも用いる。日常語。

かしら〔名〕 頭と書く。〈頭〉とほぼ同義だが、やや古風な言いかた。また、一番上位にあること（人）の意や、団体の統率者の意にも用いる。〈頭〉は、人や動物の首から上の部分や、「頭がいい（悪い）」のように頭脳の意に用いることが多いが、〈かしら〉は、「この子をかしらに三人の子供がいる。」のようにいちばん上のものや、「出入りのかしら」「盗賊のかしら」のように、職人の親方や盗賊の親分の意に用いられることが多い。

おつむ〔名〕〈頭〉の小児語・女性語。また、「あいつはおつむがからっぽだ。」のように、頭の悪いことをからかって、俗語的に言うこともある。

首（くび）〔名〕 人や動物の頭と胴をつなぐ細い部分。また、「ちょっと窓から首を出せよ。」「首をひっこめる。」のように、〈頭〉の意にも用いられる。人間の頭と胴をつなぐ細い部分を言うが、比喩的に、「とっくりの首」のように、それと類似の役割を果たす部分や、かっこうのよく似た部分をも指す。

類語 こうべ・脳天・頭・トップ・かぶり(を振る)

あたらしい
新しい・真新しい・新た・新鮮だ

新しい（あたらしい）〔形〕 今までにはなかった性格や面を持つことが認められる様子。また、「新しい魚」「新しい家」のように、出来て（取れて）から時間がたっていない様子の意にも用いる。㊍古い、㊚新しさ（名）

真新しい（まあたらしい）〔形〕 全く新しい。〈新しい状態〉の中でも、現在に最も近い場合を言う。〈新しい〉は、具体的なものだけでなく、「新しい発見」「新しい情報」のように、抽象的な内容の事柄にも使うが、〈真新しい〉は、「真新しい寝具」のように、具体的な物についてしか使わない。㊚真新しさ（名）

新た（あらた）〔ナ形動〕 今まであったものをくつがえしたり御破算にしたりして、また別に行う様子。また、「思い出も新たな様子だ。」のように、生生しいことも表わす。具体的な物についてはあまり使わない。また、「新たに作られた道。」「新たな局面を迎える。」のように、「新たに」「新たな」の言いかたはするが、「新ただ」というかたちはない。文章語的表現。

新鮮だ（しんせんだ）〔形動〕 取った魚や野菜などが新しくて、生き生きしている様子。また、よごれや古さが感じられなくて、それに接して気持ちがいい様子。〈新鮮だ〉は、特に、腐りやすい物、生きのよさを生命とする飲食物に使われることが多い。

(転)新鮮さ(名)

類語 ニュー・最新・さら・フレッシュ

あたる

当たる・突き当たる・ぶつかる

当たる〔動五〕移動して来たものが、何かに触れて、何らかの影響や抵抗が生じる。また、「当たって砕けろ。」のように、何らかの結果を期待して、交渉を持つ意や、「誠意をもって事に当たる。」のように、事を処理する意などにも用いる。

(転)当たり(名)

突き当たる〔動五〕強い勢いでぶつかる。衝突する。また、「ジレンマに突き当たる。」のように、先を遮られて、進んで行く方向にそのまままっすぐに行けなくなる、行き詰まるの意にも用いられる。〈当たる〉は、「コロコロころがって来たボールが足に当たった。」のように、小さなものが軽く触れる場合にも使うが、〈突き当たる〉は、「酔っぱらって、電柱に突き当たった。」のように、大きいものが強い勢いで〈当たる〉場合に用いる。

(転)突き当たり(名)

ぶつかる〔動五〕何かによって進行を妨げられて、方向転換を余儀なくされる。「ぶっつかる」という強調形も使う。〈ぶつかる〉は、「波が岩にぶつかる。」のように、具体的なものについて用いるだけでなく、「予定がぶつかる。」「意見がぶつかる。」のように、抽象的な内容の事柄についても使うのに対して、〈打ち当たる〉は、「波が岩に打ち当たる。」のように、具体的な物について言うことが多い。また、〈打ち当たる〉は、「…が…に打ち当たる」の構文で用いられるが、〈ぶつかる〉は、「自動車と電車がぶつかる。」のように、「…と…がぶつかる」の構文でも用いられる。

類語 追突する・衝突する

あつかう

扱う・遇する・あしらう

扱う〔動五〕特定の態度で相手を待遇する。「客を大切に扱う。」のように、〈扱う〉は、プラスの方向で待遇する場合にも、「冷たく扱われる。」のように、誠意のないマイナスの方向で待遇する場合にも用いる。また、〈扱う〉は、「書物を大切に扱う。」のように、手で持ったり動かしたりして使う意や、「その品物は当店で扱っておりません。」のように、管理をしたり売買したりする意にも用いる。

(転)扱い(名)

遇する〔動サ変〕「家族の一員として遇する。」のように、不快な感じを与えないように気をつけて、人に応接する場合に使う。やや古風で、かたい言いかた。

あしらう〔動五〕対等以下の相手を、適当に軽く扱うことを言う。したがって、「冷たくあしらう。」「そっけなくあしらう。」のような言いかたをすることが多い。

(転)あしらい(名)

類語 捌く・操る

あつかましい

厚かましい・図図しい・図太い・ふてぶてしい・恥知らず

厚かましい

〔形〕 いい加減にやめたらいいのに、恥ずかしくもなく、平気でまた同じことを繰り返してする様子。次の〈図図しい〉よりも、改まった場面でよく使われる。「厚かましいお願いで恐縮です。」 (転)厚かましさ(名)

図図しい

〔形〕 普通の人なら遠慮してやらない事を平気でやる様子。〈厚かましい〉とほぼ同義だが、〈厚かましい〉が恥ずかしさを知らないで平気で人をさしおいて、何かを積極的にすることを言うのに対して、〈図図しい〉は、他人のことや世間体など一切気にしないで、無遠慮に振舞ったり、そういう状態を続けたりする様子について使う。したがって、〈厚かましい〉は、恥ずかしさを知る人間についてしか使わないが、〈図図しい〉は、動物などにも用いる。 (転)図図しさ(名)

図太い

〔形〕 ずうずうしい上に大胆で、あきれるくらいだ。〈図図しい〉状態に、大胆な様子までが認められる場合に使う。普通、「図太い神経の持ち主だ。」のように、心の状態について言う。やや俗語的な言いかた。 (転)図太さ(名)

ふてぶてしい

〔形〕 大胆で無遠慮な様子。〈図図しい〉は、恥ずかしさをとおり越して、他人の目や世間体を一切気にしない無遠慮な様子を言うが、〈ふてぶてしい〉は、〈図図しい〉状態に、さらに、まわりの人びとに対する反抗的な態度までが認められる場合に使う。 (転)ふてぶてしさ(名)

恥知らず

〔名・ダ形動〕 常人だったらできないような不道徳な行為を平気でする様子。人間として恥ずべき行為を平気でやってのけることを言う。「恥知らずな行い」

類語 厚顔無恥・鉄面皮・破廉恥・心臓・差し出がましい

あっさり

あっさり・さっぱり

あっさり

〔副・スル動サ変〕 人の気性や態度が、からっとしている。普通の人ならこだわることにも、全く意を用いない様子を表わす。また、「あっさりした料理だ。」や、「あっさり引き受けてくれた。」のように、しつこさや抵抗感が感じられない意にも用いる。 (反)こってり

さっぱり

〔副・スル動サ変〕 不快感やわだかまりやごたごたした感じが、ほとんど感じられない様子。〈あっさり〉は、ごてごてして濃厚・濃密な状態（しつこさが感じられる状態）の反対であり、〈さっぱり〉は、いつまでもくよくよしているとか、きまりがつかないとかいう状態の反対で、人にさわやかな感じを与えることを表わす。たとえば、「あっさりした化粧」というのは、あまりごてごてとおしろいや紅などをぬりたくったりしない状態を言い、「さっぱりした化粧」というのは、たとえば髪の

毛が清潔に手入れされていたりするというような状態を言う。また、「あっさりした性格」というのは、あまりものごとにこだわらない淡白で熱中することのない性格を指し、「さっぱりした性格」というのは、たとえ熱中することがあっても、あとあとまで、根に持ったり、くよくよしたりすることのない人を言う。したがって、〈さっぱり〉には、精神的な爽快さに意味の重点がある。また、〈さっぱり〉は、「仕事がさっぱり手につかない。」のように、下に打ち消しの言いかたを伴って、望ましい状況が実現しない状態にあることの意にも用いる。

類語 淡白・淡淡・さらりと・ドライ

あつまる

集まる・集う・たかる・群がる

集まる 〔動五〕いつもは離れた場所にある（いる）ものが、一箇所に移動して行く（来る）。また、同情・関心・人気などが、特定の場所や人に向けられたり、お金が特定の場所に収められる意にも用いる。「今日のコンサートには大勢の人が集まった。」(反)散らばる、(転)集まり(名)

集う 〔動五〕何かをする目的で、人が一箇所に集まる。〈集う〉は、人が〈集まる〉ことについて言い、〈集まる〉のように、物やお金には使わない。やや古風で、雅語的な言いかた。(転)集い(名)

たかる 〔動五〕見つけた食べ物やえさに、虫などが集まる。また、自分がほしいものを持っている人のところへ行って、それをねだって手に入れる意にも用いる。「砂糖に蟻がたかる。」(転)たかり(名)

群がる 〔動五〕人や動物がある場所にたくさん寄り集まる。植物、動物、人などに広く使うが、事柄の集中には使えない。特定の場所や対象に、秩序なく雑然と集まっている状態を言う。「蠅に蟻が群がる。」「電線に群がる小鳥」

類語 寄り合う・群れる・参集する・集合する・たむろする

あなた

あなた・あんた・君・貴君・貴兄・お前・貴様

あなた 〔代〕相手を軽い敬意をもって指すことば。〈あなた〉は、男性が使うとややよそゆきのことばで、女性の場合はかなり一般的な用語である。ただし、現在は、目上の人には用いない。

あんた 〔代〕〈あなた〉よりもぞんざいな言いかた。男女とも用いるが、やや卑俗で親しみの心持ちを含んだ用語。「あんた、今どこに勤めているのかね。」

君 〔代〕男性用語で、同等または目下の者に対して使う親しい言いかた。「君のお父さんはやさしいね。」

貴君 〔代〕手紙用語で、かたい言いかた。対等、または目上の男性に対して用いる。「貴君のために、お喜び申し上げます。」

貴兄 〔代〕〈貴君〉とほぼ同義で、手紙に用いるかたい言いかた。「貴兄の幸運を心からお祈りします。」

お前（まえ）〔代〕相手を指すぞんざいな言いかた。親しい間柄の同等、または目下の者に言う。

貴様（きさま）〔代〕現在は、相手を卑しめて言う場合にしか用いない。口論や喧嘩の場面で用いることが多い。「貴様なんかに分かるものか。」

類語 大兄（たいけい）・貴下（きか）・汝（なんじ）・お主（ぬし）・お宅（たく）

あのひと
あの人（ひと）・あの方（かた）・彼（かれ）・あいつ

あの人（ひと）〔代〕自分も相手も知っている例の人。話し手・相手以外の人を指すことば。〈彼〉とほぼ同義の丁寧な言いかただが、男性女性のどちらにも用いる。

あの方（かた）〔代〕〈あの人〉と同義だが、より丁寧な言いかたで、女性は、特別の感情をいだいている男性を指して言う場合があり、男性が用いると、改まった言いかたになる。

彼（かれ）〔代〕話し手・相手以外の男性を指すことば。男性が使う場合は、最も普通の用語で、青年層以上のどの年層の男性をも指示することができるが、女性が使う場合は、普通、若い男を指して言う。〈彼〉は、また、やや俗語的に、夫・愛人などを指す婉曲な言いかたとしても用いる。

㊀彼女

あいつ〔代〕〈あやつ〉が変化した語形。〈あの人〉のやや下品で、俗語的な言いかた。〈彼〉は、「彼は今元気でいるんだろうね。」のように、その場にいない第三者や、文章の主人公を指示する場合に使うことが多いが、〈あいつ〉は、「あいつは、一体、何者だ。」のように、その場にいる第三者について使うことが多い。時には、身内や身近な目下の者を親しみの気持ちをこめて言うこともある。

類語 きゃつ・あちら・やつ・彼氏（かれし）・彼女（かのじょ）

あばく
暴（あば）く・ばらす・暴露（ばくろ）する

暴（あば）**く**〔動五〕隠れている物や事柄、人の秘密などを取り出して、人目に触れるようにする。「秘密を暴く。」「悪事を暴く。」のように、人の秘密・悪事・疑惑・矛盾など、他人に知られたり指摘されたりしたくない事柄を人目に触れるようにすることや、「墓を暴く。」のように、隠れている物を人目に触れるようにすることに使う。〈暴く〉は、秘密にしていることを知る点に、意味の重点がある。

ばらす〔動五〕秘密などを人に知らせる。また、一まとまりになっている物をばらばらにする意や、「あいつをばらせ。」のように、人を殺す意などにも用い、〈暴く〉よりも意味が広い。また、〈ばらす〉は、「悪事をばらす。」「貴様達の秘密をばらすぞ。」のように、秘密にしていることをほかの人に伝えることに重点がある。したがって、最初から秘密を知っている共犯者が、「秘密をばらすぞ。」と言って、仲間をおどすことはできるが、この場合に、〈暴く〉を用いることはできない。〈ばらす〉は、俗語的な言いかた。

暴露（ばくろ）する　〔動サ変〕　人に知られては困ると思っている他人の秘密や悪事などを、悪気で世間に広く知らせる。〈ばらす〉の意の漢語的表現だが、〈ばらす〉が、比較的狭い範囲の人びとに知らせる場合に使うのに対して、〈暴露する〉は、「暴露記事」「国会議員の醜態が週刊誌に暴露された。」のように、広い範囲に知らせる場合に使うことが多い。
[名] 暴露
[類語] すっぱぬく・洗（あら）い立（た）てる・曝（さら）け出（だ）す・発覚（はっかく）する

あまり
あまり・大（たい）して・さほど

あまり　〔副〕「あまり美しくない。」のように、下に打ち消しの言いかたを伴って、程度のさほど大きくないことを意味し、「さほど」の意を表わす。しかし、〈あまり〉は、本来、程度のはなはだしいことを表わし、「あまりの暑さに閉口した。」のように用いる。

大（たい）して　〔副〕　取り立てて言うほど。「大して勉強もしないのに、よく合格したものだ。」「大して美しくもない。」のように、下に打ち消しの言いかたを伴うことが常であり、取り立てて言うほどの程度ではないことを表わす。〈大して〉は、〈あまり〉とほぼ同じ程度量を表わすが、〈あまり〉よりも、くだけた言いかたである。〈大した〉ものだというふうにも使われる。

さほど　〔副〕　それほど。特に取り立てて問題にするほどでもない様子。〈さほど〉は、形容詞・形容動詞が表わす意味の程度量を限定し、〈あまり〉〈大して〉のように、動詞を修飾することは少ない。〈さほど〉は文章語的だが、その同義語である〈それほど〉は、日常語である。「さほど偉くもない。」
[類語] あんまり・それほど

あやしい
怪（あや）しい・おかしい・疑（うたが）わしい・いぶかしい・奇異（きい）だ・怪奇（かいき）だ・奇怪（きかい）だ

怪（あや）しい　〔形〕　①普段とちがっていて、警戒を要する様子。「怪しい町の様子」②本当にそうなのか疑わしい。あぶない。「怪しい話」③なんとなく信用できない感じ。また、素姓や背後関係が分からず、信頼できない感じがするの意にも用いる。「あの人はどうも怪しい。」
[転] 怪しさ(名)

おかしい　〔形〕　正常の働きや常識的なやりかたから、はずれている様子。また、違和感があって、思わず笑いたくなるような気持ち。〈怪しい〉は、人間をはじめとして、事態や現象の具体的な内容から抽象的な内容まで広く使い、正体が分からなかったり、その理由や結果について明確な判断がつかなかったりして、警戒心を起こしたり、いぶかしく思ったりする場合に用いる、マイナス評価の感情である。それに対して、〈おかしい〉は、主として人の言動や身体の状態、あるいは事態などの具体的な内容を、社会一般の常識を基準にして、それと合わない、それからはずれていると判断する場合に使う。「あの二人は怪しい。」と言うと、はっきりは分からないが、なんとなくその雰囲気から察して、恋愛関係にあるように思われる意を表わし、「あの二人はおかしい。」と言うと、周りにいる人びととはその言動がはっきりずれていて、笑いたくなる気持ちや変だと思う気持ちを表わす。 (転)おかしさ(名)

疑(うたが)わしい 〔形〕本当に事実かどうか確かでない。また、悪い事態を予測して、変だと思われる意にも用いる。〈おかしい〉は、明らかに、常識や通常の状態からはずれていると判断される場合に使うが、〈疑わしい〉は、AかBか明確に判断できない場合に用い、その点で、〈怪しい〉の意に近いが、対象となるものの真実や真相が不明なために抱く不可解な気分は多く伴わない。かなりかたい文章語的な言いかたである。「真偽の程は疑わしい。」「疑わしい行動をするな。」 (転)疑わしさ(名)

いぶかしい 〔形〕訝しいと書く。不審だ。何か隠しているような所があって、その原因をはっきりさせたいと思うようなときに用いる。 (転)いぶかしさ(名)

奇異(きい)だ 〔形動〕不思議で変わっている様子。人の態度・発言・様子などについて使い、「奇異な言動」のように、感覚的にとらえて表現する場合に用いることが多い。文章語。「彼のおどおどした態度に、みないちように奇異の念を抱いた。」

怪奇(かいき)だ 〔形動〕普通の人の考えや判断では説明ができない不思議な様子。恐怖感をよびおこすほど、怪しく不思議に思われる様子について使う。「怪奇小説」 (転)怪奇さ(名)

奇怪(きかい)だ 〔形動〕強調するときは、〈きっかい〉と言う。〈怪奇だ〉とほとんど同義であるが、怪奇だは、「複雑怪奇」「怪奇小説」のように名詞的用法が多く、〈奇怪だ〉は形容動詞として用いる。 (転)奇怪さ(名)

類語 変(へん)だ・不思議(ふしぎ)だ・不可解(ふかかい)だ

あやす

あやす・なだめる

あやす 〔動五〕小さな子供の機嫌を、うまく取る。機嫌の悪くない幼児や子供に対して、声をかけたり、笑顔を見せたりして、ますます機嫌よくさせる場合にも用いる。

なだめる 〔動下一〕泣いたり、怒ったりしている人にことばをかけて、荒れている気持ちを静める。〈なだめる〉は、子供についても大人についても使い、また、〈なだめすかす〉〈すかしなだめる〉という複合動詞としても用いる。

類語 すかす・とりなす

あやまり

誤(あやま)り・過(あやま)ち・間違(まちが)い・しくじり・失敗(しっぱい)

誤り(あやま)　〔名〕前提や途中の操作が当を得なかったために生じる、正しくない結果。「計算の誤り」
動 誤る

過ち(あやま)　〔名〕〈間違い〉の意の雅語的表現だが、「彼は間違いなく来るだろう。」のように、不確実なことの意を表わす場合には使わない。「男女の過ち」のように、反倫理的な行為について言うことが多く、そういう場合には、〈誤り〉は使わない。「知らず知らずのうちに、過ちを犯していた。」　動 過つ

間違い(まちが)　〔名〕「答案に多くの間違いが見出された。」のように、正しくない結果の意に用いられる場合には、〈誤り〉に置き換えることができるが、「子供に万一間違いでもあるといけない。」「間違いのない男」のように、気がかりで、不安な状態や事柄の意を表わす場合には、〈間違い〉を用いて、〈誤り〉に置き換えることができない。　動 間違う

しくじり　〔名〕しようとしたことが目的どおりにいかないで、困った結果になること。〈誤り〉は、正しくない結果を客観的に言う場合に用いるが、〈しくじり〉は、「最近、しくじりばかりしている。」のように、私的な行為について使うことが多く、目的どおりの結果が得られないことを言う。俗語的な言いかた。
動 しくじる

失敗(しっぱい)　〔名・スル動サ変〕やりかたがまずかったり、ねらいがはずれたりして、当初の目的が達せられないこと。「この小説は失敗作だ。」「惨めな失敗に終わった。」のように、一つのまとまった仕事や行為について使うことが多い。　反 成功

類語 錯誤(さくご)・誤算(ごさん)・過失(かしつ)・過誤(かご)・ミス

あらい

荒(あら)い・荒(あら)っぽい・荒荒(あらあら)しい・手荒(てあら)い

荒い(あら)　〔形〕動きや勢いが激しい様子。また、「気性が荒い。」のように、表面への現れかたが激しく極端で、自分でも押さえられない様子の意にも用いる。〈荒い〉を自然現象について使う場合には、「波が荒い。」のように振幅が大きい場合に言う。　反 こまかい、転 荒さ(名)

荒っぽい(あら)　〔形〕〈荒い〉状態。〈荒い〉は、「息づかいが荒い。」「人使いが荒い。」のように、勢いが激しいことに使うが、〈荒っぽい〉は、「ことばづかいが荒っぽい。」「荒っぽい身なり」の「荒っぽい仕事」のように、勢いの激しさよりも、人間の行為や状態、様子などが、客観的に見て〈荒い〉ことを言う場合に用いることが多い。口語的な表現。　転 荒っぽさ(名)

荒荒しい(あらあら)　〔形〕静かで優しいところが全く感じられない様子。〈荒っぽい〉とかなり意味が近いが、「荒荒しいもの言い」「荒荒しい顔つき」「荒荒しい態度」のように、人の表情や言動について使い、「荒っぽい身なり」のように、ものの状態については用いない。また、〈荒っぽい〉と比べて、かなり文章語的である。
転 荒荒しさ(名)

手荒い(てあら)　〔形〕〈手荒だ〉とも言う。扱いかたが乱暴だ。

「手荒に扱っては駄目だ。」「そんな手荒なことをしなくてもいいじゃないか。」のように、ものや人の扱いかたが乱暴な場合を言うが、時には、「手荒い祝福」のように、プラスの意味で使うこともある。

類語 激しい・乱暴だ・粗暴だ

あらかじめ

あらかじめ・前もって・かねて・かねがね

あらかじめ

〔副〕〈前もって〉のやや改まった表現。そのときになってばたばたしないように、必要なことを事前に行っておくさま。「あらかじめ調べておきなさい。」

前もって

〔副〕〈あらかじめ〉とほとんど同義だが、ややくだけた言いかた。そのときになって支障を来たすことのないように、必要な情報を得たり、手段を講じたりすることを事前に行うという点に意味の力点がある。「今度の会議は重要な議題が多いから、前もって十分準備しておくように。」

かねて

〔副〕その事が取り上げられるのが今初めてではないことを表わす。〈かねて〉は、過去の行動についてしか言わないが、〈あらかじめ〉〈前もって〉は、「会を開くときには、あらかじめ連絡します。」のように、未来の行動についても使う。また、〈あらかじめ〉〈前もって〉は、意図的な行動について言うが、〈かねて〉は、「かねてお噂はうかがっていましたが、…。」のように、自分の意図的な行動でない場合にも用いる。さらに、〈あらかじめ〉〈前もって〉を過去の行動について言う場合は、その行動がすでに完了していることを表わすが、〈かねて〉は、「かねてからあこがれていた土地」のように、過去から現在まで、そのことが続いていることを表わす。

かねがね

〔副〕〈かねて〉とほぼ同義だが、〈かねがね〉は、そのことが、何度もあるいは引き続いて起こることを表わす意が強い。「かねがね御連絡申しあげておりましたとおり、先生の古稀御健寿祝賀会を、左記の要領で開催することに決定いたしました。」

類語 事前に・先に・すでに

あらそい

争い・いさかい・いがみあい・闘争・戦い

争い

〔名〕相手より先に、自分がそうなろうとすること。あるいはその物を得ようとすること。狭義では、喧嘩を指す。また、どちらの言い分が正しいかを公の場所で決めてもらうことの意にも用いる。 動 争う

いさかい

〔名〕〈喧嘩〉の意の古風な用語。〈争い〉は、〈いさかい〉よりも意味が広く、「法廷での争い」のように、どちらの言い分が正しいかを公の場所で決めてもらう意にも用いる。また、〈争い〉は、「組織内の主導権争いに巻き込まれた。」のように、大きな組織・団体についても使うが、〈いさかい〉は、私的な関係について用いるのが普通である。 動 いさかう

いがみあい　〔名〕近い関係にあるものが、何かにつけて衝突し、相手に勝とうとすること。〈いさかい〉は、古風な文章語だが、〈いがみあい〉は日常語。「あの二人のいがみあいにも困ったものだ。」　[動]いがみあう

闘争(とうそう)　〔名・スル動サ変〕相手より優位な立場に立とうとして、実力に訴えること。賃上げの要求などで、労働組合が使用者と争う場合には、この言葉を用いる。かたい文章語。「賃上げ闘争をする。」

戦い(たたかい)　〔名〕戦うこと。また、いくさの意にも用いられる。〈争い〉は、私的なこと、個人間の関係について使うことが多く、組織について言う場合にも、比較的小さなものに用いるのが普通で、狭義には、〈喧嘩〉の意に用いるが、〈戦い〉は、普通、国と国、部族と部族などの関係について言う。また、〈戦い〉は、スポーツや勝負事、あるいはさまざまの困難・誘惑などに、自分が勝とうと努める場合にも用いる。　[動]戦う

[類語] 喧嘩(けんか)・抗争(こうそう)・争闘(そうとう)・角突(つの)きあい・紛争(ふんそう)・口論(こうろん)

あらわれる

現(あら)われる・出(で)る・出現(しゅつげん)する

現れる(あらわれる)　〔動下一〕隠れていたり知らなかったりしたものが、見えたり知られたりするようになる。「月が雲間から現れる。」のように、隠れていたものが見えたり、「悪事が現れる。」のように、いままで知られなかった人の行為が知られたりすることに使う。また、〈現れる〉は、ものや人だけでなく、「新味が現れる。」「効果が現れる。」のように、抽象的な内容の事柄についても用いる。文章語。　[反]隠れる、[転]現れ(名)

出る(で)　〔動下一〕境や限界を越えて、外へ行く。また、内に居た(あった)ものが外に見えるようになる意や、道をたどって行くうちにそこに到着するの意などにも用いる。〈出る〉は、ものや人について広く使うが、「悪事が現れる。」のように、隠されていたり知られていないことを前提とする場合や、「苦悩の色が顔に現れる。」「この本に現れた筆者の考え。」のように、抽象的な内容の事柄を表わす場合にはあまり用いない。〈現れる〉は、隠れていたり知らなかったりすることを前提とするところに重点があるが、〈出る〉は、内に居た(あった)ものが、境を越えて外に見えるようになることに意味の重点がある。　[反]入る

出現する(しゅつげん)　〔動サ変〕その存在が隠されたり認められなかったりしたもの、あるいはどこかに隠れていたものが、そこにはっきり形を取って現れる。「救世主の出現」「この機械の出現によって、仕事がきわめて能率的になった。」「このメーカーの出現によって、同系列の会社は、かなり打撃をこうむった。」のように、人・組織・会社・ものなどについて広く使うが、動植物や自然現象にはあまり使わない。　[名]出現

[類語] 出没(しゅつぼつ)する・露呈(ろてい)する・浮(う)かび上(あ)がる・表立(おもてだ)つ・現出(げんしゅつ)する

ありがたい
有難（ありがた）い・もったいない・心苦（こころぐる）しい

有難（ありがた）い
〔形〕他からはめったに受けることのできない恩恵・好意・配慮に接して、身の幸せをしみじみと感じる様子。「ありがたい雨だ。」「ありがたい、助かった。」のように、物事が自分にとって好都合に運ばれてうれしい気持ちの意や、「ありがたい教え」のように、めったにない啓示・加護を与えられて、自然に頭が下がる気持ちの意などにも用いる。[転]有難さ(名)

もったいない
〔形〕自分にはすぎた恩恵・好意・配慮に接し、それを自分が受けるのがためらわれる感じ。〈有難い〉よりも、へりくだり恐縮する度合いが強い。また、〈もったいない〉は、有用なものが、むだに扱われているのが惜しいの意にも用いる。口語的な言いかたである。[転]もったいなさ(名)

心苦（こころぐる）しい
〔形〕世話になったり迷惑をかけたりして、それに報いなければ済まされない気持ちになる。〈もったいない〉は、相手の好意を受ける資格があるかどうかためらう気持ちがある場合に使うが、〈心苦しい〉は、相手に迷惑をかけたという思いが強いことに意味の重点がある。[転]心苦しさ(名)

ありふれた
有（あ）り触（ふ）れた・平凡（へいぼん）・月並（つきな）み・ありきたり・通俗（つうぞく）

有（あ）り触（ふ）れた
〔連体〕どこにでもあって、珍しくないの意。「有り触れた顔ぶれ」

平凡（へいぼん）
〔名・ダ形動〕特別すぐれた所や変わった点がない様子。〈有り触れた〉は、「有り触れた町並み」「有り触れた品物」のように、どこにでもあって珍しくないものを言うことが多く、外面的にとらえて表現する場合に用いるが、〈平凡〉は、「平凡な男」「平凡な考えかた」のように、特別すぐれた点がないことを言い、内面的な価値を指して用いることが多い。「有り触れた話」と言うと、どこにでもあるごく一般的な話という意味になるが、「平凡な話」と言うと、内容にこれといった個性や価値のない話という意味になる。[反]非凡

月並（つきな）み
〔名・ダ形動〕型にはまっていて、平凡な様子。〈平凡〉と意味が近いが、〈平凡〉が、人間をはじめとして、人の生活や考えかた、あるいは、「平凡な服装」などのようにものについても広く用いるのに対して、〈月並み〉は、「月並みな文句」「月並みなせりふ」のように、ことばによる表現に使うことが多い。

ありきたり
〔名〕在り来たりと書く。「ありきたりのデザイン」「ありきたりのテーマではおもしろくない。」のように、昔からどこにでもある物と少しも変わらず、珍しくないことの意を表わす。

通俗（つうぞく）
〔名・ダ形動〕分かりやすく、世間一般の人びとに受け入れられやすい様子。〈通俗〉は、「彼の最近の文章は、とみに通俗化し

てきた。」「通俗小説」のように、思想や小説などの内容が分かりやすく、世間の普通の人びとにも受け入れられやすいことに使うが、マイナスの意味合いを伴うことが普通である。(反)高尚

類語 お決まり・陳腐・日常的・普通・お定まり

あるく

歩く・歩む・ぶらつく・ほっつく

歩く　〔動五〕足を交互に前へ出して、進む。広義には、「世界の各地を見て歩く。」のように、乗り物を使っての移動や何かをして回ることをも含み、狭義には、「毎日、前の土手を歩くことにしている。」のように、散歩の意に用いる。

歩む　〔動五〕〈歩く〉の雅語的表現。また、「人生を歩む。」「苦難の道を歩む。」のように、自分の意志や時の流れに従って、進路を決定し、前進する意にも用いる。

ぶらつく　〔動五〕どこへ寄るというあてもなく、ゆっくりと歩く。〈歩く〉は、目的がある場合にもない場合にも使い、また、速い場合にも遅い場合にも使うが、〈ぶらつく〉は、特にどこへ立寄るとかどこへ行くといった目的もなく、ゆっくり進む場合に用いる。「先日は、久しぶりに繁華街をひとりでぶらついた。」

ほっつく　〔動五〕〈ほっつき歩く〉〈ほっつき回る〉の言いかたもする。〈ぶらつく〉とほぼ同義に用いられるが、何か物欲しそうに、あたりを歩き回る意に用いることが多い。俗語的な言いかた。

あわい

淡い・うっすら・かすかだ・ほのかだ・ほんのり・おぼろだ

淡い　〔形〕薄い。色や味が濃くない。また、相手や対象に寄せる気持ちが浅く、わずかである意にも用いる。「淡い好意」　(反)濃い、(転)淡さ(名)

うっすら　〔ト副〕色や厚みなどがごく薄い様子。〈うっすらと〉は、「うっすらと化粧していた。」「池にうっすらと氷が張っている。」のように色や厚みがごく薄いことを言うが、〈淡い〉は、〈うっすらと〉よりも意味が広く、「淡い味付け」のように味についても用い、また、「淡い交り」「淡い記憶」「淡い期待」のように、人間関係や知識、気持ちにも使う。また、〈うっすらと〉は、「うっすらと目を開ける。」「うっすらと耳にしている。」のように、動作・行為が軽く行われる場合にも用いる。「彼女の頬にはうっすらと赤味がさしていた。」

かすかだ　〔形動〕微かだと書く。はっきりそれと分からない様子。〈かすかだ〉は、弱々しくて、あるかないか分からないことを言い、人やものの形・状態がはっきりと認められない場合にも、音が弱くてはっきり耳に確かめられない場合にも使う。(転)かすかさ(名)

ほのかだ　〔形動〕はっきりそれと分からないが、人から聞いたり、全体の感じから、それと知る様

子を言う。「ほのかな光」と言う場合は、〈かすかだ〉とほとんど同義だが、より文章語的である。また、〈ほのかだ〉は、音や人の気持ちについては使わない。

ほんのり　〔副〕〈ほんのりと〉とも言う。かすかに現れる様子を言う。そこに認められる色の薄さの程度は、〈淡い〉と同程度だが、〈ほんのり〉は、「酒の酔いで顔がほんのり赤くなっている。」「恥ずかしさにほんのり頬を染めた。」のように、色が内側から現れる感じの場合に言う。

おぼろだ　〔形動〕ぼんやりとかすんでいる様子。物の輪郭や記憶がぼんやりとしていて、実体がはっきりしない場合に使う。雅語的な表現。「おぼろ月夜」

類語　うっすり・ぼんやり

あわただしい

慌(あわただ)しい・目(め)まぐるしい・せわしない・急(きゅう)だ

慌(あわただ)しい　〔形〕急いでいて落ち着かず、せわしない。また、重大な事柄があって落ち着かない様子の意にも用いる。㊕あわただしさ(名)

目(め)まぐるしい　〔形〕いろいろなものが目の前を通りすぎて煩わしい。また、いろいろなものが頻繁に交代する意にも用いる。

〈慌しい〉は、自分が何かをするのに十分時間がなかったり、重大な事柄に直面して落ち着かないことを言うが、〈目まぐるしい〉は、いろいろのものが次々と交代して出現するために、煩わしく感じられる場合に用いる。「世の中が目まぐるしく変わる。」㊕目まぐるしさ(名)

せわしない　〔形〕忙しないと書く。忙しくて、とかく気持ちが落ち着かない意を表わす〈せわしい〉の強調形。〈せわしない〉は忙しい場合の気持ちを言い、重大な事柄に直面した場合の気持ちについては使わない。㊕せわしなさ(名)

急(きゅう)だ　〔形動〕物事の状態が差し迫っていて、急いで解決しなければいけないこと。また、前触れがなく突然なこと、早いこと、あるいは、傾斜が鋭くて険しいことなど、多くの意に用いる。〈慌しい〉は、急いでいて落ち着かないことを言うが、〈急だ〉は、物事の状態が差し迫って危うい状態にあること、緊迫した状態にあることを客観的に言い、急いで解決しなければならないことに意味の重点がある。㊜緩やかだ

類語　気忙(きぜわ)しい・大急(おおいそ)ぎ

あわれむ

憐(あわ)れむ・思(おも)いやる・いたむ・同情(どうじょう)する

憐(あわ)れむ　〔動下一〕哀れむとも書く。かわいそうに思う。また、同情して親切にしてやる意にも用いる。㊕憐れみ(名)

思(おも)いやる　〔動五〕他の者のことを思って同情する。また、遠く離れている者のことを想像する。〈憐れむ〉は、自分より下位の者のうち、特に不幸な者や恵まれない境遇にある者をかわいそうに思って、同情することを言うが、〈思いやる〉は、「父の健康を思いやる。」「一緒に仕事

をしている仲間のことを思いやる。」のように、困っている人、恵まれない人以外の者についても使い、心を寄せたり同情したりする意に重点がある。 (転)思いやり(名)

いたむ 〔動五〕 傷むと書く。心に苦痛を感ずる。「心がいたむ。」「心をいためる。」の言いかたで用いることが多く、人の不幸を知って、自分の心の中で深く同情する場合に使う。 (転)いたみ(名)

同情する 〔動サ変〕 自分もその人と同じ苦しい境遇やつらい気持ちになったつもりで、ともに悲しむこと。〈憐れむ〉は、上位の者が、恵まれない不幸な下位の者のことをかわいそうに思う場合に使うが、〈同情する〉は、対等の者に対しても言い、相手に対する心の寄せ方が、〈憐れむ〉よりもさらに強い。 [名]同情

あんいだ

安易だ・平易だ・容易だ・たやすい・簡単だ

安易だ 〔形動〕 大して苦労しなくてもすむ様子。一筋に何かを思いつめたり、懸命に努力したりするところがない様子。また、見通しが甘い様子の意にも用いる。「安易な道を選ぶ若者が多くなった。」 (転)安易さ(名)

平易だ 〔形動〕 理解や解釈などが簡単にできる様子。〈平易〉は、問題や事柄の内容が簡単で、すぐに理解したり解釈したりできることを言うが、〈安易だ〉は、「物事を安易に考える。」「安易な生活態度」のように、考えかたや態度の甘さについて使う。「平易に説明する。」「この試験問題はきわめて平易だ。」 (反)困難だ、(転)平易さ(名)

容易だ 〔形動〕 何かをするのに、前からの準備や心の用意を大して必要としない様子。行うことがたやすい様子。〈平易だ〉と意味が近いが、「容易に来そうもない。」「容易ならざる事態」のように、事態の実現や解決が簡単である意にも用いる。この場合には、〈容易だ〉を〈平易だ〉に置き換えることができない。 (反)困難だ

たやすい 〔形〕 わけなくできる様子。〈平易だ〉と意味が近いが、理解や解釈がわけなくできることに限らず、「たやすくできる。」「口で言うのはたやすい。」のように、行うことが簡単である場合に広く用いる。 (反)むずかしい、(転)たやすさ(名)

簡単だ 〔形動〕 「だれにでも簡単にできる料理」のように、〈容易だ〉とほとんど同義に用いることもあるが、「簡単に言えば」「簡単な仕組み」のように、構造や筋道が込み入っておらず、だれにでもすぐに理解できる意にも用いる。 (反)複雑だ、(転)簡単さ(名)

[類語] イージーだ・簡易だ・安直だ

あんしんする

安心する・落ち着く・くつろぐ

安心する 〔動サ変〕 心配がなくなって、気持ちが落ち着く様子。 [名]安心

落ち着く(おちつく) 〔動五〕 出入り・変化・移動・動揺・混乱・無秩序などがおさまり、望ましい状態が当分保たれる。また、環境の変化や外界の雑音、あるいは他人の批判などに心を動かされず、マイペースを保つという意にも用いる。〈安心する〉は、人の気持ちについて言うが、〈落ち着く〉は、もの・事態・人心・現象のいずれにも使い、意味が広い。
(転)落ち着き(名)

くつろぐ 〔動五〕 寛ぐと書く。気がかりなことや仕事のことなどを忘れて、心身をゆったりと休める。〈安心する〉は、気がかりなことが片付いて、心が落ち着く様子を言うが、〈くつろぐ〉は、問題にはかかわりなく、ゆったりと、心だけでなく身体も休める場合を言う。
(転)くつろぎ(名)

あんぜん

安全(あんぜん)・安らか(やすらか)・平安(へいあん)・平穏(へいおん)・平静(へいせい)・穏便(おんびん)・安穏(あんのん)・安泰(あんたい)

安全(あんぜん) 〔名・ダ形動〕 自分の身やある組織に危険を与えたりする恐れがない状態。「安全を保つ。」
(反)危険

安らか(やすらか) 〔ダ形動〕 穏やかでなんの心配事もない様子。〈安全〉は、「国の安全を確保する。」のように、国のような大きな組織をはじめとして、小さな機械にも、また、人間のからだについても用いるが、人間の心・精神状態については使わない。それに対して、〈安らか〉は、「安らかな寝顔」「安らかな心」のように、心や精神状態について用いることが多く、何の心配事もないところからくる穏やかな様子を言う。 (転)安らかさ(名)

平安(へいあん) 〔名・ダ形動〕 無事で穏やかなこと。町や国の状況をはじめとして、日々の生活や心の状態についても使う。〈安らか〉とほぼ同義の漢語的表現。

平穏(へいおん) 〔名・ダ形動〕 何事も起こらず静かな様子。〈平安〉と意味が近いが、「平穏無事」のように、日々の生活について使うことが多く、心の状態には用いない。(反)不穏、(転)平穏さ(名)

平静(へいせい) 〔名・ダ形動〕 普段と同じように、静かで落ち着いた様子。町の様子や人の様子などが静かで落ち着いていることを、主として外観的にとらえる場合に用いる。「町の様子は、いつもと変わらぬ平静さをとりもどしていた。」 (転)平静さ(名)

穏便(おんびん) 〔名・ダ形動〕 事柄を荒立てず、穏やかに取扱う様子。「穏便に事を運ぶ。」のように、何かの事柄を穏やかに進めたり、「穏便に事を収める。」のように、穏やかに事を終結させる場合に用いる。
(転)穏便さ(名)

安穏(あんのん) 〔名・ダ形動〕 平和で穏やかな様子。〈平穏〉は、たとえば、家の中でのごたごたなどのない生活や町の静かな様子などについて使うことが多く、心の状態については用いないが、〈安穏〉は、何か身のまわりで起こることに対しても、心を動揺させたりすることがなく穏やかに過ごす場合にも使う。やや古風な用語。

安泰（あんたい）　〔名・ダ形動〕危険を乗り越えて、無事であること。「これでこの会社も安泰だ。」「大統領の地位は安泰と見なされている。」のように、組織・家や、そのなかでの地位について多く使う。

類語　万全・静穏・安寧・無事・無難・セーフティ

い

いいのがれ

言い逃れ・申し訳・逃げ口上・言い訳・弁解・釈明

言い逃れ（いいのがれ）　〔名〕いろいろな口実をつくって、自分だけが、追及された罪や責任などを回避すること。「あんなにいつも言い逃ればかりしていたのでは、だれからも信用されなくなる。」　動言い逃れる

申し訳（もうしわけ）　〔名〕自分の犯した誤り、失敗などを認めた上で、相手に申し開きをすること。〈申し訳〉は、自分の非を認めた上でその理由を相手に説明し、了解を得ることを言うが、〈言い逃れ〉は、自分が犯した罪や責任を回避するために、いろいろの口実や理由をもっともらしく述べ立てて、追及を逃れようとする場合に用いる。〈申し訳ない〉〈申し訳のない〉の言いかたで用いることが普通である。「申し訳がたつ。」

逃げ口上（にげこうじょう）　〔名〕返答・責任などを言い逃れようとするために言うことば。「彼はいつも言い逃れをするから、一度逃げ口上を封じなければだめだ。」

言い訳（いいわけ）　〔名・スル動サ変〕自分の失敗・過失などについて、どうしてそうせざるを得なかったかを、なるべく客観的に説明して、本当は悪くはないのだと思わせること。

弁解（べんかい）　〔名・スル動サ変〕〈言い訳〉の意の漢語的表現で、ややおもてだったことについて用い、失敗などに当然の理由があるという気持ちをこめて言う場合に使うことが多い。また、〈言い訳〉は、自分の失敗や過失について言うのが普通だが、〈弁解〉は、「彼は、私のために大いに弁解してくれた。」のように、他人の失敗や過失について、そうせざるを得なかった客観的理由を述べて、責任を軽くしてやる場合にもよく使う。

釈明（しゃくめい）　〔名・スル動サ変〕〈言い訳〉は、自分の非を認める気持ちは弱いが、〈釈明〉は、自分の非を認めた上で、そうせざるを得なかった事情を説明して、相手の了解を求める場合に使う。「この件について、ぜひ、釈明する機会を与えていただきたい。」

類語　弁明・申し開き・逃げを打つ

いいまかす

言い負かす・やりこめる・論破する

言い負かす（いいまかす）　〔動五〕議論などで相手を負かす。言い破る。「彼を言い負かしてやった。」

やりこめる 〔動下一〕遣り込めると書く。議論して、相手を負かして黙らせる。〈言い負かす〉は、相手もかなり激しく反論してきて、お互いに大声を張り上げたりしてやり合った上、相手を負かすことを言うが、〈やりこめる〉は、内容的に相手の弱点をつくことによって、言い負かし、黙らせてしまう場合に使う。「完全にやりこめられた。」

論破(ろんぱ)する 〔動サ変〕議論して相手を言い負かす。〈言い負かす〉は、私的なことや日常のちょっとした問題についても使うが、〈論破する〉は、学問上の問題など大きな問題について、相手の論の矛盾や飛躍、欠陥などを客観的につき、言い負かす場合に用いる。したがって、〈論破する〉は、人に向けられるよりも、相手の論や説に向けられるものである。「彼の説は常に堅固だから、容易なことでは論破することができない。」 名 論破

類語 言(い)いこめる・へこます

いう

言(い)う・述(の)べる・申(もう)す・おっしゃる・しゃべる・ぬかす・ほざく

言(い)う 〔動五〕心に思うことを、ことばで表わす。表現する。また、「道楽というほどのものはない。」「彼のような男を目から鼻へ抜けると言うのだ。」のように、あるものを、…ということばで表現するの意にも用いる。また、「風で戸がガタガタいう。」のように、単に音を発する意にも用いられる。

述(の)べる 〔動下一〕まとまったことを口で話す。また、「文章で述べる。」のように書いて表わす意にも用いる。〈言う〉のやや改まった言いかただが、自分でよく考えた結果を、ことばの形に表わしていくという意味合いが強い。

申(もう)す 〔動五〕〈言う〉の謙譲語。古風な言いかた。

おっしゃる 〔動五〕〈言う〉の尊敬語。言われる。

しゃべる 〔動五〕〈しゃべくる〉とも言う。口数多く話す。また、「話してはいけないのに、うっかりしゃべってしまった。」のように、口外する意にも用いられる。俗語的な言いかた。転 おしゃべり(名)

ぬかす 〔動五〕〈言う〉の卑語。「何をぬかすか。」

ほざく 〔動五〕軽蔑すべき人が言う。〈ぬかす〉は、〈言う〉の卑語で、「うるさい、何をぬかすか。」のように言うが、〈ほざく〉は、軽蔑すべき人が、勝手なことを〈しゃべる〉場合に使う。俗語的な言いかた。「○○元首相は、憲法なんてくそくらえだなどとほざいていたが、あいかわらず最高点で当選した。」

類語 口走(くちばし)る・うそぶく

いえ

家(いえ)・うち・家屋(かおく)・住宅(じゅうたく)・住居(じゅうきょ)・住(す)まい

家(いえ) 〔名〕そこで寝起きし、家族との団らんを楽しむ場所。また、自分と共同生活する家族の集まり、家

庭の意にも用いる。「家の掟」

うち　〔名〕〈家〉とほぼ同義だが、「寒いからうちで遊ぶ。」と言うと、家の中を意味し、「退職金でうちを建てる。」と言うと、自分の住む家を意味する。〈家〉は、自分のものにも他人のものにも言い、また、これから建つものについても使うが、〈うち〉は、「これからうちに来るかい。」「あすはうちにいない。」のように、自分が住んでいる家の意に用いる。また、〈うち〉は、「うちの会社にそういう者はいない。」のように、あるグループに属するものの意や、「うちの父です。」のように、自分の家のものの意などにも用い、〈家〉よりも意味が広い。㊇そと

家屋（かおく）　〔名〕人の住む建物。〈家〉は、そこで寝起きする場所を言うことが多いが、〈家屋〉は、財産と考えられる建物について用いる。

住宅（じゅうたく）　〔名〕人が住むための家。〈住宅〉は、次の〈住居〉とは違って、場所を意味することはない。また、「住宅事情」「住宅難」のように、個人や自分の家ではなく、人が住むための家一般の意に用いることが多い。

住居（じゅうきょ）　〔名・スル動サ変〕人が住んでいる場所、家。〈住居〉は、家を意味する用法もあるが、「住居変更届」「住居標示」のように、住んでいる場所の意に用いることが多い。「この地域に住居する人はサラリーマンが多い。」

住まい（すまい）　〔名〕「宿屋住まい」「ひとり住まい」のように、住むことの意にも、「わび住まい」のように、住んでいる家の意にも用いる。

類語　ホーム・ハウス・寓居（ぐうきょ）　動住まう

いえで
家出（いえで）・失踪（しっそう）・蒸発（じょうはつ）

家出（いえで）　〔名・スル動サ変〕帰らないつもりで、自分の家をそっと出て、どこかへ行ってしまうこと。

失踪（しっそう）　〔名・スル動サ変〕家を出て、行くえをくらますこと。〈家出〉は、「家出少女」のように、子供などが帰らないつもりでそっと自分の家を出てどこかへ行くことを言い、「家出をしたがすぐに警察に保護されて、親もとに帰された。」のように、すぐに見つかったり、未然に終わったりする場合にも使う。〈失踪〉は、大人について使い、行くえが完全に分からなくなる場合に用いる。法律では、七年間生死不明のため、死んだものと見なすことを指す。

蒸発（じょうはつ）　〔名・スル動サ変〕なんの手がかりも残さないで姿を消してしまうことを言う。やや俗語的な言いかた。「中年男子の蒸発が急増している。」

類語　駆落（かけおち）・夜逃（よに）げ・失跡（しっせき）

いがいだ
意外（いがい）だ・意想外（いそうがい）だ・思（おも）いがけない・思（おも）いもよらず

意外だ（いがいだ）　〔形動〕前もって考えていたことと実際とが、はなはだしくちがうこと。思いがけないこと。「意外な事件」

意想外だ（いそうがいだ）〔形動〕あらかじめ考えていなかったようなさまである。思いもよらぬこと。〈意想外だ〉は、かたい文章語であるため、「意想外の結果に、皆いちように驚いた。」「意想外の事故」のように、大きな事故や事柄などについて使うことが多く、個人だけではなく、だれが見てもそう思うだろうという客観性が強い。対して、〈意外だ〉は、人の状態や事柄、あるいは、「雪が意外にたくさん降るんだねえ。」のように、程度が予想以上に大きいことなどについて広く用い、「意外に早く時間がたった。」「彼は意外に酒が強い。」のように、個人的な事柄に使うことが多い。

思いがけない（おもいがけない）〔形〕全く予想することのできないことに出会う様子。思っても見ない。前もって予想することのできない度合が、〈意外だ〉よりもはるかに大きく、そのため、事態に接して心から驚くという気持ちが強い。

思いもよらず（おもいもよらず）〔句〕全く予想もしていなかったのに。〈思いがけない〉とほとんど同義だが、改まった文章語的な言いかた。

類語 慮外（りょがい）・思いのほか（おもいのほか）・図らずも（はからずも）・寝耳に水（ねみみにみず）

いかめしい

いかめしい・神神しい（こうごうしい）・厳かだ（おごそかだ）・荘厳だ（そうごんだ）

いかめしい〔形〕厳しいと書く。りっぱで、あるいは厳しそうで、近寄りにくい感じだ。また、「いかめしい警備態勢」のように、厳しくてつけ入るすきのない様子の意にも用いる。「いかめしい門構え」「いかめしい風をする。」のように、人の態度や様子にも、家などの構えにも使う。㊟ いかめしさ(名)

神神しい（こうごうしい）〔形〕尊くておごそかだ。〈いかめしい〉は、厳しそうで近寄りにくい感じがすることを言うが、〈神神しい〉は、気高くておごそかな感じがする場合に使う。㊟ 神神しさ(名)

厳かだ（おごそかだ）〔形動〕人がまじめな態度をしていて、近寄りにくい様子を言う。また、儀式が静けさの中で、物物しく執り行われている様子の意にも用いる。〈厳かだ〉は、その人の全体から受ける感じやその場の雰囲気について言うが、〈いかめしい〉は、人の外面やものの外観についても使う。㊟ おごそかさ(名)

荘厳だ（そうごんだ）〔形動〕人を感動させる、気高くておごそかな感じがあることを言う。主に、宗教的な建物や儀式について用いる。かたい文章語。

類語 物物しい（ものものしい）・重重しい（おもおもしい）・荘重だ（そうちょうだ）・深厳だ（しんげんだ）・粛然（しゅくぜん）

いかり

怒り（いかり）・腹立ち（はらだち）・立腹（りっぷく）・八つ当たり（やつあたり）・癇癪（かんしゃく）・激怒（げきど）・向かっ腹（むかっぱら）

怒り（いかり）〔名〕「腹立たしさ」の意の改まった言いかた。腹が立つこと。我慢できない不快な気持ちを覚えること。「怒りがこみあげる。」

動 怒る

腹立ち 〔名〕 怒ること。不快なことなどをされて、むっとすること。やや古風な言いかた。〈怒り〉は、我慢できない不快な気持ちを起こさせる対象について、自分にとって近いことにも遠いことにも使い、また、具体的な行為・状態から抽象的な内容の事柄まで広く使うことができるが、〈腹立ち〉は、比較的身近の人、あるいは自分が直接経験した具体的な事柄について言うことが多い。⇩腹立ちまぎれ

立腹 〔名・スル動サ変〕 〈怒る〉意の漢語的表現。「人を人とも思わぬ態度に立腹する。」

八つ当たり 〔名・スル動サ変〕 腹立たしさのあまり、そのことに関係のない者にまで、だれかれの区別なく当たり散らすこと。〈怒り〉は、自分の心の中に覚える感情であって、それを態度や行為に直接表わすことには言わないが、〈八つ当たり〉は、具体的な行為に表わす場合に使う。「会社の上役に叱られて、家に帰って家族に八つ当たりした。」

癇癪 〔名〕 感情を抑えきれずに、相手や場所を構わずに怒りを一度にぶちまけること。〈八つ当たり〉は、性格とは関係なく、一時的に感情が爆発する場合に使うが、〈癇癪〉は、「癇癪持ち」のように、その人の性格的なものについて言うことが多い。⇩癇癪玉

激怒 〔名・スル動サ変〕 激しく怒ること。〈怒り〉の程度のきわめて強い場合を言う。かたい文章語。「激怒して喰ってかかった。」

向っ腹 〔名〕 むかむかと訳もなく腹が立つこと。これという理由もなく、また、だれに対してということもなく怒ることを言う。俗語的な言いかた。「向っ腹を立てる。」

類語 憤怒・憤激・激昂・憤慨・憤然・痛憤

いきいき

生き生き・新鮮だ・みずみずしい

生き生き 〔ト副・スル動サ変〕 生命力がみなぎって見える様子。また、いかにも生きているように見える様子の意にも用いる。〈生き生き〉は、人のからだの動きや表情、自然の様子、魚などのように、特に生きのよさが要求されるものについて言う。(反)ぐったり

新鮮だ 〔形動〕 魚・野菜などの食べ物や、物や人から受ける新しくてすがすがしい印象について使い、「庭木が生き生きしている。」と言うと、庭木に生命力がみなぎって見えることを意味するが、「庭木が新鮮に見える。」と言うと、たとえば配置を変えたりして、全体の様子が新しくなり、見てすがすがしい思いがすることを意味する。すなわち、〈生き生き〉は、人や物そのものの生命力が外に現れている様子を、具体的・感覚的にとらえて表現することに重点があり、〈新鮮だ〉は、新しくてそれに接するものにすがすがしい感じを与えることに意味の重点があって、具体的な根拠をもって、表現する場合に用いる。(転)新鮮さ(名)

みずみずしい 〔形〕 瑞瑞しいと書く。つやがあっ

て、若々しい。人間のからだや全体から受ける感じ、あるいは「みずみずしい若葉」のように、自然の若々しい感じなどについて言う。雅語的表現として用いられることが多い。㊟みずみずしさ(名)

いきかえる

生き返る・蘇る・蘇生する

生き返る（いきかえる）〔動五〕死んだ（と思われていた）ものが、息を吹き返し、生命をとりもどす。また、衰えきっていたものが、生気をとりもどすことにも言う。「ヘドロの除去によって、死の海は生き返った。」

蘇る（よみがえる）〔動五〕甦るとも書く。〈生き返る〉とほぼ同義であるが、「記憶が蘇る。」のように、忘れかけていたことを思い起こすことにも言う。「雨で草木が蘇る。」

蘇生する（そせいする）〔動サ変〕〈生き返る〉と同義の漢語的表現。「人工呼吸の結果、いったん蘇生のきざしは見えたが、ついに不帰の客となった。」 図蘇生

類語 復活する・再生する

いきごみ

意気込み・気概・気力・士気

意気込み（いきごみ）〔名〕何かをしようと、勇み立って張り切ること。勢い込むこと。〈意気込み〉は、何かをしようと張り切る気持ちを言い、特に困難な事態とは関係なく使うが、次の〈気概〉は、困難な事態に面しても屈しない強い精神力について用いる。「彼がその仕事にかけている意気込みはすごいよ。」 動意気込む

気概（きがい）〔名〕困難に会っても簡単には屈しない精神力。

気力（きりょく）〔名〕何事にも負けず、困難に耐え忍んで物事を行おうとする精神力。気持ちの張り。〈気概〉とほぼ同義だが、〈気概〉がかなりかたい文章語であるのに対して、〈気力〉は、日常語である。

士気（しき）〔名〕人びとが集まって何かをしているときの意気込みの意に用いる。〈意気込み〉は、個人についても集団についても使うが、〈士気〉は、集団の意気込みについて言う。「士気旺盛」

類語 張りあい・気焔・客気・向こう意気・意気に燃える

いきだ

粋だ・小粋だ・風流・ハイカラ・派手

粋だ（いきだ）〔形動〕意気とも書く。着ているものやかっこう、人の行為のやりかたなどが気がきいて見える様子。花柳界の事情に通じ、遊びなれていることや芸者の様子について使うことが多い。「いきなはからい」 反野暮だ、転粋さ(名)

小粋だ（こいきだ）〔形動〕小意気とも書く。どことなく垢ぬけていて、しゃれているさま。〈粋だ〉は人が何かをする場合のやりかたについても使うが、〈小粋だ〉は、人の様子についてしか用いない。「小粋なねえさんだねえ。」 転小粋さ(名)

風流（ふうりゅう）〔名・ダ形動〕世俗のことは関係ない詩歌や趣味の道に心を慰めたり、休めたりする様子。また、「風流な庭」「風流なたたずまい」のように、上品で、趣のある様子の意にも用いる。〈粋だ〉は、「ばかに粋な風をしている。」のように、着ているものやかっこう、「なかなか粋なやりかた」のように、人の行為が気がきいてしゃれていることについて言うが、〈風流〉は、上品で、詩的な趣がある場合に使う。(転)風流さ(名)

ハイカラ〔名・ダ形動〕high collor. 趣向が新しく、しゃれており、気がきいている様子。物についても人についても使う。

派手（はで）〔名・ダ形動〕明るい色彩であったり、図柄が大きかったりして、人目を引く様子。また、やや俗語的に、人目を引くほど激しくおおげさに何かをする様子の意にも用いる。〈小粋だ〉〈垢ぬけした〉は、しゃれて洗練された様子を言い、プラスの評価を伴うが、〈派手〉は、ものの色彩や図柄が必要以上に目立つ場合や、大げさに何かをすることに使い、マイナスの評価を伴う。(反)地味、(転)派手さ(名)

類語 シック・しゃれた・垢抜（あかぬ）けた

いきなり

いきなり・にわかに・やにわに・不意（ふい）に・突然（とつぜん）・出（だ）し抜（ぬ）けに

いきなり〔副〕直前の事態と関係なく、突然（瞬間的に）何かが行われたり、事柄が展開されたりする様子。動作の受け手や観察者にとって予想されない行為が突如として起こる場合に使う。「いきなり男がぶつかってきた。」

にわかに〔副〕事態や状態が急に大きく変化する様子。また、何かに接して、その反応がすぐ起こる様子の意にも用いる。〈いきなり〉は、「いきなりなぐりかかった。」のように、前のこととは全く関係なく、突然、別のことが行われたり、「目の前にいきなり一面の雪野原が開けた。」のように、全く新しい事態が普通に想定される状況を経ずに目の前に展開されたりすることを言うが、〈にわかに〉は、「病状がにわかに悪化した。」「にわかにお答えすることができません。」のように、前から続いている同じ性質の事柄や状態が、きわめて短時間に急激に変化したり、そのすぐ前のことに即座に対応することができないさまを言う。

やにわに〔副〕今までの状態と急に変わることを表わす。〈にわかに〉とほぼ同義だが、〈やにわに〉は、「やにわに飛び出す。」「やにわに斬りかかる。」のように、直前の事態と全く関係なく、突然何かが行われることに使い、新しい事態が展開されることには用いない。

不意に（ふいに）〔副〕〈ふいと〉とも言う。急に、思いがけないことが起きる様子。「ふいに立ち上がる。」のように、予期していない動作や事態が眼前で急に行われることに使い、〈いきなり〉とほぼ同義に用いられることが多い。しかし、「ふいと思い出した。」のように、偶然の意に使うことがあり、この場合は、〈いきなり〉〈やにわに〉で置き換えることができない。「不意を突く」

突然（とつぜん） 〔副・ダ形動〕〈突然に〉の語形でも用いる。何の前触れ、予告もなしに、ある行為や事態が出現する様子。〈いきなり〉とほぼ同義の漢語的表現だが、〈いきなり〉が一般的に想定される状況を経ずに（何の予告もなしに）ある事態が成立することに意味の重点があるのに対して、〈突然〉は、その事態と前の事態との断絶（激変）が際立っている点に意味の重点がある。「突然のできごと」

出し抜け（だしぬけ）に 〔副〕 相手の意表をついて、急に何かをする場合に用いる。思いがけないこと。まだ当分は大丈夫だろうと油断しているとき、〈いきなり〉何かが起こる場合を言う。「出し抜けに議事打切りの動議が出され、議場は一時大混乱となった。」「人込みでだしぬけに肩をたたかれた。」のように、動作を行う者が、自分以外の者である場合に使い、こちらと無関係な行為には使えない。

類語 急（きゅう）に・突如（とつじょ）・唐突（とうとつ）

いきりたつ

いきりたつ・いきまく・当（あ）たり散（ち）らす・怒鳴（どな）り散（ち）らす

いきりたつ 〔動五〕 相手に陳謝を求めて興奮し、自分の腹立たしい気持ちが外に現れるのを抑えることができなくなる。「彼は、心から信じていた友人に裏切られ、自分を失っていきりたった。」

いきまく 〔動五〕 息巻くと書く。「ただではおかぬといきまく。」のように、怒って、大変な勢いを示す意に用いる。また、「お前など相手にならないといきまく。」のように、いばって見せる意にも用いる。〈いきりたつ〉は、腹立たしい気持ちを抑えきれなくなることを言うが、〈いきまく〉は、自分の興奮が外に現れるのを抑えることができない場合に使う。

当（あ）たり散（ち）らす 〔動五〕 むしゃくしゃした気持ちを発散させるために、そばにいる（来た）者を、だれかれの区別なしに叱ったり、どなったりすることを言う。〈いきりたつ〉は、自分を裏切ったり自分の心を傷つけたりした当の相手に対してだけ、怒りの気持ちを示すことに使うが、〈当たり散らす〉は、当の相手だけでなく、回りにいる自分よりも弱い立場にある人に、腹立ちの気持ちをぶつけることを言う。「父は会社で何か面白くないことがあったらしく、夕食のとき家族に当たり散らした。」

怒鳴（どな）り散（ち）らす 〔動五〕 回りの人びとに対して、怒りの気持ちをストレートに表わし、大声で叱りつける。「どなりつける」は、特定の相手の人を大声で叱りつけることを言うが、〈怒鳴り散らす〉は、回りにいるすべての人びとを叱りつけることに使う。　⇩怒鳴り付ける

類語 猛（たけ）る・激（げき）する・腹（はら）にすえかねる・凄（すご）む・気色（けしき）ばむ・気炎（きえん）を上（あ）げる・殺気立（さっきだ）つ

いく

行く・赴く・出向く・参る・いらっしゃる

行く（いく）　〔動五〕　ゆくとも言う。①その場所を離れて、他の場所を目指して移動する、または進む。②特殊な目的で家を離れる（狭義には、女性が結婚することを指す）。③物事が進行する。「就職がうまく行かなくて、悩んでるんだ。」④物事が望ましい状態に達する。「心から満足が行く。」〈いく〉は〈ゆく〉の口語形。

赴く（おもむく）　〔動五〕　用事などで、どこかへ向かう。また、ある傾向・状態に向かう意にも用いる。〈行く〉は、用事がある場合にもない場合にも使うが、〈赴く〉は、用事があって、目的の場所へ向かって移動する場合に多く用いる。やや改まった言いかた。「遭難現場に直ちに赴く。」

出向く（でむく）　〔動五〕　目的の場所へ出かけて行く。こちらと相手の両方に共通の目的があって、相手をわずらわさず、自分の方から出かけて行くことを言う。

参る（まいる）　〔動五〕　〈行く〉の謙譲語。また、神仏を拝む意や、「彼の頭のいいのには参った。」のように、相手を自分より数段上のものとして、自分の非力を認める意にも用いる。

いらっしゃる　〔動五〕　〈行く〉の尊敬語。「明日いらっしゃる？」

類語　上がる・参上する

いけん

意見・見解

意見（いけん）　〔名・スル動サ変〕　ある問題についての個人の考え。また、〈意見する〉の言いかたで、好ましくない行為を思いとどまらせるように、教えさとす意にも用いる。「父の意見にしたがって就職した。」

見解（けんかい）　〔名〕　物事に対する価値判断や考えかた。「新たな見解を表明する。」「見解が分かれて、対立を生じた。」のように、個人や組織・団体が、公的に発表する価値判断や考えについて使うことが多い。

所信（しょしん）　〔名〕　その人がその問題について、こうだと信じているところ。個人の考えについて使い、公的な場での発言に用いるかたい文章語。「総理は、この問題について、次のような所信を表明した。」

類語　所見・料簡・見識・卓見・定見・識見

いげん

威厳・威光・権威・威信

威厳（いげん）　〔名〕　軽がるしく笑ったりしゃべったりせず、相手に何となく近寄りがたいという印象を与える様子。かなりかたい文章語。「威厳がある。」

威光（いこう）　〔名〕　権威によって、人をひざまずかせる威勢。〈威厳〉は、その人の全体から感じられる様子や態度について使うが、〈威光〉は、「親の威光」のように、その人が持っている権勢について言う。

権威（けんい）　〔名〕　その方面の知識・技術において、多くの人びとから範とされる人物。また、そのような知識・判断力・実力の意にも用いる。〈威光〉は、その人に認められている権勢について言うが、〈権威〉は、主として、知的な分野における知識・実力について用いる。「彼は、やがてこの道の権威になるだろう。」

威信（いしん）〔名〕権威に伴う信頼感。「国家の威信を懸けて、折衝を続けている。」「威信を高める。」

類語 貫禄（かんろく）・威風（いふう）・威儀（いぎ）

いさぎよい

潔い（いさぎよい）・清廉（せいれん）だ・高潔（こうけつ）だ・清い（きよい）

潔い（いさぎよい）〔形〕思いきりがよくて、りっぱだ。また、卑怯なところがなくて、行いが正しい意にも用いる。「いさぎよく罪に服する。」 転 潔さ(名)

清廉だ（せいれんだ）〔形動〕心が清くて、私欲がないこと。〈清廉潔白〉〈高潔清廉〉のように、複合語として用いることが多い。

高潔だ（こうけつだ）〔形動〕常に厳しい態度で自らを律し、他から尊敬される様子。〈高潔だ〉は、心の気高さや人格について言うことが普通である。 転 高潔さ(名)

清い（きよい）〔形〕そのものの状態がきれいで、それに接する自分の心もすがすがしくなる様子を言う。精神・心情がきれいであることにも使う。「清い体」「清い心」 反 汚い、転 清さ(名)

類語 廉潔（れんけつ）・廉直（れんちょく）

いさましい

勇（いさ）ましい・凛凛（りり）しい・雄（お）雄しい・勇壮（ゆうそう）だ

勇ましい（いさましい）〔形〕敵や困難を恐れず、あくまで戦う様子。また、積極的に行動して、それを見たり聞いたりする者が、感心する意にも用いる。「何と勇ましいこと。」 転 勇ましさ(名)

凛凛しい（りりしい）〔形〕態度がきびきびしていて、見る人にもはつらつとした感じを与える様子。〈凛凛しい〉は、「凛々しい若武者ぶり」とか「凛々しく響き渡る声」のように、主として若者のきびきびして勇ましい様子や態度について使うが、敵や困難を恐れずに戦う様子や積極的に行動したりする意には用いない。〈凛凛しい〉は、ややかたい文章語である。 転 凛凛しさ(名)

雄雄しい（おおしい）〔形〕困難な仕事にもぐちをこぼさず、また、ひるんだりもしないで、立ち向かっていく様子。理想的な男性の態度であるという評価を伴う。 反 女女しい、転 雄雄しさ(名)

勇壮だ（ゆうそうだ）〔ダ形動〕雄壮とも書く。張りがあり勇ましくて、見たり聞いたりする者を感激させる場合に言う。「勇壮活潑」「勇壮な行進曲」のように、人間の態度や音楽などについて使うが、〈雄雄しい〉のように、人間の風采や山・海などの自然の姿について用いることはない。

類語 勇敢（ゆうかん）だ・颯爽（さっそう）とした・精悍（せいかん）だ・凛（りん）とした

いさむ
勇む・勇み立つ・奮う・はやる・意気込む

勇む 〔動五〕人に負けずに大いにやってやろうという気持ちになって、張り切る。心が奮い立つ。「喜び勇む。」

勇み立つ 〔動五〕どんな困難でもくじけず、あるいはだれにも負けずがんばろうという気持ちが、からだ中にみなぎる。大いにがんばろうという気持ちの程度が、〈勇む〉よりも強く、じっとしていられない様子がありありと認められる場合に使う。「勇み立って歩いて行く。」

奮う 〔動五〕気力が充実して、そのさまが外に現れる。

〈勇む〉は、「勇んで参加する。」「勇んで出かけて行った。」のように、連用修飾語として用いられることが多いが、〈奮う〉は、「志気大いに奮う。」「成績が奮わない。」のように、述語として用いることが多い。また、〈勇む〉は、人が張り切って何かをすることを言うが、〈奮う〉は、「商売が奮わない。」「成績が奮わない。」のように、事柄についても使う。やや古風な言いかた。　⇒奮い起つ

はやる 〔動五〕大事を決行しようとして、興奮する。また、早く行動に移りたいと思う気持ちにも用いる。〈勇む〉は、大いにやってやろうと心が奮い立つことを言うが、〈はやる〉は、「はやる心を抑える。」「人びとのはやる気持ちを抑えるのに苦労する。」のように、何か重大なことを決行しようとして興奮し、早く行動に移りたいという気持ちになることを言う。

意気込む 〔動五〕何かをやろうと、張り切る。〈勇む〉は、困難にもめげずにがんばろうと張り切ることを言い、何かをしようとする場合の様子について広く使うが、〈意気込む〉は、何かをしてやろうと張り切って話す場合の様子について言うことが多い。　图意気込み

類語 気負う・気負い立つ・熱くなる・奮起する・張り切る・ハッスルする

いし
意志・意向・意図

意志 〔名〕意思とも書く。困難や反対があっても、最後までやり抜こうという積極的な意向。最後までやり抜くだけでなく、誘惑などに絶対負けまいとする気持ちについても言う。「意志薄弱」。法律用語では〈意思〉を用い、そうしたい（あるいはしたくない）という本人の気持ちを意味する。　反感情

意向 〔名〕どうしたいか、あるいはどうするつもりかについての個人や当局の考え。〈意志〉は、困難や反対があっても最後までやり抜こうとする個人の気持ちを言うが、〈意向〉は、個人についても公的な機関についても使い、公的な場で表明される（あるいは伝えられる）考えを言うことが多い。改まった言いかたである。「意向を伝える。」

意図 〔名・スル動サ変〕何かしようと考えること。また、「よからぬ意図を抱く。」「意図がどこ

にあるのか、さっぱり分からない。」のように、考えていることの内容の意にも用いる。

類語 志向・意趣・つもり

いしき
意識・正気・人心地

意識 〔名〕感覚があり、物がはっきり分かる心の状態。また、はっきりとした知覚・認識の意にも用いる。「半分意識を失った。」

正気 〔名〕気絶したり、狂気になったり、すっかり酩酊したりしないで、気が確かであること。〈意識〉は、「意識がもどる。」のように、一時なかったものがもどって来て、再び認められる状態になることを言い、ものとして客観的にとらえて表現する場合に用いるが、〈正気〉は、「正気にもどる。」のように、いつもの心の状態・平常心にもどることを表わし、正常の心の状態であることを言う場合に用いる。

人心地 〔名〕生きているという感じ。〈意識〉〈正気〉は心の状態を言うが、〈人心地〉は、「あまりの恐ろしさに、人心地もなかった。」「少しあったまったので、やっと人心地がついた。」のように、感覚が正常な状態にあることを言う。

いじめる
いじめる・虐待する・いびる・なぶる・けなす

いじめる 〔動下一〕苛めると書く。弱い立場にある者をわざと苦痛を与えて、快感を味わう。また、「からだをいじめる。」のように、限度を超えて乱暴にからだを扱う意にも用いる。最も日常語的な言いかたである。反 かわいがる

虐待する 〔動サ変〕ひどい待遇をする。〈虐待する〉は、〈いじめる〉と同じく、人にも動物にも言うが、〈いじめる〉が、たとえば、犬を棒でなぐるとか腕白坊主が弱い子をたたくとか、こちらから積極的にはたらきかける場合に使うのに対して、〈虐待する〉は、ひどい待遇あるいはよくない待遇をすることを言い、積極的・消極的行為を含めて広く用いる。「あのとき彼を助けたところで、一生を確かに強く、虐待されずに送らせることができなければ、何にもならないことになってしまう。」

反 愛護する、名 虐待

いびる 〔動五〕いじめて、居たたまれないように仕向ける。〈いびる〉は、相手は人間に限られ、〈いじめる〉よりも陰険で悪意のある場合に用いる。やや俗語的な言いかた。「あの女は、自分の子が先妻の子よりも出来が悪いのを根に持って、長い間先妻の子をいびり続けた。」

なぶる 〔動五〕おもしろがって、弱い者を苦しめたりからかったりする。初めから自分より弱いと分かっている者を、いいおもちゃにしてからかったり、いじめたりしておもしろがることを言い、〈虐げる〉〈いびる〉よりも、さらに陰険さや悪意が感じられる。

けなす 〔動五〕貶すと書く。しいて、悪い点ばかりを取り上げて言う。長所を無視して、あえて、悪い点だけを取り立てて言うこと

に用い、人の性格・行為・作品のいずれについても使い、次の〈くさす〉よりも対象が広い。やや俗語的な言いかた。「彼は人のことをけなしてばかりいるから嫌われるんだ。」 ㊛ほめる

類語 虐(しいた)げる・責(せ)める・さいなむ・くさす

いじる

いじる・もてあそぶ

いじる 〔動上一〕 用もないのに、やたらに手でさわったりなでまわしたりする。また、興味本位に物を集めたり調べたりする意や、制度・機構を大したことのない範囲で部分的に改変する意にも用いる。〈いじる〉は、「えんぴつをいじる。」のように、手の先にのるような小さいものについても、「自動車をいじる。」のように、ずっと大きいものについても使う。

もてあそぶ 〔動五〕 弄ぶと書く。手に持って遊ぶ。また、「政治をもてあそぶ。」のように、あたかも自分の所有物であるかのように勝手に扱う意や、「策略をもてあそぶ。」のように、「弄する」の意の和語的表現としても用いる。抽象的な内容の事柄について使う場合、〈いじる〉は、どうでもいい範囲で部分的に改変することを言うが、〈もてあそぶ〉は、真剣な態度ではなく、あたかも自分の所有物であるかのごとく、なぐさみに扱う意を表わす。〈もてあそぶ〉は、文章語的表現。

類語 いじくる・いらう

いじわるだ

意地悪(いじわる)だ・邪険(じゃけん)だ・無愛想(ぶあいそう)だ

意地悪(いじわる)だ 〔形動〕 意地が悪くて、人に嫌われること。また、その人。⇩意地悪い

邪険(じゃけん)だ 〔形動〕 邪慳とも書く。人の気持ちをくみ取らないで、意地悪くする様子。〈意地悪だ〉と意味が近いが、〈邪険だ〉の方が、外面的な行動について使われることが多い。〈意地悪だ〉は、こちらが相手に対して抱く気持ちや働きかける行為について言うが、〈邪険だ〉は、こちらが働きかけたことに対する、相手の外面にはっきりと現れた態度について多く使う。したがって、〈邪険だ〉は、「邪険に扱われる。」のように、受動的な行為について言うことが多い。やや古風な文章語である。

無愛想(ぶあいそう)だ 〔形動〕〈ぶあいそだ〉とも言う。あいそがなくて、人づきあいの悪いこと。用件だけをかたづけ、おせじなど全く言わない様子。相手に対して意地悪くふるまうわけではないが、おせじを言ったり、相手の発言に調子を合わせたりすることが全くないために、相手を不愉快にさせることを言う。

類語 性悪(しょうわる)だ・とげとげしい・意地(いじ)が悪(わる)い・つんけんする

いずれ

いずれ・遅(おそ)かれ早(はや)かれ・そのうち・追(お)っつけ・ちかぢか

いずれ 〔副〕 あまり遠くない将来において。また、遅い

早いの違いはあるが、同じ結果になることの意にも用いる。〈いずれ〉は、近い将来に、ある行為や状態が実現することを表わし、時間的な幅は、「いずれ雨もあがるだろう。」のように、かなり短い場合から、「詳しいことはいずれお目にかかって申し上げます。」のように、いくらか長い場合まである。やや改まった言いかた。

遅(おそ)かれ早(はや)かれ　〔副〕遅い早いの多少の違いはあっても、いつかは。どうせそのうちには。自分にとって都合の悪いことが、遅い早いの違いはあっても、いつかは皆に知られてしまうという意味合いで用いることが多い。やや俗語的な言いかた。「遅かれ早かれ分かることなんだから、今のうちになんとかしなきゃあ。」

そのうち　〔副〕近いうち。近日。〈いずれ〉とほぼ同程度の時間の幅を表わす。〈いずれ〉よりもくだけた言いかた。また、〈いずれ〉は、「いずれ彼も納得するだろう。」のように、近い将来に実現されることを想像して言う推量表現に用いることが普通だが、〈そのうち〉は、「そのうち私はこのような考えにとらわれ始めた。」のように、過去の時点からすでにいくらか時間が経過した現在において、ある行為が始まったことを表わす用法がある。

追(お)っつけ　〔副〕あまり長い間待たないうちに。まもなく。「追っつけ来るだろう。」のように、〈やがて〉とほぼ同じ時間的な幅に用いる。

ちかぢか　〔副〕近近と書き、〈きんきん〉とも言う。近いうちに。近い将来。「ある出版社から、ちかぢか本を出すことになっています。」のように、近い将来、あることが実現することがほとんど確定している場合に用いる。

[類語] やがて・早晩(そうばん)・近時(きんじ)

いぜん

依然(いぜん)・相変(あいか)わらず・いまだ

依然(いぜん)　〔副〕〈依然として〉の語形で用いられることが多い。元のとおりであって、以前と少しも変わらない様子。

相変(あいか)わらず　〔副〕今までのとおりで、少しも変わらない様子。〈相変わらず〉は、「相変わらずお元気ですか。」「相変わらず見事な出来ばえだ。」のように、人の生活や健康、ものや事態のありさまなどについて用い、プラスの状態が少しも変わらないで持続していることにも使うが、〈依然〉は、「依然として事態は少しも好転しない。」「旧態依然たる建物」のように、解決されたり解消されたりすることが望まれる事態やものが、以前と少しも変わらない状態で存在している場合に、マイナスの意味で用いることが多い。また、〈相変わらず〉は口頭語的だが、〈依然〉はかなりかたい文章語である。

いまだ　〔副〕〈いまだに〉の語形で用いることもある。〈まだ〉の意の古風な言いかた。ある状態が持続していて、次の状態が予測される事態になっていないことを表わす。[反]すでに

[類語] まだ・今(いま)もって・尚(なお)も

いそがしい

忙しい・せわしい・多忙・多事

忙しい　〔形〕急ぎの仕事など、する事に追われていて、ゆっくりくつろぐ暇がない。また、「年の瀬は何となく忙しい。」のように、情勢が差し迫っていて、落ち着かない様子の意にも用いる。(反)暇だ、(転)忙しさ(名)

せわしい　〔形〕忙しいと書く。用事が次から次とあって暇な時間が少ない。また、忙しくて落ち着かない様子の意にも用いる。〈忙しい〉と〈せわしい〉は、意味が非常に近いが、〈忙しい〉は、仕事に追われてゆっくりくつろぐ時間がない意に用いることが多く、〈せわしい〉は、忙しくて落ち着かない意に用いることが多い。(転)せわしさ(名)

多忙　〔名・ダ形動〕仕事が多くて、くつろぐ暇もない様子。〈忙しい〉に意味が近いが、情勢が差し迫って来て、何となく落ち着かない意には用いない。(転)多忙さ(名)

多事　〔名〕仕事が多くて忙しいこと。また、事件が多くて、世の中が騒がしいことの意にも用いる。「今年もまた多事多難だった。」

類語　気忙しい・慌ただしい

いそぐ

急ぐ・せく・慌てる

急ぐ　〔動五〕物事を短い時間で早くしようとする。また、早くしようとして焦る意にも用いる。「道を急ぐ。」(転)急ぎ(名)

せく　〔動五〕急くと書く。〈せく〉は、「気がせく。」「心がせく。」のように用い、「焦る」の意に近い。〈急ぐ〉は、「道を急いでいる。」「仕事を急ぐ。」のように、外に現れた様子を言う場合に使うが、〈せく〉は、もっと主観的で、事柄がなかなか実現しないことに対して心があせることを言い、「はやる」に近い意を表わす。やや古風な言いかた。

慌てる　〔動下一〕なにかにせかされたり、思いがけないできごとに出あったりして、落ち着きを失う。〈急ぐ〉は意識的な行為であるが、〈慌てる〉は、思わぬ事態、心の準備ができていない状況が突発して、冷静さを欠くことを言う。「あわてて、失敗する。」

類語　せかせかする・あわてふためく・あくせくする・焦る

いたいたしい

痛痛しい・痛ましい・かわいそうだ・気の毒だ

痛痛しい　〔形〕気の毒で見ていられない様子。〈気の毒だ〉と意味が近いが、〈気の毒だ〉よりも、相手の身になって受けとめようとする程度がはなはだしい場合に使う。自分と対等の者の様子にも、また、目下・年下の者の様子にも言う。(転)痛痛しさ(名)

痛ましい　〔形〕かわいそうで、見ていて、あるいは聞いていて胸がしめつけられるように思われる。〈痛痛しい〉は、「痛痛しくて見ていられない。」「見ていて、痛痛しい気がした。」のように、自分が直接目にしたことについての感じを言うが、〈痛ましい〉は、「痛ましいニュース」「痛ましい話で、とても聞いていられなかった。」のように、見る場合にも聞く場合にも使い、相手の様子だけでなく、それに対して感じる自分の気持ちについても言う。[転]痛ましさ(名)

かわいそうだ 〔形動〕可哀相だと書く。弱い立場や逆境にある者に対して、できることなら何とか救ってやりたいと思う気持ち。〈かわいそうだ〉は、弱い立場や逆境にある者の様子について自分が感じる気持ちを言う。

気の毒だ 〔形動〕他人の非運や不幸を見聞きして、心から同情したくなる。〈かわいそうだ〉は、自分より弱い立場にある者について使うが、〈気の毒だ〉は、「先生は、最近奥さんをなくされて、全くお気の毒だ。」のように、目上・年上の者についても使う。また、〈かわいそうだ〉は、相手の様子について、純粋に同情することを言うが、〈気の毒だ〉は、「彼は、人の思いやりの全く分からない気の毒な人間だ。」のように、やや軽蔑の意を含んだ同情にも用いる。

[類語] 不憫だ・痛わしい

いたむ

痛む・うずく

痛む 〔動五〕肉体に痛みを感ずる。また、「心が痛む。」のように、心に苦しみを感じる意にも用いる。[転]痛み(名)

うずく 〔動五〕疼くと書く。ずきずき痛む。〈うずく〉は、〈痛む〉の中の特殊な場合を言い、むし歯・傷などがずきずき痛む場合に用いる。鼓動を伴って、かなり長時間感じられる痛みで、瞬間的な痛み・弱い痛みには言わない。また、比喩的に、「心が痛む。」と言うと、心配・悲しみなどを表わすが、「心がうずく。」と言うと、失恋・後悔など、多少うしろめたい場合とか、心の痛みが強い場合に言う。「冬になると古傷がうずく。」「失恋に心がうずく。」[転]うずき(名)

いち

位置・立場・場所

位置 〔名〕その人が、その組織や社会で占める立場や境遇。また、そのものが全体の中で占める場所の意にも用いる。

立場 〔名〕その人が置かれている境遇・地位・役割など。また、立っている場所やその人、あるいは、組織の行動を支えるものの見方・考え方の意にも用いる。〈位置〉は、「大きな位置を占める。」「重要な位置にある。」のように、その人が、自分の属する組織や社会の中で占める立場・境遇の意に用いるが、〈立場〉は、「そんなことを言われては、私の立場がない。」のように、役割とか面目の意にも、また、「我々の立場からは、そうは考えられない。」のように、見方・考え方の意にも用い、意味が広い。

場所 〔名〕何かが行われる所。また、「場所をあける。」のように、ある広さのある空間の意にも用いる。「この会社には、あなたがいる場所はないんです。」のように、その人が、ある組織において占めるポストについても用いるが、立場や役割、あるいは面目などの意に用いることはない。

類語 ポジション・地位・部位

いちどに

一度に・一時に・一息に・一気に・一挙に

一度に 〔副〕 間を置かず、一続きに何かをする様子。また、「盆と正月が一度に来たようなものだ。」のように、同じ時期にそろっての意にも用いる。〈一度に〉は、「いくつかの仕事を、一度に片付ける。」のように、間を置かず短い時間（ほとんど同時）に行うことを言う。

一時に 〔副〕 短時間に。一回で。〈一度に〉の意に近いかたい文章語だが、「多くの仕事を一度に片付ける。」のように、二つ以上の仕事などを、短い時間にそろって行う意には用いない。また、〈一度に〉〈一気に〉は、短い時間で何かを完了することを言うが、〈一時に〉は、「一時に病状が悪化した。」のように、ある状態が別の悪い状態へ、短時間で変わる場合に使うことが多い。また、「百雷一時に落ちる。」のようにも使う。

一息に 〔副〕 一回の行動で事を終える意。「一息に酒を飲む。」「一息に仕上げる。」のように、具体的な動作について用いる。

一気に 〔副〕 〈一息に〉の意の漢語的表現だが、動作を行う時間がさらに短いという感じが強い。〈一息に〉のように具体的な動作にも、また、〈一挙に〉のように抽象的な行為にも使う。

一挙に 〔副〕 一回の行動で局面を転換することを表わす。「一挙に懸案を解決した。」「一挙に劣勢を挽回した。」のように、抽象的な内容について用いる。

類語 いっぺんに・いちどきに・一括して・同時に・まとめて

いつ

いつ・いつか・いつぞや

いつ 〔代・副〕 不定の時、また時に関する疑問を表わす。どんな時。どんな時点において。「それはいつのことですか。」

いつか 〔副〕 どの時点かにおいて。〈いつ〉〈いつか〉は、ともに、不定の時を表わすが、〈いつ〉が過去の時について使われる場合は、「いつお目にかかりましたかね。」のように、単に不定の時を言うだけでなく、行為そのものが行われたことに対する疑問の意を表わすのに対して、〈いつか〉は、「いつかお目にかかりましたね。」のように、時は不定だが、行為が行われたことは認める意を表わす。また、〈いつ〉は、「いつ会っても元気だね。」のように、同じ行為を反復する場合にも使うが、〈いつか〉には、このような意味用法がない。逆に、〈いつか〉は、「いつか明るくなっていた。」のように、気がつかないうちに、状態の変化が行われたことを表わすが、〈いつ〉には、このような意味用法はない。

いつぞや 〔副〕〈いつか〉とほぼ同義だが、やや古風な言いかた。また、〈いつか〉は、過去・未来について、不定の時を表わすが、〈いつぞや〉は、「いつぞやそんな話を聞いた。」のように、それほど遠くない過去のある時点を指して言うことが多く、状態が変化した時が不明であることを意味する用法はない。

いっしょうけんめい

一生懸命（いっしょうけんめい）・必死（ひっし）・一心（いっしん）・一心不乱（いっしんふらん）

一生懸命（いっしょうけんめい） 〔名・ダ形動〕正しくは一所懸命と書く。物事を命がけでなすこと。一心に事をなすこと。「一生懸命に働く。」

必死（ひっし） 〔名・ダ形動〕全力を尽くす様子。命がけ。命を投げ出して（あるいは死を覚悟して）、なにかをする場合に用いる。〈一生懸命〉よりも、切迫感の度合が強い。「一生懸命勉強する。」は、毎日のことであってもおかしくないが、「必死に勉強する。」は、たとえば、試験をすぐ後に控えたときの勉強の仕方を言う場合にふさわしい。したがって、自分の身に危険が迫って死にもの狂いに抵抗するような場合には、〈必死〉を使い、〈一生懸命〉は使いにくい。また、〈一生懸命〉は、プラスの事態を実現しようとする場合に用いることが多いが、〈必死〉は、マイナスの事態から脱しようとする場合に用いることが多い。

一心（いっしん） 〔名〕一つの事に心を集中すること。何か一つの事だけに心を集中して、それに打ち込んでいる様子を表わす。したがって、「一心に祈っていた。」のように、ある一つの動作を継続して行っている場合に用いることが多い。

一心不乱（いっしんふらん） 〔名・ダ形動〕一つの事に心を集中して、全く雑念が起こらないこと。〈一心〉よりも、一つの事に心を集中する度合が強い。「母は、さきほどから一心不乱にお祈りしている。」

類語 懸命（けんめい）・死（し）にもの狂（ぐる）い・一途（いちず）・ひたすら・一筋（ひとすじ）

いっそう

一層（いっそう）・ひときわ・一段（いちだん）と・ますます

一層（いっそう） 〔副〕他の物よりこの物の方が、前の状態より今度の状態の方が、明らかに程度が大きい様子。「ご同伴願えれば一層都合がよい。」「二月になると一層寒くなる。」のように、二つのものや状態を比較して、このものや今度の状態の方が、さらに程度が大きいことを表わす。他の多くのものと比較して言う場合には、〈一層〉は、使えない。

ひときわ 〔副〕一際と書く。多くの中で、それだけきわだってすぐれて見える様子。「遠くに見える山々の中でひときわ高いのが富士山だ。」のように、同じ種類の他の多くのものと比較して、客観的にきわだって大きく（すぐれて）見える場合に使い、感情的なことには使わない。〈ひときわ〉は、やや改まった言いかた。

一段と（いちだん） 〔副〕〈一段〉の語形でも用いる。他のものや前の状態と比べて、大分差のある様子。ずっと、二つのものを比べて、一方の方がかなりすぐれているという場合に使うことが多い。〈一層〉の意に近いが、「一層元気になった。」と「以前よりも一段と元気になった。」を比べても分かるように、〈一段と〉の方が、他のものや前の状態との差がさらに大きいことを表わす。文章語的な言いかた。

ますます 〔副〕益々と書く。前よりも一層。いよいよ。〈一層〉とほぼ同義だが、〈一層〉は、「広島より京都の方が一層寒い。」のように、異なる二つのものを比較する場合にも使うが、〈ますます〉は、同じものや事態を過去や現在と比べて言う場合に用いる。

類語 ひとしお・さらに・より

いっち

一致（いっち）・合致（がっち）・該当（がいとう）・適合（てきごう）

一致（いっち） 〔名・スル動サ変〕あれとこれとを比べて見て、違いが全く見出されないこと。また、「主義と実践とを一致させる。」のように、二つのものの間に矛盾が見られない状態の意にも用いる。

合致（がっち） 〔名・スル動サ変〕二つのものが、ちょうどうまく合うこと。〈一致〉は、「意見が一致する。」のように、抽象的な内容の事柄についても言い、また、「紙の大きさがぴったり一致する。」のように、具体的なものについても使うが、〈合致〉は、「趣旨に合致する。」「希望と合致する。」のように、抽象的な内容の事柄について用いる。また、〈一致〉は、「一致してあたれば、困難も克服できる。」のように、合わさって一つになることの意にも用いるが、〈合致〉には、この意味用法がない。

該当（がいとう） 〔名・スル動サ変〕ある条件にあてはまって一致すること。性質が違っていたり、完全に一致するわけではないが、ある条件によって、一つのものが対応したり、あてはまる場合に使う。「該当者はどなたもいらっしゃいませんか。」

適合（てきごう） 〔名・スル動サ変〕うまくあてはまること。ある条件や状況に、うまくあてはまる場合に使い、具体的なものにも抽象的な内容の事柄にも言う。「現代に適合した生活」

類語 符合（ふごう）・適中（てきちゅう）・合一（ごういつ）・あてはまる・合（あ）う

いっぱい

いっぱい・なみなみ・たっぷり・山盛（やまも）り

いっぱい 〔副〕容器や場所の限度にまで、何かが入っているさま。また、「精いっぱいやってみよう。」「明日いっぱい忙しい。」のように、能力や時間などの限度の意にも用いる。

なみなみ 〔副〕〈なみなみと〉の語形で用いられる。〈なみなみ〉は、「コップになみなみとビールをついだ。」「この大盃になみなみとついで下さい。」のように、酒やビールなどを比較的小さな入れ物に満ちあふれるほど入れる場合に使い、

〈いっぱい〉のように、大きな入れ物や場所・人などについては使わない。

たっぷり　〔副〕十分な数量がある様子。また、「皮肉たっぷりな言いかた。」「自信たっぷりだ。」のように、普通の程度よりもかなり大目にある様子の意を表わす。〈なみなみ〉は、容器に満ちあふれるほど入っている様子を言うが、〈たっぷり〉は、容器の半分量を超えていっぱいに近い程度まで入っている場合に用いる。また、〈たっぷり〉は、「たっぷりとしたズボン」「まだ時間はたっぷりある。」のように、広い対象について使う。

山盛り（やまもり）　〔名〕山のように盛ること。御飯などを容器に山のように盛り上げて入れることを言う。口語的な言いかた。「おなかがすいているので、山盛りいっぱい入れてください。」　反すりきり

類語　満満（まんまん）と・満杯（まんぱい）・たらふく・ぎっしり・みっしり

いっぱん

一般（いっぱん）・一通（ひとと）おり・一応（いちおう）

一般（いっぱん）　〔名・ニ副〕多くの事や場合にわたって、広く認められること。また、特に相違が認められないことの意にも用いる。さらに、〈一般に〉の語形で副詞として用い、全体に共通して、概しての意を表わす。「世間一般の傾向」　反特殊

一通り（ひとどおり）　〔名・副〕「一通り説明を聞く。」のように、大体・あらましの意や、「これで一通り済んだ。」「一通りそろっている。」のように、考えられる種類や全体の量を尽くすことの意などに用いる。〈一般〉は、「一般の会社」「一般にそのように言われている。」のように、多くの場合に、共通して認められることを言うが、〈一通り〉は、全体にわたって、普通の程度に何かをする場合に使うことが多い。

一応（いちおう）　〔副〕一通りの形式や手続きを整える様子。また、「おっしゃることは一応ごもっともです。」のように、決定的（全面的）とは言えないが、その事に関する限りはの意にも用いる。「一通り目を通した。」と言うと、特に詳しく目を通したわけではないが、普通の程度に全体にわたって見たことを意味する。これに対して、「一応目を通した。」は、全体でなく部分的にでも見ていれば、使うことができる。また、〈一応〉は、「一応これでよい。」「一応承諾した。」のように、十分とは言えないが、暫定的に、ある程度の評価・判断を下す場合にも用いる。

類語　通（とお）りいっぺん・普通（ふつう）

いっぽう

一方（いっぽう）・他方（たほう）・片方（かたほう）

一方（いっぽう）　〔名〕関係するいくつかのもののうち、どれか一つだけ。多くの場合、二つのうちどちらか一つだけの意に用いる。また、「天の一方をにらんで立っていた。」のように、一つの方向の意や、「一方の言い分だけを聞いていたのではよく分から

ない。」のように、自分やある物が面している一つ一つの側面の意にも用いる。㊜他方

他方（たほう）〔名〕〈一方〉に対する、もう一方のもの。「気の強い男だが、他方やさしいところもある。」のように、副詞的に用いて、「その一方では」という意味を表わすこともある。

片方（かたほう）〔名〕二つあるもののうちの一つ。〈一方〉も、多くの場合、二つのうちの一つを意味するが、方向を表わすときは、いくつかの方向のうちの一つを表わすことがある。それに対して、〈片方〉は、必ず、二つあるもののうちの一つの意に用いる。したがって、「ビルの片方は見はらしがきくが、」と言うと、あとには、たとえば、「もう片方は他のビルにさえぎられている」などの言いかたが続き、「ビルの一方は見はらしがきくが、」のあとには、「あと三方」でも「もう一方」でもよい。また、「人口はふえる一方だ。」のような副助詞的な用法や、「ほめる一方で、悪口を言う。」のように、同時にまた別のことをする意を表わす用法は、〈片方〉には認められない。㊜両方

類語 片っぽう（かたっぽう）・片や（かたや）

いどう

移動（いどう）・移転（いてん）・移住（いじゅう）

移動（いどう）〔名・スル動サ変〕位置や場所を変える。また、位置や場所が変わる。〈移動〉は、「民族の大移動」「象の大移動」のように、人間や動物をはじめとして、「移動図書館」「移動診療所」「移動性高気圧」のように、施設や自然現象などに広く用いるが、家や工場など、固定された物には使わない。

移転（いてん）〔名・スル動サ変〕何かの位置や人の住所が他に移ること。〈移転〉は、人間に限らず、店・工場・銅像・ポストなど、ある場所に固定されている物が、他に移ることを言うが、動物や自然現象には使わない。〈移動〉は、固定されていないものに使い、それが、次々と位置を変える場合に用いるのに対して、〈移転〉は、普通、固定されている物について使い、ある場所から他の場所へ一度だけ位置を変える場合に使う。

移住（いじゅう）〔名・スル動サ変〕人間が、よその土地や海外へ移り住むこと。人間についてだけ使い、動物や自然現象、あるいは固定された物には用いない。また、〈移住〉は、移り住んだ土地に永住する場合が普通。「移住民」

類語 移行（いこう）・転移（てんい）

いとおしい

いとおしい・いとしい・恋しい（こいしい）

いとおしい〔形〕かわいそうである。また、かわいらしい・いじらしいの意にも用いる。「寒空に着る物もないとはいとおしいことだ。」のように、自分よりも恵まれない者や、「末っ子だからよけいいとおしい。」のように、自分の身近なかわいくてしかたのない者について使うことが多いが、「姉の心のうちを思うといとおしい。」のように、年上の者について使うこともある。文語的な

言いかた。 転 いとおしさ(名)

いとしい　〔形〕〈いとおしい〉と同義の日常語。「ひとりっ子だけに、よけいいとしく思われる。」 転 いとしさ(名)

恋しい　〔形〕好意や愛情をもつ相手に、いますぐにでも接したいという思いがする。〈慕わしい〉とほぼ同義だが、相手を思う気持ちが「慕わしい」よりも強い場合に用いる。また、「火が恋しい。」「昔が恋しい。」のように、物や状況についても使う。 転 恋しさ(名)

類語 慕わしい・最愛の

いとなむ

営む・催す・行う

営む　〔動五〕計画を立てて、仕事や何かをする。「社会生活を営む。」のように、特に苦労したり責任を持ったりして何かをするわけではない場合にも用いるが、多くは、「事業を営む。」「法事を営む。」のように、苦労したり責任を持って何かをしたりする場合に使う。 転 営み(名)

催す　〔動五〕計画して、会などを開く。かなり規模の大きい会を開く場合に使う。また、「眠気を催す。」のように、ある外的刺激によって、そういう生理的・精神的状態を起こす意にも用いる。 転 催し(名)

行う　〔動五〕あるルールに従って、何かをする。意味が広く、ちょっとしたことをする場合をはじめとして、責任を持って何かをする場合や、計画を立てて会を開く場合などにも用いる。また、「意思表示を行う。」「意見の調整を行う。」のような抽象的行為にも広般に使われる。 転 行い(名)

類語 取り運ぶ・開催する・挙行する

いなか

田舎・地方・片田舎・辺地・僻地

田舎　〔名〕大都会から離れた地方。また、「田舎田舎している。」「田舎道」のように、田畑が多く、人家が少なく、人通りの少ない所の意や、「私の田舎は鳥取です。」のように、生まれ故郷・出身地の意にも用いる。 反 都会

地方　〔名〕首都およびそれに準ずる大都市以外の土地。また、区分した、広い地域の意にも用いる。〈地方〉は、〈中央〉の反義語で、中央を中心に考えれば不便であるという印象はあるが、都会の反義語である〈田舎〉に感じられる、寂しく静かであり、田畑が多く人家が少ないという意味合いは、それほど強くない。また、〈地方〉は、「京都地方」「広島地方」のように、固有名詞としての用法があるが、〈田舎〉にはこれがなく、逆に、「田舎道」「私の田舎は鹿児島です。」のように、人家・人通りが少ないとか、故郷・出身地の意は、〈地方〉には認められない。 反 中央

片田舎　〔名〕大都会から遠く離れた、交通不便で人家も少ない村里。〈田舎〉は、中央を基準に考えれば、かなり人口の多い都市についても言えるが、〈片田舎〉は、それよりもさらに不便で、人家の少ない

村里について使う。また、故郷・出身地の意は、〈片田舎〉にはない。

辺地（へんち）〔名〕都市から離れた、交通の不便な土地。〈片田舎〉の意に近いが、〈辺地〉は、都市から遠く離れた、交通の不便な土地ということに意味の重点があり、人家が少ないとか寂しいの意は、〈片田舎〉ほど強くない。「辺地の教育や医療には、さまざまの問題がある。」

僻地（へきち）〔名〕〈辺地〉とほぼ同義だが、よりかたい言いかた。「山間僻地」

類語 郡部（ぐんぶ）・鄙（ひな）・辺境（へんきょう）・辺土（へんど）

いねむり

居眠（いねむ）り・うたたね・仮眠（かみん）

居眠り（いねむり）〔名・スル動サ変〕何かをしている途中で、姿勢をくずさずそのまま眠ってしまうこと。横にならないで、座ったり腰をかけたりしたまま眠ることを言う。〈居眠り〉は、本人が寝るつもりでないのに、疲れていたりしてつい眠ってしまう場合に使う。「居眠り運転」

うたたね〔名・スル動サ変〕〈居眠り〉と同じように、正式に床に入らず、しばらく横になったり、座ったままの姿勢で寝ることを言う。また、〈居眠り〉と同じく少しの時間寝る場合に使う。

仮眠（かみん）〔名・スル動サ変〕十分な時間はとれないが、きわめて短時間、一応眠ることを言う。〈居眠り〉〈うたたね〉は、十分時間がある場合にも使うが、〈仮眠〉は、何かの事情で、そのあと不眠不休で仕事をしなければいけなかったり、現に休まずに仕事をしている場合などに、時間をさいて、意識して眠る場合に使う。「仕事はまだまだ終わりそうになかったので、少し仮眠することにした。」

いふく

衣服（いふく）・衣類（いるい）・着物（きもの）・衣裳（いしょう）・お召（め）し物（もの）

衣服（いふく）〔名〕洋服や和服など、からだをおおうもの。比喩的に、「木々が緑の衣服をまとう。」のようにも言う。

衣類（いるい）〔名〕シャツやコートにいたるまで、身に着けるものすべて。着物類。〈衣服〉は、「衣服を身にまとう。」のように、身につけている場合に使うことが多いが、〈衣類〉は、普通、「衣類を片付ける。」のように、現に身につけていない着物類のすべてを言う。⇩衣料

着物（きもの）〔名〕からだに着るもの。〈衣服〉とほぼ同義だが、〈衣服〉が和服・洋服のどちらも指すのに対して、〈着物〉は、普通和服を指す。「着物を着る。」

衣裳（いしょう）〔名〕衣装とも書く。〈着物〉とほぼ同義。また、「この芝居の衣裳は立派だ。」「豪華な衣裳」のように、立派な衣服について言う。

お召し物（おめしもの）〔名〕他人が身につけている着物を、他人を敬って言う場合に用いる。「奥様のお召し物は、本当によくお似合いです。」

類語 衣（ころも）・被服（ひふく）・服（ふく）・装束（しょうぞく）・着衣（ちゃくい）・コスチューム・ウェア

いま

今(いま)・ただ今(いま)・このごろ・今(いま)どき・今(いま)ごろ・現在(げんざい)・目下(もっか)

今(いま)　〔名・副〕現在の時点。あるいは現在の時点に多少の幅を加えたもの。また、「今しばらくお待ちください。」「今一度やってみたらどうですか。」のように、それまでの状態に何かを少し加える意にも用いる。〈今〉は、「今すぐ行きます。」のように、ごく近い未来を表わす用法と、「今来たところです。」のように、ごく近い過去を表わす用法がある。また、〈今〉は、時間が長い場合にも短い場合にも使う。㊛昔

ただ今(いま)　〔副〕「ただ今参ります。」のように、ごく近い未来にも、「ただ今出かけました。」のように、ごく近い過去にも用いるが、〈今〉よりも時間が短い。〈今〉は、「今参ります。」のようにも、「今来るよ。」のようにも言い、敬意とは直接関係なく使うが、〈ただ今〉は、「ただ今参ります。」のように、丁寧な改まった言いかたにおいて使うことが普通である。

このごろ　〔名・副〕話し手が当面している現在。「このごろの天候ははっきりしませんね。」のように、少し前から現在を含めて言う場合に用い、未来のことには使わない。〈今〉よりも、時間の幅が長い。

今(いま)**どき**　〔名・副〕〈このごろ〉の意のやや古風な用語。「今どきそんな結構な話があるものか。」「今どきの人にも似合わぬことを言う。」のように、否定的な意味合いの文脈で用いられることが多い。

今(いま)**ごろ**　〔名・副〕この時間、または、この時期。現在の時点や季節を言うが、「今ごろ雪が降るとは変な気候だ。」のように、時期はずれである、あるいは時期を失しているという意味合いを伴うことが多い。

現在(げんざい)　〔名・副〕〈今〉の意の漢語的表現だが、ごく近い未来やごく近い過去を言う用法はない。主体が何かしているその時に近い過去や未来を含んで、いくらか時間の幅を持たせて使うことが多い。日常的な会話では多く〈今〉が使われ、〈現在〉は、改まった場面や文章語として使われる。「現在地」

目下(もっか)　〔名・副〕さしあたった現在。ただ今。〈目下〉は、〈今〉〈現在〉の改まった言いかただが、「目下の急務」のように、その状態が続いている時間が短い場合に使うのが普通である。

類語　今時分(いまじぶん)・きょうび・当今(とうこん)・当節(とうせつ)・現今(げんこん)・時下(じか)

いまいましい

忌(い)ま忌(い)ましい・ねたましい・うらやましい

忌(い)**ま忌**(い)**ましい**　〔形〕相手のひどい仕打ちや、取り返しのつかない自分の失敗などを思い出しては、相手や自分の存在を呪いたい気持ちだ。相手のひどい仕打ちに対する自分の腹だたしい気持ちを言うことが多い。「彼は妻を心からいまいましく思った。」㊇忌ま忌ましさ(名)

ねたましい 〔形〕 妬ましいと書く。他人の幸福や長所を自分と比べてうらやんで、幸福な生活の邪魔をしたいと心の中で思う。〈忌ま忌ましい〉は、相手のひどい仕打ちに対して、相手の存在を呪いたくなるような腹だたしい気持ちを言うが、〈ねたましい〉は、他人の幸福や長所が自分と比べて大きいので、その邪魔をしたいと思う気持ちに使う。「私は彼の頭の良さをいつも心の中でねたましく思っていた。」 転 ねたましさ(名)

うらやましい 〔形〕 羨ましいと書く。相手のすぐれた状態を見て、自分もそうなりたいと思う。〈ねたましい〉は、相手の長所をうらやんで、その邪魔をしてやりたいと思う気持ちを言い、マイナスの意味合いが強いが、〈うらやましい〉は、相手のすぐれた状態を見て、そこまで自分も到達したいと思うが、そうなれないので、自分自身を不満に思う気持ちについて使うことが多い。したがって、相手を呪ったり、自分の位置まで落としてやろうとしたりする気持ちは弱いので、マイナスの意味合いはさほど強くは認められない。 転 うらやましさ(名)

類語 腹立(はらだ)たしい・疎(うと)ましい

いみ

意味(いみ)・意義(いぎ)・訳(わけ)

意味(いみ) 〔名〕 動機として、背後に持っている理由。意味合い。〈意味〉は、これ以外に、すべての表現の表わす内容の意や、「この研究は意味がある。」のように、価値・有意義の意にも用いる。

意義(いぎ) 〔名〕 ことばの持っている内容。また、「有意義な生活を送る。」のように、価値のある意にも用いる。〈意義〉は、「ある意味があって始めた仕事」のように、背後にある理由・動機の意には用いられず、また、表現の内容の意に用いる場合には、単語だけについて言い、文・文章や絵の内容について使われることはない。「この単語の意義」

訳(わけ) 〔名〕 ある結果をひき起こす事情。理由。〈わけ〉は、意味が広く、これ以外に、事柄やことばなどの内容・意味、「それなら怒るわけだ。」のように、結果として当然であること、「わけを説いて聞かせる。」のように、物事の道理、「わけのない仕事」のように、物事をするのに手間がかかってむずかしいことなどの意にも用いる。事情・理由の意に使う場合は、〈意味〉とほぼ同義だが、〈意味〉が、何か重要な理由、当然の理由を表わす場合に用いることが多いのに対して、〈わけ〉は、「わけもなく泣き出す。」「別にいやだというわけではないが。」のように、軽い事情や理由を表わす場合にも使う。

類語 含(ふく)み・理由(りゆう)・いわく

いらいら

いらいら・やきもき

いらいら 〔副・スル動サ変〕 苛々と書く。思うようにならなくて神経が尖り、気持ちがじりじりするさま。「待ち人が来なくていらいらする。」「町の騒音にいらいらする。」のように、自分の思うようにならなかったり、神経をいらだたせることがあったりして、気持ちがじりじりと落ち着かないことを言う。「あの子には、ほんとうにいらいらする。」

やきもき 〔副・スル動サ変〕 気をもんでいらいらするさま。〈いらいら〉は、思うようにならなくて、神経質になり、気持ちが落ち着かないさまを言い、自分の状態に使うのが普通だが、〈やきもき〉は、「回りの者がやきもきしているのに、当人は平気な顔だ。」のように、自分以外の人についても使い、何かを解決したり実現したりしたいと思って、しきりに気をもむことを言う。

類語 うずうず・はらはら・むずむず・気(き)をもむ・気(き)をせく

いらだち

いらだち・焦燥(しょうそう)・焦慮(しょうりょ)

いらだち 〔名〕 苛立ちと書く。思うようにならなくて、気持ちがじりじりすること。

動 いらだつ

焦燥(しょうそう) 〔名・スル動サ変〕 焦躁とも書く。焦って、いらいらすること。「昇進が遅れて焦燥している。」のように、焦りやそれに伴う苦しみの意が、〈いらだち〉よりも強い。かなりかたい文章語。

焦慮(しょうりょ) 〔名・スル動サ変〕 いらいらして気をもむこと。仕事がうまくはかどらなかったり、事態がうまく解決しなかったりして、いらいらと気をもむことを言い、自分の気持ちだけでなく、「焦慮の色が濃い。」のように、相手や第三者の気持ちについても使う。

類語 周章(しゅうしょう)・狼狽(ろうばい)

いる

いる・おる・いらっしゃる

いる 〔動上一〕 居ると書く。人や動物などが、ある時間、その場所に存在する。また、「見ている人」「笑っている」のように、補助動詞としても使い、動作・作用・状態がまだ完了しないことを表わす。次の二語もおなじ。「パトカーがいる。」

おる 〔動五〕 〈いる〉のやや古風な言いかた。

いらっしゃる 〔動五〕 〈いる〉の敬語。また、「来る」「行く」の意の敬語としても用いる。「あの人は笑っていらっしゃいました。」

いる

煎(い)る・あぶる・いためる・煎(せん)じる

煎(い)る 〔動五〕 火にかけて、水分がなくなってからからになるように煮つめる。また、あぶって焦がす意にも用いる。

あぶる 〔動五〕 焙ると書く。火や日光に当てて暖める、または焼く。〈煎る〉は、「豆やぎんなん・ゴマなど、主として粒状の食べ物を水分がなくなってからからになるように煮たり焦がしたりする意に用いるが、〈あぶる〉は、「炭火で魚をあぶる。」のように、食べ物を少し焼くことを言うだけでなく、「火鉢で手をあぶる。」のように、食べ物以外のものを火や日光で暖める意にも用いる。

いためる　〔動下一〕炒めると書く。「キャベツをいためる。」「いため御飯」のように、野菜や御飯などを油でいりつける場合に用いる。

煎じる（せんじる）　〔動上一〕〈煎ずる〉とも言う。薬草などを、時間をかけて煮て、中の成分を出す場合に使う。「漢方薬を煎じる。」

類語　焙じる（ほうじる）

いれもの

入れ物（いれもの）・容器（ようき）・器（うつわ）

入れ物（いれもの）　〔名〕何かを入れる物。容器。〈入れ物〉は、大きなものから小さなものまで、いろいろの大きさのものについて使い、また、特定のものを入れるために特定の形に作ったものについても、紙袋のように、なんでも入るものについても使う。「これを入れる何か適当な入れ物はないかね。」

容器（ようき）　〔名〕何かを入れる物。〈入れ物〉とほぼ同義だが、〈容器〉は、液体や気体を入れる〈器〉について使うことが多い。また、〈容器〉は、特定のものを入れるために用意した特定の形の入れ物を指して言うことが普通である。

器（うつわ）　〔名〕〈容器〉のうち、食器や小鉢、椀などを指すことが多い。やや雅語的な表現。また、〈器〉は、「彼は社長の器ではない。」のように、その地位で仕事をやっていけるだけの能力のある人の意にも用いる。

いろいろ

色色（いろいろ）・多様（たよう）・種種（しゅじゅ）・様様（さまざま）

色色（いろいろ）　〔名・副・ダ形動〕種類がたくさん（幾通りか）ある様子。〈色色〉は、等質なものが何種類ある場合にも、異質のものが混じり合っている場合にも使う。最も日常的な言いかた。「人生にはいろいろのことがある。」⇩いろんな

多様（たよう）　〔名・ダ形動〕色色の種類がある様子。種種。「統一を排し、多様を愛する。」「多様性」のように、異質のものが多く認められることを言い、異質のものが含まれることを積極的に表わす点で、〈色色〉よりも程度が強い。かたい文章語。「今日の会では、多様な話題が出た。」「この一年、多様な本を読みあさった。」

種種（しゅじゅ）　〔名・副〕〈色色〉の意とほぼ同義の漢語的表現。「種種の本を読みあさった。」「種種の衣服」の〈種種〉は、〈多様〉ほど異質のものが多く混じり合っておらず、その範囲も広くない場合に用いる。「種種雑多」

様様（さまざま）　〔名・ダ形動〕〈色色〉とほぼ同義だが、〈色色〉が、単に、種類がたくさんあることを言うのに対して、〈様様〉は、「いろいろの問題が様様に論じられた。」のように、一つ一つの異なっているありようを対比する意味合いが強いように思われる。やや文章語的な言いかた。

いんきだ

陰気だ（いんきだ）・陰鬱だ（いんうつだ）・沈鬱だ（ちんうつだ）

陰気（いんき）だ　〔形動〕暗い感じで、晴れ晴れしない様子。湿気・寒さ・冬の天候など自然の状態や雰囲気・部屋の様子など人が作り出す状態、あるいは人の気質などについて、広く用いる。「陰気な人」　(反)陽気だ、(転)陰気さ(名)

陰鬱（いんうつ）だ　〔形動〕心が沈んで晴れ晴れしない様子。また、活気や明るさのない様子の意にも用いる。〈陰気だ〉は、その場の状況や人の表情などが暗い感じで、明るさが全く認められないことを、客観的に言う意味合いが強いが、〈陰鬱だ〉は、そのような状況に接して感じる主体の気持ちの方に重点があり、心がすっかり沈んでしまって、晴れ晴れしたところが全くない意を表わす。かたい文章語。　(転)陰鬱さ(名)

沈鬱（ちんうつ）だ　〔形動〕気持ちがすっかり沈んで、ふさぐ様子。「沈鬱な顔色」「沈鬱な面持ち」のように、表情に現れた状態について使うことが多い。かたい文章語。　(転)沈鬱さ(名)

類語　憂鬱（ゆううつ）だ・鬱陶（うっとう）しい・陰湿（いんしつ）だ・気（き）が詰（つま）る・鬱鬱（うつうつ）・暗鬱（あんうつ）だ・メランコリー

う

うえ

飢（う）え・飢餓（きが）・餓（かつ）え

飢（う）え　〔名〕餓えとも書く。空腹のため、食物が欲しいと思う状態。また、「心の飢え」のように、比喩的に精神的、内面的なことについても使い、欲求するものが満たされず、しきりに求める状態を言う。「飢えをいやす。」　(動)飢える

飢餓（きが）　〔名〕長い間、食物が得られなかったり、非常に不足している状態。また、比喩的に、求める物が極度に不足している状態の意に用いる。〈飢え〉の意の漢語的表現で、かたい文章語。「世界には、いまだに飢餓に頻している人々がいる。」

餓（かつ）え　〔名〕食物がなかったり乏しかったりして、しきりに欲しがる。また、比喩的に、求める物が得られなくてしきりに欲しがることの意にも用いる。〈飢える〉の口語的な言いかただが、食物について使うことが多い。「この子ったら、まるで餓えてるみたいにかぶりついて食べてるわ。」　(動)餓（かつ）える

類語　渇（かわ）き

うかつだ

迂闊（うかつ）だ・うっかり・浅（あさ）はかだ

迂闊（うかつ）だ　〔形動〕ぼんやりしていて注意の足りないこと。少し注意していれば当然気づくことにも、気づかないでいることを言う。「うかつ者」　(転)迂闊さ(名)

うっかり　〔副・動サ変〕ぼんやりしていて忘れたり気がつかなかったりする様子。〈うっかり〉は、注意が足りなくて、大切なことを忘れる場合にも使うが、〈迂闊だ〉は、注意が足りないために、大切なこ

とに気づかないでいる状態を言う。また、〈うっかり〉は、〈迂闊だ〉よりもややくだけた言いかたである。「うっかり足をふみ外すところだった。」

浅はかだ 〔形動〕 考えの足りないさま。〈迂闊だ〉は注意の足りないことを言うが、〈浅はかだ〉は、考えが浅くて、軽はずみな言動を行うことに使う。[転]浅はかさ(名)

[類語] そそっかしい・おろかだ・ぼんやり

うかれる

浮かれる・浮き立つ・浮き浮きする・わくわくする

浮かれる 〔動下一〕 楽しさのためにいい気分になる。期待や嬉しさのために、気持ちが落ち着かないほど夢中になる。「二人は、桜の花の下や人ごみの中を、手を取り合って浮かれ歩いた。」 [反]沈む

浮き立つ 〔動五〕 楽しくて、陽気になる。気分や雰囲気が盛り上がって陽気に騒ぐ。〈浮かれる〉は、おもに気持ちについて言うが、〈浮き立つ〉は雰囲気についても使う。また、〈浮かれる〉は、「あの二人は、いったい何を浮かれているんだ。」のように、マイナスの意味合いに用いることがあるが、〈浮き立つ〉は、そのような意味合いに用いることはない。「春になると、心が浮き立つ。」

浮き浮きする 〔動サ変〕 楽しい期待や嬉しいことのために、心が陽気にはずみ、普段の落ち着きを失う様子。

わくわくする 〔動サ変〕 楽しい期待や嬉しいことのために胸が躍るさま。〈浮き浮きする〉は、楽しい期待について使うが、〈わくわくする〉は、楽しい期待だけでなく、その中に多少の不安が含まれている場合にも使う。したがって、心の高まりや緊張感の度合は、〈わくわくする〉の方がより大きいように感じられる。また、〈浮き浮きする〉は、楽しく陽気な心の状態が外に現れた様子についても言うが、〈わくわくする〉は、「胸がわくわくする。」のように、心の状態を言う場合に使う。

[類語] 心も空に・そわそわする

うけとり

受け取り・入手・受領・受理

受け取り 〔名〕 差し出されたものや届けられたものを手で受け取り、自分のものにすること。また、受け取ったしるしの書きつけ、領収書の意にも用いる。「そんな受け取り方ってあるかい。もう少し礼儀をわきまえなさい。」 [動]受け取る

入手 〔名・スル動サ変〕 欲しいものを手に入れること。自分のものにすること。「情報を入手する。」のように、抽象的な内容の事柄にも、「本を入手する。」のように、具体的なものにも広く用いる。「この本は、版元が絶版にしていますので、現在では入手困難になっております。」

受理 〔名・スル動サ変〕 書類などを受け付けること。役所や公的機関などが、書類を正式に受け

付け、受け取る場合に使うことが多い。かなりかたい文章語。「辞表を受理する。」

受領（じゅりょう） 〔名・スル動サ変〕 受け取ること。〈受理〉は、書類や研究論文など、文字が記されたものを公的に受け付ける場合に使うが、〈受領〉は、金銭や品物などを正式に受け取る場合に用いることが多い。「下記の品、確かに受領いたしました。」

[類語] 落手（らくしゅ）・受（う）け付（つ）け・収納（しゅうのう）・拝受（はいじゅ）・落掌（らくしょう）

うける
受（う）ける・受（う）け取（と）る・受（う）け入（い）れる・収（おさ）める・貰（もら）う

受（う）**ける** 〔動下一〕 ①他から与えられるものを、自分のものとする。②他から向かって来るものに応じられる構えを取る。「バケツで雨漏りを受ける。」③他から加えられる力が、そのものに及んだ状態になる。「彼は先代の事業を受けて、それをさらに発展させた。」④要求や注文に応じる。また、「強烈な印象を受ける。」のように、与えられるの意にも用いる。

受（う）**け取**（と）**る** 〔動五〕 他から渡されたり、届けられたりするものを、自分の手に収める。〈受け取る〉は、〈受ける〉よりもずっと意味が狭く、〈受ける〉の第①義に用いることが多いが、「これは決して他人事と受け取ってはならない。」のように、理解するという意で用いることは、〈受ける〉には認められない。 [転] 受け取り(名)

受（う）**け入**（い）**れる** 〔動下一〕 受け取って収める。人の言うことを容認する。また、引き取って、そこの一員として迎え入れる意にも用いる。「新入社員の受け入れのための準備をする。」「労働組合の賃上げ要求を、会社が受け入れた。」 [転] 受け入れ(名)

収（おさ）**める** 〔動下一〕 物や金銭を受け取って、自分のものにする。手に入れる。〈受け取る〉は、手で受けて取るだけで、自分のものとしない場合にも使うが、〈収める〉は、常に、自分のものにすることに使う。「これっぽっちの物、何の遠慮もいりません。どうぞお収めください。」また、期限が来て渡すべきものを渡したり、しまったりする意にも用いる。やや雅語的な用語。

貰（もら）**う** 〔動五〕 ひとがくれるものを、自分のものとする。〈収める〉は、自分のところに届いた金銭や物品を、自分のものにする場合に使うが、〈貰う〉は、人がくれると言うものを、頼んで自分のものにする場合に用いる。「これはあの人にもらったものです。」また、家に迎える意にも用いる。「嫁をもらう。」なお、「私と一緒に来てもらおう。」のように、補助動詞としても使う。 [反] やる

[類語] 引（ひ）き取（と）る・いただく

うごき
動（うご）き・蠢（うごめ）き

動（うご）**き** 〔名〕 物がじっとしていないこと。また、「新しい動きがある。」のように、それまでの状態に飽き足らず、何か新たなものに向

かって変わり始めることの意にも用いる。 動 動く

蠢き（うごめき）〔名〕〈おごめき〉とも言う。うじ虫や芋虫など足のない小さい虫が、ちょっとの間も休まずにぴくぴく動くこと。また、何か醜い、本能的なものの動きが見られることの意にも用いる。はっきりとした形で、目に見えるものではなく、一つ一つはわずかずつであっても、多くのものがもぞもぞと同時に動いているような状態について使う。人間のいやな動きについて比喩的に言うこともある。「また利権屋がうごめきだした。」 動 蠢く

類語 胎動（たいどう）・蠢動（しゅんどう）・動向（どうこう）

うずめる

埋（う）ずめる・埋（う）める・埋（う）め立（た）てる

埋ずめる（うずめる）〔動下一〕その物の存在が全く分からなくなるように、何かですっかりおおう。また、ある場所を何かですきまなくいっぱいにする意にも用いる。「堤防が決壊して田畑も家屋も泥水に埋ずめ尽くされた。」

埋める（うめる）〔動下一〕穴を掘って、その中に何かを入れ、上をもとのようにおおう。穴・スペース・空位など、あいている所を満たしたり、補ったりする。また、「ふろをうめる。」のように、熱い湯、濃い液などに水などを入れて、ぬるくしたり薄めたりする意にも用いる。〈埋める〉は、「部長のポストを埋める。」「穴を埋めて平らにする。」のように空位であった地位や穴などを満たす意に用いるが、この意味用法は〈埋ずめる〉にはない。「お風呂が熱かったら、どうぞうめてください。」 反 あける

埋め立てる（うめたてる）〔動下一〕海・湖・沼・低地などに土を入れて陸地にしたり、整地したりする。「海を埋め立てて、飛行場を造る。」 転 埋め立て(名)

類語 埋（い）ける・埋（う）もれる・埋（う）ずまる・埋（う）まる・埋（う）ずもれる

うそ

嘘（うそ）・嘘（うそ）っぱち・偽（いつわ）り・でたらめ・嘘八百（うそはっぴゃく）・虚偽（きょぎ）・作（つく）り事（ごと）

嘘（うそ）〔名〕事実や真実でないことば。他をだましあざむくために言ったことば。ややくだけた言いかたとして、適当でないことの意にも用いる。「嘘が通れば道理がひっこむ。」「そうこなくっちゃ嘘だよ。我々の間に遠慮や気兼ねは無用だよ。」 反 本当

嘘っぱち（うそっぱち）〔名〕〈嘘〉とほぼ同義だが、適当でないことの意には用いない。〈嘘〉を強めた俗語的な言いかた。「そんなことは嘘っぱちにきまってる。」

偽り（いつわり）〔名〕事実・真実に反すること。人をだましあざむくために言ったことば。〈いつわり〉は、ことばとしての〈嘘〉のほかに、「いつわりの生活」「いつわりの友情」のように、ことば以外の行動や態度で、世間や身の回りの人びとをだます場合にも用いる。やや古風な用語で、改ま

った感じで使われることが多い。
㊦まこと、㊍いつわる

でたらめ　〔名・ダ形動〕全く根拠のない嘘。事実に合わないことや首尾一貫しないことを出まかせに言ったりしたりすること。〈嘘〉は、真実・事実に反することを言う場合に用いるが、〈でたらめ〉は、首尾一貫しないことをしたり、仕事の内容や生活態度がいい加減で信用できない場合にも使う。「でたらめを言うな。」「でたらめな男」

嘘八百（うそはっぴゃく）　〔句〕次から次へと並べる嘘。全くの嘘。「嘘八百を並べる。」

虚偽（きょぎ）　〔名〕事実や真実に反することを、いかにも事実のように見せかけてだますこと。〈虚偽〉は、ことば自身を指すことはあまりなく、「虚偽の申告」のように、性質を表わすことが多い。かなりかたい言いかたで、改まった文書の表現に使う。

作り事（つくりごと）　〔名〕事実をごまかしたり、人をだましたりするために、ない事をあるようにこしらえた嘘。「彼の話は全くの作り事だったんだ。」

うたう
歌う（うたう）・口ずさむ（くちずさむ）・吟じる（ぎんじる）・唱える（となえる）・詠む（よむ）

歌う（うたう）　〔動五〕唱うとも書く。曲に合わせて節をつけ、声を出す。比喩的に、小鳥がさえずるのが耳に心地良いのを言う。また、詩や歌を作る意にも用いる。「小鳥が歌う。」

口ずさむ（くちずさむ）　〔動五〕何か他のことをしながら、ふと心に浮かんだ歌や詩を、興に任せて自然に軽く声に出す。「娘は、流行歌を口ずさみながら、台所仕事をしている。」

吟じる（ぎんじる）　〔動上一〕漢詩などに節をつけて読み上げる。ま た、俳句や詩を作る意にも用いる。古風でかたい言いかた。「森かげから、高らかに漢詩を吟じるのが聞こえて来た。」

唱える（となえる）　〔動下一〕お経や呪文を口にする。また、主義や学説などを大衆に広める目的で発表したり主張したりする意にも用いる。「彼は最後まで軍国主義を唱えつづけた。」

詠む（よむ）　〔動五〕和歌や俳句を作る。または、和歌や俳句を声に出して読む。「富士山は、万葉集の歌にも詠まれているように、昔から美しい山として、我が国の人びとに愛されてきた。」

うたがい
疑い（うたがい）・不審（ふしん）・疑問（ぎもん）・疑念（ぎねん）・疑義（ぎぎ）・疑惑（ぎわく）

疑い（うたがい）　〔名〕ことば通りに、あるいは見かけ通りにそのまま信じられないこと（点）。また、「盲腸炎の疑いがある。」のように、多く悪い事柄を予想して、はっきり断定できないが、そうだろうと思われること（点）の意にも用いる。

不審（ふしん）　〔名・ダ形動〕はっきりしないこと。疑問があること。㊍疑う

〈疑い〉は、「どうも怪しい」と思ったり、「どうもそうらしい」と思うことを客観的に言うが、〈不審〉は、ある事柄や事態に原因不明の点が存し

て、どうしてそうなのか、理由や原因をいぶかしく思う場合に用いることが多い。また、〈疑い〉は、人間や人間の行為・仕事について使うが、〈不審〉は、「不審火」のように、人間以外のものにも使う。「不審をいだく。」

疑問（ぎもん）〔名〕自分に分からなかったり、疑わしかったりして不審に思うこと。疑わしいこと。〈疑問〉は、「人生いかに生くべきかという疑問が、いつも頭から離れない。」のように、抽象的な内容の事柄についても使い、自分によく分からないことの意に用いるが、〈疑い〉は、こういうふうに使われることが少ない。また、〈疑問〉は、「彼が行くかどうかは疑問だ。」のように、述語としても用いるが、〈疑い〉には、この用法がない。

疑念（ぎねん）〔名〕どうもおかしいと思う気持ち。信じられないと思う気持ち。〈疑問〉は、「疑問を投げかけた。」のように、相手に疑いの気持ちを表明する場合にも使うが、〈疑念〉は、自分の心の中で疑いの思いを抱くことに使う。〈疑問〉よりもかたい言いかた。「彼女が尽くしてくれる親切は、単なる親切心によるものではないのではないかという疑念が、長い間わたくしの念頭から去らなかった。」

疑義（ぎぎ）〔名〕内容・意味などがはっきりしないで、どうも怪しいこと。果たしてその通りで間違いないのだろうかと、疑問に思われること。人が説明した内容や法案・論文などの内容に認められる〈疑い〉について使うことが多い。かたい文章語。「彼は師の説明を聞きながら、果たしてそうだろうかと、疑義をさしはさみたくなるのを禁じえなかった。」「疑義が出される。」

疑惑（ぎわく）〔名〕物事について疑いを抱き、いぶかること。どうも変だと思うこと。〈疑い〉は、何か具体的な根拠や事実に基づいてそう思うことを言う場合に用いることが多いが、〈疑惑〉は、不確実な事柄についてそう思う場合に使うことが多い。また、〈疑惑〉は、「疑惑に包まれる。」「疑惑を招く。」のように、かなり強いマイナスのニュアンスを伴って用いられることが多い。

類語 懐義（かいぎ）・疑心（ぎしん）・不信（ふしん）・疑点（ぎてん）

うちうち

内内（うちうち）・内輪（うちわ）・私的（してき）

内内（うちうち）〔名・ニ副〕「内内（ないない）に」とも言う。一部の関係者の間だけで、ひそかに表立たないように何かをすること。「内々に先方の意向を聞いてみたら、先方も異議はないということだった。」

内輪（うちわ）〔名〕一家・一族・身近な縁者などの内部の者。また、おおげさでなく、控え目なことの意にも用いる。〈内輪〉は、内部または家族の者を客観的に言う場合に用いるが、〈内内〉は、できるだけ表立たないようにして、ひそかにことを進める場合に使う。「内輪話」

私的（してき）〔ダ形動〕「私的な発言」のように、公の立場ではなく、個人的なこと、プライベートなことを言う。「今の政治家には、公の仕事に私的な利害を持ちこんではならないというきわめて基本的なわきまえさ

えない。」 (反)公的

類語 プライベート・個人的(こじんてき)・内密(ないみつ)

うちき

内気(うちき)・おとなしい・引込(ひっこ)み思案(じあん)・消極的(しょうきょくてき)

内気(うちき) 〔名・ダ形動〕 気が弱く、人前で思うように振舞えない性質や様子。人前に出ることが苦手な気質。「内気な性格で困る。」

おとなしい 〔形〕 大人しいと書く。いたずらをしたり騒いだりしないで静かにしている。また、性質が穏やかで、人に逆らわない様子の意にも用いる。子供について言うことが多い。「おとなしくひきさがる。」 (転)おとなしさ(名)

引込(ひっこ)み思案(じあん) 〔名・ダ形動〕 先々のことまで不必要に心配して、なかなか新しいことに取りかかる勇気や決断力を持たないこと。また、そういう気質。〈内気〉は、人前で思うように振舞えない性格の弱さを言うが、〈引込み思案〉は、進んで物事をする勇気がなく、万事に消極的なことを言う。また、〈内気〉は、おとなの性格にも子供の性格にも言うが、〈引込み思案〉は、おとなの性格について使う。

消極的(しょうきょくてき) 〔ダ形動〕 自分から進んでは物事をしようとしないこと。失敗を恐れて控え目になること。そのため、明るさや生き生きしたところが認められず、陰湿な様子や感じを回りの者に与える場合にも使う。〈引込み思案〉は、何か新しいことに取りかかる場合の勇気のなさに使うが、〈消極的〉は、具体的な行為だけでなく、生きかたとか仕事に対する態度など、抽象的な内容の事柄についても使う。

類語 慎(つつ)ましい・内弁慶(うちべんけい) (反)積極的

うちわもめ

内輪揉(うちわも)め・内紛(ないふん)・内乱(ないらん)

内輪揉(うちわも)め 〔名〕 家族・仲間・味方の者など、内部の者同士の争い。「あの家は嫁と姑との内輪揉めが絶えない。」 ⇩内ゲバ

内紛(ないふん) 〔名〕 内部の紛争。仲間うち、あるいは一つの団体の中でのいさかい。〈内輪揉め〉は、家族とか仲間同士の争いを言うが、〈内紛〉は、組織の内部での主導権争いに基づくごたごたについて使う。

内乱(ないらん) 〔名〕 一つの国の中での政権を取るための武力抗争。政府と反政府勢力との間の抗争について使う。「あの国では、もう三年も内乱が続いており、双方がそれぞれに外国の援助を受けている。」

うつ

打(う)つ・たたく・殴(なぐ)る・ぶつ

打(う)つ 〔動五〕 ①少し離れた所から、はずみをつけて力を加え、相手に衝撃や効果を与える。「むちで打つ。」②少し離れた所から、はずみをつけて力を加えることによって、ある動作や仕事をする。「碁を打つ。」③〈打つ〉ことによって、しっかりと取りつける。「壁に釘を打ちつ

けた。」④鉄砲などを発射する。「鳥を打つ。」⑤武器などを用いて、敵を攻撃する。「賊を打つ。」⑥ある行為をする。「小手投げを打つ。」また、他の動詞について、その語の意味を強める接頭辞としての用法もある。

たたく　〔動五〕　叩くと書く。①反復的に打つ。②相手に刺激を与えたり、音を生じさせたりするために打つ。「手をたたいて人を呼ぶ。」③相手が弱音を吐くまで、連続的に何か激しいことをする。「ひっきりなしにむだ口をたたく。」④損を見越した値段で売る。「たたき売り。」「寺の鐘を打つ。」「時計が正午を打つ。」のように、少し離れた所からはずみをつけて力を加え、ある衝撃や効果を与える意は、〈打つ〉にしかなく、〈たたく〉で置き換えることはできない。また、〈打つ〉は、一度だけ衝撃を与える場合にも使うが、〈たたく〉は、「陰口をたたく。」「手をたたいてほめそやした。」のように、普通、〈打つ〉動作を反復的に行う場合に用いる。また、〈たたく〉は、対象に対して垂直方向から打撃を加えるのが普通である。「太鼓をたたく。」

殴る（なぐる）　〔動五〕　人をげんこつなどでたたく。〈殴る〉は、怒ったり興奮したりなど、感情が高ぶったときのいくらか粗野で乱暴な動作について使う。〈打つ〉や〈たたく〉と違って、強く力を込めて相手に衝撃を加える場合にしか使わない。また、〈たたく〉は、平手で〈打つ〉場合に使うことが多いが、〈殴る〉は、げんこつで〈打つ〉場合に用いる。

ぶつ　〔動五〕　〈たたく〉とほぼ同義だが、やや古風な語感がある。〈ぶつ〉は、〈殴る〉と同じように、直接自分の手を使って、相手に衝撃を与える場合に用いるが、げんこつでもよいし平手でもよい。〈なぐる〉に比べて衝撃の与え方が弱い。「そんなことを言うと、ぶつわよ。」また、接頭辞としての用法のときは、「ぶっとばす」のように、多く促音化し、動詞についてその意を強める。

うっかり

うっかり・つい・思（おも）わず

うっかり　〔副・スル動サ変〕　ふとそのことに注意をおこたって、忘れたり気がつかなかったりする様子。「うっかりして、弁当を忘れた。」

つい　〔副〕　習慣や習性から自然に、意識しないですることを表わす。多く、してはいけないことを、同じ状況に置かれれば何度も無意識のうちにやってしまう場合に用いる。また、〈つい〉は、「ついこの先」「つい先日」のように、時間や距離があまり離れていないことにも使う。また、〈うっかり〉は、「うっかりさわるとやけどをする。」のように、条件文でも用いることができるが、〈つい〉〈思わず〉は条件文では使えない。

思わず（おもわず）　〔副〕　それと意識しないで、知らずに。〈思わず〉も、〈つい〉と同じように、多く、してはいけないことを無意識のうちにやってしまう場合に用いるが、その場合、してはいけないという意識が、〈つい〉よりもかなり強く、したがって、耐えることができないで衝動的にそうするというニュアンスを伴う。

「思わず大声で叫んでしまった。」また、〈思わず〉は、「ボールが飛んできたので、思わず首を引っ込めた。」などのように、反射的で一回的な行為に用いることが多い。

うつくしい

美しい（うつくしい）・麗しい（うるわしい）・奇麗だ（きれいだ）・優美だ（ゆうびだ）

美しい（うつくしい）〔形〕いつまでも見て（聞いて）いたいと思うほど、人や物の色、形、声音などが、いい感じを与える様子だ。また、その場の様子や行い、性質などが好ましくていい感じだ。〈美しい〉は、「美しい顔」「美しい絵」「美しい声」「澄み切った美しい水」のように、人や物の色、形、声音など、広範な主体について使われる。人間を主体とする場合も、女性に限定されるということはなく、男性にも使われる。〈美しい〉は、主体をいわば美的鑑賞の対象としてとらえ、こちらの内面で美感を働かせて見ている（聞いている）場合に用いる。また、「美しい友情」のように、〈美しい〉を精神的・道徳的に価値があって人の心を打つ意にも用いるが、この意味用法は、〈奇麗だ〉には認められない。(反)醜い、(転)美しさ(名)

麗しい（うるわしい）〔形〕非常に美しい。奇麗である。気分などがいい。また、かなり改まった言いかたとして、心のあたたまる状態であることを表わす。気分などがいい意に用いられることを除いて、〈美しい〉とほぼ同義だが、体全体で感じ取る美感に意味の重点があり、やや改まった古風な表現である。現在は、精神面について言うことが多い。「ご機嫌麗しゅうございましょうか。」(転)麗しさ(名)

奇麗だ（きれいだ）〔形動〕綺麗だとも書く。美しく整った状態にあるものに接して充足感や満足感を感じる様子。また、乱雑なところや不潔感がなくて気持ちがいい様子の意にも用いる。〈奇麗だ〉は〈美しい〉よりも一層口語的で、意味も広く、〈美しい〉と意味的に重複するところも多いが、〈美しい〉が対象を美的感覚でもって内面的にとらえているという印象が強いのに対して、〈奇麗だ〉は、明るく際立っている、対応の調和がとれていることや、また、整っていること、清潔であること、巧みであることなどを含んでいる点で、より具体的であり感覚的であって、芸術性はなくてもよい。したがって、「着物を洗濯して奇麗にする。」「奇麗に身をひく。」「相手の球を奇麗に打ち返す。」などのように、清潔さや動作・行動の巧みさ、潔白さなどを、感覚的・具体的に表現する場合には、〈美しい〉を使うことができない。清潔さ、整った様子を言う意から、「奇麗に」の形で、残っているものの何もないこと、徹底的の意にも用いる。(反)きたない、(転)奇麗さ(名)

優美だ（ゆうびだ）〔形動〕上品で美しいこと。上品で奥ゆかしさの感じられる美しさについて使う。「優美な物腰」「優美な曲線を描く。」のように、人間の身体の動きや身体を使って行う運動について用いることが多いが、「優美な心」のように、精神的なことにも言う。文章語。

類語 美美（びび）しい・美麗（びれい）だ・華美（かび）だ・あでやかだ・端麗（たんれい）だ

うつす

写す・なぞる・模写する

写す　〔動五〕文字・絵画・図面などを見て、それに似せて、またはその通りに別に書き取る。また、写真をとる意にも用いる。「すまないけれど、君のノートを写させてくれないか。」　㊟写し(名)

なぞる　〔動五〕書いてある文字や図面などの上に、薄い紙をのせ、その紙をすかしながら、正確に下の文字や図面を書き取る。または、手本などをそっくりまねる意にも用いる。「手本の上をなぞってみて、自分の字の癖を知る。」

模写する　〔動サ変〕本物の通りに写すこと。絵や声を本物通りに写す場合に用いる。
名模写

類語　コピーする・複写する

うっとり

うっとり・恍惚

うっとり　〔副・スル動サ変〕あるものに心を奪われて、ぼうっとしているさま。感覚的にいい気分にひたり、他のものに注意が行き届かない様子を言う。「よい音楽にうっとりと聞き入る。」

恍惚　〔名・ノ連体〕いい気分にひたり切って、我を忘れる様子。美しいものに接して、うっとりする様子。〈うっとり〉は、表情や様子について使うが、〈恍惚〉は、「恍惚の人」のように、人の内面についても言う。かなりかたい文章語。

うつりぎ

移り気・飽きっぽい・気まぐれ

移り気　〔名・ダ形動〕一つのことが完成してしまうまで、根気が続かず、関心がいろいろなものに移って、長く同じものにとどまらないこと。また、そのような人の性格を言う。「彼は移り気だから困る。」

飽きっぽい　〔形〕飽きやすい。一つのことに長く関心を持ち続けたり、根気よく努力を続けることができない。普通、性格について言う。やや俗語的な用語。「あの人は新しいことにすぐ熱中してやりだすけど、飽きっぽいから何をやってもものにならない。」

気まぐれ　〔名・ダ形動〕その時どきの気分で行動し、しっかりした考えや計画の見られない様子。また、その人。または、その時どきで変わりやすく、先の予測が立たない様子の意にも用いる。〈移り気〉は、一つの物事だけに精神を集中することができず、次々と興味の対象を変えるような性格を言うが、〈気まぐれ〉は、その時どきの気分で行動するために、結果的に一つの物事に集中できなかったり、首尾一貫していなかったり、行動に責任を感じていないように思える様子について使う。

類語　むら気・気が多い

うつる

移る・移動する・移行する・移転する

移る（うつる）　〔動五〕物事の位置・状態が、他の位置・状態に変わる。また、場所や地位が変わる意にも用いる。また、病気の伝染の意にも使う。「かぜが移ったらいけないから、あまり近寄らないようにしなさい。」

移動する（いどうする）　〔動サ変〕場所や位置を変えること。〈移る〉は、人間の心をはじめとして、時間や色、あるいは病気など、さまざまの主体について用いるが、〈移動する〉は、人の集団や動物の群れなどについて使う。「象の大移動」　图移動

移行する（いこうする）　〔動サ変〕物事の状態が他のありさまに移って行くこと。制度や管轄などが、他の状態に移り変わることに用いるのが普通である。　图移行

移転する（いてんする）　〔動サ変〕住居・事業所などの場所を変えることに使う。また、土地の所有権などの権利を他に移すことの意にも用いる。「店舗を下記のところに移転しました。」　图移転

[類語] 移住（いじゅう）する・転（てん）ずる

うでまえ

腕前（うでまえ）・手腕（しゅわん）・才腕（さいわん）・手並（てなみ）

腕前（うでまえ）　〔名〕仕事をやりとげる力。どちらかと言えば、「碁の腕前を披露する。」のように、趣味や技術の能力について言うことが多い。「お前の力も相当なものだが、おれの腕前にはかなうまい。」

手腕（しゅわん）　〔名〕仕事をとりさばいていく力。人間関係をとりさばいていく政治的能力についても言う。どちらかと言えば、知的技能について使うことが多い。「あの人の手腕に期待しよう。」

才腕（さいわん）　〔名〕仕事をやりとげるすぐれた能力。単なる技術的な能力でなく、知的なひらめきを必要とするようなものについて言うことが多い。「地方財政の分野に才腕をふるう。」

手並（てなみ）　〔名〕仕事をするやりかたとそのうまさ。技術の程度を評価する観点から使うことが多い。「ひとつお手並拝見といこうじゃないか。」のように、相手や第三者の技術について用いる。

うばう

奪（ば）う・ひったくる・まきあげる

奪う（うばう）　〔動五〕人のものを力や権力、あるいは無法な手段によって、無理に取り上げる。命や地位、権利などの無形のものについても言い、また、比喩的に、心や感覚についても用いる。「彼女の美しさに心を奪われた。」「奪いとる」

ひったくる　〔動五〕他人が手に持っているものを、すばやく奪い取る。〈ふんだくる〉は、貸したものをむりにとり返す時などにも使うが、〈ひったくる〉は、この意に用いることがなく、「鞄をひったくられた。」のように、手に持っているものをすばやく奪い取ることを言う。

[転] ひったくり（名）

まきあげる　〔動下一〕巻き上げる。捲き上げるとも

書く。だましたりおどしたりして、他人の金品を取り上げてしまう。〈ひったくる〉〈奪い取る〉は、手や暴力を用いて他人のものを取り上げる場合に用いることが多いが、〈まきあげる〉は、口でおどしたりうまくだましたりして、他人のものを自分のものにする場合に使うことが多い。「トランプのかけをして、弟の小遣をまきあげてやった。」

類語 ふんだくる・乗っ取る

うまれつき

生まれつき・生まれながら・生来・先天的

生まれつき 〔名・副〕生まれた時から持っている性質や才能。天性。「彼は、生まれつき頭がよかった。」

生まれながら 〔副〕生まれたときからすでに持っている。先天的に。〈生まれながら〉も、性質・能力・身体的特徴について使い、〈生まれつき〉とほとんど同義だが、状態や運命についても用い、〈生まれつき〉よりも広い範囲に使う。また、〈生まれながら〉は、格助詞の「の」以外に、「生まれながらにして頭がよい。」のように、「にして」の言いかたが続くが、〈生まれつき〉は、「の」しか続かない。「おれは生まれながらにして、このような厳しい人生を歩むように運命づけられていたのか。」

生来 〔名・副〕〈生まれながら〉とほぼ同義の漢語的表現。人の性質や性情について言うことが多い。「私、生来のおっちょこちょい。」

先天的 〔ダ形動〕生まれる前から運命的に持っているところの。その人の持っている能力や欠陥の原因が、生まれてから後の教育や病気、けがなどによるものでなく、遺伝あるいは胎児のときに受けた刺激によると考えられるものについて言う。

類語 天性・天賦

反 後天的

うやまう

敬う・尊ぶ・仰ぐ・尊敬する

敬う 〔動五〕立派な人だと思って信頼し、礼をつくして接する。尊敬する度合が、〈崇める〉よりもやや低く、先生についても用いる。やや文語的な用語。「人を敬う気持ちを忘れたとき、その人の進歩も止まるものだ。」 反 侮る

尊ぶ 〔動五〕〈とうとぶ〉とも言う。立派だと思って重んずる。良いものだと思って大切にする。尊敬する度合は、〈敬う〉よりもさらに低く、年長者や両親、あるいは友人などについても使う。また、〈敬う〉〈崇める〉は、人だけに言うが、〈尊ぶ〉は、ものについても使う。「バッハは近代音楽の祖として尊ばれている。」 反 卑しむ

仰ぐ 〔動五〕自分よりもすぐれた人だと考えて、その人を重んじ、あこがれる。主として、恩師やすぐれた先輩について使う。また、低い位置から上を見上げる意にも用い、意味が広い。「今後、私は、貴兄を学問の師と仰いでいきたいと思います。」「山頂を仰ぐ。」

尊敬(そんけい)する 〔動サ変〕 相手の人を偉いと思い、敬うこと。〈尊ぶ〉とほとんど同義の漢語的な表現。名尊敬、反軽蔑する

類語 崇(あが)める・崇拝(すうはい)する・見上(みあ)げる・敬(けい)する・私淑(ししゅく)する

うらやむ

羨(うらや)む・憧(あこが)れる

羨(うらや)む 〔動五〕 持ち物や能力などにおいて、他人の方が自分よりも優れているのを見て、自分もそれらのものが欲しいと思い、憧れる。

憧(あこが)れる 〔動下一〕 自分の理想や目指しているものに心を奪われ、夢中になる。素晴らしいものや人を見て、そのものを欲しいと思ったり、その人のようになりたいと思う。〈羨む〉は、ねたましく思う気持ちが含まれるが、〈憧れる〉は、現状から脱して、早く理想の状態になりたいと純粋に願う場合に使う。「海にあこがれる。」 転憧れ(名)

類語 ねたむ・羨望(せんぼう)する・やく

うるさい

うるさい・やかましい・騒(さわ)がしい・騒騒(そうぞう)しい

うるさい 〔形〕 いつまでも耳や身につきまとうため、不快でたまらない感じだ。「近頃は猫の鳴き声がうるさい。」また、自分にとってはどうでもいいことを、わずらわしいまでに強制したり、必要以上に厳しかったりするので、できることなら相手から逃げ出したい気持ちである意にも用いる。「うるさい人」 転うるささ(名)

やかましい 〔形〕 好ましくない音や声が耳に強く響いて来て、我慢しようと思ってもできない状態だ。また、強い支配力（拘束力）を持ち、相手の行動を細かい点まで厳しく拘束する様子の意にも用いる。〈うるさい〉〈やかましい〉は、不愉快に思う気持ちが、〈騒がしい〉〈騒騒しい〉よりも強い。また、〈うるさい〉も〈やかましい〉も、音について言う場合はほとんど同義だが、〈うるさい〉は、「世間の目がうるさくつきまとう。」とか「子供がうるさくつきまとう。」のように、音とは関係なく、何かが身につきまとう場合の感覚にも用いる。〈やかましい〉は、「やかましい主人」とか「子供のしつけにやかましい。」のように、〈うるさい〉と同様に厳しいことを表わすが、やはりことばを用いてうるさく言うわけで、音と関係がある。また、音について言う場合、〈うるさい〉は、耳について離れないしつこさという感じ手の心理に重点があるが、〈やかましい〉は、耳立たしい音の大きさに重点があって、客観性が強い。 転やかましさ(名)

騒(さわ)がしい 〔形〕 音が大きかったり、世間の人びとがいろいろと言い立てたりして、落ち着かない。「騒がしい物音で、一晩中眠れなかった。」「世間が騒がしい。」 反静かだ、転騒がしさ(名)

騒騒(そうぞう)しい 〔形〕 いろいろの音や声がして騒がしい。また、世間にいろいろの事件が起こって、なかなか平静にならず、人びとの心が落ち着かない意にも用いる。〈騒

騒しい〉は、〈騒がしい〉とほとんど同義で、大きな音を客観的に言う場合に用い、一つのことに気持ちを集中できない不愉快さについて用いる。〈騒がしい〉〈騒騒しい〉は、人が騒いだり、何かを用いて大きな不規則な音をたてつづけに立てることに使うことが多い。また、〈騒がしい〉〈騒騒しい〉は、〈やかましい〉と同じく、常に、音や声について使い、音とは関係のない、身につきまとう場合の感覚には用いない。 (転)騒騒しさ(名)

うるむ

潤む・曇る・濡れる

潤む 〔動五〕 湿りけを帯びる。湿りけを帯びて曇ったようになる。〈潤む〉は、目や声についてに使うことが多いが、「月が潤んで見える。」のように、水蒸気などのために、光がにじんで見える場合にも用いる。 (転)潤み(名)

曇る 〔動五〕 蒸気や汚れなどのために光沢がなくなったり、透明度が悪くなったりする。また、雲が空をおおって天気が悪くなる意にも用いる。比喩的に、人の表情や機嫌について言う。〈潤む〉は、光を発するものが水蒸気などのために、にじんで見える場合に使うが、〈曇る〉は、眼鏡や鏡、あるいはガラスなど、ものを写したり、それを通して何かを見たりするものの表面が、水蒸気などによってよく見えなくなる場合に用いる。また、「彼は、友人が病気で倒れたという話を聞いて、顔を曇らせた。」のように、心配ごとやいやなことに接して、暗い表情になったり、機嫌を悪くしたりする意にも用いるが、この意味用法は〈潤む〉にはない。 (反)晴れる、(転)曇り(名)

濡れる 〔動下一〕 物に水がついたり、しみこんだりする。また、男女がこまやかに情を交わす意にも用いる。 (反)乾く

うれい

憂い・憂鬱・物思い

憂い 〔名〕 愁いとも書く。悲しみや悩みで心が閉ざされ憂鬱なこと。文語的な言いかたで、文章語としてしか使わない。「憂いに沈む。」 (反)喜び

憂鬱 〔名・ダ形動〕 何か不快なことや心配事があって、気が晴れない様子。さわやかな気分になれないこと。「憂鬱な毎日」 (反)明朗

物思い 〔名〕 ぼんやりと何事かを考えていること。普段ならあまり気にならないことを、心配したり、いろいろ考えたりする場合に用いる。〈憂鬱〉は、自分の回りに、だれでもそうなれば感じるであろう、何か不快な、あるいは気にかかることがあって、気が晴れないことを言うが、〈物思い〉は、普通の人や状態なら気にかからないようなことにとらわれ、いろいろ心配したり考え込んだりする場合に多く用いる。普通、「物思いにふける」の言いかたで使う。

類語 憂愁・概嘆・憂慮・ペーソス

うれしい

嬉しい・楽しい

嬉(うれ)しい 〔形〕あることが心に快く響く。または、快く響くのを感じて、明るく快い気持ちである。「今日はうれしい遠足の日。」 [反]悲しい、[転]嬉しさ(名)

楽(たの)しい 〔形〕愉しいとも書く。よいことが期待されて、心がはずむ。快いことやよい雰囲気に接して、心がなごみ明るくなる。〈嬉しい〉は、自分が期待していたような状況の変化、あるいは新しい状況の出現を知って感じる快さを表わす。それに対して、〈楽しい〉は、自分で、心がはずむようなことを想像して快さを感じる場合にも使うが、おもに、自分の行動を通じて感じる快さを言う場合に用いる。また、〈嬉しい〉は、自分の感情の内容を表わすが、〈楽しい〉は、「楽しく過ごしている。」のように、様子についても用い、それが継続する状態を表わす。 [転]楽しさ(名)、楽しみ(名) [反]悲しい、苦しい、

[類語] 愉快(ゆかい)だ・喜(よろこ)ばしい・浮(う)き立(た)つ・心楽(こころたの)しい

うわさ

噂(うわさ)・風評(ふうひょう)・評判(ひょうばん)・聞(き)こえ・取(と)り沙汰(ざた)

噂(うわさ) 〔名・スル動サ変〕そこにいない人を話題にして、あれこれ言うこと。また、事実かどうか疑わしい事柄について、興味本位に言いふらすことについても使う。「人の噂も七十五日」

風評(ふうひょう) 〔名〕とりとめのない評判。人びとの間に広まっている、さして確かな根拠のない批評。「彼が次期社長との風評が広まった。」

評判(ひょうばん) 〔名〕世間の人びとのだれもが知っているほど有名になった噂。または、世間の人びとの間に広まっている一般的な批評。〈評判〉は、いい、悪いという評価を伴う噂について使うことが多い。

聞(き)こえ 〔名〕人に話題にされたときの世間体。世間の人びとが物事を聞いたとき感じる心持ち、思惑。「聞こえがいい（悪い）」の言いかたで用いることが普通。「たとえ貧乏会社でも、社長と言えば聞こえがいい。」 [動]聞こえる

取(と)り沙汰(ざた) 〔名・スル動サ変〕世間の人びとが話題にすること。あるいは、世間の人びとが当て推量して話すこと。「近所の人が取り沙汰していた人が、やはり市会議員に立候補した。」

[類語] 風聞(ふうぶん)・風説(ふうせつ)・流言(りゅうげん)・デマ

うん

運(うん)・運命(うんめい)・宿命(しゅくめい)・定(さだ)め

運(うん) 〔名〕努力や意志に直接にはかかわりなく、その人に向いて来る好都合なことや、ふりかかって来る災難など、ことの成り行き。

運命(うんめい) 〔名〕人の力ではどうにもならない何かの力によって、その人の一生を、あらかじめ定めたもの。人生において、その人の将来を大きく左右するようなこと。〈運〉は、「今回は運が悪かったと思ってあきらめるんだな。」のように、具体的な一つ一つの事件について言うことが

多いが、〈運命〉は、人の一生を支配するような大きなものについて使う。また、〈運〉は、「運がよい（悪い）」のように、評価の対象として用いられるだけだが、〈運命〉は、人の力ではどうにもならない、生まれたときにすでに決まっている重いものというニュアンスを伴う。

宿命（しゅくめい）〔名〕生まれたときから、その人に定められている、その人の生涯のありさま。〈運命〉とほぼ同義だが、〈運命〉が、「彼はすぐれた作家になる運命を持っていた。」のように、プラスの意味にも用いられるのに対して、〈宿命〉は、「宿命と思ってあきらめる。」のように、マイナスの意味に用いられることが多い。運命よりもいっそう諦念をともなって使われることばである。「これもみな、わたくしの宿命だと思って、甘んじて耐えていくことにします。」

定め（さだ）〔名〕〈宿命〉とほぼ同義。「これも僕の定めだ。」のようにきまった運命の意に用いる。
動 定める

類語 巡り合わせ（めぐ・あ）・運勢（うんせい）・つき

え

え
絵（え）・絵画（かいが）・図画（ずが）

絵（え）〔名〕物の形や印象を、墨・絵の具・棒きれなどで、紙・板・布・土・岩などの面に描いて再現したもの。「絵のような港の夜景」

絵画（かいが）〔名〕〈絵〉の意の漢語的表現。〈絵画〉は、〈絵〉のうちの本格的なものを指す場合が多く、幼児の〈絵〉などを、〈絵画〉と呼ぶことはあまりない。

図画（ずが）〔名〕絵。学校の教科名の一つとして用いられる。「僕は小学生のころ、図画がいちばん苦手だった。」

類語 画（が）・イラスト・カット

えいき
英気（えいき）・覇気（はき）・精気（せいき）・生気（せいき）

英気（えいき）〔名〕生き生きして、すぐれた気質。「英気を養う。」「英気の持ち主」。〈鋭気〉と書くと、物事を判断する力などが鋭く、敏速、活発に行動する意を表わす。

覇気（はき）〔名〕事を制覇しようとする意気。〈英気〉は、生き生きしてすぐれた気質を言うが、〈覇気〉は、物事を克服しようとする積極的な気持ちを言う。「チームに全然覇気がない。」

精気（せいき）〔名〕精神と気力の両方について言う。心身を保持する気分の意にも用いる。「精気あふれるゲーム」

生気（せいき）〔名〕生き生きとした感じ、勢い。活気。生き生きとして、積極性があって、熱っぽい雰囲気が感じられることを言う。〈英気〉は、生き生きして、すぐれた気質を言うが、〈生気〉は、「生気をとりもどす。」のように、生き生きした様子の意に用いることが多い。

類語　元気・客気・活気・ガッツ

えいきゅう

永久・永遠・悠久

永久　〔名〕無限に続くこと。動作・状態などが、ある時点から無限にいつまでも続くことを言う。「永久の眠り」

永遠　〔名〕時間を超越して、無限に続くこと。〈永久〉は、たとえば、「永久歯」「永久磁石」のように、ある時点から、その状態が未来に向けて、無限に続く場合に用いることがあるが、〈永遠〉は、過去・現在から未来に至るまで、時点・時間を超えて、無限に続くことを言う。また、〈永遠〉は、物については使わない。

悠久　〔名〕想像もつかないほど遠い過去から変わらずに続く様子。〈永久〉は、「永久平和」のように、ある時点（多くの場合、現在）を基準にして未来に向けて無限に続くことを言うが、〈悠久〉は、はるかに遠い過去に始まったことが、途中で絶えることなく現在まで続いていることに使う。「悠久の大地」

類語　恒久・永劫・久遠・とこしえ

えいずる

映ずる・映る・見える

映ずる　〔動サ変〕〈映じる〉とも言う。何かに映って見える。光や物の影などが反射して、水や鏡、あるいは雪・雲などに映って見える場合に使う。また、比喩的に、光や物の影などを反射しない「頭」などについて使い、「頭に映ずる。」のような言いかたもする。かたい文章語。「月の光が雪に映じて、あたりが明るくなっている。」

映る　〔動五〕光や物の姿が表面に反射する。反映する。〈映る〉は〈映ずる〉よりも意味が広く、「スクリーンいっぱいに映る。」のように物の映像が映し出される場合や、「アクセサリーが服によく映る。」のように、色や物などの配合がよい場合にも用いる。㊟映り（名）

見える　〔動下一〕目に映る、とまる。また、そのように見受けられる、思われるの意にも用いる。〈映ずる〉〈映る〉は、光や物の影、映像などが、それを反射する水や鏡、スクリーンなどに映って見える場合に使うが、〈見える〉は、人やものの姿・形、影などが、目に映る場合に使う。「進歩のあとが見える。」

えつらん

閲覧・回覧

閲覧　〔名・スル動サ変〕図書館などで、書物・新聞などを、ゆっくりと調べたり見たりすること。「閲覧室」

回覧　〔名・スル動サ変〕雑誌・書類などを、人から人、家から家へと順々に回して見る場合に使う。「回覧板は、できるだけ早く回してください。」

類語　縦覧・通覧・観覧・展覧

えて

得手（えて）・得意（とくい）・奥の手（おくのて）・おはこ・お家芸（いえげい）

得手（えて） 〔名・ダ形動〕 得意とする技、こと。その時どきで、いちばん得意とする技について使うことが多い。「彼の得手は背負い投げだ。」（反）不得手

得意（とくい） 〔名・ダ形動〕 ほかの人よりも優れていたり、うまくやれるという自信があること。また、その技芸。〈得意〉は、〈得手〉とほとんど同義に用いることがあるが、「彼はこのたびの成功を得意になって話していた。」「得意の絶頂にある。」のように、ほかの人よりも優れているとして自慢したり、満足な様子を言う場合には、〈得手〉で置き換えることができない。（反）不得意、失意

奥の手（おくのて） 〔名〕 普段は人に見せない、秘密の芸を言い、最後の切り札となるものという意味合いを伴う。やや俗語的な言いかた。「そろそろ奥の手を使おう。」

おはこ 〔名〕 十八番と書く。個人が日ごろ最も得意としている技芸。〈奥の手〉は、普段は人に見せない（したがって、親しい人もあまり知らない）秘密の芸を言うが、〈おはこ〉は、日ごろから最も得意としている技芸の意に用い、「あれは彼のおはこなんだ。」のように、そのことを、まわりの親しい人が知っている場合に使う。やや古風な言いかた。「小唄は私のおはこだ。」

お家芸（いえげい） 〔名〕 その人の最も得意とする独特の芸。十八番。〈おはこ〉は、個人の技芸について言うが、〈お家芸〉は、本来、その家・集団に伝わる独特の芸について言う。「勧進帳は市川家のお家芸だ。」

えらい

偉い（えらい）・偉大だ（いだいだ）・立派だ（りっぱだ）

偉い（えら） 〔形〕 人物・行動などが、他に優れていて立派だ。または、地位・身分などが高い。さらに、並外れた行為・状態の形容として、「えらい目にあう。」「えらい寒さ」のように、マイナス評価の程度の強調として用いることがある。また、「えらく」の語形で副詞的に用い、ひどく・大層の意を表わす。「偉い人物」（転）偉さ（名）

偉大だ（いだい） 〔形動〕 精神的能力や価値の点で非常に優れていて立派な様子。また、大きくてどっしりしていることの意にも用いる。〈偉い〉は、人物・行動や地位・身分について言い、人間が作った作品やものなどについては用いないが、〈偉大だ〉は、人間の精神的能力や作品・仕事などの内面的価値、あるいは「偉大な国家」「偉大な発明」など、さまざまの事柄について使う。しかし、地位・身分のような外面的な価値についての評価には用いない。また、〈偉大だ〉は、「偉大な足跡」のように、規模の大きいことや影響力が広く及んだことにも使う。また、〈偉大だ〉は、〈立派だ〉と比べて、価値の程度がより大きいことを表わす。ややかたい文章語。「彼はきっと偉大な人物になる。」

立派だ（りっぱ） 〔形動〕 堂々としていて、しかも美しいさま。

また、優れているさま。人間の行動・様子だけでなく、人間が作った作品など、ものにも使い、主として外面的に確かめられる価値の優れていることに用いる。また、〈偉い〉〈偉大だ〉は、自然について使うことはないが〈自然は人間が作ったものではなく、また、その優れている点は外観的にとらえられることが普通であるから〉、〈立派だ〉は、自然についてもよく使い、「聞きしにまさる立派な山だ。」などのように、大きくて堂々とした美しさを言う。㊦ 貧弱だ

えらぶ

選ぶ・よる・選択する・選考する・選抜する

選ぶ 〔動五〕 目の前に存在する多くのものの中から、条件を備える最も好ましいものとして、あるものを取り出す。また、文語的な表現として、異なるの意にも用い、「……と選ぶところがない。」のように言う。〈選ぶ〉は、人・物・事態のいずれにも、広く用いる。

よる 〔動五〕 選ると書く。〈選ぶ〉とほぼ同義だが、ややくだけた口語的な言いかた。「そんなにより好みしてたら、いつまでたってもお嫁に行けないよ。」

選択する 〔動サ変〕 いくつかの中からよいものを選ぶこと。物や事柄について言い、人には使わない。「取捨選択する」 名 選択

選考する 〔動サ変〕 銓衡・詮衡とも書く。どの人が適任かどうかについて、能力・人柄などをよく調べて選ぶこと。公的な機関において、新しく人を任用する場合に使い、かたい文章語である。「人事選考委員会において、慎重に審議を重ねる。」 名 選考

選抜する 〔動サ変〕 多数の中からよいものを選び抜くこと。〈選び出す〉は、多くのものの中から一つのものを選んで取り出すことを言うが、〈選抜〉は、「選抜試験」「選抜チーム」のように、少数ではあるが、一つのものには限らない場合に使う。 名 選抜

類語 選挙する・抜き出す

えん

縁・えにし・機縁・きずな

縁 〔名〕 ある運命になる巡り合わせ。また、その事実から抜け出すことのできない結びつきの意にも用いる。「縁は異なもの」

えにし 〔名〕 以前からの宿命でそうなった、人と人との結びつき。男女の間の縁を指すことが多い。〈えにし〉は雅語的表現で、〈縁〉よりも意味が狭い。ある運命になる巡り合わせの意に用いる場合は、〈縁〉は、人と人だけでなく、人とものとの関係についても使うが、〈えにし〉は、人と人との関係についてだけ用いる。「ふしぎなえにしであの人と結ばれた。」

機縁 〔名〕 仏の教えを受けるべき縁。一般には、機会・きっかけの意に用いられることが多い。「これを機縁として、今後どうぞよろしく。」

きずな　〔名〕絆と書く。肉親などの離れにくいつながり。親子の結びつきについて言うことが多い。「あの親子は、特別強いきずなで結ばれている。」

類語　宿縁（しゅくえん）・因縁（いんねん）

えんかい

宴会（えんかい）・会食（かいしょく）・パーティー

宴会（えんかい）　〔名〕人が集まって、いっしょに食べたり酒を飲んだりして、たのしむ会。

会食（かいしょく）　〔名〕普段、食事を共にしない何人かの人が一緒に食事をすること。〈会食〉は、同じ組織・団体に属する人たちが、共通の目的をもって集まって、一緒に食事をする場合に使い、酒が出る席については言わない。「外で会食をしよう。」

パーティー　〔名〕party. 社交などを目的とする集まり、会食。飲食を共にしたり、一緒に踊ったりする会合に使う。

類語　宴（えん）・うたげ・酒宴（しゅえん）

えんき

延期（えんき）・延引（えんいん）・順延（じゅんえん）・日延（ひの）べ

延期（えんき）　〔名・スル動サ変〕あることを行う場合に、予定の期日や時刻をあとへ延ばしたり、遅らせたりする。物事をするのを遅らせることにも、行う期間を長く延ばすことにも言う。「開会式を延期する。」「興行の最終日を十日に延期する。」

延引（えんいん）　〔名・スル動サ変〕物事が長引いて遅れる。遅延する。延び延びになる。〈延期〉とほぼ同義の文語的な言いかただが、〈延期〉が、「開会式を延期する。」「スポーツ大会を延期する。」のように、公的な行事について使うことが多いのに対して、〈延引〉は、「送金を延引する。」「返書を延引する。」のように、個人的な行為を予定より先へ延ばす場合に用いることが多い。

順延（じゅんえん）　〔名・スル動サ変〕やむをえない事情のために、順ぐりに期日を延ばすこと。物事をするのを遅らせることについて言う。「雨天順延」

日延べ（ひのべ）　〔名・スル動サ変〕〈延期〉と同義の和語的表現。「運動会が雨で日延べになった。」のように、物事をするのを遅らせることにも、また、「会期を三日間日延べする。」のように、行う期間を延ばすことにも使う。

類語　繰（く）り延（の）べ

お

おいしい

おいしい・うまい・芳醇（ほうじゅん）だ

おいしい　〔形〕飲食物の味がよい。〈うまい〉の美的表現で、特に、女性の日常会話で一般に用いる。味覚の良さをさす点に意味の重点がある。「おいしいお菓子」

(反)まずい、(転)おいしさ(名)

うまい 〔形〕 飲食物の味がよいので、もっと飲んだり食べたりしたい感じだ。〈うまい〉は、〈おいしい〉とほぼ同義で、男性の方がよく使う。「なかなかスキーがうまい。」のように、技術的に見事である意や、「うまくいけば、成功するかも知れない。」のように、それをすればプラスになる意にも用い、〈おいしい〉よりも意味が広い。また、舌先の美味感覚だけでなく、こくのある滋味をも含めて使う場合が多い。 (反)まずい、(転)うまさ(名)

芳醇(ほうじゅん)だ 〔形動〕 芳純とも書く。酒のかおりが高く、味にこくのある形容。 (転)芳醇さ(名)

類語 美味(びみ)・甘美(かんび)・デリシャス

おいる

老(お)いる・老(ふ)ける・老(お)いぼれる・耄碌(もうろく)する

老(お)いる 〔動上一〕 年をとって、心身の働きが活発でなくなる。やや古風な言いかた。「人はみな老いる。」 (反)若やぐ、(転)老い(名)

老(ふ)ける 〔動下一〕 年をとる。〈老いる〉は、年をとって、心身の働きが活発さを失うことを言うが、〈ふける〉は、「ふけ役」「君は実際の年齢よりもふけて見えるねえ。」のように、外見が年とって見える場合に使うことが多い。

老(お)いぼれる 〔動下一〕 年をとって、頭やからだの働きがすっかり鈍くなる。〈老いる〉よりも、心身の働きの衰えがひどい場合に使い、マイナスの意味合いが一段と強い。「いや、うちのおやじもすっかり老いぼれてしまいましたよ。」 (転)老いぼれ(名)

耄碌(もうろく)する 〔動サ変〕 年をとった結果、思考力や記憶力がひどく悪くなる。 (名)耄碌

類語 年寄(としよ)る・年(とし)が寄(よ)る・年(とし)を取(と)る・老(お)い込(こ)む

おう

負(お)う・荷(に)なう・背負(せお)う・かつぐ

負(お)う 〔動五〕 ①背中に載せて持つ。「赤ん坊を負う。」②自分のからだが、傷などを受ける。「手傷を負う。」③自分で処理すべきものとしての義務・責任などを保つ。「この問題については、私は責任を負えない。」

荷(に)なう 〔動五〕 担うとも書く。片方の肩でささえて、持ち運ぶ。また、自分の責任として引き受ける。〈負う〉は、ものや人を背中に載せる場合に使うのに対して、〈荷なう〉は、ものについてだけ使い、片方の肩でささえる場合を言う。転じて、「伝統を荷なって立つ。」のような言い方もする。また、〈負う〉は、「背中に傷を負う。」のように、傷などを受けることにも使うが、〈荷なう〉は、この意に用いることがない。

背負(せお)う 〔動五〕 〈負う〉とほぼ同義だが、自分のからだに傷などを受ける意に用いることはない。「責任を背負う。」

かつぐ 〔動五〕 担ぐと書く。肩にかけて荷なう。また、上に立つ人としてある人を選んで支え

てゆく意にも用いる。〈荷なう〉は、天秤棒などを肩にかけてものを持つ場合にも使うが、〈かつぐ〉は、何も使わずに直接自分の肩に載せて持つ場合に用いる。また、「お先棒をかつぐ。」のように、比較的軽いものを肩に載せて持つ場合にも使う。

類語 しょう・しょいこむ

おうせいだ

旺盛（おうせい）だ・活発（かっぱつ）だ・盛（さか）んだ・軒昂（けんこう）

旺盛（おうせい）だ 〔形動〕 非常に元気や精力があること。「選手一同の気力は旺盛に見える。」「精力の旺盛な老人だ。」のように、「元気や精力があふれている様子について使うことが多いが、「旺盛な食欲」のように、食欲についても用いる。

活発（かっぱつ）だ 〔形動〕 生き生きとして、勢いや元気がよいこと。〈旺盛だ〉は、元気や精力が盛んであることを言うが、〈活発だ〉は、「活発な少年」「活発な質問」「活発にはねまわる。」のように、人の状態や態度、動作などが生き生きしていることを言う。㊇不活発だ

盛（さか）んだ 〔形動〕 物事が勢いのよい状態にあること。また、何かを何度も何度もするさまの意にも用いる。〈旺盛だ〉〈活発だ〉は、人の状態や態度に使うが、〈盛んだ〉は、「野球が盛んになる。」「この方面の研究が盛んになる。」のように、事柄についても使う。また、〈活発だ〉は、生き生きとして元気がよいことを言うが、〈盛んだ〉は、活気に満ち、勢いのある状態について用いる。

軒昂（けんこう） 〔タル形動〕 〈意気軒昂〉の言いかたで用いる。意気の奮い立つさま。やや古風で、かたい文章語。

類語 揚揚（ようよう）・壮（そう）・隆隆（りゅうりゅう）

おうせつ

応接（おうせつ）・応対（おうたい）・もてなし・接待（せったい）

応接（おうせつ） 〔名・スル動サ変〕 やって来る者を迎え入れて、相手をすること。「応接室」

応対（おうたい） 〔名・スル動サ変〕 相手の話を聞き、その内容に応じた返事をすること。〈応接〉は、やって来た人を家の中や自分の勤務先の応接室などに迎え入れて、相手をする場合に使うが、〈応対〉は、「心のこもった応対」のように、ある場所または電話などで、話相手になることを言う。〈応接〉は、相手を迎え入れてその相手をすることに重点があり、〈応対〉は、相手の話に応じて返事をすることに意味の重点がある。

もてなし 〔名〕 客を心をこめて応対すること。狭義では、「茶菓のもてなしを受ける。」のように、客に心をこめた茶菓・酒食を供することに用いる。精神的な対応もふくむが、心をこめて茶菓・酒食を供することの方に重点がある。 動もてなす

接待（せったい） 〔名・スル動サ変〕 客に酒食を供すること。〈もてなし〉の意の漢語的表現だが、〈もてなし〉は、自宅で、主人や家族のものが心をこめて酒食のもてなしをする場合に使うことが多いのに対して、〈接待〉

は、料亭やバーなどで、お得意の相手をし、酒食を供する場合に用いることが多く、また、「接待係」「あの店は客の接待が悪い。」のように、第三者が客の相手をするときにも使う。

おうちゃく

横着・骨惜しみ・怠惰・不精・怠慢・物臭

横着（おうちゃく）　〔名・ダ形動〕　仕事を一生懸命しないで（怠けられるだけ怠けて）いようとすること。

骨惜しみ（ほねおしみ）　〔名・スル動サ変〕　努力したり、苦労したりすることを惜しむ様子。〈骨惜しみ〉は、「骨惜しみせずに働いた。」のように、自分に与えられた仕事に対して努力を怠ること、すなわち行為を言うが、〈横着〉は、「横着をきめこむ。」のように、多く、仕事などに対して積極的に取り組む姿勢を見せない態度について用いる。また、「いかにも横着らしいうすら笑いを浮かべた。」のように、ずうずうしい態度、横柄な様子の意にも用いる。　⇩骨休め

怠惰（たいだ）　〔名・ダ形動〕　すべきことをしないで、むだに時間を過ごしている様子。〈横着〉〈骨惜しみ〉は、与えられた仕事に対して、努力しようとしない場合によく使うが、〈怠惰〉は、「いつのまにか怠惰な生活態度がすっかり身についてしまった。」のように、本来的に消極的な生活態度について言うことが多い。かたい文章語。　（反）勤勉

不精（ぶしょう）　〔名・ダ形動〕　無精とも書く。ちょっとしたことをするのにも、からだを動かすことをめんどうくさがる様子を言う。「筆不精」「不精ひげ」　（反）気まめ

怠慢（たいまん）　〔名・ダ形動〕　心がけが悪く、なすべき仕事をきちんと責任をもってやらない様子。〈怠惰〉は、おもに気質について言うが、〈怠慢〉は、他人から課せられた仕事をきちんとやらない無責任な態度や行為について使う。「どう好意的に見ても、彼のやったことは、怠慢のそしりを免れないだろう。」「職務怠慢」　（反）勤勉

物臭（ものぐさ）　〔名〕　何をするのもめんどうくさがる様子。〈不精〉は、身のまわりの小さなことについて言うが、〈物臭〉は、何をするのもめんどうくさがることに使い、程度がより強い。「ものぐさ太郎」　（反）まめ

類語　懶惰・投げやり・安逸

おおい

多い・たくさん・いっぱい・おびただしい・しこたま・たんまり・たっぷり・どっさり・ふんだんに・わんさと

多い（おおい）　〔形〕　同種の他のものと比べて、より大きい数量だ。また、同類の中で、それの占めている割合が大きい意にも用いられる。〈多い〉は、社会一般に認められるそれぞれの種類における普通の数量よりも程度量の大きいことを言い、その幅は、わずかに多い目である場合、かなり多い場合、非常に多い場合など、広い範囲にわたって使う。やや文章語的な言いかた。「チップも多すぎるとかえっ

て軽蔑される。」 (反)少ない(名)、(転)多さ

たくさん 〔副〕沢山と書く。数量が多い様子。十分で、もうそれ以上はいらないことにも使う。〈たくさん〉の数量は、〈多い〉とほぼ同程度（〈多い〉ほど自由には使えないようであるが、それでも相当広い範囲にわたって使うことができる）で、ある基準を超えていれば、どの程度超えているかという点での制限はない。日常語としてよく用いる。「たくさんな人々」「もうたくさんです。」 (反)少し

いっぱい 〔副〕〈いっぱいに〉という言いかたでも用いる。容器・場所の限度にまで何かが入っている様子。また、限度まで使う意にも用いる。〈たくさん〉は、数量の程度が大きいことを表わすが、〈いっぱい〉は、その意に用いる以外に、「力いっぱい戦う。」「あすいっぱい忙しい。」「若さいっぱいの二人。」のように、限度ぎりぎりまでの程度量や、何かがぎりぎりまで入っている様子を表わす場合にも使う。

おびただしい 〔形〕夥しいと書く。数量が非常に多い。〈たくさん〉は、程度量が基準より大きいことを表わすが、その幅は、かなり広い。それに対して、〈おびただしい〉は、〈たくさん〉〈多い〉のうちの、程度の非常に大きい〈多い〉部分とのみ対応する。すなわち、並みはずれて多い、一通りでなく多いことを表わす。また、〈たくさん〉〈いっぱい〉は日常語であるが、〈おびただしい〉は、文章語である。「おびただしいいなごの来襲」 (転)おびただしさ(名)

しこたま 〔副〕たくさんの俗語的な表現。「しこたまもうける。」「しこたまためこむ。」のように、金銭を、たくさん集める場合に使い、マイナスのニュアンスを伴うことが多い。

たんまり 〔副〕〈たんまりと〉とも言う。〈しこたま〉とほぼ同義だが、程度量の幅がやや広い。時間や金銭にまだ十分余裕がある場合に用いることが多く、俗語的な表現。「たんまりチップをもらったよ。」「お金はまだたんまり残っているから、心配いらない。」

たっぷり 〔副〕普通の程度よりもかなり多目にある様子を表わす。また、「時間はたっぷりある。」のように、幾分控え目に見ても、それだけの数量は十分にある様子の意にも用いる。

どっさり 〔副〕〈どっさりと〉とも言う。扱いきれないほどたくさん与えられる様子。また、存在する様子にも言う。物について使うことが多い。俗語的表現。「まあ、荷物がどっさり。」

ふんだんに 〔副〕十分すぎるほど。「食物がふんだんにある。」とか「ふんだんに魚が獲れる。」のように、ものがたくさん存在していることを表わす。俗語的な表現。

わんさと 〔副〕ものがありあまるほどある様子。また、「ファンがスターをわんさと取り巻く。」のように、がやがや騒ぎながらおおぜいの人が集まって来る意にも用いる。俗語的な表現。

類語 盛(も)りだくさん・うんと・かずしれず

おおく

多(おお)く・大多数(だいたすう)・大部分(だいぶぶん)

多(おお)く 〔形〕 たくさんのこと。大部分のもの、または場合。

大多数(だいたすう) 〔名〕 ほとんど全部と言ってよいくらい、そこで占める割合が多いこと。〈多く〉は、「多くの人が集まっていた。」「多くを望まない。」のように、普通の程度よりも量がたくさん認められる場合を言うが、〈大多数〉は、全体の中でほとんど全部といってよい数を占めている場合に使う。「大多数の反対で議案は葬られた。」

大部分(だいぶぶん) 〔名〕 全体に近い、ほとんどの部分。〈大部分〉は、〈大多数〉の意に近いが、〈大多数〉が、数量に重点を置いてとらえるのに対して、〈大部分〉は、全体における割合に重点がある。したがって、「仕事の大部分が終わった。」のように、割合を言う場合には、〈大多数〉を使うことができない。

おおらかだ

おおらかだ・大様(おおよう)だ・豁達(かったつ)だ

おおらかだ 〔形動〕 気持ちが大きくゆったりしていて、細かいことにこだわらない様子。育ちや環境のよさからくるゆったりした様子について使う。「あの人は育ちがいいから、気持ちがおおらかだ。」 (転) おおらかさ(名)

大様(おおよう)だ 〔形動〕 鷹揚（おうよう）とも書く。育ちがよかったりして、相手を疑う気持ちや競争心などをあまり持っていない様子。〈大様だ〉は、〈おおらかだ〉とほぼ同義だが、〈おおらかだ〉は、「おおらかな気持ちの持ち主」「おおらかな性格」のように、気持ちや性格について言うことが多いのに対し、〈大様だ〉は、「おおようにうなずく。」「おおように構えている。」のように、態度や様子について使うことが多い。

豁達(かったつ)だ 〔形動〕 闊達とも書く。性格が明るくて、こだわりがない様子について言う。「彼は自由かったつな性格だから、だれからも好かれている。」 (転) 豁達さ(名)

類語 明朗(めいろう)・磊落(らいらく)

おおわらい

大笑(おおわら)い・高笑(たかわら)い・爆笑(ばくしょう)

大笑(おおわら)い 〔名・スル動サ変〕 大声で笑うこと。楽しくて笑う場合にも使うが、あざけって笑う場合に用いられることが多い。また、「そいつは大笑いだ。」のように、愚にもつかないことに対しておかしさをこらえることができない意にも用いる。

高笑(たかわら)い 〔名・スル動サ変〕 遠慮なく大きな声で笑うこと。〈大笑い〉は、一人でなく何人かが同時に大声で笑うことを言うが、〈高笑い〉は、普通、一人の人が、まわりにいる人のことを気にしないで、大声で笑う場合に使う。古風な言いかた。「男は高笑いして席を立った。」

爆笑（ばくしょう）〔名・スル動サ変〕 おかしな話を聞いて、その場にいる者がいっせいにどっと吹きだすようにして笑うこと。「爆笑をさそう。」
類語 哄笑（こうしょう）・呵呵大笑（かかたいしょう）

おくびょう

憶病（おくびょう）・物怖じ（ものおじ）・気後れ（きおくれ）・小心（しょうしん）

憶病（おくびょう）〔名・ダ形動〕 気が小さかったり心配性であったりして、必要以上に用心深くなり、十分に事態に対処することができない様子。また、そのような性質。大人についても子供についても使う。「憶病かぜをふかす」 反 剛胆、転 憶病さ(名)

物怖じ（ものおじ）〔名・スル動サ変〕 何にでもこわがること。「この子はちっとももものおじしないんですよ。」のように、人や物、事態などに対して、なんでもこわがることを言う。〈憶病〉は、大人から子供まで広く使い、態度についても性質についても言うが、〈物怖じ〉は、若者や子供の態度・様子について用いることが多い。

気後れ（きおくれ）〔名〕 何かに威圧されて、やろうとする気持ちがくじけること。〈憶病〉は、生まれつきの性質について使うことが多いが、〈気後れ〉は、たまたま、畏敬する人びとの前に出たり、普段あまり経験したことのない晴れがましい席上に出たりしたりしたときなどに感じる、消極的になる気持ちについて用いる。

小心（しょうしん）〔名・ダ形動〕 気が小さい様子。「彼は小心だから、とても人前で話をすることなどできない。」のように、生まれつきの性質について使う。 反 放胆
類語 小胆（しょうたん）・怖じ気（おじけ）・内気（うちき）

おくる

贈る（おくる）・上げる（あげる）・差し上げる（さしあげる）

贈る（おくる）〔動五〕 贈り物をする。また、健闘・業績・善行をたたえる意味で、官位・称号を与えたり、拍手・声援を与えたりする意にも用いる。「はなむけの言葉を贈る。」

上げる（あげる）〔動下一〕 「与える」の意の丁寧な言いかた。もともと人間に対して使うことばだが、最近は、犬猫などに対しても使うのが普通になった。〈上げる〉は、〈贈る〉と比べて意味が広く、「手を上げる。」のように、ものの一部を低いところから高いところへ移す、「成績を上げる。」のように、今までより程度を高める、また「悲鳴を上げる。」のように、外部へそれとはっきり分かるように表わす、「一定の成果を上げる。」のように、望ましい結果を収めるなどの意にも用いる。 反 くれる

差し上げる（さしあげる）〔動下一〕 「与える」の意の丁寧な言いかたで、〈上げる〉よりも丁寧の度合がさらに高い。また、〈上げる〉と同様に、補助動詞としても用いる。「送ってさしあげなさい。」

おこる

怒る（おこる）・憤る（いきどおる）・むくれる

怒る（おこる）〔動五〕 憤るとも書く。また、「いかる」とも言う。

我慢できなくて、不快な気持ちが言動に現れた状態になる。不快な気持ちが外に現れて、人を激しくののしるとか、なじるとか、あるいは荒々しい行動をとるなど、具体的な言動を行う場合に用いる。⇩怒り

憤る（いきどおる） 〔動五〕「怒る」の意の雅語的表現として用いることが多いが、特に、世の中のひどい状態に対して、こんなことではいけないという憤慨の気持ちを表わす意に用いる。〈怒る〉は、外面的な行動を伴う場合に使うが、〈憤る〉は、内面の気持ちについても使い、〈怒る〉の程度のさらに強いものを言う。「政界の腐敗に憤る。」[転]憤り（名）

むくれる 〔動下一〕 怒っていることがはっきり分かるような、不機嫌な表情や態度をとる。〈ふくれる〉は、怒っていることが顔に現れる場合に使うが、〈むくれる〉は、態度や言動にはっきり現れる場合に用いる。〈むくれる〉は、俗語的な言いかたである。「彼は、君が約束を守らなかったと言って、ひどくむくれてるよ。」

[類語] 腹（はら）を立（た）てる・激怒（げきど）する・いかる・ふくれる

おさない

幼（おさな）い・幼少（ようしょう）・あどけない

幼い（おさない） 〔形〕 まだ年がいかず、ひとり立ちできない状態。また、「君は、考えかたがいつまでも幼いねえ。」のように、その方面の経験が不足していたりして、未熟である意にも用いる。〈幼い〉は、幼い子供だけでなく、成人についても使う。[転]幼さ（名）

幼少（ようしょう） 〔名〕 まだ幼いこと。〈幼い〉子供であることを言い、経験や考えかたが未熟である意には用いない。かなりかたい文章語。

あどけない 〔形〕 まだ、悩みや深い考えがなくて、見ていて全く憎めない様子だ。〈幼い〉は、比喩的用法を含めると、年齢の幅がかなり広いが、〈あどけない〉は、幼児について使う。また、〈あどけない〉は、表情について言うことが多い。[転]あどけなさ（名）

[類語] 稚（いとけな）い・がんぜない

おしゃべり

おしゃべり・多弁（たべん）・饒舌（じょうぜつ）

おしゃべり 〔名〕 よくしゃべること。また、その人。また、「おしゃべりを楽しむ。」のように、気楽な話題で人と雑談する意にも用いる。[反]無口

多弁（たべん） 〔名・ダ形動〕 口数が多いこと。〈多弁〉は、しゃべる回数が多く、また、話が長いことを言うが、〈おしゃべり〉は、「あのおしゃべりが、またよけいなことを言ったらしい。」のように、人を表わすことがあり、また、「あの人はおしゃべりだから、うっかりしたことは話せない。」のように、口が軽いという意にも用いる。また、「おしゃべりを楽しむ。」のように、行為を表わす場合にも使い、用法が広い。〈多弁〉は、かなりかたい文章語。「多弁を弄してばかりいる。」

饒舌（じょうぜつ）〔名〕〈おしゃべり〉の意の漢語的表現。口数が多いという点では、〈おしゃべり〉と同義だが、くどくど言って、話が長くなるというニュアンスを伴う。

類語 むだ口（ぐち）・軽口（かるくち）

おす

押（お）す・押（お）さえる・圧迫（あっぱく）する・抑圧（よくあつ）する

押（お）**す**〔動五〕①向こうの方へ力を加える。「壁を押す。」②力を入れて物を向こうへやる。③上から重みを加えて押さえつける。「馬乗りになって背中を押す。」④困難や障害を冒して無理にする。「病気を押して出場する。」　反引く

押（お）**さえる**〔動下一〕〈抑える〉とも書く。①上から物などを押して動かないようにする。②何かをしようとするのをくいとめる。防ぐ。「暴走を押さえる。」③つかまえる。「電車の中で、すりを押さえる。」④圧迫を加えて自由にさせない。「発言を押さえる。」〈押す〉は、ものに対して平行に力を加えることに使うが、〈押さえる〉は、上から力を加えることを言う。また、〈押す〉は、比較的大きく重い物で、それ自体動かない物についても用いるが、〈押さえる〉は、小さくて軽い物や、動く物についても使う。すなわち、〈押さえる〉には、対象物の活動力を静止させる意図が働いている。

圧迫（あっぱく）**する**〔動サ変〕物を押しつけること。また、押し迫ってくることや、精神的な威圧を与える意にも用いる。　名圧迫

抑圧（よくあつ）**する**〔動サ変〕行動・欲望を抑えつけること。〈圧迫〉は、「蒲団が胸を圧迫する。」「敵に圧迫を加える。」のように、具体的な対象に力を加える場合に使うが、〈抑圧〉は、相手の行動や人びとの欲望の自由を奪うことに使う。かたい文章語。「言論の自由を抑圧する風潮が次第に強まってきている。」　名抑圧

類語 押（お）し付ける・抑制（よくせい）する・威圧（いあつ）する・断圧（だんあつ）する・プッシュする

おずおず

おずおず・おどおど・こわごわ・恐（おそ）る恐（おそ）る・びくびく

おずおず〔副・スル動サ変〕怖ず怖ずと書く。相手を恐れている様子。相手やまわりの人びとを恐れて、ちゅうちょする態度について言う。「おずおずと言い出す。」

おどおど〔副・スル動サ変〕怖かったり、自信がなかったりして、落ち着かない様子。〈おずおず〉は、ちゅうちょする態度に重点があるが、〈おどおど〉は、相手を怖がってびくついている様子に重点があり、相手を恐れる度合が、〈おずおず〉よりも強い。「おどおどした態度」

こわごわ〔副〕怖怖と書く。〈こわごわと〉の語形でも用いる。〈恐る恐る〉とほとんど同義で、こわい目に会うのではないかと思いながら、何かをする様子について使う。〈こわごわ〉は、人に対する場合に使うことは少なく、「高いビル

の屋上からこわごわ下をのぞきこんだ。」のように、ものや状況に対する場合に用いることが多い。

恐る恐る（おそるおそる）　〔副〕 怖がりながら。〈こわごわ〉とほとんど同義だが、尊敬していたり畏怖する人の前などに出たりする場合には、〈恐る恐る〉を用いて、〈こわごわ〉は使わない。「恐る恐る顔を出す。」

びくびく　〔副・スル動サ変〕 いつも恐れている様子。また、「からだをびくびく震わす。」のように、小刻みに動く様子を表わす。〈おどおど〉は、たまたまその場にいる相手が、自分よりもはるかに偉かったりして、ひどく気を使ってびくつくことを言うが、〈びくびく〉は、「彼はいつも何かを恐れて、びくびくしていた。」のように、だれかが、いつか、自分に害を与えるのではないかと、いつも恐れている様子を言う。

類語　おろおろ・戦戦恐恐（せんせんきょうきょう）・小心翼翼（しょうしんよくよく）・おっかなびっくり

おせじ

お世辞（せじ）・おべっか・追従（ついしょう）・迎合（げいごう）・おべんちゃら

お世辞（せじ）　〔名〕 相手自身や相手に関係のある事について、必要以上にほめて言うことば。相手に取り入ろうとしたり、好意的に見てもらおうと思ったりして言うことばについて使う。「彼は周囲のお世辞のためにだめになった。」「お世辞たらたら」

おべっか　〔名〕 自分よりも上位にある者に取り入ろうとして、ご機嫌をとるためのことば。「おべっかを使う。」の言いかたで用いることが多い。〈お世辞〉とほぼ同義のやや俗語的な言いかた。「あいつは上役に取り入ろうとして、おべっかばっかり使ってやがる。」

追従（ついしょう）　〔名・スル動サ変〕 〈お追従〉の言いかたもする。人のご機嫌をとること。「お追従笑い」のように、表情やしぐさについて使うことが多い。

迎合（げいごう）　〔名・スル動サ変〕 〈追従〉は、目の前の相手に対する言動について使うが、〈迎合〉は、「大衆の好みに迎合する。」「読者に迎合する。」のように、広い範囲の他人に、自分の考えを曲げて調子を合わせる場合に用いる。ややかたい文章語。

おべんちゃら　〔名〕 〈おべっか〉とほぼ同義だが、口先ばかりで全く実意がないことに意味の重点がある。「おべんちゃらを振りまく。」

おそい

遅（おそ）い・のろい・遅遅（ちち）と・まだるこい・緩慢（かんまん）だ

遅い（おそい）　〔形〕 何かをするのに他人より時間がかかる様子。また、「今からではもう遅い。」のように、期待される時刻よりあとになる様子の意にも用いる。(反)はやい、(転)遅さ(名)

のろい　〔形〕 能力がなかったり、何をするにもやりかたが遅かったりして、見ている人をいらいらさせる様子だ。〈遅い〉は、要領が悪かったりまだ慣れていなかったりするために、仕事などをするのに時間がかかることを言うが、〈のろい〉は、普通の能力がないためにほかの人よりもずっと時間がかかる場合に使うことが多い。したがって、マイナスに評価する程度が、〈遅い〉よりも強いように思われる。また、〈のろい〉は、「あるいはちょっとのろいんじゃないの。」のように、頭の働きが鈍い意にも用いる。「どうして君は、そんなに仕事がのろいんだ。」 反はやい、転のろさ(名) ⇩のろま

遅遅と（ちち） 〔副・タル形動〕「遅遅として」「遅遅とした」という言いかたで用いられる。物事の進行が遅く、時間がかかることを言う。仕事について使うことが多く、自分の仕事の遅いことを謙遜して言う場合にも用いる。改まった、かたい言いかた。「仕事が遅々としてははかどりません。」「遅々とした歩みを続ける。」

まだるこい 〔形〕〈まだるっこい〉の語形で用いることが多い。のろのろしていて、じれったいと思われるほどだ。〈のろい〉は、やりかたの遅いことを感覚的にとらえて言うが、〈まだるこい〉は、〈のろい〉状態を見て、じれったく思うこちらの感情に重点を置いて言う場合に用いる。

緩慢だ（かんまん） 〔形動〕物事の変化や動作が激しくないこと。激しさや速さが要求されるにもかかわらず、激しくなかったり遅かったりするという意味合いを含む。「彼はいつも動作が緩慢だから、まわりの人にあまりいい印象を与えない。」 反敏速だ

類語 ゆっくり・のろのろ・緩（ゆる）やかだ・ゆるりと

おそれ

恐（おそ）れ・恐怖（きょうふ）・怯（おび）え・危惧（きぐ）

恐れ（おそ） 〔名〕虞れとも書く。それに近づくと、無事に済みそうもないと思われて、避けたいと思う気持ち。また、何かいやなことが起こるのではないかという心配の意にも用いる。 動恐れる

恐怖（きょうふ） 〔名・スル動サ変〕自分の身に危害が加えられる感じがして、極度に不安になること。〈恐れ〉は、人に威圧感を覚える場合に使うことが多いが、〈恐怖〉は、自然物や現象に対しても用いる。また、〈恐怖〉は、自分の身に危害を感じる程度や切迫感が、〈恐れ〉よりも強い。「身の毛もよだつ恐怖」

怯え（おび） 〔名〕物事に怖がってびくびくすること。〈恐怖〉とほとんど同義だが、子供が、何かを恐れて、極度に不安な状態になることに使うことが多い。 動怯える

危惧（きぐ） 〔名・スル動サ変〕結果や将来が悪くなりはしないかと心配すること。人や国の関係、事態の進展、将来の結果などに対して、ある程度の客観的な根拠や条件に基づいて、いろいろと心配したり恐れたりする場合に使う。かなりかたい文章語。「近年の両国間の険悪な関係に、周辺の諸国は、強い危惧を抱いている。」

類語 怖気（おぞけ）・畏怖（いふ）・懸念（けねん）

おそろしい
恐ろしい・怖い・不気味だ

恐ろしい
〔形〕 ①強力なもの、自分に害を加えるもの、また望ましくない結果が生まれそうなことをこわいと感じる。②恐れをいだかせる。こわい。「恐ろしい話を聞く。」③程度がはなはだしい。ひどい。ものすごい。「おそろしく速い。」 (転)恐ろしさ(名)

怖い
〔形〕 恐ろしい。心の中に恐怖の念が起こる意に用いる。〈こわい〉は、〈恐ろしい〉とほぼ同義だが、「恐ろしく背の高い人だ。」とか「恐ろしい人出だ。」のように、程度がはなはだしいことを意味する用法がない。〈こわい〉は、口語的な言いかたである。「こわい目をして俺の方を見る。」 (転)こわさ(名)

不気味だ
〔形動〕 なんとなく恐ろしい感じがすること。〈気味が悪い〉の意の漢語的な表現。〈不気味だ〉は、正体が知れない、何が現れるか分からないという状況において感じる恐怖心を言う。「あたりは不気味に静まり返っている。」 (転)不気味さ(名)

[類語] 薄気味悪い・身の毛がよだつ・恐れをなす

おてんば
おてんば・おきゃん・じゃじゃ馬

おてんば
〔名〕 お転婆と書く。女としてのしとやかさたしなみを忘れて、男の子と変わらないように、ふざけ騒ぐ少女。普通、おとなの女性については、使わない。

おきゃん
〔名〕 〈おてんば〉な若い女。〈おてんば〉は、普通、少女について使うが、〈おきゃん〉は、それよりも少し年長の若い女性について用いる。

じゃじゃ馬
〔名〕 夫などの言うことを素直に聞こうとしない、扱いの難しい、気の強い女。すでに結婚している女性についても言う。「あいつはじゃじゃ馬だから、いったんこうと決めたら、なかなか人の言うことに耳を貸さないんだ。」

おどかす
脅かす・脅す・脅迫する・威嚇する・恐喝する

脅かす
〔動五〕 自分の思う通りに行動させる（相手に従わせる）ために、ことばや態度によって危害を加える様子を見せる。また、こわい思いをさせて、びっくりさせる意にも用いる。「おどかしっこなしよ。」

脅す
〔動五〕 言うことを聞かないと危害を加える（不利な情報をぶちまける）などと言って、金品をゆする。また、〈おどかす〉とほとんど同義で、こわい思いをさせるの意にも用いる。〈おどかす〉は、自分に有利になるようにことを運ぶために、相手を従わせる場合に使うが、〈おどす〉は、さらに悪質で、金品をゆする場合に多く用いる。

脅迫（きょうはく）**する** 〔動サ変〕 電話や手紙などでおどして、自分の要求を受け入れるように迫ること。法令用語では、〈脅迫〉は、人に畏怖心（恐怖心）を生じさせる目的で害悪を告知する意に用いる。〈脅迫〉という語は、種々の犯罪に用いられているが、それぞれニュアンスが異なる。基本型は脅迫罪、強要罪のそれであるが、この場合には、被害者またはその親族の生命・身体・自由・名誉・財産に対する害悪の告知に限定されている。 图 脅迫

威嚇（いかく）**する** 〔動サ変〕 〈おどかす〉の意の漢語的表現。「敵を威嚇する。」 图 威嚇

恐喝（きょうかつ）**する** 〔動サ変〕 脅喝とも書く。相手の弱みなどにつけ込んでおどしつけ、金品を自分の要求どおり出させようとすること。おどし。〈恐喝〉は、相手をおどしつけ、金品を自分の要求どおり出させようとする場合に使うが、〈脅迫〉は、金品をおどしとるだけでなく、相手の行動を規制したり、自分達の不当な行為を相手に認めさせようとする場合にも用いる。法令用語としては、〈恐喝〉は、脅迫を手段として財物を交付させ、または財産上の利益を得、または他人に得させることを言う。「私は他人に脅喝されるような覚えは全くない。」「金品を目当てに人を恐喝する。」 图 恐喝

おどけ

おどけ・茶目（ちゃめ）・滑稽（こっけい）・ユーモラス

おどけ 〔名〕 道化からきたことば。「おどけて笑わせる。」 ふざけたまねをすること。 動 おどける

茶目（ちゃめ） 〔名〕 お茶目とも言う。無邪気ないたずらをすること。また、ふざけたことを言ったりして、人を笑わせること、また、その人の意にも用いる。〈おどけ〉は、普通、おとなの行為について使い、ふざけたまねをする意に用いるが、〈茶目〉は、おとなだけでなく、子供の行為についても言う。また、〈おどけ〉は、やや大仰な行為について言い、ときに、マイナスに評価される場合があるが、〈茶目〉は、無邪気ないたずらや軽くふざける場合に使い、マイナスに評価されることはない。「ずいぶん茶目っ気のある人だね。」

滑稽（こっけい） 〔名・ダ形動〕 おどけていて面白いこと。また、「あいつが偉大な作家と言われるとは、滑稽な話だ。」のように、いかにもくだらなくて、人にばかばかしい感じを与える意にも用いる。〈おどけ〉や〈茶目〉は、ふざけたまねをする行為に重点があるが、〈滑稽〉は、そのような行為に対して、こちらが感じる気持ちを言う。 転 滑稽さ（名）

ユーモラス 〔ダ形動〕 humorous. おかしみのある様子。やや上品な言いかた。この語は常にプラスの意味で使われる。「彼のユーモラスなもの言いが、一座の笑いを誘った。」

おとなしい

おとなしい・柔和（にゅうわ）だ・穏（おだ）やかだ・温和（おんわ）だ

おとなしい

おとなしい 〔形〕 性質が穏やかで、逆らわない様子。また、子供がいたずらをしたり騒いだりしない様子の意にも用いる。〈おとなしい〉は、「おとなしい犬だ。」のように、人間だけでなく、人間に害を与えることもある動物についても使う。(転)おとなしさ(名)

柔和（にゅうわ）だ 〔形動〕 やさしくて穏やかな様子。〈柔和だ〉は、「柔和な顔つき」のように、おもに、表情について使う。かたい文章語。(転)柔和さ(名)

穏（おだ）やかだ 〔形動〕 構えて人と争ったり、自分の感情をすぐに表に表わしたりすることがない、温和な性格や人柄について使う。また、心の平静さや、生活のリズムを乱すことがない様子や、何事もなくことが収まる様子の意にも用いる。〈温和〉は、人の性質・表情や気候について使うが、〈穏やかだ〉は、性質・表情・気候をはじめとして、言動や事態、事柄などについても使い、使用範囲が広い。しかし、考えかた・思想については用いない。「穏やかな人柄」

温和（おんわ）だ 〔形動〕 穏和とも書く。性質などが穏やかで、おとなしい様子を言う。〈おとなしい〉は、子供をはじめとして、比較的若い人の性質について多く使うが、〈温和だ〉は、大人一般について言う。また、〈温和だ〉は、「温和な気候」のように、気候に激しい変化が認められず安定している様子も表わす。「私の恩師は、若いころずいぶん厳しかったが、年老いてすっかり温和になられた。」 (転)温和さ(名)

おとろえ

衰（おとろ）え・減退（げんたい）・衰弱（すいじゃく）・衰微（すいび）

衰（おとろ）え 〔名・動下一〕 勢いが弱る。前は盛んであったものが、盛んでなくなる。また、元気がなくなる意にも用いる。このグループでは、最も意味が広く、国力・健康・気力・火勢・美しさなどが、その前と比べて弱くなることを言う。(反)栄え

減退（げんたい） 〔名・スル動サ変〕 体力や精神力、あるいは食欲などが、その前よりも減少したり衰えたりすること。国力・健康・火勢・美しさなどには使わない。「暑くなって、急に食欲が減退した。」 (反)増進

衰弱（すいじゃく） 〔名・スル動サ変〕 体力などが衰えて、弱くなること。「病気してからからだがすっかり衰弱してしまった。」

衰微（すいび） 〔名・スル動サ変〕 衰えて、勢力がなくなること。国家の勢いや町の繁栄、あるいは文化・芸術・学問の勢いなどが衰える場合に使うことが多い。かたい文章語。「衰微のきざしが見える。」 (反)繁栄

おとろえる

衰（おとろ）える・さびれる・落（お）ちぶれる

衰（おとろ）える 〔動下一〕 勢いや力などが弱くなる。国力や文化・学問・芸術・知力などの抽象的な内容の事柄にも、体力・足腰などの具体的な内容の事柄にも使う。「さすがのチャンピオンも衰えたね。」 (反)栄える、(転)衰え(名)

さびれる　〔動下一〕　景気が悪くなったり、魅力がなくなったりして、人が集まらない状態になる。「町がすっかりさびれる。」「店がさびれる。」のように、以前は、多くの人びとが集まって来て活気を呈していた場所や町や店などが、人びとが集まらなくなって活気を失う場合に用いる。〈衰える〉は、人にも人以外の社会的現象にも使うが、〈さびれる〉は、社会的な現象にしか使わない。
㊀にぎわう

落ちぶれる　〔動下一〕　身分が下がり貧乏になって、みじめな状態になる。〈衰える〉は、人にも人以外の社会的な現象にも使うが、〈落ちぶれる〉は、人に限って使う。
類語　零落する・凋落する　㊀成り上がる

おどる
踊る・舞う

踊る　〔動五〕　音楽に合わせて勢いよく足を上げ下げしたり、前後左右に動かしたりして、それに伴って手や腰の動きを加えたりする。また、「馬が踊る。」「字が踊る。」のように、人間以外のものについても使い、勢いよく飛んだりはねたりする意にも用いる。比喩的に、人にあやつられて動くことも言う。「あの男は、黒幕に踊らされただけだ。」「会議は踊る。」　㊄踊り(名)

舞う　〔動五〕　舞いを演ずる。歌や音楽に合わせ、からだや手足を上下・左右・前後に曲線的に動かして、あるテーマを象徴的に表わす。〈踊る〉は、ジャズダンスや阿波踊など、動きの激しい舞踊について使うことが多く、舞台の上で行う場合にも、また、広場や道で行う場合にも言うが、〈舞う〉は、主に舞台の上で舞いを演ずる場合に使う。また、〈踊る〉を人間以外のものについて用いる場合は、勢いよく飛んだりはねたりすることを表わすが、〈舞う〉は、「トンビが舞う。」「雪が静かに舞っている。」のように、円形を描いて、ゆっくりと静かに空中を飛ぶ意を表わす。〈踊る〉のように、あやつられておろかな行為をするといった使い方はしない。
㊄舞い

おどろく
驚く・びっくりする・仰天する・動転する・あきれる

驚く　〔動五〕　突然予測もしなかったようなことに出会ったりして、一瞬、ぎょっとする。また、今まで知らなかった（気づかなかった）ことが事実だと知らされ、普段の落ち着きを失ったり、自分がうかつであることを思い知らされたりする意にも用いる。「続いて驚くべきことが起こった。」　㊄驚き(名)

びっくりする　〔動サ変〕　今まで見なかった、あるいは知らなかった事態に接して、一瞬心が動揺する。〈驚く〉は、心が動揺する程度に多少の幅があるが、〈びっくりする〉は、程度の強い場合に多く使う。すなわち、〈びっくりする〉の方が、やや意外性の程度が強いように思われる。また、〈驚く〉は、主体が人間だけでなく動物の場合にも言うが、〈びっくりする〉は、普通、人間についてしか使わない。「山道を歩いていて、突然草むらから蛇が出て来たので、びっくりして一瞬からだがすくんでしまった。」〈驚く〉の俗語的表現。

仰天（ぎょうてん）する　〔動サ変〕　ひっくり返りそうなくらいに驚くこと。〈びっくりする〉とほぼ同義だが、全く予想もしていなかったという意外性の程度が強い。「びっくり仰天する」の言いかたで用いることが多い。名 仰天

動転（どうてん）する　〔動サ変〕　びっくりして、なにがなんだか分からなくなる。〈驚く〉程度は、〈びっくりする〉よりも強く、〈仰天する〉と同程度だが、信じられないような事実を知らされ、すっかり自分を失うことに、意味の重点がある。「気が動転する。」「父の急死の報に、すっかり動転してしまった。」　名 動転

あきれる　〔動下一〕　呆れると書く。意外なことに出会って、一瞬、ことばが出なくなる。また、腹立たしい意外なことがたびたび重なって、つき合いきれなくなる意にも用いる。〈驚く〉〈びっくりする〉は、いいことが出現する場合にも使うが、〈あきれる〉は、自分が見て批判すべき（軽蔑すべき）マイナスの事態について使う。〈あきれる〉の程度のより大きい言いかたが、「あきれかえる」「あきれはてる」である。

類語　あっけにとられる・たまげる・驚愕（きょうがく）する

おののく

おののく・わななく・戦慄（せんりつ）する・身震（みぶる）いする

おののく　〔動五〕　ぶるぶる震える。恐怖や不安、寒さなどのために、からだ全体がぶるぶる震えることを言う。「おそれおののく」　転 おののき(名)

わななく　〔動五〕　からだが小刻みに震える。恐怖や興奮などのために、からだの部分がぶるぶる震える場合に使う。〈おののく〉は、恐怖・不安・寒さなどが原因となって、からだ全体が震える場合を言うが、〈わななく〉は、恐怖・怒り・興奮などが原因となって、からだの部分が震える場合に使う。

戦慄（せんりつ）する　〔動サ変〕　恐ろしさのために、身震いする。恐怖でからだ全体がぶるぶる震える場合に使い、不安や寒さについては言わない。「戦慄すべき大事件」　名 戦慄

身震（みぶる）いする　〔動サ変〕　寒さや緊張、また興奮や嫌悪感などで、からだ全体が、瞬間的に震えることを言う。　名 身震い

おびる

帯（お）びる・まとう

帯（お）びる　〔動上一〕　からだに付けて持つ。〈帯びる〉は、「刀を帯びる。」のように、腰に付ける場合に用いることが多く、転じては、「重い任務を帯びる。」のように、具体的なものではなく、抽象的な内容の事柄や、「電気を帯びる。」のような自然現象についても用いる。

まとう　〔動五〕　纏うと書く。巻いてからだを包むように

して身に付ける。布などを、からだ全体に付ける場合に用いることが多いが、腰に付ける場合にも使う。
[類語] 帯(たい)する・差(さ)す・佩(は)く

おもい
重(おも)い・重(おも)たい・重重(おもおも)しい

重(おも)い 〔形〕 そのものを支え持つのに大きな力を必要とする状態。また、〈重い〉物で押えられているようで、のびのびとした感じになれない様子の意や、「病気が重い。」「事態を重く見る。」のように、程度が水準以上で、容易ではない様子の意にも用いる。[反]軽い、[転]重さ(名)

重(おも)たい 〔形〕 〈重い〉とほぼ同義の口語的な言いかた。「頭が重い。」「口が重い。」「気が重い。」のように、具体的・感覚的なことについては、〈重たい〉を〈重い〉とほとんど同義に使うが、「重い意味を持つ。」「重い地位」「事態を重く見る。」のように、抽象的な内容の事柄には、〈重たい〉を用いることはない。[転]重たさ(名)

重重(おもおも)しい 〔形〕 何をするにも慎重に考え考え、言ったりしたりするように見える様子。普通、人の口調や態度について使うが、「重々しい雰囲気に包まれていた。」のように、そこに何か大事なことが行われている様子が強く感じられる意にも用いる。[反]軽軽しい、[転]重重しさ(名)
[類語] 重厚(じゅうこう)・過重(かじゅう)

おもい
思(おも)い・所存(しょぞん)・思(おも)わく・考(かんが)え

思(おも)い 〔名〕 思うこと。〈思い〉は、意味内容がきわめて広く、下にくる動詞や上にくる連体修飾語との意味的関係によって、次のようなさまざまの意味を表わす。「思いを新たにする。」(考え)、「思いにふける。」(回想)、「思い通りに運ぶ。」(計画)、「思いがかなう。」(願望)、「思いに沈む。」(心配)、「身を切られる思いをする。」(気持ち)、「楽しい思いをする。」(経験)、「思いをはせる。」(想像)、「思いをはらす。」(恨み)、「思いを寄せる。」(愛情)など。広く、心にうかぶ思念一般を言うが、〈考え〉と違って、物事を分析的に眺めとらえる知的行為ではない。[動]思う

所存(しょぞん) 〔名〕 〈考え〉〈意中〉の意の、やや古風で、改まった言いかた。「参上する所存です。」

思(おも)わく 〔名〕 局面の展開についての自分中心の期待や見込みを言う。「思わくがはずれる。」

考(かんが)え 〔名〕 事物について抱いている観念。また、経験や知識を基にして、未知の事柄を解決しようとして頭を働かせることなど。〈思い〉は、「心の中で彼女のことをひそかに思っている。」のように、ある刺激に対応する、自分の心の中の感覚や情意を明確に意識することを言うのに対して、〈考え〉は、「数学の問題の解きかたを頭の中でじっくり考える。」のように、未知の事柄や困難な事態を解決したり、新しいものを作り出したりする知の働きを言う。
[類語] 所懐(しょかい)・意中(いちゅう)・思案(しあん)

おもいつき

思い付き・着想・発想・アイデア

思い付き　〔名〕 ふと心に思い浮かんだ事柄。また、ちょっとした着想の意にも用いる。「思い付きはいいが、実現はむずかしい。」 動思い付く

着想　〔名・スル動サ変〕 ある仕事や計画を始めたり進めたりする上の工夫。思い付き。〈思い付き〉は、日常生活の中で起こる小さな問題を解決したり、何かを改めたりするための、ほんのちょっとした気付きについて使うが、〈着想〉は、仕事やかなり大きな計画を新しく始めたり、局面を展開したりする上で思い付いた工夫について用いる。「よし。いい着想だ。」

発想　〔名〕 その問題をどう取り扱い、どうまとめるかということについての思い付き、アイデア。また、考えたことを、効果的なことば・叙述・構成などによって表現することの意にも用いる。〈着想〉は、ある仕事を始めたり、ある計画を展開したりするための工夫、アイデアの意に用いられるが、〈発想〉は、ある問題を、どのような観点からどう扱い、どう分析するか、また、どのような考えかたを中心にしてどう特徴づけていくかといった心の動きについて言い、内容が広い。

アイデア　〔名〕 idea. 何かをするについて、浮かんだよい考え。〈着想〉とほとんど同義だが、ちょっとした思い付きの場合にも使う。「アイデアマン」

類語 着眼・ひらめき

おもいやり

思いやり・憐れみ・労わり・同情

思いやり　〔名〕 他のもの（人・動物）に対する同情。自分と対等ないしは目下のもの、あるいは力の弱いものの気持ちと同じ気持ちになって考えてやり、同情を寄せることを言う。「思いやりのある態度を示す。」 動思いやる

憐れみ　〔名〕 哀れみとも書く。かわいそうに思うこと。同情すること。また、同情して親切にしてやる意にも用いる。〈思いやり〉は、「人はいつも思いやりの心を持って、他人に接することが大切だ。」のように、他のもののことを思いやるやさしい気持ちを広く言い、〈憐れみ〉は、「憐れみを施す。」「人の憐れみを乞う。」のように、同情してお金や物を恵んだり、親切な行いを施したりする、具体的な行為について多く使う。動憐れむ

労わり　〔名〕 弱い者や、よく働いた者などに同情して、やさしく世話をしたり、慰めたりしてやる。〈思いやり〉は、他のものに対する同情心を広く言い、意味内容が抽象的であるが、〈労わり〉は、たとえば、病人・老人・奮闘した選手などに、やさしく声をかけたり、世話をしたり、あるいは慰めたりする具体的な行為を言う場合に用いる。「最近の若者を見ていると、老人への労わりをすっかり忘れてしまったように思われ

る。」 動労わる

同情（どうじょう） 〔名・スル動サ変〕 他人の身になって、苦しみ・悲しみ・喜びなどを共にする気持ち。〈思いやり〉の意に近いが、普通は、人間についてだけ使う。また、〈同情〉は、〈思いやり〉よりも対象に対して直接的である。「同情を寄せる。」

類語 憐憫（れんびん）・情け

おもて

表（おもて）・表面（ひょうめん）・うわつら・うわべ

表（おもて） 〔名〕 対蹠的な二つの面のうち、その物を代表する面。また、人に見えるところ、家の外の意などにも用いる。「世間のことには、表と裏がある。」 反裏 ⇩表向き

表面（ひょうめん） 〔名〕 その物の一番外側の部分。〈表面〉は、「机の表面」のように、物についても、また、「対立意識が表面に出る。」「表面を飾る。」「表面をつくろう。」のように、人の相手に対する意識や心理についても使うが、いずれも、一番外側の部分で、それを見る人の位置や置かれた状況によって、すぐに見ることのできる面の意に用いる。〈表〉は、この意味以外に、「家の表」とか、「二回表の攻撃」のように、家の玄関の前（正面の外）や、野球で先攻が攻撃する番の意などにも用いる。 反裏面

うわつら 〔名〕 〈うわっつら〉の語形もある。物の表面。また、内容・精神には関係のない外面的なことの意にも用いる。「人はうわっつらだけを見て、判断してはいけない。」

うわべ 〔名〕 上辺と書く。物の表面・外面。外観。〈うわつら〉も〈うわべ〉も、物にも人の心や考えにも使う点で重なるところが大きいが、〈うわつら〉は、内容や精神の外面的なことを比較的客観的に言う場合に用いることが多いのに対して、〈うわべ〉は、「うわべをかざる」「うわべをつくろう」のように、世間体や傍にいる人びとの目をうまくごまかすために、表面を飾ったり、とりつくろったりする意に用いることが多い。

類語 皮相（ひそう）・外面（がいめん）・見（み）せかけ

おもな

おもな・主要（しゅよう）な・主（しゅ）たる

おもな 〔連体〕 多くの中で、中心となっていて、大切な事柄。「主な人物」「主な産業」 ⇩おもに

主要な（しゅような） 〔連体〕 中心をなす、重要な事柄。〈おもな〉とほぼ同義だが、文章語的な言いかた。「これが今日の会議の主要な議題です。」

主たる（しゅたる） 〔連体〕 〈おもな〉とほとんど同義の、かたい言いかた。「主たる要因」「主たる理由」のように、抽象的な内容の事柄について言うことが多い。

類語 目（め）ぼしい・重要（じゅうよう）な

おもむき

趣（おもむき）・情趣（じょうしゅ）・風情（ふぜい）・ムード

趣（おもむき）〔名〕①その人がそのとき言おうと思ったことの主旨・要点。「お手紙の趣承知しました。」②だれかから聞いて知っている内容や知識。「承ればご病気の趣、くれぐれもお大事になさって下さい。」③見たり聞いたりする人に訴える、印象ぶかい風趣。「あの家は趣があるね。」

情趣（じょうしゅ）〔名〕そのものに接した人に感じさせる、ほのぼのとしたよさ、味わい。〈情趣〉は、味わい深いよさというプラスの意味合いに用いるが、〈趣〉は、「冬枯れの景色にも趣がある。」「陰惨な趣がある。」のように、雰囲気・味わいをプラスの方向にもマイナスの方向にも使う。

風情（ふぜい）〔名〕その場の情景から感じられる、なんとも言えない風流な感じ。趣。また、「なんの風情もなくてあいすみません。」のように、来客の気持ちをなごませるなにかの意にも用いる。「秋の風情」

ムード〔名〕mood. 雰囲気。また、何かしようとする一般の動きについても言う。「僕はムードに弱いんだ。」

おもわず
思わず・無意識に

思わず（おもわず）〔副〕そうしようとは思わないのに、無意識にそうなる様子。刺激が強いために、考えるゆとりもなく行動を取ってしまうという、刺激と行動との直接的な結びつきを表わす点に、意味の重点がある。「びっくりして、思わず走り出した。」

無意識に（むいしきに）〔ダ形動〕はっきりした意識や自覚がなくて、何かをする様子。また、意識を失っている様子の意にも用いる。〈思わず〉は、「カッとなって、思わず手を振り上げた。」のように、ある刺激に対して、無意識のうちに反応することを言うが、〈無意識に〉は、「無意識に頭をかく。」のように、刺激が全くない場合についても用いる。「無意識な動作」　図無意識

類語　おぼえず・我知らず・知らず知らず・ついに

おやかた
親方・親分・ボス・巨頭・チーフ

親方（おやかた）〔名〕職人の頭・芸事の主人・すもうの年寄りなど、その社会の有識経験者で、後輩を指導、養成する責任を持つ人。

親分（おやぶん）〔名〕部下の生殺与奪の権限を握る、グループや閥などの長。「やくざの親分」　㊍子分

ボス〔名〕boss.〈親分〉は、盗賊ややくざの集団の長を言う場合に用いることが多いが、〈ボス〉は、「学界のボス」「政界のボス」のように、仕事を与え、指導する親分の意に用いることが多い。批判的な感情をこめて言うこともある。

巨頭（きょとう）〔名〕国家やきわめて大きな組織で、重要な地位にあって、実権を持っている人。「貿易摩擦の問題を解消するために、日米巨頭会談が開催されることになった。」

チーフ〔名〕chief. 少人数から成る職場・研究所等の主

任を言う。

類語 頭(かしら)・首領(しゅりょう)・キャプテン

およそ

およそ・おおよそ・約(やく)・大(おお)かた・あらかた・ほぼ・大抵(たいてい)・大体(だいたい)・大概(たいがい)

およそ 〔副〕凡そと書く。〈おおよそ〉の口語的表現。

大体のところ。完全というわけではないが、大体において。事情・数量・時間などについて、こまかく言えば問題はあるが、大まかにはそうだ、といった場合に使う。また、あとに打ち消しの言いかたや反対の意味を持つことばを伴って、全体で、「まったく……ない」の意を表わす。次の〈おおよそ〉とほとんど同義だが、「およそ一人だけでは生きて行けないのだ。」のように、だれが考えても、どのような観点から見ても、そう考えられることを表わす意に、〈おおよそ〉が用いられることは少ない。

おおよそ 〔副〕〈およそ〉の文章語的な言いかた。「おおよその方角を決めて、いろいろな道を当てもなく歩くのが好きである。」

約(やく) 〔副〕数量が大体その程度であることを表わす。人・もの・事柄・時間・距離など、広い範囲の対象について用いる。「およそ三十分もすれば着くでしょう。」の言いかたにおいては、〈およそ〉を〈約〉に置き換えることができるが、「およそ何時ごろでしたか。」「裁判官はおよそ次のように述べた。」のように、大体、大要の意に用いる場合には、〈約〉に置き換えることができない。すなわち、〈約〉は、数量の大体の程度を具体的に言う場合に限って用いる。

大(おお)かた 〔名・副〕大方とも書く。それに属する大部分のものが、その傾向を表わす。〈おおよそ〉とほぼ同義だが、〈おおよそ〉は、事情・数量などが大体その程度であることに重点があるが、〈大かた〉は、「正月で大かたの店は休みだ。」のように、そろって大体そうである、そのような傾向を持っていることの方に重点がある。また、〈おおよそ〉は、そのものの数量が大体その程度であることを言うが、〈大かた〉は、全体における〈おおよそ〉の割合を言う場合に用いることが多い。また、〈大かた〉は、副詞としても用い、「大かたそんなことだろうと思った。」のように、自分の見るところ大体はの意にも使う。

あらかた 〔副〕全部とまではいかないが、大体のところ。〈大かた〉とほぼ同義だが、〈大かた〉のように、下に推量の言いかたが来て、「多分」の意に用いられることはない。「仕事もあらかた終わった。」

ほぼ 〔副〕略と書く。大部分において、そうであると認められる様子。〈大かた〉と同様、全体の量や範囲が前提としてあって、それの大部分がそうである場合に使うが、全体において占める割合の幅は、〈大かた〉より大きい。やや改まった言いかた。「私にはほぼ推察ができた。」

大抵(たいてい) 〔名・副〕多くの場合がそうであることを表わす。また、「そうえり好みしないで大抵なところで我慢するんだね。」のように、普通の人の常識で考えて、それがまず限度であることを表わす。また、〈大かた〉と同じく、下に推量の言いかたをとって、十中八九そうなるだろうという推測を表わす場合にも用いる。

大体（だいたい）　〔名・副〕細かいところは除いた、主要な部分。〈大抵〉とほぼ同義だが、「台風が来るのは、大体そのころだ。」と言うと、時期がおおよそそのころであることを意味するが、「台風が来るのは、大抵そのころだ。」と言うと、今までの長い経験に即して、そのころに来ることがほぼ客観的に確定しうることを表わす。したがって、〈大抵〉の方が、正確さの度合がより大きい。

大概（たいがい）　〔名・副〕同類の大部分がそうであることを表わす。〈大概〉は、状態や行為について言うことが多く、具体的な数量のおよその程度を言う場合には用いない。

類語　おおむね・ざっと・概（がい）して

および

及（およ）び・ならびに・また

及び（および）　〔接〕上に述べた物事に、同じ条件にあるものをさらに付け加えることを表わす。上に述べたものの方に重点がある場合に使う。「この件を進めるためには、部長および課長の承認が必要だ。」「外国語の試験に英語および独語を課する。」

ならびに　〔接〕並びにと書く。〈及び〉の意に近いが、上に述べた物事と下に述べる物事とが同じ資格、対等の資格である場合に使う。「姓名ならびに職業を記入すること。」

また　〔接・副〕又と書く。「彼は歌手であり、また、俳優でもあった。」のように、ある事柄について、違った観点から付け加えて述べるときに使う。また、「またの日」「またにしましょう。」のように、そのものではない、別のものの意にも用い、「さっき食べたのに、また食べるのか。」のように、下に限定する事柄が、前にも一度ならずあった意にも用いられ、意味が広い。

類語　そして・そうして・かつ

おりる

降（お）りる・下（くだ）る・下（さ）がる

降りる（おりる）　〔動上一〕下りるとも書く。下へ静かに下がる。下に到着する。また、「汽車から降りる。」のように乗物から出る意や、「霜が降りる。」のように、露・霜などが置く意にも用いる。㊦のぼる

下る（くだる）　〔動五〕上から下の方へ降りて行く。また、「死刑の判決が下る。」のように、判決・命令などが与えられる意や、「当日の聴衆は二千人を下らない。」のように、ある基準よりも下になる意、あるいは、「敵の軍門に下る。」のように、相手に屈服して降参する意、「腹が下る。」のように、からだから外に出るの意など、広く用いる。〈下る〉は、〈降りる〉とほぼ同義だが、「汽車から降りる。」「台の上から降りる。」のように、ある物から別の物へ移動する場合には、〈下る〉は使えない。また、〈降りる〉は、上から下への移動の距離が小さい場合にも使うが、〈下る〉は、か

なり長い距離を移動する場合に用いることが多い。 反上る、上がる

下がる（さがる） 〔動五〕 高いところにあったものが低くなる。また、「軒下につららが下がっている。」のように、上から垂れ下がっている意や、「魚の値が下がる。」のように、物の値段が安くなること、あるいは、「二歩下がる。」のように、後ろへ退く意などにも用いる。〈降りる〉は、人間や人間以外のものが移動して下に来ることを言い、〈下がる〉は動作としてでなく状態として、位置が下に来ることを言う。したがって、純粋に位置を表わしたり、状態を言う場合には、「ズボンが下がる。」「飛行機の位置がすこし下がって来た。」のように、〈下がる〉を用いて、〈降りる〉は使わない。また、〈降りる〉は、上から下への移動を言うが、〈下がる〉は、「三歩下がって師の影を踏まず。」のように、前と後ろの関係についても用いる。

反上がる

類語 落ちる（おちる）・ダウンする

おわり

終わり（おわり）・しまい・最後（さいご）・ラスト

終わり（おわり） 〔名〕 終わること。物事のおしまい。また、一生の最後の意にも用いる。連続している物事のもうこれから先がないという状態を言い、人・もの・事態・現象など、広い範囲の対象に用いる。「第一巻の終わり」 反初め、動終わる

しまい 〔名〕 仕舞と書く。今までやっていたことが終わること。また、何かの一番終わりの部分の意にも用いる。〈おしまい〉とも言うが、〈しまい〉は、「買わずじまい」「わからずじまい」のように言い、「……しないでしまう」の意を表わす用法もあるのに対し、〈おしまい〉には、この意味用法がない。〈終わり〉は、もうこれから先がないという状態について使うが、〈しまい〉は、「映画をしまいまで見る。」「議論をしていてしまいには喧嘩になった。」「今日の勉強はこれでおしまいです。」のように、ある行為が終わること、あるいは終わるときを言う。 動しまう

最後（さいご） 〔名〕 物事の一番あと、終わり。また、もうあとがないことの意にも用いる。〈終わり〉は、「今日の勉強はこれで終わりにします。」のように、今までやってきたことをそこでいったんおしまいにする意に用いることがあるが、〈最後〉は、物事の全体の一番あと、もうその先がないことの意に用いる。したがって、「これが最後の授業です。」と言うと、そのあとに、もう授業はないことを表わす。 反最初

ラスト 〔名〕 last. 最後の。最後のもの。「マラソンでラストになる。」

類語 最期（さいご）・最終（さいしゅう）・エンド

おん

恩（おん）・恩恵（おんけい）・恩義（おんぎ）・恩顧（おんこ）・恩典（おんてん）

恩（おん） 〔名〕 人から受けた、あたたかい恵み。「恩に報いる。」

反仇

恩恵（おんけい）〔名〕自然や他人から受け、その人を豊かにし、幸福をもたらす物事や行為。〈恩〉は、目上・年上の人がある個人や家族のためにしてやる行為を言う場合に使うが、〈恩恵〉は、「豊かな自然の恩恵を受ける。」「わずかの減税の恩恵に浴し、多額の増税に泣かされる。」のように、自然や公的機関、あるいは他人などが、ある個人、あるいはおおぜいの人びとに与える物事や行為について用いる。また、〈恩〉は、「恩に着せる。」のように、マイナスの意味合いに用いることがあるが、〈恩恵〉は、常に、プラスの意味合いに用いられる。

恩義（おんぎ）〔名〕恩誼とも書く。人から受けた感謝すべき行為で、報いて返さなければならないと感じるもの。〈恩恵〉は、「自然の恩恵」のように、人間以外のものにも使うが、〈恩義〉は、人間についてしか用いない。「私はあの人にはずいぶん恩義を感じている。」

恩顧（おんこ）〔名〕好意による目上からの援助について言う。目上の者が特別に目をかけたり、金銭的な援助をしてやる場合に使うことが多い。かなり古風で、かたい言いかた。「長年の恩顧に報いるときがきた。」

恩典（おんてん）〔名〕「恩典に浴する。」という言いかたで用いることが多く、情けのある処置や扱いを言う。個人についても集団についても用いる。「恩典を与える。」

[類語] おかげ・恵み（めぐみ）・厚恩（こうおん）

おんがえし
恩返し（おんがえし）・報恩（ほうおん）・返礼（へんれい）

恩返し（おんがえし）〔名・スル動サ変〕人から受けた恩に報いること。「これでやっと恩返しができた。」

報恩（ほうおん）〔名〕他人から受けた恩に報いること。〈恩返し〉の漢語的表現。[反]忘恩

返礼（へんれい）〔名・スル動サ変〕自分が何かをしてもらったことに対するあいさつとして行うお礼。また、そのお礼の品物。〈報恩〉は、他人から受けた大きな恩に報いる場合に使うが、〈返礼〉は、他人から受けた日常の小さな親切や恩義に対して、あいさつとして行う行為やお礼の品物について用いる。「返礼の品」

か

かいかく
改革（かいかく）・改正（かいせい）・改良（かいりょう）・改善（かいぜん）・刷新（さっしん）

改革（かいかく）〔名・スル動サ変〕制度や方法や形式などを改め変えること。「革命」が、社会体制を根本から変革することを言うのに対して、〈改革〉は、社会体制を変えない範囲内での変革に使う。「社会制度を改革する。」「改革事業に着手する。」

改正（かいせい）〔名・スル動サ変〕改め正すこと。変えること。すでにできている規則や、約束などを改める場合に使う。〈改革〉のように、社会制度・社会機構などの大きな制度や

機構については用いない。「条約の改正」「国鉄の列車ダイヤが改正された。」

改良（かいりょう）　〔名・スル動サ変〕　悪い箇所を改めて良くすること。〈改善〉の意に近いが、〈改良〉は、品種・機械など具体的なものについて使うことが多いのに対して、〈改善〉は、制度や人間関係、あるいは待遇などについて用いる。「品質改良」

改善（かいぜん）　〔名・スル動サ変〕　〈改良〉に近い意味を表わすが、〈改良〉が、動物や植物、あるいは機械など具体的な物を改め良くすることを言うのに対して、〈改善〉は、制度や人間関係、あるいは待遇などを改め良くする場合に使う。「組織の体質改善をはかる。」「設備を改善する。」
㊎改悪

刷新（さっしん）　〔名・スル動サ変〕　悪いところを一掃して、すっかり新しくすること。人間によって構成される組織・機構について言うことが多い。「人事の刷新を図る。」

類語　改造（かいぞう）・更正（こうせい）・革新（かくしん）・革命（かくめい）・変革（へんかく）

かいぎ
会議（かいぎ）・合議（ごうぎ）・協議（きょうぎ）・審議（しんぎ）

会議（かいぎ）　〔名・スル動サ変〕　何人かの関係者（普通、三人以上のときに言う）が集まって一定の題目について話し合って決めること。議長がいて、議事進行の手続きが決まっている場合が多い。「生徒会の役員会議を開く。」

合議（ごうぎ）　〔名・スル動サ変〕　当事者が何人か集まって、互いに相談し合うこと。二人でもよく、したがって、それだけ公的なニュアンスも薄れる。「この会社の方針はすべて役員の合議によって決められます。」「合議制」

協議（きょうぎ）　〔名・スル動サ変〕　物事を決めるために人びとが互いに寄り合って相談すること。お互いに意見を出し合い、助け合って相談する。〈会議〉ほど、形式にはこだわらない場合が多い。また、〈協議〉は、主として対立する意見を調整する目的で開くものである。「当事者双方で協議を重ねる。」「運営協議会」

審議（しんぎ）　〔名・スル動サ変〕　提出された原案でいいかどうかを詳しく検討し、評議すること。〈合議〉〈協議〉は、お互いが原案あるいはそれに代わるものを持って出席し話し合う場合が多いが、〈審議〉は、多く、提出された原案について検討することに用いる。その点で、〈会議〉の意に近い。「中央教育審議会」

かいじゅうする
懐柔（かいじゅう）する・まるめこむ

懐柔する（かいじゅうする）　〔動サ変〕　手なずけて自分の思うように相手を従わせること。「会社側は組合幹部を懐柔しようとしている。」「懐柔策」
㊔懐柔

まるめこむ　〔動五〕（紙などを）丸めて中に入れるのが原義。そこから転じて、人を手なずけて自由に操る意に用いる。〈懐柔する〉の和語。「彼は会社側にうまくまるめこまれている。」

がいじん

外人・外国人・異邦人

外人（がいじん）〔名〕外国の人。〈外国人〉の簡略な言いかた。話しことば的。「今では地方の都市でも外人をよく見かける。」㊦邦人

外国人（がいこくじん）〔名〕外国の人。〈外人〉とほぼ同義だが、やや文章語的な言いかた。

異邦人（いほうじん）〔名〕外国の人。〈外国人〉の意のかたい文章語的な言いかた。また、縁のない人とか関係のない人などを比喩的に言う場合にも用いる。「彼らの中では、私は一個の異邦人にすぎない。」

類語 異人・エトランジェ

かいふく

回復・復調・復旧

回復（かいふく）〔名・スル動サ変〕悪くなったり、失ったりしていたものが、元通りになること。人の健康や物の状態など、広い対象について使う。「健康を回復する。」

復調（ふくちょう）〔名・スル動サ変〕調子が元にもどること。元のよい調子にもどること。普通、人間や動物の体調について用いる。「復調なったあの力士の、今場所の活躍が期待される。」「彼はもう完全に復調した。」

復旧（ふっきゅう）〔名・スル動サ変〕前の状態にもどること、もどすこと。鉄道・道路・通信などの公共の設備・施設が災害などに合ったときに使う。「災害復旧工事」「鉄道の復旧は明日の見込みです。」

類語 復元・復する

かいろ

海路・航路・船路

海路（かいろ）〔名〕海の上の道、つまり船の通る海上の路。また、船で旅することの意にも使う。「瀬戸内海は、古代から重要な海路であった。」「海路はるばるとヨーロッパに向かった。」㊦陸路・空路

航路（こうろ）〔名〕船や飛行機の通る道。このグループの中では、最も意味が広く、普通に使われることばである。「航路を西北にとる。」「日米定期航路」「新しい航路を開く。」

船路（ふなじ）〔名〕船の通う道。また船旅のことも言う。やや古風な文章語。「まる一か月の船路」

かえって

却って・むしろ・それより

却って（かえって）〔副〕予想されたこととは逆に。反対に。多くはマイナスの結果を招いてしまう場合に用いる。「そんなことを言ったら、かえってあの人を怒らせてしまうよ。」

むしろ〔副〕二つのものを比較して、どちらか一方を選ぶ場合に使う語。どちらかといえば。いっそ。〈却って〉は、自分の予想に反して、多くの場合、悪い結果が生じることを言うが、〈むしろ〉は、前に述べることよりも後に述べることの方を、自分自身がより適切であると判断する場合に使う。「ぼくは、夏よりも

むしろ冬の方が好きだ。」

それより 〔副〕 意味は〈むしろ〉とほとんど同じだが、使いかたは限定され、〈それ〉という指示語の指すものが前に提示されている場合に限られる。〈それ〉よりもこちらを選ぶ、という意味である。「君は手紙を出すというが、それより君自身が行って話した方がいいのではないか。」

かえる

変える・改める・代える・換える・交換する・交替する

変える 〔動下一〕 物事の状態や位置を違ったものにする。変化させる。「服装を変える。」「計画を変える。」のように、自分の意志でなにかを別の状態に変化させるのが、この語本来の意味であるが、「目の色を変える。」のように、自分の意志と関わりなく変化する場合にも、〈変える〉を使うことがある。

改める 〔動下一〕 それまでのよくない状態をよい状態に変える。また、「切符を改める。」のように、正しいものかどうか調べる意にも用いる。〈変える〉は、状態・位置を前とは違ったものにすることを言い、特によい方に変化させるという意味はないが、〈改める〉は、よい方に変えるという意味で用いることが多い。また、取りうる対象語の範囲が、〈変える〉よりも狭い。

代える 〔動下一〕 あるものと同じ働きを、ほかのものにさせる。代理をさせる。「レポート提出をもって、試験に代えることにした。」「命には代えられない。」

換える 〔動下一〕 替えるとも書く。物をとり替える。人について言う場合には、後の〈交替〉と同じように、人と人との位置・役割を入れ代える意に用いる。「古くなったレコードの針を換える。」「別の薬に換える。」 ⇩取り換える

交換する 〔動サ変〕 〈代える・換える〉の意の漢語的表現。「意見を交換する。」「物物交換」のように、人にも物にも使う。 图交換

交替する 〔動サ変〕 交代とも書く。（ある人とある人が）互いにその位置を入れ代わること。人に限って用いる。 图交替

かお

顔・面

顔 〔名〕 頭のうちの前の部分という意味を基本義として、頭・表情・気持ちに近い意や、顔に象徴されるその人自身の人格、よく知られた名前など、さまざまの意味に用いる。このグループの中では、最も意味用法が広く、一般的に用いる語である。「ここは私の顔を立ててほしい。」「世間に合わす顔がない。」

面 〔名〕 〈顔〉の俗語的な言いかたで、卑しめて言う場合に用いることが多い。「どの面下げて今頃あやまれるか。」また、ものの表面の意味にも用いる。「この批評は上っ面をなでただけで深みがない。」

類語 顔面・おもて・面

かおだち

顔立(かおだ)ち・顔付(かおつ)き・容貌(ようぼう)・容色(ようしょく)

顔立(かおだ)ち 〔名〕 生まれつきの顔かたち。もって生まれた顔の様子。「上品な顔立ち。」

顔付(かおつ)き 〔名〕 〈顔立ち〉とほとんど同義に用いる場合と、顔の表情や顔色の意味に用いる場合とがある。〈顔立ち〉は、生まれつきの顔かたちを客観的に言う場合に使うが、〈顔付き〉は、それよりも、「うれしそうな顔付き」のように、心情を表わすものとしての顔の様子の意に用いることの方が多い。

容貌(ようぼう) 〔名〕 顔かたち。みめかたち。「顔かたち」の意の漢語的表現。「容貌魁偉の男」

容色(ようしょく) 〔名〕 器量。〈容貌〉は、「容貌にすぐれる。」のように、その人の「顔かたち」を客観的に言うのに用いるが、〈容色〉は、その美しさについて使う。女性に関して使うことば。「容姿端麗」の「容」はこの〈容色〉のこと。「容色すぐれた女」「彼女の容色は妹のそれに劣っている。」

類語 面立(おもだ)ち・顔貌(かおかたち)・相貌(そうぼう)・器量(きりょう)・才色(さいしょく)

かおり

香(か)り・におい

香(かお)り 〔名〕 〈におい〉のうちでも、特によいにおいの場合を言う。「においが強い。」「においがきつい。」のは歓迎されないが、「香りが高い。」のは歓迎される。 動 薫る・香る

におい 〔名〕 〈匂〉の字を当てた場合は、単なるにおいと、〈かおり〉に近いよいにおいとの両方の意に用いる。その他、〈におい〉には、つややかな美しさのことを言ったり、趣、雰囲気などを言う用法もある。「ここには城下町のにおいがただよっている。」「においたつ美しさ」。〈臭い〉を当てた場合は、悪いにおい、いやなくさみを言う。もともと、〈におい〉には、よい意味も悪い意味もないが、現在は、あまりよくないにおいについて言うことが多い。特に、「この魚はもうにおいがついたから捨てよう。」と言うと、腐った悪臭などを意味する。

類語 香(か)・臭(くさ)み 動 におう

かかく

価格(かかく)・代価(だいか)・値段(ねだん)

価格(かかく) 〔名〕 物の値段。〈値段〉の意の漢語的表現で、経済専門用語として用いられることが多い。「公定価格」

代価(だいか) 〔名〕 品物を手に入れるために払う金。「代価を受け取る。」また、比喩的に用いて、あることを成し遂げるための、やむをえない犠牲、代償の意にも使う。「彼の出世は、母親の命をその代価としている。」

値段(ねだん) 〔名〕 商品につけられている金額。このグループの中では、最も普通に用いる語。

類語 価額(かがく)・コスト・あたい・定価(ていか)・プライス

かがむ

屈(かが)む・しゃがむ・うずくまる

屈(かが)む　〔動五〕まがってぴんとのばせない状態になる。腰や膝を折り曲げて、からだを低くする。「腰がかがむ。」(反)伸びる　⇩屈める

しゃがむ　〔動五〕腰を落とし、膝を曲げ、しりを下げたかっこうをする。〈屈む〉は、「腰の屈んだ老人」「寒さで手足がかがむ。」のように、腰や手足の指がまっすぐ伸ばせない状態を言うのに対して〈しゃがむ〉は、腰を落とし、しりを下げることを言う。したがって、〈しゃがむ〉は、〈屈む〉の他動詞〈屈める〉よりも、もっと腰を低く落としているという感じがある。また、〈屈む〉は、からだの重心を前方へかなり大きく向けることに使うが、〈しゃがむ〉は、からだの重心を、やや後方へ移す場合を言う。口頭語的な言いかた。

うずくまる　〔動五〕〈屈む〉や〈しゃがむ〉によく似た意味に用いるが、それらよりさらにからだを低くし、膝を抱くようにしてからだ全体を丸めてしゃがむという意を表わす。また、〈しゃがむ〉よりも、からだ全体の重心を、やや前方へ移すことを言う。「その場にうずくまる。」　⇩しゃがみこむ

類語　折(お)り曲(ま)げる・屈(かが)み込(こ)む

かがやく

輝(かがや)く・きらめく・光(ひか)る

輝(かがや)く　〔動五〕赫く、耀くとも書く。まぶしいほど明るい光を放つ。「日が輝く」また、その状態が素晴らしく見える意にも用いる。「希望に輝く顔」(転)輝き(名)

きらめく　〔動五〕煌くと書く。擬態語「きらきら」の派生語。星などがきらきらと光り輝く。このグループの中では、最も〈輝く〉の意に近い。また、〈輝く〉よりも、具体的で感覚的な意味内容を表わす語である。(転)きらめき(名)

光(ひか)る　〔動五〕太陽・星・火・鏡などが、光を出したり反射したりして、目に明るく（まぶしく）感じられる。また、比喩的に、ある人物や作品が他に比べて一段とすぐれている意味にも用いる。「一段と光る作品」。このグループの中では、最も意味が広い語である。〈光る〉が、それ自身、光を出したりそれを反射したりするものについて用いるのに対して、〈輝く〉は、表情・生活・人生・優勝など、それ自身、光を出したり反射したりしないものについて用いることが多い。すなわち、〈光る〉は、ものが光を出していることを客観的に言うが、〈輝く〉は、光が出るようにそのもの（あるいは、あたり）が明るく美しく見えることを言うわけである。

類語　照(て)りはえる

かかわり

係(かか)わり・かかりあい・関連(かんれん)・関与(かんよ)

係(かか)わり　〔名〕関わりとも書く。物事に関係すること。か

かわること。望ましくない事柄に関係する場合にも、しばしば用いられる。「どんな係わりがあるのか分からない。」　動関わる・係わる

かかりあい　〔名〕　掛り合いと書く。「かかわりあい」とも言う。①〈係わり〉とほぼ同義。関係すること。②出来事や事件に巻き込まれること。巻き添え。連座。〈かかりあい〉は、②の意味に用いられることが多い。「彼は例の汚職事件のかかりあいになっていた。」　動かかりあう　⇩係わりあい

関連（かんれん）　〔名・スル動サ変〕　あることと他のこととが、内容的につながっていること。〈かかりあい〉の意の漢語的表現だが、内容や性質の上でのつながりに意味の重点がある。

連関（れんかん）　〔名・スル動サ変〕　〈関連〉とほとんど同義だが、多くの事物が、一定の統一した関係を保って結合し、一つの全体を作り上げていることとの意にも用いる。「あの事件と今度の事件とは、何らかの連関があるはずだ。」

関与（かんよ）　〔名・スル動サ変〕　関わりあずかること。物事に関係して、それに参画すること。〈関連〉の意に近いが、「事件に関連する。」は、内容の上でつながりがありさえすれば、重要な関わりを持たない場合でも使うことができるが、「事件に関与する。」は、多少とも深い関わり、積極的な関わりを持つ場合に使うのが普通である。また、〈関連〉は、「関連を有する。」のように、名詞として用いられることが多いが、〈関与〉は、〈関与する〉の動詞形として使うことが多い。「私は、ある新聞の編集に関与しております。」「運営に関与する。」

かく

書（か）く・記（しる）す・したためる・記録（きろく）する・記載（きさい）する・記入（きにゅう）する・記述（きじゅつ）する

書（か）**く**　〔動五〕　文字や絵を記す。このグループの中では、最も普通に用いる語である。また、文章を作る、著作する意味にも用いる。「去年は本を一冊書いた。」

記（しる）**す**　〔動五〕　紙などに文字を書きつける。〈書く〉の意に近いが、絵については使わず、また、「日記を記す。」ように、長い文章に使うことも少なくない。やや文章語的な言いかた。比喩的に「足跡を記す。」といった使い方もする。

したためる　〔動下一〕　認めると書く。手紙を書くのに使うことが多いが、書類の場合にも言う。時には、食事をすることの意にも用いる。古風で、改まった言いかたである。「一筆したためる。」

記録（きろく）**する**　〔動サ変〕　後まで保存するために書き記す。書いて残しておく、「控える」は、自分に関係のあることを忘れないために、メモ帳などに書きとめる私的なことに使うが、〈記録する〉は、「後世のために正確に記録しておく必要がある。」のように、公的な性格の事柄についても用いる。「記録されたものだけが歴史の資料ではない。」　名記録

記載（きさい）**する**　〔動サ変〕　文書や書物などに書いてのせる。

〈記載する〉は、メモや日記ではなく、正式の記録として書くことを言い、〈記録する〉よりも意味が狭い。「その本の中に詳しく記載してあった。」

名 記載

記入する 〔動サ変〕 紙などに文字や記号を書き入れる。「その文書に住所氏名を記入して下さい。」「赤い投票用紙の方に、市会議員の候補者の名前を記入すること。」

名 記入

記述する 〔動サ変〕 物事を記し述べる。自分の感想・意見・認識などを、事実を中心としてまとまった形で書いてのべる。ややかたい表現。「当地の林相について記述する。」 名 記述

類語 控える・メモする・叙述する・描く

かくす

隠す・かくまう

隠す 〔動五〕 匿すとも書く。他人の目に触れないようにする。人に知られないようにする。秘密にする。〈隠す〉は、物、事柄、人のいずれについても使う。 反 現す

かくまう 〔動五〕 匿うと書く。逃げている人などを、秘かに隠してやることを言う。「彼は当時一人の政治犯をかくまっていた。」

かくれる

隠れる・潜む・くらます

隠れる 〔動下一〕 ①ものにさえぎられて見えなくなる。分からなくなる。「太陽が西の山に隠れる。」②他の人の目につかないようにする。人の目をのがれる。 反 現れる

潜む 〔動五〕 ①ひっそりと物陰に隠れている。〈潜む〉は、意志的で計画的な動作について使うのが普通だから、〈隠れる〉の②の意味よりも、具体的で強いイメージを伴うことが多い。「犯人はまだこの町内に潜んでいるはずだ。」②内部にあって、外部に現れていない。表立っていない。「僕の内部には困った感情がひそんでいる。」

くらます 〔動五〕 晦ますと書く。原義は、暗くする意。そこから、人に見つけられないようにする、姿などをだれにも気づかれないように隠す意になった。〈くらます〉は、〈潜む〉の①と同じように、人の意志的な動作に使うが、人の目から計画的に自分を隠す度合は、〈潜む〉よりもかなり強い。そのため、マイナスの評価を伴うことが多い。また、〈潜む〉は、「物陰に潜む。」のように、近くのちょっとしたところに身を隠す場合に使うが、〈くらます〉は、「行方をくらます。」のように、どこか遠くへ居場所を移し、ほかの人が探そうにも、かいもく見当がつかない場合に用いる。また「一時姿をくらましていたそれらの品物」のように、比喩的に、物を主体として使うこともある。

かじる

かじる・ぱくつく・ほおばる

かじる 〔動五〕 齧ると書く。（固い物を）端から少し

ずつかみ切る。「するめをかじる。」また、物事の一部分を知る意にも用いる。「私は、フランス文学を少々かじっています。」

ぱくつく　〔動五〕　大口を開けて盛んに食べる。〈かじる〉は、固いものを切ったりむしったりしないで、丸ごと歯でかみ切って食べることを言うが、〈ぱくつく〉は、普通、少し大きめのやわらかい物を、大口を開けて盛んに食べることに使う。また、口をぱくぱくさせる意にも用いる。俗語的な言いかた。「彼はうまそうにまんじゅうをぱくついている。」

ほおばる　〔動五〕　頬張ると書く。口いっぱいに食物を入れて食べる。〈ほおばる〉は、普通、口の中いっぱいに食物を入れることに使い、〈ぱくつく〉のように盛んに食べる意には用いない。

かすれる

かすれる・しわがれる・しゃがれる

かすれる　〔動下一〕　掠れると書く。（文字や声が）はっきりしない部分が多くて、よく見えなかったり聞こえなかったりする。

しわがれる　〔動下一〕　嗄れると書く。文字については使わず、声に限定される。〈かすれる〉と同じく、声が明瞭でない場合に言うが、〈かすれる〉よりも野太い声、老人の声や浪曲師のように、つぶした声について使うことが多い。不快な感じを与える声という意味合いを伴う。

しゃがれる　〔動下一〕　嗄れると書く。〈しわがれる〉の音転。〈しわがれる〉とほとんど同義だが、口語的な言いかたである。

かたち

形（かたち）・型（かた）・パターン・姿（すがた）

形（かたち）　〔名〕　①（実際に確かめられる物の）ありさま・かっこう・姿・輪郭。「鼻の形」「山の形」②（抽象的な事柄の）ありさま・様子。「かたちばかりの祝いをする。」③まとまり・調和・統一のあるありさま。「かたちがととのっている。」④容貌。〈形〉単独では用いず、「姿かたち」「顔かたち」のように、連語で用いる。

型（かた）　〔名〕　①〈形〉の①の意と同じく、物の形やありさまを言う。②原型、一定のやりかた・きまり・しきたり、タイプ。一定の法則や定型、あるべき形、もとになる形といった規範性があるところに、〈型〉の特色があり、その点が〈形〉と異なる。ただし、抽象的な内容の事柄についても用いる点では、〈形〉と同じである。「服の型」「型通りのあいさつ」

パターン　〔名〕　pattern. 外来語。〈型〉とほぼ同義に用いる。　⇩パタン

姿（すがた）　〔名〕　①本来、人間の全体的な形を言う。「うしろ姿」「姿のいい人」。転じて、身なり・服装、態度、存在などの意に用いる。「黙々と働く姿には心を打たれる。」「あの人の姿はもうこの世にない。」②物の形や状態・ありさまの意にも用いる。〈形〉は、部分についても全体についても言うが、〈姿〉は、全体についてしか言わない。また、〈形〉は、外側

の線の状態に注目するが、〈姿〉は、内側の状態にも注目する。この違いは、人について用いる場合も同様である。「富士山の姿は美しい。」

かたづく

片付く・終わる・済む

片付く（かたづく）〔動五〕このグループの中では、最も多義的である。基本的な意味内容は、邪魔になる物が納まるべき場所に納まって、問題が解決することを言う。①整理がつく。まとまりがつく。「よく片付いた部屋」②終わる。でき上がる。「頼まれた仕立物が片付いた。」③解決する。処理する。「彼の持ちこんだ難題がやっと片付いた。」④嫁ぐ。やや俗っぽい言いかたである。「娘は二人とも片付きました。」⑤(殺されて)死ぬ。主としてやくざの世界などで用いる隠語である。「邪魔物は片付いたぞ。」

終わる（おわる）〔動五〕物事の決着がつく。おしまいになる。「今日も一日が終わる。」「ものみな歌で終わる。」「彼の一生は終わった。」

済む（すむ）〔動五〕〈終わる〉が、全くおしまいになる、すべて決着がつくという一つの終極を言うのに対して、これは、もうすこし軽いニュアンスで言う。「お金ならもう済んだよ。」「御飯は済んだ？」

かっきてき

画期的・空前絶後・未曽有

画期的（かっきてき）〔ダ形動〕新しい時代を開くさま。人類の進歩・発展に寄与するような偉大な事柄に対して用いる。「ガガーリン少佐の宇宙飛行は、人類の歴史上、実に画期的な出来事であった。」

空前絶後（くうぜんぜつご）〔名〕過去はもちろん、将来にもそのような例はないであろうと思われること。よいことにも悪いことにも用いる。〈画期的〉は、新しい時代に入ったという印象を人びとに与える場合に使い、〈空前絶後〉は、きわめて珍しいことについて使う。どちらも、かなりかたい文章語。「空前絶後の大事件が起こった。」

未曽有（みぞう）〔名〕いままでに一度もなかったこと。「関東大震災は、未曽有の大惨事を引き起こした。」「太平洋戦争は、日本の国に未曽有の破壊をもたらした。」

類語 稀代・絶世・かつてない・稀有・不世出……

かてい

過程・成り行き・プロセス・経過・いきさつ

過程（かてい）〔名〕物事が進行していく道筋、また、その状態。「そこに至るまでの過程」

成り行き（なりゆき）〔名〕物事が進行していく道筋。また、その結果・結末。〈過程〉に比べて、人為によらず、自然に進行するという感じが強い。また、〈過程〉に比べて、結果にも注目するという違いがある。

プロセス〔名〕process. 〈過程〉の意味に用いる。「事件がどう解決されたのか、そのプロセスがはっきりしない。」

経過（けいか）　〔名・スル動サ変〕　物事が過ぎていくこと。また、その状態。〈過程〉は、物事が進行していく道筋を客観的に表現する場合に用いるが、〈経過〉は、「手術後の経過がよい。」のように、物事が進行していく状態の方に重点を置く場合に使う。また、〈経過〉は、「時間の経過を告げる。」のように、時間が過ぎていくことの意にも用いる。

いきさつ　〔名〕　そのような現状を招くに至った複雑な内部事情。〈経緯〉とほぼ同義の和語。
[類語] 経緯（けいい）・顛末（てんまつ）・道程（どうてい）・道筋（みちすじ）

かなう
適う（かなう）・適する（てきする）・似合う（にあう）

適う（かなう）　〔動五〕　叶うとも書く。①AとB、二つのものが合致する。ちょうどよく適合する。②願い通りになる。（願いが）成就する。「十年来の夢がかなう。」③できる。なしうる。「かなうことなら、私が身代わりになるのだが。」④匹敵する。及ぶ。この意の場合は、「大関にはかなわない。」「彼にはかなわない。」のように、否定形で用いる。

適する（てきする）　〔動サ変〕　〈適う〉の①とほぼ同義の漢語的表現で、かなりかたい文章語。「私に適した仕事」「気候風土に適した作物」

似合う（にあう）　〔動五〕　よく合う。調和がとれる。ぴったりする。〈適う〉や〈適する〉ほど、二つのものが厳密に合致していなくても、矛盾や違和感がなければよい。[転]似合い(名)
[類語] 釣合う（つりあう）・適合する（てきごうする）

かなしみ
悲しみ（かなしみ）・嘆き（なげき）・悲嘆（ひたん）

悲しみ（かなしみ）　〔名〕　心が痛むこと、つらい気持ち。心が締めつけられる気持ち。「別離の悲しみにじっと耐える。」　[反]喜び、[動]悲しむ

嘆き（なげき）　〔名〕　悲しみや苦しみ、憂いや憤りのために、ため息をついたり、身もだえしたり、泣いたりすること。〈悲しみ〉は、自分が心の痛みやつらさを感じることを言うが、〈嘆き〉は、自分が感じる心の痛みが、言動に表われることを言う。したがって、「彼は自分の悲しみをだれにも見せないでいた。」とは言えるが、「彼は自分の嘆きをだれにも見せないでいた。」とは言いにくい。「被害者の嘆きを少しは考えてもみよ。」[動]嘆く

悲嘆（ひたん）　〔名〕　〈悲しみ〉と〈嘆き〉の二語の意が一緒になった漢語的表現。悲しみ嘆くこと。「子供を失った母親の悲嘆は、見るにしのびない。」「悲嘆にくれる。」[動]悲嘆する
[類語] 慨嘆（がいたん）・悲観（ひかん）・痛嘆（つうたん）・愁嘆（しゅうたん）・憂愁（ゆうしゅう）

かならず
必ず（かならず）・きっと

必ず（かならず）　〔副〕　ある状態について、それ以外のことが起こる可能性が全くないことを表わす。間違いなく。きまって。「約束した以上、必ず来る。」

きっと　〔副〕　見込みや期待がはずれないはずだという気

持ちを表わす。〈必ず〉は、ある状態について、それ以外のことが起こる可能性が全くないことを客観的な事実をふまえて言う場合に用いるので、「彼が来れば必ず雨が降る。」のように、文末が、常に、断定表現の言いかたをとるが、〈きっと〉は、表現主体の見込みや期待がはずれないはずだという推測を表わすので、文末が、「きっと彼も合格するだろう。」のような推量表現になることが多い。〈必ず〉が文章語的であるのに対して、〈きっと〉は話しことばである。

類語 必定・絶対・必至

かならずしも

必ずしも・あながち・一概に

必ずしも 〔副〕下に打ち消しの語を伴って用いる。ややかたい文章語的な言いかた。きまって……だとは限らない。いつも……だとは限らない。ある条件が備わったとき、必ず一定の結果が現れるとはかぎらないという、客観的な判断を表わす。「必ずしも恵まれていたわけではない。」

あながち 〔副〕強ちと書く。〈あながちに〉の形でも用いる。下に打ち消しの語を伴う。やや文語的な言いかた。たしかに……だとは限らない。一概に……だとは限らない。〈必ずしも〉とほとんど同じ使いかたがされる。やや古風な言い方。「あながち偶然ではない。」

一概に 〔副〕全体をひっくるめて一様に。「そう一概に悪いとのみは言えない。」のように、下に打ち消しの語を伴って使うことが多く、〈あながち〉とほとんど同義だが、日常語として多用される。〈必ずしも〉は、「きまって……だとは限らない。」の意を表わし、個々の場合を区別して表現する場合に用いるが、〈一概に〉は、「一概に今の若者が無気力だとは言えない。」のように、個々の条件・場合を考慮に入れないで、すべての場合を同様に扱う場合に使う。また、「一概にけなす。」のように、下に打ち消しの語を伴わずに用いることもある。

類語 きまって・まんざら

かなり

かなり・だいぶ・相当

かなり 〔副〕非常に、あるいははなはだしく大きい、というほどではないが、ある程度大きいさま。普通期待される一般の程度を超えている状態を表わす。「ここから駅までかなり時間がかかる。」

だいぶ 〔副〕大分と書く。〈だいぶん〉とも言う。程度が極端にひどくはないが、それにいくらか近い状態を表わす。〈かなり〉に近い使いかたをするが、「もう夜もだいぶふけてきた。」のように、物事の程度が進んでいる様子に意味の重点がある。

相当 〔副〕前の二語よりも程度がより大きい場合を言う。「海は相当荒れているようだ。」

類語 よほど・ずいぶん・なかなか・非常に・はなはだしく

かねもち

金持（かねもち）・金満家（きんまんか）・富豪（ふごう）・素封家（そほうか）

金持ち（かねもち）〔名〕お金をたくさん持っている人。財産家。このグループの中では、最も普通に用いる語。㊇貧乏人

金満家（きんまんか）〔名〕お金を有り余るほどたくさん持っている人。資産家。やや文章語的な言いかた。ことばの響きに、いささか卑しめて言う感じがある。「彼は一躍金満家になった。」

富豪（ふごう）〔名〕大層な金持ちを言う。「大金持ち」の意の漢語的表現で、文章語。「一大富豪」

素封家（そほうか）〔名〕昔からの金持ち。財産家。財産も名望もある代々続いた家柄という点に、意味の重点がある。

類語 長者（ちょうじゃ）・物持（ものも）ち・財産家（ざいさんか）・資産家（しさんか）・成金（なりきん）・リッチ

かまえ

構（かま）え・こしらえ・造（つく）り・構造（こうぞう）

構え（かまえ）〔名〕（家などの）作り方、作られた姿・様子。部分的なことよりも、全体的な姿・形、あるいは外観を言う。「社長の家は、すばらしい構えの邸だ。」　動構える

こしらえ〔名〕拵えと書く。物の出来上がりのさま。〈構え〉が全体的な姿・形を言うのに対して、この語は、どちらかといえば細かな部分部分の質に注目する場合に用いる。化粧やメーキャップなどにも使われる。やや古風な言いかた。「この家は、さすがに立派なこしらえだ。」　動こしらえる

造り（つくり）〔名〕〈こしらえ〉とほとんど同義。「からだのつくりがきゃしゃだ。」のように、からだ全体の様子を言う場合には、〈こしらえ〉は使わない。〈造り〉の方が日常的な言いかた。　動造る

構造（こうぞう）〔名〕仕組み・作り。こしらえかた。〈構え〉が、外観を言うのに対して、〈構造〉は、内部の部分部分の関係に注目して、その仕組みを言う。「この機械の構造は複雑だ。」また、他の語と異なって抽象的なものの仕組みについても使う。「文学作品の構造」「身体の構造」

類語 組立（くみた）て・システム・結構（けっこう）

がまん

我慢（がまん）・辛抱（しんぼう）・忍耐（にんたい）

我慢（がまん）〔名・スル動サ変〕精神的、肉体的に苦しくて、人に訴えたい気持ちを発散させないで抑えること、じっとこらえること。「苦しさ」「痛さ」「辛さ」などをこらえることから、「嬉しくて叫び出しそうになること」「おかしくて笑い出しそうになること」などをこらえることまで、用いる範囲は非常に広い。「我慢強い人」「とうとう我慢できずに吹きだした。」

辛抱（しんぼう）〔名・スル動サ変〕我慢すること。こらえ忍ぶこと。

〈我慢〉は、暑さ、寒さ、あるいは痛さなど、感覚的なことに使うことも比較的多いが、〈辛抱〉は、「辛さ」「苦しさ」など精神的なものをこらえるときに用いることが多い。やや俗語的な言いかた。「あんな姑をかかえて、長い間よく辛抱したね。」

忍耐（にんたい）　〔名・スル動サ変〕　こらえること。耐え忍ぶこと。「辛さ」「苦しさ」などをこらえるときに言う。仕事や他人の仕打ちによって受ける肉体的、精神的な辛さなど、人間的な事柄の苦しさをこらえることに使い、「寒さ」「暑さ」「ひもじさ」などの自然現象や生理現象には、ほとんど使わない。文章語的な言いかたである。「忍耐生活十二年、ようやく一人立ちが許された。」

類語　痩（や）せ我慢（がまん）・堪忍（かんにん）

かむ

かむ・食（く）い付（つ）く・くわえる

かむ　〔動五〕　嚙むと書く。上下の歯を強く合わせる。また、それをくり返して物を砕く。また、「荒波が岩をかんではくだけ散っていた。」のように、水が激しくぶつかる意にも用いる。

食い付く（くいつく）　〔動五〕　①かみつく。単に〈かむ〉だけでなく、かんで離さない場合に使う。②転じて、しっかり取り付いて離れない、物事に喜んで飛びつくなどの意にも用いる。やや俗語的な言いかた。「彼女は、演劇の勉強に食い付いて離れない。」「彼は、思った通り、うまい話に食い付いてきた。」

くわえる　〔動下一〕　銜えると書く。上下の歯を強く合わせるのではなく、歯や唇を軽く合わせて、「くわえたばこ」のように、細長くて軽い物を挟んで支え持つことを言う。　⇩指をくわえる

からかう

からかう・ひやかす・茶化（ちゃか）す

からかう　〔動五〕　他の人や動物を、怒らせたり、困らせたり、恥ずかしがらせたりして、おもしろがる。「彼をからかうと後が大変だよ。」

ひやかす　〔動五〕　他の人がいい気分になっていたり、調子に乗っているときなどに、冷水を掛けるようなことを言う。〈からかう〉は、相手の反応や心理的動揺を期待して行う場合に使うのに対して、〈ひやかす〉は、自分が相手に対して、いましめやそねみの気持ちを持っていて、それによって、相手の高まった気持ちに水を差すようなことを言う場合に用いる。　㊟ひやかし(名)

茶化す（ちゃかす）　〔動五〕　まじめな話題を冗談のように扱って、からかったり、ごまかしたりする。〈からかう〉〈ひやかす〉は、相手の気持ちに水を差したり、困らせたり、あるいは恥ずかしがらせたりするなど、多少とも悪意のこもった行為について言うが、〈茶化す〉は、その程度がかなり軽い場合に用いる。また、〈茶化す〉は、「彼は自分のことが話題になると、すぐに茶化してしまう。」のように、自分のことについても使う。

類語 揶揄（やゆ）する

からまる

からまる・からむ・まつわる

からまる 〔動五〕 絡まると書く。①蔓や紐などの細長いものが、物のまわりに巻きつく。②事柄や事情などが複雑に入り組む。こんがらかる。からみ合う。

からむ 〔動五〕 絡むと書く。①〈からむ〉は、〈からまる〉とほぼ同義。ただ、「からみつく」のように、対象に対する主体的な働きかけが強いのに対して、〈からまる〉は、からんだ状態を客観的に言う場合に使う。「松の木に蔦がからんでいる。」②理屈をこねる。③無理難題を吹っかける。「彼は酒を飲むとすぐからむ。」

まつわる 〔動五〕 纏わると書く。①〈からまる〉〈からむ〉とほぼ同義。からみつく。〈まつわる〉は、植物についてはあまり使わない。おもに、着物や子供など、人間が身に付けるものや人間よりも小さなものが、からみついて離れないことに使う。②また、「地名にまつわる伝説」のように、深いつながりや関係がある意にも用いる。〈からむ〉〈からまる〉は、この意に用いられることがない。

類語 もつれる・こんがらかる・まつわりつく

かり

借（か）り・借（か）り入（い）れ・拝借（はいしゃく）・借用（しゃくよう）

借（か）り 〔名〕 人から借りること。または、借りたもの。また、「あの店には借りが溜まっているから行きにくい。」「この借りは必ず返してやる。」のように、相手からしてもらって（されて）、そのお返しをしていないことの意にも用いる。

㊎貸し、動 借りる

借（か）り入（い）れ 〔名〕 借り入れること。おもに、事業をするための資金・資材を借りることの意に用いる。「借り入れ金の返済期日は明日に迫っていた。」 動 借り入れる

拝借（はいしゃく） 〔名・スル動サ変〕 借りることの謙譲語。つつしんで借りること。「お智恵拝借」

借用（しゃくよう） 〔名・スル動サ変〕 人から借りて使うこと。「では遠慮なく借用させていただきます。」「借金をする場合は、必ず借用証書を作って下さい。」

かるい

軽（かる）い・軽（かろ）やかだ・軽快（けいかい）だ

軽（かる）い 〔形〕 元来は、「君の体重は僕よりもちょっと軽いね。」「軽い荷物」のように、その物を支え持ったり動かしたりするのに、それほど力を必要としない重さの程度であるという意だが、転じて、激しくない、鈍くない、あっさりしている、軽率である、軽快であるなどの意に、広く用いる。「軽い頭痛がする。」「油を差したら自転車のペダルが軽くなった。」「どうも彼の言動には軽いところがある。」 ㊎重い、㊔軽さ（名）

軽やかだ　〔形動〕いかにも軽そうなさま。軽快に見えること。おもに、人間の動作や声、精神状態などが軽くて晴れ晴れしていることに使う。そのため、物の重量が軽いことや、肉体・精神に受ける苦痛、性格的な欠点など、否定的な意味合いを持つ主体については使わない。「軽やかな足どり」(転)軽やかさ(名)

軽快だ　〔形動〕軽くてすばやいこと。気軽で晴れ晴れとしていること。軽々としていること。〈軽やかだ〉には、すばやいという意味合いはないが、〈軽快だ〉は、「体操選手の軽快な身のこなし」のように、身軽なだけでなく、すばやいという意も表わす。「軽快な服装」(転)軽快さ(名)

類語　スポーティ・軽軽と

かるがるしい

軽軽しい・軽はずみだ・軽率だ・軽薄だ・おっちょこちょい

軽軽しい　〔形〕考えや言動にどっしりと落ち着いたところがなくて、いかにも慎重さを欠く様子。「軽々しくそんなことをするものじゃあない。」(反)重重しい、(転)軽軽しさ(名)

軽はずみだ　〔形動〕「軽」は〈軽軽しい〉ことであり、「はずみ」は「弾み」である。〈軽軽しい〉とほぼ同義だが、「軽い」という意味に、さらに風船のように「弾む」というイメージが加わって、前後の事情をよく考えないで、その場のはずみで何かをしたり言ったりするという感じが強くなる。調子に乗って、軽々しくものを言ったり行動したりすることを非難して言う。「軽はずみな行動はつつしみなさい。」

軽率だ　〔形動〕事の善悪・成否などをよく考えずに何かをする様子。〈軽はずみだ〉とほぼ同義の漢語的表現で、ややかたい言いかた。「軽率なふるまい。」(反)慎重だ、(転)軽率さ(名)

軽薄だ　〔形動〕言ったりしたりすることの調子が軽々しくて、考えが浅いと思われたり、いい加減だと思われる様子を表わす。「彼は軽薄な男だ。」(反)重厚だ、(転)軽薄さ(名)

おっちょこちょい　〔名〕落ち着きがなく、うわついて考えが浅く、軽々しく事をすること、またそういう人。「軽薄な人」の意の口語的な言いかた。「彼は全くおっちょこちょいだ。」

類語　軽佻浮薄だ・そそっかしい・軽軽だ・安直だ・安易だ・浅はかだ

かろうじて

辛うじて・やっと・どうにか・なんとか

辛うじて　〔副〕本来は実現が不可能な状態であるにもかかわらず、すれすれのところで実現にこぎつけるという意味合いに使う。最低限度ギリギリのところで。からくも。ようやく。「電車に辛うじてまにあった。」

やっと　〔副〕〈辛うじて〉とほとんど同義だが、それよりは幾分余裕があって、危ないところを抜け出すといった、切羽つまった場合以外にも使う。また、〈やっと〉は、かなり長い時間が経過した後に、ある行為や状態が実現する意にも用いる。「妻の内職でやっと生活していける。」

どうにか　〔副〕完全、あるいは十分ではないがどうやらこうやら。まがりなりにも。〈やっと〉よりも、さらに余裕がある場合に使われる。〈やっと〉と同じように、話しことばに用いる。また、「どうにかこうにか」と連語の形でも使い、「どうにか」をさらに強調する意味合いを示す。「私の息子も、どうにか大学に入りました。」「この作品も、どうにか出来上がった。」

なんとか　〔副〕〈どうにか〉の意に近い。手段を尽くして何かをするさま。口語的な言いかた。「なんとかなるだろう。」のように、未来のことにも使う。「大会もなんとか無事に終わりました。」

かわいい
かわいい・かわいらしい・愛らしい・愛くるしい

かわいい　〔形〕可愛いと書く。小さくて、愛らしい。好感やほほえましさを感じさせる様子について言う。また、「出来の悪い子ほどかわいい。」のように、自分の子供などを大切に思う意にも用いる。㊋憎い、㊔かわいさ(名)⇩かわいげ

かわいらしい　〔形〕可愛らしいと書く。かわいく見える。〈かわいい〉は、自分がそのように感じる場合にも、また、客観的にそのように見える場合にも使うのに対して、〈かわいらしい〉は、対象が〈かわいい〉と感じられる状態であるために、自分だけでなく、だれもが、そのような印象を受ける場合に使い、客観性が強い。したがって、「かわいい女の子」のように、特にだれにとって〈かわいい〉のかということが問題にされない場合には、〈かわいらしい〉で置き換えることができるが、私にとって「かわいい子」と言う場合には、〈かわいらしい〉に言い換えることができない。㊋憎らしい、㊔かわいらしさ(名)

愛らしい　〔形〕〈かわいらしい〉とほとんど同義だが、〈かわいらしい〉は、「かわいらしいおもちゃの列車」のように、対象が小さい物である場合にも使うのに対して、〈愛らしい〉には、この意味用法がない。〈愛らしい〉は、文章語的な言いかた。「愛らしいしぐさ」㊔愛らしさ(名)

愛くるしい　〔形〕非常にかわいらしい。「くるしい」は強意の接尾辞で、〈愛らしい〉よりも程度が大きい。用いられる対象は人に限られ、主として幼児や少女の表情・顔立ち・しぐさについて使う。文章語。「少女の愛くるしい顔には、絶え間なく小さい表情の波が立っていた。」㊔愛くるしさ(名)

類語　可憐だ・いじらしい・しおらしい

かわいそうだ

かわいそうだ・気(き)の毒(どく)だ・哀(あわ)れだ・不憫(ふびん)だ

かわいそうだ 〔形動〕可哀相だと書く。同情しないではいられないほど気の毒な様子。弱く小さいものや逆境にあるものに対して抱く感情を言い、人間についても動物についても用いる。

気(き)の毒(どく)だ 〔形動・スル動サ変〕見ていて心が痛むほどかわいそうな様子。同等か目上の他人の非運や不幸を見聞きして、心から同情する様子。対象が人間である場合にしか使わない。「人を気の毒に思う。」

哀(あわ)れだ 〔形動〕古くは、人の心を打つしみじみとした情趣や、そういう情趣を起こさせる状態を広く言ったが、現代では、〈かわいそうだ〉〈気の毒だ〉に近い意味に用いることが普通。「哀れな身なり」
㊁哀れさ(名)

不憫(ふびん)だ 〔形動〕「不便」の変化。哀れむべきこと。かわいそうなこと。やや古風で、漢語的な言いかた。「思えば彼も不憫な男だ。」
㊁不憫さ(名)

かわざんよう

皮算用(かわざんよう)・胸算用(むなざんよう)・目算(もくさん)

皮算用(かわざんよう) 〔名〕「捕らぬ狸の皮算用」の略。まだ手にはいらない前からあれこれ計算し、あてにすること。「彼はいつでも皮算用ばかりしている。」「今度ばかりは彼の皮算用もすっかりはずれたようだ。」

胸算用(むなざんよう) 〔名〕頭の中で大まかに見積もること。胸のうちで計算すること。〈皮算用〉も〈胸算用〉も、ともに金銭について用いることが多いが、〈胸算用〉は、自分でひそかに見積もりを立てる場合に使い、〈皮算用〉は、そのことを人にも広言して、その気にさせる場合に使う。「ひとつ、胸算用で大体のところをおっしゃって下さい。」

目算(もくさん) 〔名〕目で見て大体の計算をすること。大体の見当をつけること。また、大まかな計画の意にも用いる。「目算をたてる。」

かわる

変(か)わる・代(か)わる・改(あらた)まる

変(か)わる 〔動五〕①あるものやことから、他のものやことに移る。変化する。改まる。違うようになる。〈変わる〉は、人間の気持ちや外観をはじめとして、自然や人工的な生活環境の様子などの具体的なものから、思想・芸術の内容など抽象的なものに至るまで、広い範囲にわたって用い、また、時間・空間のどちらの変化についても使う。このグループの中では、最も意味が広く、一般的な言いかたである。「人が変わったようにまじめになる。」②普通一般のものと違う。異様である。「彼はクラスの中でも変わった生徒だと言われている。」
㊁変わり(名)

代(か)わる 〔動五〕①入れ代わる。交代（替）する。おもに人間について用いる。〈変わる〉は、人やものの性質・中身が別の性質や中身に変化することを言うが、〈代わる〉は、ある人やものが、別の人やものに一時的に交替して、何かをする場合に使う。「社長が代わって、社の空気が一新した。」②あるものが、他のものの代わりをする。代理をする。「父に代わって私が来ました。」㊟代わり（名）

改まる　〔動五〕①新しくなる。変わる。よくなる。「新学期になって、クラスの雰囲気が改まる。」「町の風俗も改まった。」②ことさら儀式ばった様子になる。「先生の前に出ると急に彼は改まった態度になった。」③病勢がにわかに進む。この意に用いられる場合は、文語的な言いかた。「病勢にわかに改まる。」

かんがえ

考え・考えごと・思考・思索

考え　〔名〕　思考・思慮・意図・判断・工夫・想像など、人間の頭で思いめぐらされることを広く言う。「考えがあまい。」　動考える

考えごと　〔名〕　考えること。転じて、対処・処理の仕方についていろいろ心配することの意にも用いる。「彼は今何か考えごとをしている。」

思考　〔名・スル動サ変〕〈考え〉の意に最も近い漢語的表現。文章語として、広く使われる。

思索　〔名・スル動サ変〕　筋道をたどって考え進むこと。理論的に突きつめて考えること。「思案」は、重大な問題からそうでないものまで、さまざまな程度の対象について用い、しかも、「思案投げ首」のように、よい考えが浮かばない意に用いることもあるが、〈思索〉は、重大な問題について、深く考える場合について用いる。〈思索〉はかたい文章語である。「思索にふける。」

類語　思案・熟考・考慮

かんがえる

考える・思う・考慮する・思慮する

考える　〔動下一〕　頭の中でいろいろと思考する。思いめぐらす、熟慮する、思い出す、反省する、考案する、想像するなど、一般に人間の頭脳・理性を働かせることを広く言う。「人間は考える葦である。」㊟考え（名）

思う　〔動五〕　惟う、または想うとも書く。〈考える〉の意に非常に近い語である。ただ、〈考える〉が理性的な側面に限られるのに対して、〈思う〉は、「彼女のことを思う。」のように、情的、感覚的な側面も含み、さらに使われかたが広い。考える、感じる、願う、想像する、回想する、憂える、恋い慕うなど。いずれも、対象把握は感性の没入が中心になり、〈考える〉のように、物事を分析的に眺めとらえるという知的行為とは異なる。㊟思い（名）

考慮する　〔動サ変〕〈考える〉の意の漢語的表現。使われかたは〈考える〉より狭く、思い出す、想像する、反省する、考案するなどの意に用いられることはなく、物事について判断を誤らないようによく

考えるという意味合いが強い。頭の中でいろいろ思考する。思いめぐらす。
名 考慮

思慮する（しりょ）〔動サ変〕将来どうなるか、また、自分はどう行動したらよいかなど、注意ぶかく考える。〈考慮する〉とはかなり違った使われかたをする。〈考慮する〉は、何かある特定のことについてよく考えることを言うが、〈思慮〉は、もっと広く、人生観、世界観あるいは人柄にまで関わってくる判断力を言う。「思慮の足りない人」　名 思慮

類語 思索（しさく）する・熟慮（じゅくりょ）する・おもんばかる

かんしゅう

慣習（かんしゅう）・慣行（かんこう）・風習（ふうしゅう）・因習（いんしゅう）・習俗（しゅうぞく）

慣習（かんしゅう）〔名〕ある社会の中で古くから行われてきたしきたり。法令用語では、〈慣習〉は、法令に規定がない事項についての社会規範で、裁判の基準となりうるものを言う。「慣習をやぶる。」

慣行（かんこう）〔名〕慣習として行われる行事や行為のこと。〈慣習〉は、そのようなときにはそうするものと伝統的に決まっている行動の様式を言うが、〈慣行〉は、ならわしとして行われることそれ自体を言う。法令用語では、〈慣行〉は、〈慣習〉ほどではないが、事実上行われているものを言う。「この儀式は例年の慣行どおりに行います。」「職員旅行は毎年の慣行です。」

風習（ふうしゅう）〔名〕「風俗習慣」のつづまった言いかた。〈慣習〉よりも、さらに狭い地域での伝統的なしきたりを言い、〈慣習〉に比べて、規制力が弱い。「風習にしたがう。」

因習（いんしゅう）〔名〕因襲とも書く。悪いと判断された昔からの風習を言う。「因習にとらわれる。」

習俗（しゅうぞく）〔名〕昔からのならわし。「地方の習俗を調査する。」のように、狭い地域での伝統的な生活習慣・しきたり・行事を言う。

類語 習（なら）わし・習（なら）い・習慣（しゅうかん）・慣例（かんれい）

かんしょう

観賞（かんしょう）・鑑賞（かんしょう）・賞美（しょうび）・玩味（がんみ）

観賞（かんしょう）〔名・スル動サ変〕見て楽しむこと。見てほめること。〈観賞〉は、広く人間・自然のいずれをも対象にとることができるが、主として、動植物などの美しさやかわいらしさを味わいながら見て楽しむ意に使う。「中秋の名月を観賞する。」

鑑賞（かんしょう）〔名・スル動サ変〕芸術作品の価値や美を深く味わい理解すること。「音楽鑑賞」

賞美（しょうび）〔名・スル動サ変〕ほめたたえること。ほめたたえて楽しむこと。食物の味の良さについても使う。「庭の雪を賞美する。」「雪月花を賞美するのは日本人のならいです。」

玩味（がんみ）〔名・スル動サ変〕①物事の意味を深く考え、よくかみしめて味わうこと。「一冊の本を熟読玩味する。」②食物の味をよくかみわけて味わうこと。「一片のパンでも、

よく玩味して食べなければならない。」

かんしょう

干渉（かんしょう）・おせっかい・介入（かいにゅう）

干渉（かんしょう）　〔名・スル動サ変〕　自分に関わりのない事柄に立ち入って関係すること、また自分の意志に従わせようとすること。「内政干渉」

おせっかい　〔名・ダ形動〕　よけいな世話・いらぬ世話をすること、またその人。出しゃばること。そのような行為を受ける側が迷惑するという点では〈干渉〉と同じであるが、〈干渉〉のように、自分の意見に従わせようとする強い規制力や影響力はない。また、〈おせっかい〉は、普通、比較的狭い人間関係において行われるものを言い、〈干渉〉のように、国と国との関係とか、社会的な問題などについて用いることはない。「彼は本当におせっかいな男だ。」

介入（かいにゅう）　〔名・スル動サ変〕　あるものの間に立ち入ること。事件などに割り込むこと。〈干渉〉よりも、相手への関わりかたの程度が強く、しかも直接的である。そのため、相手側へ及ぼす影響力も一段と大きくなる。「局地的な紛争に大国は介入すべきではない。」

かんしんする

感心（かんしん）する・感動（かんどう）する・感激（かんげき）する・感銘（かんめい）する

感心する（かんしん）　〔動サ変〕　深く心に感じる。立派な行動などに心を動かされる。〈感心する〉は、「感服する」「敬服する」と違って、軽い気持ちのときにも使うことができる。したがって、自分自身のことについても使う。また、目上の人に面と向かって「感心しました」とは言いにくい。「われながら感心した。」　［名］感心、［形動］感心だ

感動する（かんどう）　〔動サ変〕　何かに感じて、心を強く動かされる。〈感心する〉は、普通、行為について用いるが、〈感動する〉は、芸術作品や美しい自然の光景などを見て、深い充足感を覚える場合にも使う。また、〈感心する〉は、心を動かされるという意味合いが強いが、〈感動する〉は、自分の心が深く満たされるという意味合いが強い。　［名］感動

感激する（かんげき）　〔動サ変〕　あることに深く心を動かされて奮い立つ。〈感動する〉の意に近いが、この語は、自分も行動したいという気持ちになるという意を含む点で、〈感動する〉よりも一段と積極的な意味合いを持つ。「感激の至りだ。」　［名］感激

感銘する（かんめい）　〔動サ変〕　感動して肝に銘じる。深く感じて忘れない。いつまでも忘れることのできないような深い感動を受けた場合に用いる。ややかたい、改まった言いかた。「あなたのお話に深く感銘しました。」　［名］感銘

かんそう

感想（かんそう）・所感（しょかん）・雑感（ざっかん）

感想（かんそう）　〔名〕　心に感じ思うこと。またその考え。個人的な事柄にも公の事柄にも使う。「この詩を

読んだ感想を述べて下さい。」

所感（しょかん）〔名〕心に感じたところ。感じていること。〈感想〉よりも使用範囲が狭く、多く、公的な場で述べられる感想を言う。やや古風で、改まった言いかた。「首相は当面の政局についての所感を述べた。」「所感の一端を記す。」「年頭所感」

雑感（ざっかん）〔名〕いろいろとまとまりなく思いついた感想。断片的な種々の感想。ややかたい文章語。「平家雑感」「最近の芸能界について雑感を述べる。」

かんだかい

甲高（かんだか）い・けたたましい・声高（こわだか）だ

甲高い（かんだかい）〔形・ダ形動〕声の調子が高くて鋭い。人や動物の声について言う。「甲高い声」㊟甲高さ（名）

けたたましい〔形〕声や音の調子が非常に切迫して騒々しい。〈甲高い〉は声の調子の高さを言うが、〈けたたましい〉は、単に高いだけでなく切迫感がこめられて大きいの意も含む。また、〈甲高い〉は生来の声の調子を言うことが多いが、〈けたたましい〉は切迫した状況において反射的に発される声の調子を言い、聞く者が驚かされる意を含む。また、声だけでなく、物音についても言う。「けたたましいサイレンの音が闇にひびいた。」㊟けたたましさ（名）

声高だ（こわだかだ）〔形動〕声が大きくて高い。人の声に限って用いる。激したり、興奮したりして、大声を高く張りあげる場合に用いる。「声高にしゃべる。」

類語　喊声（かんせい）・大声（おおごえ）

かんつう

姦通（かんつう）・密通（みっつう）・不倫（ふりん）

姦通（かんつう）〔名・スル動サ変〕①男女が不正に情を通じること。夫や妻のある者が、他の男や女と情を通じること。「彼らの姦通は、ついに露見した。」②夫のある女が他の男と情を通じること。「戦前には姦通罪があった。」

密通（みっつう）〔名・スル動サ変〕夫婦でない男女がひそかに情を通じること。「彼女は夫の目を盗んで密通していた。」

不倫（ふりん）〔名・ナ連体〕男女の、許されることのない関係。今では、最も普通に使われる語。「不倫な関係」

き

き

季（き）・季節（きせつ）・時節（じせつ）・時候（じこう）

季（き）〔名〕旧暦で春夏秋冬の末の月のことを言った。すなわち、陰暦の三月、六月、九月、十二月を、季春、季夏、季秋、季冬と言う。現在では、春季、秋季のように四季の一つを言う。また、俳句によみこむ、季節季節の物事の意も表わすが、この語が単独で用いられることはない。「季題」「季語」

季節（きせつ）〔名〕一年を気候の状況によって区分した場合の一区切りを言う。〈季〉とほぼ同義であるが、さらに細かく区分した場合にも使う。「葉桜の季節」

時節（じせつ）〔名〕〈季節〉に近いことばだが、特に四季とはかかわりなく使う。また、「時節を待つ。」のように、そのことをするのにちょうどよい時期の意や、社会的状況についても言い、時局、時勢などと近い意味にも使われる。「繁栄の時節」

時候（じこう）〔名〕四季それぞれの気候。「時候のあいさつ」

類語 シーズン・時季（じき）

きおく

記憶（きおく）・覚え（おぼえ）・暗記（あんき）

記憶（きおく）〔名・スル動サ変〕心に残っている過去の事柄や経験。心理学では、先行の経験・運動・作用に条件づけられた後続の経験・運動・作用の総称。「記憶がうすれる。」

覚え（おぼえ）〔名〕広く用いる。「記憶が早い。」とは言えないが、「覚えが早い。」とは言える。また、〈記憶〉は心にとどめる場合に限って用いるが、〈覚え〉は、心だけでなく身につけることにも使う。したがって、過去の経験や事柄に基づいた自信、意識などの意も表わす。「腕に覚えがある。」 動 覚える。

暗記（あんき）〔名・スル動サ変〕知的内容を、正確を期してそのまま〈記憶〉することを言う。メモなどによらずに、記憶をよみがえらせることができるようにすること。

きかい

機会（きかい）・好機（こうき）・チャンス

機会（きかい）〔名〕折り。あることをするための都合のよい条件が整ったとき。または、何かをする巡り合わせ。「機会のうしろ髪をつかむ。」

好機（こうき）〔名〕あることを始めたり、したりするのに都合の良い条件がたまたま整った、なかなか得がたいようなとき。やや文語的な表現。「好機逸すべからず。」「めったに得られない好機だったのに。」⇩時節

チャンス〔名〕chance.〈好機〉とほぼ同義の外来語。「絶好のチャンスだ。みんながんばれ。」

類語 時機（じき）・ころあい・しおどき・折り（おり）・タイミング

きがね

気兼ね（きがね）・気づかい（きづかい）

気兼ね（きがね）〔名〕他人の思惑や迷惑を考えての心づかい。遠慮。「気兼ねして、いつも小さくなっている。」

気づかい（きづかい）〔名〕気にかけること。心配。〈気兼ね〉は、相手への遠慮があって、自分がしたいことをしないでいることだが、〈気づかい〉は、相手のためを考えて、いろいろと配慮してやることを言う。「あの気づかいには頭が下がる。」 動 気づかう

類語 心づかい・心くばり

きがるだ

気軽だ・きさくだ・気安い

気軽(きがる)だ 〔形動〕深く考えない様子。もったいぶったり、こだわったりすることなく、簡単に物事をする様子。「何でも気軽にひき受ける。」㊮気重だ(名)、㊫気軽さ

きさくだ 〔形動〕気さくだと書く。性質がさっぱりしていて、ものにこだわらず、人に打ち解けやすい様子。〈気軽だ〉が人の態度や動作について言うのが主であるのに対して、〈きさくだ〉は、人の性格、または性格からにじみ出た態度について言うことが多い。したがって、「きさくな態度」「きさくな調子」と言う場合は、〈気軽だ〉〈気さくだ〉のどちらも使うことができるが、「きさくな性格」と言う場合は、〈気さくだ〉しか使うことができない。

気安(きやす)い 〔形〕人に対して、遠慮や気兼ねがない。〈気安い〉は、「だれにでも気安く話しかける。」のように、動作について使うことが多い。㊫気安さ(名)

ききめ

効き目・効果・効用

効(き)き目(め) 〔名〕利き目とも書く。薬を飲んだり治療をしたりした効果。また、「あの人には注意しても効き目がない。」のように、病気やけが以外の事柄にも使う。

効果(こうか) 〔名〕目的通りのよい結果。結果から見た時の、原因となったものの価値。〈効果〉は、〈効き目〉とほぼ同義であるが、〈効き目〉が、かなり具体的な事柄について用いられ、抽象的な内容の事柄には使いにくいのに対して、〈効果〉は、「教育の効果」「演出効果」など、抽象的な内容の事柄にも用いられ、意味用法が広い。「教育の効果は、単に一回のペーパーテストによってはかれるようなものではない。」

効用(こうよう) 〔名〕使い道によっては発揮される効果。〈効用〉は、使い道によってはじめて、効き目が発揮される場合に使う。例えば、薬などの使い道と効き目。「うその効用」「なんの効用もない無駄な道具」

類語 効能・実効

きく

聞く・伺う・尋ねる

聞(き)く 〔動五〕聴くとも書く。音が耳に入る。話や音楽などに耳を傾ける。あるいは、人の頼みなどを承諾する。または、質問したり、意向をただしたりする。「そんなことをすると、今度からお前の言うことなんか聞いてあげないから。」「こんなに高い物は、お父さんに聞いてからでないと買ってあげられません。」

伺(うかが)う 〔動五〕〈聞く〉〈尋ねる〉のへりくだった言いかたとして使うことば。〈窺う〉と書くときは、相手や周囲の人びとに気付かれないようにそっと注意して見る意になる。また、訪問するの意のへりくだった言いかたとしても用いられる。「いつお伺いしましょうか。」「顔色を窺

う。」(転)伺い(名)

尋ねる（たずねる）〔動下一〕 質問する、あるいは、意向をただす、訪問する、または、探すなどの丁寧な言いかた。〈尋ねる〉は、人の家を訪問するという意味では〈伺う〉と重なるが、〈尋ねる〉のどこにあるか分からないものを見つかるまで探し求めるという意味は、〈伺う〉〈聞く〉にはない。一方、相手やまわりの人びとに気付かれないように行動する、あるいは様子をそれとなく察するという意味は、〈伺う〉にしか認められない。「分からないことがあるのなら、先生に尋ねてごらんよ。」「尋ね人」

きけん

危険（きけん）・危急（ききゅう）・危（あぶ）ない・危（あぶ）なっかしい・危（あぶ）なげ

危険（きけん）〔名・ダ形動〕 けがを受けたり、損害をこうむったりするなど、望ましくないことが起きるおそれがあること。したがって、そこから遠ざかっていれば避けられるような状態を言う。「危険な賭け」(反)安全

危急（ききゅう）〔名〕 大きな危険が身近に迫っていることを言う。ほうっておくと、大事件になるという意味合いを含む。「危急の場合は、すぐお電話ください。何はおいても真っ先に駆けつけます。」「危急存亡」

危ない（あぶない）〔形〕 身体や生命に関して望ましくない結果になるおそれが大きいこと。また、期待や見通しが不確かであてにできない意にも用いる。〈危険〉の意に近いが、「危ない空模様だ。」「成功は危ないものだ。」のように、よい結果が期待できなくて不安だという意を表わす場合は、〈危険〉を使うことができない。「危ない所だった。今度からは、もっと気をつけるんだよ。」(転)危なさ(名)

危なっかしい（あぶなっかしい）〔形〕 見ていて不安を感じる状態。いかにも不確かである。〈危ない〉は、「きょうの試合は危なかった。」のように、自分に安全とは思えない場合に使うが、〈危なっかしい〉は、「危なっかしい足どり」のように、外に現れた感じについて用いる。話しことばに使う。(転)危なっかしさ(名)

危なげ（あぶなげ）〔名・ダ形動〕 危険、不安、不確かさなどを感じさせる状態。「酔いのまわった爺やは、口ばかり元気になって、危なげな足取りで立って行った。」また、「危なげない」という形で、危ないという感じがないという意の形容詞としてよく用いる。

[類語] 風前（ふうぜん）の灯（ともしび）・窮地（きゅうち）・危機（きき）・危（あや）うい

きげん

起源（きげん）・源流（げんりゅう）・根源（こんげん）・起（お）こり

起源（きげん）〔名〕 物事の起こり。時代を経て受け継がれ、続いてきた物事のその最初のはじまり。「日本文化の起源」「日本語の起源を調べる。」

源流（げんりゅう）〔名〕 もともと、河の最上流のところの意。転じて、物事の起こりの意にも用いる。〈起源〉とほぼ同義だが、〈起源〉が、大きな事柄だけでなく比較的小さな事柄にも使うのに対して、〈源流〉は大

きな事柄についてしか用いない。また、〈起源〉は、「きっかけ」に近い意を表わす用法があるが、〈源流〉にはその意がない。「この谷は、木曽川の源流である。」

根源（こんげん）〔名〕根元とも書く。物事のおおもと。物事の一番の原因。〈起源〉は、遠い過去に起こった物事の始まりを客観的に言うが、〈根源〉は、物事を成り立たせている一番のおおもとを言う。「このような事態に立ち至った根源には、人心の荒廃がある。」

起こり（おこり）〔名〕事の始まり。もと。また、事のきっかけ。起因。〈起こり〉は、日常比較的よく見受けられる小さな出来事について使い、事のきっかけ、起因の意に用いることが多い。「ことの起こりはね、こういうことなのよ。お隣の奥さんが、あわてて飛び出した所に、ちょうど自動車が来たってわけ。」

類語　初まり・基・源

きし
岸・岸辺・渚・海岸・海辺・浜

岸（きし）〔名〕川、池、湖、海などで、水に接している陸地。㊦沖

岸辺（きしべ）〔名〕〈岸〉とほぼ同義だが、岸に沿った所の意にも用いる。㊦沖辺

渚（なぎさ）〔名〕汀の字を当てることもある。おもに、海や湖、あるいは大河など、広々とした水面に接している所を指して言う。〈岸〉は、水に接している陸地をやや広く指して言うが、〈渚〉は、「波打際」とほぼ同義で、水と陸との境界を指し、陸の部分に限って言うわけではない。「渚では打ち寄せる波の底に小さな貝殻がきらきらと光っているのが見えた。」

海岸（かいがん）〔名〕海と陸とが接している所。「この植物は、海岸によく育つ。」

海辺（かいへん）〔名〕〈うみべ〉とも読む。海のほとり。〈海岸〉とほぼ同義だが、少しかたい感じの表現に使われる。「海辺の小村で、ひと夏を過ごした。」

浜（はま）〔名〕海や湖となだらかに接した土地。主として砂地や小石などが広がっているような場所を言う。

類語　岸壁・川岸

きじゅん
基準・標準・水準・レベル

基準（きじゅん）〔名〕規準と書くこともある。物事を比較して考える場合の、判断・評価の基礎となるもの。「昨年の収穫を基準とした場合、今年は五パーセントの増収であった。」

標準（ひょうじゅん）〔名〕およその目標とすべき程度。正しいものとして手本とすべきもの。〈基準〉とほぼ同義で、大体同じ文脈で置き換えることができるが、「この生徒の成績はまあ標準です。」のように、ごく普通のものという意味に使うときには、〈基準〉と置き換えることができない。また、「合格者の最低基準」のように、最低の条件を示す決まりや、「位置づ

けの基準」のように、物の位置を明確に示すための目盛りにあたる意味は、〈標準〉にはない。概して、〈標準〉には、「標準からはずれる。」「標準スタイル」のように、望ましさの観点が多くこもっているが、〈基準〉にはそれが少ないので、客観的な測定には〈基準〉の方が多く使われる。「標準時」

水準（すいじゅん）〔名〕土地の高度にかかわるそれぞれの位置。転じて、物事の値うち、機能、あるいは人の能力などを評価するときの平均的標準の意に用いる。地位・階級・品質・価値などの高さのレベルについて言い、〈標準〉よりも使用範囲がかなり広い。「最近では、小学生の学力の水準が毎年向上している。」

レベル〔名〕level.〈水準〉と同義の外来語。「この学校は生徒のレベルが高いから、教師も勉強していないと勤まらない。」

きずつける

傷つける・傷める・損じる・損なう

傷つける（きずつける）〔動下一〕身体や品物などに傷をつける。「威信が傷つけられる。」のように、相手の感情やプライドにさわるような言行をして、精神的に苦痛を与える意にも用いる。すべてを壊すのではなく、一部分を損なうことによって、全体を完全でないものにすることを言う。

傷める（いためる）〔動下一〕身体や手足を損なって痛むようにする。心についても使うが、その場合、〈傷つける〉は、相手の感情やプライドにさわるような言行をして、精神的な苦痛を与える意に用いるのに対し、〈傷める〉は、自分で自分の心や頭を痛めることを言う。「足を傷めたので仕事に出られない。」「子供の教育のことで胸を傷めている。」

損じる（そんじる）〔動上一〕物事や、人の心などを前よりも悪い状態にする。また、動詞のあとについて複合語を構成し、〜することに失敗するの意味にも使う。「壊す」の意の漢語的表現。「上役の機嫌を損じてしまった。」「急いては事を仕損じる。」

損なう（そこなう）〔動五〕物、身体、感情、気分などを悪くする。また、動詞のあとについて複合語を構成し、〜することに失敗する、間違えて〜するの意の接尾辞としても用いる。〈損なう〉は、〈損じる〉の意の和語。「健康を損なってしまった。」「飛び損なって川に落ちた。」

きぜわしい

気忙しい・せわしない

気忙しい（きぜわしい）〔形〕しなければならぬことが多く、行動がそれに伴わないために気持ちが落ち着かない。気ばかりが急がれて、落ち着かない。「気ぜわしい一日だった。」

㊟気忙しさ(名)

せわしない〔形〕心が急がれて落ち着かない。せかせかしていて、あわただしい気分である。〈気忙しい〉とほぼ同義で、〈せわしい〉の強調的な言いかた。〈気忙しい〉は、自分の気持ちについて使うが、〈せわしない〉は、他人の様子についても用いる。「あいつはいつもせ

わしない奴だ。」「年の瀬も迫って、せわしない一日が暮れた。」 【転】せわしなさ(名)

［類語］せわしい・あわただしい

きそ

基礎（きそ）・もとい・基盤（きばん）

基礎（きそ） 〔名〕 建物を建てたり、大きな物を支えるための土台。また、物事が成り立つために必要な基本的なもの。法令用語では、〈基礎〉は、建物の土台、物事の基盤となるものを言う意味のほか、一定の金額を計算するもとになるものについても使う。「基礎工事」「基礎固め」

もとい 〔名〕 基の字を当てる。物事が成り立つためのおおもと。〈基礎〉とほぼ同義の和語で、文語的表現に使われることが多い。「元」の改まった言いかた。「国民教育こそ民主国家建設のもといであります。」

基盤（きばん） 〔名〕 物事が成り立つために是非とも必要な基本的なもの。〈基礎〉とほぼ同義だが、〈基礎〉に比べてより広汎な、抽象的な内容を指すことが多く、また、それが安定することによって、そのものの発展が可能となるという意味合いを含む。「産業基盤整備事業の一つとして、道路の整備が計画されている。」

［類語］基底（きてい）・素地（そじ）・いしずえ

きたない

汚（きた）ない・薄汚（うすぎた）ない・むさくるしい・不潔（ふけつ）だ

汚ない（きたない） 〔形〕 見苦しく、見たり触れたりするのが不快である。また、考えかたや行いが、下品であったり利己的であったりする場合にも言う。「あいつは、いつも自分のことしか考えていないから、やりかたが汚ないよ。」 【反】奇麗だ、【転】汚なさ(名)

薄汚ない（うすぎたない） 〔形〕 どことなく汚れていて不潔である。〈薄汚い〉は、考えかたや行いについて用いる場合は、〈汚ない〉よりも、相手を非難する意味合いが一段と強くなり、ののしりのことばとして用いることが多い。

むさくるしい 〔形〕 家の中などが狭かったり汚なかったりして不快である。また、人の身なりのさっぱりしていないことも言う。客に自分の家に入ってもらうとき、特にそうでもないのに、「むさくるしいところですが、どうかお上がりください。」と、へりくだって言うことが多い。 【転】むさくるしさ(名)

不潔だ（ふけつだ） 〔形動〕 汚れていて汚ないこと。衛生的でないという意に重点があるから、絵、声、話など、衛生に直接関係のないものや事柄については、普通使わない。ただし、倫理的に許しがたい汚なさについてはよく使われる。「不潔な政治家」「そんな不潔なハンカチで手をふいたんじゃあ、かえって手が汚れるじゃないの。」

［類語］汚（きた）ならしい・むさい 【反】清潔、【名】不潔

きつもん

詰問（きつもん）・難詰（なんきつ）・尋問（じんもん）

詰問（きつもん）〔名・スル動サ変〕 相手をとがめだてして、厳しく問いただすこと。「詰問してとうとう白状させた。」

難詰（なんきつ）〔名・スル動サ変〕 相手の悪いところを非難して責めただすこと。〈詰問〉は、相手の返事を求める場合に使うが、〈難詰〉は、相手をとことん問いつめることを言う。「『何だってお前は、こんなことしておくれだ』母は涙ながらに難詰した。」

尋問（じんもん）〔名・スル動サ変〕 訊問とも書く。証人、被告人、被疑者などに対して、裁判官、検事、警察官などが、口頭で調べただす場合に使う。

類語 面責（めんせき）・糾問（きゅうもん）・糾弾（きゅうだん）・査問（さもん）

きどり

気取（きど）り・見（み）え・虚栄（きょえい）・虚飾（きょしょく）

気取り（きどり）〔名〕 見かけをつくろい、もったいぶること。名詞としては、他の語と複合して用いることが多い。「芸術家気取り」「気取り屋」 動気取る

見え（み）〔名〕 見得、見栄の字を当てることも多い。うわべ、または外見をつくろうこと。〈気取り〉も相手の目を意識して振舞うことを言うが、〈見え〉は、相手の思惑を考える程度がさらに強い。「見えを張る。」

虚栄（きょえい）〔名〕 内容が伴っていないのに、見かけを飾ること。「見えを張ること」と同義の漢語的表現。「虚栄心」 ⇩虚勢

虚飾（きょしょく）〔名〕 内容がなく、外見ばかりがきらびやかなこと。〈虚栄〉は、心の中の動きを言うが、〈虚飾〉は、表面だけを具体的に飾る態度・様子について用いる。「虚栄心」が原因になって、結果として〈虚飾〉が現れるわけである。

きびしい

厳（きび）しい・手厳（てきび）しい・峻厳（しゅんげん）だ・峻烈（しゅんれつ）だ・厳格（げんかく）だ・厳重（げんじゅう）だ

厳しい（きびしい）〔形〕 人の態度、社会的情勢、自然の環境などが、人にゆとりを与えないほどである。「暑さ厳しき折柄、おからだには、くれぐれもご注意ください。」 反ゆるい、転厳しさ

手厳しい（てきびしい）〔形〕 叱ったり、戒めたり、要求したりする態度が強く、相手の立場や気持ちに対して、遠慮や同情をしないさま。〈厳しい〉は、社会的情勢、自然環境などについても使うが、〈手厳しい〉は人の態度に限って言い、意味が狭い。「手厳しく叱る。」 転手厳しさ(名)

峻厳だ（しゅんげんだ）〔形動〕 厳しくて威厳がある様子。厳しくてごまかしや妥協を許さない様子を言う点では、〈手厳しい〉の意とよく似ているが、〈峻厳だ〉は、その人に威厳があって、反論できないという感じを伴う。「峻厳な取調べ」 転峻厳さ(名)

峻烈だ（しゅんれつだ）〔形動〕 厳しくて妥協を許さない様子。〈峻厳だ〉とほぼ同義だが、重々しいという感じはない。「教授の若い頃の学生に対する指導は、峻烈なものであったという

ことだ。」 [転]峻烈さ(名)

厳重だ（げんじゅう） 〔形動〕 少しのことも見逃さないように、注意が行き届いていて、厳しい態度である。警戒や検査などにおいて、どんな些細な点も見逃さないように注意を配る意に用い、その人の様子が厳しさを感じさせたり、相手を叱責し、とがめだてをしたりするという意はない。「厳重注意」 [反]寛大だ、[転]厳重さ(名)

厳格だ（げんかく） 〔形動〕 しっかりした規準または尺度があって、それに対してきわめて正確なこと。また、態度にあいまいなところがなく、いい加減に許したりしない様子の意にも用いる。「父はやさしい。けれども厳格でもある。ぼくが学校の宿題をなまけたりしたときは、けっして許してもらえない。」 [反]寛容、[転]厳格さ(名)

[類語] 苛烈（かれつ）だ・厳（げん）に・厳正（げんせい）だ

きふ

寄付（きふ）・寄贈（きぞう）・寄進（きしん）・献金（けんきん）・醵金（きょきん）・義捐金（ぎえんきん）・募金（ぼきん）・カンパ

寄付（きふ） 〔名・スル動サ変〕 寄附とも書く。公的な事業をしている組織や団体、あるいは寺社や教会などに金銭や物品をおくること。「寄付集めも、こんな形でやられたら、何となく一種の税金のような気がしてくる。」

寄贈（きぞう） 〔名・スル動サ変〕 縁故のある学校、会社、会、機関などの団体に、好意で記念になる品物をおくること。〈きそう〉ともいう。「記念樹を寄贈した。」のように、物をおくるときに言うが、金銭をおくることには使わない。「卒業生の方々から、この時計の寄贈があった。」 [反]受贈

寄進（きしん） 〔名・スル動サ変〕 寺社などに、金銭や品物をおくること。寺社におくることについてしか使わない点で、〈寄付〉〈寄贈〉よりも意味が狭い。「寄進された絵馬が、かもいに並べて掛けてある。」

献金（けんきん） 〔名・スル動サ変〕 ある目的に役立ててもらうために、金銭を献上すること。またはその金銭。「政治献金が政治を腐敗させる。」

醵金（きょきん） 〔名・スル動サ変〕 事業や寄付などのために、グループの人びとがお金を出し合うこと。また、その出し合ったお金。「醵金をつのって、文化活動を始めよう。」

義捐金（ぎえんきん） 〔名〕 慈善や救済、公益のために寄付された金銭。「全国から集められた義捐金は、ただちに赤十字社を通して、被災地の人びとにくばられました。」

募金（ぼきん） 〔名・スル動サ変〕 ある目的のために、大勢の人々から金銭を集めること。〈募金〉〈カンパ〉の二語は、金銭をおくることではなく、集めることに使う。「共同募金」

カンパ 〔名・スル動サ変〕 kampaniya（ロシア語）の略。資金カンパ。闘争または活動するための資金を大衆に呼びかけてつのること。またその金。「皆さん、カンパをお願いいたします。」

きまり

決（き）まり・取（と）り決（き）め・定（さだ）め

決まり 〔名〕何らかの安定を保つための基準になるもの。決まっていること。自然界・現象界の法則、社会の慣習・道徳・おきて・法律・個人の習慣・癖・話し合いの結論や約束など、広い意味に用いる。また、「～の決まりになっている」の形で、いつもそうであること、あるいは議論の余地なく結論がそうなる意を表わす。また、「決まりが悪い」の形で、相手に対して自分の心が落ち着かない状態のことも言う。「決まりは決まりとして守ろうよ。」「朝散歩するのが、ここ十年来の決まりになっている。」動 決まる ⇩決まり文句

取り決め 〔名〕相談や交渉をして定めた約束。〈決まり〉は、社会や集団において、すでに決まったこととして存在し、多くの人びとを規制するものを言うが、〈取り決め〉は、二人以上の比較的少人数の間で定められた約束ごとの意に使う。したがって、〈取り決め〉を自然界の現象、社会的な習慣、個人の癖などについて使うことはできない。「先方とは、もう取り決めができているから、手間は取らないよ。」動 取り決める

定め 〔名〕変更できない慣習・規定・法律。さらに運命の意味も表わす。〈決まり〉と比べて、動かないという意味合いが一段と強く、やや古風な用語である。「悲しい定め」動 定める

類語 規則・法則・慣習・約束

きもち

気持ち・心持ち・気分・心地・気色・心情・情・感情

気持ち 〔名〕何かを見たり聞いたりすることによってその人が感じる、快不快、好き嫌いなどの心の状態。〈気持ち〉は、「相手の気持ちを考える。」「気持ちのいい朝だ。」のように、「感情」「気分」などの意とほとんど同義に用いられ、さらに、具体的な意志や希望まで表わして、意味用法がかなり広い。また、ごく短時間の場合は「感じ」と言い、理論的に整理されると「思想」と言い、人柄のように変わらないものになると「気性」「気質」と言って、それぞれ区別する。

心持ち 〔名〕〈気持ち〉とほぼ同義だが、〈気持ち〉が自分の感情や考えている内容を具体的に表わすのに対して、〈心持ち〉は、形式的、抽象的なニュアンスが大きい。心の状態を、〈気持ち〉よりも漠然と抽象的に表わすときに使う。やや古風な用語。また、幾分、ほんの少しの意の副詞としても用いる。「もう心持ち左。」

気分・心地 〔名〕心の状態。健康その他の原因による情緒。多分に生理的な感じを伴う。〈気分〉は、〈気持ち〉と違って、抽象的な内容を表わし、「快適な気分」「不愉快な気分」「暗い気分」「ほがらかな気分」などと言う。また、〈心地〉は、〈気分〉とほとんど同義だが、古風な言いかたである。「気分が悪くなって、席を立った。」「夢見心地」

気色 〔名〕外界の物や状況によって心に引き起こされる情緒。顔に現れている快不快の心の状態について言うことが多い。「あいつの

不景気な顔を見ていると、こっちまで気色が悪くなってしまう。」

心情（しんじょう）・情（じょう）　〔名〕その出来事に会ったとき心の中で感じ、また思ったこと。人柄や気質を反映した内容について言う場合が多い。〈心情〉は、個人がある出来事に会ったときの気持ちに使うことが多いが、〈情〉は、「恩愛の情」のように、一般的に用いる。また、〈情〉は、「情が厚い。」のように、人を思いやり、愛するという気持ちを表わす場合にも用いる。

感情（かんじょう）　〔名〕物事に感じて起こる気持ち。喜びや悲しみ、好き嫌い、そのほか、いろいろの感じかたで揺れ動く心の働きを言う。その内容は、さまざまであるが、大きくは快と不快に分けられる。〈心情〉は、ある人がある出来事に会ったときの心の中を言うが、〈感情〉は、人が物事に感じて心の中に起こる気持ちを客観的に言う。「感情をおもてに出す。」

［類語］心境（しんきょう）・機嫌（きげん）・情感（じょうかん）・心根（こころね）

ぎゃく

逆（ぎゃく）・反対（はんたい）・あべこべ

逆（ぎゃく）　〔名〕順序、方向、位置などが逆さまであること。また、「逆に」の形で、副詞的に用いる。「今度は逆の方から電車が来る。」（反）順

反対（はんたい）　〔名・スル動サ変〕方向、順序、位置などが逆さまであること。あるいは二つのものの一方に相対するもう一方。また、ある意見などに不賛成で、それに従わない態度・行動を取ることの意にも用いる。〈逆〉とほぼ同義に用いることもあるが、〈反対〉の方が意味が広い。「こちらがひと言注意してやろうと思っていたら、反対に向こうからどなられてしまった。」（反）賛成

あべこべ　〔名〕順序、方向、位置などが逆さまなこと。〈逆〉とほぼ同義だが、俗語的な言いかたである。「これじゃ、まるであべこべじゃないか。」

［類語］背反（はいはん）・背馳（はいち）・反（はん）・アンチ・さかさま

ぎゃっきょう

逆境（ぎゃっきょう）・苦境（くきょう）

逆境（ぎゃっきょう）　〔名〕能力があっても認められなかったり、いつまでもうだつが上がらなかったりして、本人も早くそれから脱したいと願うような境遇。（反）順境

苦境（くきょう）　〔名〕苦しい境遇。〈逆境〉に比べると、一時的あるいは部分的な苦しみを指して言うことが多い。また、どのような方法で対処するにしても困難な境遇に追い込まれて、そこから自力で脱することがきわめてむずかしいという意味合いは、〈苦境〉の方がはるかに強い。「あの時の苦境にもめげず、初志を貫いて来たのだという自信が、彼女の胸にはあった。」（反）楽境

［類語］悲境（ひきょう）・窮境（きゅうきょう）

ぎゃっこう

逆行（ぎゃっこう）・逆流（ぎゃくりゅう）・逆転（ぎゃくてん）

逆行（ぎゃっこう）〔名・スル動サ変〕 進むべき方向とは反対の方向に進むこと。全体の流れにさからって進むこと。「時代の流れに逆行する。」

[反]順行

逆流（ぎゃくりゅう）〔名・スル動サ変〕 普通の流れかたとは反対方向の流れ。河水、海水、気流などの流れかたについて言う。「潮が満ちて来ると、河口に流れて来ていたごみは、みんな逆流していた。」また時流についても言う。

逆転（ぎゃくてん）〔名・スル動サ変〕 反対方向への回転。情勢が今までとは反対の方向に向かうこと。また、ひっくり返って、上下が逆さまになることの意にも用いる。「試合はついに逆転負けしてしまった。」

きゅうくつだ

窮屈（きゅうくつ）だ・手狭（てぜま）だ

窮屈だ（きゅうくつだ）〔形動〕 からだを自由に動かせないこと。不自由なこと。場所の広さが足りない場合、衣服などが小さくて身に合わない場合、強く緊張させられる状態で身がこわばる場合など、広い範囲に使う。「窮屈な思いをする。」「窮屈に考える。」 [転]窮屈さ(名)

手狭だ（てぜまだ）〔形動〕 住居・事務所などに、十分な広さがないことを言う。「子供ができてどうにも手狭になったので、どこかに引っ越したいと思っているんだ。」 [転]手狭さ(名)

[類語] 狭隘（きょうあい）だ・狭苦（せまくる）しい

きゅうしょ

急所（きゅうしょ）・眼目（がんもく）・図星（ずぼし）・要点（ようてん）

急所（きゅうしょ）〔名〕 身体の中で、そこを害すると、致命的であるようなところ。物事において、その部分を失すると全体の成否に関わるような大事なところ。「弾丸は急所をはずれていた。」「急所を突かれる」

眼目（がんもく）〔名〕 もと、人の顔の中での目の意。転じて、最も大事なものとしての目の意。転じて、物事をするときのおもな狙いとなっているところを言う。主眼。〈眼目〉は、物事の正否を決する上での重要さという点では、〈急所〉よりも程度が弱い。また、〈急所〉は、「いきなり急所に触れられて顔色が変わった。」のように、否定的な意味合いに用いることが比較的多いが、〈眼目〉にはこのような意味用法はない。「今度の調査の眼目は、この古墳の造られた時代を確定する資料をさがし出すことにある。」

図星（ずぼし）〔名〕 弓矢などの的の中心の黒点。狙いをつけた、ちょうどそのところ。一番かんじんなところ。「図星を指す」と言えば、最も大切なところ、急所を指すことを言う。

要点（ようてん）〔名〕 物事、あるいは話などの中心的なところ。重要なところ。「要点だけを、かいつまんで話します。」

[類語] 力点（りきてん）・つぼ・キーポイント

きゅうそく

休息（きゅうそく）・休憩（きゅうけい）・息抜（いきぬ）き・骨休（ほねやす）め

休息(きゅうそく) 〔名・スル動サ変〕 仕事や運動、勉強などの途中で、一時それらをやめて疲れを取り除き、体力や気力の回復を待つこと。やや改まった文章語。「しばらく草の上に座って休息していた一行は、また、頂をめざして登りはじめた。」

休憩(きゅうけい) 〔名・スル動サ変〕 続けていた仕事や運動などをしばらくやめて、ひと息つくこと。個人の意志で仕事などをしばらくやめて、ひと息つく意に用いる場合は、〈休息〉とほとんど同義だが、〈休憩〉は、「休憩時間」「休憩室」のように、学校や会社などが定めている休みについて使うことが多い。

息抜き(いきぬき) 〔名・スル動サ変〕 張りつめた気持ちが長く続いているとき、一時的に、その緊張をやわらげるようなことをすること。「たまには息抜きをしなくては、あんなに重苦しい空気の職場では、とても我慢していられないよ。」

骨休め(ほねやすめ) 〔名〕 仕事などでつかれたからだを休めること。やや古風な用語。「この仕事が終わったら、骨休めにどこか旅行しよう。」

[類語] 安息(あんそく)・憩(いこ)い・一服(いっぷく)

きゅうよ

給与(きゅうよ)・給料(きゅうりょう)・俸給(ほうきゅう)・賃金(ちんぎん)・サラリー

給与(きゅうよ) 〔名・スル動サ変〕 職員が勤め先で働いたことに対して支払われる報酬を言う。法令用語では、〈給与〉は、使用者たる国や地方公共団体や三公社が、労働者である国家公務員・地方公務員・職員に支払う労働の対価に関して使われることが多い。「大企業は給与が高い。」

給料(きゅうりょう) 〔名〕 雇い主が働いた人に対して支払う報酬。法令用語では、〈給料〉は、私企業における労働者一般の労働の対価に関して使うことが多く、〈賃金〉という語の意味用法と変わりがなくなっている。

俸給(ほうきゅう) 〔名〕 官庁などの公共の機関、または会社、銀行などに勤める人に対して支払われる基本給。法令用語では、〈俸給〉は、国家公務員の労働の対価たる給与のうちの基本給に対応する部分を言うこともあるが、私企業においては、上級職員の労働の対価のことを〈俸給〉と呼ぶこともある。

賃金(ちんぎん) 〔名〕 働いたことに対して支払われる報酬。一時的な肉体労働などに対して支払われるものに使う。「賃金ベース」

サラリー 〔名〕 salary. 給料とほぼ同義の外来語。「君のサラリーはどのくらいだい。」

[類語] 給金(きゅうきん)・手当(てあて)・労賃(ろうちん)

きょうき

狂気(きょうき)・狂(くる)い・発狂(はっきょう)・狂乱(きょうらん)

狂気(きょうき) 〔名〕 気が狂うこと。また、狂った人の状態。何かに病的に熱中し、執着する状態を言う場合が多い。「狂」とほぼ同義。「狂気の沙汰としか言いようがない。」 [反]正気

狂い(くるい) 〔名〕 「気違い」の状態。また、あるべき姿、状態からはずれている場合にも言う。「この時計はちょっと狂

いがきた。」 動狂う

発狂 〔名・スル動サ変〕 気が違うこと。「狂う」は、「競輪に狂う。」のように、何かにおぼれて、正常な生活のリズムをすっかり失う場合にも使い、また、「歯車が狂う」のように、人間の生活態度以外のものにも広く用いるが、〈発狂〉は、精神異常になることを言い、意味が狭い。

狂乱 〔名・スル動サ変〕 気が狂って、あるいは興奮のあまり気が狂ったようになって暴れ回ること。また、「狂乱物価」のように、物事の秩序が失われて、混乱した状態になることについても言う。「半狂乱になる。」

類語 狂・乱心・クレージィ

きょうしゅう
郷愁・ノスタルジア・里心

郷愁 〔名〕 故郷を懐かしく思う気持ち。また、比喩的に、昔のよき時代や、若かった頃を懐かしむ気持ちにも言う。「秋の月を見ていると、ふと郷愁にさそわれる。」

ノスタルジア 〔名〕 nostalgia. ノスタルジーとも言う。故郷を懐かしみ、恋しがること。少し気取った言いかたになる。

里心 〔名〕 結婚して実家を離れた女の人が、自分の故郷や実家を懐かしく思う気持ち。また、〈郷愁〉の意の多少古風で、俗語的な言いかた。普通、「里心がつく」という使いかたをする。「そろそろあの子も里心のつく頃だ。」

きょうしゅくする
恐縮する・恐れ入る・痛み入る

恐縮する 〔動サ変〕 相手に迷惑をかけたり、相手から多大な好意を受けたりして、すまなく思うこと。あいさつことばとして使われる。また、気恥ずかしさのために体がちぢこまるような気がする、の意にも使われる。 图恐縮

恐れ入る 〔動四〕 「すみません」の意味の丁寧なあいさつことば。お礼、謝罪、呼びかけの場合に使う。また、恐れ入りました、恐れ入ったなど、過去形で、降参した、あきれた、の意を表わす。「恐れ入りますが、ちょっと……。」

痛み入る 〔動四〕 すっかり恐縮する。〈痛み入る〉は、〈恐れ入る〉よりも恐縮する程度が強い場合に用いる。古風な丁寧語。「こんなにまでして頂いて、重ね重ね痛み入ります。」

きょうだい
兄弟・姉妹・同胞

兄弟 〔名〕 同じ親を持つ者同士。両親を同じくする場合にも、片親だけ同じである場合にも言う。兄と妹、姉と弟、姉妹の場合でも、この字を使って、〈きょうだい〉と読むことがある。さらに、一般には、義兄弟や、男性が親近感を持っている間柄の人を呼ぶ場合にも、言うことが多い。

姉妹 〔名〕 姉と妹と。女の〈きょうだい〉の場合だけを言

う。「三人姉妹」

同胞（どうほう）　〔名〕〈同袍〉とも書く。兄弟姉妹を言う。しかし、現在は同一民族の意に使うことが多い。「外国にいる同胞」

きょうみ

興味（きょうみ）・関心（かんしん）・好奇心（こうきしん）

興味（きょうみ）　〔名〕面白味を感じて引かれる心。思わず注意がそちらに向くような心の動き。

関心（かんしん）　〔名〕そのことについて興味を持っていて、より深く知ろうとする気持ちを持つこと。また、自然に引き寄せられる心。〈興味〉は、個人的な事柄について用いることが多く、また、知的好奇心以外にもさまざまな好奇心に広く使うが、〈関心〉は、個人から国民までの広い範囲の主体について言い、知的好奇心がもとになる場合に使うことが多い。「関心事」

好奇心（こうきしん）　〔名〕珍しいものや未知な物事を見たがったり、知りたがったりする気持ち。ある個人が、珍しいものや未知のものについて、興味や関心を寄せることを言うが、見たいあるいは知りたいという心持ちが、〈興味〉よりも強い。

きょうよう

教養（きょうよう）・素養（そよう）・たしなみ

教養（きょうよう）　〔名〕世の中で、人が身につけておくことが望ましい知識や習慣。また、それによって養われる心の豊かさ。カルチャー。「学校教育が、職業訓練の場となったり、進学のための予備校となってはならない。人としての教養を高めるものでなくてはならない。」

素養（そよう）　〔名〕普段から、学んだり訓練したりして、身につけている知識や技能。〈教養〉は、文化や学問に関する広い知識を言うが、〈素養〉は、もっと身近で具体的な事柄について言い、知識よりも技術に重点を置いて使うことが多い。「彼には漢学の素養もあります。」

たしなみ　〔名〕嗜みの字を当てる。特に日常生活に必要とされるようなことではないが、楽しみのために、あるいは心の豊かさを保つために、習って心得ていること。身づくろい、趣味、芸事などを言うことが多い。やや古風な用語。「茶道のたしなみがある。」　動たしなむ

きょうりょく

協力（きょうりょく）・協同（きょうどう）・共同（きょうどう）

協力（きょうりょく）　〔名・スル動サ変〕一つの物事をするために、二人以上の人が力を合わせること。あることをしている人のために、他の人が力を添えること。「みんなの協力がなかったら、こんな立派な仕事はできなかったろう。」

協同（きょうどう）　〔名・スル動サ変〕心を合わせ、助け合っていくこと。〈協力〉とほぼ同じ意味で使われることも多いが、〈協力〉は、主になって仕事をしている人に、他の人が少しずつ力を合わせる意味に使われることが多いのに対して、〈協同〉の方は、力を合わせている人同士が、互いに対等の関係あるいは資格を持っている場

合に言う。「村人の協同作業によって、川の堤防は少しずつでき上がっていった。」

共同（きょうどう）　〔名・スル動サ変〕　心を合わせ、助け合っていくこと。〈協同〉とほぼ同義だが、〈共同〉は、二人以上の人が同じ条件、あるいは資格で一つのことに関係することの意も表わす。「共同炊事場」「公園は市民全体の共同の広場です。」

類語　助け合い・共済・互助

きょくげん

極限・極致・極まり

極限（きょくげん）　〔名〕　ぎりぎりのところ。可能な、あるいは許される限度いっぱいのところ。「人びとの怒りは極限に達した。」「極限値」

極致（きょくち）　〔名〕　人の力で到達できる最高のところ。望みうる最高の妙趣。人間が作り出すことのできない自然の美しさや芸術の最高の美について言うことが多い。「この絵には技巧の極致が尽くされている。」「あの演技には、まさに演芸の極致とも言うべき素晴らしさがあった。」

極まり（きわまり）　〔名〕　ここでついに最後になるところ。限度いっぱいのところ。〈極限〉とほぼ同義の和語。〈極まりない〉という形で、最高の、これ以上のものはない、の意に用いる。「不健全極まりない。」

動　極まる

きょひ

拒否・拒絶・断り・辞退・固辞

拒否（きょひ）　〔名・スル動サ変〕　要求、希望、申し出などを受け付けないこと。相手の意に承諾を与えない態度を取ること。「拒否権」　反　承認

拒絶（きょぜつ）　〔名・スル動サ変〕　相手の申し出などを受け付けないこと。〈拒否〉とほぼ同義だが、〈拒絶〉の方が、相手の希望、要求などを受け入れようとしない程度が強い。また、〈拒絶〉は、相手からの親切な申し出をすげなく断るようなときにも使う。「手ひどい拒絶にあう。」　反　受諾・承諾

断り（ことわり）　〔名〕　理由を述べたりして、相手の希望・要求・申し出などについて、それを受け入れることはできないという態度を示すこと。〈拒否〉〈拒絶〉の意に近いが、比較的ものやわらかな態度を表明する場合に使う。「断りの手紙」。また、ある事について、前もって知らせて了解を得ることの意にも使う。「ことわっておきますが、私はもちろん行きますよ。」　動　断る

辞退（じたい）　〔名・スル動サ変〕　へりくだって、自分に有利な申し出などを断ること。勧誘、任命、自分の権利などを断ること。〈拒否〉〈拒絶〉は、相手の有利になること、あるいは自分にとって不利になることを受け入れないことに使うが、〈辞退〉は、自分の有利になることを受け入れないことに使う。「入学辞退者」

固辞（こじ）　〔名・スル動サ変〕　強い決意をもって、固く〈辞退〉すること。「彼は固辞して受けなかった。」

類語　謝絶・遠慮

きらう

嫌（きら）う・いやがる・毛嫌（けぎら）いする・嫌悪（けんお）する

嫌（きら）う　〔動五〕ある人や物事に対して、不快な気持ちを持つ。また、その気持ちを行動や態度に表わす。避ける。「利己主義を嫌う。」（転）嫌い（名）

いやがる　〔動五〕物事に対して不快な気持ちを持って行動や態度に表わして見せる。〈嫌う〉に比べると、より視覚的で、持続するあるいは反復される行動や態度について言う。「何をそんなにいやがってるんだ。」

毛嫌（けぎら）いする　〔動サ変〕頭から嫌うこと。嫌って全く取り合おうとしないこと。〈嫌う〉は、何かある理由があって不快な気持ちを持つ場合に使うことが多いが、〈毛嫌い〉は、特別の理由もなく、ただ感情的に嫌うことに使う。「あの人はなぜあんなに彼を毛嫌いするんだ。」
（名）毛嫌い

嫌悪（けんお）する　〔動サ変〕ひどく嫌って憎むこと。かたい文章語。「嫌悪の情を催す。」（名）嫌悪

ぎり

義理（ぎり）・信義（しんぎ）・恩義（おんぎ）

義理（ぎり）　〔名〕社会的に正しいとされている道。交際を保つため、また徳義のため、他人に対してやむを得ずすること。「義理を尽くす。」また、血縁のない者が婚姻などで、血族と同じ関係を結ぶことの意にも用いる。「義理の母」

信義（しんぎ）　〔名〕約束を守り、務めを果たすこと。信頼関係を重んじてあざむかないこと。「信義に厚い。」「信義を重んじる彼には、どうしてもそんなことはできなかった。」

恩義（おんぎ）　〔名〕恩誼とも書く。人から受けた情。好意的な恵み。人から受けた感謝すべき行為で、報いて返さなければならないと感じるものを言う。「幼いときから育てられた恩義のために、彼は自分の志望を捨て、叔父の稼業をついだ。」

きりりと

きりりと・きりっと・凜（りん）と・毅然（きぜん）と

きりりと　〔副〕物のひきしまっているさま。人の態度などが節度と緊張とを保っているさま。やや古風な言いかた。「きりりとしたもの腰が、思わず人を威圧する。」

きりっと　〔副〕〈きりりと〉とほぼ同義だが、容貌について「きりっとひきしまった顔」というふうに使う場合は、〈きりりと〉は使えない。

凜（りん）と　〔副〕澄みとおっていて、強い冷気の感じられるさま。人の態度や容貌が端正でひきしまっているさま。〈きりっと〉は、ひきしまって端正な態度・容姿について用いるが、〈凜と〉は、それに加えて威厳を感じさせ、容易に人を寄せつけない感じがする場合に使う。「凜としたひとみ」

毅然（きぜん）と　〔副〕強い意志を持っていて、周囲のことに動か

されないさま。〈凛と〉は、態度だけでなく、「凛とした顔つき」「凛とした声」のように、表情や声についても使うが、〈毅然と〉は、「毅然とした態度」のように、態度について使うことが普通である。かたい文章語。「彼らは悪びれなかった。毅然として主張するところを守った。」

きる

着る・まとう・着ける・羽織る

着る　〔動上一〕　衣服などを身に着ける。ただし、下半身だけをおおうものについては使わない。「シャツを着る。」㊛脱ぐ

まとう　〔動五〕　纏うと書く。衣服などのほか、布や紐のようなものを身にまきつけるようにして着ける場合にも使うが、帽子や靴のようなものについては使わない。「一糸もまとわない。」㊥まとい(名)

着ける　〔動下一〕　衣服などを着ることのほか、装身具をもって装うことや、携帯品を持つことなど、広い範囲に使われる。「粗末なジャンパアを身に着けている。」

羽織る　〔動五〕　着物、服を着た上に、さらに羽織りや外套のようなものを着る場合に使う。㊥羽織(名)

ぎろん

議論・論議・討議・討論

議論　〔名・スル動サ変〕　ある問題について、意見を出し合ったり、互いに批判したりして、論じ合うこと。「激しく議論し合う。」

論議　〔名・スル動サ変〕　問題をめぐって、意見を出し合い、検討し合うこと。〈議論〉は、意見の相違を前提としていて、相互に意見を述べたり批判し合ったりして、合意点や結論に到達しようとすることを言うが、〈論議〉は、より高い相互理解やより具体的な施策を進めることに意味の重点がある。

討議　〔名・スル動サ変〕　ある問題について、自分の考えや意見を主張し合うこと。〈議論〉とほぼ同義だが、形式の整った場で行われるものについて言う。「事態にいかに対処すべきかということについて、委員会は深夜まで討議した。」

討論　〔名・スル動サ変〕　〈討議〉とほぼ同義だが、〈討議〉は、互いの意見や考えをつき合わせて、一定の結論を出すことに意味の重点があるのに対して、〈討論〉は、結論を出すことよりも、意見を述べ合って議論をすることに意味の重点がある。また、〈討論〉も、〈討議〉と同じように、会などの形式の整った場で行われるものについて言うことが多い。

類語　論争・論戦・ディスカッション

きんきゅう

緊急・火急・切迫

緊急　〔名・ダ形動〕　事件や事態が非常に重大なため、対策を急がなければならない状態。「緊急の場合はすぐお電話ください。いつでも飛んで来ます。」

火急（かきゅう）〔名・ダ形動〕 突然起きた、非常に急を要すること。〈火急〉には、特に事件や事態の重要性という意味合いはなく、非常に急に起こった事態について使う。「今度のような火急の事態に対処するためには、対策委員会など開いていられない。委員長に対策を一任すべきである。」

切迫（せっぱく）〔名・スル動サ変〕 時間・期日などが迫っていて、余裕がないこと。また、大変な事態や困難な状態になりそうな様子。また、そのために人びとの気持ちが興奮し、緊張すること。二つの団体や国の間の関係がきわめて重大な状態になって、緊張して来る意に使うことが多い。「期日は切迫していたが、約束した仕事はなかなかはかどらなかった。」

類語 急迫（きゅうはく）・切実（せつじつ）・緊迫（きんぱく）

きんざい

近在（きんざい）・近郷（きんごう）

近在（きんざい）〔名〕 都会に近い田舎。近くの村里。村住まいの人が言う場合は、隣村くらいを含む範囲の近くに住んでいることを言う。「まず近在の者が集まって相談した。」

近郷（きんごう）〔名〕 〈近在〉とほぼ同義。「近郷の農家の主婦が野菜を手押し車に乗せて売りに来る。」

きんし

禁止（きんし）・禁圧（きんあつ）・禁（きん）・厳禁（げんきん）

禁止（きんし）〔名・スル動サ変〕 人があることをするのを規則などによってやめさせ、してはならないとすること。「通行禁止」 反 許可

禁圧（きんあつ）〔名・スル動サ変〕 権力などを使って、強制的に禁止すること。「禁圧政策というものは、一時的に効果があっても、長くは続かないものだ。」

禁（きん）〔名〕 禁止。または禁止した法律や命令。〈禁止〉とほぼ同義だが、〈禁止〉は、「禁止する」というサ変動詞として用いることが多いのに対して、〈禁〉には、この用法がない。しかし、「禁を犯す」のような目的語になる用法は、〈禁〉にしか認められない。「寛政異学の禁」「禁を犯す。」

厳禁（げんきん）〔名・スル動サ変〕 法律、命令などによって、絶対にしてはならないと禁じること。堅く止めること。〈禁断〉と同様に、〈禁〉〈禁止〉よりも禁じる程度がはるかに強い。「火気厳禁」「肺ガン患者たちにたばこは厳禁だよ。」

類語 禁断（きんだん）・制止（せいし）・差止め（さしとめ）

きんじょ

近所（きんじょ）・近隣（きんりん）・あたり

近所（きんじょ）〔名〕 近いあたり。「近所の森で蜩が鳴いた。」また、自宅の近く、または近くの家の意にも用いる。「それはたちまち近所のうわさにのぼった。」 ⇩隣近所

近隣（きんりん）〔名〕 隣近所。〈近隣〉は、人間社会の空間的な関係についてしか言わない。かなりかたい表現。「物音は近隣にまで響き渡った。」

あたり 〔名〕 付近。周囲。〈近所〉に比べて、場所をや

や無限定に漠然と指し示す。場合によって、広くも狭くもなる。「このあたり」「あたりが暗くなる」。また、「近辺」と同様に、「一八〇〇年あたりに起こった大事件」のように、時間的に近い場合にも使うことがある。「あたりかまわずわめき散らす。」

類語 近辺(きんぺん)・近傍(きんぼう)

きんせん

金銭(きんせん)・金(かね)

金銭(きんせん)　〔名〕お金、貨幣。物を売り買いするときの物の代価として支払われるもの。また、労働の代価の賃金として支払われるものにも使う。金属で造った貨幣や、紙に印刷した紙幣が用いられる。ややかたい感じの表現に使うことが多い。「金銭でつぐなえることではない。」

金(かね)　〔名〕〈金銭〉とほぼ同義。〈金銭〉は文章語的だが、〈金〉は、口ことばでよく使われる。「お金」と言うことも多い。また、単に金属、あるいは決まった用途に使われる金属製品の意味にも用いる。「人間万事金の世の中」

類語 銭(ぜに)・小銭(こぜに)・マネー

く

くいちがい

食(く)い違(ちが)い・齟齬(そご)・ずれ・矛盾(むじゅん)・ジレンマ

食い違い(くいちがい)　〔名〕一致することが望ましい点が、うまく一致しない状態にあること。〈食い違い〉の意味には、その前提条件として、一人の人の意見の前半と後半とが一致していること、あるいはおおぜいの人の意見が一致していることが望ましいということがある。「ふたりの共同提案者の意見には、大きな食い違いが認められた。」　動食い違う

齟齬(そご)　〔名・スル動サ変〕〈食い違い〉の意の漢語的表現。かなりかたい文章語。「齟齬をきたす」

ずれ　〔名〕ずれて、正しいものあるいは比較するものと合わないこと。〈食い違い〉は、お互いの意見が一致しないことを述べているだけだが、〈ずれ〉は、ある人の意見や考えかたが比較する人のそれと一致しないことを言い、常に、比較すべき対象を基準として用いる。また、〈食い違い〉は、意見や考えかたが一致しないことについて使うが、〈ずれ〉は、「時間のずれ」「地殻のずれ」のように、時間や地形についても用いる。「政治家と国民一般の金銭感覚のずれは、年々ひどくなって来るように思われる。」　動ずれる

矛盾(むじゅん)　〔名・スル動サ変〕二つのものが、論理的に合わないこと。〈食い違い〉は、現象として違っていることを言うだけだが、〈矛盾〉は、その違いかたが論理的な一貫性を欠いていて、ほうってはおけないような状況の場合を言う。「矛盾を止揚する。」「矛盾が解消された。」

ジレンマ　〔名〕dilemma. 二つの主張や判断のうち、どちらかを選ばねばならなくて、動き

のとれない苦しい立場。板挟み。「彼は生活と研究のジレンマに陥った。」

くう

食う・食べる・あがる・食らう

食う　〔動五〕①生命を維持するために、心要な食物をとる。また、生活していく意にも用いる。「人間、食わなければならぬ。」②何かをするのに、どうしてもそれだけのものを必要とする。「財源を食われる。」③好ましくない何かを人から受ける。「側杖を食う」

食べる　〔動下一〕〈食う〉の①の意とほぼ同義であるが、〈食う〉よりも丁寧な用語で、昔は女性が用いることが多かった。しかし、今は、だんだん〈食べる〉の方が普通の用語として使われるようになってきて、「猫に食べさせる。」のような言いかたが一般化してきた。

あがる　〔動五〕〈食う〉や「飲む」「たばこを吸う。」の敬語。「何をあがりますか。」

食らう　〔動五〕「飲食する」意の俗語的な表現。ののしる場合に使うことが多い。「これでも食らえ。」また、「肩すかしを食らう。」「うっちゃりを食らう。」のような派生的用法もある。

類語　喫する・ぱくつく・食す・召し上がる

くさる

腐る・朽ちる・すえる

腐る　〔動五〕①食べ物が変質・腐敗し、いやな匂いがついたりなどして、食べられない状態になる。「くさった肉」②動植物などの組織が、変化し、くずれやすくなって、本来の機能を失う。「木が腐る。」⇩腐食する

朽ちる　〔動上一〕立ち木・材木などの組織が、湿気や虫食いのためにくずれ、その働きや形を失う。〈腐る〉は、食べ物をはじめとして広く動植物について言うが、〈朽ちる〉は、普通、立ち木・材木について使う。⇩朽ち果てる

すえる　〔動五〕飲食物が腐って、すっぱくなる。「ご飯がくさってすえたにおいがする。」のように、匂いに用いることが多い。

ぐずぐず

ぐずぐず・もたもた・優柔不断

ぐずぐず　〔副・スル動サ変〕愚図愚図と書く。①動作がのろく、時間をとる。「ぐずぐずしているうちに、間に合わなくなった。」②不平や不満をはっきり言わず、ぶつぶつ言う。「いつまでもぐずぐず言うな。」

もたもた　〔副・スル動サ変〕動作や態度がてきぱきせず、要領を得ない様子。〈ぐずぐず〉は、人が敏速に行動することができない様子を言うが、〈もたもた〉は、人だけでなく、「審議がもたもたして、いっこうにはかどらない。」のように、物事・事態の動向がはっきりしない様子にも用いる。また、人について用いる場合、

〈ぐずぐず〉は動作そのものについて言うが、〈もたもた〉は、動作以外に、仕事を要領よく進めることができない場合とか態度とかについても用いる。「司会がもたもたして、会議が長びいた。」　⇩手間どる

優柔不断(ゆうじゅうふだん)　〔名・ダ形動〕物事をきっぱり決めることができないで、ぐずぐずすること。性格について用いることが多い。「優柔不断な性格」

[類語] のろのろ・のたのた

くだらない

くだらない・つまらない・愚劣(ぐれつ)だ

くだらない　〔形〕価値がない。取りあげて言うほどでない場合を言う。次の〈つまらない〉よりも、価値の低いものについて言うことが多く、したがって、非難の意をこめて使う場合が多い。〈くだらぬ〉とも言う。「くだらぬ話はいいかげんにしなさい。」　[転]くだらなさ(名)

つまらない　〔形〕①関心を寄せるだけの価値がない。〈つまらぬ〉とも言う。②かいがない。「あんな仕事を続けていてもつまらないと思って、やめることにしたのさ。」　[転]つまらなさ(名)

愚劣(ぐれつ)**だ**　〔形動〕ばからしくて問題にならない。ばかげていて何の価値もないことに使い、軽蔑の意をこめて用いることが多い。

くちごたえ

口答(くちごた)え・逆(さか)ねじ・抗弁(こうべん)

口答(くちごた)**え**　〔名・スル動サ変〕目上の者に言われたことに対して、さからったことばを返すこと。「親に口答えをしてはいけない。」「口答えばかりして、ちっとも素直に聞こうとしない。」

逆(さか)**ねじ**　〔名〕相手の非難・抗議に対して、負けずにやり返すこと。〈口答え〉は、目上の者に言い返すことを言うが、〈逆ねじ〉は目上の者だけに限らず、相手をやっつけ返すことを表わす。「逆ねじをくわせる」という慣用的表現に用いることが多い。「彼の言うことがあまりに道理にはずれたことだったので、逆ねじをくわせてやった。」

抗弁(こうべん)　〔名・スル動サ変〕相手の主張に対し、こちらからもその誤りを指摘したりなどして、反論すること。〈逆ねじ〉は、相手がこちらを非難するのに強く反発することを言うが、〈抗弁〉は、相手のこちらへの働きかけが非難だけでなく、抗議や主張である場合にも用いる。「彼は相手の主張をしばらく黙って聞いていたが、突然立ち上がって抗弁を始めた。」

くなん

苦難(くなん)・困難(こんなん)・難儀(なんぎ)・辛酸(しんさん)

苦難(くなん)　〔名〕身に受ける苦しみや難儀。「多くの苦難に遭う。」

困難(こんなん)　〔名・ダ形動〕解決がむずかしく、苦しまされること。〈苦難〉は主観性の強いことばだが、〈困難〉は、事のむずかしさを客

観的に言う場合に使う。「この問題の解決には、相当の困難が予想される。」
(反)容易・平易

難儀（なんぎ）〔名・スル動サ変・ダ形動〕①辛く、苦しむ。特に、病苦を表現するのに多く用いる。「胃病で難儀した。」②たやすく処理できないむずかしいこと。「難儀な仕事」〈難儀〉は、〈困難〉に比べて、苦しむ対象が、病気とか生活苦、あるいは手足を使ってする仕事など、具体的な事柄である場合が多い。話しことば的な用語である。

辛酸（しんさん）〔名〕大変つらく苦しい思い。〈苦難〉と同じく、自分の身に受ける苦労や〈難儀〉について用いるが、「辛酸をなめる」のように、〈苦難〉よりも苦しみの程度が強く、さまざまな生活上の苦労を経験する場合に言う。

類語　艱難（かんなん）・危難（きなん）・難（なん）

くびすじ

首筋（くびすじ）・襟首（えりくび）・襟足（えりあし）・襟元（えりもと）

首筋（くびすじ）〔名〕頸筋とも書く。首の両側面から後部にわたる部分。「猫の首筋をむんずとつかんでぶらさげた。」

襟首（えりくび）〔名〕首の後ろの衣服の襟。または襟の当たる部分。「えり首をつかまれる。」

襟足（えりあし）〔名〕耳の後ろから首の後ろにいたる、髪の毛のはえぎわ。「襟足のきれいな人だ。」

襟元（えりもと）〔名〕衣服の襟のあたり。または襟の当たる首の回りを言う。「襟元をスカーフでおおう。」

くふう

工夫（くふう）・才覚（さいかく）・工面（くめん）

工夫（くふう）〔名・スル動サ変〕一つの物事についてできるだけよい方法や結果を見出そうとしてあれこれ考えをめぐらすこと。また、その考えついたよい方法。「ノートの使いかたを工夫する。」

才覚（さいかく）〔名〕すばやい頭の働き。「才覚のある人」。また、金を借りたり、計画を進めたりする上の、知恵と工夫。〈工夫〉は、広くいろいろの事柄について用いるが、〈才覚〉は、たとえば金をつくるときとか、うまく進まなくなった事態など、困った状態におかれた場合とかに発揮される、普通の人よりすぐれた知恵や方法について使う。

工面（くめん）〔名・スル動サ変〕金品を必要な分だけそろえようと、あれこれやりくりしたりすること。〈才覚〉は、金銭を都合する上でのよい知恵や方法を言うが、〈工面〉は、実際に身体を動かして、金銭の足りない分を借り集めたりすることの意に使う。「その金なら私が工面しよう」

類語　アイディア・算段（さんだん）

くやしい

悔しい（くやしい）・残念（ざんねん）だ・無念（むねん）だ

悔しい（くやしい）〔形〕ある事に失敗したり、思い通りにいかなかったときや、何かのはずかしめを受けたりしたときに感じる、残念でならない気持ち。「あんなことまで言われて、悔やしくないの。」

残念（ざんねん）**だ**　〔形動〕①物事がうまくいかなかったり、物足りなかったりして、心残りがする。②悔しく思う。〈悔しい〉は、〈残念だ〉よりも、もっと激しい心の動き、こみ上げて来る感情がある。〈残念だ〉は、ある客観的な根拠に基づいて、自分の感情を整理して述べるというニュアンスが伴い、屈辱意識はない。「助けていただけないのは残念ですが、しかたがありません。」　[転]残念さ(名)

無念（むねん）**だ**　〔形動〕①ある事に対して、悔しく思ったり、うらめしく感じたりする。〈残念だ〉の古風な言いかたで、一層恨みの気持ちがこもっている。「この無念、はらさでおくものか。」②何事も考えない。「無念無想」。この意味は、〈残念だ〉には認められない。　[転]無念さ(名)

[類語] 口惜（くちお）しい・痛恨（つうこん）

くらい

暗（くら）い・薄暗（うすぐら）い・ほの暗（ぐら）い

暗（くら）**い**　〔形〕①そこで何かをするのに必要な光が十分でない状態だ。「暗い夜道」。〈暗い〉には、物は見えるが明るさが十分でない段階から、真の闇に至るまで、程度に幅がある。②そこから受ける印象に、否定的な要素が感じられる様子。「あの子はちょっと暗いね。」③よく知らない。「法律に暗い。」「私はこの土地の地理に暗い。」　[反]明るい、[転]暗さ(名)

薄暗（うすぐら）**い**　〔形〕全体的に暗い感じ。〈暗い〉は、広い範囲の暗さを指すが、〈薄暗い〉は、光が十分でない状態の、暗さの程度が小さい場合を言う。また、〈暗い〉は、回りの状況をはじめとして、表情・態度・意識・心理などについても広く使うが、〈薄暗い〉は、光が十分でない回りの状況について用いることが普通である。「薄暗い夕刻にしばらく立ち尽くしていた。」

ほの暗（ぐら）**い**　〔形〕仄暗いとも書く。〈薄暗い〉とほとんど同義だが、やや雅語的な表現である。　[転]ほの暗さ(名)

[類語] 真暗（まっくら）・暗闇（くらやみ）・暗黒（あんこく）・闇（やみ）

くらしむき

暮（く）らし向（む）き・生計（せいけい）・家計（かけい）

暮（く）**らし向**（む）**き**　〔名〕経済的な面から見た生活状態。「暮らし向きのことは全部妻に任せてある。」

生計（せいけい）　〔名〕収入に見合った支出によって営まれる日々の暮らし。〈暮らし向き〉は、生活の経済的な程度を言うが、〈生計〉は、収支に支えられた暮らしそのものの意に用いる。「生計をたてる。」

家計（かけい）　〔名〕その家がどれだけの収入があり、どれだけ支出しているかの状態。〈家計〉は、〈生計〉の中の収支のありようそのものを言う。「最近の物価高が家計を圧迫する。」

[類語] 経済（けいざい）・生活（せいかつ）・衣食（いしょく）

くらべる

比（くら）べる・つき合（あ）わせる・照（て）らし合（あ）わせる・照合（しょうごう）する

比（くら）べる　〔動下一〕　二つ、またそれ以上のものをつき合わせて、その異同、優劣などを調べる。「力をくらべる」　転比べ(名)

つき合（あ）わせる　〔動下一〕　①くっつきそうになるほど近づける。「ひざつき合わせて語り合う。」②二つの物の対応する部分を比べ合わせて、異同を調べる。〈比べる〉は、全体についても部分についても、また、大まかな場合にも細かい場合にも広く言うことができるが、〈つき合わせる〉は、全体にわたって細かく比べ合わす場合に使う。「そんなざっとした比べかたでは駄目だ。もっときちっとつき合わせてみなければ。」また、〈つき合わせる〉は、二つの物を比べ、その異同を確かめる場合について使い、優劣を確かめる意に用いられることはない。　図つき合わせ

照（て）らし合（あ）わせる　〔動下一〕　違いがあるかどうか、二つ以上のものを比べてみる。〈つき合わせる〉は、二つのものを比べる場合に使うが、〈照らし合わせる〉は、三つ以上の物を比べる場合に使うことが多い。「いくつかの資料を照らし合わせて見たが、はっきりした異同を確かめることはできなかった。」　図照らし合わせ

照合（しょうごう）する　〔動サ変〕　〈照らし合わせる〉の漢語的表現。「彼は多くの資料を照合する作業を、忍耐強く進めている。」　図照合

類語　対比（たいひ）する・比較（ひかく）する

くりかえす

繰（く）り返（かえ）す・反復（はんぷく）する・度重（たびかさ）なる

繰（く）り返（かえ）す　〔動五〕　同じ事を二度、あれいはそれ以上続けてする。また、〈繰り返し〉という語形で、副詞的に用いることがある。「同じ本を、繰り返し読んだ。」　転繰り返し(名)

反復（はんぷく）する　〔動サ変〕　何度でも繰り返すこと。〈反復する〉は、〈繰り返す〉の意の漢語的表現。「彼は胸の中から最後の空気を吐き出すように、同じことばを反復した。」　図反復

度重（たびかさ）なる　〔動五〕　同じ性質の事柄が、二度、あるいはそれ以上続く。マイナスに評価される物事について用いられることが多い。「度重なる不幸が、彼女の表情をすっかり暗いものにしてしまった。」また、単に、「重なる」という語形も、〈度重なる〉とほとんど同義に用いる。

類語　重複（ちょうふく）する・ダブる・巡（めぐ）る

くるくる

くるくる・ぐるぐる・くるり・ぐるり

くるくる　〔副〕　何度も軽快に回る様子。回す意も表わす。また、紙を幾重にも丸めたり、ひもを幾重にも巻きつける意にも使う。「くるくるまわれ水ぐるま」

ぐるぐる　〔副〕〈くるくる〉より動作が大きく、重く行われる様子。〈ぐるぐる〉は、回る空間的範囲が大きく、重々しいだけでなく、回る主体も、〈くるくる〉よりは大きいものである場合が多い。何かの周りを回る意味を表わす場合は、たとえば、「家の周りをぐるぐる回る。」のように、普通、〈ぐるぐる〉を使う。「ぐるぐる巻き」

くるり　〔副〕〈くるりと〉の語形で用いることが多い。一回転する様子。〈くるくる〉は、あるものがそれ自身を軸として何度も軽快に回る様子を言うが、〈くるり〉は軽快に一回転（半回転の場合にも）することを言う。

ぐるり　〔副〕〈ぐるりと〉の語形で用いることが多い。〈くるり〉より重い感じを表わす場合に用いる。「あの池をぐるりとまわったところに小屋がある。」また、回りをすっかり取り囲む様子も言う。この意味用法は、〈くるり〉にはない。

類語　くるりくるり・くるんくるん

くるしみ

苦しみ（くるしみ）・苦痛（くつう）・苦悩（くのう）・悩み（なやみ）・苦悶（くもん）・煩悶（はんもん）

苦しみ（くるしみ）　〔名〕肉体的・精神的にがまんのできない状態。〈苦しみ〉は、次の〈苦痛〉〈苦悩〉の両方の意味用法を含んだ広い範囲について使われる。　動 苦しむ、反 楽しみ

苦痛（くつう）　〔名〕からだに故障があったり、精神的な悩みや苦しみがあったりして、がまんできないほど不快なこと。〈苦痛〉は、肉体的、具体的な場合に使うことが多い。たとえば、歯の痛みや靴ずれなどについて言う場合には、〈苦痛〉を用いて、〈苦悩〉は使わない。また、精神的な面に使う場合も、たとえば、「人前に出て話をするのは苦痛だ。」のように、不快な状態そのものを具体的に言うことが多い。

苦悩（くのう）　〔名・スル動サ変〕解決できないことがあって、どうしたらよいか迷い、じっとしていられないほど苦しむこと。〈苦悩〉は、精神的、抽象的な場合について言う。たとえば、精神的に苦しい生活からなんとか脱け出そうとする苦しみのように、容易には解決できないにしても、なんとか解決しようと努力するところから来る苦しみや悩みについて用いる。かなりかたい文章語。

悩み（なやみ）　〔名〕負担・苦痛などマイナスの状態をこらえ、克服しようとして、方法が見出せないでいること。精神的苦痛について言う。「悩みを訴える。」　動 悩む

苦悶（くもん）　〔名・スル動サ変〕いくら抜け出そうとしてもどうにもならず、あまりの苦しさに絶望的になること。次の〈煩悶〉よりも、悩み苦しむ程度が強く、主として表情に表われる場合に使う。「苦悶の表情がありありと表われている。」

煩悶（はんもん）　〔名・スル動サ変〕解決の道がなかなか見つからないで、いろいろと悩み苦しむこと。〈苦悶〉は、肉体的な苦痛についても使うが、〈煩悶〉は、精神的な苦痛についてしか使わない。

くろう

苦労（くろう）・苦心（くしん）・労苦（ろうく）・辛労（しんろう）

苦労（くろう）〔名・スル動サ変〕 困難な条件下で何かをやろうとして、肉体的、精神的に多くの労力を費やすこと。「気苦労」「苦労性」などの言い方がある。「あの人には苦労させられた。」 ⇩ご苦労

苦心（くしん）〔名・スル動サ変〕 むずかしいことを解決しようと、あれこれ試みたり、考えこんだりすること。〈苦労〉は、肉体的なことにも精神的なことにも使うが、〈苦心〉は精神的な場合にしか使わない。また、〈苦心〉は、自分で解決しようと積極的に試みる場合を言うが、〈苦労〉は、外部からの影響によって多くの労力を費やさなければならない場合にも用いる。「苦心談」 ⇩腐心

労苦（ろうく）〔名〕 〈苦労〉とほぼ同義。仕事に対して、からだを使い、心を砕くこと。〈苦労〉が最も普通の言いかたであるのに対して、やや古風な文章語である。「労苦に報いる」

辛労（しんろう）〔名〕 ひどい苦労。〈苦労〉の中でも程度のひどい場合について言い、精神的な苦労だけでなく肉体的な苦労についても使う。同じ発音でも、「心労」は、心についてだけ言う。「彼は、辛労を重ねていたので、ついに倒れてしまった。」

類語 労苦（ろうく）・辛苦（しんく）・辛酸（しんさん）・心労（しんろう）

くわえる

加える（くわえる）・足す（たす）・添える（そえる）

加える（くわえる）〔動下一〕 ①全体を構成する一部として、何かをその物に含ませる。いままでのものにさらに付け足す。「仲間に加える。」②相手に対し影響をおよぼす。「打撃を加える。」 反除く

足す（たす）〔動五〕 必要を満たすために、同質の物を加える。〈加える〉は、不足しているという意味が前提にないので、たとえば、「塩を加える。」と言うと、塩の量がふえるという意味合いを含むが、〈足す〉は、不足しているという意味が前提にあるので、「塩を足す」と言うと、ちょうど必要な量が満たされるという意味合いになる。「塩を少し足す。」 反引く

添える（そえる）〔動下一〕 本体となるものに、何かを加える。〈加える〉〈足す〉は、たとえば、「二と三を足す。」「二に二を加える。」のように、本体とそうでないものと区別はないが、〈添える〉は、すでにそれだけで満たされている本体にさらに何かを加えるというニュアンスを伴う。また、〈足す〉は、数量を客観的に確かめることができる対象について用いるが、〈加える〉〈添える〉は、「危害を加える。」「口を添える。」のように、それ以外のものについて使うことも多い。 転添え（名） ⇩添え木

くわだて

企て（くわだて）・もくろみ・たくらみ・計画（けいかく）

企て（くわだて）〔名〕 あることをしようと計画し、着手すること。法令用語では、〈企て〉は、実行為の

準備を言い、刑法上の「予備」とほぼ同義に解されている。「君の企てにはなんとなく悪意が感じられるので、僕は賛成できない。」　動企てる

もくろみ　〔名〕目論見と書く。〈企て〉〈計画〉とほぼ同義だが、こっそりと何かを計画する場合によく使う。「彼はたしかに何かをもくろんでいる。」　動もくろむ

たくらみ　〔名〕企みと書く。相手が歓迎もしくは予想していないことを計画して、はめようとすること。〈もくろみ〉は、マイナスに評価されることを計画する場合に使うことも多いが、つねにそうであるとは限らない。その点、〈たくらみ〉は、何か悪いことを計画する場合に限って用いる。「おもしろいから、彼のたくらみに乗ってみようじゃないか。」　動たくらむ

計画（けいかく）　〔名・スル動サ変〕ある事を行うために、あらかじめその方法・手順などを考えること。このグループの中では、最も一般的な用語である。普通、プラスの評価を伴い、建設的な方向で考える場合に用いる。「計画が固まる。」

け

けい

刑（けい）・罰（ばつ）・刑罰（けいばつ）・処罰（しょばつ）

刑（けい）　〔名〕法律や社会的な決まりによって、国または社会が犯罪者に対して加える肉体的、経済的制裁。「懲役三年の刑に処す。」

罰（ばつ）　〔名・スル動サ変〕法律・道徳に反した行いのあった者に対して課せられる制裁や報い。〈刑〉よりも意味が広く、個人が加える制裁についても使い、また、精神的な制裁も含む。「天罰」「あんな人を人とも思わぬようなことをした人だもの、あれくらいの目に遭うのも、罰だと思えばあたりまえだよ。」

刑罰（けいばつ）　〔名〕法律や道徳に反した行いのあった人に対して、主として国家が犯罪のつぐないや教育のために加える制裁。刑の意味に近い。「刑罰を重くすれば、それだけで、犯罪を予防することができると考えるのは、誤りである。」

処罰（しょばつ）　〔名・スル動サ変〕罪を犯した人に対して罰を加えること。刑罰に処すること。「禁を犯した者は、国法に従って処罰する。」のように、国家や公的な機関が罰を加える場合を言う。

けいこう

傾向（けいこう）・趨勢（すうせい）・風潮（ふうちょう）・時流（じりゅう）・時勢（じせい）

傾向（けいこう）　〔名〕全体の中で比較的多数のものに共通する状態、または動き。すべてがそうなのではないが、全体的に見たときに認められるある偏り。「よくない傾向」　⇩傾き

趨勢（すうせい）　〔名〕全体の動きの方向。社会的動向。今までの成り行きを見て、物事がこれからどうなっていくかの様子について言う。また、〈傾向〉は、世の中全体のことにも個

人のことにも使うが、〈趨勢〉は、世の中全体の大きな動きについて使う。「世の趨勢を見るに敏な彼のすることだ。そんなへまはやらないよ。」

風潮（ふうちょう）〔名〕世間一般のおおよそのありさま。世相に現れた全体的傾向。多くの人にとって、好ましくないと受け取られる世の中の傾向について言うことが多い。「ムードによって簡単に踊らされてきた庶民も、ようやく政府やマスコミに対して疑いの目を向けるような風潮が出て来た。」

時流（じりゅう）〔名〕その時期における最も一般的で、普通の考えかた。おおぜいの人に支持され、人気がよく、それに合わせると自分のプラスになるというニュアンスがある。「時流に乗る。」「時流にさからう。」

時勢（じせい）〔名〕世の中の成り行き。世の中の一般的な、あるいは中心的な動き。〈時流〉は、その時代、あるいは時期の一般的な考えかたや傾向を言い、「時流に乗る。」のように、それに合わせると自分のプラスになるというニュアンスを伴うが、〈時勢〉は、「時勢に遅れる。」のように、世の中の必然的な動きを言い、それに逆らえないというニュアンスがある。

げいごう

迎合（げいごう）・追従（ついしょう）・ごますり

迎合（げいごう）〔名・スル動サ変〕相手の気に入られようとして、自分の考えを曲げてでも、調子を合わせること。かたい文章語。「世論に迎合する。」「大衆の好みに迎合する。」

追従（ついしょう）〔名・スル動サ変〕ついじゅう、と読むときは別の意味になる。自分の正直な気持ちとは関係なく、相手の気に入りそうなことを言って、相手のご機嫌をとること。おべんちゃら。「お追従」と、おをつけて用いることが多い。「あの奥さんのお追従ったら、歯が浮きそうで聞いていられないんだから。」

ごますり〔名〕動詞として用いるときは、「ごまをする」と言う。胡麻擂り、と書く。自分の利益になるように相手を動かすことを目的として、相手の機嫌をとること。〈追従〉〈ごますり〉は、自分と関係のある特定の相手に対して、ご機嫌をとって自分の利益をはかる場合に使うが、〈迎合〉は、個人だけでなく、社会や大衆に対しても用いる。「課長にごまをすっておかなかったもんだから、残業を言いつけられてしまった。」

類語 媚び（こび）・雷同（らいどう）・おもねり

けいじ

掲示（けいじ）・表示（ひょうじ）・展示（てんじ）・展覧（てんらん）

掲示（けいじ）〔名・スル動サ変〕多くの人、または関係者に対して、あることを知らせるために、定められた場所、あるいは立て札などを設けて、文書を張り出すこと。または、その張り出された文書。「掲示板」

表示（ひょうじ）〔名・スル動サ変〕文書、ことば、記号などを用いて、はっきりと示すこと。〈掲示〉に比べて、表わす材料や方法の範囲がずっと広い。また、表で示すことの意もある。「この商品には、生産年月日が記号で表示してある。」「何とか意思表示しなくちゃ、相手が困るよ。」

展示（てんじ）〔名・スル動サ変〕広げ並べて多くの人びとに見せること。絵画・陶器・着物・書物・資料など、芸術作品や研究資料を並べて、一般の人びとの鑑賞や参考に供する場合に使う。また、「展示即売会」のように、商品見本を並べて、多くの人に見せることにも用いる。「今年の学園祭には、古い雑誌などが展示してあった。」

展覧（てんらん）〔名・スル動サ変〕広げ並べて、多くの人びとに見せること。作品や製作物などを並べて、日ごろの努力のあとを多くの人に見せたり、鑑賞に供したりすることに使い、商品や資料の場合には用いない。

けいしき
形式（けいしき）・様式（ようしき）

形式（けいしき）〔名〕型式とも書く。人が作った物や事柄における、内容や実質に対する外面的な形。ある物ならば共通にそなえていなければならないと定められた、あるいは共通にそなえている一定の形。「論文としての形式を整えていない。」

様式（ようしき）〔名〕主として芸術品や建造物などの一部または全体における、共通の特徴と指摘できる形や紋様。また、文書や書類などの整理のために、あらかじめ定められた書きかた。〈様式〉は、〈形式〉よりも抽象度の高いものである。〈形式〉は、たとえば、個々の道具の持つ具体的な形であるが、〈様式〉はそのいくつかの〈形式〉を抽象して得られた一般的な特徴を言う。したがって、総合的な内容を持つ「生活」「行動」「芸術」などについては、〈様式〉を用いて、〈形式〉は用いない。「この建物は、バロック芸術の様式を受け継いでいる。」

類語 型（かた）・パターン・スタイル

けいたい
形態（けいたい）・形状（けいじょう）

形態（けいたい）〔名〕物や物事の機構の形やありさま。外から見た姿。「政治形態」

形状（けいじょう）〔名〕「形（かたち）」の意の漢語的表現。物の姿や形。外側から見てとらえられるものについて言う。〈形態〉は、ある一定の組織を持った物事を、秩序あるものとしてとらえる場合に用いることが多い。それに対して、〈形状〉は、個別的な物事の全体や部分を、秩序とは関係なく外側から見てとらえる場合に使う。「花の部分の形状は、この写真で分かる。」

けいふく
敬服（けいふく）・心服（しんぷく）・心酔（しんすい）・傾倒（けいとう）

敬服（けいふく）〔名・スル動サ変〕人柄や人の成し遂げた仕事に対し、立派だと深く感心し、自然に頭がさがる思いがすること。すっかり感心してその人を重んじること。

心服（しんぷく）〔名・スル動サ変〕人柄、才能、見識などに、心から感心して、その人の指示に従うこと。〈敬服〉は、相手に対して、何ら批判する余地がないほど、心から感心することを言うが、〈心服〉は、〈敬服〉するだけでなく、相手を絶対として、服従することを言う。

心酔（しんすい）〔名・スル動サ変〕 芸術、芸能などに没頭しほれ込むこと。人柄、または人柄のにじみ出た芸術、文章などにすっかり感心して細かな点まで見習おうとするほどにほれ込むこと。「私ね、川端康成の文章に心酔してまして、自分の特に好きなところなど、何度も何度も読んで、覚えてしまっています。」

傾倒（けいとう）〔名・スル動サ変〕 あることに深く心を寄せ、夢中になること。また、ある人に感心して深く心を寄せることの意にも用いる。〈敬服〉は人に限って使うが、〈傾倒〉は、人だけでなく、作品・作風などその人の個性がにじみ出たものについても言う。「彼は芭蕉にすっかり傾倒しちゃって、『奥の細道』の研究に打ち込んでいるんだ。」

類語 感服・尊敬

けいりゃく

計略・策略・謀略

計略（けいりゃく）〔名〕 戦争で、自分にいい結果によるように、うまく導くための計画。また、一般に自分にとって好都合に事を運ぼうとするためのはかりごとの意に使う。「計略通りに事は運んだ。が、最後のどたん場で思わぬ事態が起こった。」

策略（さくりゃく）〔名〕 物事や人をたくみに操って、自分の望む結果に導くように考えたり、手はずを整えた計画。〈計略〉は頭の中で考えたり、人と相談して立てたプランについて使うことが多いが、〈策略〉は、もっと細かく立ち回り、具体的に立てたはかりごとの意に用いることが多い。「そんな策略では見破られる。」

謀略（ぼうりゃく）〔名〕 大がかりで悪質な計略。「我が国が世界謀略の犠牲にされてはならない。」

類語 はかりごと・たくらみ・策謀

けが

怪我・傷・負傷・傷害

怪我（けが）〔名・スル動サ変〕 誤って身体の一部を傷つけること。または、傷ついたところ。あるいは、誤ってした失敗。〈傷〉は、からだの表面だけでなく、心が痛む場合や、物についても用いる。「怪我の功名」「怪我のあと」

傷（きず）〔名〕 疵、瑕などと書くこともある。からだや物の表面を切ったり突いたりこすったりしてできた、痛む部分。また、その跡。また、「経歴に傷がつく。」のように、物や事柄の、不完全なところやいたんだところの意にも用いる。〈怪我〉は、〈傷〉よりも大きな負傷について言う。たとえば、〈怪我〉は、手足の骨折などに使うことができるが、〈傷〉は使えない。

負傷（ふしょう）〔名・スル動サ変〕 傷を受けること。怪我をすること。多くは、災害、事故、戦争などによって受けた怪我のことを言う。やや大きな〈怪我〉について、〈負傷〉を使う。「今度の事故による負傷者は三百人にのぼった。」

傷害（しょうがい）〔名〕 人に怪我をさせること。また、自分の身体を傷つけること。法律など、改まった表現に使う。「傷害罪」「傷害保険」

類語 外傷・痛手・軽傷・

重傷（じゅうしょう）・大怪我（おおけが）

げきれい

激励（げきれい）・鼓舞（こぶ）・励（はげ）まし・力（ちから）づけ・勇気（ゆうき）づけ・鞭撻（べんたつ）

激励（げきれい）　〔名・スル動サ変〕　人をしっかりやれと力づけ、気を引き立たせること。〈励まし〉の意の漢語的表現。「選手たちは、全校生徒の激励を受けて、元気よく甲子園へ向けて出発した。」

鼓舞（こぶ）　〔名・スル動サ変〕　人の気をふるいたたせ、やる気を起こさせること。集団を対象とするような場合に多く使われる。やや古風な用語。「士気を鼓舞する。」

励まし（はげまし）　〔名〕　気持ちがくじけないようにする。ためらう気持ちを捨てさせて、やる気を起こさせる。また、声などを大きく（強く）すること。〈励まし〉は、もっとファイトを出して事に当たるように相手にことばをかけたりする場合を言う。「全国各地の皆様から励ましのお手紙を頂いております。」「声を励まして言う。」　動励ます

力づけ（ちからづけ）　〔名〕　気持ちがくじけないように励ますこと。人の気持ちがくじけないようにしっかりやれと元気づけることを言うが、〈励まし〉は、幸・不幸に関係なく、〈力づけ〉は、不幸に打ちひしがれた人を励ましたり慰めたりすることに使う。「いつも先生が見守っていてくださると思うことが、私にとっては、何よりの力づけでした。」　動力づける

勇気づけ（ゆうきづけ）　〔名〕　ためらう気持ちやあやぶむ気持ちを捨てさせ、やる気や、やりとげようとする気力を起こさせること。　動勇気づける

鞭撻（べんたつ）　〔名・スル動サ変〕　目上の人が目下の人をいましめて、気持ちを引きたたせること。手紙文などに使われる。改まった、かたい用語。「ふつつか者の私ではございますが、どうぞ今後とも変わらぬご鞭撻を賜わりますよう、よろしくお願い申し上げます。」

類語　督励（とくれい）・奨励（しょうれい）・振興（しんこう）

けしきばむ

気色（けしき）ばむ・凄（すご）む・殺気立（さっきだ）つ

気色ばむ（けしきばむ）　〔動五〕　顔やことばに怒りを含んだ態度を示す。「そう言われて彼女も気色ばんだ。親のことをとやかく言われたのが、たまらなかったのである。」

凄む（すごむ）　〔動五〕　相手をおどすことを目的として、相手に危害を加えるような態度をする。「刃物を持って凄んだ恰好は、ゴロツキと変わらなかった。」　転凄み（名）

殺気立つ（さっきだつ）　〔動五〕　非常に怒って、人に危害を加えかねないような態度をとる。群衆が非常に興奮して騒乱事件になりかねない雰囲気になる。〈気色ばむ〉は、普通ひとりの人の態度について言うが、〈殺気立つ〉は、主体が、ひとりであってもおおぜいであっても、使うことができる。また、怒りの程度が、〈気色ばむ〉よりはるかに強い。しかし、〈気

色ばむ〉〈殺気立つ〉は、どちらも相手をおどすことを直接の目的としない点で、〈凄む〉とは意味が異なる。「口からつばを飛ばしながらしゃべりまくっていた彼は、いつか手を振り上げて殺気立った様子をしていた。」

けだかい
気高(けだか)い・崇高(すうこう)だ

気高(けだか)い　〔形〕人の姿や形、あるいは人柄などが上品で素晴らしい。心安く近づくことができないように感じられる様子。「その時の彼女は気高く見えた。」(転) 気高さ〔名〕

崇高(すうこう)だ　〔形動〕様子や形、雰囲気、あるいは理想などが神々しいほどに立派で、おかしがたい感じを与えること。〈気高い〉は、人の外面的な様子や人柄に限って使うが、〈崇高〉は、それだけでなく、人間の理念・理想といった抽象的な内容の事柄や人間の存在を超えた神とか、人間の存在よりも大きい自然物などについても用いる。「彼の唱える理念は崇高なものかもしれないが、現実性は乏しい。」

類語 尊(たっと)い・貴(とうと)い

けち
けち・しみったれ・吝嗇(りんしょく)・守銭奴(しゅせんど)

けち　〔名・ダ形動〕わずかな出費をするとき、あるいは当然出費すべきときに、その出費を惜しむこと。あるいは、「けちな根性」のように、価値のない、卑しい様子の意にも用いられる。⇩けちけちする

しみったれ　〔名〕出費を惜しむ人。また、様子に活気がなく貧乏くさいかっこうをしている人。〈けち〉の方が意味が広いが、金銭の出し惜しみをするという意味では、〈しみったれ〉とほとんど区別がない。〈しみったれ〉は俗語的な言いかた。動 しみったれる

吝嗇(りんしょく)　〔名〕経済的に困っているわけでもないのに、やたらに出費を惜しむこと。かなりかたい文章語。「彼の吝嗇ぶりは村でも有名だった。」

守銭奴(しゅせんど)　〔名〕お金ばかりを大切にして、出費を惜しむために、社会的な和や、人格的円満さを欠いている人。かなりかたい文章語で、〈けち〉よりもさらに程度が強い。

類語 締(し)まり屋(や)・けちん坊(ぼう)・けちけち

けっか
結果(けっか)・成果(せいか)・効果(こうか)

結果(けっか)　〔名〕何かが行われた結末としての変化、影響、状態。「結果を報告する。」

成果(せいか)　〔名〕値うちのある結果。でき上がり。〈結果〉は、良い悪いに関係なく、何かが行われた結末としての変化した状態を言うが、〈成果〉は、ある目的にかなった、良い結果に限って使う。「長年の研究の成果」

効果(こうか)　〔名〕成果を生み出す力。効き目と仕上がり。〈成果〉よりも、意味が広い。「効果があがる。」

けっこう
決行（けっこう）・強行（きょうこう）・断行（だんこう）・敢行（かんこう）

決行（けっこう）　〔名・スル動サ変〕悪条件や不安定な状態の中で、ためらいを捨てて実行に移すこと。「雨天決行」「ストを決行する。」

強行（きょうこう）　〔名・スル動サ変〕多少の無理は押し切って、強引に行うこと。「住民の反対を押し切って、工事を強行した。」

断行（だんこう）　〔名・スル動サ変〕どんな反対があっても〈不利な条件でも〉かまわずに、初めの方針通りに行うこと。「不利を覚悟で断行した。」

敢行（かんこう）　〔名・スル動サ変〕悪条件や反対、あるいは犠牲や困難を承知で、あえて実行すること。〈決行〉〈敢行〉は、成功の見通しが十分立たないままに、イチかバチかやってみるというような、一種の悲壮感が伴うことが多いように思われる。また、〈決行〉は、〈敢行〉よりもいくらか規模の小さいことを実行する場合に使うことが多い。「敵前上陸が敢行された。死闘が繰り返された。」

けっこん
結婚（けっこん）・婚姻（こんいん）・縁組（えんぐみ）・嫁入（よめい）り

結婚（けっこん）　〔名・スル動サ変〕男と女が夫婦となること。男女が夫婦としての生活を始めること。「結婚して、もう十年になる。」㊇離婚

婚姻（こんいん）　〔名・スル動サ変〕男と女とが夫婦となること。法律上の用語で、一般にはあまり使わない。「婚姻は両性の合意にのみ基づいて成立する。」

縁組（えんぐみ）　〔名・スル動サ変〕夫婦、養子、養女などの関係を取結ぶこと。法律では、養子縁組のことを言う。「今度の縁組は、まことにお似合いのものである。」

嫁入（よめい）り　〔名・スル動サ変〕妻になること。女性が結婚して夫の家に行く。または、結婚式。やや古風な言いかた。「妹もとうとう嫁入りしました。」

類語　身（み）を固（かた）める・縁（えん）づく・嫁（とつ）ぐ・輿入（こしい）れ・娶（めと）る

けっして
決（けっ）して・断（だん）じて・絶対（ぜったい）に

決（けっ）して　〔副〕どんな点から考えても。あとに、打ち消しの意味を強める。「そういうことは決してありません。」
のことばを伴って、打ち消しの意味を

断（だん）じて　〔副〕是非とも。あとに、打ち消しのことばを伴えば、打ち消しの意味を強める言いかたになる。強い確信や決意を表わす場合に用いる。〈断じて〉は文章語的で、〈決して〉よりもややかたい。「そんな無法は断じて許すな。」

絶対（ぜったい）に　〔副〕どんなことがあっても。どんなにしてでも。あとに打ち消しのことばを伴えば、〈決して〉とほぼ同義であるが、〈絶対に〉の方が打ち消す度合が強い。「絶対にいやです。」

けっしん

決心・決意・決断・踏ん切り

決心（けっしん） 〔名・スル動サ変〕 ある事について自分の心を決めること。迷いやためらいを捨てて、考えを定めること。また、その考え。「私の決心は変わらない。」

決意（けつい） 〔名・スル動サ変〕 ある事について自分の意志を決めること。迷いやためらいを振り払って、意志を固めること。〈決意〉よりも〈決心〉の方が意味が広い。〈決心〉のうちで、重大だと思われることについて真剣に考えて自分の意志を決める場合に、〈決意〉を使う。「決意を新たにする。」

決断（けつだん） 〔名・スル動サ変〕 迷いやためらいをきっぱりと振り切って、強く決心すること。〈決意〉よりも、さらに重大なことについて使う。かたい漢語的表現。「さまざまなことについて考えてみなければならないけれど、最後には決断を下さなくっちゃ何もできないよ。」

踏ん切り（ふんぎり） 〔名〕 跳ぶ前に強く踏み切ることから転じて、勇気を出して何事かをしようと心に決めることの意に用いる。ややくだけた言いかた。「さんざん迷ったんですけれどもね。本人が行くと言いますので、私も踏ん切りをつけて、やることにしたんですよ。」 動 踏ん切る

類語 思い切り・覚悟・見切り

けってん

欠点・弱点・短所・難点・欠陥・アラ・瑕瑾

欠点（けってん） 〔名〕 改めたり補ったりしないと十分とは言えないところ。他から非難されるところ。「誰にでも欠点はある。」 反 美点

弱点（じゃくてん） 〔名〕 改めたり、補ったりしないと不十分なところ。不得意なところ。後ろめたく感ずるところ。弱み。〈弱点〉は、全体としてはある程度よい、または全体としては強い、優れていると思われるものに認められる欠点や短所について言う。「この機械の弱点は、細工が精密なために壊れやすいということです。」

短所（たんしょ） 〔名〕 よくないと思われるところ。そのものの全体の価値にマイナスになる性質。「私の短所は、気が短くおこりっぽいことです。」 反 長所

難点（なんてん） 〔名〕 非難すべきところ。良しとすることができないところ。〈欠点〉とほぼ同義だが、文章語的。「強いて難点をあげるならば、少し背が低いということでしょうか。」また、解決の困難な点の意にも用いる。 ⇩難

欠陥（けっかん） 〔名〕 全体に大きな影響を及ぼすような欠点。不備なところ。〈欠陥〉は、〈短所〉〈欠点〉よりも具体的なものを指すことが多く、また、より重大な欠点を言う場合が多い。「設計上の小さなミスが、構造上の重大な欠陥となった。」

アラ 〔名〕 よいところを取り去ったあとの残り。さほど重要でもない、かくれた欠点。人を非難するために、あえてその人やその人に

関係のあるものの欠点を探し出すという意味合いを表わす。「人のアラを探すようなことはしない方が良い。」

瑕瑾（かきん）　〔名〕わずかな傷。かたい文章語で、文語的表現に使われることが多い。「あのときの失敗は、彼のスポーツ選手としての華々しい生涯に、ただ一つの瑕瑾を残した。」

けっとう

血統（けっとう）・血筋（ちすじ）・毛並（けなみ）

血統（けっとう）　〔名〕祖先から子孫に受け継がれた遺伝的素質。あるいは血縁でつながれる人間関係。「これは血統書つきの犬だ。」

血筋（ちすじ）　〔名〕血縁的人間関係。祖先から同じ遺伝的素質を受け継いだ者。または、遺伝的素質。〈血統〉とほぼ同義だが、やや俗語的な表現に用いられることが多い。「同じ血筋を引いた者として、彼の不幸は他人事と思えないんだ。」

毛並み（けなみ）　〔名〕動物の毛の色つや。また、比喩的に、血統の意の卑俗な言いかた。比喩的に、人間についても言うことがある。「あの人は毛並みがいい。」「毛並みの変わった犬。」

けなげだ

健気（けなげ）だ・殊勝（しゅしょう）だ・神妙（しんみょう）だ

健気だ（けなげ）　〔形動〕心掛けが一途で立派なこと。年若い人や、力の弱いものが困難に立ち向かって精いっぱいに努力している、その心掛けをほめて言う語。普通、年少の者や小さく可憐な動物などの状態について言う。「けなげに耐える。」[転]健気さ（名）

殊勝だ（しゅしょう）　〔形動〕心掛けや態度がまじめで立派なこと。あるいは、その人にしては立派だ、とほめて言うときにも使う。古風な言いかた。年齢や経歴の割に立派なところがある場合に使う。「殊勝な心がけ」

神妙だ（しんみょう）　〔形動〕おとなしく素直なこと。おとなしく慎んでいること。多くは、普段は腕白だったり暴れん坊だったりする者が、そのときに限っておとなしくしているような場合に言う。「神妙にしている。」[転]神妙さ（名）

けなす

けなす・くさす・こきおろす

けなす　〔動五〕相手や物などを価値のないつまらないものだと言う。欠点などをことさらに取り立てて悪く言う。

くさす　〔動五〕〈けなす〉とほぼ同義。取り上げるほどのこともない人や物の欠点を、わざわざ指摘して、悪く言う。やや俗語的な言いかた。「自分では、自信作だったのに、さんざんくさされたので、すっかり自信を失ってしまった。」

こきおろす　〔動五〕価値のないものとして、さんざんに悪く言う。徹底的に悪評する。〈けなす〉〈くさす〉〈こきおろす〉は、どれも、人に対しても人以外のものについても使う。また、〈こきおろす〉は、〈けなす〉〈くさす〉より程度がひどい。「彼はふられた悔しさから、彼女のことを盛んにこきおろしていた。」

類語 そしる・ののしる

けはい

気配・気色・雰囲気・ニュアンス

気配 〔名〕あるものの存在やきざしを感じさせるようなあたりの様子。「人の気配」

気色 〔名〕その人の態度・表情などに現れる、そのときの心の状態。〈気配〉は、人にも、自然の様子にも、状況にも用いることができて、意味が広いが、〈気色〉は、人の様子に限って言う。人の様子は〈気色〉、自然の様子は〈景色〉と書いて区別するが、もとは同じ語。

雰囲気 〔名〕あたりいったいの様子。回りの人びとの全体の様子。〈気色〉も、ほぼおなじ意味に使うが、その場所にいる人たちが作り出している特定の気分を言い、多く、「気色立つ」「気色ばむ」のような複合動詞として、異様で熱っぽい心の状態を表わす。〈雰囲気〉は、その点、さまざまな気分や状態を言い、意味用法が広い。「似かよった雰囲気の店」

ニュアンス 〔名〕nuance. フランス語から入った外来語。色・音・調子・意味・感情などの微妙な陰影・情趣を言う。「ニュアンスが違う。」「微妙なニュアンス」

げひん

下品・下劣・低俗・卑俗

下品 〔名・ダ形動〕もの言いや行動が粗野で品位に乏しいこと。言動や人柄が卑しいこと。「下品なことばを使わないように。」

㊋上品

下劣 〔名・ダ形動〕人柄・趣味・芸術品などの品位が低いこと。人柄などがいやらしく、道徳的に劣っていること。〈下品〉よりも品性の劣るさまがさらにひどい場合に言い、特に、道徳的に劣っていることを強く言う点が特徴的である。また、〈下品〉は、外に現れる言動について言うことが多いが、〈下劣〉は、「根性」「品性」など、内面的な人柄・性格などについてよく用いる。「品性下劣」「下劣な行為」

低俗 〔名・ダ形動〕趣味や好みが洗練されていないこと。下劣なこと。「こんな低俗なテレビ番組は、見るだけ時間の無駄だよ。」

卑俗 〔名・ダ形動〕趣味などが低級で、品のないこと。または例を引いたり、例え話をするとき、ごくありふれたものを例にとるときに言う。「卑俗なことを例に取りますと、まあ、朝起きて顔を洗うとします。」 ㊕卑俗さ（名）

類語 俗悪・下司・野卑・低級・最低

げんいん

原因・起因・要因・素因・せい

原因 〔名〕物事が起こったり、変化したりするもとになったもの。変化を引き起こすきっかけになるもの。おもに、外的な物や事を指す。また、〈原因〉は、変化を引き起こすきっかけになる物や事を指すが、次の〈起因〉は、ある事が〈原因〉となって何かが起こることを言う。

(反)結果

起因（きいん）〔名・スル動サ変〕 物事が起きたきっかけ。それが原因になって、何かが起こること。普通、「起因する」の形で、ややかたい表現に用い、連鎖反応的に引き起こされたさまざまな変化の最初のきっかけとなったものを意味することが多い。「このような事態に立ち至りましたのは、彼のほんの一瞬の不注意に起因するのであります。」⇩基因

要因（よういん）〔名〕 物事が起こるときは、いくつかの原因が複合している場合が多いが、その中で、目立って取りだせる一原因。「今年の運動会が、こんなに寂しいものになってしまったのは、いろいろな原因もありますが、何と言っても天気の悪かったことが最大の要因であります。」

素因（そいん）〔名〕 事の奥にある原因・素質。たとえば病気にかかりやすい体質とか、社会的変動が起こりやすい状態の社会不安とか、直接の原因となるものではないが、病気になったり社会的変動が起こったりする下地となるものを言う。「あの会社が倒産したのは、今度の不景気が原因だとされているが、もともと、あの会社の放漫経営が、今度のようなことになる素因としてあったと考えられる。」

せい〔名〕 所為と書く。原因、理由、責任の所在などを意味し、〈原因〉〈起因〉などよりも意味が広い。「失敗を人のせいにする。」のように、好ましくない結果を引き起こすもとになった原因、理由について使うことが普通である。ややくだけた言いかた。

げんき

元気（げんき）・活気（かっき）・生気（せいき）・意気（いき）

元気（げんき）〔名・ダ形動〕 心身に異状がなく、健康なこと。進んで物事をやろうとする気力があって、活発に活動する様子。肉体的な健康の場合にも使う点で、他の語と異なる。「お元気ですか。」

活気（かっき）〔名〕 個人の様子ではなく、あたり一帯の雰囲気が生き生きとしていて、活動的であること。人間が集まって作る組織や人間の活動について言う。「町は活気に満ちていた。」

生気（せいき）〔名〕 動物や植物がすこやかなさま。また、「病人に生気がよみがえった。」「この絵には生気がある。」のように、自然以外のものについても言う。「雨が降ったので、野山に生気がよみがえった。」

意気（いき）〔名〕 人の意欲。何かをやろうと積極的になる気持ち。〈元気〉よりも積極的で、スポーツの試合とか、大事な仕事をしているような場合に言う。〈元気〉〈活気〉〈生気〉は、「元気がある。」「生気がある。」のように、「……がある」の言いかたで用いることが多いが、〈意気〉は、「意気盛ん」の言いかたで使うことが多い。「母校のチームが大勝利を収めたというニュースが伝わると、全校生徒の意気は大いに上がった。」

類語 ガッツ・血気（けっき）・英気（えいき）

けんきゅう

研究・考究・論究・討究

研究（けんきゅう）　〔名・スル動サ変〕　調べたり、考えたり、実験したりして、真理や法則を見つけ出そうとすること。また、よりよい方法や利益のために、工夫をこらすことにも言うことがある。「私は、自分の研究成果をまとめて、今度出版することにした。」

考究（こうきゅう）　〔名・スル動サ変〕　よくよく考えて、真理や法則を見つけ出そうとすること。〈研究〉は、調査・実験・考察などの個々の事柄についても、また、すべてを含む場合についても言い、意味が広いが、〈考究〉は、主として、物事を本質まで掘り下げて深く考察する場合に使う。「先日の研究発表は、博士の多年にわたる考究の成果をまとめられたものであった。」

論究（ろんきゅう）　〔名・スル動サ変〕　論理を積み上げて、さらに新しい理論を展開したり、真理や法則を見つけ出そうとすること。「世の中には、まだまだ、若い研究者の論究を待っていることが計り知れないほどある。」

討究（とうきゅう）　〔名・スル動サ変〕　多角的にいろいろな方面から検討を加えて、考えを深めようとすること。互いに討議することを通して、最も妥当な結論を求めようとすること。「この問題は、さらに諸方面からの研究と討究とを待って、結論を出すべきである。」

類語　探求・究明・探究

けんこう

健康・丈夫・強健・強壮・健勝・壮健・達者・かくしゃく・すこやか

健康（けんこう）　〔名・ダ形動〕　心身に病気のない状態。比較的身体の方に重点を置いて、人が日常生活に支障のない状態にあることを言う。「健康診断」「健康な精神」

丈夫（じょうぶ）　〔名・ダ形動〕　身体が労働によく耐え、病気になかなかなりにくい状態。人の状態について言う場合は、身体に限って用い、〈健康〉〈健全〉のように、精神や思想のありかたについて使うことはない。人以外の物などが、十分使用に耐えうる強さを持っていることにも言う。

強健（きょうけん）　〔名・ダ形動〕　身体が強く、激しい労働や運動に十分に耐えられること。かなりかたい文章語。「強健な筋肉」

強壮（きょうそう）　〔名・ダ形動〕　身体が健康で、血気にあふれていること。〈強健〉は、単に身体が強いことだけを言うが、〈強壮〉は、身体が強いだけでなく、それが外に現れて、元気がいい様子の意に用いる。「強壮剤」

健勝（けんしょう）　〔名〕　元気なこと。やや改まった手紙文などに使われる。「先生には、益々ご健勝のことと存じます。」

壮健（そうけん）　〔名〕　元気で活動的なこと。やや改まった手紙文などに使われる。「皆様には、ご壮健にてご活躍のことと推察いたしております。」

達者（たっしゃ）〔名・ダ形動〕元気なこと。健康で活動的なこと。〈元気〉とほぼ同義だが、ややくだけた言いかた。また、「口が達者だ。」のように、からだのある部分の働きがすぐれている意や、「英語が達者だ。」のように、ある方面の能力がすぐれている意などにも用いる。

かくしゃく〔タル形動〕矍鑠と書く。老人が、年の割には元気で威勢のよいことを言う。「あのおじいさんは、まだかくしゃくたるものだ。」

すこやか〔ダ形動〕健やかと書く。健康で性質ものびのびと明るいこと。主として発育期の子供について言う。「すこやかに育つ。」「どうかおすこやかにお過ごしください。」（転）すこやかさ(名)

類語 まめ・ぴんぴん・しゃんしゃん・元気（げんき）・活力（かつりょく）・清祥（せいしょう）

げんしゅくだ

厳粛（げんしゅく）だ・厳（おごそ）かだ・荘厳（そうごん）だ・荘重（そうちょう）だ

厳粛だ（げんしゅくだ）〔形動〕態度や雰囲気が重々しく、気持ちを引き締まったものにするさま。「厳粛な雰囲気」（転）厳粛さ(名)

厳かだ（おごそかだ）〔形動〕態度や雰囲気が重々しくいかめしいさま。〈厳粛だ〉〈おごそかだ〉は、どちらも、人についても人以外のものについても使うことができ、違いはない。ただ、人について使う場合、〈おごそかだ〉は、そのような態度・雰囲気をすでにその人が前々からそなえているものとして客観的に表現することが多いのに対して、〈厳粛だ〉は、その場にいる者が、一時的に、真剣な雰囲気を保っている場合に使われるという違いがあるようだ。「牧師が厳かな口調で言った。祈りましょう。今はそれだけです。」（転）おごそかさ(名)

荘厳だ（そうごんだ）〔形動〕建物や雰囲気が重厚で、人を圧するほど立派なこと。〈厳粛だ〉は、人や人以外のもののどちらにも用いるが、〈荘厳だ〉は、主として宗教的な建物・儀式などがかもしだす雰囲気について言う。「荘厳な儀式」（転）荘厳さ(名)

荘重だ（そうちょうだ）〔形動〕音楽や人の口調、あるいは雰囲気などが重々しく立派なこと。せかせかしたところが全くなく、全体から感じられる重々しい雰囲気が、強い感銘を与える場合に使う。「オルガンと合唱とが荘重な感じで続いてぴたりとやんだ。会場はシーンと静まり返っていた。」（転）荘重さ(名)

けんそん

謙遜（けんそん）・へりくだり・謙譲（けんじょう）・謙虚（けんきょ）

謙遜（けんそん）〔名・スル動サ変〕相手を敬って、自分を差し控えること。自分を低い者として、相手に対して控え目な態度をとること。「謙遜ではなく、本当に私はだめなんです。」（反）不遜

へりくだり〔名〕相手を敬って、自分を卑下し慎しむ。〈謙遜〉の和語的表現。（動）へりくだる

謙譲（けんじょう）〔名・ダ形動〕へりくだって譲ること。「謙譲の美徳」

(転)謙譲さ(名)

謙虚(けんきょ)　〔名・ダ形動〕　へりくだって心に少しのわだかまりもないこと。自分を偉い人間だと考えたり見せたりせず、控え目であること。〈謙遜〉や〈謙譲〉は、自分の能力や功績を儀礼あるいは徳目としての心得によって、人前で誇ったりしないでへりくだる態度を言うが、〈謙虚〉は、自分の存在を低いものと客観的に見なして、相手の考えを素直に受け入れるという、絶対的あるいは宗教的な心持ちを表わす傾向が強い。「謙虚な人」　(反)傲慢、(転)謙虚さ(名)

げんど
限度(げんど)・限界(げんかい)・限り(かぎり)

限度(げんど)　〔名〕　定まった範囲での、ぎりぎりのところ。許される度合の最高または最低のところ。「許される限度いっぱいのところまでは我慢しよう。しかし、それ以上はだめだ。法に訴えても権利は守る。」

限界(げんかい)　〔名〕　許される範囲や度合の、ぎりぎりのところ。またその境目。〈限界〉は、空間的なものにも使え、「この辺が森林地帯の限界だ。」のように言う。〈限度〉にはこの用法がない。「ここまでで限界です。これ以上圧力を加えたら、パイプが裂けてしまいます。」

限り(かぎり)　〔名〕　終わりとなるところ。可能な程度の上限。〈限度〉とほぼ同義だが、〈限り〉の方が、意味用法がはるかに広い。「できる限り援助する。」「根限り働く。」のように、副詞的または接尾辞的に使う用法や、「今回に限り許す。」「展覧会はきょう限りです。」のように、限定を示し、接尾辞のようにも使う用法は、〈限度〉〈限界〉〈際限〉には認められない。

類語　際限(さいげん)・切り(きり)・極限(きょくげん)　(動)限る

げんに
現に(げんに)・今や(いまや)・現在(げんざい)・ただいま

現に(げんに)　〔副〕　目の前にはっきりと。実際に現実として。「現に多くの人びとが、この病気で苦しみ、あるいは死んでいっているのであります。」

今や(いまや)　〔副〕　今を強調した文語的表現。今では。今にも。〈現に〉は、「現に君がそこにいるじゃないか。」のように、視覚的に確認できる現在の存在・状態について使うが、〈今や〉は、「今」という現時点を強調する場合に用いる。「彼は、今や大スターになった。」

現在(げんざい)　〔名・副〕　今。今のときを含めて、ある一定の時間の範囲を指す。「現在この制度の恩恵を受けている人は、十万人を超えています。」　⇩過去・未来

ただいま　〔副〕　今を強調した表現。話しことばに用いられる丁寧な言いかた。「ただいまデモ隊は国会議事堂を包囲しています。」また、「ただいま御用命の品をここに持ってまいります。」のように、すぐ・ただちの意や、「ただいま主人は出かけたばかりでございます。」のように、たった今、ついさきほどの意にも用いる。また、帰った時のあいさつことばにも用いる。

げんみつ

厳密・精密・綿密

厳密（げんみつ）〔名・ダ形動〕誤りや、あいまいな点が少しもないこと。非常に細かく正確なこと。「厳密な調査」「ことばの使いかたには、できるだけ厳密を期していきたい。」
㊟厳密さ(名)

精密（せいみつ）〔名・ダ形動〕細かいところまで正確なこと。「精密機械」「精密検査」㊦粗雑だ、㊟精密さ(名)

綿密（めんみつ）〔名・ダ形動〕細かいところまで注意深く、気長に根をつめていること。〈厳密〉は、ことばづかい・言語表現の内容とか人の仕事ぶりについて言い、〈精密〉は、機械とか機械を用いて行う検査・作業などについて言い、〈綿密〉は、立てられた計画や人の仕事の内容について言う。〈綿密〉は、〈厳密〉の意に近いが、ことばづかいや言語表現の内容についてはあまり使わない。「彼の仕事ぶりは、実に綿密だ。」㊦疎雑だ、㊟綿密さ(名)

けんやく

倹約・節約・始末

倹約（けんやく）〔名・スル動サ変〕出費を減らすために、むだを切り詰めること。「今倹約しないと、先で後悔するよ。」㊦浪費

節約（せつやく）〔名・スル動サ変〕節度を守って、むだを省くこと。〈倹約〉は、むだ使いをしないようにして、費用を切り詰めることに使うが、〈節約〉は、必要に応じてむだを省き、費用を切り詰めることに言う。「今月は節約したから二万円貯金できた。」㊦濫費

始末（しまつ）〔名・スル動サ変・ダ形動〕節約すること。節約することが身についていること。生活を切り詰めていること。〈節約〉の意の和語的表現。また、「散らかしたあとを始末する。」「争議の始末をつける。」のように、物事のしめくくりをつけること、片付けることの意にも用いる。「鉛筆や紙を始末して使う。」

こ

こいびと

恋人・愛人

恋人（こいびと）〔名〕恋しく思う異性。愛し合っている男女。「お前ももう年ごろだ。恋人ができたって不思議じゃないよ。」

愛人（あいじん）〔名〕結婚、婚約などはしていないけれども、愛している異性。妻以外の女性、または夫以外の男性を愛している場合に多く使う。「夫に愛人ができたのです。」

こうい

行為・行い・行動

行為（こうい）〔名・スル動サ変〕人の活動。または、人がある目的をもってする働き。「どう見ても君の

行為はおかしいよ。」

行い（おこない）　〔名〕人の日常生活全体の活動。また、一つの心がけをもってする一連の行動。〈行い〉は倫理・常識にかなっているかどうかという点から見た行動のありかたについて使うことが多いが、〈行為〉は、この意味に用いることがきわめて少ない。「彼は日ごろの行いが立派なので、みんなの信望があつい。」　動行う

行動（こうどう）　〔名・スル動サ変〕人や動物、または、集団や群れなどの動き。〈行為〉は、人間の活動に限って使うが、〈行動〉は、人間だけでなく動物一般について用いる。また、〈行動〉は、物理的・肉体的な動きに重点をおいて言うが、〈行為〉は、精神面も含む全体について使う。「今後、このような不注意な行動は、厳に慎しんでもらいたい。」「動物たちの夜間の行動を調査したい。」

ごうかだ

豪華（ごうか）だ・豪勢（ごうせい）だ・豪壮（ごうそう）だ・デラックスだ

豪華だ（ごうかだ）　〔形動〕見かけや質が華やかで立派なこと。「室内には、豪華な調度品が整えてある。」　転豪華さ(名)

豪勢だ（ごうせいだ）　〔形動〕見かけも内容も非常に立派で、人をあっと言わせるほどであること。やや古風な口頭語。〈豪勢だ〉は、たくさんお金をかけて、何か規模の大きいことをする意に用いるが、〈豪華だ〉は、何かをするのではなく、物や物の状態が華やかで立派なときに使う。「あのときの宴会は豪勢だったなあ。」　転豪勢さ（名）

豪壮だ（ごうそうだ）　〔形動〕建物などが大きくて立派なこと。「かつての豪壮な別荘も、今は無人で、秋草が茂っていた。」　転豪壮さ(名)

デラックスだ　〔形動〕フランス語 deluxe の英語風のよみかた。豪華なこと。「この部屋、デラックスだね。」

類語　立派（りっぱ）だ・絢爛（けんらん）・壮麗（そうれい）だ・華麗（かれい）だ

こうかい

後悔（こうかい）・悔（く）い・悔恨（かいこん）・懺悔（ざんげ）

後悔（こうかい）　〔名・スル動サ変〕後になってしまったと思うこと。してしまったことについて、あのようにするのではなかった、と残念がること。「後悔先に立たず」

悔い（くい）　〔名〕過去の過ちや、失敗などについて残念に思うこと。〈後悔〉は、日常的なちょっとした失敗に使い、〈悔い〉は、比較的後まで心に残る失敗についての嘆きに用いる。やや古風な言いかた。「悔いを千載に残す」　動悔いる

悔恨（かいこん）　〔名〕過去の過ちや、失敗などを、いつまでも深く残念がること。かたい文章語。「悔恨が胸をかむ。」

懺悔（ざんげ）　〔名・スル動サ変〕過去の過ちや、罪について、悔いて告白すること。本来は、過去に自分の行ったことが悪い罪であったことに気がついて悔い改め、そのことを神の

前で告白して、これからの自分の行いを慎むことを誓うことを言う。「わが身の罪を神に懺悔する。」
類語 痛恨(つうこん)・悔悟(かいご)・反省(はんせい)・自省(じせい)

こうけい
光景(こうけい)・情景(じょうけい)・シーン

光景(こうけい) 〔名〕 目に見える景色や様子。「異様な光景」

情景(じょうけい) 〔名〕 その場のありさま。〈光景〉は、実際に、今、目の前にしている景色やショッキングな事件の様子について言うことが多いが、〈情景〉は、今、目の前にしている景色や事件だけでなく、過去に起こった事件を思い浮かべたりする場合にも使う。「その情景が今も胸に浮かぶ。」

シーン 〔名〕 scene. 舞台や小説、事件などの場面。一目で見渡せる景色。映画・演劇などの場面に言うことが多い。「この画面は見事なシーンをうつしている。」
類語 点景(てんけい)・風景(ふうけい)

ごうけん
剛健(ごうけん)・硬骨(こうこつ)・気骨(きこつ)・不屈(ふくつ)

剛健(ごうけん) 〔名・ダ形動〕 強くたくましく、しっかりしていること。多くは、青年男子の心身が強くすこやかなことを言う。「質実剛健を尊ぶ。」 ㊟剛健さ(名)

硬骨(こうこつ) 〔名・ダ形動〕 意志が強く正義感に富んでいて、権勢に屈したり、いいかげんな妥協をしない人柄。「剛直」とほぼ同義だが、形容動詞としての用法が限られていて、〈硬骨の〉の言いかたしかしない。「硬骨漢」「硬骨の士」

気骨(きこつ) 〔名〕 自分の信念を貫く強い気質。または、気構え。「剛直」〈硬骨〉は、人柄について言うが、〈気骨〉は、心や気概の意に用いることが多い。「気骨稜々(やる気十分で、容易に屈しそうでない様子)」「今度ばかりは、彼も気骨のあるところを見せている。」 ⇩気概

不屈(ふくつ) 〔名・ダ形動〕 困難や権勢によって自分の意志や決意を変えないこと。「彼の不屈な魂が、ついに実を結んだ。」

こうご
交互(こうご)・かわるがわる・こもごも

交互(こうご) 〔名・二副〕 双方で物事を互い違いにすること。または、二種のものが、互い違いに並んでいるさま。〈かわるがわる〉の意の漢語的表現。「赤と青のあかりが、交互に点滅している。」

かわるがわる 〔副〕 代わる代わると書く。二つ、または二つ以上のものが順次に交替して何かをするさま。

こもごも 〔副〕 あれこれと。かわるがわる。〈交互〉〈かわるがわる〉は、二つまたは二つ以上のものが、順を追って次々と起こるさまを言うが、〈こもごも〉は、「悲喜こもごもの表情」のように、二つまたは二つ以上のものが、同時に入り交

って起こる意に用いることが多い。

こうこう
孝行（こうこう）・親思い（おやおもい）・孝養（こうよう）

孝行（こうこう）〔名・スル動サ変・ダ形動〕子や孫が、両親や祖父母などに敬意をもって大切にすること。「親孝行」「孝行者」[反]不孝

親思い（おやおもい）〔名・ダ形動〕親を大切にして、いつも親のことを気づかうこと。または、そうする人。〈孝行〉は行為を言うが、〈親思い〉は心の状能に意味の重点がある。口語的な表現に用いることが多い。「彼女は親思いだから、週に一度は親に手紙を書いた。」

孝養（こうよう）〔名〕きょうようと読むこともある。親や祖父母を大切にし、養うこと。文語的な表現に使われる。「父母に孝養せよ。」

こうさい
交際（こうさい）・つきあい・交わり（まじわり）

交際（こうさい）〔名・スル動サ変〕人と人とのつきあい。主として、互いに相手の人格を認め合ったつきあいを言う。「交際が広い。」

つきあい〔名〕付き合い。〈交際〉の和語的表現。人と人との関わり合い。また、「おつきあいで映画に行く。」のように、他人との関係上、義理立てして、したくもないことをやむをえずすることの意にも用いる。〈交際〉は、このようなマイナスの意味合いを伴って用いられることはない。「今日も会社の同僚とのつきあいで、ちょっと飲みに行って来た。」[動]つきあう

交わり（まじわり）〔名〕ある程度持続的な交際。または、つきあい。〈つきあい〉は、人と人との関係を広く言い、同一の団体や仲間・身内以外の人びととの関係も指していうが、〈交わり〉は、同じ団体や友人・身内などの狭い範囲における人と人との関係に多く使う。「彼とは、長い間親しい交わりを結んできた仲だ。」[動]交わる

[類語]社交（しゃこう）・交遊（こうゆう）・交友（こうゆう）

こうさん
降参（こうさん）・降伏（こうふく）・屈服（くっぷく）

降参（こうさん）〔名・スル動サ変〕戦いや争いに負けて相手に服従すること。また、対処のしようがなくて閉口することの意にも用いられる。国や組織、団体だけでなく、個人についても使う。話しことば。「まいった。降参降参。」

降伏（こうふく）〔名・スル動サ変〕降服と書くこともある。戦争に負けて、敵に服従すること。〈降伏〉は、「無条件降伏」のように、国や組織、団体が敵に服従する場合に使う。また、〈降伏〉は、戦争の場合だけに使うが、〈降参〉は、個人的な喧嘩のときにも使う。「敵の陣地に、降伏したことを示す白い旗が揚げられた。」

屈服（くっぷく）〔名・スル動サ変〕屈伏とも書く。勢力、権力、軍事力、資本力などの力、あるいは理論などによって打ち負かされ、抵抗する気力をなくすこと。「我々は、いかなる圧力が加えられようとも、断じてその

圧力に屈服するようなことはない。」

類語 投降・屈従・帰順

こうしょう

交渉・談判・折衝・駆け引き

交渉（こうしょう）〔名・スル動サ変〕ある事柄を実現しようとして、相手と掛け合って相談すること。また、「卒業以来彼とは交渉がない。」のように、他の人との間の結びつきの意にも用いる。「交渉がまとまる。」

談判（だんぱん）〔名・スル動サ変〕事件やもめごとに決着をつけるための話し合い。〈交渉〉は特にマイナスの意味合いを伴なうということはないが、〈談判〉は、立場を異にする者が意見を戦わせたり、不当なことがあったとき、相手に文句をつける場合に使うので、けんかごしの感じを伴う。やや古風な言いかた。「談判決裂。」

折衝（せっしょう）〔名・スル動サ変〕双方が互いに自分の希望や要求を出しあって、妥協できるところを求めてする話し合い。譲り合って、互いに納得できるところを求めてする話し合い。公の場合について言い、個人的な事柄には使わない。〈交渉〉は、個人対個人、個人対団体、国家対国家のいずれの場合にも用いることができる。「現在、事務局のほうであちらと折衝を進めているところです。」

駆け引き（かけひき）〔名・スル動サ変〕商売、会議、交渉のとき、相手の出方を見ながら、自分の利益を図ってさまざまな対応をすること。プラスの意味にも、マイナスの意味にも使う。「あいつは、なかなか駆け引きがうまいから、相手は苦労するよ。」「駆け引きのある男は信用できない。」

ごうじょう

強情・依怙地・片意地・頑固

強情（ごうじょう）〔名・ダ形動〕剛情の字を当てることもある。他の人の意見や勧めを受け入れないで、自分の考えをかたくなに守り続けること。周囲の体制に流されないで、自分の考えを固守すること。「強情をはる」
（反）従順、（転）強情さ(名)

依怙地（いこじ）〔名・ダ形動〕つまらないことなど、あるいは、自分の方が間違っていると分かっていても、素直に他の人の意見を聞き入れないで、頑固に意地を張り通すこと。また、いつも自分の意地を張り通す人柄。〈強情〉は、素直に非を認めて、相手に従う態度を見せないことの意に用いるのでおとなだけでなく子供の性格についても言うが、〈依怙地〉は、他人に全く妥協しないで、どこまでも意地を張って自分の主張を通そうとする様子の意に用いるので、小さい子供についてはあまり使わない。「あんなに依怙地になられたんじゃあ、もう話にも何にもなりはしないよ。」「依怙地な人」 （転）依怙地さ(名)

片意地（かたいじ）〔名・ダ形動〕固意地の字を当てることもある。他の人からの意見や勧めを素直に聞き入れないで、自分の狭い考え方に固執すること。また、そのような人柄。「お婆さんも、年を取るにつれて片意地になってきた。」

頑固（がんこ） 〔名・ダ形動〕 他人の言うことなど、聞こうともしないで、あくまで自分の考えで押し通す態度。〈強情〉は、素直に非を認めないで、言い張ったりする点に意味の重点があるが、〈頑固〉は、「頑固一徹」のように自分の信念・信条を貫き通す点に意味の重点がある。また、〈強情〉は、若者から老人まで年齢にあまり関係なく用いるが、〈頑固〉は、「頑固な老人」のように、老人の性格や様子について使うことが多い。〈頑固〉は、また、「頑固な病気」のように、しつこくてなかなかよくならないものに使うこともある。

こうせき

功績（こうせき）・功労（こうろう）・手柄（てがら）

功績（こうせき） 〔名〕 社会に認められるところまで成し遂げられた仕事。「あの方は、社会福祉事業のために尽くしてこられた功績によって、大臣から表彰された。」 (反)罪過

功労（こうろう） 〔名〕 社会に役立つ仕事のために尽した苦労と、それによって成し遂げられた良い結果。〈功績〉は、文化・経済・政治・社会などの広い範囲について、役に立つ大きな活動を行ったことに対して言うが、〈功労〉は、主として、文化の進歩・発展に寄与する大きな働きについて使う。「文化功労者」

手柄（てがら） 〔名〕 勝ち取った成果。社会に認められた功績というより、家族や組織内部の比較的狭い範囲に知られている功績について言う。戦争のときの功績にも、組織に対する貢献にも使い、大きな活動の場合から小さな活動の場合まで、広く用いられる。話しことばとして用いる。「彼は酒を飲むと、昔の手柄話を始めるんだ。」

類語 功（こう）・功名（こうみょう）・殊勲（しゅくん）・偉功（いこう）・業績（ぎょうせき）・成績（せいせき）

こうぜん

公然（こうぜん）・おおっぴらだ・あけすけだ・オープンだ

公然（こうぜん） 〔名・ト副〕 少しも隠し立てをせず、人前でおおっぴらに何かをする様子。また、関係者に広く知られていること。文章語的な言いかた。「白昼公然と強盗を働く。」

おおっぴらだ 〔形動〕 だれにもはばからず、隠し立てしないこと。〈公然〉には、人目を意識するという意味合いはないが、〈おおっぴらだ〉は、人目を意識して恥ずかしいと思う気持ちが全くない場合に使う。やや俗語的な言いかた。「おおっぴらな関係」

あけすけだ 〔形動〕 人の態度や性格があけっぱなしなこと。遠慮や遠まわしの言いかたをしないこと。〈おおっぴらだ〉は、人目を意識して恥ずかしいと思う気持ちが全くないところに意味の重点があるが、〈あけすけだ〉は、隠し立てをしない、ときには暴露的で、露骨なところに意味の重点がある。また、〈おおっぴらだ〉は、広くさまざまの動作について言うが、〈あけすけだ〉は、話す行為について使うことが多い。〈おおっぴらだ〉〈あけすけだ〉は、ともに、人から非難される態度について言う。「あけすけに話す。」

オープンだ　〔形動〕隠し立てしないこと。「オープンな態度で話し合う。」また、「オープンの自動車でドライブする。」のように、広く明けてあって、戸を閉ざしたり屋根で覆いなどしてないことの意にも用いる。

こうそう

構想（こうそう）・荒筋（あらすじ）・梗概（こうがい）・筋書き（すじがき）

構想（こうそう）　〔名・スル動サ変〕これからしようとする物事について、その全体の構成や実行していく手順などについて考えをまとめ上げること。また、そのまとめ上げた考え。芸術作品における、主題、構造、表現形式など、あらゆる要素や構成について、考えをめぐらすことに使うことが多い。「委員会は、この問題解決のための構想をまとめ、議会の承認を求めた。」

荒筋（あらすじ）　〔名〕粗筋とも書く。事件、物語、演劇などの内容のあらまし。大体の経緯。「事件のあらすじを述べるなら次のようなことであった。」

梗概（こうがい）　〔名〕小説や戯曲などのあらすじ。〈あらすじ〉の意の漢語的な表現。「森鷗外は、小説の梗概を書くことが非常に上手だったので、梗概博士と綽名された。」

筋書き（すじがき）　〔名〕小説や戯曲、または実際の事件などのあらましを書いたもの。または、そのあらすじ。あるいは、前もってたくらんだ計画・段取りの意にも用いる。〈あらすじ〉は、事件・物語・演劇などの内容のあらましについて、口頭で述べたものにも書き記されたものにも使うが、〈筋書き〉は、「芝居の筋書きをプログラムに印刷する。」のように、大体の内容を書き記したものについて用いる。また、〈筋書き〉は、「事業を筋書きどおりに運ぶ。」のように、仕組んだ計画の意にも用いるが、〈あらすじ〉には、この意味用法がない。「筋書きだけ読んで、作品を本当に味わったことのない学生が多い。」

類語　想（そう）・筋（すじ）・プロット・モチーフ

こうたい

後退（こうたい）・後もどり（あともどり）・後ずさり（あとずさり）

後退（こうたい）　〔名・スル動サ変〕後の方へさがりしりぞくこと。「後退現象」　反 前進

後もどり（あともどり）　〔名・スル動サ変〕後戻りと書く。前に行きかけて後へさがること。後の方へ引き返すこと。〈後退〉は、今いるところから後へさがるの意だが、〈後もどり〉は、もといた地点が中心になり、進んだ地点からそのもとの地点、またはその近くまでさがることを言う。また、「話が後もどりして恐縮です。」と言うと、話が前に話した事柄にもどることを表わすが、「話が後退する。」と言うと、話の内容が深まらない（問題の解決に向かって前進しない）で、尻すぼまりになったりすることを表わす。「今来た道を後もどりする。」

後ずさり（あとずさり）　〔名〕前を向いたまま後へしりぞくこと。したがって、さがる距離は、〈後退〉〈後

もどり〉に比べて短い。動 後ずさる
類語 バック

こうていする
肯定（こうてい）する・是認（ぜにん）する・認（みと）める

肯定（こうてい）する 〔動サ変〕 正しいことだとすること。その通りで、間違っていないと認めること。反 否定する、名 肯定

是認（ぜにん）する 〔動サ変〕 いいとして、（そうであると）認めること。かたい文章語。〈肯定する〉は、問題となっている事柄について、自分の意志や考えに基づいて、その通りで間違っていないと認めることに使うが、〈是認する〉は、そのことをそれでいい、事実であると認めることに用いる。したがって、〈肯定する〉の方が、より積極的である。反 否認する、名 是認

認（みと）める 〔動下一〕 ①目にとめる。確かにその物事や状態が存在すると判断する。「人かげを認める。」②その通りだ、と判断する。③かまわないとして承知する。④価値や実力があるものとして知られる。「文壇に多少は認められるようになった。」〈是認する〉の日常語的な言いかただが、意味が広い。

こうばく
広漠（こうばく）・茫洋（ぼうよう）・茫漠（ぼうばく）・果（は）てしない

広漠（こうばく） 〔タル形動〕 草原、砂漠、荒地などが果てしなく広がっているさま。「広漠とした草原を、一行は馬で進んだ。」

茫洋（ぼうよう） 〔タル形動〕 見当もつかないほど広々としているさま。〈広漠〉は、おもに草原・砂漠・荒地など、陸地について使うが、〈茫洋〉は、おもに海や空などの陸地以外のものについて言う。また、「茫洋たる風貌」といった比喩的用法もある。

茫漠（ぼうばく） 〔タル形動〕 〈広漠〉とほぼ同義。果てしなくだだっ広いさま。また、「茫漠として夢のような大気焔を吐いていた。」のように、要点がはっきりせず、その内容がぼんやりしているさまの意も表わす。「行く手は茫漠としていた。」

果（は）てしない 〔形〕 そこまでで終わりだという、見当がつかない。〈広漠〉〈茫洋〉〈茫漠〉は、空間的に限りなく広く続く場合に使うが、〈果てしない〉は、空間的だけでなく、時間的に限りなく続くことにも用いる。「果てしない山々」

こうふく
幸福（こうふく）・仕合（しあ）わせ・さいわい・幸運（こううん）・ラッキー

幸福（こうふく） 〔名・ダ形動〕 物質的、心理的に、自分はみちたりた状態だと感じること。あるいは、他と比較して、それよりも満足できる状態であると思うこと。〈幸福〉は恒常的な生活状態に使われることが多い。「幸福な暮らし」反 不幸

仕合（しあ）わせ 〔名・ダ形動〕 幸せ・倖せとも書く。〈幸福〉の意の和語的表現として用いることが多いが、よい巡り合わせに会うこと、運がよくて得られた幸福、の意にも用

いる。したがって、「有難き仕合わせ」とは言うが、「有難き幸福」とは言えない。(反)不仕合わせ

さいわい　〔名・副・ニ副・スル動サ変〕　幸いと書く。〈幸福〉と違って、その場だけの仕合わせな状態を表わすことが多い。したがって、〈幸い〉は、現代語では〈幸福〉と置き換えにくい。「そうしていただければさいわいです。」文語的表現に用いることが多い。副詞としては、運よく、都合よくの意に使われる。強調表現は、「さいわいにして」の言いかたを用いる。

幸運（こううん）　〔名・ダ形動〕　好都合な巡り合わせ。人に利益をもたらすような運。「努力ばかりでなく、幸運も手伝って、彼は大成功をおさめることができた。」(反)不運

ラッキー　〔ダ形動〕　lucky. 幸運。「風が吹いたこともラッキーだった。」

こうへい

公平（こうへい）・公正（こうせい）・公明（こうめい）

公平（こうへい）　〔名・ダ形動〕　偏見やえこひいきのないこと。偏りのないこと。「富の公平な配分を考えなくてはならない。」「教師は常に公平でなければならない。」(反)不公平、(転)公平さ(名)　⇩公平無私

公正（こうせい）　〔名・ダ形動〕　公平で正しいこと。主観、偏見、私欲などが交っていないこと。だれが見ても正しいと思うこと。〈公平〉は「平等」に、〈公正〉は「正当」に重点がある。また、〈公正〉は公の事柄について用いることが多い。「取り引きは公正に行わねばならない。」「裁判の公正を期す。」(転)公正さ(名)

公明（こうめい）　〔名・ダ形詞〕　公正で後ろ暗いところがないこと。私利私欲がなく、隠し立てのないこと。〈公正〉と同様、公の事柄について使う。「公明正大」「公明なさばき」(転)公明さ(名)

こうまんだ

高慢（こうまん）だ・傲慢（ごうまん）だ・尊大（そんだい）だ・横柄（おうへい）だ・不遜（ふそん）だ

高慢（こうまん）**だ**　〔形動〕　自分の才能・地位を鼻にかけて、他人をばかにしたような態度をとる様子。「あの高慢な態度にはがまんできない。」(反)謙虚だ、(転)高慢さ(名)

傲慢（ごうまん）**だ**　〔形動〕　偉そうに勝手気ままに振舞って、人をないがしろにすること。〈傲慢だ〉は、〈高慢だ〉の意に近いが、〈傲慢だ〉は、偉いのは自分だけだという気持ちを表に出して、勝手気ままに行動する様子を言うのに対して、〈高慢だ〉は、思い上がって、他人をばかにしたような態度をとることに使う。「傲慢不遜」(反)謙虚だ、(転)傲慢さ(名)

尊大（そんだい）**だ**　〔形動〕　いばって、いかにも偉そうな態度をする様子。「彼の尊大な態度が、みんなに反感を持たせた。」(転)尊大さ(名)

横柄（おうへい）**だ**　〔形動〕　振舞いなどがいばっていて、無礼なさま。(転)横柄さ(名)

不遜（ふそん）**だ**　〔形動〕　思い上がって、相手を見下した態度や言動をするさま。だれの目にも、それだけの力があるとは思われない人の態度

について言い、普通、自分よりも目下の者に使う。㊉謙遜

類語 傲岸だ・高飛車だ・驕慢だ

ごかい

誤解・曲解

誤解（ごかい）〔名・スル動サ変〕ことばや事情、あるいは相手の意図などの間違った理解。あるいは間違った解釈。「ぼくはそんな意味で言ったんじゃないんだ。どうか誤解しないでほしい。」

曲解（きょっかい）〔名・スル動サ変〕物事や、人の善意・ことばなどに対する、変に気を回したり、悪意をもってした意地の悪い解釈。〈誤解〉は、単純に、相手の事情や言葉などを、間違って理解することに使うが、〈曲解〉は、相手の言葉などを、素直に受け取らず、ひねくれて解釈することを言う。「つい気の毒になってした親切を、そんなふうに曲解されたんじゃあ、ぼくはかなわない。」㊉正解

類語 半解・錯誤・かんちがい

ごくい

極意・奥義・秘訣・こつ・秘伝

極意（ごくい）〔名〕学芸や技能の方法、態度、考えかたなどにおける最も大切なところ。伝統的な武道・芸道について言うことが多い。「茶道の極意を悟った。」

奥義（おうぎ）〔名〕おくぎとも読む。学問や芸道、武芸などで、最も奥深い、大事なところ。初心者や才能の乏しい人にはなかなか会得できないむずかしいところ。〈極意〉は、深い境地を言うが、〈奥義〉は、最も大切な秘訣について言う。「剣道の奥義を教わった。」

秘訣（ひけつ）〔名〕それを知っていれば、必ずうまくできるような方法。めったに人の知らないような効果的な方法。「成功の秘訣」のように重要な事柄にも使うが、木登り・水泳などのように、規模の小さい行為についても用いる。「木登りの秘訣を教えてやろうか。」

こつ〔名〕骨の字をあてる。物事をうまくやる上で、会得しなければならない大切な点。「こつさえ飲み込んだら、こんなこと簡単だよ。」

秘伝（ひでん）〔名〕秘密にしていて、これぞと思う人にしか伝えない、芸道などの奥義。「秘伝を授ける。」

類語 ポイント・奥の手

こくはく

告白・自白・白状・自供

告白（こくはく）〔名・スル動サ変〕言いにくいことや、今まで心に隠していたことを、打ち明けて人に話すこと。多くは、心理的・精神的動機に基づくものについて言う。「彼の告白は人々の心を打った。」

自白（じはく）〔名・スル動サ変〕犯した罪などを、自分から打ち明けること。

白状（はくじょう）〔名・スル動サ変〕過去の罪や、秘密を話してしまうこと。〈自白〉とほぼ同じ意味にも使

われるが、〈告白〉は文章語的で、〈白状〉は話しことば的。また、〈告白〉は、過去の悪事や失敗談、恋愛談などを自分から打ち明けることに用いるが、〈白状〉は、人から責められて、ありのままを言う場合に用いる。「とうとう白状した。」

自供（じきょう）〔名・スル動サ変〕取り調べなどに応じて、犯人が自分の行った犯罪について話すこと。法律用語。「犯行を自供する。」

類語 吐露（とろ）・披瀝（ひれき）・懺悔（ざんげ）

ここ

此所（ここ）・ここら・この辺（へん）・当地（とうち）・こちら

此所（ここ）〔代〕自分の近くの場所を指す語。距離や時間が離れていないところを指示する。「ここへ来なさい。」また、今ちょうど、話題になっている問題や事柄を、話し手がこれだと指し示す意にも用いる。さらには、連体詞的に使って、近くのとか、時間的にあまり離れていないで、引き続き、とかいった意を表わす。「ここのところがよく分からない。」〈ここ〉を時間について使う場合には、現在のことだけでなく、「ここ二、三日はあたたかいですね。」とか、「ここ当分は忙しい。」のように、過去についても未来についても使う。

ここら〔代〕近くの場所一帯を指す語。距離や時間があまり離れていないで指示している付近のところ。〈ここ〉よりも、指示の仕方が漠然としたものになる。話しことば的。「ここらでちょっとひと休みしようか。」

この辺（へん）〔代〕このあたり。また、この程度での意にも用いる。「では、この辺で。」のように、〈ここら〉とほぼ同義だが、指す範囲が狭い。

当地（とうち）〔代〕話し手や書き手がいる地域。〈ご当地〉という言いかたもあるが、これは、ある地域を訪れた話し手が、その地域に住んでいる人びとへの敬意を含めて言う言いかたである。かなり改まった言いかた。「当地では、朝夕に秋の気配も感じられる頃となりました。」

こちら〔代〕話し手のいる、または指示している近くの方向、または場所。あるいは、近くにある物や人。話し手自身を指すこともある。「お帰りはこちら。」

類語 ここいら・こっち

こごえる

凍（こご）える・かじかむ・かじける

凍える（こごえる）〔動下一〕寒さのために、身体または身体の一部が冷たくなって、感覚がなくなる。また、あるいはそのために人が死ぬ。単に凍る意に使うこともある。「手が凍える。」「凍え死ぬ。」

かじかむ〔動五〕寒さのために、身体の一部が冷えて感覚がなくなったり、自由に動かなくなる。〈凍える〉は、身体の全体についても一部についても言うが、〈かじかむ〉は、「手がかじかむ。」「指がかじかむ。」のように、身体の一部、特に手や手の指について使う。また、〈かじかむ〉の方が、冷たくなって感覚がなくなる度合が弱い。

かじける　〔動下一〕 とほぼ同義だが、手などが凍えて縮んだように感じられる場合に使う。「寒くて手がかじける。」〈かじかむ〉

こころ
心（こころ）・精神（せいしん）・心理（しんり）

心（こころ）　〔名〕 人にそなわった、感じる、考える、知る、おぼえる、思い出す、何かをしようとする、などの働きをするもの。人間を入れ物にたとえれば、からだは容器で心はその内容と言える。心の働きには知・情・意の三方面があり、それを区別しないでまとめて言うときと、おもに情意の働きを指して言うときとがある。「すべては心の問題だ。」 ㊦からだ

精神（せいしん）　〔名〕 〈心〉とほぼ同じ内容を意味するが、思考、思想、意志の面を重視した言いかた。ややかたい表現に使われる。また、物事を貫いて、これを統一している中心的な意味の意にも用いられる。「精神主義」「建学の精神」 ㊦肉体

心理（しんり）　〔名〕 その時どきの外界の刺激に対する、その人の心の動きや意識のありかた。〈心〉や〈精神〉は、対象を静態として総合的あるいは抽象的にとらえられる場合に用いることが多いのに対して、〈心理〉の方は、その時どきの動態としてとらえたものを指して言うことが多い。また、「人間心理」「心理学」というふうに、心の理法一般をも指して言う。

こころのこり
心残（こころのこ）り・残念（ざんねん）・遺憾（いかん）・痛恨（つうこん）

心残り（こころのこり）　〔名・ダ形動〕 気になっていたことができなかったり、し残したりして、満足な気持ちになれないこと。「この子のことばかりが心残りで、死んでも死に切れない気がする。」

残念（ざんねん）　〔名・ダ形動〕 結果や結論が意に反していたり、満足できないものであったりするときの気持ち。また、くやしいと思う気持ちの意にも用いる。〈心残り〉の方が、〈残念〉よりも不満足感が強く、それだけ、先に思いを残すという意味合いが強いように思われる。 ㊫残念さ〔名〕、残念がる〔動〕 ⇩残念無念

遺憾（いかん）　〔名・ダ形動〕 〈残念〉とほぼ同義だが、四角ばった、形式的でかたい感じの用語で、政治家や官僚が好んで用いる。相手に釈明したり、相手を軽く非難したりする場合に用いることが多い。「こういう事態をひきおこしたことは遺憾であります。」「遺憾千万」

痛恨（つうこん）　〔名〕 ひどく残念で、思い出しても恨めしいこと。残念に思うことの中でも、特に程度の強いものについて言う。今日では、「痛恨事」という言いかたで使われることが多い。

こころみ
試（こころ）み・試（ため）し・試行（しこう）

試み（こころみ）　〔名〕 考えたり推測したりだけしているのでなく、実際にうまくできるかどうかやってみること。「試みにやってみる。」という言

い方もする。 動試みる

試し（ためし）　〔名〕あることを見きわめるために、あるいは考えたことが本当にうまくいくかどうかを確認するために、実際にやってみること。〈試み〉は、うまくいくかどうかがよく分らない場合にも用いることができるが、〈試し〉は、うまくできそうだという確信がある程度持てる場合に使うことが多いようである。また、〈試し〉は、より話しことば的な言いかたである。「ためしにちょっと書いてみないか。」という言い方もする。「運試し」「力試し」 動試す

試行（しこう）　〔名・スル動サ変〕試みとしてやってみること。うまくいくかどうか、実験的にやってみること。〈試み〉とほぼ同義の漢語的表現。「試行錯誤」

こころよい

快（こころよ）い・愉快（ゆかい）だ・爽快（そうかい）だ・痛快（つうかい）だ・心地（ここち）よい

快い（こころよい）　〔形〕何かをした（された）ときに受ける感じがいい。気持ちがよい。快感をしずかに享受する時に多く使われる。「そよ風が頬に快い。」 転快さ(名)

愉快だ（ゆかいだ）　〔形動〕楽しくて心がくつろぐこと。また、人をおもしろがらせ、心をなごませるようなこと、あるいはそのような人柄。「君は愉快な人だね。」 反不愉快だ、転愉快さ(名)

爽快だ（そうかいだ）　〔形動〕さわやかで気持ちがいいこと。さっぱりしたいい気分。〈愉快だ〉は、楽しくて浮かれるような気分を言うが、〈爽快だ〉は、さわやかで気持ちがいい場合に使う。 転爽快さ(名)

痛快だ（つうかいだ）　〔形動〕心にわだかまっていたものも吹き飛んでしまうほど、非常に愉快なこと。〈爽快だ〉は、身体の疲れや身体に感じられる不快感などが一度にとれた場合に感じる気分を言うが、〈痛快だ〉は、心のわだかまりが一度に吹き飛んでしまうようなことを、したり見たり聞いたりした場合の気分について使う。「あの意地悪な山川君が、先生に叱られているのを見たときは、いけないことだとは思いながら、痛快でならなかった。」 転痛快さ(名)

心地よい（ここちよい）　〔形〕気持ちがよい。快適である。〈心地よい〉は、「心地よい環境」のように、当人を取り巻く場面的条件について言うことがない。 転心地よさ(名)

こじつけ

こじつけ・牽強付会（けんきょうふかい）・かこつけ

こじつけ　〔名〕筋の通らない無理な理屈をつけること。「遅刻した理由が、天気が悪いせいだなんて、それは君、こじつけだよ。」 動こじつける

牽強付会（けんきょうふかい）　〔名〕関係のないものに無理な理屈をつけて、むりやりに関係があるかのように言うこと。かたい文章語。

かこつけ　〔名〕本当の理由や、目的は他にあるのに、それとは別の理由や目的をむりやりくっつけること。「彼女に会いたいものだから、あいつは、いつも仕事にかこ

つけては彼女の家に行っている。」

動 かこつける

こたえ

答え・応答・受け答え・応酬・返事・返答・回答・答申・答弁

答え 〔名〕 応えとも書く。問いかけや、働きかけに対する反応の意。働きかけの仕方によって、〈答え〉の意味内容も異なる。また、呼びかけに対する返事の意、質問や問題に対する返答、解答などの意にも用いられる。「答えを返す。」「答えが合う。」 反 問い、動 答える

応答 〔名・スル動サ変〕 ことばや合図による呼びかけに対する返事。質問に対して、手ごたえのある確かな答えをする意に用いることが多い。「救助隊が空から呼びかけると、谷底から旗を振って応答した。」 反 質疑

受け答え 〔名・スル動サ変〕 話しかけられた話題や尋ねられたことに応じて返事をすること。〈受け答え〉は、話しかけられたときにことばで応じる場合に使うが、〈応答〉は、ことば以外に、たとえば旗などを振ってこたえる場合にも用いる。また、〈受け答え〉は、適当にあいづちを打つような、消極的な応じかたも含むが、〈応答〉は、問いかけへの返答を、ことばなどによって相手にはっきり伝える場合に言う。

応酬 〔名・スル動サ変〕 議論や討論の場などでの反論。また、相手側からの攻撃に対するこちら側からの攻撃。向こうが言ったりしたりしたことに対して、こちらも負けずにやり返す場合に使う。「議会でのあの応酬は聞きごたえがあった。」

返事 〔名・スル動サ変〕 呼びかけに応じて返されることば。手紙によるものについても言う。最も日常的な用語。

返答 〔名・スル動サ変〕 相手からの質問・依頼・要求などに対して、こちらからその答えや諾否などを、相手に伝えること。〈返答〉は、公式の場合や、やや格式ばった場で使うことが多いが、〈返事〉は、個人的で簡単なものについて用いるのが普通である。また、手紙については、〈返事〉しか使わない。「早く何とか返答しないと、先方も予定がたたなくて困るだろう。」

回答 〔名・スル動サ変〕 「ベースアップの要求に対する回答」のように、公的な文書による正式の返事について使うことが多い。かたい文章語。「何度も呼びかけてみたが、ついに回答は得られなかった。」

答申 〔名・スル動サ変〕 諮問に対する返事。大臣や地方自治体の長などの諮問に対して、事柄の専門家、または委員会の代表などが、意見をまとめて、文書で答えること。「委員会は、諮問された案件について答申した。」

答弁 〔名・スル動サ変〕 国会や議会、あるいは会議において議員や委員、会員などの質問に対して政府や執行部の者が行う返事。かたい会議用語。「政府の答弁を不満として、議場は一時、騒然となった。」

ごたごた

ごたごた・ごちゃごちゃ・雑然（ざつぜん）・乱雑（らんざつ）だ

ごたごた〔副・名・スル動サ変〕種々のものが整理されないまま一緒にされているさま。または多くのことが一時に集中して、忙しくしているさま。あるいは、「ごたごたが片付く。」のように、仲間などとの人間関係がうまくいかないことの意にも用いる。

ごちゃごちゃ〔副・スル動サ変〕種々のものが入り交じって、統一も整理もされないままである。〈ごたごた〉とほぼ同義だが、主としてものの状態や、「ごちゃごちゃ言う。」のように、文句などをうるさくあれこれ言う様子について使う。もめごとの意や、人の出入りや動きが激しくて、落ち着かなかったり忙しい様子を表わす場合には、〈ごちゃごちゃ〉を用いることができない。「ごちゃごちゃした部屋」

雑然（ざつぜん）〔タル形動〕種々のものが入り交じっていて、まとまりのない様子。状態についてだけ言い、動作には用いない。(反)整然

乱雑だ（らんざつだ）〔形動〕乱れていて整理も統一もされていないこと。秩序立っていない様子。〈雑然〉は、種々のものが入り交じっていて、全体がまとまりのない様子を言うが、〈乱雑だ〉は、あるものの内部が整理も統一もされないで、乱れている様子を表わすのに使う。したがって、〈雑然〉は、街の様子や人の列など、それを構成する一つ一つが大きなまとまりをなす場合についても使うが、〈乱雑だ〉は、部屋の様子や本の重ねかたなどの小さな空間や事柄について使うのが普通である。(転)乱雑さ(名)

類語 ごっちゃだ・雑（ざっ）だ・無秩序（むちつじょ）だ・混沌（こんとん）

こちゃく

固着（こちゃく）・粘着（ねんちゃく）・膠着（こうちゃく）・定着（ていちゃく）・固定（こてい）・癒着（ゆちゃく）

固着（こちゃく）〔名・スル動サ変〕物にしっかりとくっついて動かないこと。固まってくっつくこと。「台の上にネジで固着させた鉄板」「幹には樹液が流れ出して、固着していた。」

粘着（ねんちゃく）〔名・スル動サ変〕糊などのようにねばり気のあるものが、べたべたとくっつくこと。「この糊は粘着力が強い。」

膠着（こうちゃく）〔名・スル動サ変〕物と物とが膠（にかわ）で固められると、固くくっついて離れなくなることから、物事が一定の状態に固定して、動いたり変化したりしないことの意に用いる。「戦線は膠着状態にある。」

定着（ていちゃく）〔名・スル動サ変〕一定の所に落ち着いて、動いたり離れたりしなくなること。また、今までなかったことばや思考態度などがその社会に根をおろすことにも使う。〈定着〉は、人や動植物が一定の所に落ち着いて、その場所を離れないことの意に用いることが多いが、〈固定〉は、物を一つの場所にしっかりと取り付けて、離れたり動いたりしないようにすることの意に用いることが多い。

「粒子を布目の間に定着させる。」

固定（こてい）〔名・スル動サ変〕 一つの場所あるいは状態から離れたり動いたり、あるいは変化したりしないこと。「壁に固定した鏡」「考えかたを固定する必要はない。」 (反)浮動

癒着（ゆちゃく）〔名・スル動サ変〕 人間や動物のからだの一部が、本来離れているべき他の部分にくっついてしまうこと。また、比喩的に社会的に見てべったり依存し合う関係を持つ二種の団体のつながりについても言う。「政府と財界との癒着ぶりが、次々に暴露された。」

こと

事（こと）・事柄（ことがら）・事物（じぶつ）・物事（ものごと）

事（こと）〔名〕「もの」に対する語。「もの」が人間の意識や認識の対象のうち、具体的・空間的に存在するものを言うのに対して、抽象的、時間的にとらえられるものを言う。現象や関係を漠然と指して言うときに使う。「ことは急を要するのだ。」

事柄（ことがら）〔名〕 経験したり想像したりすることの内容・状態・性質。〈物事〉や〈事〉に比べて、人が日常生活の中で経験する具体的で一回的なことについて用いる。「このような事柄については、本人と相談なしに決めることはできない。」

事物（じぶつ）〔名〕 事と物と。〈物事〉の意の漢語的表現。〈物事〉は、「事」に意味の重点があるのに対して、〈事物〉は、「物」に意味の中心がある。かたい表現に使われる。「関連のある事物を徹底的に調べて、事件の原因を明らかにしてもらいたい。」

物事（ものごと）〔名〕 物と事と。世の中のもろもろの存在と現象。思考・行動の対象となるすべての事を言う。「物事は、楽観的に考えていてはだめである。」

ことば

ことば・言語（げんご）・言（げん）・語（ご）・辞（じ）

ことば〔名〕 言葉と書く。また、詞、辞と書くこともある。その社会のメンバーが思想や感情を伝え合うために伝統的に用いる音声。また、その音声による表現行為。広義には、文字や文字による表現も含む。「ことばにつくせない。」

言語（げんご）〔名〕 音声や文字によって、人の思想や感情を表現したり、それを理解したりする手段。または、その音声や文字の記号体系。〈ことば〉とほぼ同義のかたい文章語。「外国の言語を習得することは、その国の文化を理解するための必須要件である。」

言（げん）〔名〕「ごん」と読むこともある。〈ことば〉とほぼ同義の漢語的表現。〈語〉に比べると、一まとまりの意味をもった文（話）を意味する場合が多い。「言を左右する。」「一言居士」

語（ご）〔名〕 ことば、またはことばづかい。〈ことば〉とほぼ同義だが、〈言〉に比べると、文よりも小さい単位である単語を指す場合が多い。「現代語」「語気」

辞（じ）〔名〕 ことば。文章。特に改まった場合に用いるかたい言いか

た。「辞を低くして頼んでみた。」「開会の辞」

こども
子供(こども)・童(わらべ)・児童(じどう)

子供(こども)　〔名〕自分の息子や娘。また、少年少女。あるいは、十分成長していない動物を言うこともある。〈子供〉には、「おとな」に対する意味と、「親」に対する意味とがある。(反)おとな・親

童(わらべ)　〔名〕〈子供〉の意の古語。現在では、普通、独立して用いられることはなく、「童歌」「童姿」などの複合語として使われる。

児童(じどう)　〔名〕幼稚園児と小学生を言う。ややかたい文章語。「児童文学」

ことわる
断(ことわ)る・拒(こば)む・辞退(じたい)する・突(つ)っぱねる

断る(ことわる)　〔動五〕他からの希望・要求・申し入れなどについて、それを受け入れることはできないという態度を示す。また、事前にその旨を伝えて、相手の了解を得る。あるいは、過ちなどを詫びる意にも用いる。「せっかくのお招きだが、予定が立たないので断ることにした。」

拒む(こばむ)　〔動五〕他からの命令や要請に応じない。また、他の者がしようとすることを妨げる意にも用いられる。かなりかたい文章語。〈断る〉よりも応じようとしない態度に意味の重点がある。また、〈拒む〉には、〈断る〉のような、自分のすることが、相手にマイナスの影響を及ぼすことを予測し、事前にその旨を告げる意味用法は認められない。「同行を拒む。」

辞退する(じたいする)　〔動サ変〕申し入れに対して、遠慮して断る。〈辞退する〉は、相手の好意ある申し出を断る場合に用いることが多い。また、相手の意にそわないことを、つつましく示す場合にも用いられる。⇩遠慮する

突っぱねる(つっぱねる)　〔動下一〕申し入れや要求に対して、手厳しく断って相手にしない。強い調子でキッパリ断ること。「要求を突っぱねる。」

こにくらしい
小憎(こにく)らしい・面憎(つらにく)い

小憎らしい(こにくらしい)　〔形〕深く憎むわけではなく、相手に愛すべきものを感じていながら、生意気さやずるさが腹立しい。また、本気になって腹を立てるほどの相手とは認めないが、どうも気になっておもしろくない。「あいつ若憎のくせに、巧妙な手口を使いやがる。小憎らしい奴だ。」

(転)小憎らしさ(名)

面憎い(つらにくい)　〔形〕腹立しく思っているから、顔を見るだけでも憎らしく思う。〈小憎らしい〉は、相手に、愛すべきものをどこかで認めている場合に用い、また、年齢や地位の上である人が、下の者に対して抱く気持ちを言うのが普通である。それに対して、〈面憎い〉は、憎らしく思う気持ちしかなく、目上の人や年上の人に対しても用いる。これを強調した〈小面憎い〉という言い方もある。「全

く面憎い奴だ。」
類語 小面憎い・小癪だ　転 面憎さ(名)

このごろ

このごろ・近ごろ・最近・このところ

このごろ　〔名〕此の頃と書く。最近のところ。少し前から現在を含めて言う。「このごろは、世の中がせちがらくなって暮らしにくくなって来た。」

近ごろ　〔名〕近頃とも書く。〈このごろ〉とほぼ同義だが、自分が若かった昔に対して、現在に近い時点を言い、時間的な幅がかなり長い。「…の数年間」では、〈このごろ〉も〈近ごろ〉も使えるが、「…の百年間」では、〈近ごろ〉は使えるが、〈このごろ〉は使えない。「近ごろの若い者たちは、一つのことを、じっくりと身につけるようなことをしたがらない。」

最近　〔名〕現在に一番近い過去。現在からあまり隔たっていないある一定の日時を漠然と指して言う場合に用いる。「…は子供の体格がよくなった。」のように、一定の状態が続く場合には、〈このごろ〉〈近ごろ〉〈最近〉のどれでも使える。しかし、「彼は…結婚した。」「彼には…会った。」のように、一回きりの出来事の場合には、〈最近〉を使うことが普通である。

このところ　〔名〕〈このごろ〉とほぼ同義のやや改まった話しことば。「病人も、このところ少し元気を持ちなおしているように見受けられます。」

このみ

好み・好き・愛好・嗜好

好み　〔名〕自分が好きだと感じるもの。広くいろいろの対象について言うことができる。「父の好みで、硯ばかりは立派なものが残っていた。」動詞として使うときは、やや文語的な言い方になる。「私は音楽を好む。」また、「器量好み」「色好み」などのように複合語を作る場合は、次の〈好き〉ほど自由には用いられない。動 好む

好き　〔名・ダ形動〕理屈抜きに心が引きつけられる様子。〈好き〉は、文中、述語として用いられ、〈好〉みは、主語として用いられることが多い。そのため、〈好き〉は、対象と主観的に一体化するという感じが強いが、〈好み〉は、対象を客観的に見て、冷静に判断しているという感じがする。したがって、語として上品な感じを伴う。「酒好き」「人好き」「物好き」などのように、かなり自由に複合語を作る。

愛好　〔名・スル動サ変〕〈好き〉の意の漢語的表現だが、趣味として、ある物事に深く親しむことを言い、人について使わない。「音楽を愛好する。」「切手愛好者」
反 嫌い、動 好く

嗜好　〔名〕〈好み〉の意の漢語的表現。飲み物・食べ物などの〈好み〉について言うことが多い。「嗜好は人によってまちまちだ。」「嗜好品」

こびる

媚(こ)びる・おもねる・へつらう・取(と)り入(い)る

媚(こ)びる 〔動上一〕 相手の気に入るようにと、顔色をうかがって機嫌を取る。女が男の心を引くために、なまめかしいしなをつくる。「媚びを売る。」 (転)媚び(名)

おもねる 〔動下一〕 相手に気に入られるように機嫌を取る。特に、主人や権力者に取り入ろうとして努める場合に多く使われる。〈おもねる〉には、〈媚びる〉のような女が男の気を引こうとして、色目を使うという意味用法はない。「おも」は「面」の意。「時の政府におもねって、利権にありつこうとする。」

へつらう 〔動五〕 諂うと書く。相手に気に入るように、心にもないおべっかを言う。〈へつらう〉は、日常語的で、したがって具体的な行為のイメージを伴いやすく、〈おもねる〉よりマイナスの意味合いが強い。「人にへつらうようなことはしたくない。」 (転)へつらい(名)

取(と)り入(い)る 〔動五〕 自分の有利になるように、有力者のご機嫌を取る。〈おもねる〉は文章語だが、〈取り入る〉は話しことば。「彼は社長にうまく取り入って、部長に昇進したそうだ。」

[類語] 追従(ついしょう)する・胡麻(ごま)をする・取(と)り巻(ま)く・迎合(げいごう)する

こまかい

細(こま)かい・こまごま・細密(さいみつ)だ・瑣末(さまつ)だ

細(こま)かい 〔形・ダ形動〕 とても小さくて、取るに足りない。また注意がすみずみまで行きとどいていて、落ち度がない意にも用いる。さらに、注意を払う対象によって、種々の語感を伴う。「芸が細かい」(注意深く、すみずみまで工夫をこらした立派な仕事)、「金銭に細かい」(金銭にこだわる)、「情が細やかだ」(情にあつい、親切心に富んでいる)等。 (反)あらい、(転)細かさ(名)

こまごま 〔副・スル動サ変〕 細かい点までよく行きわたっている様子。また、いかにも細かい様子の意にも用いる。〈細かい〉は、「お金を細かくする。」のように、全体との関係において一つ一つの部分をとらえるという意味用法があるが、〈こまごま〉にはこれが認められない。「台所の道具など、こまごまと取りそろえて買って来た。」「こまごました用事」

細密(さいみつ)だ 〔形動〕 非常に小さなところまで手を抜かずに何かをする様子。〈こまごま〉は、具体的な事柄や動作について使うが、〈細密だ〉は、かたい文章語で、抽象的な内容の事柄についても用いる。「細密画」「細密な計画」

瑣末(さまつ)だ 〔形動〕 本筋にあまり関わりないわずかなこと。物事の全体から見て、本質にあまり影響することがないようなつまらないことを言う。かたい文章語。「物事の瑣末にかかずらって、大本のところをおろそかにしてはならない。」

(反)本質・本筋

こまる

困る・窮する・てこずる

困る〔動五〕方法が分からなかったり、判断がつかなかったりして、苦しむこと。「生活に困る。」

窮する〔動サ変〕何とかしなければならないのに、打開する道がなくて、苦しむ。〈窮する〉は、〈困る〉よりも程度がずっと大きく、いろいろやってみたが、どうしてもよい解決策が立たないため、すっかり困り果てる場合を言う。「進退に窮する。」 ⇩困窮する

てこずる〔動五〕扱い切れないでもてあます。相手や事態を自分の思うように処置することができなくて困る場合に用いる。「子供に泣かれて、あのときはほんとにてこずってしまった。」

ごみ

ごみ・塵・埃・屑

ごみ〔名〕不用になって捨てられたもの。水などに交じっている汚いもの。「生ごみ」

塵〔名〕空気中に浮いている目に見えないほどのごみや、土砂などが自然に物の上や部屋のすみなどにたまったもの。「塵も積もれば山となる」

埃〔名〕空中に飛び散る細かなごみ。「砂埃」のように、ごく小さい土砂を指して言うことが多い。「机の上に薄く埃がたまっていた。」

屑〔名〕いいところを取った後に残るつまらないもの。物の切れ端やかけら。また、何の役にも立たないものの意にも用いる。「人間の屑」

類語 芥・かす・残滓

こむ

込む・込み合う・ごった返す・立て込む

込む〔動五・接尾〕乗り物や会場に多くの人が入って、ゆとりがないほどである。また、細工などが細やかで、複雑な技術が施してある。あるいは、接尾辞として使うときは、徹底的にする。多少の無理をして入れるの意となる。「電車が込んでいたので立ちっぱなしで疲れた。」「この料理はなかなか手が込んでいる。」「袋の中に下着を詰め込んでおいた。」
反 すく

込み合う〔動五〕乗り物、会場などに多くの人が集まってゆとりがないほどである。〈込む〉とほぼ同義だが、そのような状態を静的に表現する意味合いが強いのに対して、〈込み合う〉は、人と人とがぶつかり合ったり、強く接触したしりて混雑しているという動的な意味合いが強い。「年末は乗り物が込み合うので、荷物は少なめにした方がいい。」

ごった返す〔動五〕非常に混雑する様子。多くの人が集まって、雑然と動き回っている様子を言う。〈込み合う〉よりも、広い範囲での混雑を言い、動きが大きい。

立て込む〔動五〕会場などに人がいっぱい入って混雑

する。また、仕事や行事が一度に重なって続く。あるいは、「家が立て込む。」のように、家屋がすき間なく並んで建てられている意にも用いる。「今日は朝から仕事が立て込んでいて、動きがとれない。」

類語 混雑(こんざつ)する

こらえる

こらえる・耐(た)える・辛抱(しんぼう)する

こらえる 〔動下一〕 ある感情をおさえて、がまんする。「泣きたくなるのをこらえて立っていた。」次の〈耐える〉の口語的表現。他からの働きかけに対してがまんする場合にも使うが、内部の感情をおさえる意に使うことが多い。

耐(た)える 〔動下一〕 堪えるとも書く。ある条件が加わった状態にあって、今まで通りであろうと努める。また、苦しい状態の中でがまんしている意にも用いる。「あんなことまで言われては、もう耐えられない。」

辛抱(しんぼう)する 〔動サ変〕 精神的、肉体的に苦しい気持ちを発散させないで抑えること。つらいことや苦しいことを、耐え忍ぶこと。外部から加えられるつらいことや苦しいことを、じっと我慢する場合に使うことが多い。「辛抱辛抱、もう少しだよ。」

類語 耐(た)え忍(しの)ぶ・我慢(がまん)する・凌(しの)ぐ 图辛抱

ころ

頃(ころ)・節(せつ)・折(おり)・際(さい)

頃(ころ) 〔名〕 大体のとき。話題として取り上げたあるときを、その前後も含めて幅広く指す。「桜の頃」

節(せつ) 〔名〕 暦の季日から季日までの意。転じて、大まかに区切った大体のときの意を表わす。〈頃〉〈折〉とほぼ同義だが、やや古風で、改まった言いかた。「この節のことですからね。」

折(おり) 〔名〕 〈頃〉とほぼ同義だが、何かがあったときを、〈頃〉よりも、もっと限定して指示する場合に用いる。また、ちょうどよいとき、機会とすべきときの意にも用いる。「その後彼と会う折はなかった。」

際(さい) 〔名〕 何かがあったとき。きっかけとすべきとき。〈頃〉は、それが指す時間的な幅が広いが、〈際〉は、ある特定の一時点に限定する意が強い。「この際、懸案となっていたことを、やってしまおう。」

ころあい

頃合(ころあ)い・潮時(しおどき)・好機(こうき)

頃合(ころあ)い 〔名〕 物事を始めたり、言い出したりするのに適当なとき。また、値段や大きさなどの程度がほどよい意にも用いる。「ころあいをみはからう。」

潮時(しおどき) 〔名〕 もとは、潮の満ちたり引いたりするときの意を表わした。転じて、何かをするのにちょうどいいときの意に用いる。〈頃合い〉は、物事を始めるのにちょうどいい時機を言うが、〈潮時〉は、物事を始めたり終えたりするのに適したときの意に用いる。「潮時を待つ。」

好機(こうき)　〔名〕もってこいの機会。〈頃合い〉は、必要なことをするのにいいタイミングを言うが、〈好機〉は、あることをするために、さまざまの条件がそろっていて、そのときを逃しては、二度とめぐって来ないような機会について使う。「この好機を逸しては、もはや二度とこのような機会は得られないだろう。」

類語　時宜(じぎ)・機運(きうん)・時機(じき)

ころす

殺(ころ)す・仕止(しと)める・ばらす

殺す(ころす)　〔動五〕動物の生命を奪う。比喩的に、物の価値、生命をだいなしにする意にも用いる。また、活動や動きを無理におしとどめる意にも用いる。「息をころす。」

㊔殺し(名)

仕止める(しとめる)　〔動下一〕獲物に石、弓矢、銃弾などを命中させて捕る。〈殺す〉は、人間にも動物にも広く使い、その目的も方法もさまざまであるが、〈仕止める〉は、主として、獲物にする動物を武器を使って確実に殺す場合に用いる。「おやじは熊を一頭仕止めて帰って来た。」

ばらす　〔動五〕まとまっているものを、ばらばらにする。転じて、卑俗な隠語として、人体をばらばらにするの意から、人を殺す意に用いる。「あいつを、いつばらすんだ。」

類語　やる・消(け)す・殺害(さつがい)する

ころぶ

転(ころ)ぶ・ころがる

転ぶ(ころぶ)　〔動五〕ころころと回って動く。転倒する。人が横になって寝ころぶ。転じて、酌婦や芸妓が隠れて売春することも言った。また江戸時代には、キリスト教徒が改宗することも言った。「転ばぬ先の杖」

ころがる　〔動五〕ころころと回転する。また、平常な状態では、立っている、胴の丸いものが倒れるの意にも用いる。〈転ぶ〉は、立っているものが横になることを言い、人間について用いることが多い。〈ころがる〉は、人間にも、また、丸くて回転しやすいものにも使い、普通、地面をゴロゴロと回って動くことを言う。「赤い実がころがっている。」

類語　ころげる・倒(たお)れる

こわごわ

怖怖(こわごわ)・恐(おそ)る恐(おそ)る・おずおず

怖怖(こわごわ)　〔副〕こわいこわいと思いながら物事をするさま。「こわごわ職員室に入る。」

恐る恐る(おそるおそる)　〔副〕恐ろしい恐ろしいと思いながら物事をするさま。また、思い通りにならないことを懸念して、ためらいがちに物事をするさま。「こわごわ」は、「こわごわと父親の顔を見上げた。」のように、主として、表情に現れる様子を言うが、〈恐る恐る〉は、「恐る恐る進み出た。」のように、からだ全体の動きに現れる様子を言うことが普通のようである。

おずおず　〔副〕怖ず怖ずと書く。緊張して遠慮がちなさま。〈こわごわ〉は、人間以外の対象についても使い、怖い目に遭うのではないかと思いながら何かをする様子を表わすが、〈おずおず〉は、人間に対した場合に限って使い、偉い人の前などに出て、ひどく緊張して遠慮がちな様子を表わす。

類語 おっかなびっくり・おどおど

こんく

困苦・困窮・行き悩み

困苦（こんく）〔名〕困り苦しむこと。多くは、生活に必要なお金や物に不自由して、苦しむことを言う。「彼は困苦の最中にあっても、研究の成功を信じてあきらめなかった。」

困窮（こんきゅう）〔名・スル動サ変〕ひどく困ってどうすることもできない状態。多くは、経済的に生活に苦しむことを言う。〈困苦〉よりも〈困窮〉の方が、つらく思ったりする程度が強い。「生活困窮者」

行き悩み（ゆきなやみ）〔名〕途中で障害が生じたため、仕事や事業がうまく運ばないで、思うように先へ進めなくなること。「多量の地下水が噴き出して来たために、トンネル工事は一時行き悩みの状態になっている。」

動 行き悩む

こんご

今後・将来・未来・行く末・ゆくゆく・先先

今後（こんご）〔名・副〕現在より後。これから先。話しことばに用いる。「今後は決してこのようなことはいたしませんから、今度だけは許してください。」

将来（しょうらい）〔名・副〕これから先。ある人、またはある団体にとっての今後。また、「仏像を将来する。」のように、外国から持ってくるの意に用いることもある。〈今後〉とほとんど同義の文章語的な言い方である。「君の将来のことをよく考えてみなさい。」「我が国の将来」

未来（みらい）〔名〕これから来るとき。現在を境として、過去の反対。〈将来〉とほぼ同義に使われるが、どちらかと言えば、〈未来〉の方が、純粋に時間の観念だけを指して言うことが多いようである。これに対して、〈将来〉は、発展的なプラスの意味合いを含んで用いることが比較的多い。「未来小説」 反 過去

行く末（ゆくすえ）〔名〕これから後。将来・前途。〈今後〉〈将来〉は、ある個人についても、また、国や組織・団体についても使うが、〈行く末〉は多く、ある人にとっての今後のことを指して言う。「この子の行く末のことを考えると、心配でたまりません。」

ゆくゆく〔名・副〕今後のある時期。将来。「ゆくゆくは、この子を医者にしてやろうと思うのです。」また、行きながらの意にも用いる。「ゆくゆく話をしよう。」

先先（さきざき）〔名・副〕ある事に先立って早く。「先先から考えて準備しておいて、ほんとによかった。」ずっと遠い将来。「先先のことまで考えてみると、今は我慢しなくてはいけない。」また、旅などで行く、あちら

こちらの場所の意にも用いる。「行く先先」

類語 前途・向後

こんな
こんな・こう・かかる

こんな 〔連体〕「このような」の意の口語的表現。近くにあるものの様子を指して言う語。または、今話したことの全体をまとめて指示して言う語。〈こんな〉は価値的な判断が加わって用いられることが比較的多いようである。マイナスの価値判断を伴う場合には、「こんなもの食えるか。」と、〈こんな〉だけで用いることができるのに対して、プラスの価値判断が加わる場合には、「こんないい品は初めて見ました。」「こんな高価なものをいただいて」のように、いい、高価だなどの形容語を伴うことが普通だから、〈こんな〉そのものは、マイナスの価値判断を伴うことが多いと言えそうである。

こう 〔副〕このように。近くにあるものの状態を指して言う語。または、今話したり、行ったことを指して言う語。〈こんな〉は、近くにあるものの状態や様子を指す場合に用いるが、〈こう〉は、状態だけでなく、今話したり行ったりしたばかりの行為を指しても使う。「ああ言えばこう言う。」

かかる 〔連体〕このような。このようであるところの。文語的で、きわめて改まった場面で用いられることが多い。「かかる事態に対しまして、政府はいかなる方策をもって対処しようとしておられるのでありますか。」

こんらん
混乱・混雑・乱れ・どさくさ・紛糾・もめごと・錯乱・乱脈・もつれ・混沌・混迷

混乱 〔名・スル動サ変〕入り乱れてまとまりがなくなること。秩序、筋道、整頓などがなくなること。「頭が混乱して、よくわからない。」 反 整頓

混雑 〔名・スル動サ変〕多くの物が交じり合ってごたごたと込み合うこと。または雑踏。〈混乱〉は人や社会のまとまり、または人の考えなどが乱れて、全く秩序をなくすことに使うが、〈混雑〉は、人や物がその場所にたくさん無秩序に入り過ぎていて、動きがとれないことに使う。

乱れ 〔名〕まとまり、筋道などにゆるみが生じたり、秩序が壊れたりすること。〈乱れ〉は、髪や着物などの具体的なものの状態にも、ことばを表現したり文字を書いたりする行為にも、思考や心など抽象的な事柄にも使う。また、個人についても社会・国家などの統一体についても使い、〈混乱〉〈混雑〉などよりも、意味用法が広い。「彼女は、しきりに衿もとの乱れを気にしていた。」「心の乱れ」「国が乱れる。」 動 乱れる

どさくさ 〔名〕人びとが、落ち着かぬ状態で混雑しているさま。急の出来事や緊急の用事などのために、普段の秩序が失われている場合に使う。「彼女は、満員電車から降りるときのどさくさにまぎれて姿

をくらました。」

紛糾（ふんきゅう）〔名・スル動サ変〕 意見や主張が激しく対立して、会議や論議のまとまりがつかないこと。〈混乱〉は、事態が入り乱れてまとまりがなくなることを客観的に言うが、〈紛糾〉は、利害などの対立によって、事態のまとまりが全くつかないことに使う。また、〈紛糾〉は、公的な性格の事態や大きな団体・組織の対立について用いることが多く、心や思考などの内面的なことには用いない。「国会は対立法案の取り扱いについて、紛糾が続いている。」

もめごと〔名〕 揉事と書く。社内や身内の者、あるいは近隣の者同士の争いやいざこざについて言う。「もめごとが続くと、家庭が憂鬱になる。」 ⇩もめる

錯乱（さくらん）〔名・スル動サ変〕 多くのものがからみあって、訳が分からなくなること。多くは、心理的、精神的な混乱状態について言い、「精神が錯乱した。」のように、〈混乱〉よりも程度が激しい場合に使う。〈混乱〉は、主体自身が見失われることはないが、〈錯乱〉は、主体自身を見失い、もはや自分の精神・心理を正常に保つことができないような状態を言う。「彼は、連日連夜の激務の疲れと、押し寄せる情報のために、一時自分の頭が錯乱状態に陥るのではないかと心配した。」

乱脈（らんみゃく）〔名・ダ形動〕 秩序や規律、道徳に反したことが多く、筋道のたたぬこと。「政治家の私生活の乱脈ぶりは、国民に政治不信を植えつけた。」 [転]乱脈さ(名)

もつれ〔名〕 縺れと書く。糸や紐がからまり合って解けぬこと。また、事柄や意見、感情などが複雑にからみ合って、問題の整理や解決ができないことの意にも用いる。「わずかな感情のもつれから、結局、二人は別れなければならないことになってしまった。」 [動]もつれる

混沌（こんとん）〔名・タル形動〕 渾沌とも書く。同程度の力のものが、互いにしのぎをけずっていて、形勢がどう変わるか、見通しの立たない様子。「形勢が混沌として、予断を許さない。」のように、人の集合体や組織の対立について使うことが多いが、「混沌とした思い」のように心の内面のことにも用いる。

混迷（こんめい）〔名・スル動サ変〕 昏迷とも書く。世の中などの秩序が失われて、見通しがつかないこと。また、物事の道理を知らなかったり、目がくらんで、分別に迷うことにも使う。「ロッキード事件に正式の判決が下されたら、たちまち、政局は混迷を極めるものと思われる。」

[類語] 乱雑（らんざつ）・交錯（こうさく）・錯雑（さくざつ）・錯綜（さくそう）・混濁（こんだく）・ごたごた

さ

さ
差（さ）・違（ちが）い・開（ひら）き・隔（へだ）たり

差（さ）〔名〕 ひき比べたときの性質や状態の異なり。 [反]和

違い（ちがい）〔名〕事物や性質の異なる状態。〈差〉は、「差がつく。」のように、状態、特に量的な異なりについて用いることが多いのに対して、〈違い〉は、「思惑の違い」「建前と本音の違い」のように、質的な異なりについて使うことが多い。「考え方に違いがある。」

開き（ひらき）〔名〕空間的な差異がもとの意味だが、〈差〉とほぼ同義に用いられる。ただ、〈差〉は、大きな異なりだけでなく、小さな異なりについても言い、隔たりを客観的に表わす場合に用いるが、〈開き〉は、比較的大きな隔たりを表わす場合に使う。「君とはずいぶん開きができたね。」　動開く　⇩開き戸

隔たり（へだたり）〔名〕〈開き〉よりも、違いの差がさらに大きい。時間的、空間的な差をはじめとして、心情的な差異を表わす場合にも用いる。「考えに大きな隔たりがある。」
動隔たる

類語 差異・異同・懸隔・相違・差別・ずれ・食い違い・ギャップ

さあ

さあ・それ

さあ〔感〕動作や行動を元気を出して始めるときや、励ますときなどに使う。また、事態がうまく進展しそうにないときや、はっきり対応しにくいときにも用いる。「さあ、どうだかなあ。」「さあ一緒に踊りましょう。」

それ〔感〕行動に励ましや力づけを与える時に使う。〈さあ〉より、生き生きとして力強い。「それ行け！」

さいきん

最近・近ごろ・このごろ・昨今・近年

最近（さいきん）〔名〕現在に最も近いある時期、または、そこから現在までの短い間。「最近あった事件」

近ごろ（ちかごろ）〔名〕〈最近〉より、時間的な広がりをもつが、やはり現在に近い時期。やわらかい表現。「近ごろの映画はおもしろい。」

このごろ〔名〕〈近ごろ〉とほぼ同義だが、この語の方が時間的にはより現在に近く、短い期間を言う。「このごろそんなことがよくあった。」

昨今（さっこん）〔名〕もとはきのうきょうの意味。転じて〈近ごろ〉とほぼ同義に使われる。〈昨今〉の方が、少し時間的に幅がある。改まった場面で使われる。「昨今の世界状勢」

近年（きんねん）〔名〕年単位の時間の概念をもった近ごろ。「彼女は、近年まれにみる逸材だ。」

類語 近時・近近

ざいさん

財産・財・資産・身代

財産（ざいさん）〔名〕個人、家、団体などが所有している金銭、土地、建物、家具などのすべてを指して言う。「財産家」「財産がある。」

財（ざい）〔名〕〈財産〉と同義。その簡略化した言いかた。また、接尾

辞として、「文化財」「生産財」「消費財」のようにも使う。「財をなす。」の言いかたで用いられることが多い。

資産（しさん）〔名〕〈財産〉とほぼ同義だが、個人・団体の、長い間に蓄積された財産を言うのに多く使う。「資産家」また、法律的には、資本とすることのできる〈財産〉を言う。「資産勘定」⇩産

身代（しんだい）〔名〕個人の一身に属する財産。また、一家の財産の意にも用いる。古風な用語。

類語 身上（しんじょう）・財貨（ざいか）・家産（かさん）

さいだん

裁断（さいだん）・裁量（さいりょう）・裁定（さいてい）・裁決（さいけつ）

裁断（さいだん）〔名・スル動サ変〕物事の正否をよく考えて、はっきり決めること。「裁断を下す。」また、鋼材や衣類を型に合わせて切る意にも用いる。

裁量（さいりょう）〔名・スル動サ変〕その人の判断で物事を決めて、処理すること。〈裁断〉よりも、主体の考えや判断に任されるところが大きい。「各自の裁量によって決める。」

裁定（さいてい）〔名・スル動サ変〕物事のよしあしについて、はっきり結論を出すこと。「裁定を下す。」「仲裁裁定」

裁決（さいけつ）〔名・スル動サ変〕物事の理非をさばいて、取り決めること。〈裁定〉より、決定する意味合いが強い。〈裁定〉〈裁決〉は、裁判などでよく使われる。「どちらが正しいか裁決を願いたい。」

類語 決裁（けっさい）・断罪（だんざい）・決断（けつだん）

さいのう

才能（さいのう）・才（さい）・才気（さいき）・才知（さいち）・才覚（さいかく）

才能（さいのう）〔名〕物事の判断や処理をする能力。多く先天的なものを言うが、努力や訓練によって得られた能力についても言う。

才（さい）〔名〕先天的な能力。「天賦の才」。転じて、一般に学問や技術のすぐれた能力を言う。また、ときに、本質的な力でなく、小手先の能力を言うのに使われることもある。「才のきく人だ。」

才気・才知・才覚（さいき・さいち・さいかく）〔名〕いずれも場面に即応して働く頭の鋭さ、あるいはその能力を言う。〈才気〉〈才知〉〈才覚〉の順に、現実適応能力が進む印象がある。「才覚のきく男」。「才気換発」「才知にたけた人」しかし、ときとして才に走りすぎ、軽く重味のない意にも使われる。また、〈才覚〉には、お金などを集める能力の意もある。「お金を才覚してくる。」

さかえる

栄える（さかえる）・賑わう（にぎわう）

栄える（さかえる）〔動下一〕富や地位などを得て、経済的、社会的に勢いが盛んになる。「平家が栄えたのも一時のことである。」次の〈賑わう〉のように、人がおおぜい出たり入ったりして、賑やかになる意には用いない。（反）衰える

賑わう（にぎわう）〔動五〕人出が多くて騒がしい。客が多く入っ

て、商売がうまくいっている。「大漁で村は賑わっている。」「店が賑わう。」また、豊かであるの意味にも使う。「心が賑わうような美しい話」 転 賑わい(名)

類語 繁栄する・繁盛する

さがす

探す・求める・尋ねる・あさる

探す 〔動五〕 欲しいもの、行方の分からないものを見つけようとする。「職を探す。」

求める 〔動下一〕 欲しく思う。何かを手に入れたいと思って探す。〈探す〉は、行方の分からない人や物、あるいは欲しいものを見つけようとする行為そのものを意味するが、〈求める〉は、欲しいと心の中で望む場合を言う。したがって、〈求める〉は、「平和・愛・真実」などの抽象的な内容を表わす語を、対象にとることができる。また、〈求める〉は、「探し求める」とか「尋ね求める」といった複合語の形でよく使われる。 転 求め(名)

尋ねる 〔動下一〕 主として、人の行方や場所の所在などの不明なものを探すことに用いる。また、人に質問をする意もある。「尋ね人」「道を尋ねる。」

あさる 〔動五〕 〈探す〉の俗語的な言いかた。何でも手に入れようとして、ありそうな所を探し回る。〈探す〉は、現に自分が所有していて、一時行方の分からないものを見つけようとする場合にも使うが、〈あさる〉は、まだ、自分の所有になっていないものを求めて、あちこち探し回る場合に使う。「古本をあさる。」また、魚貝をとることを言い、転じて、餌を探し求める意にも用いる。

類語 探る・探求する

さかんだ

盛んだ・旺盛だ・軒昂

盛んだ 〔形動〕 勢いがよい様子。また、「この学校は、スポーツが盛んだ。」のように、熱心に行われている様子の意にも用いる。転じて、副詞的に使われ、「しきりに」とか、「何度も何度も」の意味を表わす。「さかんに声をかける。」

旺盛だ 〔形動〕 元気や意気・精力などのきわめて盛んなこと。〈盛んだ〉は、「盛んな拍手」のように、何かが熱心に行われる様子の意にも用いるが、〈旺盛だ〉は、その意に用いられることがなく、元気や意欲がきわめて盛んな場合に限って使う。「旺盛な食欲」

軒昂 〔タル形動〕 気力や元気がきわめて旺盛で、奮い立つさま。やや古風な言いかた。主として、「意気軒昂」の形で使われる。

類語 隆隆・たけなわ

さき

先・端・縁

先 〔名〕 細長い物の、一番端の部分。また、「先を争う。」のように、進んで行くものの一番前の意や、「この先は行きどまりだ。」のように、進んで行く前の方（目的の所）の意にも用いる。また、時間的に先、すなわち「将来」「未来」の意もある。
[反]もと

端（はし）〔名〕物の「へり」、すなわち、物の周辺の部分を言う。また、中心的ではない一部分の意にも使われる。〈先〉は、「足の先」「枝の先」「列の先」のように、細長い物の一番端の部分を言うが、〈端〉は、「机の端」「新聞紙の端をそろえる。」のように、広がりのある物の周辺部について使うことが多い。「ことばの端に気をつける。」

縁（ふち）〔名〕物のへり、周辺の部分を言う。〈縁（ふち）〉は、〈端（はし）〉よりも指示する部分が限定されており、広がりを持つものの輪郭を成す一番外側の部分を言う。「縁どり」　⇩額縁

[類語] 前（まえ）・末（すえ）・端（はな）・へり

さき

先（さき）・真先（まっさき）・先頭（せんとう）・トップ・一番乗（いちばんの）り・先鞭（せんべん）

先（さき）〔名〕時間・順序の上で、その初めの方に位置すること。端の意もある。また、時間的に、これから展開する方にあるものの意にも用いる。「先のことはよくわからない。」
[反]あと

真先（まっさき）〔名〕一番初め。〈先〉を強めた言いかたで、ほかの何（だれ）よりも先であることを表わす。「真先にかけつける。」

先頭（せんとう）〔名〕〈真先〉とほぼ同義だが、〈先頭〉は、多く、空間的に列を作って進むものについて使い、時間的に早いことには用いない。「行列の先頭に立って歩く。」

トップ〔名〕top. 第一番、先頭。成績や順番などの最初を言う。「トップに出る。」「トップバッター」

一番乗り（いちばんのり）〔名〕昔、戦いで敵陣や敵城に真っ先に馬を乗り入れること、または乗り入れた人。転じて、みんなが目ざしているある場所に最初に到着すること、した人の意に用いる。「僕が一番乗りだ。」

先鞭（せんべん）〔名〕鞭はむち。他の人よりも先に馬にむち打って戦陣にのぞむこと。転じて、他の人に先んじて物事に着手することの意に用いる。多く「先鞭をつける」という形で使う。古風な用語。「あの人が、この研究領域に先鞭をつけた人だ。」

[類語] いの一番（いちばん）・先鋒（せんぽう）

さくし

策士（さくし）・やり手（て）

策士（さくし）〔名〕いろいろなはかりごとを巧みにする人。本質的なことでなく、その場その場に応じた策略を巧みにする人を言う。いい意味で使うこともあるが、「あいつは策士だから、油断がならない。」のように、悪い意味で使うことが多い。

やり手（て）〔名〕遣り手とも書く。物事を行う人。「時間が時間なので、この仕事のやり手がいない。」転じて、仕事をうまく、精力的に処理できる人の意に用いる。〈やり手〉には、策略を好んで用いるという意味はないが、単純なほめことばとしてのプラスのニュアンスは感じられない。「あの人はなかなかのやり手だ。」

[類語] 腕利（うでき）き・敏腕（びんわん）・切（き）れ者（もの）

さくしゃ

作者・筆者・著者・ライター

作者 〔名〕作り手。主として、芸術作品（小説、彫刻、音楽など）を作る人、または作った人。『舞姫』の作者」

筆者 〔名〕その文章や書物を書いた人。小説のような文芸作品の場合には〈作者〉、論説や評論のような文章の場合には〈筆者〉と言うのが普通である。「筆者のこの問題に対する批評は、結局常識に基づいたものに過ぎない。」

著者 〔名〕書物を著わした人。「著者の頭脳はきわめて精敏で、現象をヴィヴィッドに反映する優れた力を持っている。」

ライター 〔名〕writer. 著作者。文章を書くことで生活している人を言う。「シナリオライター」「ルポライター」

類語 執筆者・編者

さくせい

作製・作成・製作・制作

作製 〔名・スル動サ変〕具体的な物を作ること。一つ一つ丁寧に、ときには創造的に作り上げるときに用いる。大量に同じ物を作るときには使わない。「ブロンズ像を作製する。」

作成 〔名・スル動サ変〕書類や計画などを作り上げることに使う。「報告書を作成する。」

製作 〔名・スル動サ変〕〈作製〉とほぼ同義。〈製作〉の方が、やや複雑なものを作る場合に使う。たとえば、工作機械など。〈製作〉も、大量生産には使わない。

制作 〔名・スル動サ変〕芸術作品などを作る場合に使う。「この絵の制作には、約三か月かかった。」

類語 製造・造成

さけび

叫び・絶叫・悲鳴

叫び 〔名〕大きな声をあげること、あるいは、その声。時として、強い希望や要求を表わす場合の声の意に使われる。「人びとの叫びがこの中にこめられている。」動叫ぶ

絶叫 〔名・スル動サ変〕声の限りに叫ぶこと。〈叫び〉の程度の激しいときに使う。また〈叫び〉は、落ちついた状態でも使うことができるが、〈絶叫〉は、驚きや恐怖などで非常に興奮した時の声に用いる。「蛇を見て若い女性が絶叫した。」

悲鳴 〔名〕驚きの意を含んだ悲しい叫び。ひどく痛かったりする場合にも使う。また、「もうこれ以上は我慢できない」と思うことの意にも用いる。「難問に思わず悲鳴をあげたよ。」

さけぶ

叫ぶ・怒鳴る・わめく

叫ぶ（さけぶ）〔動五〕大きな声をあげる。[転]叫び(名)

怒鳴る（どなる）〔動五〕大声を出す。「そんなに怒鳴らなくても聞こえるよ。」のように〈叫ぶ〉よりも程度が激しい場合を言う。また、〈叫ぶ〉は、広く、相手を決めずに言う場合もあるが、〈怒鳴る〉は、特定の相手に対して怒りをこめて言うときに用いる。⇩怒鳴りつける

わめく〔動四〕騒々しく叫ぶ。ときに、騒ぎ、ののしる意味にも使われる。かなり興奮した状態で、大声で〈叫ぶ〉場合を言う。

[類語] 怒号（どごう）する

さける

避（さ）ける・よける・のく

避ける（さける）〔動下一〕自分にとっていやなものや害を与えるものから、意志的に離れるときに言う。また、「相手がたを直接非難することは避けたい。」のように、ずけずけとあからさまに言ったり、したりするのを差し控える意にも用いる。

よける〔動下一〕〈避ける〉とほぼ同義。主として、危険なものから身を避けることを言う。〈避ける〉に比べ、対象物が、より具体的である。「からだをよける。」

のく〔動五〕ある場所から離れる。日常会話においてごく普通に用いる言いかた。〈避ける〉は、はっきりと意識しない本能的で反射的な行為についても用いるが、〈のく〉は、主体がはっきりと意識して行う場合に使うことが多い。また、〈のく〉は、今までいた場所（組織・関係も含めて）を離れる場合に限って言う。「そこをのいてくれ。」⇩のける

さげる

下（さ）げる・下（お）ろす・垂（た）らす・つるす

下げる（さげる）〔動下一〕上部で支えて、落ちないようにする。また、「値段を下げる。」「頭を下げる。」のように、高い方から低い方へ移動させる意や、「お膳を下げる。」のように、一度出したものを、元へもどす意にも用いる。[反]上げる

下ろす（おろす）〔動五〕棚から本を下ろす。」のように、高い所から下の方へ物を移す場合に使うことが多いが、「ひもを上から下ろす。」のように、〈下げる〉の意とほとんど同義に用いることもある。また、「アジを三枚に下ろす。」のように原形に手を加えて、小さな部分に分けるの意にも使う。[反]上げる

垂らす（たらす）〔動五〕上から下へやわらかい物を下げる。「屋上から旗を垂らす。」⇩垂れる

つるす〔動五〕吊るすと書く。ひもなどで物をぶら下げる場合に用いる。転じて、絞首刑に処することにも使う。「木につるす。」

[類語] つる・提（さ）げる

ささやかだ

ささやかだ・微小（びしょう）だ・微細（びさい）だ・些細（ささい）だ

ささやかだ〔形動〕規模が小さくて目立たない様子。人に贈物をしたり、料理をもてな

したりする場合には、謙遜して、この語を用いることがある。「ささやかな物ですが、お受け取り下さい。」

㊟ ささやかさ(名)

微小だ 〔形動〕きわめて小さい様子。容積の小さなものについて使う。「微小生物」

微細だ 〔形動〕きわめて小さく、細かなこと。〈微小〉は、「微小生物」のように、物の大きさについて使うが、〈微細だ〉は、「微細な違い」のように、状態についても用いる。

些細だ 〔形動〕ほんのちょっとしたこと。〈微細だ〉は、物の大きさが、きわめて小さく細かいことを客観的に言う場合に使うが、〈些細だ〉は、事柄について使い、取り上げる値うちがない、つまらないことという否定的な評価が含まれる。

類語 零細だ・軽微だ・微微

さしあたり

さしあたり・さしずめ・当座・当面

さしあたり 〔副〕差し当たりと書く。当面、暫定的にの意。「さしあたり、これをしてください。」

さしずめ 〔副〕差し詰めと書く。今のところ。現状では。また、「動物にたとえれば、君はさしずめ古狸だ。」のように、いろいろなことを考えてみて、結局まあこんなところだろうという様子の意も表わす。〈さしあたり〉より、現時点ではそれ以外に考えられないという限定が、いくらか強くなる。「さしずめこれからやろう。」「さしずめ生活には困らない。」

当座 〔名〕ここしばらく。現在や未来のこと以外に、「上京した当座は、右も左もわからなかった。」のように、すでに完了した行為についても使う。

当面 〔名・副・スル動サ変〕今直面しているところ。〈さしあたり〉とほぼ同義だが、急いで、対処し解決しなければならない必要性が強い場合に用いる。「当面の問題は飲み水の確保だ。」

類語 とりあえず・一時・直面・目下

さしくる

差し繰る・繰り合わせる

差し繰る 〔動五〕予定をうまくやりくりして、都合をつける。「そこのところをなんとか差し繰って、ぜひ〳〵私の方へおいで下さい。」

繰り合わせる 〔動下一〕時間などをうまく差し繰って都合をつける。〈差し繰る〉とほとんど同義のやや改まった言いかた。「万障お繰り合わせの上ご出席下さい。」 ㊟ 繰り合わせ(名)

類語 融通する・都合する・遣り繰りする

さしせまる

差し迫る・おしつまる・切迫する・緊迫する・せっぱつまる

差し迫る 〔動五〕 期限や行事など、ある事態がまじかに近づく。「差し」は強めのことば。「試験も差し迫っている。」

おしつまる 〔動五〕 近づいてくる。〈差し迫る〉は、その事態をすぐに解決しなければならないという、主体の動きも含むが、〈おしつまる〉は、近づいてくる対象の動きが中心である。「事態がここまでおしつまれば、あとは、死んだ気でやり直すしかない。」また、年末で正月に近いことも言う。「今日は十二月三十一日、今年もいよいよおしつまってきた。」

切迫する 〔動サ変〕 大事な期限や時刻がすぐ近くにやって来ていること。また、今にも何か起こりそうな状態についても言う。〈差し迫る〉のかたい言いかた。「中東の情勢はいよいよ切迫してきているようだ。」

緊迫する 〔名・スル動サ変〕 いよいよ事態が切迫する。切迫した度合がもっと強いことを表わし、主体と対象との間に厳しい緊張関係がある場合に使う。「全国大会の幕は、緊迫した空気の中に切っておとされた。」

せっぱつまる 〔動五〕 ぎりぎりのところまで追い込まれ、どうすることもできなくなるという主体の状態に意味の重点がある。主体と対象との間に距離がほとんどない。「彼はいい子なのだが、そんな事をするとは、よほどせっぱつまっていたのだろう。」

類語 瀕する・急迫する

さしつかえ

差し支え・差し障り・支障

差し支え 〔名〕 何かしようとするときに妨げとなるもの。都合が悪くなるような事情。「差し支えがない。」 動 差し支える

差し障り 〔名〕 〈差し支え〉とほぼ同義だが、都合の悪い事情が、当人にとってあまりよくないことである場合に使う。転じて、具合の悪いこと、他の人に迷惑になるようなことの意にも用いる。「今は差し障りがあるから言わない。」 動 差し障る

支障 〔名〕 〈差し障り〉とほぼ同義の文章語。「全日程を支障なく終える。」

類語 障り・妨げ・故障・妨害・邪魔

さすらい

さすらい・放浪・流浪・漂泊

さすらい 〔名〕 目的もなく方々さまよい歩くこと。「人生に疲れ、あてもなく、さすらいの旅に出た。」 動 さすらう

放浪 〔名・スル動サ変〕 あてもなくさまよい歩くこと。〈さすらい〉の漢語的表現。「彼は一生放浪の生活を送った。」

流浪 〔名・スル動サ変〕 所を定めずさまよい歩くこと。「流浪の民」のように、住む家も帰るべき国もないという意味合いが、〈放浪〉よりもさらに強い。雅語的表現。

漂泊(ひょうはく)　〔名・スル動サ変〕　とどまる所がなく、あてもなくさまようこと。さまよう意が強い。文章語。「母国を追われて漂泊している。」

さぞ

さぞ・さぞや・さぞかし・さだめし

さぞ　〔副〕　相手の気持や状態を、「きっと……だろう」と心をこめたり、臨場感をこめて想像して言うときに用いる。あとに推量のことばを伴う。

さぞや　〔副〕　〈さぞ〉の意味をいくぶん強めたもの。「や」は疑問を含む感動。より古風な用語で、丁寧な気持ちも含まれる。「さぞや、寒かったでしょう。」

さぞかし　〔副〕　〈さぞや〉とほぼ同義で、〈さぞ〉を強めた言いかた。「このまえの地震では、さぞかし心配なさったことでしょう。」

さだめし　〔副〕　定めしと書く。〈さぞかし〉とほぼ同義。この語の方が、いくぶん確定の意味が強い。〈さぞや〉と同様、古風な用語である。「さだめし痛かったろうに、声ひとつたてなかった。」

さそう

誘う(さそう)・いざなう・もちかける

誘う(さそう)　〔動五〕　何かを共にするようにすすめる。そうするように働きかける。「同情を誘う。」

いざなう　〔動五〕　〈さそう〉の意の古風で、雅語的な表現。誘うと書く。「メルヘンの世界にいざなう。」

もちかける　〔動下一〕　話や条件を出して、相手の気を引き、誘う。「もうけ話をもちかける。」

類語　勧(すす)める・呼(よ)びかける

さっか

作家(さっか)・文学者(ぶんがくしゃ)・文士(ぶんし)・文人(ぶんじん)

作家(さっか)　〔名〕　芸術作品を作る人。特に、小説家について言うことが多い。「作家志望の学生」

文学者(ぶんがくしゃ)　〔名〕　文学作品を作る人。もしくは、文学研究をする人。作らなくても、広く、文学的な考えをもつ人のことを言う場合もある。「君は文学者だねえ。」「詩人」も同じ意味で使われることがある。

文士(ぶんし)　〔名〕　〈作家〉の古風な言いかた。「文士気質」

文人(ぶんじん)　〔名〕　「武人」の対義語で、広く、文芸・学問にたずさわる人を言う。「文士」よりさらに古い、文芸の徒をさす言葉。「江戸の文人墨客」　㊀武人

類語　文筆家(ぶんぴつか)・著作家(ちょさくか)・もの書(か)き

さっき

さっき・さきほど・今(いま)しがた・最前(さいぜん)

さっき　〔名・副〕　今より少し前。やや俗語的な軽い言いかた。「さっきの電話でお伝えした

男です。」

さきほど　〔名〕〈さっき〉の文章語。改まった、丁寧な言いかた。「さきほどお電話いたしました藤川です。」

今しがた（いま）　〔名〕ほんの少し前。〈さきほど〉とほぼ同義だが、〈今しがた〉の方が時間の隔たりが少ない。古風な言いかた。

最前（さいぜん）　〔名〕〈さっき〉とほぼ同義。〈今しがた〉より時間的な隔たりが大きい。話しことば。「あのかたには最前お会いしました。」

類語　先刻（せんこく）・先（さき）ごろ

さっさと

さっさと・てきぱき・はきはき

さっさと　〔副〕物事や動作などをすばやく、手際よくやるさま。「さっさとしなさい。」

てきぱき　〔副〕手際よくやるさま。〈さっさと〉に比べて、何かをさらに活動的、能率的に行う場合に用いる。「てきぱきとかたづける。」

はきはき　〔副・スル動サ変〕はっきりして、ことばづかいに歯切れのよいさま。主として、ことばづかいに用いる。「はきはきした返事」

類語　しゃきしゃき・さっと

さっする

察（さっ）する・推（お）し量（はか）る・かんぐる

察する（さっ）　〔動サ変〕相手の気持ちや身の上、事の成り行きなどを想像して理解すること。「私どもの事情、どうぞお察しください。」

推し量る（おはか）　〔動五〕ある事をもとに考えて、見当をつける。すでに分かっていることから推して、さまざまに考える。「相手の意向を推し量って行動すべきだ。」

かんぐる　〔動五〕いろいろに気を回して考える。相手の心や行為などをさまざまに想像して、悪くとる意味に使う。「珍しくあいさつするから、つい何かあるなとかんぐってしまう。」

さて

さて・さてさて・ところで

さて　〔接・感〕何かをし始めるときに、ためらう気持ちを表わす。接続詞として用いる場合には、「さて、次の問題に移ろう。」のように、話題を変えて、次の話題を切り出すときに使う。また、やりかけて止まったり、ちょっと考えるときなどにも使う。「さて何から始めるか。」

さてさて　〔感〕〈さて〉を強めた言いかただが、接続詞としての用法はない。「さてさて、どこからやるか。」また、深く感じ入り、驚いた気持ちを表わす場合に用いることも多い。「さてさて、感心なことだ。」

ところで　〔接〕話題を変えたり、軽い問いかけをしたりするときに用いる。〈さて〉は、ちょっと話題に変化をつけたり、上の文を軽く受けたりする場合に用いることが多いが、〈ところで〉は、もっと大きく変え、別の話を始めるときなどに使う。

類語 さても・では・それでは

さびしい

寂しい（さびしい）・寂寥（せきりょう）・寂莫（せきばく）

寂しい（さびしい）〔形〕 淋しいとも書く。 自分と心の通い合うものがなくて、心が満たされない状態。また、賑やかな所から隔絶されたような状態で、心細く思われる意にも使われる。「人通りの絶えた寂しい町。」また、「口が寂しい。」「懐が寂しい。」のように、何か不足している状態を言う場合にも用いる。 反 賑やかだ、転 寂しさ（名）

寂寥（せきりょう）〔名・タル形動〕 きわめて寂しいこと。〈寂しさ〉の漢語的表現だが、強い寂しさを表わすことが多い。「寂寥たる思い」

寂莫（せきばく）〔名・タル形動〕 とりとめもなく寂しいこと。何かはっきりした理由があるわけではないが、きわめてもの寂しいこと。「じゃくまく」とも読む。〈寂寥〉ほど寂しさの程度は強くないが、漠然とした寂しさを言い、それだけにやりきれないものを感じさせる場合に用いられる。

さほど

さほど・別段（べつだん）・たいして・あまり・格別（かくべつ）

さほど〔副〕 それほどに。多く、あとに打ち消しの言いかたを伴う。「それほど」と比べて、やや文語的な言いかた。「さほどむずかしい問題とは思えない。」

別段（べつだん）〔名・副〕 いつもと違って。特別。副詞的に用いて、特別にきわだっての意に用いる。もとは、〈さほど〉の意の漢語的表現だが、今は話しことばにおいても多用する。「別段これといって話すこともない。」「別段の扱いをする。」

たいして〔副〕 それほどに。あとに打ち消しの言いかたを伴う。やや俗語的な表現。「たいして面倒はなかった。」

あまり〔名・副〕 もともとは余分になって残ったもの。あとに打ち消しの言いかたを伴って副詞として用いられ、〈さほど〉とほぼ同義の日常語的な言いかたとして使う。「あまり立派とは言えない。」また、あとに肯定の言いかたを伴い、普通の程度をはるかに超えてひどくの意にも用いる。その場合、多く、「あまりに」の形で用いる。「あまりにやさしすぎる。」

格別（かくべつ）〔名・副・ダ形動〕 特別。副詞的に、特別にの意で用いることが多い。また、あとに打ち消しの言いかたを伴い、〈さほど〉とほぼ同義に用いる。かなりかたい用語。「格別美しいとは思わない。」

類語 格段（かくだん）・それほど・特段（とくだん）

さま

様（さま）・さん・ちゃん・君（くん）・氏（し）・殿（どの）

様（さま）〔接尾〕 人名や身分などを表わすことばのあとにつけて、その人に対する敬意を表わす。手紙などに多く使う。また、物事を丁寧に言う気持ちを表わすときにも用いる。改まった言いかた。「おば様」「どうもお疲れさま。」

さん　〔接尾〕〈様〉とほとんど同義に使われるが、〈さん〉の方が敬意の度合は低い。親しみのある、うちとけた言いかた。

ちゃん　〔接尾〕〈さん〉の転じたもの。より親しみを表わし、内輪の人やずっと年下の者に対して使う。「お父ちゃん」

君(くん)　〔接尾〕 もともとは、天子、諸侯など、人の上に立つ人に対する敬称として用いた。「名君」「君主」。転じて、今は自分と同輩または目下の人などの名前につけて用いる。男性が男性を呼ぶときに用いることが多いが、今は、女性徒が男生徒を呼ぶときに用いたりもする。女生徒を呼ぶときは、普通、〈さん〉を用いる。「オーイ、中村君。」

氏(し)　〔接尾〕 もともとは、うじ、家柄を示した。「源氏」「藤原氏」。転じて、人の姓名の下につけて、敬意を表わすのに用いる。古くは敬意が高かったが、今は、現存の人名を文字化する時に広く使う。また、人を指す語としても使う。「氏は今、ヨーロッパにいる。」

殿(どの)　〔接尾〕 姓名の下につけ、その人に対する敬意を表わす。昔、身分の高い人を呼ぶのに、その人の御殿の名前を使ったことから起こったが、今は公式の場などで用いるだけで、個人的なつきあいの場合には使わない。手紙などにも使うが、〈様〉より親しみも少なく、公用書信に使う程度である。「岩間五百子殿」

[類語] 兄(けい)・上(うえ)・嬢(じょう)・女史(じょし)

さまよう

さ迷(まよ)う・さすらう

さ迷(まよ)**う**　〔動五〕 どっちへ行ったらいいか分からずに、迷い歩く。「彼は一ヶ月ばかり山の中をさまよった。」

さすらう　〔動五〕 あてもなくあちこちとさまよい歩く。〈さ迷う〉よりもさらに目的が不明確で、時間的にも距離的にも長い場合に使う。ときに、虚無的な意を含むことがある。「荒野をさすらう。」

[転] さすらい(名)

[類語] うろつく・ほっつく

さむい

寒(さむ)い・肌寒(はださむ)い・うすら寒(さむ)い

寒(さむ)**い**　〔形〕 気温が低くて、不快な状態。寒いとからだがちぢこまったり、勢いが悪くなることから、貧弱である、心細いの意味にも用いる。貧弱の意は、「お寒い」の形で使われることもある。「寒い朝」「お寒い限りだ。」「懐が寒い。」 [反]暑い、[転]寒さ(名)

肌寒(はださむ)**い**　〔形〕 肌に空気を少し冷たく感じる場合を言う。「肌寒い季節」 [転]肌寒さ(名)

うすら寒(さむ)**い**　〔形〕 少し寒い。「春雨のしとしとと降る薄ら寒い或夜の事であった。」のようになんとなく気持ちが悪い風情があるときにも使う。 [転]うすら寒さ(名)　⇩冷たい

[類語] 冷(ひ)え冷(び)え・ぞくぞく・うそ寒(さむ)い・寒寒(さむざむ)

さもしい

さもしい・意地汚い・せちがらい

さもしい

〔形〕心が汚なく卑しい。欲が深かったり、ずるいさま。話しことばではあまり使わない。「さもしい根性」 [転]さもしさ(名)

意地汚い（いじきたない）

〔形〕食べ物や金銭などに対する欲望が強い。特に食い意地がはっていることに使うことが多い。「君はずいぶん意地汚いねえ。」

せちがらい

〔形〕世知辛いの字をあてる。暮らしにくい。また、金銭などにこせこせして、考えや行いにゆとりがないことにも使う。「せちがらい世の中」のように、生きていく上に、いろいろとめんどうなことが多い世間、世の中の様子について用いることが多い。 [転]せちがらさ（名）

[類語] 浅(あさ)ましい・がめつい・がりがり・いじましい

さらに

更(さら)に・なおさら・ますます・おまけに

更（さら）に

〔副〕何かあるものに加えてその上に。また、打ち消しの言いかたを伴って、「少しも」「一向に」の意を表わす。

なおさら

〔副〕それにもまして更に。〈更に〉を強めた言いかた。⇩なおさらのこと

ますます

〔副〕前よりも更に一層。いよいよ。〈更に〉は、一つの事柄に、それに多少とも関係のある別の事柄が加わったり、一つの状態が大きく変化したりすることによって、程度が強くなることを言うが、〈ますます〉は、ある一つの状態が持続する過程において程度が強まる意味に使うことが多い。

おまけに

〔接〕何かにつけ加えて、その上に。〈更に〉は、つけ加わるものが同質あるいは同類のものが多いのに対して、これは、異質的で、人間にとって否定的な内容の事柄がつけ加わる場合に多く使われる。やや俗語的な言いかた。「遅くなって、おまけに雨さえ降ってきた。」

[類語] なおのこと・よりいっそう

ざわつく

ざわつく・ざわめく・さざめく

ざわつく

〔動五〕ざわざわと小さな、乱れた物音がして落ち着かない。また、音がしなくても、そういう落ち着かない状態のときにも用いる。「どうも気分がざわついていけない。」

ざわめく

〔動五〕ざわざわする。〈ざわつく〉とほぼ同義。この語の方が物音が少し大きく、長く続く。気分などの抽象的な内容について使うことはできない。

さざめく

〔動五〕声をたてて騒ぐ。多く、「笑いさざめく」という形で使う。

[類語] さんざめく・騒(さわ)ぐ

さわがしい

騒（さわ）がしい・騒騒（そうぞう）しい・うるさい・やかましい

騒（さわ）がしい　〔形〕物音や人声などが大きくて耳障りに感じる。また、人びとのさまざまな自己主張や情報が聞こえてきて、落ち着かない意や、何となく世の中が物騒である意にも使う。「外がやけに騒がしい。」「騒がしい世の中になってきた。」　㊌静かだ、㊟騒がしさ(名)

騒騒（そうぞう）しい　〔形〕ざわざわと人の声や物音などがする。〈騒がしい〉とほぼ同義だが、物音などが波状的である場合に使う。やや文章語的な言いかた。

うるさい　〔形〕煩いと書くが、五月蝿いなどと当て字することもある。五月の蝿のように、しつこくやりきれない意を表わす。わずらわしい。また大きな物音などがしたり、意見や小言などを言われたりして、たまらないときにも用いる。〈騒がしい〉、〈騒騒しい〉は、大きな物音や人声が耳障りに感じられる点に意味の重点があるが、〈うるさい〉は、そのような状態に対して、主体の抱く不快感が強いときに使う。「口うるさい」

やかましい　〔形〕声や物音が大きくてわずらわしい。〈うるさい〉が、わずらわしく感じられる声や物音が断続的にしつこく続くのに比べて、〈やかましい〉の場合は、物音などは〈うるさい〉より大きいのだが、一時的な騒音不快について言う。転じて、いろいろに文句や注文をつけることにも言う。また、人の性格についても使い、気むずかしいの意を表わす。「やかましく言う。」「やかましいおやじ」

さわぎ

騒（さわ）ぎ・騒動（そうどう）・騒乱（そうらん）

騒（さわ）ぎ　〔名〕大きな物音や声などをたてること。また、人びとを驚かせるような出来事、事件の意にも用いる。「大さわぎ」　㊍騒ぐ

騒動（そうどう）　〔名〕大きな騒ぎ。事件などが起きて、人が騒ぎ立て、秩序が乱れることが多い。特に権力争いについて言うことが多い。「お家騒動」

騒乱（そうらん）　〔名〕騒ぎが起こって乱れること。〈騒動〉より、規模が大きい。かたい文章語。「騒乱罪」

類語　騒擾（そうじょう）・暴動（ぼうどう）

さわぐ

騒（さわ）ぐ・はしゃぐ

騒（さわ）ぐ　〔動五〕①大声やうるさい物音などをたてる。②人びとが多く集まって、同じ主張を訴えて、不穏な行動を起こす。③落ち着きや秩序などを失う。「胸が騒ぐ」「何をいまさら騒いでいる。」　㊌静まる、㊟騒ぎ(名)

はしゃぐ　〔動五〕調子に浮かれて騒ぐ。何か嬉しいことがあったときとか、楽しくて騒ぐときに用いる。「彼女はいつになくはしゃいでいた。」

さわる

触（さわ）る・触（ふ）れる・接（せっ）する

触る（さわる）〔動五〕①何かに手が接して、その物の存在を確かめたり、ある種の刺激を受けたりする。②障ると書く。何かにかかわって、好ましくない影響が生じる。また、「からだに障る。」のように、何かにとって害になるの意にも用いる。「触らぬ神に祟（たた）りなし」

触れる（ふれる）〔動下一〕物に軽く触る。〈触る〉は、触れる主体と対象の両方あるいは一方が、人間の場合に使われる。〈触れる〉は、物と物との間でも使う。また、〈触れる〉は、固体・液体だけでなく、たとえば、「冷たい空気に触れる。」のように、気体についても使う。また、関係する、あたる、言及する、あるいは規則、法律などに反するなどの意でも使われる。「法規に触れる。」主体の意識的な行動という点では、〈触れる〉の方が〈触る〉よりも強い。

接する（せっする）〔動サ変〕物と物、人と人とが触れる。つながる、くっつく。〈触る〉〈触れる〉〈接する〉の順序で、触れる度合が弱くなる。「隣の家と接する。」と言う場合、かならずしもぴったりくっついている必要はなく、間があまり離れていないことを表わす。そのため、〈接する〉は、近づく、近づけるの意味にも用いられる。また、〈触る〉〈触れる〉は、一時的に接触することを言うが、〈接する〉は、かなり長期にわたってくっついた状態にある場合にも使う。また、転じて、人と対応する、交際する、関係する、事件などに出会うなどの意にも使われる。「人と接するときには礼儀が大切だ。」さらに、物事などに出くわす、ぶつかる意もある。「いい知らせに接した。」〈触る〉〈触れる〉は、このような文脈においては使えない。

類語　あてる・触（ふ）れ合（あ）う・タッチする・接触（せっしょく）する

さんぽ

散歩（さんぽ）・散策（さんさく）・そぞろ歩（ある）き・逍遥（しょうよう）

散歩（さんぽ）〔名・スル動サ変〕気分を変えるためとか健康のために、ぶらぶらと気楽に歩き回ること。「友人と一緒に近郊を散歩する。」

散策（さんさく）〔名・スル動サ変〕〈散歩〉の古風な、やや改まった言いかただが、気ばらしのためにぶらぶら歩く場合を言うことが多い。行く先や道順などを詳しく決めることなく、一、二時間歩く程度が普通。

そぞろ歩き（そぞろあるき）〔名・スル動サ変〕あてもなくぶらぶらと歩くこと。漫ろ歩きと書く。〈散歩〉の意の雅語的表現である。「そぞろ歩きを楽しむ。」

逍遥（しょうよう）〔名・スル動サ変〕特に何をするという決まった目的もなく、気分転換のために山野や川のふちなどを歩くこと。ときには、哲学的、抽象的な世界をあてもなくさまよう意にも使う。かなりかたい文章語。「専門をはなれて、広い世界を逍遥する。」

類語　漫歩（まんぽ）・遊歩（ゆうほ）・徘徊（はいかい）・彷徨（ほうこう）

し

し

死（し）・死亡（しぼう）・死去（しきょ）・歿（ぼつ）・死歿（しぼつ）・逝去（せいきょ）・永眠（えいみん）・長逝（ちょうせい）・他界（たかい）・往生（おうじょう）・物故（ぶっこ）

死（し）〔名〕生命が絶えること。「事故死」㊋生

死亡（しぼう）**・死去**（しきょ）〔名・スル動サ変〕死ぬこと。〈死去〉の方がやや改まった敬意のある言いかたである。〈死〉は、広く生き物全体について言うが、〈死亡〉〈死去〉は、人間についてしか言わない。「交通事故の死亡者は年々増加している。」「祖父が死去したのは昨年の夏でした。」

歿（ぼつ）**・死歿**（しぼつ）〔名・スル動サ変〕死ぬこと。「歿」は「没」の字も当てる。〈死亡〉の意の漢語的、公的表現。「死没者の霊をなぐさめる。」

逝去（せいきょ）〔名・スル動サ変〕目上の人や尊敬する人が死んだときに使う。「先生の御逝去はこたえた。」

永眠（えいみん）**・長逝**（ちょうせい）〔名スル動サ変〕〈永眠〉は〈死〉の文学的表現であり、〈長逝〉は〈死〉の婉曲表現である。「逝」は「行く」の意味。「祖父は昨日永眠いたしました。」

他界（たかい）〔名・スル動サ変〕人間の世界に対して、他の世界を言うことから、転じて、他の世界へ行く、すなわち死ぬことを言う。死ぬことの婉曲な言いかたである。「彼が他界したのは、わずか二十歳であった。」

往生（おうじょう）〔名・スル動サ変〕もと、極楽浄土に生まれ変わるという仏教の思想に基づいて出てきた「死」の異語。「大往生」。転じて、あきらめて静かにすることの意や、「あれには往生した。」のように、処置に困ることの意などにも用いる。俗語的な言いかた。「さすがの彼もすっかり往生して、すべてを告白し始めた。」「さっさと往生しろ。」

物故（ぶっこ）〔名・スル動サ変〕〈死去〉の意の漢語的表現。「物」は歿の古字の歾の転化したものとも言う。「故」は「古くなる」の意。やや古風な言いかた。「物故者」と熟して使う。これまでに死去した人。

し

師（し）・先生（せんせい）・師匠（ししょう）・恩師（おんし）

師（し）〔名〕人を教えたり導いたりする人。「私の師は私に音楽の心を教えてくれた。」また、専門家を示す接尾辞としても使われる。「医師」

先生（せんせい）〔名〕医師や教師、芸術家など、学識のある人を言う。〈師〉は、自分が教えを受ける人や、自分が心から尊敬する先生について言うことが多いが、〈先生〉は、人を教えたり指導したりする立場にある人を客観的に言う場合に使う。また、親しみをこめたり、からかったりするときにも用いる。「よう、植木屋の先生、

元気かい。」

師匠(ししょう)　〔名〕古い言いかたでは学問を教える人にも使ったが、今は、日本的な遊芸を教える人のことを言う。「日本舞踊のお師匠さん」

恩師(おんし)　〔名〕自分が教えを受けた先生、または非常に世話になった先生について使う。「恩師の面影をしのぶ。」

しあげ

仕上(しあ)げ・首尾(しゅび)・出来(でき)

仕上げ(しあげ)　〔名〕仕事がすべて終わったあとの結果。またはその最後の段階を言う。「仕上げを見てから、私の心を決めよう。」「仕上げを急がすといいものはできない。」　動仕上げる

首尾(しゅび)　〔名〕物の初めと終わり。「首尾の一貫した主張をするようにしたい。」転じて、物事が行われた最初からの経過や、結果のよしあしを言う。「日の暮れまでに首尾よくいった。」

出来(でき)　〔名〕仕上げたあとの結果を言う。〈仕上げ〉よりも気持ちが強い。「君にしてはなかなかいい出来の絵だ。」　動できる

しあわせ

幸(しあわ)せ・幸(さいわ)い・幸福(こうふく)・幸運(こううん)

幸せ(しあわせ)　〔名・ダ形動〕精神的または物質的にめぐまれて、これ以上望むものがなく、満足していられる状態。「貧しくとも健康なのが一番幸せだ。」〈幸せと〉という語形で、副詞的にも用いる。　(反)不幸せ

幸い(さいわい)　〔名・ダ形動〕〈幸せ〉とほぼ同義。〈幸せ〉が、自分の身辺に起こった事態について、自分の気持ちを実感をこめて言うのに用いることが多いのに対して、〈幸い〉は、そのことが自身にとって、結果的に歓迎すべきことであると判断される場合に用い、事態とそれに対する自身の気持ちを客観的に表現する。やや古風で、改まった用語。「戦争で死ななかったのは幸いだった。」また、副詞的に用い、都合よく、幸せにもといった意を表わす。この場合は、「心配していたけれども」という気持ちがこめられることが多い。「幸い仕事は順調である。」また、ときに、「幸いした」という言いかたも行う。

幸福(こうふく)　〔名・ダ形動〕〈幸せ〉の意の漢語的表現。心配なこと、苦しいことがなくて、ゆったりと安定した、理想的な状態。　(反)不幸

幸運(こううん)　〔名・ダ形動〕運がいいこと。〈幸福〉に比べて、「幸運をつかむ。」のように、恣意的で一時的な状態について使うことが多い。「幸運なぞそんなに簡単にはめぐってこない。」　(反)不運、悪運

類語　ハッピー・ラッキー・幸(さち)

しいて

強(し)いて・無理矢理(むりやり)に・あえて

強いて(しいて)　〔副〕多少の無理を押して何かを強行する場合に用いる。他の人の意志や気持ちにさか

らって行う、行わせる。

無理矢理に 〔副〕 相手がいやがっているのを無理にさせる。〈強いて〉よりも、相手に押しつける程度が強い。「無理矢理に仕事をやらせる。」

あえて 〔副〕 無理に。〈強いて〉とほぼ同義だが、特にそうまでする必要もないのにという意識を伴う。困難や無理を覚悟のうえで、何かを行うさま。また、下に打ち消しの言いかたを伴い、「わざわざ」「決して」の意にも用いる。かなりかたい言いかた。「あえて危険を冒す。」「完璧と言うもあえて過言ではない。」

しおれる

萎れる・萎む・萎びる

萎れる 〔動下一〕 草木などが、水分がなくなって、みずみずしさをなくすこと。また、人が気落ちして、しょんぼりすることにも使う。「花が萎れる。」

萎む 〔動五〕 凋むとも書く。生気やはりつめていたものが急速に消えてゆくこと、あるいは小さくなることを言う。〈しおれる〉は、主として草木について言うが、〈しぼむ〉は、花や風船、ボールなどについて使い、中の空気がなくなったり水分がなくなったりして、小さくなることに使う。(反) ふくらむ

萎びる 〔動上二〕 〈しおれた〉結果、すっかり生気がなくなり、しわがよったり、ひからびたりすることを言う。草木だけでなく、人の手足についても用いる。また、比喩的に、人の気力や感情が急速に弱まることにも使う。「しなびた野菜」

類語 なえる・つぼむ・すぼむ

しがない

しがない・卑しい・下賤

しがない 〔形〕 「さがなし」の転とも言われ、貧乏であるとか、みすぼらしいとか、身分的に取るにも足らないことなどを言う。すなわち、うだつが上がらなくて前途に望みがないことを言うが、特に下品の意はない。「私はしがない書生だ。」「しがない月給取り」

卑しい 〔形〕 賤しいとも書く。社会的地位が低い。ものの見かたや趣味が低俗で、つきあうことがためらわれる状態を言う。また、欲望などが激しいとか、けちなどの意にも使う。〈しがない〉には、下品であるという意は含まれないが、〈卑しい〉は、「卑しい笑い。」「食べ物に卑しい。」のように、その状態が、下品さや卑屈さを感じさせる場合に使う。(反)尊い、(転)卑しさ(名)

下賤 〔名・ダ形動〕 社会的地位の低い者について言う。「下賤の出」

しかる

叱る・たしなめる・戒める・油をしぼる

叱る 〔動五〕 相手の動作やことばの間違い、過ちなどを強い調子で注意したり、とがめたりする。「怒る」は、相手に怒りの感情をぶつけることを言うが、〈叱る〉は、上に立つ人が、下の者の悪い点をとら

えて、直させる目的で厳しく言う場合に使う。怒って叱ることもあるが、冷静に叱ることもある。㊍ほめる

たしなめる　〔動下一〕　相手の間違いや過ちを注意し、反省をうながす。〈叱る〉ほど強くなく、軽く注意する程度を言う。「不注意をたしなめる。」

戒(いまし)める　〔動下一〕　相手の行為の過ちを注意したり、行動の仕方について教え諭したりする。〈たしなめる〉より、注意の仕方が厳しく、再び同じ過ちを犯すことがないように教え諭す点に意味の重点がある。「二度としないようよくよく戒めておく。」　㊔戒め(名)

油(あぶら)をしぼる　〔句〕　物を強くねじって水分をとる。転じて、相手の過ちや失敗をとがめ、厳しく戒める意に用いる。〈とがめる〉よりも注意の仕方が厳しく、制裁を加える場合を含む。俗語的な言いかた。「遊びが過ぎて、さんざん油をしぼられた。」

類語　とがめる・懲(こ)らしめる・とっちめる

じかん

時間(じかん)・時刻(じこく)・時(とき)

時間(じかん)　〔名〕　たえず移っていきながら、始めもなく、終わりもなく永久に続く〈時〉の全体。また、「長い時間待たされた。」のように、〈時〉の流れの中の一点から一点までの意や、「食事の時間」「帰宅の時間」のように、何かをするのに都合がよいとか、何かをするように決められてあるとかの〈時〉の意などにも用いる。また、「電車の時間に遅れる。」のように、〈時〉の流れの中のある一点の意にも使う。　㊍空間

時刻(じこく)　〔名〕　時間のある一点を言い、〈時間〉より意味が狭い。また、〈時間〉より、やや文章語的な言いかたである。「時刻が迫る。」

時(とき)　〔名〕　過去・現在・未来にわたって、永遠に過ぎてゆくもの。永遠の〈時〉もあり、ある長さにわたる〈時〉もあり、一瞬間の〈時〉もある。〈時間〉が、多く一時間を基本の単位としているのに対して、〈時〉は、もっと幅広く使われる。「時は金なり」また連体修飾語をうけて、そのことの時間的位置や、期間、時期などを示す。「あの時」。なお、「じ」と読み、一日の二十四分の一の時間の単位にも使う。　㊍ところ

類語　刻限(こくげん)・時限(じげん)・時点(じてん)

しくむ

仕組(しく)む・たくむ・たくらむ・図(はか)る

仕組(しく)む　〔動五〕　工夫して組み立てる。転じて、目的に合うように計画を立てる意味に用いる。よからぬことを計画する場合に使う。「仕組まれた事件」　㊔仕組み(名)

たくむ　〔動五〕　〈仕組む〉とほぼ同義。やはり、工夫するとか、技巧をこらすの意味が先にあり、それから転じて、自分の目的を遂げるために計画をこらす意味に使う。「たくまざるユーモア」のように、打ち消しの形で使うことも多い。「たくまない美しさが本当のものなんだ。」「あんなことをたくむようじゃ、あの

人の将来は知れている。」

たくらむ　〔動五〕　企むと書く。よくないことを計画することを考える。特に、悪事を計画することを言う。(転)たくらみ

図る（はかる）　〔動五〕　謀るとも書く。いろいろ考え、実行できるように計画する。転じて、だます、あざむくの意にも用いる。「彼は再起をはかって、日夜努力している。」「あんなにうまくはかられると、おこる気にもなれない。」

[類語]　もくろむ・くわだてる

じこう

事項（じこう）・項目（こうもく）・条（じょう）・項（こう）

事項（じこう）　〔名〕　ある物事を成り立たせている、独立した内容を持つ一つ一つの事柄。単に事柄の意味にも使う。「問題となる事項が多い。」「注意事項」

項目（こうもく）　〔名〕　物事を小分けしたときの一つ一つ。〈事項〉が独立した内容、事柄の意味で用いられるのに対して、〈項目〉は、小見出しをつけたり、他との区別などを明確にする場合に用いる。「いくつかの項目に分けて質問する。」

条（じょう）　〔名〕　もとは、根本から分かれた細い幹や小枝を言う。転じて、一つ一つの筋、事柄の意で用いられる。また、一つずつ事柄によって分けて記した文も言う。「条約、条文」。接尾辞的にも使われ、その箇条を示す意を表わす。「憲法第三条」

項（こう）　〔名〕　事柄を小さく分けた一つ一つ。法律や文章などの単位を表わすのに使う。接尾辞的に、〈条〉や「章」より下位の概念として用いる。「第一条第二項」「第二章第三項」。また、数学で、互いに関係ある一つの式を言う。「同類項」「条項」

しさつ

視察（しさつ）・見回（みまわ）り・巡視（じゅんし）

視察（しさつ）　〔名・スル動サ変〕　実際にその場所に行って、状況を見たり調べたりすること。大がかりなものや公的な調査などを言う。「台風の被害地を視察する。」

見回り（みまわり）　〔名・スル動サ変〕　状況や実態を見てまわること、また、その人。〈視察〉の意味にも、また、「工場の見回り」など、もっと小規模のものにも使う。「夜の見回りが面倒だ。」　[動]見回る

巡視（じゅんし）　〔名・スル動サ変〕　〈見回り〉の意の漢語的表現。〈見回り〉が、広く、見てまわること一般を言うのに対して、この語は、公的な目的をもって、定期的に調査、監督などをする場合に用いる。「机間巡視」「巡視艇」

パトロール　〔名・スル動サ変〕　patrol. 〈巡視〉すること、また、その人。警戒して一定区域を見回りすること。「町内をパトロールする。」

[類語]　査察（ささつ）・巡察（じゅんさつ）

じさつ

自殺（じさつ）・自決（じけつ）・自害（じがい）

自殺（じさつ）　〔名・スル動サ変〕　自分で自分の生命を絶つこと。

「望みを失い自殺した。」 (反)他殺

自決（じけつ） 〔名・スル動サ変〕 責任を感じ、または責任をとって自殺すること。「敗戦の責任をとって自決した。」また、「民族の自決」のように、自分たちの今後などを、他から動かされるのではなく、自分たち自身で決めることの意にも用いる。

自害（じがい） 〔名・スル動サ変〕 〈自殺〉とほぼ同義。薬や入水などによるのではなく、自分で自分を傷つけて死ぬことを言う。「短刀で自害した。」

類語 自刃（じじん）

じじつ

事実（じじつ）・実際（じっさい）・内実（ないじつ）・実態（じったい）・実情（じつじょう）・内情（ないじょう）

事実（じじつ） 〔名〕 意識や想像で思ったことではなく、本当のこと、あるいは本当に起こったこと。「新聞は事実を報導するのが使命だ。」

(反)想像・虚構

実際（じっさい） 〔名〕 〈事実〉とほぼ同義。〈事実〉が、意識や判断に対して客観的に正しいことを強く示すのに対して、〈実際〉は、いくらか主観的な判断を含み、ややふくらみのあることばである。また、より日常語的な言いかたでもある。〈実際〉は、「実際の富士」「実際の姿」のように、連体修飾語として用いられることがあるが、〈事実〉にはこのような用法はない。また、副詞的に用いて、「本当に」の意味も表わす。「実際あきれたやつだ。」

内実（ないじつ） 〔名〕 本当のところ。表面的でなく、その内部の事柄や様子。「表は派手だが、内実は苦しいらしい。」副詞的にも使う。「内実、困っているのだ。」

実態（じったい） 〔名〕 実際の状態、ありさま。「実態を調査する。」

実情（じつじょう） 〔名〕 実状とも書く。実際の事情。〈実態〉とほぼ同義だが、〈実態〉が、事のありさまや状態そのものに意味の重点があるのに対して、〈実情〉は、事の成り行き、次第、訳などに意味の重点がある。「実情は次のようだ。」

内情（ないじょう） 〔名〕 〈内実〉とほぼ同義。〈内実〉は内部の事実を客観的に見て表現する場合に使うのに対して、これは外部に知られては困るような事情のある場合に用いる。「社の内情をよく知っているものの犯行だ。」「内情を暴露する。」

じしゅ

自主（じしゅ）・自立（じりつ）・一本立（いっぽんだ）ち・ひとりだち

自主（じしゅ） 〔名〕 自分の力で、他の助けや干渉を受けずに行うこと。自分の考えや判断で行うこと。「自主独立」「自主外交を貫く。」

自立（じりつ） 〔名・スル動サ変〕 他からの支配や助けを受けずに物事をやってゆくこと。自主的に行うこと。〈自主〉は、「自主外交を貫く。」のように団体の行為にも、「自主的に判断して行動する。」のように個人の行為にも使うが、〈自立〉は、「民族の自立」のように、団体の行為について用いることが多い。ただし、〈自立する〉というサ変動詞は、「自立して働く。」のように、個人の行為について多く用いる。「独立」の意味に近い。「民族の自立」「劇団を自立させる。」
㊀依存

一本立ち・ひとりだち　〔名・スル動サ変〕　いずれも、今まで助けを受けていたのを離れ、自力で事を行うこと。〈自立〉の口頭語だが、個人の行為について言うことが普通である。「一本立ちになる。」「大学を出て五年でやっとひとりだちができた。」

[類語]　独立・独り歩き

しじゅう

始終・しょっちゅう・毎度・絶えず・ひっきりなし

始終　〔名・副〕　物事の始めと終わり。始めから終わりまでのすべて。転じて、副詞として用いられ、いつも、たえずの意を表わす。〈始終〉の方が〈しょっちゅう〉よりも連続性が強いように思われる。「しじゅう休みなく働く。」

しょっちゅう　〔副〕　〈始終〉とほぼ同義。やや俗語的な言いかたで、文章語としてはあまり使わない。「いつも」「いつでも」とほぼ同義に使われるが、それらは、一定の状態が連続して続く場合に使うのに対して、〈始終〉や〈しょっちゅう〉は、断続的に続くことを言う。「いつも休む。」は、ずっと続けて休むことだが、「しょっちゅう休む。」は、ときには出て来ていることを意味する。また、〈始終〉〈しょっちゅう〉は、動作性の語に係り、状態を修飾することはあまりない。

毎度　〔名・副〕　そのたびごとにいつも。「毎度ありがとうございます。」のように、あいさつことばに用いることが多い。

絶えず　〔副〕　絶えることなく続くことを言う。〈始終〉の意味に近い。ただ、〈絶えず〉は、一瞬として休むことがないという意味合いが強い。「地球は絶えず自転している。」

ひっきりなし　〔名・ニ副〕　絶え間のない様。いつまでも絶え間なく続くという持続性の意が強い。「ひっきりなしに来客がある。」

[類語]　のべつ・のべつまくなし・とめどなく・四六時中・毎回・いつも・たびたび

しずかだ

静かだ・静粛・静寂・閑静・森閑

静かだ　〔形動〕　①人声や物音などがなくひっそりとしている。「静かな晩」②人や物などが動かないでいるさま。「静かに寝ていなさい。」③人や物事の状態がおだやかなさま。「あの人は静かな人だ。」㊀騒がしい、㊁静かさ(名)

静粛　〔名・ダ形動〕　静かにして、物音や声をたてないでいるさま。「静粛に！」

静寂　〔名・ダ形動〕　物音もせずひっそりと寂しい。〈静粛〉は、人が物音や声を抑えて静かにしている様子を言うが、〈静寂〉は、あたりが静かな様子を言い、自然について使うことが多い。「森の静寂を愛する。」

閑静（かんせい）〔名・ダ形動〕ひっそり寂しいこと。〈静粛〉〈静寂〉は、その中に人などがいても、物音などをたてないでいる静けさを言うのに対して、この語は、そういう動いたり声をたてるものの気配も感じられないような場合に使う。「閑静な住宅街」プラス評価のことば。

森閑（しんかん）〔タル形動〕物音などがせず、深く静まり返っているさま。「閑寂」の意味に近いが、より広い状況について用いる。「森閑とした神社の境内」

類語 静静（せいせい）・深閑（しんかん）・閑寂（かんじゃく）

しずむ

沈む（しずむ）・没する（ぼっする）・沈没する（ちんぼつする）

沈む（しずむ）〔動四〕水面や地平線など、ある一つの平面から下の方に下がって、見えなくなる。また、悩みや苦しみなどにひたるとか、それで元気がなくなるなどの意や、貧しさや病気などで状態がきわめて悪くなっていく意にも使う。「憂いに沈む。」反 浮く

没する（ぼっする）〔動サ変〕沈んで隠れる。うずまってしまう。〈沈む〉とほぼ同義の文章語だが、〈没する〉は、「群衆の中に姿を没する。」「膝を没する泥水」のように、人や物の中に沈んで見えなくなる場合にも使う。死ぬ意味もある。图 没

沈没する（ちんぼつする）〔動サ変〕物が他の物に沈みこんでしまう。多く、水中に沈んでしまうことを言う。〈沈む〉〈没する〉は、おもに、自然に下に下がって隠れる場合を言うが、〈沈没〉は、事故や何かの理由があって沈む場合に使う。「日本沈没」「嵐のために船が沈没した。」また、比喩的に、人が酔いつぶれる意味にも使う。「昨夜は沈没してしまった。」图 沈下する

したい

死体（したい）・死骸（しがい）・遺体（いたい）・遺骸（いがい）・なきがら

死体（したい）〔名〕屍体とも書く。死んだからだ。人間だけでなく、広く他の動物にも用いる。「死体は固くなっていた。」反 生体

死骸（しがい）〔名〕〈死体〉とほぼ同義。人間以外の動物や虫には、この語を使うことが多い。

遺体・遺骸（いたい・いがい）〔名〕死んだ人のからだ。〈死体〉〈死骸〉に対して、死んだ人への敬意や思いやりをこめる場合に使う。人以外の動物などには用いない「遭難者の遺体を収容する。」

なきがら〔名〕死んで、もはや魂のなくなったからだ。〈遺体〉などと同じく、この語も、死んだ人に、敬意あるいは愛情があるときに使う。「なきがらを手厚く葬る。」

類語 しかばね・かばね

したうち

舌打ち（したうち）・舌鼓（したつづみ）

舌打ち（したうち）〔名〕食べ物を味わうとき、また、くやしいとき

や不愉快なときなどに、上あごを舌ではじいて音を出すこと、またはその音。「チェッと舌打ちした。」

舌鼓 〔名〕普通、「舌鼓を打つ」という形で使う。飲食物がおいしいとき思わず舌をならすこと。口頭語では、〈したづつみ〉とも言う。〈舌打ち〉よりも〈舌鼓〉の方が美味であることを表わす。

類語 舌なめずり

したしい

親しい・近しい・親密だ・親近・心安い・気安い

親しい 〔形〕お互いに気心が分かっていて、遠慮なくつきあえる状態だ。広く一般に仲がいいことに使う。「親しい友人」 反 うとい、転 親しさ(名)

近しい 〔形〕〈親しい〉とほぼ同義。日ごろからよく行き来しているさま。〈親しい〉のやや改まった言いかた。「近しい間柄」

反 疎遠　転 近しさ(名)

親密だ 〔形動〕親しい交際をしていること。多く、友人関係に、時に、男女関係にも使う。「親密な仲」 転 親密さ(名)

親近 〔名〕親しく近い。その人のそばに親しみ近づくこと、あるいは血筋などの近いことを言う。「親近者の見送り」「親近感」

心安い 〔形〕特別に遠慮がいらない関係を言う。仲がよく遠慮がない。日常語。「心安い店」「お心安くおぼしめせ。」 転 心安さ(名)

気安い 〔形〕〈心安い〉とほぼ同義。人に対して遠慮やこだわりがない、気楽だ。「だれにでも気安く話しかける。」 転 気安さ(名)

類語 懇意・昵懇・ねんごろ・気が置けない

したしむ

親しむ・懐かしむ・なじむ

親しむ 〔動五〕人、あるいは物事になれて好きになる。また、「医薬に親しむ。」のように、離れられない関係になることの意にも用いられる。 転 親しみ(名)

懐かしむ 〔動五〕かつて交際した人や経験した物事に、心がひかれて慕わしく思う。〈親しむ〉は、現在もその中に溶けこんで楽しんでおり、離れられない関係にあることを言うが、〈懐かしむ〉は、以前のことを思い出して、もう一度会ったり見たりしたいと思うことに使う。また、〈親しむ〉よりもっとしみじみした思いが伴う。「故郷を懐かしむ。」 転 懐かしみ(名)

なじむ 〔動五〕「馴れ染む」がつづまった形で、すっかりなれて親しくなり、違和感がなくなる。やや古風な言いかた。「土地」「景色」「酒」など場所や物についても言う。「ちょっとなじんだかと思うとすぐ転校だ。」「なじんだ土地」 転 なじみ(名)

類語 懐かしがる・馴れる

したわしい

慕わしい・懐かしい・恋しい

慕わしい 〔形〕 心がひかれ、その人のそばにいたいと思う。「何となく慕わしい人だ。」 ㊔慕わしさ(名)

懐かしい 〔形〕 かつて経験した物事や状況が思い出され、それを慕わしく思う。広く、相手をかわいいと思ったり慕わしく思ったりする意にも使う。〈慕わしい〉は、多く、男女の関係について使うが、〈懐かしい〉は、「懐かしい顔」「故郷が懐かしい。」「懐かしい建物」のように、人や物、場所、あるいは以前に過ごした時期などについて、広く用いる。 ㊔懐かしさ(名)

恋しい 〔形〕 〈慕わしい〉〈懐かしい〉よりももっと激しく相手のことを思う。多く、男女の関係について使うが、物事を思う場合にも使う。「故郷が恋しい。」 ㊔恋しさ(名)

類語 愛しい・愛おしい

しっかり

しっかり・がっしり・がっちり

しっかり 〔副・スル動サ変〕 物事がかたく強いさま、あるいはかたく揺ぎない状態。また、性質や考えかたなどが堅実で信用できるさまの意にも用いる。「しっかりした人」「しっかりした土台」

がっしり 〔副・スル動サ変〕 からだや物の構造などが力強く、〈しっかり〉しているさま。性質や考えかたについては言わない。また、〈がっしり〉は、〈しっかり〉よりも、より強固な安定感がある。「がっしりした体格」

がっちり 〔副・スル動サ変〕 物事がよく組み合って、すきまがないさま。あるいはきわめて堅く強いさま。物事のやりかたや考えかたなどに、抜け目がないさまにも使う。やや俗語的な言いかた。〈がっしり〉の安定性に対して、〈がっちり〉は、堅牢さに意味の重点がある。「がっちりしている。」

類語 頑丈・堅固・強固

しつけ

躾・仕込み・調教

躾 〔名〕 仕付けとも書く。礼儀や作法などを教えこむこと。広く、教育することの意味にも使う。「しつけ教育」 動仕付ける

仕込み 〔名〕 一人前になるように教えこむこと。おもに、人間以外の動物に、いろいろ教えこむこと。「仕込み杖」「芸を仕込む。」 動仕込む。

調教 〔名・スル動サ変〕 家畜(特に馬や犬)、猛獣などを訓練すること。〈躾〉は、日常の礼儀・作法や行儀などを教えこむことを言うが、これは、何か特定の目的や用途に応じて訓練すること。したがって、「猫を室内で用便しないよう調教する。」などとは言わない。「彼は世界一の調教師だ。」

類語 教え込み・訓練

じっし

実施（じっし）・実行（じっこう）・施行（しこう）・執行（しっこう）

実施（じっし）　〔名・スル動サ変〕　法律、計画、対策などにのっとって、実際に行うこと。「計画どおり実施する。」「入試の実施要項が発表された。」

実行（じっこう）　〔名・スル動サ変〕　物事を実際に行う。広く行動を起こすことを言う。「議論より実行だ。」

施行（しこう）　〔名・スル動サ変〕　実際に行うこと。法令や規則などを発足させること。「この規則は来月から施行される。」

執行（しっこう）　〔名・スル動サ変〕　決定事項を実際にとり行うこと。行政や司法上の決定事項について言うことが普通である。「刑の執行」

しっそだ

質素（しっそ）だ・つましい・つつましい

質素だ（しっそだ）　〔形動〕　派手やぜいたくでない。「質素なくらし」　㊦奢侈・贅沢、㊔質素

つましい　〔形〕　倹しいと書く。倹約し、むだやぜいたくをしない。〈質素〉は派手にしないことを言うが、この語は、何かの理由や目的のために倹約して暮らすという感じがある。「つましい生活をおくる。」　㊕つましさ(名)

つつましい　〔形〕　ひかえめで遠慮深い。礼儀正しくしとやかである。〈質素〉〈つましい〉は、生活の仕方を言うが、〈つつましい〉は、人柄や、人に対する態度について使うことが普通。「つつましい女性」　㊕つつましさ(名)

しっと

嫉妬（しっと）・うらやみ・羨望（せんぼう）・そねみ・ねたみ

嫉妬（しっと）　〔名・スル動サ変〕　他の人の幸福や自分よりすぐれている点をうらやましく思い、ときにはそれを憎むこと。また、愛する男女の一方が、相手の愛情が他に向くのを恨み憎むこと。「嫉妬の炎」

うらやみ　〔名〕　羨みと書く。他をうらやましく思うこと。しかし、〈嫉妬〉のように、それを憎むという意味合いはない。〈嫉妬〉は、相手がまだ自分と等しい能力のときに抱く感情だが、〈うらやみ〉は、自分の及ばない相手としてあきらめているところがある。男女関係については使わない。　㊍うらやむ

羨望（せんぼう）　〔名・スル動サ変〕　〈うらやみ〉の漢語的表現で、ほぼ同じ意味である。「羨望の的」

そねみ・ねたみ　〔名〕　他人の身分、才能、境遇などをうらやまく思うだけでなく、できたらその人を自分と同等、または自分より下に落としてやりたいと思うこと。〈うらやみ〉〈羨望〉は、相手に及ばぬと思いあきらめる心情があるが、これらの語は、相手を、自分と同じ境遇や位置までひきずり落とそうと考える場合に使う。〈そねみ〉よりも〈ねたみ〉の方が、その意味が強い。「彼の成功に、私は強いねたみの感情を覚

えた。」動そねむ・ねたむ

類語 やきもち

じつに

実に・まことに・本当に

実に 〔副〕もとは、真実、事実の「実」で、嘘、偽りに対するものであるが、この語形は、ある状態の程度のはなはだしいことを言うのに多く使われる。普通の話しことば。「実にすばらしい。」

まことに 〔副〕〈実に〉とほぼ同義。改まったときに使う。「まことに頼もしい。」

本当に 〔副〕〈ほんとに〉とも言う。嘘、偽りに対する本当にの意。〈実に〉には、もうこのような意味用法は少ないのに対して、これは、その意味でかなり多く使う。転じて、程度のはなはだしいことにも使う。この意味では〈実に〉とほぼ同義である。ただ、〈実に〉が、強い感慨の込められた言いかたであるのに対して、この語は、現実性を重視した言いかたになる。「今日は本当にいい天気だ。」「本当にする」

しっぱい

失敗・しくじり・やりそこない・過ち・過失・ミス・失策・エラー・失態・不始末・粗相

失敗 〔名・スル動サ変〕物事をやりそこなうこと。「惨めな失敗に終わる。」「思わぬ失敗を招く。」のように、広く、目的がうまく達せられないことを言う。反成功

しくじり・やりそこない 〔名〕〈失敗〉とほぼ同義の俗語的な言いかた。「どえらいしくじりをやらかす。」動しくじる・やりそこなう

過ち 〔名〕間違いの意の雅語的表現。〈失敗〉などとほぼ同義に使う。また、意識的に試みて結果が失敗するのではなく、偶然やったことが悪い結果になった意もある。それが大きなものだと、罪などの意味にもなる。「大変な過ちをおかした。」動過つ

過失 〔名〕不注意で犯した失敗。〈過ち〉のように偶然ではなく、当然やるべきことをやらなかった結果による過ちを言うことが多い。ただし、普通、小さな失敗に使い、大きな失敗を意味することは少ない。したがって、大きな失敗の場合には、「重大な過失」のように言わなければならない。

ミス 〔名〕ミステーク（mistake）の略。〈失敗〉とほぼ同義だが、失敗した結果についても使うので、〈過ち〉の意もある。「ついミスを犯した。」「ノーミス」

失策 〔名〕具体的な物事を処理する上での失敗を言い、抽象的な内容の事柄についてはあまり使わない。したがって、「計画の失敗」とは言っても、「計画の失策」とは言わない。

エラー 〔名〕error.〈失策〉とほとんど同義だが、「あんなエラーをされたのでは、ピッチャーもたまりませんね。」のように、スポーツ用語として使うことが普通。

失態（しったい）　〔名〕人に見られて格好の悪いことをすること。面子や体面を失うような体裁の悪いことをすること。また、〈失敗〉の意味で、自分の犯した過ちについて少し気どって言う場合もある。文章語。

不始末（ふしまつ）　〔名・ダ形動〕不注意などで引き起こした過ち、また、その行い。〈過失〉の意に近いが、よりいい加減にしたことによって起こったことに言う。「火の不始末」とは言うが「火の過失」とは言わない。

粗相（そそう）　〔名・スル動サ変〕不注意などで起こした過ち。ただ、大きな事故でなく、そそっかしいために起こした身辺の小さなやりそこないに使うことが多い。やや古風な言いかた。「粗相がないようにね。」

へま　〔名・ダ形動〕間の抜けたつまらない失敗。「そつがない」の反義語で、俗語的な言いかた。「へまをしたな。」

類語　為損（しそこ）ない・間違（まちが）い・手落（てお）ち・手抜（てぬ）かり・落（お）ち度（ど）

しっぱいする

失敗（しっぱい）する・しくじる・そこなう

失敗する（しっぱいする）　〔動サ変〕物事をやりそこなう。㊦成功する、名失敗

しくじる　〔動五〕〈失敗する〉とほぼ同義だが、〈しくじる〉の方は、より具体的なものに使い、抽象的な内容の事柄にはあまり使わない。やや俗語的な言いかた。また、やりそこなった結果、勤め先などをやめさせられる意にも用いられる。「会社をしくじった。」転しくじり（名）

そこなう　〔動五〕物の一部を壊す、傷つける。また、動詞の連用形について、その行為に失敗する、する機会を逸するの意味にも使う。「逃げそこなう。」「聞きそこなう。」

類語　抜（ぬ）かる・取（と）りこぼす・誤（あや）まる・為損（しそこ）なう・とちる・ミスる

しつようだ

執拗（しつよう）だ・しつこい・くどい

執拗だ（しつようだ）　〔形動〕一つのことにいつまでもこだわり続けること。また、なかなかあきらめないこと。〈しつこい〉の意の文章語。「執拗な追及」転執拗さ（名）

しつこい　〔形〕〈しつっこい〉とも言う。何度でも同じことを繰り返して飽きない。いつまでもあきらめないでわずらわしい。〈執拗〉とほぼ同義だが、〈しつこい〉の方が、相手に対して直接的にとりつく度合が強いような印象がある。また、味、香りなどの濃いときにも使う。「少ししつこい料理だ。」転しつこさ（名）

くどい　〔形〕同じことを繰り返すという意味では〈しつこい〉と同義だが、ただ、〈しつこい〉に認められる、いつまでもとりついてわずらわしく感じられるという意味合いはない。また、〈しつこい〉は、「し

つこい追跡」「しつこい病気」などのように、ことばによるくどくどしい態度以外のことにも用いるが、〈くどい〉は、主として、「くどい説明」「くどい追求」のように、ことばによるしつこさを言う。したがって、「しつこく追いかける。」とは言うが、「くどく追いかける」とは言わない。また、味や香りについても言う。「味がくどい。」
(転)くどさ(名)

じてん

辞典・事典・辞書

辞典 〔名〕ことばを一定の順序に並べ、その読みかた、意味、用法、語源などを説明し、用例を示した書物。広い意味では、「字典」や〈事典〉の意味も含む。「国語辞典」「表現類語辞典」

事典 〔名〕ことばの意味や用法ではなく、物や事柄の内容を説明した書物。「百科事典」

辞書 〔名〕〈辞典〉よりも、ことばの意味や用法をより詳しく説明した書物の意が強いが、〈辞典〉や「字典」の意味でも使われる。
類語 字典・字書・字引

しどう

指導・コーチ・手びき・手ほどき・助言

指導 〔名・スル動サ変〕ある目的に向かって教え導くこと。広く学問、技芸、スポーツ、芸術などに使う。「指導員」

コーチ 〔名・スル動サ変〕coach. 指導すること、あるいはその人。スポーツに使う。「バレーボールのコーチ」「バッティングコーチ」

手びき 〔名・スル動サ変〕人の手を引いて連れて行くこと。転じて、案内すること。また、初心者を教え導くこと。入門書の意もある。

手ほどき 〔名・スル動サ変〕〈手びき〉が、方向づけ程度の内容であることが多いのに対して、〈手ほどき〉は、より初心者に対して具体的に、しかもこまごまと教えることを言う。「手ほどきを受ける。」

助言 〔名・スル動サ変〕そばから口で言って助け導くこと。「助言者」

しとやか

淑やかだ・優雅だ・物静かだ

淑やかだ 〔形動〕ことばや動作が、ものやわらかで上品なこと。主として、女性について言う。(反)がさつ、(転)しとやかさ(名)

優雅だ 〔形動〕優しくて品のよいこと。みやびやか。〈淑やかだ〉よりも、さらに洗練された美しさを持つ場合に使う。また、ゆとりがあるさまにも使う。「優雅な身のこなし」「優雅な生活」(反)粗野

物静かだ 〔形動〕静かでひっそりしている。「物」は接頭辞で、「なんとなく」の意を表わす。「物静かな町のたたずまい。」また、ことばづかいや動作、態度の落ち着いているさまにも使う。「物静かな、好感の持てる人だ。」

しぬ

死(し)ぬ・歿(ぼつ)する・なくなる・逝(ゆ)く・みまかる・こときれる

死(し)ぬ 〔動五〕生命が絶える。病気や事故で命をなくす。「死ぬ気でやれば、何でもできる。」また、連語として用い、物事を大げさに言うのにも使う。「死ぬ思いで山を登って行った。」 反 生まれる、生きる

歿(ぼつ)する 〔動サ変〕没するとも書く。人がこの世から姿を消す。〈死ぬ〉は、人間だけでなく動物についても使うが、〈歿する〉は、人が死ぬことを客観的に言うときに使う。かたい文章語。「源頼朝は、鎌倉の地に歿した。」

なくなる 〔動五〕〈死ぬ〉の少し改まった、丁寧な言いかた。「父は三年前になくなりました。」

逝(ゆ)く 〔動五〕川の流れのように、行ってもう帰らなくなるの意、転じて〈死ぬ〉ことを言う。〈なくなる〉とほぼ同義だが、丁寧さはない。古風な用語。「母が逝って、もう三年になる。」

みまかる 〔動五〕〈逝く〉より丁寧な、雅語的表現。身罷ると書き、現世からあの世へ行くことを言う。「父は昨夏みまかりました。」のように、おもに身内の死について使う。

こときれる 〔動下一〕呼吸が止まり、死ぬ。「ついにこときれた。」のように、死の瞬間を言う。

類語 はてる・隠(かく)れる

しはいする

支配(しはい)する・管理(かんり)する・つかさどる

支配(しはい)する 〔動サ変〕ある者が他の者を指図したり、束縛したりする。また、「感情に支配される。」のように、何かに動かされるという意味でも使う。 名 支配

管理(かんり)する 〔動サ変〕他からの委託などをうけて、建物や設備などの運営、とりしまりなどを行う。他の人にかわって支配する。「もう少し責任を持って管理して下さい。」「管理職」 名 管理

つかさどる 〔動四〕あることを職務として、責任をもって行う。〈管理する〉意と〈支配する〉意の両方に用いる。かなりかたい文章語。「事務をつかさどる。」

じばら

自腹(じばら)・身銭(みぜに)・自弁(じべん)

自腹(じばら) 〔名〕自分の腹、転じて、自分のお金の意を表わす。「自腹を切る」の形で使い、経費を自分で出すことを言う。

身銭(みぜに) 〔名〕自分のお金。〈自腹〉とほぼ同義。「身銭を惜しむ。」のようにも使うので、〈身銭〉の方がより少額のときにも使うように感じられる。普通、「身銭を切る」の形で使われる。

自弁(じべん) 〔名〕自分で費用を払うこと。公費をさておいて、各自が自分の分を自分で支払うこと。

〈自腹〉〈身銭〉は、自分自身のためではないことに自分のお金を使う場合にも用いるが、〈自弁〉は、自分のために使うことを言う。「途中の食事は自弁ですます。」

しばらく
しばらく・ひとしきり

しばらく　〔副〕少しの間。「しばらくお待ちください。」なお、〈しばらく〉の時間幅は、文脈に応じてたいへん大きく、過去のことにも未来のことにも使える。「ここしばらくは景気の変動はない。」

ひとしきり　〔副〕〈しばらく〉の間続くこと。〈しばらく〉は、単に短い期間を言うが、この語は、その短い期間中、何かが間断なく盛んに続くことを表わす。「せみがひとしきり鳴いた。」

しばる
縛(しば)る・束(たば)ねる・くくる

縛(しば)る　〔動五〕ひもや縄などで物をつなぐ。転じて、人の自由を制限する意にも用いる。「うしろでに縛る。」㊎ほどく

束(たば)ねる　〔動下一〕物を一まとめにして縛る。束にする。

〈縛る〉は、物と物とを結びつけることに意味の重点があるが、〈束ねる〉は、細長いひもで結んで、くずれないように一まとめにすることに意味の重点がある。転じて、組織や集団などを統率する意にも使う。㊟束ね(名)

くくる　〔動五〕〈縛る〉〈束ねる〉とほぼ同じ意味で使うことが多いが、この語は、ばらばらなものを、ひもなどをまきつけて、一つの物として扱えるようにすることを言う。「手をくくる。」「かっこでくくる。」したがって、自由を制限するという意はない。その点で、〈束ねる〉に近いが、〈束ねる〉よりは、一つのものとしてきちっとまとめるというところに重点を置くときに使う。「うまく話をしめくくった。」

類語　結(むす)ぶ・繋(つな)ぐ・はぐ・綴(と)じる・結(ゆ)わく・舫(もや)う

しぶしぶ
しぶしぶ・いやいや・不承不承(ふしょうぶしょう)

しぶしぶ　〔副〕渋々と書く。心がすすまないままに、仕方なく。「しぶしぶついてゆく。」

いやいや　〔副〕いやでやりたくないのだが仕方なく。〈しぶしぶ〉よりも、感情的にやりたくないという気持ちが強い。「いやいや承知する。」

不承不承(ふしょうぶしょう)　〔副〕決心しかねるのだが仕方なく。〈しぶしぶ〉「しぶりしぶり」のように、単にめんどうで心がすすまないことを言うだけでなく、内容的にも、従えない、承知できないという気持ちを持っている。〈いやいや〉に近い。

じぶん
自分(じぶん)・自身(じしん)・自己(じこ)・おのれ・みずから・自我(じが)・エゴ

自分（じぶん）〔名〕自身。行動したり何かを感じたりする当の本人。「私は自分がつくづくいやになった。」というふうに使われる。また、代名詞として「私」の意味に使う。かつて軍隊で多く用いられた、男性専用の用語。だが、いまは死語に近くなっている。

自身（じしん）〔名〕自分とほぼ同義。⇩自分自身〈自分〉が、相手や他人に対する「私」の意味で使われるのに対して、〈自身〉は、自分の内面の意識をも含めた意味で使われることが多い。また、他の語についてそれを強める働きもある。「自身を顧みて恥じるところはない。」

自己（じこ）〔名〕自分自身。内在的な自分の存在をも意識した、〈自分〉と〈自身〉を含めたもの。また、世間とか、他人とかに対して、それらとはっきり区別する場合にも用いる。「自己を大事にせよ。」

おのれ〔名〕自己のやや古風な言いかた。「私」の代わりに、自分を卑下して言うときにも用いる。また、人をののしって言うときにも使う。「おのれの心」「おのれ！覚えていろ。」

みずから〔名・副〕〈おのれ〉とほぼ同義の雅語的表現。自分で。また、「みずから先頭に立つ。」のように、副詞としても用い、自分から積極的にの意を表わす。

自我（じが）〔名〕自分。天地間のあらゆる事物に対する自己、あるいは自己の存在の意識。心理学的には、人格構造における中心的部位を指す。「自我の確立」

エゴ〔名〕ego.「エゴに走る。」「エゴ丸出し」というふうに使い、ほとんどマイナスの意味で用いる。

類語 我（が）・我執（がしゅう）

しほん

資本（しほん）・資金（しきん）・もとで・元金（もときん）

資本（しほん）〔名〕事業などをするのに必要な金または資材。

資金（しきん）〔名〕仕事や事業をするために必要な金。〈資金〉は、個人が新しく事業を起こすために使える金を言うが、〈資本〉は、企業などの組織体について用いることが多い。〈資本〉は、狭義には、株主の出し合った基金を指す。「資金ぐり」

もとで〔名〕〈資本〉の和語。元手と書く。やわらかい言いかたで、ときには、〈資本〉とか〈資金〉にある功利的な響きを消すために使われる。「元手がかかる。」

元金（もときん）〔名〕〈もとで〉とほぼ同義。資本金。今は、「がんきん」と読み、利息に対してそのもとになるお金を言うことが多い。

しまつ

始末（しまつ）・処理（しょり）・処置（しょち）・処分（しょぶん）

始末（しまつ）〔名・スル動サ変〕①物事のしめくくり。あとかたづけ。結末。悪い結末のときに言う場合が多い。「始末がわるい。」②もともとは物事の始めと終わりの意で、それをうけて始めから終わりまでの様子、事情の意で使う。③倹約して、浪費をしないこと。

処理（しょり）〔名・スル動サ変〕 物事をてきぱきと取りさばいて、きれいに始末をつけること。事件または事務について使う。「事務処理」「処理を任せる。」

処置（しょち）〔名・スル動サ変〕 物事を適切に処理すること。〈処理〉に比べ、応急的、一時的な意味合いを伴う。また、「応急処置」「処置室」のように、傷や病気などに対して、手当てをすることの意にも用いる。

処分（しょぶん）〔名・スル動サ変〕 物事の扱いや処置をどうするか決めること、また、それを行うこと。また、「厳重に処分する。」のように、規則などを破った人を罰する意や、物を捨てたり、かたづけたりする意にも用いる。「古新聞を処分する。」

類語 後始末（あとしまつ）・尻（しり）ぬぐい

じまん

自慢（じまん）・うぬぼれ・慢心（まんしん）・自負（じふ）・自尊（じそん）

自慢（じまん）〔名・スル動サ変〕 自分で自分のことや、自分に関係する物事について他人に誇ること。マイナス評価で言うことが多い。「自慢話」「子供の自慢をする。」

うぬぼれ〔名〕 自惚れ・己惚れと書き、自分を実力以上に高く評価して誇ること。〈自慢〉より、自己中心的で見苦しい。「うぬぼれや」 動うぬぼれる

慢心（まんしん）〔名・スル動サ変〕 心の中で自分のことを自慢すること。また、その結果、いい気になって、おごりたかぶること。〈うぬぼれ〉より自慢する程度が強く、うぬぼれがすっかり身についてしまった状態を言う。「彼の慢心は、やがて命とりになるだろう。」

自負（じふ）〔名・スル動サ変〕 自分の能力や行為などに自信があって、誇りに思うこと。このことばには悪い意味はない。「自負心」ただ、それが強められると、〈うぬぼれ〉に近い意にも使われる。「一人前の若ものになったという自負があふれていた。」

自尊（じそん）〔名〕 自分自身が立派な人間であると信じ、他人からもそう思われることを期待すること。「自尊心」の言いかたで使うことが多い。〈自負〉は、自分の能力や仕事について言うが、〈自尊〉は、自分の人間性について使うことが多い。

類語 のぼせる・思（おも）い上（あ）がる・自賛（じさん）・鼻（はな）に掛（か）ける・自任（じにん）・気位（きぐらい）

しめり

湿（しめ）り・湿（しめ）り気（け）・湿気（しっき）

湿り（しめり）〔名〕 水分を含むこと。水気をおびること。広く、雨降りの意味にも使う。その場合、「お湿り」の形で用いることが多い。「いいお湿りですね。」 反乾き、動湿る

湿り気（しめりけ）〔名〕 少し水気をおびたさま。〈湿り〉は、水気をおびることを客観的に言うが、〈湿り気〉は、かわいていているべきものに含まれている水分を言う。「湿り気をおびる。」

湿気（しっき）　〔名〕湿った空気。また、立ちのぼる蒸気。〈湿り気〉は、空気、蒸気以外に、広く、紙・布団・枯れ葉・食べ物などについても使うが、〈湿気〉は、空気や風について言うことが多い。「しっけ」と読み、空気中や物体の中に、普通よりも多く含まれていると感じられる水分の意でも使う。

類語　湿っぽい（しめっぽい）・湿潤（しつじゅん）・潤い（うるおい）

しゃ

視野（しや）・視界（しかい）・眼界（がんかい）

視野（しや）　〔名〕①目に見える限り。視力の届く範囲。②物事を理解し考察できる知識の範囲。「広い視野に立って考える。」

視界（しかい）　〔名〕ある地点から目に見える範囲。〈視野〉が、漠然と見える範囲を言うことが多いのに対して、この語はより具体的である。また、〈視野〉に認められる、ものの見かた・考えの届く範囲の意は、〈視界〉にはない。「視界ゼロ。着陸不能。」

眼界（がんかい）　〔名〕〈視界〉よりも即物的で、もっとはっきり目に見える範囲を言う。したがって、望遠鏡などを使って見る場合には、〈視野〉〈視界〉を用いて、〈眼界〉は用いない。また〈視野〉と同様に、物を見、考える範囲についても使うが、その場合はより具体的な考えの及ぶ範囲を言うことがが多い。「眼界が狭い。」「眼界が開ける。」

しゃかい

社会（しゃかい）・世の中（よのなか）・世間（せけん）・実社会（じつしゃかい）

社会（しゃかい）　〔名〕①人間または生物が集まって生活を営むその世界。あるいは、そこでの生物同士の関係の全体。学術用語として一般に使い、かたい語感がある。「社会学」②共通の目的、同類の仲間などの集まってできた集団。「芸人の社会」

世の中（よのなか）　〔名〕特に人間関係を中心にした、同時代に属する広い社会。人間以外の生物については使わない。伝統的で、やわらかい語感がある。この語の方が、次の〈世間〉よりも客観的な意味合いが強い。

世間（せけん）　〔名〕〈世の中〉とほぼ同義だが、〈世間〉の方がもっと現実的で、生々しい人間関係を意味する場合に用いられることが多い。また、そこに生活する人びとの全体を言う場合もある。「世間がうるさい。」とは言えても、「世の中がうるさい。」とは言わない。

実社会（じつしゃかい）　〔名〕観念的な、頭の中だけで考えた社会でなく、現実の社会。しかし、観念としての〈社会〉に対するやはり観念的〈実社会〉の意味合いが強く、〈世の中〉〈世間〉の方が、より実生活や複雑な人間関係に結びついた言いかたである。「実社会に出る。」

類語　世俗（せぞく）・市井（しせい）・天下（てんか）

しゃじつ

写実（しゃじつ）・リアル・如実（にょじつ）・写生（しゃせい）

写実（しゃじつ）　〔名〕実際の状態を飾らずに、できるだけありのままを、文章・絵画などに表現すること。芸術用語。「写実的」「写実主義」

リアル　〔ダ形動〕 real. 写実的の意。真にあるがままに。〈写実〉が、実際の状態を客観的に正確に写し出す場合に用いられるのに対して、〈リアル〉はより現実的に生々しく写し出すことを言う。「リアルな映画」「リアルな描写」「リアリズム」

如実（にょじつ）　〔名〕 現実のとおりに。そのままに。かたい文章語。今は、〈如実に〉という形で、副詞的に用いられることが多い。「如実に物語る。」

写生（しゃせい）　〔名・スル動サ変〕 自分の個人的見解や考察などをはさまずに、現実をそのままに写し出すこと。〈写実〉はありのままと言っても、その中の真実を写し出すことに重点があるが、これは全くあるがままを、主観を入れずにそのまま写し出すことを言う。また、〈写実〉は文章について使うことが多いが、〈写生〉は絵画について言うことが多い。歌論用語としての「写生」には、また独特の観念がある。「風景を写生する。」

しゃれ

酒落（しゃれ）・駄酒落（だじゃれ）

酒落（しゃれ）　〔名〕 一つのことばと同じ音、あるいはそれに似た音の別のことばを使ってふざけること、またその文句。また、身なりやアクセサリーなどの趣味がよく、心憎さを感じさせることを言う。そのときは、「お」をつけて「おしゃれ」の形で使う。 動 酒落る

駄酒落（だじゃれ）　〔名〕 まずいしゃれ。下手なしゃれ。「だじゃれを飛ばす。」

類語 語呂合（ごろあ）わせ・ジョーク

しゅう

衆（しゅう）・連（れん）・徒（と）

衆（しゅう）　〔名〕 人数の多いこと。多くの人びと。転じて、多くの人びとやその集まりに対する軽い敬意や親しみを表わす接尾辞として使われる。「若い衆」

連（れん）　〔名〕 続く。連なること。転じて仲間、連中を表わす接尾辞として用いられる。〈衆〉が、軽い敬意や親しみの意を含むのに対して、〈連〉はそれを含まない。「文士連の集まる酒場」

徒（と）　〔名〕 仲間、同類の者。〈衆〉や〈連〉に比べて、悪い仲間や目下などのグループを言う場合に使われる。「暴徒」

しゅうかく

収穫（しゅうかく）・取（と）り入（い）れ・水掲（みずあげ）

収穫（しゅうかく）　〔名・スル動サ変〕 ①果物や農産物などを取り入れること、また取り入れた物。②一般にある行為を行って得たよい結果。「あの作品は本年の収穫だ。」

取り入れ（とりいれ）　〔名〕 〈収穫〉の①とほぼ同義の和語だが、〈収穫〉の②の意味で用いることはない。すなわち、「調査の収穫」とは言うが、「調査の取り入れ」とは言わない。〈取り入れ〉は、農産物などの収

穫にかぎって用いるわけである。

動 取り入れる

水揚げ（みずあげ）〔名〕水産物の収穫を言う。また、船の荷物を陸あげしたり、生花で切りとった草花が水をよく吸収する意もある。

類語 利益・収益・あがり

しゅうかん

習慣・慣習・慣行

習慣（しゅうかん）〔名〕いつも繰り返されていて、そうすることが一つの習わしやしきたりとなっていること。「早起きの習慣をつける。」

慣習（かんしゅう）〔名〕社会一般に行われている習わし。〈習慣〉が、多く、個人的な習わしについて使われるのに対して、この語は、社会や一つの地域などで、伝統的に行われている習わしを言う。「土地の慣習」

慣行（かんこう）〔名〕古くから行われているしきたり。一つの習わしとして、日常的に行われるようになったこと。〈慣習〉よりも、もっとはっきり定められ、行われていることについて言う。「慣行によって会議をすすめる。」

類語 慣用・習い・慣れっこ・くせ・通例・慣例

じゅうじつ

充実・充足・充満

充実（じゅうじつ）〔名・スル動サ変〕中味が十分につまっていること。必要な内容・設備・力が十分に備わっていること。「この本は内容が充実している。」「施設の充実を図る。」

充足（じゅうそく）〔名・スル動サ変〕中味がたっぷり満ちていること。〈充実〉が質、量ともに満ちていることを言うのに対して、この語は量的に十分足りていることに使う。また、〈充実〉は、「気力の充実」「内容の充実」のように、プラスの意味合いを伴って用いられるが、〈充足〉は、量が十分にいっぱいになることを客観的に言い、特にプラスの意味合いを伴うということはない。「欲望を充足させる。」「欠員を充足させるために、新規募集をする。」

充満（じゅうまん）〔名・スル動サ変〕すっかりいっぱいになっていて、みちみちてたっぷりしていること。〈充満〉は、気体や気配などの雰囲気について言うことが多く、〈充実〉のように特によい意味で使うことは少ない。「ガスが充満する。」

類語 充溢・横溢

しゅうじゃく

執着・執心・執念・妄執・固執

執着（しゅうじゃく）〔名・スル動サ変〕「しゅうちゃく」とも読む。いつまでも心がひかれて、どうしても思い切れないこと。他のものが欲しいというだけでなく、すでに自分のものであるものに心が残り手放せないという意もある。また、「なくなった時計に執着する。」のように、自分の手を放れたものを、もう一度欲しいと思うときにも使う。

執心（しゅうしん）〔名・スル動サ変〕〈執着〉の意味に近いが、まだ自分の手に入っていないものを欲しがるときにだけ使う。また、「彼は今、あの女性に御執心だ。」のように、人をひどく恋慕う意もある。

執念（しゅうねん）〔名〕執着する心の強いもの。心がそれにとらわれて離れず、長く思い続けること。ひかれる心の強さと、長く続くことに意味の重点がある。⇩執念深い

妄執（もうしゅう）〔名・スル動サ変〕いつまでも心の中にしこりのようになって離れない執念。迷いの心から、病的にこりかたまった執念を言う。かたい文章語。「妄執を去る。」

固執（こしつ）〔名・スル動サ変〕「こしゅう」とも読み、自分の考えにこだわって、少しも譲らないことを言う。一つの執念のようになっている自分の考えについて使う。「自説に固執する。」

じゅうようだ

重要（じゅうよう）だ・大切（たいせつ）だ・大事（だいじ）だ

重要だ（じゅうようだ）〔形動〕物事の成立に欠くことのできないきわめて大切なもの。「重要な会議」

大切だ（たいせつだ）〔形動〕それが一番必要で、重んずべき様子。また、「大切に使いなさい。」のように、使いすぎたり、粗末に扱ったりしないように気をつける様子の意にも用いる。〈重要だ〉が、「重要文化財」「重要視」のように、公的に貴重なものに使われることが多いのに対して、〈大切だ〉は、私的なもの、小さくても高価なものなどに使うことが多い。また、丁寧に扱うという意味もある。「お大切に。」

大事だ（だいじだ）〔形動〕重大なこと。大きな仕事の意味もある。また〈大切だ〉の意味にも使われる。この場合、〈大事だ〉の方が〈大切だ〉より、主体的な思いが多く加わっている。ややくだけた言いかた。「命を大事にしなさい。」

しゅうりょう

終了（しゅうりょう）・完了（かんりょう）・終止（しゅうし）・終結（しゅうけつ）・完結（かんけつ）・満了（まんりょう）

終了（しゅうりょう）〔名・スル動サ変〕物事がすっかり終わること、終えること。時間的な終わりの意に多く使うが、仕事などをなし終える意もある。「本日はこれで終了。」㊦開始

終止（しゅうし）〔名・スル動サ変〕終わること。まだ続く可能性があったことや、持続していた物事がひとまず終わること。〈終了〉は、今まで続いていた仕事が予定どおり終わることを言うが、〈終止〉は、まだ続く可能性があることが、何かの事情で終わる場合に使うことが多い。

終結（しゅうけつ）〔名・スル動サ変〕物事がすっかり終わってけじめがつくこと。「仮設」に対して、到達した結論を言うのにも使う。かなりかたい文章語。「戦争が終結する。」

完了（かんりょう）〔名・スル動サ変〕しなければならないことを、すっかりやり終えること。終わってしまうこと。物事が完全に終わるという点に意味の重点がある。

完結（かんけつ）〔名・スル動サ変〕長く続いていたものが、すっかり

終わること。連載していたものの終了を言う。「一年間続いていた連載小説が完結した。」

満了（まんりょう）〔名・スル動サ変〕役員や委員などの任期がすっかり終わること。定められた期間が、可もなく不可もなく一応終わることを言う。「任期満了」

しゅぎょう

修業（しゅぎょう）・研鑽（けんさん）・修養（しゅうよう）

修業（しゅぎょう）〔名・スル動サ変〕「しゅうぎょう」とも読む。学問、芸道などを習い修めて、身につけること。また修め終えたときにも使う。「修行」と書くと、仏道などの修業の意味になる。「修業僧」

研鑽（けんさん）〔名・スル動サ変〕着実に努力し、研究を重ねること。学問の修行に使うことが多い。かたい文章語。「研鑽を積む。」

修養（しゅうよう）〔名・スル動サ変〕学問を修め、品性をみがき、人格を高めること。主として、精神的な修業について言う。「修養して、立派な人間になる。」

類語 行（ぎょう）・研修（けんしゅう）・修練（しゅうれん）

しゅうしゅう

収集（しゅうしゅう）・採取（さいしゅ）・採集（さいしゅう）

収集（しゅうしゅう）〔名・スル動サ変〕蒐集とも書く。事物を取り集めること。功利的、打算的に集めるのでなく、自分の趣味として、あるいは研究のために集めることに広く使う。「切手の収集」「収集癖」

採取（さいしゅ）〔名・スル動サ変〕鉱物、植物などを取り集めること。〈収集〉よりも意味が広く、功利的・営業的なものにも用いる。「砂利の採取」⇩採掘

採集（さいしゅう）〔名・スル動サ変〕選び集めること。主として、昆虫や植物などを取り集めるのに使う。「植物採集」

しゅし

趣旨（しゅし）・趣意（しゅい）・論旨（ろんし）・要旨（ようし）・主旨（しゅし）

趣旨（しゅし）〔名〕言おうとする大体の内容、大まかな訳。「趣旨はどういうことですか。」「趣旨に反する。」

趣意（しゅい）〔名〕言おうとする大まかな意味。〈趣旨〉より、もっと大まかな考え、意見を言うときに使う。したがって、目的や訳を明確に示そうとする場合には、〈趣意〉は使いにくい。「文章の趣意をはっきりさせる。」

論旨（ろんし）〔名〕論のおもな点、また論の大まかなすじ道。〈趣旨〉に比べ、論理の展開の過程に重点を置く。「論旨をまとめる。」

要旨（ようし）〔名〕言いたいことの大切な点。〈趣旨〉の焦点をしぼって、さらに明確にしたものを言う。「発表要旨」

主旨（しゅし）〔名〕一番重要な考え、中心となる意見。〈趣旨〉〈論旨〉〈要旨〉〈主旨〉の順に、内容の焦点がしぼられてくる。「話の主旨」

類語 旨（むね）・本旨（ほんし）・主眼（しゅがん）・テーマ

しゅせき

主席・首席・領袖・首領

主席（しゅせき）〔名〕第一の席次、またはその位置にある人。会議や委員会などを主宰する人。また、一国の代表者、その政府、党の最高責任者なども言う。「国家主席」

首席（しゅせき）〔名〕首位の席。第一位の成績・身分・地位などを言う。第一位の成績という意味以外は、〈主席〉とほぼ同義に使う。「首席で卒業する。」

領袖（りょうしゅう）〔名〕「領」はえり、「袖」はそで、えりとそでは目立つところにあることから、人の上に立つ人、かしらの意に用いられる。やや改まった言いかた。「派閥の領袖」

首領（しゅりょう）〔名〕上に立つ人。かしら。多く、悪人などの長を言う。小さな団体や小悪党の集まりのかしらを言うことが多い。「十余人の盗人たちの首領の死骸が発見された。」

類語　盟首・盟主・ボス

しゅだん

手段・手だて・方便

手段（しゅだん）〔名〕ある事を行うための具体的で個別的な方法。「手段をえらばない。」

手だて（てだて）〔名〕ある事を成功させるための順序、方法。〈手段〉よりも、より具体的で個別的な方法について言う。

方便（ほうべん）〔名〕あることを行うための、一時的、便宜的に使う手段。仮の手だて。古風な用語。「嘘も方便」

しゅつげん

出現・出・現出・現前・発現・顕現

出現（しゅつげん）〔名・スル動サ変〉形のなかったものや、今まで隠れていたものが外に現れること。物についても状況についても言う。「救世主の出現」「新しい作家の出現」

出（で）〔名〕広く、外に現れることを言う。出てくること。「日の出」「月の出」「門出」㊦入り

現出（げんしゅつ）〔名・スル動サ変〕現実に現れてくること。現し出すこと。〈出現〉よりも、ずっと意味が狭く、具体的な光景・状況などに限って使う。かなりかたい文章語。「地獄図を現出する。」

現前（げんぜん）〔名・スル動サ変〕眼の前にあること。現実に、今、眼のあたりに起こっていること。かたい文章語。「現前する事実に目をおおう。」

発現（はつげん）〔名・スル動サ変〕実際に現れ出ること。現し出すこと。「効力の発現」のように、内部にある力や効果が、外に現れることに使う。かたい文章語。

顕現（けんげん）〔名・スル動サ変〕隠れていたり、分からなかったことなどが、はっきりと分かってくることを言う。〈出現〉は、広く物や状況が表面に形をとって現れることを言うが、この語は、普通では見えないものを拡大したり、摘出したりして、具体

的な形として明らかに出すことを言う。かたい文章語。「この期に至って、ようやく、現代日本文学の欠陥が顕現してきた。」

類語 現れ・実現・具現・体現

しゅっしん

出身・出・生まれ・育ち

出身 〔名〕生まれ育った土地、環境や家柄。また卒業した学校などを言う。「出身地」「出身校」

出 〔名〕その人の経てきた出生地、家柄、学校など。〈出身〉とほぼ同義。簡略に軽く言うときに使う。「広島の出」「東大出」

生まれ 〔名〕出生。生まれること。また、出身地や出生のときの環境・身分などを言う。やわらかい言いかた。 動生まれる

育ち 〔名〕成育、成長の過程。育つときの環境や育てられかた。「氏より育ち」「育ちがいい。」 動育つ

しゅっぱつ

出発・巣立ち・スタート・門出

出発 〔名・スル動サ変〕目的地へ向かって出かけること。また、「新しい人生の出発」のように、新しいことを始めることの意に用いられる。このグループの中では、最も一般的で、広い意味に使われることば。「出発時刻」「再出発」 反帰着

巣立ち 〔名〕鳥が成長して、巣から飛び立つこと。転じて、若者が父母や学校などを離れて、社会人として生活を始めること。「おとなの社会へ巣立ちをする。」 動巣立つ

スタート 〔名・スル動サ変〕start. 出発。競技に用いることが多いが、すべてを一新して、勢いよく出発する意味に用いることもある。「新しい世界へスタートする。」

門出 〔名・スル動サ変〕出発。大きな旅、公的な仕事の始めのときなどに用いる。古風な言いかた。「人生の門出」

類語 出立

しゅふ

主婦・奥様・奥さん・おかみさん

主婦 〔名〕一家の主人の妻で、育児や家事など、家の内外の仕事をして、夫とともに家庭の中心になっている女の人。家事や育児を行う人でも、未亡人については言わない。「一家の主婦として忙しく立ち働く。」

奥様 〔名〕人の妻を言うときの敬称。改まったときや目上の婦人、女主人、年輩の婦人などを言うときにも用いる。「奥様、お手を。」

奥さん 〔名〕〈奥様〉のややくだけた言いかた。親しみを表わして言うこともある。

おかみさん 〔名〕〈奥さん〉よりも、もっとくだけた、俗な言いかた。下町などで用いる。〈奥様〉が、上品だがやや冷たい

感じを伴うのに対して、この語は、くだけてはいるが暖か味がある。

類語 妻君・かみさん

しゅんかん

瞬間・瞬時・一瞬・刹那・寸暇

瞬間（しゅんかん）〔名〕きわめて短い時間。人間の感覚では時間がたったとは感じられない、ごく短い時間。

瞬時（しゅんじ）〔名〕〈瞬間〉の意味に近いが、かたい文章語的な言いかた。ほんのまばたきするほどのわずかの時間。「瞬時のできごと」

一瞬（いっしゅん）〔名〕ほんのわずかの時間。〈瞬時〉よりもさらに短い。「武蔵は一瞬早く切り下ろした。」

刹那（せつな）〔名〕ほんの一瞬の間。仏教語からきた。〈瞬間〉などとほとんど同義だが、ややかたい、古風な言いかた。「刹那の知覚」

寸暇（すんか）〔名〕いそがしさの中にできる、わずかのひま。「寸暇を惜しむ。」

じゅんしん

純真・無心・無邪気・あどけない・天衣無縫・清純・純情

純真（じゅんしん）〔名・ダ形動〕飾ったり偽ったりすることなく、心や性質が清く美しいこと。「子供の純真な気持ちを傷つけるような発言をしてはいけない。」「純真な心」 反不純

無心（むしん）〔名・ダ形動〕心を持たないこと。思う心がないので、それを思う力がまだないとき使う。「無心に遊ぶみどりご」。また、何かに熱中してわれを忘れている状態とか、いろいろの雑念を捨ててきれいな心になる様子の意にも使う。また、遠慮や思いやりの心をなくし、ときにはあつかましく金品をねだる意もある。「金を無心する。」 反有心

無邪気（むじゃき）〔名・ダ形動〕邪心、すなわちよこしまな心のないこと。あどけなくかわいいこと。〈無邪気〉は、子供のあどけなくかわいい様子について言うことが多く、「無邪気な笑顔」のように表情についても、「無邪気なもの言い」のように行為についても使う。また、「無邪気な子供」「無邪気な質問」のように、かわいい単純な様子についても用いる。 転無邪気さ（名）

あどけない〔形〕邪心のないかわいらしい様子。〈無邪気〉とほぼ同義だが、「あどけない寝顔」「あどけない表情」のように、表情について言うことが普通である。この語も、おとなの様子については使わない。 転あどけなさ（名）

天衣無縫（てんいむほう）〔名・ダ形動〕飾るところがなく、自然そのまま。俗世間の知恵や欲望、虚飾などが全くないさま。かたい文章語。「天衣無縫な人」

清純（せいじゅん）〔名・ダ形動〕心や姿などが清らかでけがれていないこと。〈無邪気〉などと同じように、邪心のない清らかな様子を言うが、子供については使わない。「清純な乙女」のように、おもに、若い女性の心や態度について言う。 転清純さ（名）

純情（じゅんじょう）〔名・ダ形動〕俗世間の欲望や濁りなどを知らないきれいな心。ときには、世の裏面を知らない単純な心の持ち主の意にも使われる。多くは、男女間の愛情について言い、世間ずれしていないことに使う。「彼は、実に純情な若者だ。」

類語 純潔・純粋・純朴・素朴・素直

しよう

使用・採用・利用・活用

使用（しよう）〔名・スル動サ変〕人や物を使うこと、用いること。「使用人」

採用（さいよう）〔名・スル動サ変〕人や意見、方法などを選んで用いること。「君の提案を採用しよう。」「採用通知」

利用（りよう）〔名・スル動サ変〕うまく使うこと、また使って役に立たせること。自分の役に立つように他人をうまく使う意もあり、そのときにはあまりいい意味には使わない。「バスを利用している。」

活用（かつよう）〔名・スル動サ変〕十分に力を出させるようにうまく使うこと。「人材を活用する。」

類語 運用・行使

しょうがい

生涯・一生・一代・終生

生涯（しょうがい）〔名〕生まれてから死ぬまでの間。人間以外の動物には、あまり使わない。また、一生のうちのある一時期をも言う。「生涯の思い出」「生涯教育」

一生（いっしょう）〔名〕〈生涯〉とほぼ同義だが、〈一生〉は、広く生物一般について言う。また、〈生涯〉のように、ある一時期を言う意味用法はない。「このご恩は一生忘れません。」

一代（いちだい）〔名〕〈一生〉。特に数奇にみちた一生を送ったときなどに使う。あるいは、君主などの治世の間を言う。「男一代の記録」「一世一代」

終生（しゅうせい）〔名〕〈終身〉〈生涯〉とほぼ同義だが、死ぬまでというところに意味の重点がある。やや改まった重々しい言いかた。「終生の思い出となろう。」

類語 経世・終世・一生涯

しょうさい

詳細・委細・子細・つまびらかだ

詳細（しょうさい）〔名・ダ形動〕小さな点まで詳しく細かなこと。「詳細に調べる。」 反 概略

委細（いさい）〔名〕〈詳細〉とほぼ同義だが、この語には、詳しい事情の意味もある。また、〈詳細〉は、形容動詞としても用いられるが、〈委細〉には、名詞としての用法しかない。したがって、「詳細に説明する。」とは言っても、「委細に説明する」とは言わない。「委細を説明する。」である。「委細かまわず」

子細（しさい）〔名〕細かなこと。物事の詳しい事情、訳。〈委細〉の意味に近いが、それ以上に、訳、理

由の意味で使われることが多い。

つまびらかだ　〔形動〕詳らかと書く。〈詳細〉とほぼ同義、小さな点まで省かずに詳しく扱う様子。やや古風で、改まった言いかたであり、「つまびらかでない。」「つまびらかにする。」の言いかたで用いられることが多い。

じょうしょ

情緒（じょうしょ）・情操（じょうそう）・余情（よじょう）

情緒（じょうしょ）　〔名〕「じょうちょ」は慣用的な読み。物事を見聞きして起こる心の動き、あるいはその気分。喜びや悲しみなどの心の動きを言うことが多く、怒りや激しい悲しみなどにはあまり使わない。文章語。〈情緒〉は、また、「的」を付けて、〈情緒的だ〉という形容動詞としての用法があるが、次の〈情操〉以下の語には、名詞としての用法しか認められない。

情操（じょうそう）　〔名〕〈情緒〉のより高度な心の動き、感情。〈情緒〉がかなり自在な感情の動きを言うのに対して、これは、知的あるいは道徳的に、ある一定の慎しむべき限度をもっている場合を言う。「情操教育」

余情（よじょう）　〔名〕ものの終わったあとに残る情趣。表面的なことばの内外にこめられたものを言う場合が多い。文章語。「余情を楽しむ。」

じょうずだ

上手（じょうず）だ・うまい・巧（たく）みだ・巧妙（こうみょう）だ

上手だ（じょうずだ）　〔形動〕物事を、うまく手際よくやること、また、その人。「その道の上手」また、口先がうまいこと、おせじの意味もある。やや俗語的な言いかた「お上手を言う。」 (反)下手だ

うまい　〔形〕〈上手だ〉のくだけた言いかた。「上手い」の字を当てることもある。また、味がよいの意味もあり、そのときは「美味い」などと書く。転じて、自分だけ都合のいいことや、もうけになることの意味にも使う。 (転)うまさ(名)

巧みだ（たくみだ）　〔形動〕〈上手だ〉の文章語的な言いかた。手際よく上手に。特に見事に洗練された上手さを言うときもある。「巧みな手さばき」 (転)巧みさ(名)

巧妙だ（こうみょうだ）　〔形動〕〈巧み〉とほぼ同義。きわめて巧みなことを言うが、やや悪どい巧みさがあるときにもこの語を用いる。「巧妙な手段を使って法を逃れた。」 (転)巧妙さ(名)

類語　絶妙（ぜつみょう）だ・達者（たっしゃ）だ

じょうせい

情勢（じょうせい）・事態（じたい）・形勢（けいせい）

情勢（じょうせい）　〔名〕状勢とも書く。物事の成り行き。社会や社会機構などの変化のありさまを言う。「情勢が好転する。」「社会情勢」

事態（じたい）　〔名〕そのときの物事のありさま、状態、またその成り行き。〈情勢〉は、大きな全体の流れ、状態を言うが、この語は、物事のその時どきでの小さな状態について使う。「重大な事態」

形勢（けいせい）　〔名〕物事全体の大きな成り行き、状態。〈事態〉の移り行き、変化。〈情勢〉が、事態に

ついての客観的な把握であるのに対して、この語は、対立関係にある事態についての主観的な判断が含まれる。したがって、「状勢不利」とは言えないが、「形勢不利」とは言う。

類語 大勢（たいせい）・状況（じょうきょう）

しょうたい
正体（しょうたい）・本体（ほんたい）・実体（じったい）

正体（しょうたい）〔名〕本来の姿、人の本当の姿。あるいは本当の身分や本心なども言う。また、正常の精神状態の意味でも使う。「正体不明」

本体（ほんたい）〔名〕本当の姿。また、そのものの中心となる部分。特に神社、仏閣などの神体や本尊などを言うときもある。表面に現れていないという点では、〈正体〉も〈本体〉も同じだが、〈本体〉は、より実質を持っているものについて言う。また、〈正体〉は、「ばけものの正体」「正体をあばく。」のように、今までは仮面をかぶっていて悪いところ、恐ろしいところを見せなかったというマイナスの意味合いが強いが、〈本体〉には、「この神社の御本体はなんですか。」「ものの本体」のように、特にその意味合いがない。（反）現象

実体（じったい）〔名〕〈本体〉の意味に近いが、抽象的、観念的に認められるものではなく、その本質的な中味や、内部にある具体的なものなどを広く言う。哲学では、そのものの根底にある不変の本質的な存在を言う。「実体を調べる。」「実体をつかむ。」

類語 得体（えたい）・実像（じつぞう）

しょうち
承知（しょうち）・了解（りょうかい）・了承（りょうしょう）・納得（なっとく）

承知（しょうち）〔名・スル動サ変〕①細かいこともいろいろ知っていること。②相手の願いや希望、要求などを認めて、引き受けること。「その願いは承知した。」③許すこと。「なまけることは承知しない。」

了解（りょうかい）〔名・スル動サ変〕相手の言い分、考え、あるいはそのときの状態などを理解すること。〈承知〉は、相手の願いや希望、要求などを認めたうえで、自分のこととして引き受けるという点に意味の重点があるが、〈了解〉は、そのことの事情や理由などがよく分かって、認めるという点に意味の重点がある。「以上了解。」「ただちに了解することができた。」

了承（りょうしょう）〔名・スル動サ変〕事情がよく分かったうえで、承知すること。「了承を求める。」「了承を得る。」のように、〈了解〉とほとんど同義に用いられるが、〈了承〉は、事情をよく理解したうえで、引き受けるという意味合いが強い。

納得（なっとく）〔名・スル動サ変〕相手の言い分や行為などを理解し認めること。一応認めはするが、積極的には賛成できないときにも使う。「一応納得したけれどね……」。〈了承〉よりも、もっと内面的で、私的な事柄について使うことが多い。

類語 合点（がってん）・得心（とくしん）・首肯（しゅこう）

しょうちょう
象徴（しょうちょう）・シンボル・典型（てんけい）

象徴（しょうちょう）〔名〕その社会集団の約束としてことばでは表わしにくい抽象的な概念などを、それと関係の深い、あるいはそれを連想させやすい具体的な事物によって表わすこと、または表わしたもの。「子どものありかたは社会のありかたの象徴だ。」

シンボル〔名〕symbol.〈象徴〉の意の外来語。

典型（てんけい）〔名〕同類の中で、よかれあしかれその類の特徴を、最もよく表わしているもの。〈象徴〉は他の具体的なもので代表させるが、この語は、同類の中から代表させる場合に用いる。抽象的な内容、具体的な内容のどちらにも用いる。「彼女は日本的美人の典型だよ。」

じょうひん

上品（じょうひん）・品（ひん）・品位（ひんい）・品格（ひんかく）・気品（きひん）

上品（じょうひん）〔ダ形動〕品のいいこと。また、時には、物の質が上等なときにも使う。「上品な着物」[反]下品、[転]上品さ(名)

品（ひん）〔名〕物の質や外形の様子。物の値打ち。また、「品のよい」「品よい」の形をとって、〈上品〉の意味で使う。「品がない」

品位（ひんい）〔名〕人に自然とそなわっている品のよさ。敬虔な感じを伴う。「品位が下がる。」

品格（ひんかく）〔名〕〈品位〉とほぼ同義だが、人の持っている品のよさ、とくに立派さについて言う。

気品（きひん）〔名〕なんとなく感じられる上品さ。品位の高いこと。どことなく犯しがたい高い品位、おごそかな品位の感じられる場合に用いる。「どこか犯しがたい気品がある。」

[類語] 品性（ひんせい）・エレガント

しょうめつ

消滅（しょうめつ）・消去（しょうきょ）・抹消（まっしょう）・消失（しょうしつ）・喪失（そうしつ）・紛失（ふんしつ）・遺失（いしつ）・散佚（さんいつ）

消滅（しょうめつ）〔名・スル動サ変〕消えてなくなってしまうこと。滅んでしまうこと。[反]発生

消去（しょうきょ）〔名・スル動サ変〕消してなくすること。〈消滅〉が、人や物が消え滅びてゆくことを客観的に言うのに対して、この語は、人が自分の意志で具体的なものを消すときに使う。かたい文章語。「消去法」

抹消（まっしょう）〔名・スル動サ変〕消して除いてしまうこと。〈消去〉と同様に意志的に消すことを言うが、〈抹消〉は、完全に消してしまうことについて使う。「リストから名前を抹消する。」

消失（しょうしつ）〔名・スル動サ変〕消えてしまうこと。あるものが自然になくなってゆくこと。おもに自信とか権利など、精神的なものや抽象的なものが消えるのに使う。「権利を消失した。」

喪失（そうしつ）〔名・スル動サ変〕〈消失〉とほぼ同義だが、より精神的に、取り返しがつかない思いの強い場合に使う。具体的な事物についてはあまり使わない。「記憶喪失」[反]獲得

紛失（ふんしつ）〔名・スル動サ変〕物が行方不明になること。具体的な事物がなくなることについて言う。

〈消失〉のように、物そのものが完全に消え去るのではなく、忘れたり落したりしたのであって、物は存在するが、どこにあるか不明なだけである。「ノートを紛失した。」

遺失（いしつ）〔名・スル動サ変〕物を忘れたり落したりすること。多く、「遺失物」「遺失品」などのように、複合語で使う。

散佚（さんいつ）〔名・スル動サ変〕書物や文献などがばらばらになり、その一部が散り失せること。古風な文章語。「散佚文書」

しょうめん

正面（しょうめん）・真正面（ましょうめん）・真向（まっこう）・真向（まむ）かい

正面（しょうめん）〔名〕建物などの表。相手に対して一番前。また、まっすぐに向いた前の意にも用いる。「正面攻撃」（反）側面・背面

真正面（ましょうめん）〔名〕〈正面〉の意を強めた言いかた。

真向（まっこう）〔名〕〈真正面〉とほぼ同義だが、額のまん中を言う意は、〈真正面〉にはない。「真向から斬りおろす。」

真向かい（まむかい）〔名〕「向かい」の意を強めたもの。〈真正面〉に近い。「真向かいの店」

じょせいてき

女性的（じょせいてき）・女女（めめ）しい

女性的（じょせいてき）〔ダ形動〕女のようであること。多く、男の男らしくない様子に使われる。「女性的なしぐさ」（反）男性的

女女しい（めめしい）〔形〕意気地がない、男らしくない。〈女性的〉と同じように、多く男について使われる。〈女性的〉よりももっと意気地のない、決断力のないさまを言う。（反）雄雄しい、（転）女女しさ(名)

しょんぼり

しょんぼり・悄然（しょうぜん）・しおしお

しょんぼり〔副・スル動サ変〕元気がなく寂しそうなさま。寂しさやむなしさを感じたり、がっかりしたりして、元気をなくしている様子を表わす。口頭語的な言いかた。「しょんぼりとたたずむ。」

悄然（しょうぜん）〔タル形動〕〈しょんぼり〉とほぼ同義の漢語的表現。元気なくしょげているさま。〈悄然と〉の形で副詞的に使われることが多い。かたい文章語。「悄然と立ち去った。」

しおしお〔副・スル動サ変〕ひどく叱られたりして、しおれて元気がないさま。〈しょんぼり〉とほぼ同義だが、この語は、動作（移動の動作）に使うことが普通である。「しおしおと帰って行った。」

しらぬかお

知（し）らぬ顔（かお）・すまし顔（がお）・何食（なにく）わぬ顔

知らぬ顔（しらぬかお）〔連語〕〈知らん顔〉とも言う。知っていて、知らないふりをするさま。「今さら知らぬ顔もできまい。」

何食わぬ顔（なにくわぬかお）〔連語〕〈知らぬ顔〉とほぼ同義だが、

〈知らぬ顔〉が、多く知識、情報などについて言うのに対して、この語は、自分のしたいことや思っていることが、人に知られては困るときにする、なにげない顔つきに使う。「何食わぬ顔をして、その場を立ち去った。」

すまし顔(がお)　〔連語〕何事もなく、関係ないといったような、きどった顔つきをすること。広く、〈知らぬ顔〉〈何食わぬ顔〉の意も含む。「彼女のあのすまし顔、なんとかならないかね。」

しりぞく

退く(しりぞく)・ひく・引(ひ)きさがる・退去(たいきょ)する

退く(しりぞく)　〔動五〕①前進をやめ、後にさがる。後退する。「難しい問題であればあるほど、一歩退いて考えてみることが大切だ。」②身分の高い人の前からさがる。③職などをやめて家に居る。「第一線を退く。」
(反)進む

ひく　〔動五〕「引く」と書き、〈退く〉とほぼ同義。また、職をやめる意や、仕事を終えて帰宅する意もある。古風な用語。「人間はひけ時が大事だ。」

引(ひ)**きさがる**　〔動五〕今までいた場所から退く。〈ひく〉を強めたもの。また、あることから手をひく意や、「どやしつけられて引きさがる。」のように、相手からやりこめられて、自分の言い分・主張を引っこめる意にも用いられる。

退去(たいきょ)**する**　〔動サ変〕ある場所から他の場所へ移ること。ある場所からたちのくこと。「人々を退去させる。」　(名)退去

しん

真(しん)・真理(しんり)・真実(しんじつ)

真(しん)　〔名〕うそ、偽りのないこと。また、にせものでなく本当のものの意にも用いる。「真の勇気」。また、「真に愛する人」のように、副詞的にも用いる。　(反)偽・贋

真理(しんり)　〔名〕正しい筋道を持った知識・判断。客観的にも論理的にも正当で、永久に変わらないとみられる認識内容。「不変の真理」

真実(しんじつ)　〔名〕うそ偽りでないこと。〈真理〉は、論理的にも客観的にも不変のものを言うが、〈真実〉は、主観的に正しいと思うことについても使う。広く、うそでない本当のことの意に用い、具体的な事柄について言うことが多い。「真実を告白する。」また、〈真実〉は、「真実そう思うよ。」のように、「本当に」を強めた副詞としての用法がある。
(反)虚偽

しんけん

真剣(しんけん)・本気(ほんき)・本腰(ほんごし)

真剣(しんけん)　〔名・ダ形動〕木刀や竹刀(しない)に対して本物の刀。転じて、ごまかしや遊びの気持ちが全くない、全力をあげて何かをする様子の意にも用いられる。「真剣に考える。」　(転)真剣さ(名)

本気(ほんき)　〔名・ダ形動〕まじめに行おうとすること。〈真剣〉の意味に近いが、この語は、行為者の心情の方により重点がある。つまり、

〈真剣〉は、行為そのもののまじめさを言うが、この語は、遊びやごまかしや気まぐれからではなく、もっと真実を持った気持ちになっていることを言う。「本気で働く。」「嘘を本気にする。」

本腰（ほんごし）〔名〕本当にやる気になること。〈本気〉は、今まで不まじめだったのが、まじめになる意で用いることがあるのに対して、この語は、〈真剣〉に近い意を表わし、身構えて本格的に物事を行うことを言う場合に使う。「本腰を入れて学ぶ。」

しんじん

新人（しんじん）・新顔（しんがお）・ニュー・フェース・青二才（あおにさい）

新人（しんじん）〔名〕新しくある団体、組織、会社などに入った人。また、広く、新しく登場してきた人を言う。「新人戦」㊅旧人

新顔（しんがお）〔名〕ただ、〈新人〉とほぼ同義。〈新人〉と言うと、期待される要素が強いが、〈新顔〉は、まだ未熟者といった意が強い。「新顔が登場する。」㊅古顔

ニュー・フェース〔名〕new face.〈新人〉の意。多く、芸能界で使われる。「今年も多くのニュー・フェースが登場した。」

青二才（あおにさい）〔名〕さらに悪い意味に使う。〈新顔〉よりも、まだ年若く、経験も知識も乏しいことをののしって言う。また、自分のことを卑下して言うときにも用いる。「青二才は黙れ。」

しんせき

親戚（しんせき）・姻戚（いんせき）・親類（しんるい）・身内（みうち）

親戚（しんせき）〔名〕広く血縁関係や婚姻関係などによって、つながっている人びとのこと。「遠い親戚にあたる。」

姻戚（いんせき）〔名〕結婚によって新しくできた〈親戚〉を言う。〈親戚〉は、血縁関係にも、直接血のつながりのない親類にも使うが、〈姻戚〉は、結婚したことによってできた、直接血のつながりのない親類に限って用いる。「姻戚関係」

親類（しんるい）〔名〕血縁関係や婚姻関係でつながりがある人で、別の世帯に属する人。〈親戚〉のやや俗語的な言いかた。また、広く似たものや同類のものを言うときもある。「親類縁者」

身内（みうち）〔名〕①自分の身体の内部全体。②〈親類〉〈親族〉などとほぼ同義に使われる。しかし、それらの語ほど広い範囲を指すことは少なく、父母、兄弟と、そのほんの近い者たちの意で使われることが多い。「身内が集まって小さなお祝いをした。」「身内の恥」また、俗語的な言いかたで、一人の親分のもとに属する子分たちのことを言う。

類語 身寄り（みより）・親族（しんぞく）

しんせつだ

親切だ（しんせつだ）・情深い（なさけぶかい）・手厚い（てあつい）・懇ろだ（ねんごろだ）

親切だ（しんせつだ）〔形動〕深切とも書く。情深く人情に厚いこと。

他人のために、いろいろ心をくばってやること。(反)冷淡

情深い(なさけぶかい)　〔形〕思いやりがあり、深く心をくばること。上の者から下の者への親切を言う。「情深い人」 (転)情深さ(名)

手厚い(てあつい)　〔形〕取り扱いなどが丁寧で、親切であること。〈情深い〉が、多く思いやりの深さを言うのに対して、この語は、人に対する行為の丁寧さの程度を言う。「手厚いもてなしを受ける。」 (転)手厚さ(名)

懇ろだ(ねんごろだ)　〔形動〕きわめて丁寧で親切なこと。〈情深い〉は心の深さを言うが、〈懇ろだ〉は扱いの丁寧さを言うことが多い。友人、男女関係の親しいことにも使う。「ねんごろにもてなす。」

しんちゅう

心中(しんちゅう)・胸中(きょうちゅう)・衷心(ちゅうしん)

心中(しんちゅう)　〔名〕心の中。心の中で思っていること。「心中察するに余りある。」「心中穏やかでない。」のように、心の中の苦しみ、つらさなどを表わすことが多い。

胸中(きょうちゅう)　〔名〕〈心中〉とほぼ同義だが、「胸中を披瀝する。」のように、自分が今いだいている気持ちを表わすことが多く、秘密めいたことも含む。

衷心(ちゅうしん)　〔名〕「衷」は心。心の奥底。すなわち真心を言う。真心から。改まった言いかた。「衷心よりお喜び申し上げます。」

しんぱい

心配(しんぱい)・気苦労(きぐろう)・心労(しんろう)・心痛(しんつう)

心配(しんぱい)　〔名・スル動サ変・ダ形動〕いろいろ心をくばって案ずること。気遣い。また、いろいろ心を使って世話をすることも言う。

気苦労(きぐろう)　〔名・スル動サ変・ダ形動〕あちこちに気を遣い、心の苦労をすること。〈心配〉のように、主体が積極的に心を用いて世話をするといった意味はなく、気がねや対人関係の心配など、おもに精神的な苦労を言う。「小さい子がいると気苦労が絶えない。」

心労(しんろう)　〔名・スル動サ変〕さまざまの心遣い。〈気苦労〉の程度のもっと強いもの。精神的な疲労。ただし、あいさつなどでは、軽く〈心配〉の意味で使う。「いろいろ御心労ですね。」

心痛(しんつう)　〔名・スル動サ変〕こうじて痛みになるほどの心配。最悪の事態まで考えて、心を悩ますこと。〈心労〉よりも心配の程度が強く、最悪の事態まで考えて、心を悩ますことを言う。「心痛のあまり、床につく。」

類語　屈託(くったく)・気配り(きくばり)・配慮(はいりょ)

しんぽ

進歩(しんぽ)・進展(しんてん)・進化(しんか)

進歩(しんぽ)　〔名・スル動サ変〕物事や思想、考えかたなどが発達し、よい方向へ進んでいくこと。〈進歩〉は、もっぱら質的な面について言う。「科学の進歩」「進歩の跡がうかがわれる。」 (反)退歩・保守

進展（しんてん）　〔名・スル動サ変〕〈進歩〉し、発展すること。文化、思想、事件、事態などには使うが、生物や具体的な事物の〈進歩〉には用いない。もっぱら質的な面を指す点では、〈進歩〉と同様である。

進化（しんか）　〔名・スル動サ変〕多くは生物が高等なものに変化、発達することを言う。また、広く世の中の物事がいい方向へ発展する意に使うこともある。「進化論」(反)退化

類語　日進月歩（にっしんげっぽ）・発展（はってん）

しんよう

信用（しんよう）・信頼（しんらい）・信任（しんにん）

信用（しんよう）　〔名・スル動サ変〕嘘やごまかしをしないと、信じて疑わないこと。また、「信用がある。」「店の信用」のように、間違いないと思わせるだけの、その人や組織などが持っている値打ちの意にも用いられる。「世間の信用を失う。」

信頼（しんらい）　〔名・スル動サ変〕信じて頼りにすること。〈信用〉が、その人や組織などが持っている具体的で個別的な、間違いないと思わせるだけの値打ちを言うのに対して、〈信頼〉は、その人の能力や全人格を信用することについて使う。

信任（しんにん）　〔名・スル動サ変〕信用して仕事などを任せること。組織などで、ある役割を任せる場合や、上役の信頼が厚い場合に使う。「信任を得る。」「信任が厚い。」

す

すい

粋（すい）・神髄（しんずい）・精髄（せいずい）・エッセンス

粋（すい）　〔名〕事物のよりすぐったもの。交じり気のないすぐれたもの。「粋を集めた建物」。また、芸事や遊びなどに通じた人のことを言うときもある。やや古風なことば。「粋人」

神髄（しんずい）　〔名〕真髄とも書く。物事の中心、そのものでなくては味わえない、独特のよさ。「芸術の神髄は心にある。」

精髄（せいずい）　〔名〕物事の中心になるもの。それを欠くとそのもの全体の意義がなくなる一番重要な部分という点に意味の重点がある。かたい文章語。「天平文化の精髄とも言うべき彫刻」

エッセンス　〔名〕essence. ものの本質的な要素。また、物から抜き出したその中心的要素の意にも用いられる。「学問のエッセンス」

すいせん

推薦（すいせん）・推挙（すいきょ）

推薦（すいせん）　〔名・スル動サ変〕よいと思う人や事物などを、他人にすすめること。人についても、物についても用いる。「推薦図書」「推薦入学」

推挙（すいきょ）　〔名・スル動サ変〕ある官職・地位・仕事に適当な人

として、その人を、上の人にすすめること。人についてしか言わない。「会長に推挙された。」

類語 推輓・推奨

すいそく

推測・推量・推察・臆測・当て推量・推理・推論・推定

推測 〔名・スル動サ変〕今までに分かっていることをもとにして、物事の性質や将来などについて、多分こうであろうと考えること。「それは推測にすぎない。」

推量 〔名・スル動サ変〕相手の心や事の成り行きを、心の中で推し測ること。

推察 〔名・スル動サ変〕〈推量〉とほぼ同義だが、この語は、特に相手の心のうちや事情などを、いろいろの事柄やある根拠に基づいて理解しようとするときに用いる。

臆測 〔名・スル動サ変〕確かな根拠もないのに、大体そうらしいと、いいかげんな推量や推測をあれこれすること。かたい文章語。「臆測で判断するな。」

当て推量 〔名・スル動サ変〕はっきりした理由や根拠もないのにでたらめに物事を推し測ること。〈臆測〉とほぼ同義の俗語的な言いかた。「当て推量で言う。」

推理 〔名・スル動サ変〕すでに分かっていることや、確かな資料などに基づいて、事の成り行きや未知の事柄を推し測ること。〈推量〉よりも、論理的に考えていく場合を言う。「推理小説」

推論 〔名・スル動サ変〕〈推測〉〈推理〉をして、一つの結論を出そうと論を進めること。「この問題についての僕の推論はこうだ。」

推定 〔名・スル動サ変〕推論して定めること。調査や確かな資料などによって、客観的に推し測って一定の結論を出すこと。法令用語としては、法令の規定を働かせるについて、一定の事項につき他の事項を同一視して、その一定の事項に関して生じる法律効果を他の事項に関しても生じさせる場合に用いられるが、〈推定〉は、同一視する程度が弱く、反証を許す。これに対して、「みなす」は、同一視する程度が強く、絶対的なものとして反証を許さない。

類語 忖度・推断・類推

すう

吸う・すする

吸う 〔動五〕気体や液体などを、ゆっくりと口の中に入れ込む。飲み込む。「タバコを吸う。」「味噌汁を吸う。」⇩飲む

すする 〔動五〕音をたてて吸いこむ。液化したものを強く吸うようにして、飲みこむ場合に使われる。「おかゆをすする。」

すえ

末・末尾・結び・結末・上がり・幕切れ・終幕・大団円・きり・けり

末 〔名〕ものの先。ものの終わり。転じて「行く末」というふ

うに、未来の意味にも用いる。物についても時間についても用いる。「末は博士か大臣か」　[反]本・初め

末尾（まつび）　〔名〕物事の終わり。ひとつながりに続いているものの、一番最後のところ。時間については使わず、文章の最後の意に用いられることが多い。「文章の末尾」「列の末尾」

結び（むすび）　〔名〕ものを結ぶこと。しめくくり。転じて、ものの終わり、結末をつけるところの意に用いる。「文章の結び」「演説の結び」のように、表現されたものの結末をつけるところの意に用いることが多い。
[動]結ぶ

結末（けつまつ）　〔名〕物事の終わり。〈結び〉の漢語的表現で、最後の結果に意味の重点がある。

終末（しゅうまつ）　〔名〕物事のおしまい。最後。「終末を迎える。」

上がり（あがり）　〔名〕続いていたものが終わりになること。「今日はこれで上がりにしよう。」また、「染め物の上がりがきれいだ。」のように、作っていたものが完成することの意や、「今日は店の上がりが少ない。」のように、得られた結果の意にも用いる。[動]上がる

幕切れ（まくぎれ）　〔名〕劇、芝居などが一つ終わり、幕が下りること、またはその間。転じて、物事のある一段落した終わりの意に用いる。「第一幕の幕切れ」

終幕（しゅうまく）　〔名〕劇、芝居などの最後の一幕。転じて、物事が終わりになること。大詰めのあと、すべてが終わったという感じが強い。「終幕を迎える。」

大団円（だいだんえん）　〔名〕小説や芝居、事件などで、すべてがめでたく解決すること、またその最後の場面。古風な言いかた。「事件も大団円のうちにめでたく片付いた。」

きり　〔名〕終わりとなる切れ目。くぎり、限りの意味にも使う。寄席でその日に演ずる最後の一段についても言い、そのときは、「喜利」と書くことが普通である。
[動]切る

けり　〔名〕物事の終わり。和歌、俳句が助動詞の「けり」で終わることが多かったことからきた。〈きり〉は最後の意だが、〈けり〉は、これで決着をつけるといった意味合いを伴う。俗語的な言いかた。「けりをつけてきた。」

すがすがしい

すがすがしい・さわやかだ・清涼（せいりょう）・晴（は）れ晴（ば）れ・晴（は）れやかだ

すがすがしい　〔形〕清清しいと書く。涼しく心持ちのよいさま。すっきりと清らかで気持ちがいいさま。「山の上のすがすがしい空気を吸う。」[転]すがすがしさ〔名〕

さわやかだ　〔形動〕爽やかだと書く。〈すがすがしい〉とほぼ同義。ただ、〈すがすがしい〉は清らかの意があり、物についても使うのに対して、この語は、そのようには使われず、気持ちの晴れ晴れとした生理的、心理的な感覚を表わすことが多い。また、「弁舌さわやか」のように使って、すらすらとよどみなく

話す様子を言うこともある。(転)さわやかさ(名)

清涼（せいりょう）〔名・ダ形動〕涼しくさわやかなこと。〈すがすがしい〉の漢語的表現だが、「清涼飲料」のように、ものについて使うことが多い。

晴れ晴れ（はればれ）〔副・スル動サ変〕〈晴れ晴れと〉の形でも用いる。曇りが取れ、すっきりとしたさま。心が明るくさわやかになったさまの形容によく使われる。「晴れ晴れとした顔」

晴れやかだ（はれやかだ）〔形動〕気がかりなことがなくなって、またはいいことがあって、心が明るい。〈晴れ晴れ〉の意味に近いが、〈晴れ晴れ〉は、悩みや悲しみから解放されて、気にかかることがなにもなくなり、さわやかな気持ちになることに意味の重点があるが、〈晴れやかだ〉は、何かいいことがあって、心が明るい場合にも用いる。また、〈晴れやかだ〉は、「晴れやかな顔」「晴れやかなよそおい」のように、主として、目で見てとらえることのできる心の状態や外観の明るさを表わす場合に使うが、〈晴れ晴れ〉は、「晴れ晴れとした気分」のように、内面的な心の状態について用いることが比較的多い。「晴れやかな顔を見合わせて笑った。」(転)晴れやかさ(名)

すがた
姿（すがた）・かたち・なり・容姿（ようし）

姿（すがた）〔名〕物またはからだの格好。みなり。また、人のありさまや状態にも使う。「こんな姿になっても、まだ心だけは大切にしている。」「望ましい農業の姿」

かたち〔名〕形。物、人の格好。〈姿〉が内面の意味も含むのに対して、これは主として外から見た様子、ありさまを言う場合に用いる。「雲のかたち」。「貌」の字を当てて、顔つきを言う場合もある。「顔かたちがいい。」

なり〔名〕かたち。様子。「なったさま」の意で、主として服装や風態を言う。また、「年の割に大きなりだ。」のように、からだつきの意にも用いる。

容姿（ようし）〔名〕姿かたちと顔かたち。美しい姿を言うのに使うことが多い。「容姿端麗」

すきだ
好（す）きだ・好（この）ましい・好（この）もしい

好きだ（すきだ）〔形動〕特定の物や人に心をひかれること。また、「好きにするがいい。」のように、したいようにすることの意にも用いる。転じて、思うようにする、気ままに勝手をする意にも使う。「俺の好きにさせておくれ。」(反)嫌いだ、(動)好く

好ましい（このましい）〔形〕好きだと思う。心を引かれる。好みや望むところにかなっている。「好ましい人柄」(転)好ましさ(名)

好もしい（このもしい）〔形〕〈好ましい〉の古風な言いかた。やや改まったときなどに使う。〈好きだ〉が自分の主観的な判断を表わし、〈好ましい〉が自分の主観的な判断に

重点をおいて用いることが多いのに対して、〈好もしい〉は、おもに、相手の状態にポイントをおいてとらえるものであり、より客観性がある。〈好きだ〉〈好ましい〉〈好もしい〉の順に、客観性が強くなる。「好もしいタイプの若者」 ㊕好もしさ(名)

すぐ

すぐ・すぐさま・直(ただ)ちに・即座(そくざ)に

すぐ 〔副〕〈すぐに〉という語形でも使う。間をおかずに。時や場所をうつさず。何かをしたあと、行動を起こした時点や地点から、あまり隔たっていない様子。また、なんでもない、たやすいの意味にも使われる。〈すぐ〉は口頭語。「君でもすぐできるよ。」

すぐさま 〔副〕〈すぐ〉とほぼ同義。ある状態にしたがって、別の動作をすぐに行う場合に使うことが多い。また、〈すぐ〉は、「すぐの所」のように、距離が離れていないことを表わす場合にも使うが、〈すぐさま〉は、時間についてしか用いない。〈すぐ〉よりも古風な言いかた。「すぐさま実行にうつす。」

直(ただ)ちに 〔副〕間をおかないで。〈すぐさま〉とほぼ同義だが、ある状況が成立してから次の事態が成立するまでの時間的な隔たりが、〈すぐさま〉より小さい。ある事が行われてから時間をおかずに何かをする連続的な行為である場合に、多くこの語を使う。ややかたい、改まった言いかた。「注射をしたところ、直ちに楽になった。」

即座(そくざ)に 〔副〕その場ですぐに。この語は空間的なその場での意も含む。「即座に答える。」

すくい

救(すく)い・救助(きゅうじょ)・救援(きゅうえん)・救済(きゅうさい)

救(すく)い 〔名〕危険、貧しさ、苦難などの状態や環境の中にいる者を助けること。「遭難者が救いを求める。」また、精神的な意味で使うこともある。「救いの手をさしのべる。」 ㊍救う

救助(きゅうじょ) 〔名・スル動サ変〕特に生命などの危険な状態にある者を救い助けること。「人命救助」。精神的な困窮に対しては、このことばは使わない。

救援(きゅうえん) 〔名・スル動サ変〕天災や人災に合い、貧しさや苦しさの中にいる人びとを援助すること。すべての点で助けるのではなく、加勢して力づけるという意味合いが強い。「救援物資を送る。」

救済(きゅうさい) 〔名・スル動サ変〕「済」もすくう意。災害に合った人や不幸な人を、広く救い助けること。広義の援助で、恒久的なものも含む。「救済事業」

類語 助(たす)け・救出(きゅうしゅつ)・救難(きゅうなん)

すごい

凄(すご)い・もの凄(すご)い・すさまじい

凄(すご)い 〔形〕恐ろしくて、ぞっとするような感じ。感心したりあきれたりする気持ち。程度のはな

はだしいさまを言い、プラス評価・マイナス評価のどちらにも使う。やや俗語的な言いかた。「凄い記録だ。」
(転)すごさ(名)

もの凄い　〔形〕　はなはだしく凄い。〈凄い〉の意を強めたことば。「ものすごい勢い」
(転)ものすごさ(名)

すさまじい　〔形〕　〈もの凄い〉とほぼ同義。〈ものすごい〉が、「ものすごい人出だ。」のように、普通の程度をはるかに超えているさまを言うのに対して、この語は、「すさまじい暴風雨」「すさまじいけんまく」のように、物事の勢いが恐ろしいほど激しいことを言い、マイナス評価を伴う。　(転)すさまじさ(名)

すこし

少し・ちょっと・少少

少し　〔副〕　数量や程度が少ないこと。「お金が少し残っている。」　(反)たくさん

ちょっと　〔副〕　〈少し〉とほぼ同義だが、やや俗語的な言いかたで、文章語としてはあまり使わない。「ちょっと考えれば分かる。」また、感動詞的に呼び掛け語として使う。「ちょっと、ちょっと、君。」

少少　〔副〕　ほんの少し。やはり話しことばだが、〈ちょっと〉に比べて、いくらか改まった言いかた。「少少お伺いしますが……」

すすめる

勧める・仕向ける・誘う

勧める　〔動下一〕　人に何かをさせようとする。励ましたり、忠告したりして、させるようにするという積極的な意味合いを含む。「夕食をたべていかないかとしきりにすすめた。」　(転)勧め(名)

仕向ける　〔動下一〕　人に対して何かをしかける。または、うまく誘導して、相手に何かをさせるように持ってゆく。〈勧める〉に比べて、本人が自発的にするように働きかけることに意味の重点がある。「勉強するように仕向ける。」

誘う　〔動五〕　何かをするように勧める。あるいは一緒にしようと勧める。〈勧める〉〈仕向ける〉が相手だけを動かすことを言うのに対して、この語は自分も一緒に行動する場合に用いる。「彼女をさそって映画へ行った。」

類語　持ち掛ける・勧誘する

すっきりする

すっきりする・清清する

すっきりする　〔動サ変〕　むだがなくきれいなさま。また、心のつかえがとれて、さわやかでよい気持ちになるの意にも用いる。「すっきりとした美しさ」「早くこの仕事を仕上げてすっきりした気分になりたい。」

清清する　〔動サ変〕　不快なことや気がかりなことがなくなって、心がさっぱりする。すがすがしい気分になる。心の状態について言い、物の外面的な様子には使わない。「借りを返してやっと清々した。」

類語 さっぱりする・さばさばする

すでに
すでに・かつて・かねて・以前(いぜん)

すでに 〔副〕前に。もうずっと前に。〈すでに〉は、叙述中の時点において、それ以前にある事態が成立していることを表わす。文章語。「このことはすでにご存じと思います。」 反 いまだに

かつて 〔副〕以前に。〈すでに〉が漠然とこれまでにの意を表わすのに対して、これは、過去のどこか一時点を指す。また、〈すでに〉が、現在からそれほど遠くない過去を指し、その動作、状態が完了していることを意味するのに対して、〈かつて〉は、単に過去の一時点を指すだけで、しかも、〈すでに〉よりさらに遠い過去であることが多い。「以前」の意のやや改まった表現。

かねて 〔副〕あらかじめ。前もって。行為者が前から持っていた意志や望み、配慮などの入っていることが多い。また、〈すでに〉〈かつて〉が、その動作・状態が過去において終わっていることを示すのに対して、〈かねて〉は、行為者が望む行為が、まだ実現していないことを意味する。「かねてお願いしておきました件は、その後どうなっておりますでしょうか。」

以前(いぜん) 〔名〕ある一定の時点を基準にして、それより前を言う。「十日以前」というふうに使う。転じて、単に昔の意味にも使う。〈以前〉は、法令用語としては、その基準点または起算点となる日時を含んで、それより前への時間的間隔または時間の連続を表わす。 反 以後・以降

類語 かねがね・前前(まえまえ)

すてる
棄(す)てる・うっちゃる・投(な)げ出(だ)す

棄(す)てる 〔動上一〕捨てるとも書く。いらないもの、不要なものをほうりだす。見放す。「泣く子は捨てておけ。」 反 用いる

うっちゃる 〔動五〕〈棄てる〉の意の俗語的な言いかた。また、「仕事をうっちゃる。」のように、処理すべき事柄を、手をつけずにそのままにしておく意に用いる。また、相撲の手うっちゃりから、転じて、劣勢だったのを一気に盛り返し相手に勝つ意にも用いられる。 転 うっちゃり(名)

投(な)げ出(だ)す 〔動五〕ほうり出す。だめだと諦めて、やめてしまう。〈棄てる〉はすっかり見放して世話をしないことを言うが、この語はそれほど強くはない。また、相手の方へ投げ出す、すなわち、差し出すの意もある。「大金を投げ出して研究所を作った。」

類語 ほうり出(だ)す・ほったらかす・見放(みはな)す

すねる
すねる・ひがむ・ひねくれる

すねる 〔動下一〕拗ねると書く。自分の気持ちが分か

ってもらえないので、わざと反抗したりぐずついたりする。なかば甘える気持ちがあって、反抗することを言う。肉親や恋人などへの反抗に使うことが多い。「すねて親の言うことを聞かない。」

ひがむ〔動五〕僻むと書く。物事を曲げてとり、自分だけが不当に扱われていると思い込む。態度に現れなくても、気持ちの持ちかただけについても言う。また、軽く、残念に思ったり、うらめしく思ったりする意もある。「私だけいけないとはひがむね。」㊨ひがみ(名)

ひねくれる〔動下一〕〈ひがむ〉と同義。物事を曲げて考える。また、ひがむことが重なって、性質などが素直でなくなってしまうことも言う。「すっかりひねくれてしまって困っている。」

類語 だだをこねる・むずかる

すばやい

素早(すばや)い・手早(てばや)い・すばしこい・機敏(きびん)だ・敏捷(びんしょう)だ

素早(すばや)い〔形〕からだの動きや、頭の回転がとても速い。「素早く見抜く。」㊨素早さ(名)

手早(てばや)い〔形〕仕事などをさっさと行う。「手ばしこい」とも言う。「手早い処置」のように、主として手を使う小さい動きの速さを言い、頭の回転の速さには使わない。「手早く片付ける。」㊨手早さ(名)

すばしこい〔形〕のちの〈敏捷だ〉とほぼ同義。「すばしっこい」とも言う。おもに、全身を移動させるような動きの速さを言う。㊨すばしこさ(名)

機敏(きびん)だ〔形動〕〈素早い〉の意の漢語的表現。心や動作などの動きのぬけめなく速いこと。その場に応じた行動や頭の回転の素早さを言う。㊨機敏さ(名)

敏捷(びんしょう)だ〔形動〕〈すばしこい〉の意味の漢語的表現。動きなどがきびきびして速いこと。頭の回転の速さについては使わない。「敏捷に動く。」㊨敏捷さ(名)

類語 はしこい・敏(びん)だ

すべる

滑(すべ)る・ずる・ずれる

滑(すべ)る〔動五〕水や物の上をなめらかに動く。また、ころびそうになる。転じて、勢いをとめることができないで、望ましくないところまでいってしまう意や、試験に落ちる、不合格になる意にも使う。

ずる〔動五〕すべり動く。〈滑る〉が、物の上を前方へ向かって動くことを言うのに対して、この語は多く下方向へ移動することを言う。「山がずる。」また、座ったままひざで動くことや、ゆるんでずれ下がる意もある。「ずぼんがずる。」

ずれる〔動下一〕正しい位置や標準となるところから少しはずれることを言う。「ずぼんがずる。」は単にたれ下がることだが、「ずぼんがずれる。」は、普通の位置から少しはずれていることを言う。また、〈ずる〉は物について使うが、〈ずれる〉は、「時代感覚がずれる。」のように、抽象的な内容の事柄についても用いる。

類語 スリップする・滑(ぬめ)る

すぼむ

すぼむ・つぼむ

すぼむ 〔動五〕 窄むと書く。長くのびているものの、先の方が細くなる。また、「花がすぼむ。」のように、中味がなくなったり、少なくなったりして縮こまる意にも用いられる。「すぼまる」「しぼむ」とも言う。他動詞は「すぼめる」。「先のすぼんだズボン」

つぼむ 〔動五〕 〈すぼむ〉とほぼ同義。〈すぼむ〉は、長くのびているものの、先の方が細くなる意に用いるが、〈つぼむ〉には、その意味用法とともに、「花がつぼむ。」のように、花がつぼみを持つ意にも用いられる。〈つぼまる〉とも言う。他動詞は「つぼめる」。 転 つぼみ(名)

類語 狭(せば)まる・縮(ちぢ)まる・括(くび)れる・細(ほそ)る

する

する・なす・なさる・遊(あそ)ばす

する 〔動サ変〕 物事を行う。「話をする。」また、あるものを何かの状態にさせたり、地位につけたりする。「役員にする。」この語は体言と複合して複合動詞を作ることが多い。「運動する」「商売する」

なす 〔動五〕 〈する〉の文語的で、やや改まった言いかた。また、「この湾は自然の良港をなす。」「産をなす。」のように、作る、形作るの意もある。

なさる 〔動五〕 「なす〔動詞〕」と「る〔尊敬の助動詞〕」の複合したもの。〈なす〉〈する〉の敬語。命令形「なさい」は丁寧の意が強いが、他は尊敬を表わす。「早くなさい。」また、動詞の連用形について、助動詞としても使う。「行きなさった。」

遊(あそ)ばす 〔動五〕 〈する〉の尊敬語。「お」や「ご」をつけた動詞連用形や名詞の下につけて敬意を表わす。「お話しあそばす。」転じて、女性の丁寧ことばとしても用いる。「あそばせことば」と言い、今はやや軽薄な上品ぶりのことばともされている。「ごめんあそばせ。」

ずるい

ずるい・こすい・悪賢(わるがしこ)い・狡猾(こうかつ)だ

ずるい 〔形〕 いつも自分だけの都合のいいように、やるべきことをやらなかったり人を出し抜いたりして、うまく行動する。「彼のずるいのにもあきれた。」 転 ずるさ(名)

こすい 〔形〕 〈ずるい〉とほぼ同義。人をだましたりする悪質さに意味の重点がある。俗語的な言いかた。 転 こすさ(名)

悪賢(わるがしこ)い 〔形〕 悪いことに対して、知恵がよく働く。〈ずるい〉〈こすい〉に比べて、悪いことを行う性質という意がさらに強い。「悪賢い人」 転 悪賢さ(名)

狡猾だ 〔形動〕〈悪賢い〉の意の漢語的表現。ずるくて、万事にうまく立ち回ることを言う。「狡猾に立ち回る。」 (転) 狡猾さ(名)

類語 小賢しい・老獪だ・性悪だ

すれっからし
すれっからし・あばずれ

すれっからし 〔名〕〈すれからし〉とも言う。すりきれてかれてしまうことから転じて、底辺の生活で社会の裏面のさまざまの出来事に出会い、素直な感動や純真な心の動きが乏しくなっていること、また、その人を言う。「すれっからしの女」 (反) おぼこ

あばずれ 〔名〕「阿婆擦れ」の字を当てる。すれっからしの女。人ずれして、繊細さや羞恥心などのすっかりなくなった女のことを言う。「あの女はひどいあばずれだ。」

類語 鉄面皮・はすっぱ

せ

せいかつ
生活・暮らし・暮らし向き

生活 〔名・スル動サ変〕 人間が社会に順応しつつ生きてゆくこと。また、「生活を送る。」のように、生きて活動していることの意にも用いる。「精神生活」といった使い方もあり、使用範囲はかなり広い。

暮らし 〔名〕〈生活〉とほとんど同義の和語だが、「暮らしが立たない。」のように、個人の経済的な生活について使うことが多い。 (動) 暮らす

暮らし向き 〔名〕 経済的な面から見た、毎日の暮らしの状態を言う。「楽な暮らし向き」

せいきゅう
請求・求め・申請・懇請・懇願

請求 〔名・スル動サ変〕 当然受け取る権利のあるものや、してもらう権利のあることを求めること。「代金を請求する。」「水道料の請求書」

求め 〔名〕 要求すること。「試合が始まるまでのひととき、スター選手たちは少年ファンの求めに応じて、気軽にサインのペンを執っていた。」 (動) 求める

申請 〔名・スル動サ変〕 願い出ること。特に、役所や上部の機関に許可や認可などを願い出ることに使う。「父を失った彼は、その年の授業料を免除してくれるよう、学校に申請した。」

懇請 〔名・スル動サ変〕 要求・希望などを聞き入れてもらうように、熱心に頼むこと。かたい文章語。「老婆は、一人息子の兵役免除を涙を流して懇請した。」

懇願（こんがん）〔名・スル動サ変〕詳しく事情を説明したりして、なんとかして頼みを聞いてもらおうとていねいに、熱心に頼むこと。〈懇請〉よりも、熱意が高く、哀願のニュアンスがある。

類語 嘆願（たんがん）・懇望（こんぼう）

せいけつだ
清潔（せいけつ）だ・清浄（せいじょう）だ・清（きよ）らかだ

清潔だ（せいけつだ）〔形動〕けがれがなく、清らかなこと。「清潔な人柄」のように人についても、また、「清潔な食器」のように物についても広く用いる。「清潔な衣服」 反 不潔だ、転 清潔さ(名)

清浄だ（せいじょうだ）〔形動〕けがれがなく澄んでいること。「清浄な空気」のように、物質的なものだけに用いて、人間については言わない。「清浄野菜」

清らかだ（きよらかだ）〔形動〕〈清潔だ〉〈清浄だ〉の和語。けがれ、濁り、曇りなどのないことに広く用いる。人間の内面的なことについても、物の外面的な状態についても用いる。転 清らかさ(名)

類語 清（きよ）い・清冽（せいれつ）だ・無垢（むく）・清廉（せいれん）・クリーン

せいし
生死（せいし）・死活（しかつ）・死命（しめい）

生死（せいし）〔名〕いきしに。生きるか、死ぬか。「救助隊の懸命な捜索にもかかわらず、遭難者の生死は不明であった。」

死活（しかつ）〔名〕死ぬか生きるかということ。〈生死〉は、純粋に生きるか死ぬかを言うが、〈死活〉は、生活していけるかどうかを言うことが多い。「その鉱業所の廃液が川へ捨てられるかどうかは、下流の農民にとっては死活の問題であった。」

死命（しめい）〔名〕生きるか死ぬかの意。「いのち」の意の漢語的表現。「死命を制する。」の言いかたで用いることが多い。

類語 死生（しせい）・生死（しょうじ）

せいしき
正式（せいしき）・本式（ほんしき）・本格的（ほんかくてき）・オーソドックス

正式（せいしき）〔名・ダ形動〕決まりに正しく沿った方法、また、社会的に認められているやりかた。「長年別居生活をしていた二人は、その年正式に離婚した。」 反 略式

本式（ほんしき）〔名・ダ形動〕決められた手続きをふんだ、ちゃんとしたやりかた。〈正式〉とほぼ同義だが、〈本格的〉の意の副詞的用法は、〈本式〉にしか認められない。「雨やどりをしていたが、かえって雨は本式に降り出した。」「本式に習う。」 反 略式

本格的（ほんかくてき）〔ダ形動〕〈本式〉の副詞的用法の意味とほぼ同義だが、「本格的な夏のおとずれ」「本格的な研究」のように、さらに広い範囲に使われる。

オーソドックス〔ダ形動〕orthodox. 〈本格的〉、または「正統だ」の意。また、基本や伝統に忠実なことにも使

う。「彼の研究方法はきわめてオーソドックスだ。」

類語 正統・まとも

せいじつだ

誠実だ・篤実だ

誠実だ 〔形動〕 うそ偽りがなく、まじめであること。人格への評価語として使用頻度が高い。「誠実な人柄」 転 誠実さ(名)

篤実だ 〔形動〕 うやうやしくねんごろで、真心のこもっていること。〈誠実だ〉よりも、人に対する思いやりの程度が強く、ていねいである。改まった言いかた。「私の祖父は実に温厚篤実な人であった。」

類語 真率だ・実直だ・謹厳だ

せいすい

盛衰・消長

盛衰 〔名〕 勢いが盛んなことと衰えること。一時期盛んであったものが、やがて衰えること。「源平の盛衰もすでに遠い昔のことである。」「栄枯盛衰」

消長 〔名〕 〈盛衰〉と同義だが、〈盛衰〉が、盛から衰へ移り変わる意を含むのに対して、〈消長〉は、盛と衰とを対比する場合に用いる。文語的な言いかたである。「国運の消長を賭けて戦う。」

類語 栄枯・浮沈・浮き沈み

ぜひ

是非・理非・良否・正否・可否・よしあし

是非 〔名・副〕 正しく良いことと、間違っていて悪いこと。良いか悪いか。「物事の是非をわきまえなければならない。」良いか悪いか。「今度の生徒総会では、長髪の是非を議論することになった。」また、副詞として、是でも非でもという意味あいから、きっと、必ずと同義で用いる。「是非とも」という、〈是非〉を強調した言いかたもある。「ぜひおいでください。」

理非 〔名〕 道理にかなっていることとはずれていること。〈是非〉もかなりかたい文章語だが、これはさらにかたい言いかたである。また、〈理非〉には、副詞としての用法はない。「理非曲直を正す。」

良否 〔名〕 良いことと、悪いこと。良いか、悪いか。〈是非〉は、「みんなが反対するなら、是非もない。」のように、やむを得ない意を表わしたり、副詞としての用法もあるが、〈良否〉には、これらの意味用法が認められない。また、〈良否〉は、「成績の良否」のように、具体的な事柄について使うことが普通である。「成績の良否は問わない。」

正否 〔名〕 正しいことと、正しくないこと。「この世には、正否の二道がある。」〈是非〉とほぼ同義だが、〈是非〉が、良いか悪いかに意味の重点があるのに対して、〈正否〉は、正しいか正しくないかに重点がある。また、〈正否〉には、副詞としての用法がない。

可否 〔名〕 適当か、適当でないか。「文化祭の日程の可否を論じる。」また、可決か、否決か、賛成か反対かの意にも用いられる。

「執行部不信任案の可否を決定する。」

よしあし　〔名〕「よしわるし」という言いかたもある。良いことと、悪いこと。良いか悪いかの区別。「物事のよしあしは簡単には分からない。」よい点もあり、悪い点もあって、判断が簡単には下せない場合にも用いる。

類語　正邪・曲直・善悪

せめて
せめて・少なくとも

せめて　〔副〕満足ではないが、最低限これだけはしてほしいという願望の気持ちを表わす。〈せめて〉の強調表現である「せめても」の言いかたもある。「せめて手紙の一本でもよこせばいいのに。」

少なくとも　〔句〕「少なくも」とも言う。少なく見積もっても。最低の場合でも。〈せめて〉には、マイナスの状態に置かれている者が、最低線の願望や期待を持つという主体的な気持ちが強く認められるのに対して、この語は、「入場者の数は少なくとも三千人は下るまい。」のように、願望の気持ちを込めないで使う用法もある。

類語　何とか・不満足ながら

せめる
攻める・襲う

攻める　〔動下一〕相手（敵）に対して、戦いを仕掛ける。攻撃する。「二万の大軍が、大手門から攻めて来た。」反 守る・防ぐ

襲う　〔動五〕不意に相手を攻める。襲撃する。〈攻める〉は、戦争や試合などで、相手を攻撃することを言うが、〈襲う〉は、相手が油断しているところを不意に攻める場合に用いる。また、突然、ある感情や気分が起こる場合にもよく使う。〈攻める〉は、この意に用いることがない。「首相が駅のホームに降り立った瞬間、一人の暴漢が襲いかかった。」その他、他人の所に突然押し掛ける場合や、後を継ぐ場合にも用いる。「今夜、彼の下宿を襲おう。」「彼は父の名跡を襲った。」

類語　討つ・攻撃する

せめる
責める・捩じこむ

責める　〔動下一〕相手の落度やミスを指摘して、強く反省をうながしたりつぐないを求めたりする。また、さまざまなものが、からだや心に苦痛を与える場合にも用いる。その他、きびしく催促する場合にも使われる。「子供に責められて、彼も結局その高価なおもちゃを買ってしまった。」転 責め（名）

捩じこむ　〔動五〕捻じ込むとも書く。元来は、ねじを巻き込む意だが、そこから、相手のちょっとした落度をとらえて、強引に抗議を申し込む意味に使う。〈責める〉は、単に相手の落度を咎めることを言うが、〈捩じこむ〉は、相手のところへ出かけて行って、責めることに用いる。したがって、〈捩じこむ〉の方が相手の非を咎める程度が強い。

類語　咎める・叱る・苛む

せりあい

競り合い（せりあい）・競合（きょうごう）

競り合い（せりあい）　〔名〕互いに他に負けまいとして、競い争うこと。その力が互いにほぼ伯仲している場合に使う。「ゴール前の競り合い」「激しい競り合いの末、ついに彼が勝利をおさめた。」動競り合う

競合（きょうごう）　〔名・スル動サ変〕〈競り合い〉の漢語的表現。また、どれが重要な原因か分からないほど、いろいろな要素が密接にからみあっていることの意にも用いる。文章語的な言いかた。「彼は、各系列会社を競合させることによって、企業成績を上げようと考えた。」

せわ

世話（せわ）・厄介（やっかい）・おせっかい・斡旋（あっせん）・周旋（しゅうせん）

世話（せわ）　〔名・スル動サ変〕①力を貸して手助けし、面倒を見ること。「お世話になります。」「お世話さま」など、あいさつことばとしてもよく使う。②人と人との間に立って仲を取り持ったり、紹介したりして面倒をみること。「この会社には、恩師の世話で就職できた。」

厄介（やっかい）　〔名・ダ形動〕面倒で負担のかかること、あるいは、それをすること。手のかかる世話を言い、〈世話〉よりも面倒で、迷惑になる度合が強い。自分のことで人に世話をかけることを遠慮して言う場合に用いることが多い。どちらかと言えば、話しことばに多く使われる。「ご厄介になりました。」

おせっかい　〔名・ダ形動〕お節介と書く。「余計なおせっかい」のように、する必要もないのに、出しゃばって他人のことをとやかく世話をやくこと、あるいはその人。マイナス評価の話しことば。「余計なおせっかいはやめて下さい。」「彼女は大変なおせっかいだ。」

斡旋（あっせん）　〔名・スル動サ変〕①仲に立って、双方の間がよくなるように取り持ち、面倒を見ること。調停。「労働争議に斡旋の役を頼まれる。」②人に何かを紹介し、面倒を見てやること。次の〈周旋〉の意味に近い。この場合は、〈世話〉の意にも近いが、〈世話〉が、自分の意志や考えで面倒を見てやることを言うことが多いのに対して、〈斡旋〉は、おもに、だれかに頼まれたことを、相手に紹介し、力になってやることを言う。「就職の斡旋をする。」

周旋（しゅうせん）　〔名・スル動サ変〕〈斡旋〉の②の意味に近いが、それよりも限定された範囲に使われる。すなわち、商売や取り引きなどで、中に立って面倒を見たり、取り持ったりする場合によく使う。〈斡旋〉と〈周旋〉は、法令用語においても、日常語とほぼ同じように使い分けられており、〈斡旋〉は、当事者間に争いがあるとないとにかかわらず、当事者間の交渉や話し合いが円滑にいくように、第三者が間に入って、取り持ち、あるいは世話をすることに使い、当事者間に法的な拘束力を生ずるということはない。〈周旋〉は、「不動産の周旋屋」のように、単に、世話をすること、取り持つことを意味する。

せんげん
宣言(せんげん)・宣告(せんこく)・声明(せいめい)・論告(ろんこく)

宣言(せんげん)　〔名・スル動サ変〕自分の意見や主義などを、世間に対して公表すること。「共産党宣言」

宣告(せんこく)　〔名・スル動サ変〕述べ告げること。言い渡すこと。裁判での言い渡しの場合にも使う。

〈宣言〉が、「世間」というような不特定多数に向かって広く言うのに対して、これは、特定の相手に向かって言う場合に用いる。また、〈宣言〉は、自分の思いや考えを、自分中心に断定的に言う場合に使うが、〈宣告〉は、相手に対して決定的なことを言う場合に用い、相手への働きかけが、ずっと強くなる。「裁判官は、犯人に対して懲役十年を宣告した。」

声明(せいめい)　〔名・スル動サ変〕ある特定の事柄について、自分の立場や意見を世間の人びとにはっきりと述べ知らせること。また、政治・外交上の問題についての意見の発表の意にも用いられる。「共同声明」

論告(ろんこく)　〔名・スル動サ変〕裁判において、検事が被告の罪状を述べて、求刑すること。　⇩申し渡し

せんせい
先生(せんせい)・恩師(おんし)

先生(せんせい)　〔名〕①教員に対する敬称。ただし、〈先生〉には、②以下の意味があるのに対して、「教員」は、学校と名のつく教育機関で直接、教育に従事する人を言い、意味がずっと狭い。②自分が教えを受ける人。「彼は私の囲碁の先生です。」③学問や芸能などに優れていて、他の人びとを教え導くことのできる人。④医者・学者・代議士・文学者その他の人びとを尊敬して呼ぶ場合にも用いる。「彼は内科の先生です。」⑤他人をからかって呼ぶ場合にも用いる。また、軽蔑・やゆの意を含めて言うこともある。「いよう！　大先生のお出ましだ。」「先生と言われるほどのばかでなし」

恩師(おんし)　〔名〕指導を受けて、特に世話になり恩をこおむった先生。単に教えを受けた先生についても用いることがある。「あの方は、私の中学校時代の恩師です。」

せんそう
戦争(せんそう)・戦(せん)・戦(いくさ)・戦(たたか)い・対戦(たいせん)・合戦(かっせん)

戦争(せんそう)　〔名・スル動サ変〕国、あるいは団体が、相互に武力をもって争うこと。また、「交通戦争」などの比喩的な使いかたもある。「戦争を二度と繰り返してはならない。」
[反]平和

戦(せん)　〔造語〕〈戦争〉の略だが、広く「争い」の意味に使われる。〈戦〉を単独で用いることはない。
①戦争。「戦後は終わったか？」
②試合。「剣道の個人戦」「一回戦」
③競争。「選挙戦」

戦(いくさ)　〔名〕軍とも書く。〈戦争〉の意の和語。古風な言いかたである。「戦の庭に死ぬ。」「戦は十年あまりも続きました。」

戦い（たたかい）〔名〕「闘い」とも書く。〈戦争〉や〈戦〉と同じく、争いの総括的な言いかたで、このグループの中では最も一般的で広い意味に用いる。たたき合う、打ち合うという、争いの具体的でリアルなイメージを伴う表現であり、一回一回の戦闘を表わすことが多い。また、「ガンとの戦い」「睡魔との戦い」などの用法もある。「今が戦いの最中である。」その他、競争や試合の意味にも用いる。「柔道大会の決勝戦は、いよいよ主将同士の戦いになった。」

対戦（たいせん）〔名・スル動サ変〕戦争や試合などで、敵味方が向かい合って戦うこと。「今度の対戦相手は強敵だ。」「優勝候補と対戦することになった。」 ㊍戦う

合戦（かっせん）〔名・スル動サ変〕敵味方が互いに戦うこと。戦い合うこと。競争についても使う。かなり古風な言いかた。「紅白歌合戦」「関ヶ原の合戦」

そ

そう

そう・さよう

そう〔副・感動〕そのように。そんなふうに。副詞として使い、状態を表わす。「そう言われると困るのだが。」転じて、相手の話を肯定的、積極的に受けとめる、軽い感動を表わす。「そう、それはよかった。」。また、「はい。」とおなじ意味で、会話にきわめてよく使う。考えるときに、「そうねえ。」などとも言う。

さよう〔副〕そのよう。その通り。相手の話の内容を受けて、話を進める。〈そう〉に比べて、古風で丁寧な言いかた。「さようとりはからっていただきますと幸せに存じます。」

そうさする

操作（そうさ）する・操縦（そうじゅう）する・あやつる

操作する（そうさする）〔動サ変〕仕事をするために、工作機械などを動かすことを言う。転じて、資金や帳簿などをやりくりするのに使われる。しかし、以下の語に認められる、人を自分の思うままに扱うという意味は、〈操作する〉にはない。

操縦する（そうじゅうする）〔動サ変〕乗り物（自動車・飛行機など）を自由に動かす。比較的大きな乗り物を扱うときに用いるので、「自転車を操縦する。」などとは言わない。転じて、人を自分の思うままに扱うことにも使う。「うまく人を操縦する。」

あやつる〔動五〕操ると書く。物を巧みに使う。〈操作する〉に比べて、対象は小さな道具であることが多い。「人形をあやつる。」また、ことばを巧みに使う意味もある。転じて、かげで人を動かすことを言う。「三か国語をあやつる。」

そうし
創始（そうし）・創立（そうりつ）・創設（そうせつ）・創建（そうけん）

創始（そうし）　〔名・スル動サ変〕物事を新しく始めること。初めて起こすこと。「何事においても創始者は常に大変な苦労がある。」

創立（そうりつ）　〔名・スル動サ変〕学校や会社などを初めて設立すること。〈創始〉は、広く抽象的な内容の事柄についても使うが、〈創立〉以下の三語は、学校や会社、あるいはさまざまの施設・建物・事業など、具体的な物の場合に限って言う。「大学創立二十周年記念の行事」

創設（そうせつ）　〔名・スル動サ変〕施設や研究機関などを初めて設けること。学校や会社などには、〈創立〉を用いて、普通、〈創設〉は使わない。「この研究所が創設されてからでも五年たっている。」

創建（そうけん）　〔名・スル動サ変〕建物や機関などを初めて作ること。〈創始〉〈創立〉〈創設〉などに比べて、この語は、建物など、より具体的な物を作る場合に使われる。「法隆寺創建の年」

類語　設立（せつりつ）・開設（かいせつ）・創業（そうぎょう）

そうして
そうして・そして・それから

そうして　〔接〕然うしてと書く。上の文を受けて、次の文を続けたり、内容をさらにつけ加えるときに用いる。

そして　〔接〕〈そうして〉と同義だが、「そうして」よりも語感が軽く、文連接の場合は、このことばが最も普通に用いられる。「誰も答えなかった。そして一座に沈黙が来た。」

それから　〔接〕前を受けて、そのうえに何かをつけ加える言いかた。また、〈それから〉は、時間的にあとに続くことを言う用法がかなり多く認められ、そのあと、それ以来の意で用いる。単純に前を受ける場合も、〈そうして〉に比べると、内容が改まって続くことが多い。

そうぞう
想像（そうぞう）・空想（くうそう）・妄想（もうそう）・幻想（げんそう）

想像（そうぞう）　〔名・スル動サ変〕眼前にないものや、未経験のものを心に思い浮かべること。このグループの中では、最も一般的な語。「想像をたくましゅうする。」

空想（くうそう）　〔名・スル動サ変〕ありえないことや、起こりそうにないことをさまざまに想像すること。〈想像〉に比べて、さらに根拠のない非現実的なことを心に思い浮かべる場合に使う。また、将来への夢や希望の意もある。㊎現実

妄想（もうそう）　〔名・スル動サ変〕「もうぞう」とも読み、もと仏教語であった。よくない想像や根拠のない想像の意で、病的なものを言う。心理学的には、ありえないことに対して、病的に誤った判断や確信を持つことを言う。「妄想をいだく。」

幻想（げんそう）〔名〕非現実的なことを、夢でも見ているかのように、心に思い浮かべること。〈幻想〉は、ひとりでに起こってくるもので、本人には、それが現実のものであるかどうか、区別のつかないことが多い。

類語 夢想（むそう）・仮想（かそう）・白昼夢（はくちゅうむ）

ぞうてい

贈呈（ぞうてい）・贈与（ぞうよ）・進呈（しんてい）・献呈（けんてい）

贈呈（ぞうてい）〔名・スル動サ変〕人に物を贈ること。儀式とか公式の場など、改まったときに多く用いる。「優勝チームの主将に記念品が贈呈された。」

贈与（ぞうよ）〔名・スル動サ変〕人に物を贈ったり与えたりすること。法律用語としても使われる。「財産贈与」〈贈呈〉は公的な性格が強いが、〈贈与〉は私的な関係において用いることが多い。「あの政治家は、企業から多額な金品の贈与を受けているらしい。」

進呈（しんてい）〔名・スル動サ変〕人に物を差し上げること。もとは、敬意を伴った言いかたであったが、今は丁寧の意味に使われることが多い。「御来店の方どなたにも無料で進呈いたします。」

献呈（けんてい）〔名・スル動サ変〕尊敬する人や目上の人などに、心をこめて物を差し上げること。著書などを差し上げることに使う。「恩師に近著を献呈したところ、とても喜んで下さった。」

類語 進上（しんじょう）・献上（けんじょう）・謹呈（きんてい）

そくざ

即座（そくざ）・言下（げんか）

即座（そくざ）〔名〕ただちに。その場ですぐに。〈即座〉は、他からの働きかけに対して、ことばで応じたり、判断したりする場合に用い、意志的な行為を表わす。「即座に返答する。」

言下（げんか）〔名〕相手が言い終わったすぐそのあと。言い終わった途端。かなりかたい言いかた。「言下に否定した。」

ぞくしゅつ

続出（ぞくしゅつ）・続発（ぞくはつ）・頻出（ひんしゅつ）・頻発（ひんぱつ）

続出（ぞくしゅつ）〔名・スル動サ変〕物事が引続いてどんどん起こること。「被害が続出した。」

続発（ぞくはつ）〔名・スル動サ変〕事件や事柄が続けて発生すること。「交通事故の続発で、魔のカーブと言われている。」〈続出〉は、いろいろの物事や人が引続いて出現することを言うが、〈続発〉は、おもに、事件・災害などについて使う。

頻出・頻発（ひんしゅつ・ひんぱつ）〔名・スル動サ変〕物事がしきりに起こること。〈頻出〉は、同じ種類のものが繰り返し現れることに使い、〈頻発〉は、事件・事故などがたびたび起こることに用いる。〈続出〉〈続発〉より、もっと回数が多く、しかも、時間的な間隔が短い場合に使う。「事件が頻発して現地は大混乱であった。」「頻出度」

そくしん

促進・振興

促進 〔名・スル動サ変〕 物事が早くできあがるようにすること。工事や事業などの進行を、はかどるようにすること。「工事の促進が要請された。」「促進をはかる。」

振興 〔名・スル動サ変〕 伸び悩んでいる事業やふるわないでいる機関などを、盛んにしようとすること。〈促進〉は、はかどったり早く実現したりするよう、具体的にしむけることを言うが、〈振興〉は、盛んになるよう方法を尽くすことに使う。「青年団活動の振興が今は叫ばれている。」「学術の振興」

類語 推進・進捗

そくする

即する・合う・そぐう

即する 〔動サ変〕 ぴったり当てはめる。物事に離れないようにする。何かを何かに一方的に当てはめることを言い、二つのものが相互に接近して一致するという意はない。「君の心に即して考えてみよう。」「事実に即した意見」

合う 〔動五〕 同じである。一致する。〈即する〉ほど、ぴったりと直結していなくてもよい。

そぐう 〔動五〕 物事にぴったり合う。しかし、今は打ち消しの言いかたを伴って使うことがほとんどで、その状態とうまく適合しない場合に使う。「私の心にそぐわない。」

そくばく

束縛・拘束・規制

束縛 〔名・スル動サ変〕 ある一定の限度以上に、自由を制限すること。自由にすることを縛ること。〈束縛〉は、法律や規則によって行動の自由を縛るだけでなく、「彼女の私に対する過度の愛情が、私の自由をはなはだしく束縛した。」のように、人の態度や状態によって、そのようになることにも使う。(反)解放

拘束 〔名・スル動サ変〕 規則や力で人を束縛し、自由な行動をさせないこと。ある一定のところに留めて置く時によく使う。「身柄を拘束する。」「何かに拘束されるのがいやなのだ。」(反)解放

規制 〔名・スル動サ変〕 規則に従って制限すること。〈束縛〉〈拘束〉は、縛ることだけに重点があり、マイナスの意味で使うが、〈規制〉は、秩序、方向づけの含意を持ち、肯定的に使うことが普通である。「交通規制」「自主規制」

そこ

そこ・そこら

そこ 〔代〕 その場所。「ここ」に対して言う場合は、話し手から見て聞き手の方により近い場所を指す。なお、話し手、聞き手からともに遠い場所は「あそこ」と言う。また、前の事柄や相手の話を受けて使う。その指しかたは、「ここ」に比べて、共通の話題として取り上げるという気持ちが強い。「そこが問題だ。」

そこら 〔代〕そのあたり。そのへん。〈そこ〉はある一地点を指すが、〈そこら〉は漠然とした周辺を言うことが多い。口頭語的な言いかたである。「そこらにあるはずだよ。」転じて、「〜ぐらい」といった、あいまいな程度を表わすのにも用いる。やや俗語的な言いかた。「百円やそこらはある。」

類語 そこいら

そこなう

損なう・損ねる・損ずる・害する

損う（そこなう） 〔動五〕完全なものを傷つけたり、一部を壊したりする。多くは、人間の精神状態や抽象的な内容のものを傷つけることを言う。「きげんを損なう。」また接尾辞的に使われ、思いどおりにできない意に使う。「やりそこなう。」

損ねる（そこねる） 〔動下一〕〈損う〉とほぼ同義だが、ややくだけた言いかた。ただ、〈損う〉は、「兵を損う。」「一物も損うことがなかった。」のように、損失・損害の意に用いることがあるが、〈損ねる〉には、このような意味用法は認められない。「胃を損ねる。」「きげんを損ねる。」

損ずる（そんずる） 〔動サ変〕〈損じる〉とも言う。〈損う〉の意に近いが、具体的な物を傷つけるときに使うことが多い。かたい文章語。「茶器を損じる。」また、接尾辞的にも、〈損う〉と同じようによく使う。「書き損ずる。」 名損

害する（がいする） 〔動サ変〕〈損ねる〉に近い。傷や損害などを与える。精神的、抽象的な事柄や健康などを悪くするのに使う。具体的な物にはあまり使わない。「お皿を害する」などとは言わない。〈損う〉〈損ねる〉よりも、やや程度が大きい。「健康を害する。」 名害

類語 壊す

そざつだ

粗雑だ・ぞんざいだ・おおざっぱだ・雑駁だ・杜撰だ

粗雑だ（そざつだ） 〔形動〕小さなところまでゆき届かず、注意や配慮が足りなくて、いい加減な様子。ばらばらで抜けたところの多いこと。〈粗雑だ〉は、「粗雑に扱う。」のように行為にも、また、「考えかたが粗雑だ。」のようにものの考えかたにも使う。やや硬い言いかたで、文章語や改まったときに多く使う。「大事な物だから粗雑に扱わないでほしい。」

反精密だ・綿密だ、転粗雑さ

ぞんざいだ 〔形動〕物事のとり扱いや動作などがなげやりで、心がこもっていないこと。〈粗雑だ〉の俗な言いかた。物事のやりかたや取り扱いかたのほかに、ことばが丁寧でない場合に使うことが多い。また、「考えが粗雑だ。」とは言うが、「考えがぞんざいだ。」とは言わない。 反念入りだ・丁寧だ

おおざっぱだ 〔形動〕大雑把と書く。大づかみにものを考える。〈ぞんざいだ〉の意に近いが、もっとおおらかで、注意が細かなところまで行き届かない場合を言う。また、〈ぞんざいだ〉は、物事の

やりかたや取り扱いかたについて言うが、〈おおざっぱだ〉は、「おおざっぱな考えかた」「ごくおおざっぱな言いかたをすれば」のように、考えかたや表現のしかたについて使うことが多い。俗語的な言いかた。「おおざっぱで小さなことにこだわらない男」

雑駁だ(ざっぱく)　〔形動〕　思想や知識がばらばらで、まとまりがないこと。〈おおざっぱ〉が、細かな点を無視して大きく全体をつかむことを言うのに対して、この語は、個々をばらばらにつかんで、全体の統一を欠くときに使う。(転)雑駁さ(名)

杜撰だ(ずさん)　〔形動〕「ずさん」は慣用読み。中国の詩人杜默(ともく)の詩が律に合わないものが多かった故事による。転じて、誤りが多く、いいかげんなことの意に使う。主に、著書などの誤りの多いものに使うが、また、粗雑な行為や思考、工事などにも用いる。(転)杜撰さ(名)

[類語] 疎略(そりゃく)だ・疎漏(そろう)だ・大まか(おおまか)だ・粗っぽい(あらっぽい)・ラフだ

そしき
組織(そしき)・仕組み(しくみ)・組み立て(くみたて)・骨組み(ほねぐみ)・構成(こうせい)・構造(こうぞう)・システム・機構(きこう)

組織(そしき)　〔名・スル動サ変〕　いくつかの物あるいは人などが、一定の秩序を持って集まり、全体を形づくること。あるいはその全体。「後援会を組織した。」

仕組み(しくみ)　〔名〕　目的に合うように工夫して作られた全体の組織や各部分の関係。〈組織〉よりも、俗な、やわらかい言いかたで、その内容も、より簡単なものについて用いる。また、企て、工夫の意味もある。「こんな仕組みで彼を喜ばせてやろう。」　[動]仕組む

組み立て(くみたて)　〔名〕　いろいろの要素によって物事を成り立たせること、あるいは成り立っている物。〈仕組〉とほぼ同義。比較的簡単な物や、単純な物の組織に使うことが多い。〈仕組み〉に比べると、作られたり展開されたりするその過程に重点がある。「組み立て式の自転車」
[動]組み立てる

骨組み(ほねぐみ)　〔名〕　骨の組み立て。転じて、広く、物事の中心部分の組み立ての意に使う。「ビルの骨組み」「小説の骨組み」

構成(こうせい)　〔名・スル動サ変〕　各部分が集まって、ある一つの全体を成り立たせること。あるいはそのありかた。「文章の構成」「社会の構成」のように、抽象的な内容の事柄について用いることが多い。「作品の構成」「家族構成は父、母、兄、私の四人です。」

構造(こうぞう)　〔名〕　〈骨組み〉の漢語表現。本来は無機体の組み立てについて言ったが、現在は抽象存在についても幅広く使う。「自動車の構造」「構造主義」

システム　〔名〕　system. 組織。仕組み。「簡単なシステムからなる作品」。あるいは、「体系」とほぼ同義にも使われる。「全体のシステムはいい。」

機構(きこう)　〔名〕　もとは機械の内部の組み立て、構造を言った。

しかし、今は、社会や大きな組織などの仕組み、組成を言うことが多い。「今日重要なのは行政機構の縮小である。」

そそぐ

注（そそ）ぐ・注（つ）ぐ

注（そそ）ぐ　〈動五〉あるところに向かって、次から次へと流れる。ものが流れ込む。「光が降りそそぐ。」または、液体をかける、あるいは入れる。「水を花にそそぐ。」転じて、注意などを一つの方向に向けることを言う。「目を山にそそぐ。」

注（つ）ぐ　〈動五〉液体（飲物など）を容器の中に入れる。〈注（そそ）ぐ〉が、水や油などを容器の外へこぼれないように入れることを言うだけでなく、人の注意や努力を傾けることにも使うのに対して、〈注（つ）ぐ〉は、主として、酒や茶などの飲み物を容器の中に入れることに用いる。「一杯おつぎしましょう。」

類語　差（さ）す・点（てん）ずる・流（なが）す

そそのかす

唆（そその）かす・おだてる

唆（そそのか）す　〈動五〉うまく持ちかけて、相手にあることをやらせるようにする。特に、よくない行いをするように誘導する場合に多く使われる。「うまくそそのかして買わせた。」

おだてる　〈動下一〉仕事などをさせる下心をもって、相手のことをしきりにほめて得意にさせる。「単純な男だけにおだてるとよく働く。」　㊫ おだて（名）

そだてる

育（そだ）てる・養（やしな）う・育（はぐく）む

育（そだ）てる　〈動下一〉大きくなって一人前の働きができるようになるまで、回りの者が面倒を見てやる。人間だけでなく、生物一般についても使う。「花を育てる。」また、「才能を育てる。」「民主主義の芽を育てる。」のように、抽象的な内容の事柄についても使う。

養（やしな）う　〈動五〉食物や衣服などを与えて育てる。生活の面倒を見てやる。〈育てる〉が、成長させる意の方に意味の重点があるのに対して、これは生活の面倒を見、世話をする意が強い。また、〈動物〉だけに用い、植物や文化などには使わない。したがって、「花を養う」とか「地方文化を養う」とは言わない。また、強い意志を作りあげたり、体力をたくわえたりする意味にも用いる。「強い心を養う。」「気力を養う。」　㊫ 養い（名）

育（はぐく）む　〈動五〉「羽含む」の意で、鳥がひなを大事に育てる意。転じて、大事に、やさしく養い育てることを言う。改まった言いかた。「父母にやさしくはぐくまれて育った。」

類語　養育（よういく）する・培（つちか）う

そのうえ

そのうえ・それに・おまけに・それどころか・そればかりか・しかも

そのうえ

〔接〕一つの事柄を受けて、そのうえに、さらにある事柄が加わることを表わす。「日が暮れ、そのうえ雨も降ってきた。」

それに

〔接〕それに加えて。〈そのうえ〉とほぼ同義だが、この語の方が話しことば的。間投句として、「それにね。」などと、よく言う。

おまけに

〔接〕そのうえに。〈そのうえ〉〈それに〉と比べて、悪い事態が重なることに対する主体の迷惑感や不快の感情を強く表出するところがある。俗語的な言いかた。「おまけにこんなこともあったよ。」

それどころか

〔副・接〕予想や想像と全く反対のことが起こったり、あるいは今行っていることと反対のことを行ったりすることを言う。到底そんな生ぬるいことでは収まらないという気持ちを表わす。「それどころか、実際はもっとひどいよ。」

そればかりか

〔接〕上のことにつけ加えてもう一つのことが起こる、あるいはもう一つのことを行う。〈そのうえ〉が、単なるつけ加えであるのに対して、この語は、その程度が大きく、しかも、迷惑や不快な気持ちを強く含むという点で、〈おまけに〉〈それどころか〉と一致する部分もある。「そればかりか、根本的なまじめさまで欠いていた。」

しかも

〔接〕〈そのうえ〉とほぼ同義だが、特に、この語は、あとに続く文の内容によって、全体の意味を強める働きもある。かたい文章語的な言いかた。

類語　かつ・かつまた・かつは・のみならず・どころか

そば

そば・わき・かたわら・きわ・ほとり

そば

〔名〕側、または傍と書く。ある物のすぐ近く。多く空間的な距離の近さを言うが、まれに時間的な近さにも使う。「教えるそばから忘れてしまう。」「すぐそば」

わき

〔名〕脇と書く。物のすぐそば。〈そば〉よりも、もっと近く。〈そば〉は単に近くであることを言い、前後左右のいずれであってもよいが、この語は、身体の「わき（腋）」のように、左右のそばを言い、前後については使わない。なお、〈そば〉〈わき〉ともに、その前にある（いる）ものが基準となり、それに従うものを意味する。「議長のわきにすわる。」

かたわら

〔名〕傍らと書く。物のそば。空間的な距離は〈そば〉と同じだが、左右の〈そば〉に限って言う点では、〈わき〉と同じである。かたい文章語。また、接続詞的に用いて、「～すると同時に一方では」の意でも使う。

きわ

〔名〕際と書く。きわめて接近していること。すぐそば、また、物の端、境目の意にも用いられる。〈きわ〉は、ある物事が、他の物事と境を成しているところのごく近くを言う。空間的にも時間的にも使う。「死にぎわ」、「わかれぎわ」

ほとり　〔名〕畔と書く。ある物や場所のそば、多く川、海、湖など、水のそばを言う。雅語。

そびえる

聳える・そそりたつ

聳える　〔動下一〕山、建物などがきわめて高く立っている。「天にそびえる高層ビル」

そそりたつ　〔動四〕高く、荒々しくそびえたつ。〈そびえる〉より、さらに急激に高くなっていることを言う。「高い山がそそりたっていた。」

類語 そばだつ・そびえたつ

そむく

背く・逆らう・たてつく・歯向かう・手向かう

背く　〔動五〕もとは背中を向ける。転じて、人の意見や言いつけに従わなかったり、また、裏切ったりする意に用いる。「親に背く。」

反 従う・そう

逆らう　〔動五〕一つの流れに対して、逆を行おうとする。「時代に逆らう。」〈背く〉は、命令などを受けていても行わないことを言うが、この語は、命令を受けるときにも反対し、争う場合に使い、相手に従わない程度がより強い。また、裏切るとか約束ごとを守らないという意味は〈逆らう〉にはなく、〈背く〉よりも意味が狭い。反 従う・そう

たてつく　〔動五〕〈逆らう〉よりも、もっとはっきり反対の意志を示すことを言う。したがって、対象も、抽象的な内容の事柄ではなく、はっきり命令や意見を出した特定の人に限られることになる。「主人にたてついてばかりいる。」

歯向かう・手向かう　〔動五〕たてついて、具体的な行動を表わす。〈歯向かう〉は、ほかに「刃向かう」などの字をあてるように、刀や歯をむきだしてたてつくことを言い、〈手向かう〉も腕力などを示すので、どちらの語も具体的な行動に訴えて逆らう場合に使う。「権威に歯向かう若者が段々少なくなってきた。」転 歯向かい(名)、手向かい(名)

類語 立ち向かう・抗する

そよぐ

そよぐ・ささやく

そよぐ　〔動五〕そよそよと音をたてる。わずかにゆれ動く。草木などに風が当たって立てる音について言う。心地よさが常に伴う。

ささやく　〔動五〕小声でそっと他に聞かれないように話す。転じて、風などがそよそよ吹く意に用いる。〈そよぐ〉が、風が吹いて草木などが立てる音について使うのに対して、この語は、主体が、人である場合がほとんどである。「耳もとでささやく。」転 ささやき(名)

類語 ささめく

そらす

そらす・避ける・かわす

そらす　〔動五〕逸らすと書く。①他のものへ（方向）向

け変える。「目をそらす。」②話題を変えたり、はずしたりする。「話をそらす。」③機嫌を悪くする。しかし、このときは、「そらさない」という形で用い、相手の気持ちを大事にする意に使われることが多い。

避ける〔動下一〕いやなものや都合の悪いもの、害を与えるものなどから、身を隠したり、よけたりする。〈そらす〉は、少し変える程度を言うが、この語は、意志的にはっきり変えたり逃げたりする場合に使う。「近づく嵐を避けて、漁船が続々と入港してきた。」「騒々しい街中を避ける。」

かわす〔動五〕身を避ける。うまくすれちがう。〈そらす〉より〈避ける〉に近いが、〈避ける〉ほど動きが大きくなく、その場からよそへ移動することがない。また、特に意志的でない場合にも使う。「瞬間に身をかわす。」

類語 よける・のがれる・外す

それきり

それきり・それっきり・それなり・それかぎり

それきり〔副〕それだけで。そのものだけで終わり、あとに続くものがないことを表わす。「それきりで後は何にも。」

それっきり〔副〕〈それきり〉を強めたやや俗な言いかた。「それっきり姿を見せなくなった。」

それなり〔名・副〕〈それきり〉とほぼ同義。ただ、〈それきり〉が何かが絶えてしまい、あとが続かないのに対して、この語は、状態・状況を変えないで、そのままの状態が解決されないままに続いていることに多く使う。「お礼も言わないで、それなりになっている。」また、「それなりの価値がある。」のように、十分とは言えないが、それにふさわしい程度や、それに見合うだけのことはある意にも用いられる。

それかぎり〔副〕それでおしまいにする、あるいはおしまいになっている。〈それきり〉よりも、もっとはっきりした断絶を言う。「それかぎり彼は姿を見せない。」

類語 こっきり・これきり

それぞれ

それぞれ・おのおの・銘銘・一一・個個

それぞれ〔名・副〕代名詞の「それ」を重ねたもの。二人または二つ以上の人や物の一つ一つ。人・物のほか、事柄にも使われる。「人それぞれ」「男もそれぞれ」

おのおの〔名・副〕何人もいる人の、一人一人。「人はおのおの考えかたが違う。」人間について使うことが多いが、「どの辞書もみなおのおの特色を持っている。」のように、物についても用いる。

銘銘〔名・副〕一人一人。「銘銘で考えなさい。」人間以外に、「銘々皿」といった使いかたもする。

一一（いちいち）〔名・副〕一つ一つ。丁寧に。この語は、主として、事柄や物について使う。「一々の学生に聞く。」「いちいちうるさい！」

個個（ここ）〔名〕一人一人。一つ一つ。主語として使うことはできない。いくつかあるものの一つ一つを、際立たせる場合に使う。「個々の問題を審議する。」

それで
それで・そこで

それで〔接〕そういうわけで。「翌朝は晴天だった。それで私は早目に出発した。」

そこで〔接〕〈それで〉とほぼ同義。前からの連続性が、より論理的である。「そこで僕はこう答えてやった。」

類語 だから・故（ゆえ）に

それとなく
それとなく・それとはなしに・さりげなく・暗（あん）に

それとなく〔副〕自分の考えや気持ちなどを、はっきりと示さず、遠回しのことばや態度で相手に伝えようとする様子。

それとはなしに〔副〕〈それとなく〉と同義。〈それとなしに〉とも言う。

さりげなく〔副〕わざと何気ない様子をすること。人目に立たないように行動する様子。「その場はさりげなくすました。」〈それとなく〉は、相手のことを思いやる気持ちを、相手にすぐそれと分からないような方法で伝えることを言うが、〈さりげなく〉は、自分の意図や感情を、回りにいる人びとにそれとはっきり気付かせないように振舞うさまを言う。「さりげないおしゃれ」

暗に（あん）〔副〕表にはっきり出さないで。〈さりげなく〉は行為について言うが、〈暗に〉は、自分の思いをはっきりと口に出さない場合を言う。「暗ににおわせる。」

類語 遠回（とおまわ）しに・内密（ないみつ）に・そっと

そんけい
尊敬（そんけい）・敬愛（けいあい）・敬慕（けいぼ）・崇拝（すうはい）・畏敬（いけい）

尊敬（そんけい）〔名・スル動サ変〕相手の人を偉いと思い、うやまうこと。神仏には使わない。「尊敬の念」「尊敬する人」

敬愛（けいあい）〔名・スル動サ変〕人に対して、尊敬の気持ちとともに、親しみや懐かしさを感じること。「私は彼に対して、つねに敬愛の念を抱いてきました。」

敬慕（けいぼ）〔名・スル動サ変〕人を尊敬し、懐かしく思うこと。「あの人は、古くから敬慕していた先輩だ。」

崇拝（すうはい）〔名・スル動サ変〕人や神などをあがめ、うやまうこと。最高の敬意を表わす。

畏敬（いけい）〔名・スル動サ変〕相手を優れた人物と思い、敬服すること。尊敬のあまり、恐れさえいだくほどのときに使う。

類語 崇敬（すうけい）・敬仰（けいぎょう）・私淑（ししゅく）

た

だ

だ・です・である・であります・でございます・のだ・のである

だ　〔助動〕その事柄を肯定できるものと認める主体の判断を表わす。また、単に断定する意も表わす。口ことばでは、「だよ。」「だね。」などとなることが多い。「僕の本だ。」

です　〔助動〕断定の意を表わす。〈だ〉の丁寧形。現在、会話で最もよく使う。「そうです。」

である　〔連語〕〈だ〉の重々しい言いかた。文章語としては最も一般的に用いるが、普段の会話では用いない。「真夏である。」

であります　〔連語〕〈である〉〈です〉の丁寧形。より改まった言いかたで、講演などに多く用いる。

でございます　〔連語〕丁寧の度合が最も強い。語感がやわらかく、女性の会話によく用いられる。「こちらが奥様のお部屋でございます。」

のだ　〔連語〕それまでの部分を客体化し、確定的に断定したり、念を押す気持を含む。口ことばでは「んだ」となる。「そうなんだ。」

のである　〔連語〕〈のだ〉のやや重々しい言いかた。文章語。

たいおう

対応(たいおう)・呼応(こおう)・照応(しょうおう)

対応(たいおう)　〔名・スル動サ変〕①一方にもある要素が、他方にもあること。互いに向き合うこと。「西洋の握手に対応するものとして、日本にはおじきがある。」②性質を異にした二つの事物がよく釣り合っていること。「初心に対応するだけの忍耐力がない。」③相手・状況に応じて自分の立場を決めること。「新たな対応を迫られる。」

呼応(こおう)　〔名・スル動サ変〕①互いに示し合わせておき、相応じて物事を行うこと。主として、打てば響くというような、時間の前後の反応のつながりを言い、〈対応〉よりもそのつながりが緊密な場合に使う。②一つの事柄が必ず他の事柄を伴うこと。文法の説明において用いることが多い。「『決して』は、辞『ない』と呼応する。」

照応(しょうおう)　〔名・スル動サ変〕物事や文章などで、二つの部分が互いに関連し、うまく対応していること。〈呼応〉が動的であるのに対して、この語は静的で、時間的な先後関係による密接なつながりの意が弱い。「手紙の書き出しと結びとがうまく照応していない。」

たいか

退化(たいか)・退歩(たいほ)

退化(たいか)　〔名・スル動サ変〕①進歩が止まって、もとの未分化な状態にもどること。②生物のある器官が用いられなくなったため、その機能を失って、簡単になり、また、なくなること。「人間の尾骶骨は、尻尾の退化したものだ。」 [反]進化

退歩（たいほ） 〔名・スル動サ変〕 以前より低い能力・状態にもどっていくこと。〈退歩〉は、人間の能力や状態について使うが、〈退化〉は、人間だけでなく、生物全体について用いる。「停止はそのまま退歩に通じる。」 [反]進歩

たいかん
大観（たいかん）・概観（がいかん）・通覧（つうらん）

大観（たいかん） 〔名・スル動サ変〕 細かいところにとらわれず、広く物事の全体を見渡して、大局的に判断すること。また、規模の大きな景色やながめの意にも用いる。「瀬戸内海の大観は、実に素晴らしい。」

概観（がいかん） 〔名・スル動サ変〕 〈大観〉とほぼ同義だが、〈大観〉が、広く物事の全体を見渡すということに意味の重点があるのに対して、〈概観〉は、大ざっぱに全体を見てその内容をとらえるという点に意味の重点がある。「歴史を概観する。」

通覧（つうらん） 〔名・スル動サ変〕 全体にわたって目を通すこと。〈大観〉は、全体を見渡して大局を判断する意に用いられるが、〈通覧〉は、大局を判断するという意を含まず、全体にわたって目を通すという主体の行為をいう。「この大部の資料を通覧するのは容易なことではない。」

たいげん
大言（たいげん）・壮語（そうご）・豪語（ごうご）・広言（こうげん）

大言（たいげん） 〔名・スル動サ変〕 高ぶって大げさなことを言うこと。また、そのことば。今日では、「大言壮語」と熟して使われる。

壮語（そうご） 〔名・スル動サ変〕 勇ましく偉そうなことばを言うこと。「大言壮語」は、その人の能力ではとうてい実現できそうもないことを、口でだけ、さもできるように言うことの意に用いられる。「あの男は大言壮語するばかりで、実際には何一つできはしないのだ。」

豪語（ごうご） 〔名・スル動サ変〕 意気が盛んで大きなことを言うこと。いかにも自信ありげに言うというニュアンスを伴う。「絶対に負けないと豪語する。」

広言（こうげん） 〔名・スル動サ変〕 荒言とも書く。自分の能力を考えず、無責任なことを相手構わず言いふらす場合に使う。「広言をはく。」

[類語] 高言（こうげん）・放言（ほうげん）・公言（こうげん）

たいこう
対抗（たいこう）・対峙（たいじ）・対決（たいけつ）・拮抗（きっこう）

対抗（たいこう） 〔名・スル動サ変〕 向かい合うこと。互いに負けまいとして張り合うこと。「対抗意識」

対峙（たいじ） 〔名・スル動サ変〕 向かい合うこと。にらみ合ったまま、動かないで対立すること。〈対抗〉とほぼ同義だが、「二つの山が対峙する。」のように、高い山や建物が向かい合ってそびえていることを言う場合

には、〈対抗〉を使うことができない。かたい改まった言いかた。

対決（たいけつ）〔名・スル動サ変〕 相対して、黒白をはっきりつけること。〈対抗〉は、互いに負けまいと張り合うことに使い、決着をつけるという意味合いは弱いが、〈対決〉は、どちらが強い、あるいは正しいかをはっきり決めるために相対する場合に用いる。「世紀の対決だけは、なんとしても回避しなければならない。」

拮抗（きっこう）〔名・スル動サ変〕 相対抗して、互いに一歩も譲らぬこと。「外国と拮抗する。」

類語 相対（あいたい）・敵対（てきたい）

だいたい

大体（だいたい）・たいがい・たいてい・おおよそ

大体（だいたい）〔名・副〕 細かいところは除いた、主要な部分。全部ではないが、そのほとんど。副詞として用いる場合には、〈おおよそ〉〈たいてい〉「ほとんど全部」などの意を表わすが、「君は大体よくない。」「大体そんなことを考えるのが間違いだ。」のように、もともとの意を表わす場合には、〈たいてい〉〈おおよそ〉と置き換えることができない。「道路は大体出来上がった。」

たいがい 〔名・副〕 大概と書く。ほとんどそうである。大部分の分量を言うときには、〈大体〉〈たいがい〉のどちらも使うが、〈たいがい〉は、大ざっぱな量を言う場合には使えない。「大体二十キロの重さがある。」とは言えるが、同じ文脈で、〈たいがい〉を用いることはできない。「たいがいにしろ。」と言うと、いいかげんでやめろの意になる。「朝はたいがい散歩をする。」

たいてい 〔副〕 大低と書く。多くの場合がそうであることを表わす。〈大体〉は、大部分の分量について言うときには使うが、人や本などのように、一つ一つ数えられる場合には、〈たいがい〉〈たいてい〉を用いることが普通である。また、〈たいてい〉は、〈大体〉よりも分量の程度が大きく、より全体量に近いことを表わす。「たいていそんなものだ。」

おおよそ 〔副〕 凡そと書く。「およそ」とも言う。完全というわけではないが、大部分。〈大体〉〈たいてい〉は、「朝は大体散歩に出かけていて、家にはいない。」とか「あわててやると、たいてい失敗する。」のように使うが、〈おおよそ〉は状態性を形容する語なので、このような動作・現象の起こる可能性を問題にする場合には用いない。〈だいたい〉よりも大ざっぱに把握する気持が強い。「残り時間はおおよそ六分。」

だいたんだ

大胆（だいたん）だ・剛胆（ごうたん）だ・豪放（ごうほう）だ・太（ふと）っ腹（ぱら）だ

大胆だ（だいたんだ）〔形動〕 ①普通の人ならこわがったり遠慮したりしてできないような事を、思い切ってやってのける様子。②常識から言って考えられないような、思い切った事をする様子。「一文無しで大陸横断するとは大胆すぎる。」 反 小胆だ

剛胆だ（ごうたんだ）〔形動〕 豪胆とも書く。大胆で普通の人にはでき

ないような危険な事などを、少しも恐れたり動じたりしないでする様子。〈大胆だ〉よりも、その程度がさらに大きい場合に言う。「剛胆な男」

豪放だ（ごうほう）〔形動〕豪胆で、小事にこだわらない様子。〈大胆だ〉〈剛胆だ〉は、度胸のあることに意味の重点があるが、〈豪放だ〉は、気持ちの持ちかたが大きいことに意味の重点がある。「豪放磊落」 (転)豪放さ（名）

太っ腹だ（ふとっぱら）〔形動〕度量が大きい様子。〈大胆だ〉〈剛胆だ〉は、危険なこと、思い切ったことを平然とやってのける勇気や精神力について言うが、〈太っ腹だ〉は、〈豪放だ〉とほぼ同義で、小事にこだわらず清濁合わせ飲むような人間的な大きさについて用いる。「あの人は太っ腹な人だ。」

類語 気丈だ・向こう見ず・無鉄砲だ・命知らず

たいど

態度・心構え

態度（たいど）〔名〕①考えたことや感じたことなどが現れた、表情や動作、ことばつき。「態度で示す。」②相手に応じての行動のしかたや心の持ちかた。「あいまいな態度では困ります。」

心構え（こころがまえ）〔名〕予測される困難に対し、事前に、それに対処できるような方法を考えておくこと。覚悟。〈態度〉は、多く、ある事態に直面した際の外に現れる動作やことばつきを言うが、〈心構え〉は、たとえば、予測される困難に対して、事前に、それに対処できるように、心の用意を整えておくことを言う。「いざというときの心構えをしておく。」

類語 気構え・心掛け

たいとう

台頭・新興・勃興

台頭（たいとう）〔名・スル動サ変〕擡頭と書くこともある。頭をもたげること。今まで勢力のあったものに代わって、新しいものが勢力を増してくること。「新しい勢力がようやく台頭しつつあった。」

新興（しんこう）〔名〕昔からあったものとは別に、新たに何かが起こること。「新興住宅地」

勃興（ぼっこう）〔名・スル動サ変〕急に勢いを得て、盛んになること。「新勢力が勃興する。」

たいひ

対比・対照・対置

対比（たいひ）〔名・スル動サ変〕二つの物を比べて、その間の違いを見ること。また、次の〈対照〉とほとんど同様に用いられることもある。「ドイツ人とフランス人との国民性は対比的だ。」

対照（たいしょう）〔名・スル動サ変〕①対応する物を、比較しやすい方法で示すこと。また、もとの物と違いがないかどうかを確かめるために、比べること。〈対比〉は、比較する二つのものの間に、対応や、先後関係がなくても使うことができるが、〈対照〉は、普通、対応するもの・先後関係にあるものを比較する場合に使う。②性質の違いがきわだつこと。コントラスト。「対照的な性格」

対置（たいち）〔名・スル動サ変〕 二つの物を、ちょうど向かい合ったり対になったりするように置くこと。ある物を、何かと対照するように置くことを言う。「大きな本棚に対置するように大きな絵がかけられていた。」

たいへん

大変（たいへん）・大層（たいそう）・非常（ひじょう）・甚だ（はなはだ）・極めて（きわめて）

大変（たいへん）〔名・ダ形動・副〕 ①驚くべき変事だ。事柄が重大で、取り返しのつかない様子。また、並々でない苦労や努力が必要であることの意にも用いられる。「そんなに忙しいのでは大変ですね。」②非常に。程度がはなはだしい様子。「大変りっぱだ。」「大変失礼しました。」

大層（たいそう）〔副・ダ形動〕 普通より程度が過ぎて見える（感じられる）様子。〈大変〉よりも程度がやや小である。「まあ、大層なこと。」

非常（ひじょう）〔名・ニ副・ダ形動〕 普通でなく。ひととおりでなく。普通の程度を超えている点で、〈大層〉と同義だが、〈非常〉の方が程度が強く、〈大変〉に近い。また、普段と違うことの意にも用いる。「非常事態が発生しました。」

甚だ（はなはだ）〔副〕 過度に。非常に。文章語的言い方。「甚だ迷惑だ。」「甚だ大きい。」

極めて（きわめて）〔副〕 この上なく。甚だ。文章語的言い方。「極めて早い。」

類語 至極（しごく）・至って（いたって）・頗る（すこぶる）・極（ごく）

たいめん

体面（たいめん）・みえ・面子（めんつ）・沽券（こけん）

体面（たいめん）〔名〕 ①社会的地位に応じてこの程度はと世間から期待される外観。「体面をとりつくろう。」「体面上、なんとしてもやらなければならない。」②名誉。

みえ 〔名〕 見えとも書く。他人の思惑を考えて表面を飾ること。「くだらないみえをはらぬよう。」

面子（めんつ）〔名〕 体面。面目。〈体面〉の俗語的な表現。

沽券（こけん）〔名〕 人前で保ちたい品位や体面。〈体面〉は、主として外観について使うが、〈沽券〉は、その人の品位やねうちについても用いる。「沽券にかかわる。」という言いかたで用いることが普通。

類語 世間体（せけんてい）・体裁（ていさい）・顔（かお）

たいもう

大望（たいもう）・野望（やぼう）

大望（たいもう）〔名〕 大きな望み。「彼は大望を抱いて日本を立った。」

野望（やぼう）〔名〕 野心的な望み。〈大望〉は、人びとから支持される大きな志を言うが、〈野望〉は、大それた望みで、人びとから批判される場合について用いる。「野望が災いのもととなった。」

類語 野心（やしん）・高望み（たかのぞみ）

たえる

絶える・途絶する・とだえる・断絶する

絶える　〔動下一〕①続いてきた動作・作用・状態が、そこでおしまいになる。「家が絶える。」②続いているものがそこで切れる。「道はそこで絶えていた。」

途絶する　〔動サ変〕今まで続いていたものとの連絡が、ぱたりとなくなること。〈絶える〉は、続いていたあるものが、途中で切れておしまいになることを言うが、〈途絶する〉は、続いていた連絡が、急になくなる場合に使う。「人工衛星からの連絡が途絶した。」

とだえる　〔動下一〕そこで切れて、あとが続かなくなる。〈絶える〉は、人間の行為だけでなく、広く、人間が作ったものや人間以外の自然物・現象についても使うが、〈とだえる〉は、「道がとだえる」など、使用範囲が限られている。

断絶する　〔動サ変〕ぷっつりと切れる。なんらかの点でつながりを持っていた二つの物事の関係が全く断ち切れる場合に用いる。「親子の断絶」「国交が断絶する。」

類語　根絶する・絶滅する・死滅する・湮滅する・払底する

たがい

互い・相互・交互

互い　〔名・ニ副〕関係を持つ一人一人、または一つ一つ。二人（二つの事）について言う場合が多い。話しことばでは「お互い」をよく使う。「お互いに体を大事にしよう。」「広木君、互いに頑張ろう。」

相互　〔名・ニ副〕お互い。関係者のそれぞれ。「お互い」に比べて、やや改まった文章語である。「相互の関係」

交互　〔名・ニ副〕「かわるがわる」の意の漢語的表現。同じ動作を何人かが順番で、次から次へと受け渡し、休まずに常にだれかが続けてする様子。〈お互い〉は、二人が同時に同じ動作をすることに用いるが、〈交互〉は、二人以上の人が順番に同じ動作をする場合に用いる。「交互に休む。」

たかびしゃ

高飛車・頭ごなしに・高圧的

高飛車　〔ダ形動〕相手の立場の是非に関わらず、威圧するような態度を示すこと。「彼はいつも高飛車なものの言いかたをする。」

頭ごなしに　〔副〕相手の言い分を聞かず、初めから決めつける様子。「頭ごなしに叱る。」のように、どなりつけるようなもの言いをする場合に用いることが多い。

高圧的　〔ダ形動〕〈高飛車〉とほぼ同義の漢語的表現。自分のほうが高い立場にあるとして、有無を言わせずに相手を従わせようとする様子。「高圧的な態度」

類語　頭から・てんから・高姿勢

だから

だから・ですから・したがって

だから　〔接〕　あとに述べる事柄が、前に述べられている事柄の論理上、当然の帰結であることを表わす。「それだから」の〈だから〉。「だからですねえ。」

ですから　〔接〕〈だから〉の丁寧な言いかた。

したがって　〔接〕　従ってと書く。「だから」の文章語的言い方。論理や筋道を大切にしたいとき、よく使われる。

類語　それゆえ・よって

だきつく

抱(だ)きつく・しがみつく・すがりつく・かじりつく

抱(だ)きつく　〔動五〕　抱いて、相手のからだから離れないようにする。「私の首に抱きついた。」

しがみつく　〔動五〕　つかまえたものから離れまいとして、力を入れる。「お父さんにしがみつく。」

すがりつく　〔動五〕　すがるようにとりつく。〈抱きつく〉は、人が人に対して行う動作について使うが、〈しがみつく〉〈すがりつく〉は、人であっても、ものであっても区別なく用いる。

かじりつく　〔動五〕　きわめて強くすがりつく。また、それから離れまいとして、精神を集中する意にも用いられる。「机にかじりついて勉強する。」

だきょう

妥協(だきょう)・歩(あゆ)み寄(よ)り・協調(きょうちょう)

妥協(だきょう)　〔名・スル動サ変〕　双方が折れ合って、主張を一致させ、穏やかに話をまとめるようにすること。「妥協をはかる。」

歩(あゆ)み寄(よ)り　〔名〕　双方が譲り合って、主張を一致させるようにすること。「これだけの難問題を解決するためには、双方の歩み寄りがどうしても必要だ。」　動歩み寄る

協調(きょうちょう)　〔名・スル動サ変〕〈妥協〉は、相手の権力などに屈して、不本意なところで自分の主張をごまかすというマイナスのニュアンスを伴うことが多いが、〈協調〉は、相互に譲り合って、共通の目的に向かって積極的に歩み寄るというプラスのニュアンスを伴う。「彼は、協調性がないので、なかなか仕事がうまく進まない。」　反紛争

たく

炊(た)く・煮(に)る・ゆでる・ゆがく・蒸(む)す

炊(た)く　〔動五〕　水につけた米に火を通して飯を作る。

煮(に)る　〔動上一〕　液体の中に入れ、熱を通して柔らかくする。おもに副食品の場合に使い、食べられるように味をつけるまでを指して用いることが多い。転じて、「業を煮やす」という比喩的な用法もある。

ゆでる　〔動下一〕〈うでる〉とも言う。熱湯の中へしばらく入れて煮る。〈煮る〉は、狭義では、食べられるように味をつけるまでを指して用いるが、〈ゆでる〉は、味をつけないで、ただの湯で煮ることを言う。少し塩を入れて煮ることを、「塩ゆで」と言う。「卵をゆでる。」「野菜をゆでる。」

ゆがく　〔動五〕野菜のあくを取るために、さっと熱湯を通す。「ゆがいたほうれん草」

蒸す（むす）　〔動五〕下から強い蒸気を当てて、そのものに十分熱を通す。〈蒸す〉は、赤飯・茶わん蒸しを作ったり、冷えたごはんなどを暖めたりすることに使う。「蒸したもち米をついて、もちを作る。」

類語　湯引く・蒸かす

たくえつ

卓越・卓抜・抜群・屈指

卓越（たくえつ）　〔名・スル動サ変〕普通の人の及びもつかないほど優れていること。かなりかたい文章語。「彼の見識は、常に他に卓越している。」

卓抜（たくばつ）　〔名・スル動サ変・ダ形動〕〈卓越〉とほぼ同義だが、〈卓越〉は人格・見識・仕事の質など総合的な事柄について使うことが多いのに対し、〈卓抜〉は、着眼点など、具体的な事柄についても用いる。

抜群（ばつぐん）　〔名・ダ形動〕たくさんあるもののなかで、ずば抜けて優れていること。成績・技術などが、他を断然引き離している場合に使う。「抜群の成績」

屈指（くっし）　〔名〕順位が五本の指で数えられるほどにすぐれている意。かたい文章語。「屈指の名作」

類語　卓絶・卓出・選り抜き

だけ

だけ・きり・しか・のみ

だけ　〔助〕①それが許容される限度であることを表わす。「十五分だけ休むことにしよう。」②やったことに応じて、その結果が十分なものであることを表わす。「わざわざ行っただけのことはあった。」

きり　〔助〕関連するのはそれだけで、他には全く及ばないことを表わす。〈きり〉には、〈だけ〉の②の意味用法は認められない。また、〈きり〉は、文章語にはあまり使わない。「一回きり」「これっきり」

しか　〔助〕特定の事物以外のものをすべて否定して、ある一つの物に限定して示す。常に、否定の語と呼応して用いられる。「それしかないよ。」

のみ　〔助〕それに限定する意味を表わす。〈だけ〉〈ばかり〉とほぼ同義だが、改まった言いかたで、主として文章語に用いる。

類語　ばかり

たしかだ

確かだ・確実だ・明確だ

確かだ（たしかだ）　〔形動〕断言できるほどの証拠はないが、自分の知っている限りではそう判断されたことを表わす。また、信用できる様子の意にも用いる。「彼は確かな人物だ。」また、語幹〈たしか〉は副詞的に用いられ、事実の裏付けを得た判断であることを表わす。「彼とはじめて会ったのは、たしか去年の秋だった。」
(転)確かさ(名)、(反)不確かだ

確実だ（かくじつ）　〔形動〕〈確かだ〉の意の漢語的表現。〈確かだ〉は、主観性が強くて、主体の判断に関係するところが大きいが、〈確実だ〉は、客観的な事実の方を重視して述べる場合に用いる。「この情報は、確実な根拠に基づいている。」　(転)確実さ(名)、(反)不確実だ

明確だ（めいかく）　〔形動〕　紛らわしい他のものとの間に区別がはっきりとついている様子。主として、論理的に明らかで確かな場合に用い、だれが考えてもそのように判断すると思われる状態について言う。　(転)明確さ(名)

[類語] 正確（せいかく）だ・精確（せいかく）だ

たすける

助（たす）ける・手伝（てつだ）う・救（すく）う・援助（えんじょ）する

助ける（たす）　〔動下一〕　力を添えて、危険や死を逃れさせる。また、力を添えて、ことや生活がうまくいくようにしてやる。「助けて！」
(転)助け(名)

手伝う（てつだ）　〔動五〕　手助けをする。〈助ける〉は、仕事や生活に力を添えて、自分が中心になって相手を困難な立場から救うことに使うが、〈手伝う〉は、あくまでも相手が主であって、自分は力を貸すだけである。また、〈手伝う〉は、事業や仕事の推進に力を貸すことを言い、生活や経済的援助について使うことはない。「家事を手伝う。」　(転)手伝い(名)

救う（すく）　〔動五〕　助ける。危険な状態や悪い環境などにある人に力を貸したり励ましたりして、そこから逃れるようにしてやる。〈救う〉は、悩みとか絶望感など精神状態についても使うが、〈助ける〉は、おもに生活の困窮とか経済的援助など、具体的な事柄について用いる。「彼を孤独の苦しみから救えるのは、この私だけだ。」　(転)救い(名)

援助する（えんじょ）　〔動サ変〕　経済的・精神的なあと押しをする。「経済的な援助」　(名)援助

[類語] 救助（きゅうじょ）する・救援（きゅうえん）する

たずねる

尋（たず）ねる・聞（き）く・問（と）う

尋ねる（たず）　〔動下一〕　分からないことを人に聞く。質問する。また、人に会うためにその家を訪問する意にも用いる。「尋ね人」

聞く（き）　〔動五〕　音や声を耳で感じる。また、〈尋ねる〉〈問う〉の意味にも用いる。この意味に用いるときは、〈尋ねる〉とほとんど同義だが、〈尋ねる〉の方が、改まった語感がある。「言うことを聞く。」

問う（と）　〔動五〕　尋ねる。聞く。「意見」については〈尋ねる〉〈聞く〉〈問う〉のどれでも使うことができるが、「真意」については

〈尋ねる〉〈問う〉の二語しか使えない。また、「責任の所在」については、〈尋ねる〉〈問う〉のどちらも使うことができるが、「責任」については〈問う〉しか使えない。また、人の力量について言う場合にも、〈問う〉しか使うことができない。すなわち、〈聞く〉は、耳で感じ簡単に理解できる、具体的で感覚的な内容の場合に使い、ものの本質や真意などを深く確かめ理解する場合には、〈問う〉〈尋ねる〉を用いるわけである。そして、抽象度の高い内容については、〈問う〉の一語しか使えない。〈問う〉は、かなり改まった、かたい言いかた。主として文章語に用いる。(転)問い(名)

たずねる

訪ねる・訪れる・訪問する

訪ねる　〔動下一〕人に会うために、その家に行く。訪問する。「各地の風物を訪ねる。」

訪れる　〔動下一〕〈訪ねる〉とほぼ同義だが、改まった言いかたで、主として文章語に用いる。「秋が訪れる。」(転)訪れ(名)

訪問する　〔動サ変〕用事やあいさつなどのために、他人の家に行く。やや形式ばった、かたい言いかた。「訪問販売」[名]訪問

たちまち

忽ち・たちどころに・見る見る

忽ち　〔副〕短時間にその状態に達したり、何かがきっかけになって、間を置かずに変化が起こる様子。「山のように積んであった品物がたちまち売り切れてしまった。」

たちどころに　〔副〕たちまち。人間が即座に何かをしたり、ある状態になることを表わす。〈忽ち〉は、人間についても人間以外のものについても使うが、〈たちどころに〉は、人間について用いることが多い。時間的にも、〈たちどころに〉の方が、さらに短いという感じがする。また、〈忽ち〉は、「山のように積んであった品物がたちまち売り切れてしまった。」のように、その場合の表現に用いられるが、〈たちどころに〉は、未来に実現する行為についても使う。「たちどころに解決する。」

見る見る　〔副〕見ているうちに。ちょっと見ている間に急激な変化が行われることに使う。「見る見る水が引いてきた。」

[類語] 見る見るまに・瞬く間に

たとえる

たとえる・なぞらえる

たとえる　〔動下一〕譬える、または喩えると書く。ある事柄や物を分かりやすく、また、印象づけて説明するために、それとよく似たところのある身近な物事を引合いに出す。「美人を花にたとえる。」(転)たとえ(名)

なぞらえる　〔動下一〕ある物を、他の物と性質の似た物として、比べてみる。〈たとえる〉は、もともと性質の違うように見える二つの物や事柄を、ある共通の特徴に基づいて、同じものとしてとらえ

ることに用い、両者を比較する意味合いはない。それに対して、〈なぞらえる〉は、両者を性質の似たものとして捉え、比較するという意味合いがある。「人生を旅になぞらえる。」

たのしみ
楽しみ・歓楽・享楽

楽しみ　〔名〕楽しむこと。「お会いできる日を楽しみにしています。」「老後の楽しみ」

歓楽　〔名〕喜びを伴う強い楽しみ。〈楽しみ〉は、そのものの持つよさをしみじみと味わったり、自分の好きなことをしたり、ある事が早く実現するのを心待ちしたりするなど、広くいろいろな場合に用いるが、〈歓楽〉は感覚を楽しませる喜びの意を表わし、次の〈享楽〉は、レジャーや官能上の楽しみについて用い、意味が狭い。「歓楽極まって哀感生ず。」「歓楽におぼれる。」

㊀苦しみ、動楽しむ

享楽　〔名・スル動サ変〕快楽を味わうこと。「享楽主義」

たのむ
頼む・泣きつく

頼む　〔動五〕あてにして頼る。してくれるように願う。「留守を頼む。」「くるまを頼む。」

泣きつく　〔動五〕泣くようにして頼む。〈頼む〉は、相手にそのようにしてくれるように願うことを言い、願いかたの程度は普通であるが、〈泣きつく〉は、なんとかしてくれと強く哀願する場合に用いる。「金を貸してくれと泣きつかれて、困っているんだ。」

たび
度・毎

度　〔名〕折り。その時ごと。〈度〉は、ある動作が行われるその都度、それによって同じ内容の動作・状態が反復して起こることを表わす。その点で、次の〈毎〉もほとんど同義であるが、〈毎〉は、それが例外なく（規則的に）行われるという意味合いがあり、より厳密な言いかたになる。また、〈度〉は、あとに助詞「に」をとることが多い。「行く度に、同じ小言を言われる。」「たびかさなる。」

毎　〔助〕その度に。あとに必ず助詞「に」あるいは「の」をとる。また、〈度〉は動詞や連体詞に下接するが、〈毎〉は名詞に下接する。「夜毎に同じ夢を見る。」

たぶん
多分・どうやら・おそらく

多分　〔副〕十のうち七、八まではそうだろうと思う様子。おそらく。「多分まちがいない。」

どうやら　〔副〕明確な根拠はないが、回りの状況からそのように判断される様子。〈多分〉は、自分がある根拠に基づいて推量する場合に用いるものであるが、主観的な判断が加わり、推量の客観的根拠が薄弱なので、客観的にそのように見える（思われる）状況を言う場合には、用いることが少ない。それに対して、

〈どうやら〉は、回りの状況からそのように判断されることを、客観的な根拠に基づいて述べる場合に用いるので、客観的にそのように見える（思われる）状況について使うことが多い。それは、〈多分〉が「だろう」と呼応し、〈どうやら〉が「らしい」「そうだ」と呼応することからも明らかである。「どうやら雨もあがったらしい。」

おそらく　〔副〕恐らくと書く。おおかた。〈多分〉と同じく、客観的な根拠が薄弱で、主観的な判断に頼った言いかたなので、主体のいくらかの疑念・心配・ためらいの気持ちを表わすことが多い。〈多分〉よりかたい言いかた。　⇩おそらくは

たべもの

食べ物・食料

食べ物　〔名〕人間や動物が生命を維持するのに必要な穀物・野菜・肉・果物など。人間の〈食べ物〉について言う場合には、「食べ物屋」のように、すでに料理されているものを指すことが多い。

食料　〔名〕〈食べ物〉の漢語的な表現。〈食べ物〉は、すでに料理されていて、すぐにも食べられるものについて用いることが多いが、〈食料〉は、缶詰・生野菜・魚など、料理されていない状態の食べ物について使うことが多い。「食料品売場」

類語　食い物・食糧・フード

だます

だます・欺く・ごまかす・誑かす・担ぐ

だます　〔動五〕騙すと書く。欺く。うそを言って、真実だと思いこませる。〈だます〉は、人に重点があって、「だれだれをだます」という言いかたが、この語の基本的な用法である。その点で、内容や事柄の方に重点がある〈ごまかす〉と対照的である。「だましたりすかしたり」

欺く　〔動五〕〈だます〉とほぼ同義だが、改まった、文章語的な言いかたである。

ごまかす　〔動五〕誤魔化すと書く。人の不利益になるような事をしながら、気付かれないようにとり繕う。〈ごまかす〉は、内容や事柄に重点があり、したがって、「公金をごまかす。」のように、こっそりぬすむ意にも用いる。

誑かす　〔動五〕うまいことを言って、人の心を迷わすことを言う。「人の目をたぶらかす。」

担ぐ　〔動五〕いたずらしてだます。だます主体にあまり悪気がなく、罪の軽い場合に用いることが多い。「まんまと担がれたよ。」

類語　偽る・かたる・だまかす・だまくらかす

だめだ

駄目だ・だいなしだ

駄目だ　〔形動〕いくらやっても仕方がないこと。いくら努力してもできないこと。また、してはいけないことの意や、好ましくない結果になることの意にも用いられる。「そんなことをしては駄目だ。」「このままにしておくと、彼は駄目になる。」人・物・事柄のいずれについても用い

る。

だいなしだ　〔形動〕台無しだと書く。物事がめちゃめちゃになること。ものや事柄について言うが、人について使うことはない。〈駄目だ〉よりもさらに程度がひどく、極端にマイナスの評価を伴う。また、〈だいなしだ〉は、事柄が始まる前の状況については使わない。たとえば、「せっかくの遠足がだいなしだ。」と言えば、遠足に出かける前ではなく、遠足に出かけた中途で雨などが降ってきたために、せっかくの喜びがめちゃめちゃになることを意味する。「晴れ着が雨でだいなしだ。」

ためす
試(ため)す・試(こころ)みる・確(たし)かめる

試(ため)す　〔動五〕実際にあたって調べてみる。どれだけの力があるか、本当かどうかなどを、自分が実際に調べてみる。「この機械が日本の農業に合うかどうか試してみよう。」[転]試し(名)、試しに(副)

試(こころ)みる　〔動上一〕どんな結果になるかを確かめるために実際にやってみる。〈試す〉は、「実力を試す。」「切れ味を試す。」のように、ある程度力があることが事前に分かっていて、それがどの程度のものかを確かめる場合に用いるが、〈試みる〉は、事前にはどんな結果になるかはっきり分からない場合に用いることが多い。また、〈試す〉は、何かを知ることに重点があり、〈試みる〉は、実際にやってみるということに重点がある。[転]試み(名)、試みに(副)

確(たし)かめる　〔動下一〕本当にそうであるかどうかをはっきりさせる。〈試す〉は、人の力や物の効果について使うことが多いが、〈確かめる〉は、人・物・事柄のいずれについても広く用いる。「事実を確かめる。」[転]確かめ(名)

[類語]テストする・確認(かくにん)する

ためらう
ためらう・躊躇(ちゅうちょ)する・たじろぐ・ひるむ

ためらう　〔動五〕本当はそうしたいのだが、うまく行くかどうか自信がないので、思い切って実行することができない。物事を決しかねて、ぐずぐずしている。「返事をためらう。」「何をためらっているのだ。」[転]ためらい(名)

躊躇(ちゅうちょ)する　〔動サ変〕〈ためらう〉の漢語的表現。

[名]躊躇

たじろぐ　〔動五〕相手に威圧されて、しりごみする。〈ためらう〉は、相手との関係に関わりなく、決断するだけの自信がないために、すぐに行動に移せないでいる状態を言うが、〈たじろぐ〉は、相手の力が自分よりも上のように思われて、退く場合に用いる。〈ためらう〉は、躊躇して前へ踏み出せないでいるわけだが、〈たじろぐ〉は、恐れをなして後退するのである。「相手の気迫に一瞬たじろいだ。」[転]たじろぎ(名)

ひるむ　〔動五〕相手の勢いに押されて、気力がなくなる。〈たじろぐ〉と〈ひるむ〉は、行為として見た場合には、ほとんど同じような行為を表わすが、〈たじろぐ〉は、行為そのものを表わす語として用いるのに対して、〈ひるむ〉は、行為よりもむしろ、気力がくじけることの方に重点がある。

類語 逡巡（しゅんじゅん）する

だれ

だれ・どなた・何者（なにもの）・どいつ

だれ 〔代〕 誰と書く。たれの変化。名を知らぬ人、はっきりと分からない人に用いる人代名詞。「どこのだれとも分からなかった。」また、自分以外の人を指すことばとしても用いる。「だれがやるの?」

どなた 〔代〕 〈だれ〉の敬称。知らぬ人には「どなた?」と聞くのが普通。「だれ?」と言うと、いばった感じになる。

何者（なにもの） 〔代〕 どういう人。その人の名前・身分などの分からないことを表わす。「お前は何者だ。」と言うと、とがめだてする言い方になる。「きのうの彼は何者?」

どいつ 〔代〕 〈だれ〉のぞんざいな言いかた。「どいつもこいつも駄目な奴ばかりだ。」

類語 何（なん）びと・何（なに）やつ

たわむ

撓（たわ）む・しなう・反（そ）る

撓（たわ）む 〔動五〕 力を加えられて、そり曲がった状態になる。

しなう 〔動五〕 しなやかにたわむ。〈たわむ〉〈しなう〉は、どちらも、枝・釣竿などのように細長いものについて使う点では一致するが、〈たわむ〉は、鉄の棒などのように一度曲がった状態になると、すぐにはもとにもどらないものにも使うが、〈しなう〉は、竹や木の枝など、一度曲がってもそのものが持っている弾力によって、すぐにもとにもどるものについてしか使わない。

反（そ）る 〔動五〕 弓形に曲がったり、後ろの方に曲がる。〈たわむ〉〈しなう〉は、細長い物について使うが、〈反る〉は、本とか人間の上体など、平らなものについて用いる。特に、〈反る〉をからだについて使う場合には、「反り返る」のように、後ろの方に曲がることの意に用いる。

㊫ 反り(名)

だんだん

段段（だんだん）・次第（しだい）に

段段（だんだん） 〔副〕 一定の方向に向かって、ゆっくりと変化して行く様子。短い時間では気づかないが、状態が少しずつ変化しており、時間の経過とともに、大きな変化として認められること。「段々遠くなる。」

次第（しだい）に 〔副〕 〈段段〉とほぼ同義だが、やや改まった言いかた。「午後、次第に天気になる。」

類語 追追（おいおい）・漸次（ぜんじ）・逐次（ちくじ）

たんちょうだ

単調（たんちょう）だ・一様（いちよう）だ

単調（たんちょう）だ 〔形動〕 調子が単純で起伏・変化に乏しいこと。「単調な音色」「単調な景色」

一様(いちよう)だ　〔形動〕同じさま。やりかた・状態・品質などが、どれも同じようで、変わったところのない様子。〈単調だ〉は、全体の感じや印象について使うが、〈一様だ〉は、全体を構成する一人一人（一つ一つ）が、同じ資格で、同時に同じ行為・状態を示すことを言う。

類語　一律だ・一本調子だ

だんてい
断定・判定・認定

断定(だんてい)　〔名・スル動サ変〕判断して定めること。決定的な判断を下すこと。「彼が犯人だと断定する。」「私がいつ勝手に断定した。」

判定(はんてい)　〔名・スル動サ変〕見分け定めること。人の行為の正邪や物の品質の優劣、競技の勝敗などについて使う。〈断定〉は、真偽などを判断して定めることを言うが、〈判定〉は、価値や正邪を決定することに用いる場合が多い。「判定を下す。」「判定にゆだねる。」

認定(にんてい)　〔名・スル動サ変〕認め定めること。資格や、事実の有無などを、判断し決定する場合に用い、公の機関が行う判断・決定を言うことが普通である。「認定試験」

類語　裁定・裁断・決定

たんに
単に・ただ

単(たん)に　〔副〕ただ。ひとえに。取り立てて言うことがほかにない様子。〈ただ〉とほぼ同義だが、人や事柄がただ一人（一つ）に限定されないで、ほかにも及ぶことの意にも用いる。この場合は、「単に彼だけでなく」のように、あとに否定の言いかたがくる。

ただ　〔副〕ほかの事はなにもなく、そのことだけ。また、「ただ一つ」「ただ一人」のように、数量が少ないことを強める意もあるが、この場合は、〈単に〉を使うことができない。「ただそれだけでのことだ。」

類語　たった・ほんの・わずか

ち

ちいき
地域・地帯・地方

地域(ちいき)　〔名〕土地の区域。地形や行政管轄などの観点から、なんらかの意味でひとまとまりのものとして、他と区別される土地を言う。「地域社会」「地域住民」

地帯(ちたい)　〔名〕ある共通の性質を持って連続し、他と区分される地域。「工業地帯」「森林地帯」のように、質的な特徴を持っている場所を言う場合に用いる。この場合には、〈地方〉は使えない。

地方(ちほう)　〔名〕国内の一部分の地域。質的な共通性のない、固有名詞による名づけの場合に言う。また、〈地域〉は広い場所にも狭い場所にも使うが、〈地方〉は狭い場所に

は言わない。また、「このあいだ地方から出て来たばかりだ。」のように、都会から遠く離れた地域のことにも使う。反 中央

類語 ゾーン・地区・区域

ちかう
誓う・約束する・申し合わせる

誓う 〔動五〕神仏や人間（他人・自分自身のどちらにも）に対して、ある事を絶対守ったり、したりすると約束する。「二人は将来を誓った仲である。」「心に固く誓う。」 転 誓い（名）

約束する 〔動サ変〕将来のことを取り決める。〈誓う〉は、重大なことを神仏や人に対して、自分が守ると約束することを言うが、〈約束する〉は、多くの場合、二人がお互いに取り決めることを言い、重大なことにも、さほど重大でないことにも用いる。 图 約束

申し合わせる 〔動下一〕話し合いによって約束する。時間をかけて話し合い、取り決めた約束を言う。公的な場での約束ごとに用いることが多い。「申し合わせ事項」 転 申し合わせ（名）

類語 約する

ちがう
違う・食い違う・相違する・異なる

違う 〔動五〕①そのものが持っていないある種の属性を、それと比較される他のものが持っていると認められる。②正しいものと同じでない状態。「電話番号が違う。」「君の話は事実と違うよ。」 图 違い、反 同じ

食い違う 〔動五〕一致してほしいことがうまくかみ合わない。〈違う〉は、そのものが他のものと比較して、どこかに別の属性が認められることを客観的に表現する場合に用いるが、〈食い違う〉は、一致することが望ましいにもかかわらず一致しないという前提的な意味合いを伴う。また、〈食い違う〉は、要求・主張などについて使うことが普通である。 転 食い違い（名）

相違する 〔動サ変〕互いに異なること。〈違い〉の漢語的表現。〈相違する〉は〈違う〉よりも意味が狭く、「これは見本と相違する。」のように、比較すべきものとどこかが異なる場合とか、それぞれ互いに違っている場合に使うことが多く、「電話番号が違うんじゃないの。」のように、正しいものあるいは規準とすべきものと同じでない場合には、あまり用いない。比較する意識に重点がある。ややかたい文章語。 图 相違

異なる 〔動五〕ほぼ同議だが、〈相違する〉とかなり改まった言いかた。 反 似る

ちかごろ
近頃・最近・昨今

近頃 〔名・副〕現在に近い時点。最近。「近頃耳よりな話だ。」

最近 〔名・副〕〈近頃〉の意の漢語的表現だが、現在で

は、〈最近〉も、話しことばによく用いられる。「つい最近知った。」

昨今（さっこん）〔名・副〕ごく最近の過去のこと。〈最近〉に比べて、現在からの時間的な幅が短く限定されている。

類語 このごろ・近来（きんらい）

ちから
力（ちから）・全力（ぜんりょく）・総力（そうりょく）・死力（しりょく）・迫力（はくりょく）・勢力（せいりょく）・実力（じつりょく）・微力（びりょく）

力（ちから）〔名〕人や物や社会を動かしたり変化させたりする根源的なものの意をはじめとして、他を動かしてそうさせる目に見えない働き、気力・体力の総合としての元気さあるいは勢い、何かの実現に集中して発揮される力などの広い意味に用いる。「あの人のどこにそんな力がひそんでいたのだろう。」「力になる。」

全力（ぜんりょく）〔名〕すべての力。出せる限りの力。「全力投球」

総力（そうりょく）〔名〕すべての力。〈全力〉は、「一人一人が全力をつくす。」のように、個人が持っているすべての力を言うが、〈総力〉は、「総力戦」のように団体が持っているすべての力について使う。

死力（しりょく）〔名〕死んでもかまわないと覚悟を決めて出すあらん限りの力。「最後の死力を尽くす。」

迫力（はくりょく）〔名〕人に強く迫る力。威力。相手を圧倒する力に意味の重点がある。「迫力がある。」「彼の迫力のある話しぶりに圧倒されてしまった。」

勢力（せいりょく）〔名〕他を抑え、自分の思いどおりに行動させる力。個人についても集団についても言う。「勢力をのばす。」「勢力範囲」

実力（じつりょく）〔名〕実際の力量。また、勝敗・優劣を決する手段として発揮される力の意にも用いる。

微力（びりょく）〔名〕力の乏しいこと。主として、自分の力量を謙遜して言う場合に用いる。「微力ながら、このお仕事に協力させていただきます。」

類語 強力（きょうりょく）・威力（いりょく）・余力（よりょく）・怪力（かいりき）

ちからいっぱい
力（ちから）いっぱい・精（せい）いっぱい

力いっぱい（ちからいっぱい）〔連語〕力一杯と書く。できる限りの力を出して。「私の母は、いつも力いっぱい働いていました。」「やる以上、力いっぱい頑張ります。」

精いっぱい（せいいっぱい）〔副〕精一杯と書く。自分でできる力の限り。肉体的に力を出すことを言う場合には、〈力いっぱい〉を使い、〈精いっぱい〉は用いない。それに対して、精神的な努力をする場合には、〈力いっぱい〉〈精いっぱい〉のどちらも使うことができる。また、〈精いっぱい〉には、「精いっぱいおまけしても、三百円が限度です。」のように、ある分量の限界まで努力するという意味用法があり、この場合は、〈力いっぱい〉とは言えない。〈精いっぱい〉は、〈力いっぱい〉よりも、さらに自分の力の限度まで頑張るというニュアンスがあるように思われる。〈力いっぱい〉〈精いっぱい〉のどちらも、プラスの評価を伴う行為を修飾するのに用いられる。

類語 極力（きょくりょく）・思い切り・遮二無二（しゃにむに）・がむしゃら

ちしき

知識（ちしき）・常識（じょうしき）

知識（ちしき）　〔名〕ある事物について、いろいろと知っていることやその内容。「生きた知識」「知識人」

常識（じょうしき）　〔名〕健全な一般人が共通に持っているはずの知識や分別。〈知識〉は、学問上の深い見識にも一般人が共通に持っている程度の見識にも使うが、〈常識〉は、一般人の多くに要求される程度の見識や判断力について用いる。また、〈知識〉は知っている事柄や内容に意味の重点があるが、〈常識〉は、社会生活を普通に営んでいくための分別や判断力に意味の重点がある。「そのていどのことは、常識でわかるはずだ。」

類語 学識（がくしき）・知見（ちけん）・良識（りょうしき）

ちち

父（ちち）・お父（とう）さん・おやじ・パパ

父（ちち）　〔名〕おとこ親。自分の父を指してだれかに言う場合に用いる最も普通の言いかた。一方、相手の父親について言う場合には、「あなたの父」とは言わず、「あなたのお父さん」のように、〈お父さん〉の言いかたを用いる。㊎母

お父（とう）さん　〔名〕子供などが、やや丁寧に呼びかけるときに使う言いかた。㊎お母さん

おやじ　〔名〕親父と書く。くだけた言いかたで、親しみ、ときに軽い卑しみの念をこめて用いる。「おやじも年をとった。」㊎おふくろ

パパ　〔名〕papa. くだけて、親しみをこめた呼びかた。主として、幼少の子供が使うが、妻が夫のことを、あるいは夫が自分のことを、自分の子供に言う場合に用いることも多い。㊎ママ

ちっとも

ちっとも・まるきり・全（まった）く・全然（ぜんぜん）・さっぱり・皆目（かいもく）・毛頭（もうとう）・一向（いっこう）

ちっとも　〔副〕いささかも。少しも。常に、あとに打ち消しの言いかたを伴って、否定表現の持つ否定性を強め、全体で、少しも……でないの意を表わす。「ちっともわかっていないね。」

まるきり　〔副〕「まるっきり」とも言う。全く。全然。あとに打ち消しの言いかたを伴って、否定的な状態が全面にわたっていることを表わす。〈ちっとも〉は、残されたわずかの量や可能性を否定することによって、全体の否定を強める意味を表わすが、「まるきり反対だ。」「まるっきり駄目だ。」のように、最初から全体が否定されていることが明らかな場合には使うことができない。また、「まるきり手答えがない。」と言う場合には、手答えの存在が全面的にないことを表わすが、「ちっとも手答え

がない。」と言う場合には、ほんのわずかの手答えさえもないの意を表わす。〈まるっきり〉は、〈まるきり〉の強調形。

全く（まったく）　〔副〕そうとしか形容できないほど、強く感じられることを表わす。また、あとに打ち消しの言いかたがきて、〈全然〉とほとんど同義になる。〈全く〉は、「全く素晴らしい。」のように肯定表現にも、あるいは、「全くなってない。」のように否定表現にも用いられる点で、〈ちっとも〉〈まるきり〉と大きく異なるが、「全く知らない。」のように否定表現や、「全く駄目だ。」のように否定的な意味合いの表現に用いることが多い。

全然（ぜんぜん）　〔副〕その事柄を全面的に否定する様子。まるっきり。〈全く〉とほぼ同義だが、今は、普通、肯定表現に用いることはない。動作や状態がほんのわずかも成立しない、いわばゼロの状態を言う。「全然だめ。」「全然おもしろくない。」

さっぱり　〔副〕全く。全然。〈ちっとも〉〈まるきり〉は、行為・状態のどちらも修飾するが、〈さっぱり〉は、「この問題は、いくら考えてもさっぱり分からない。」「不景気で、売り上げはさっぱりだ。」のように、状態だけを修飾する。また、〈さっぱり〉は、主体が望ましい状況を期待するという前提的な意味があり、それが、どのようにしても実現しない状態にあることを表わす。したがって、マイナスのニュアンスがさらに一段と強くなる。

皆目（かいもく）　〔副〕あとに打ち消しの言いかたを伴って、全体で、全く、全然の意を表わす。何かの所在や不首尾に終わった原因などが、どうしても分からないことを表わす場合に用いることが多い。やや改まった言いかた。「皆目わからない。」

毛頭（もうとう）　〔副〕毛の先ほどもない。少しも。ほんのわずかの可能性も否定することによって全体を強く否定する意を表わす。何かをしようとする意図を打ち消す場合に多く使う。「毛頭そんなことはない。」「やめる気は毛頭ない。」

一向（いっこう）　〔副〕まるっきり。全く。予測あるいは期待されるとおりに事が実現しない状態にあることを表わす。したがって、時間の経過を前提として用いられる。「一向に効き目がない。」「一向進まない。」

類語　みじんも・とんと・根（ね）っから・つゆほども・さらさら

ちゃくじつだ

着実（ちゃくじつ）だ・几帳面（きちょうめん）だ・勤勉（きんべん）だ

着実だ（ちゃくじつだ）　〔形動〕落ち着いて一歩一歩確実に物事を進める様子。「彼は着実に一歩一歩前進している。」　㊟着実さ（名）

几帳面だ（きちょうめんだ）　〔形動〕行動がまじめで、決まりによく合う様子。また、物事の処理が行き届いて、すみずみまで正確な様子の意を表わす。〈着実だ〉は態度について言い、危なげなく安心して見ていられる場合に使うが、〈几帳面だ〉は性格について言い、すみずみまで正確にしなければ気がすまないことに用いる。「几帳面な男」　㊟几帳面さ（名）

勤勉だ（きんべん） 〔形動〕 勉強や仕事を、まじめにいっしょうけんめいにすること。㊰怠惰だ、㊫勤勉さ(名)

類語 まじめだ・実直（じっちょく）だ・地道（じみち）だ

ちゃくちゃくと

着着（ちゃくちゃく）と・こつこつと・せっせと

着着と（ちゃくちゃく） 〔副〕 順序を追ってはかどる様子。〈着着と〉は、仕事などについて自分が立てた計画どおりに、着実に進めていくことを言う。「着着と実施に移す。」

こつこつと 〔副〕 絶えず努め続けていく様子。「彼はこつこつとよく勉強する。」〈こつこつと〉は、順序を追って進めていくという意味合いはなく、一つの目標を達成するために、自分なりの努力を休みなく続けていくというところに重点がある。「こつこつと勉強する。」

せっせと 〔副〕 休まずに忙しく立ち働く。「せっせと働く。」

ちゅうし

中止（ちゅうし）・中断（ちゅうだん）・休止（きゅうし）

中止（ちゅうし） 〔名・スル動サ変〕 中途で取りやめになること。仕事・催し物・試合・計画などが、雨が降るとか主要な人物がやむをえない事情で欠席するなど、自分とは直接関係しない外的要因によって中途で取りやめになる場合に使う。また、〈中止〉も「中止する」も、中途でやめることだけでなく、最初から取りやめになる場合にも使う。「試合が雨で中止になる。」

中断（ちゅうだん） 〔名・スル動サ変〕 中途で切れること。〈中断〉は、〈中止〉と違って、中途でやめる場合にだけ使い、「雨が小降りになるまで、試合を一時中断します。」のように、そのあとでまた再開される見通しが強いことを表わす。

休止（きゅうし） 〔名・スル動サ変〕 休むこと。〈休止〉は、最初から取りやめる場合に用い、中途で取りやめることには使わない。「運転を休止する。」

類語 中絶（ちゅうぜつ）・途絶（とぜつ）・遮断（しゃだん）

ちゅうとはんぱ

中途半端（ちゅうとはんぱ）・どっちつかず・優柔不断（ゆうじゅうふだん）

中途半端（ちゅうとはんぱ） 〔名・ダ形動〕 仕事などを途中で投げ出したままで終わること。

どっちつかず 〔名・ダ形動〕 二つのうち、どちらか一方に決めることができない状態。いつも中途半端だ。」のように、事柄や仕事が最後まで徹底しないで、中途で終わることを言うのに用いることが多いが、〈どっちつかず〉は、二つのうち、どっちかに決めなければいけないときに、どちらとも決めかねてはっきりしない態度をとることに使う。

〈中途半端〉は、「話は結局中途半端のまま終わってしまった。」「彼の仕事は

優柔不断（ゆうじゅうふだん） 〔名・ダ形動〕 決断力に乏しいこと。

類語 煮（に）え切（き）らない・不徹底（ふてってい）

ちょうし

調子(ちょうし)・本調子(ほんちょうし)・具合(ぐあい)・コンディション

調子(ちょうし)　〔名〕①その人のことばや文章が持っている、独特の感じ。②からだや機械など動くものの動き具合や進み具合。「いつもの彼とは調子がなんとなく違うねえ。」③音楽で、歌う声や楽器の音の高低の具合。また、そのリズムやテンポ。「楽器の調子を合わせる。」

本調子(ほんちょうし)　〔名〕望ましい本来の調子。本当の調子が出ること。「病気のあとで、まだ本調子とはいえない。」

具合(ぐあい)　〔名〕「ぐわい」とも言う。何かがうまく進んでいるかどうかの状態。また、その進めかた。人間のからだや物の状態、天気などについて言う場合は、〈調子〉〈具合〉はほとんど同義に用いられるが、〈具合〉は、人間の声・ことば・文章には使わない。また、人の作品や全体的な雰囲気を言う場合にも、〈具合〉は使うことができない。〈具合〉は、「出来具合」とか「風呂の燃え具合」のように、より具体的で動的な状態について用いることが多い。

コンディション　〔名〕condi-tion. 何かをする際に、結果の良否に影響を与えるような、からだや天候、場所などの調子や状態。「寝不足で、コンディションが悪かったので、あまりよい記録を出せなかった。」「グラウンドコンディション」

ちょうしょ

長所(ちょうしょ)・美点(びてん)・取り柄(とりえ)

長所(ちょうしょ)　〔名〕人や物の優れている点。よい面。(反)短所

美点(びてん)　〔名〕いいところ。長所。〈長所〉は人だけでなく、機械など物についても使うが、〈美点〉は、人についてだけ用いる。やや改まった言いかた。(反)欠点

取り柄(とりえ)　〔名〕人や物が持つ、優れた点。役に立つ長所。〈長所〉は、人間・物・事柄のどれについても使うが、〈取り柄〉は主として人間について言い、しかも、全体的に見るとあまりよくないが、その中で一つか二つ役に立つ長所がある場合に用いる。したがって、「一つだけ取り柄がある。」とか「これだけが私の取り柄だ。」のように言う。

ちょうど

ちょうど・まるで・あたかも

ちょうど　〔副〕まるで。その物の形や性質・状態などが、よく知られているものに似ている様子。「ちょうどそれは人知れず悪い事をしたあとの気持ちに似通っている。」また、数量や大きさ、時刻などが、ある目的や基準にぴったり合っている様子の意にも用いられる。「今ちょうど六時だ。」

まるで　〔副〕全く。ちょうど。すべての点から見て、そう言って差し支えないことを表わす。〈ちょうど〉は、「彼女はちょうど花のように美しい。」と言うと、彼女の容

貌だとか笑顔だとかが、花に似た美しさを示しているというように、意識の中にある基準値と、具体的な対象・状況とがうまく一致するということが前提となって、あるものを別のものにたとえているという感じがするが、〈まるで〉は、たとえるものの全体的な性質・状態や雰囲気などが、たとえられるものとほとんど一体であることを言い、個別的な似通いが前提となることは少ないように思われる。「まるで狐のように細い目をしている。」

あたかも　〔副〕〈ちょうど〉〈まるで〉とほぼ同義の、やや古風で、かたい文章語。「負けたのにあたかも勝ったような顔をしている。」

類語　さながら・いかにも

ちょくせつ

直接（ちょくせつ）・じかに

直接（ちょくせつ）　〔名・副〕間にほかの物を挟まず、じかに対象に接すること。「私が中に入るよりも、直接話してもらった方がいい。」反 間接

じかに　〔副〕〈直接〉とほぼ同義だが、「その問題は今日の議題とは直接関係がない。」「彼女は彼とは直接何の関わりもない。」のように、関係を表わす場合には、〈直接〉しか使うことができない。また、〈じかに〉は、やわらかい用語なので、かたい漢語的な言いかたを修飾することが少ない。「音がじかに響いてきた。」

類語　ダイレクト・じきじきに

ちょっかん

直観（ちょっかん）・直感（ちょっかん）・第六感（だいろっかん）・インスピレーション

直観（ちょっかん）　〔名・スル動サ変〕推理や思考によらず、対象を直接にとらえる作用。「直観と論理」

直感（ちょっかん）　〔名〕説明や証明なしで、直接感じで分かること。感覚的に物事の真相をとらえること。「直感で、すぐピンときた。」〈直観〉は、かたい文章語だが、〈直感〉は、日常的な用語である。また、〈直観〉は、全体を見て物事の本質を直覚的に了解するという点に重点があるが、〈直感〉は、感覚的にとらえる（感じで分かる）という点に重点がある。

第六感（だいろっかん）　〔名〕五官（視覚・聴覚・嗅覚・味覚・触覚）のほかにあるとされる感覚。直観的に何かを鋭く感じとる心の働きを言い、「勘」とほとんど同義に用いることが多い。「第六感がはたらく。」

インスピレーション　〔名〕inspiration. 英語から入った外来語。霊感。ひらめき。何か考えごとをしていて、突然、前後とのつながりなしに、素晴らしい考えなどを思いつく心の働きについて言う。

類語　ひらめき・直覚（ちょっかく）・第一印象（だいいちいんしょう）

ちんぴん

珍品（ちんぴん）・逸品（いっぴん）・絶品（ぜっぴん）

珍品（ちんぴん）　〔名〕珍しい品物。めったに見ることができないような貴重品。「こんな冬のさなかにわらびとは、珍品だね。」

逸品（いっぴん）　〔名〕優れた品物。〈珍品〉は、美術品・骨董品だけでなく、食べ物などにも言うが、〈逸品〉は、美術品や貴重品の優れた品物について使うことが普通である。

絶品（ぜっぴん）　〔名〕またとなく優れた品。きわめて優れた作品について使い、〈逸品〉よりもさらに価値の高いものを言う。「この世にまたとない絶品だ。」

類語　名品（めいひん）・貴重品（きちょうひん）

ちんもく

沈黙（ちんもく）・だんまり・黙秘（もくひ）・無言（むごん）

沈黙（ちんもく）　〔名・スル動サ変〕黙り込んでいること。「沈黙をまもる。」「沈黙が一座に訪れた。」

(反)発言

だんまり　〔名〕「黙り」の変化。黙って何も言わないこと。行為として見た場合には、〈沈黙〉と同義であるが、〈沈黙〉が一人の行為にもおおぜいの行為にも用いられるのに対して、〈だんまり〉は、普通、一人の行為について言い、しかも、常にマイナスの評価を伴う。俗語的な言いかた。「まただんまりで押し通す気か。」

(反)おしゃべり

黙秘（もくひ）　〔名・スル動サ変〕秘密にして黙っていること。自分に不利なことを言わないで通すこと。〈沈黙〉はただ黙っていることを言うが、〈黙秘〉は、自分の不利にならないように沈黙を守ることを言う。「黙秘権」「黙秘は苦痛である。」

無言（むごん）　〔名・ダ形動〕ものを言わないこと。〈沈黙〉はそのような状態であることに重点があり、〈無言〉はものを言わないという行為に重点がある。また、〈沈黙〉は、「沈黙が訪れた。」「沈黙は金」のように主語になるが、〈無言〉は、「彼は終始無言のまま過した。」「無言のまま頭をうなだれる。」のように使い、普通、主語にはならない。

類語　黙然（もくねん）と・寡黙（かもく）・黙黙（もくもく）と・暗黙（あんもく）・黙止（もくし）

つ

つい

対（つい）・組（く）み・コンビ・つがい・アベック

対（つい）　〔名〕二つそろって一組になっているもの。そろい。「大小で対になっている夫婦茶碗。」

組み（くみ）　〔名〕組むこと。組んだもの。いくつかの物が一緒になって一組になっている物。〈対〉は、二つの物や人が一組になっている場合を言うが、〈組み〉は、「コーヒーセット一組み」のように、二つ以上の揃い物について使うことが多い。

(動)組む

コンビ　〔名〕combination の略で、英語から入った外来語。二つのものが一緒になって組合わさっていること。「あの漫才は近ごろにない名コンビだ。」「今度の委員長と副委員長とは名コンビだ。」のように、二人が一緒になって、助けたり助けられたりしながら何かをする関係について使う。

つがい　〔名〕おす・めすの一組。小鳥について言うことが多い。「つがいの小鳥」

アベック　〔名〕avec. フランス語から入った外来語。二人づれ。特に、男女・愛人同士などが二人づれであることに言う。「日曜日の映画館はアベックの群れでにぎやかだ。」

ついか
追加(ついか)・付加(ふか)・添加(てんか)

追加(ついか)　〔名・スル動サ変〕あとで増し加えること。不足している予算や人数、物などを補う場合に用いる。「追加予算」

付加(ふか)　〔名・スル動サ変〕つけ加えること。現在ある物の上につけ加えることを言い、不足しているところを補うという意味合いはない。「付加価値」

添加(てんか)　〔名・スル動サ変〕添え加えること。ある物に何かをつけ加えることを言い、食品に色や味をつけ加えたり、文章に特定の色彩を加えたりするのに用いることが多い。「食品添加物」

ついに
遂(つい)に・とうとう・結局(けっきょく)・所詮(しょせん)

遂に(つい)　〔副〕終にとも書く。長い時間ののち、あるいは、長い間の努力やさまざまのいきさつを経たのち、ある事態に対する様子。とうとう。下に打ち消しの言いかたを伴うと、ある事の実現しない状態が現在まで続く様子、すなわち、まだ・一度もの意を表わす。「ずいぶん待ったが、遂に来なかった。」

とうとう　〔副〕到頭と書く。いろいろの事が起こったあとで、物事が実現したり、物事がおしまいになったりすることを表わす。〈遂に〉も〈とうとう〉も、ある状態が実現するのに長い時間を要したという点では、ほぼ同義だと考えられるが、〈遂に〉は、「彼は自分だけを傷つけるような生活に嫌気がさし、遂にそこから脱することを決意した。」「彼は遂に勇気を持って立ち上がった。」のように、新しい行動を起こすまでに長い時間がかかったことを言う。それに対して、〈とうとう〉は、「彼はとうとう研究を完成した。」「いろいろのことを気にし過ぎて、とうとう気が狂った。」のように、ある事の完成やある状態の実現までに長い時間を要したことに使い、そのあとに何か別の事柄の完成や状態の実現がくるという予期感は少なく、最後にその事態に至ったという終点感覚が強い。

結局(けっきょく)　〔副〕途中にいろいろな経過があった末に、一つの最終的な結末に至る様子。〈とうとう〉とほぼ同義であるが、「結局そういうことになるか。」のように、いろいろ考えた末に到達した最後のところを意味する用法は〈遂に〉にも〈とうとう〉にも認められない。〈結局〉は、右の例でも分かるように、述語のテンスが過去ではなく現在である場合もある。「努力したが結局むだだった。」

所詮(しょせん)　〔副〕　詰まる所。あれこれ考えたが、結論としては大したことにならない意を表わす。

[類語] 結句(けっく)・詰(つ)まるところ

ついやす

費(つい)やす・使(つか)いこむ

費やす(ついやす)　〔動五〕　金銭をはじめとして、かけがえのないものを惜しみなく使ってなくす。無駄に使う。〈費やす〉は、金銭・労力・時間・ことばなど、大切なものを使うことに広く用いる。手持ちのある限られた事物をそのことのために使って無くすという消費意識が強い。「歳月を費やす。」　[反]貯える

[類語] 浪費(ろうひ)する・擦(す)る

使いこむ(つかいこむ)　〔動五〕　他人のお金や公金を勝手に使ってしまう。「最近、公金の使いこみが目立って多くなったように思われる。」また、長い間使ってすっかり慣れる意に用いる。「よく使い込んだ万年筆」　[転]使いこみ

つうしん

通信(つうしん)・便(たよ)り・音沙汰(おとさた)・文通(ぶんつう)

通信(つうしん)　〔名・スル動サ変〕　他人に意志や情報を伝えること。文書や電信、電話、郵便などを使って、様子や情報を伝えることを言う。「そのとき、突然、救助を求める通信が途絶えた。」「通信衛星」

便り(たより)　〔名〕　手紙。〈便り〉は、手紙による通信に用いることが多いが、〈通信〉は、さまざまの情報を提供することという意のほかに、電話・電報などによって、考えや近況を連絡する場合にも用いる。「便りがないのは無事の証拠。」

音沙汰(おとさた)　〔名〕　便り。訪れ。〈便り〉という意の類義語を、二つ重ねて強調した表現。訪れる意で使うこともある。「音沙汰がない」の言いかたで用いることが普通。

文通(ぶんつう)　〔名・スル動サ変〕　手紙をやりとりすること。〈音沙汰〉「音信」は、相手からの連絡に使うが、〈文通〉は、手紙を相互にやりとりすることに用いる。「彼とは文通だけで、まだ一度も会ったことがない。」

[類語] 音信(おんしん)・消息(しょうそく)

つかう

使(つか)う・用(もち)いる・使用(しよう)する

使う(つかう)　〔動五〕　自分のために働かせる。〈使う〉は、次の〈用いる〉よりも意義が広い。道具や方法などについては、〈使う〉も〈用いる〉もほぼ同じように使用するが、人・金銭・時間などについては、〈用いる〉はあまり使わない。「人ばかり使わないで自分でしなさい。」　[転]使い(名)

用いる(もちいる)　〔動上一〕　〈使う〉とほぼ同義。機能・能力・才能などを有効に利用し、役立てるという意識を伴うことが多い。やや改まった言いかたで、文章語に用いることが多い。「その点については、特に意を

用いています。」

使用する〔動サ変〕〈使う〉とほぼ同義だが、人や、やや大きな機械、部屋、場所などについて用いることが多く、〈用いる〉よりもさらに文章語的である。「この機械は、正確に使用しなければすぐに故障する。」　图使用

つかれる
疲れる・疲労する・くたびれる・ばてる

疲れる〔動下一〕くたびれる。使い過ぎたために、そのものの本来の機能が低下した状態になる。〈疲れる〉は、次の〈疲労する〉とほとんど同義で、肉体的な疲労にも精神的な疲労にも使う。「くたくたに疲れる。」　图疲れ

疲労する〔動サ変〕〈疲れる〉の意の漢語表現。

くたびれる〔動下一〕疲れる。ややくだけた言いかた。〈疲れる〉は、「疲れた心」「疲れた神経」「疲れた」のように、「体・心」のどちらについても言うが、〈くたびれる〉は、体についてしか言わない。また体全体に使われるのであって、「目がくたびれた。」のようには言わない。その点、〈疲れる〉は、部分に関しても使える。また、〈くたびれる〉には、「くたびれた背広」のように服地がよれよれになったことを言う比喩的な用法がある。

ばてる〔動下一〕「果てる」のくだけた言いかた。極端な疲れなどのため、体全体が衰弱した状態になる。「急ぎの仕事で二日徹夜したので、すっかりばててしまった。」

類語　へばる・のびる

つぎつぎに
次次に・続けざまに・たて続けに・矢継早に

次次に〔副〕引き続いて。それからそれへと。〈次次に〉は、いくつものことが起こったり、おぜいの人が集まるという数量の方に重点があり、次の〈続けざまに〉〈たて続けに〉は、あることが、間をおかずに続けて起こるという時間的な連続性の方に重点がある。「次々に風邪をひく。」というと、たとえば、学級のかなり多くの生徒が、順々に風邪をひくことを意味するが、「続けざまに風邪をひく。」というと、同一の生徒が、間を置かずに何度も風邪をひくことを言う。

続けざまに〔副〕引き続いてやまないさま。何かを、続けて行う様子。「飛行機の事故が続けざまに起こる。」「男は続けざまにいろんなことを私に話した。」

たて続けに〔副〕〈続けざまに〉とほぼ同義だが、〈たて続けに〉の方が、より短い時間にたびたび連続して起こることを言う。「たて続けに得点した。」

矢継早に〔副〕続けざまに。たたみかけて。同じような性質のことを、次から次へとたたみかけるように行うさまを言う。話とか質問などのように、ことばを用いて行う積極的な行為の様子について用いるのが普通である。「矢継早に質問する。」

類語 続続（ぞくぞく）・陸続（りくぞく）

つきる
尽（つ）きる・果（は）てる

尽（つ）きる 〔動上一〕①次第に減っていって最後になくなる。②それで全内容が言い尽くされる。「かわいいの一言に尽きる。」

果（は）てる 〔動下一〕終わる。尽きる。死ぬ。〈尽きる〉は、「食料が尽きた。」「ガソリンが尽きて、もうこれ以上走れない。」のように、物について言うことが多いが、「話が尽きた。」のように、事柄の内容について言うこともある。〈果てる〉は、行動や事柄そのことについて言い、「話が果てる。」というと、対話という行為が終わることを意味する。〈果てる〉は、〈尽きる〉に比べて、やや文章語的である。㊕果て(名)

つく
突（つ）く・つつく・つっつく・こづく

突（つ）く 〔動五〕先の鋭いものを、一気に当てて、強い衝撃を与える。からだについて言うだけでなく、「痛いところを突かれた。」のように、急所・弱点などを鋭く攻撃される場合にも用いる。また、からだのささえにする意にも用いる。「杖をつく。」㊕突き(名)

つつく 〔動五〕指先や細い棒のようなもので、軽く突く。あるいは、そのようにして食べる。また、「野党からつつかれないように、ことばに気をつけて説明する。」のように、欠点などをわざと取り上げる意や、「弟子をつついて、辞書の仕事をさせる。」のように、その気になるようにけしかける意にも用いる。

つっつく 〔動五〕〈つつく〉のくだけた言いかただが、〈つつく〉よりも強くつつく感じになる。「女のほっぺたをつっついた。」

こづく 〔動五〕他人のからだを指先やひじで少しばかり突く。また、弱い人間や小動物を何やかやといじめる意にも用いる。

つくる
作（つく）る・こしらえる

作（つく）る 〔動五〕造るとも書く。何か形のあるものに仕上げる。また、今までなかった状態を新しく存在させる意にも用いる。「庭に池をつくる。」「友を作る。」

こしらえる 〔動下一〕作り上げる。〈こしらえる〉は、洋服・子供・財産・食べ物など、形がある具体的なものを意志的に工夫して作り上げることに使うのが普通だが、〈作る〉は、それ以外に、歌や俳句、本など、読んで味わうものや、人間の心、法律、組織など、抽象的な内容の事柄についても用いる。この場合、〈こしらえる〉を用いると、ややチャチで手軽な内容のものというニュアンスを伴う。また、「米を作る。」「盆栽を作る。」のように栽培するという意味は、〈作る〉にしかなく、〈こしらえる〉にはない。

類語 こさえる・製作（せいさく）する

つたない
拙い・まずい・へただ

拙い（つたない）〔形〕 巧みでない。人前で自慢できるほど上手でない。技芸や文章・絵画・音楽・字などの能力が劣っているのに使うことが多い。また、自分の能力を謙遜して言う場合にも用いる。「拙い出来ですが、見てやってください。」 (反)うまい、(転)拙さ(名)

まずい 〔形〕 ①味がよくない。「この料理はまずくて食べられない。」②つたない。③具合が悪い。「まずい所で会ったもんだ。」〈まずい〉は、料理などの味がよくないことや、具合が悪い意にも使うが、〈拙い〉〈拙劣だ〉には、この意味用法がない。「つたない料理」と言えば、料理を作る自分の技術が未熟であることを言う。また、〈つたない〉は、自分のことについて言うが、〈まずい〉は、自分の場合にも相手の場合にも使う。 (反)うまい、(転)まずさ(名)

へただ 〔形動〕 下手だと書く。技術が拙劣で、仕上がりがよくない様子。〈まずい〉とほぼ同義だが、料理について言う場合は、〈まずい〉は味覚でとらえた評価を言い、〈へただ〉は主として、料理人の腕の評価について使う。 (反)上手だ、(転)へたさ(名)

[類語] 拙劣だ・未熟だ・不器用だ・不細工だ

つとめ
務め・任務・役目

務め（つとめ）〔名〕 勤めとも書く。務めること。務めるべき事。人間として当然なすべき義務の意にも、ある組織のなかで果たさなければならない任務の意にも用いる。「それは人間の務めだ。」 [動]務める

任務（にんむ）〔名〕 務め。ある組織のなかで、すべきこととして分担しているつとめについて使う。

役目（やくめ）〔名〕 務め。責任をもって果たさなければならない仕事。〈役目〉は、「親の役目」「名詞の役目」のように、当然の義務として課されている仕事やものの働きの意に用い、ある組織のなかで分担すべき務めの意に用いることはほとんどない。

[類語] 義務・責務・使命・任

つのる
募る・募集する・徴集する

募る（つのる）〔動五〕 ①広く招き集める。「寄付を募る。」②何かの勢いがますます激しくなる。風、不安、不信感、欲求不満など、マイナスの現象や感情がますます強くなることを言う。「不安がつのる。」

募集する（ぼしゅうする）〔動サ変〕 〈募る〉の①の意味の漢語。ひろく呼びかけて集める。「生徒を募集する。」 [名]募集

徴集する（ちょうしゅうする）〔動サ変〕 召し集める。国家や公共団体が、必要とする人や金や物品を強制的に集めることに使う。 [名]徴集

[類語] 集める・公募する

つま

妻・妻・人妻・夫人・令夫人・奥様・奥さん・おかみ・女房・マダム・細君・家内・愚妻・かかあ・ワイフ・主婦

妻（つま） [名] 夫婦のうちの女性。配偶者としての女性を言い、自分あるいは身内の配偶者について使うことが普通である。文章語としては、最も一般的な言い方である。「もう帰りましょうかと妻が言った。」 [反]夫

妻（さい） [名] 妻。夫から呼ぶ場合のやや古風な言い方。

人妻（ひとづま） [名] 他人の妻。また、「人妻としての覚悟」のように、結婚した女の意にも用いられる。夫のあることを強く意識して言う場合に用いる。

夫人（ふじん） [名] 貴人の正妻。昔は妃の次の位の女官を指して言ったが、今は他人の妻の敬称として用いる。「夫人は夫を真直ぐに見つめた。」

令夫人（れいふじん） [名] 貴人の妻の敬称。相手の妻の敬称。非常に改まった言いかた。「伯爵令夫人」

奥様（おくさま） [名] 他人の妻の敬称。また、女主人や、「奥様、何を差し上げましょうか。」のように年輩の女性を指して用いることもある。

奥さん（おくさん） [名] 〈奥様〉と同義の少しくだけた言いかた。

おかみ [名] 「おかみさん」「かみさん」とも言う。他人の妻。「内儀」より、かなり敬意が低い。また、飲食店などの女主人の意にも用いる。「おかみさん、冷で一杯。」

女房（にょうぼう） [名] 妻。昔は宮中の官女を指したが、現在では、自分の妻をやや軽く言う場合に用いる。

マダム [名] madam. 奥様。夫人。今は、おもに酒場などの女主人を言う。「有閑マダム」

細君（さいくん） [名] もとは、自分の妻をへりくだって言うときに用いたが、現在は、他人の妻についても使う。ただし、同僚とか目下の場合に使うのが普通で、敬意はあまり含まれていない。「細君は元気か。」

家内（かない） [名] 自分の妻をへりくだって言う場合に用いる。

愚妻（ぐさい） [名] 自分の妻の謙称。「このたびの辞書の仕事では、愚妻も用例の博捜にかなり骨折ってくれた。」

かかあ [名] 〈妻〉に対する軽蔑の意を含んでいて、よほど親しい間柄か、くだけた場面を除いて、言わないのが普通である。「俺にだってかかあや子供はいるんだ。」

ワイフ [名] wife. 自分の妻。

主婦（しゅふ） [名] 家庭の女主人を客観化して呼ぶ言いかた。

[反]主人

[類語] 荊妻（けいさい）

つまらない

つまらない・くだらない・ばからしい・ばかばかしい・ばかくさい

つまらない [形] それに関心を寄せるだけの価値がない。また、人に贈り物をしたり、客

に食べ物を出したりするときに、「つまらない物ですが」と、謙遜して言う用法もある。㊔つまらなさ(名)

くだらない　〔形〕下らないと書く。〈つまらない〉よりも、さらに価値の低い場合に使い、軽蔑の気持が強い。〈つまらない〉は、人間についてはあまり用いないが、〈くだらない〉は人間について使うことが多い。「まったくくだらない男だ。」㊔くだらなさ(名)

ばからしい・ばかばかしい・ばかくさい　〔形〕いずれも事柄について使い、価値のないことを言う。〈つまらない〉よりも、さらに価値のない場合に使い、〈ばかくさい〉が最も程度が強い。「全くばかばかしい話」

つまり

つまり・結局(けっきょく)・要(よう)するに・すなわち

つまり　〔副〕詰まりと書く。物事が変わって行ったその終わり、詰まる所。〈結局〉の意のやや俗語的な表現だが、〈つまり〉は、その前の話の内容を要約したり、言い換えたりする点に意味の重点があり、〈結局〉は、結末や最後のところに意味の重点がある。特に、話しことばで頻繁に使う。「つまりだね。……」

結局(けっきょく)　〔副〕途中にいろいろな経過があった末に、一つの最終的な結末に至る様子。結論を強調する意識が強い。「結局ぼくの負けだ。」

要(よう)するに　〔副〕つまり。かいつまんで言えば。〈つまり〉〈結局〉は、最終的な結論を述べる場合とか、すぐ前に話したことの内容を要約したりする場合に用いることが多いが、〈要するに〉は、内容の大切なところを簡単に表現を変えて言う場合に使い、それが、結論であることもあるが、そうでない場合もある。つまり、要約意識に重点がある。「要するに生徒の実力がアップすればいいと君は言うのかね。」

すなわち　〔接〕〈要するに〉〈つまり〉とほぼ同義だが、〈すなわち〉は接続詞で、「これすなわち現在の流行歌」「日本の象徴すなわち天皇」のように、助詞をとらないで直接体言に下接する用法がある。また、〈すなわち〉は、「そのとき玄関わきに立っていたのが、すなわち彼女だった。」のように、ほかならぬの意にも用いるが、〈要するに〉には、この意味用法がない。

類語　畢竟(ひっきょう)・所詮(しょせん)

つみ

罪(つみ)・とが・罪悪(ざいあく)

罪(つみ)　〔名〕道徳または法に反した悪行や過失。「罪のない寝顔」というと、無邪気とほぼ同義になる。

とが　〔名〕とがめなければならない行為。過ち。〈罪〉は、道徳上してはならない行いに重点があるが、〈とが〉は法律上してはならない行いに重点がある。また、〈罪〉は、「罪なことを言うな。」のように、相手を傷つけるような無慈悲な行いの意にも用いるが、〈とが〉には、この意味用法がない。「誰のとがでもない。」

罪悪(ざいあく)　〔名〕罪とが。〈罪〉とほぼ同義だが、〈罪〉は比較的軽い過失についても使うのに対して、〈罪悪〉は、道徳・法律や社会習慣などにそむく重い悪行について言うことが普通である。「罪悪をおかす。」

[類語] 犯罪(はんざい)・罪(つみ)とが

つもり

積(つ)もり・心(こころ)づもり・意図(いと)・意向(いこう)・魂胆(こんたん)

積(つ)もり 〔名〕 前もって予定しておく心構え。自分がそうしょうと思っている考え。「死んだ積もりで働く。」のように、実際はそうでもないのに、そうなっているような気持ちの意にも用いる。

心(こころ)づもり 〔名〕 心積もりと書く。前もって、こうしようなどと、心のなかで考えておくこと。〈積もり〉とほとんど同義だが、「死んだつもりで一からやり直す。」のような場合には使えない。

意図(いと) 〔名・スル動サ変〕 心のなかでねらいを定めて、「こうもっていこう」と考えていること。〈積もり〉は、前もって考えていることを言うが、〈意図〉は、現に考えていることの内容について使う。したがって、「意図がどこにあるか分からない。」のように、現に考えていることの内容が不明である場合にも用いる。また、〈積もり〉〈心づもり〉は、この語の前に、これから行おうとすることが、連体修飾語の形で示される。

意向(いこう) 〔名〕 どうする積もりかについての個人や当局の考え。「意向を伝える。」

魂胆(こんたん) 〔名〕 考え。悪いたくらみに用いることが多い。

[類語] 心組(こころぐ)み・意趣(いしゅ)

つよい

強(つよ)い・丈夫(じょうぶ)だ・逞(たくま)しい・頑強(がんきょう)だ・タフだ

強(つよ)い 〔形〕 力が優れている。丈夫だ。〈強い〉は、からだだけでなく、精神力やことばづかい、あるいは自然現象についても使い、きわめて広範な主体に用いる。したがって、力が優れている意をはじめとして、勢いがあってなかなか衰えない、支配的な見方で、否定・無視できない勢いを持つ様子だなどの意を表わす。「強い男だ。」 (反)弱い、(転)強さ(名)

丈夫(じょうぶ)だ 〔形動〕 からだが、健康である。また、「丈夫な机」のように、品物が頑丈で、簡単に壊れないという意にも用いられる。抽象物については使わない。

逞(たくま)しい 〔形〕 なにものにもひるまない力強さがある。体格ががっしりしていて、いかにも強そうだ。からだや精神力について言うが、自然現象や、意見・要望などについては使わない。 (転)逞しさ(名)

頑強(がんきょう)だ 〔形動〕 頑固で強い。てごわい。ねばりがあって、なかなか参ったとは言わない精神的な強さについて言う。「頑強な抵抗」

タフだ 〔形動〕 taugh. 頑強だ。ねばり強い。「タフな男だ。」

つらい

辛(つら)い・切(せつ)ない・やるせない

辛い（つらい） 〔形〕 無情・冷酷な仕打ちをする様子。また、「仕事が辛い。」のように、我慢することができないくらい苦しいことの意にも用いる。「咳が出て辛い。」のように、生理的、身体的な苦しさにも、「部下の首を切るのは辛い。」のように、精神的な苦しさにも使う。 (転)辛さ(名)

切ない（せつない） 〔形〕 辛い。悲しみや恋しさで、胸がしめつけられるように苦しい。〈辛い〉は、「病気で息をするのも辛い。」のように、生理的・感覚的な苦しさにも使うが、〈切ない〉は、自分の置かれた立場・境遇からくる精神的な苦しさについて用いる。また、〈辛い〉は、人目を意識してそのように思う場合に使うことが多いが、〈切ない〉は、おもに、自分の主観的な感情を言う。「切ない思い」 (転)切なさ(名)

やるせない 〔形〕 思いを晴らす手だてがない。〈切ない〉よりも、気持ちの満たされない度合がさらに強い。「やるせない胸のうち」 (転)やるせなさ(名)

[類語] 悶悶（もんもん）・たまらない

つらぬく

貫（つらぬ）く・突（つ）き通（とお）す・徹（てっ）する

貫く（つらぬく） 〔動〕 ①突いた先がなかを通り抜けて、反対側まで、出る。②端から端まで切れ目なく通る。「この本は彼の強い思想で貫かれている。」また、外圧に押されてくじけたり、主張を徹回したり、方針を曲げたりしないで、終わりまでやり抜く意にも用いる。「初志を貫き通す。」

突き通す（つきとおす） 〔動五〕 貫く。突いて裏まで通す。〈貫く〉の①とほとんど同義のややくだけた言いかた。「板を突き通した矢」

徹する（てっする） 〔動サ変〕 貫く。徹底する。〈貫く〉は、外圧にくじけることなく、自分の考えどおりに最後までやりぬく意を表わすが、〈徹する〉は、ある信念や価値観に徹底することを言い、外部からの圧力の有無とは直接関係がない。「信念に徹する。」「骨身に徹する。」

[類語] 貫通（かんつう）する・一貫（いっかん）する

つりあい

釣（つ）り合（あ）い・平衡（へいこう）・均斉（きんせい）・均衡（きんこう）・バランス

釣り合い（つりあい） 〔名〕 比較する二つの物や部分の重さ、力、性質、形などがかけ離れることなく、安定した状態を言う。「上着の色とネクタイとがよく釣合っている。」 (動)釣り合う

平衡（へいこう） 〔名〕 釣り合い。物事が一方にかたよることなく、ある安定した状態を保つこと。〈釣り合い〉とほぼ同義だが、運動などにおける身体の安定・バランスを保つ感覚について言うことが多い。「平衡感覚」

均斉（きんせい） 〔名〕 均整とも書く。正しい釣り合い。からだ・心・物の形などが、見た目に美しい安定感を与える場合に使う。「彼女は均整のとれたからだつきをしている。」

均衡（きんこう） 〔名〕 〈釣り合い〉は天びんばかりとか夫婦間のバランスなど、具体的なこと、私的なことについて多く使うが、〈均衡〉は、大

きい、また抽象的な内容について用いる。「両国の兵力は均衡を保っている。」「均衡をやぶる」

バランス〔名〕balance.〈釣り合い〉とほとんど同義。「バランスをとる。」「バランスがくずれる。」

つれる
連れる・引き連れる・連れ立つ

連れる〔動下一〕伴う。一緒について来させる。「子供をつれて行く。」[転]連れ(名)

引き連れる〔動下一〕うしろに従える。一緒に連れて行く。〈引き連れる〉は、〈連れる〉に比べて、連れる人が連れられる人よりも一段と強い場合を言うので、伴うよりも従える意の方が強くなる。また、〈連れる〉は、一人の人を伴う場合に使うことが多いが、〈引き連れる〉は、おおぜいの人（二人以上）を従える場合に使う。「おおぜいの仲間を引き連れてやって来た。」

連れ立つ〔動五〕一緒に行く。〈連れる〉は、行為の中心になる人とそれに従う人という主と従との関係において使われるが、〈連れ立つ〉は、そのような主と従の関係はなく、行為を行う複数の主体が、対等か対等に近い関係にある時に使う。

[類語] 従える・率いる・同行する

て

ていあん
提案・提議・発議

提案〔名・スル動サ変〕議案や考えを会議にかけるために提出すること。また、提出された議案。議会用語としては、法案・決議案・条約などを審議してもらうために議会に差し出すことを、「議案の提出」と言い、〈提案〉を使うことは比較的少ない。〈提案〉は、公的な会議に限らず、私的な集まりにおいて考えを提出する場合にも用いる。「提案理由」

提議〔名・スル動サ変〕議案を提出して、賛成・承諾を求めること。また、その議案。

発議〔名・スル動サ変〕「ほつぎ」とも言う。会議などで、最初に意見や議案を出すこと。国会法とか衆参両院の規則では、各議院の議員が、その属する議院に対して議案を差し出して、審議を求めることを議案の〈発議〉と言っている。「議員が議案を発議するには、衆議院においては議員二十人以上、参議院においては議員十人以上の賛成を要する。」

ていこう
抵抗・反抗・レジスタンス

抵抗〔名・スル動サ変〕外からの力に対し、負けまいと張り合うこと。また、「最大限の抵抗を試みる。」のように、権力者や旧道徳に従うまいと、はむかうことの意にも

用いられる。(反)屈服

反抗（はんこう）〔名・スル動サ変〕逆らってみたり、自分の主張を押し通してみようとしたりすること。〈反抗〉は、親や目上の人の言うことに対して、子供や目下の者が、なんでも逆らってみたり、自分の立場を押し通そうとすることを言い、普通、批判する気持ちをこめて使う。〈抵抗〉は、受け入れたくない気持ちに重点があり、〈反抗〉は、言うことを聞かないではむかうことに重点がある。したがって、〈反抗〉の方が、相手に抵抗する度合が強い。(反)服従

レジスタンス〔名〕フランス語のrésistanceから入った外来語。権力者や侵略者などに対する抵抗に使う。

類語　反発（はんぱつ）・返逆（はんぎゃく）

ていさい

体裁（ていさい）・なり・身（み）なり・風采（ふうさい）・スタイル

体裁（ていさい）〔名〕外から見たときの感じ。外見。また、世間の人から見られるときのかっこう（世間体）の意に用いる。「体裁がわるい。」

なり〔名〕さま。かたち。〈なり〉は、「なりが大きい。」「しゃれたなり」のように、からだつきや服装の様子そのものを言う場合に用いることが普通である。

身なり（みなり）〔名〕衣服をつけた姿。〈なり〉は、服装だけでなく、「なりが大きい。」「なりは小さいが力は強い。」のように、からだつきについても言うが、〈身なり〉は、人前に出ても恥ずかしくないだけの衣服や髪型に限って言う。〈なり〉を服装の意に用いる場合には、「なり振り構わず」「みすぼらしいなり」のように、〈身なり〉と同じく評価の意味合いを伴うことが多い。

風采（ふうさい）〔名〕服装やからだつきについて言う。「りっぱな風采」「風采があがらない。」

スタイル〔名〕style. すがた。服装や髪の毛などの型。また、からだつき。「ヘアスタイル」「抜群のスタイル」

類語　なり振（ふ）り・ファッション

ていせい

訂正（ていせい）・補正（ほせい）・規正（きせい）・是正（ぜせい）

訂正（ていせい）〔名・スル動サ変〕ことばづかいや文字、表現内容などの誤りを直すこと。法令用語としては、〈訂正〉は、誤りを改め直すという場合に使い、普通、軽微な字句とか数量などの誤りを正す場合に用いられることが多い。「二字訂正」

補正（ほせい）〔名・スル動サ変〕足りないもの、間違いなどを補って正しく改めること。〈訂正〉は、内容や表現の誤りを直すことに使うが、〈補正〉は、あとから、足りないところを補って、全体の内容や具合をより正確にする場合に用いる。「補正予算案が提出された。」「欠点を補正する。」

規正（きせい）〔名・スル動サ変〕悪いことや不都合な点を規則、規律によって正すことを言う。「政治資金規正法は、ザル法として有名だ。」

是正（ぜせい）〔名・スル動サ変〕悪い点や不公平なところを、正し

く改めることを言う。

ていたいする
停滞する・行き悩む・立ち往生する

停滞する　〔動サ変〕　物事がたまって滞ったり、現象がある場所・状態で止まっていること。「景気が停滞する。」「梅雨前線は、まだ、日本列島に停滞している。」
㊍進捗する、㊔停滞

行き悩む　〔動五〕　進んで行くのに困難を感ずる。物事が思うように進まない意にも用いる。「猛烈な吹雪で行き悩む。」「交渉はあらゆる面で行き悩んでいる。」〈停滞する〉は、物事や現象が同じ状態・場所にたまったり止まったりすることを客観的に言う場合に用いるが、〈行き悩む〉は、前に進みたい、あるいは事柄を解決したいという主体的な希望があるにもかかわらず、それがかなえられない場合に用いる。また、〈停滞する〉は、そのもの自体に原因があって、一箇所にとどまることを言うが、〈行き悩む〉は、そのもの自体のほかに何か原因があって、一箇所に立ちどまらざるを得ない場合に用いる。㊙行悩み（名）

立ち往生する　〔動サ変〕　立ったままで動きがとれないこと。交通機関などが何らかの原因で目的地まで行くことも引き返すこともできず、途中で止まってしまうこと。また、物事が行き詰まりの状態になったり、物事をどう処置してよいか分からなくなることの意にも用いる。〈行き悩む〉は、どのように進んだらよいか分からないことに用いるが、〈立ち往生する〉は、進むことも退くこともできない場合に用いる。〈行き悩む〉よりも、〈立ち往生する〉の方が、外的原因が明確で強く前面に出る。「生徒の質問攻めにあって、教師は立ち往生してしまった。」　㊔立ち往生

ていど
程度・度合・ほど

程度　〔名〕　物事の性質や価値を、ほかの物と比べて量的に考えたときの大きさ。「生活程度」

度合　〔名〕　ある範囲の中で計られた、そのものの高低・多少・強弱など。〈程度〉は、「この程度の作品では使いものにならない。」「今年の学生の程度はかなり落ちるね。」のように、ほかのもの（年）と比べて考えたときの価値の度合を言うが、〈度合〉は、この場合には使えない。〈度合〉は、「親しさの度合が深まる。」のように、ある範囲の中で計られた客観的な割合を言う。また、〈程度〉は、「暑いといっても程度がある。」のように、限度の意にも用い、これは、「恥を知らないにもほどがある。」のように、〈ほど〉にも認められるが、〈度合〉にはこの意味用法がない。「あの二人は、最近、急速に親密の度合を深めつつあるようだ。」

ほど　〔名・助〕　そこでとどまるべき行動の限界の意は、〈程度〉とほぼ同義であるが、「年のほどは二十四、五歳であった。」「実際のほどは分からないが、とにかく暑いって話だよ。」のように、どれだけあるかについての大体の見当の意は、〈程

度〉〈度合〉には認められない。〔副助詞〕の場合には、範囲・限度・基準についてのおおよその見当や前に述べる変化に応じて、あとに述べることが成立する意を表わす。「もがけばもがくほど、からだは泥にはまっていく。」

ていねいだ

丁寧（ていねい）だ・鄭重（ていちょう）だ

丁寧（ていねい）だ　〔形動〕　相手の立場や気持ちを考えて、きちっと行動する様子。また、細かい点まで注意が行きとどき、慎重に扱う様子の意にも用いる。「丁寧にあいさつする。」　(反)乱暴だ、(転)丁寧さ(名)

鄭重（ていちょう）だ　〔形動〕　「てあつい」の意の漢語的表現で、〈丁寧だ〉の改まった、より重い言いかた。「丁寧に扱う。」と言うと、注意深く扱うことを意味するが、「鄭重に扱う。」と言うと、相手の気持ち（地位）を十分に尊重して、丁寧に扱うことを意味する。したがって、〈鄭重だ〉は、ものの授受、取り扱い、もてなしなどについて使い、人間のからだや機械の取り扱い、仕事の仕方などについては用いない。　(転)鄭重さ(名)

類語　慇懃（いんぎん）だ・恭（うやうや）しい

でかける

出（で）かける・立（た）つ・旅立（たびだ）つ・出発（しゅっぱつ）する

出（で）かける　〔動下一〕　家から外へ出て行く。〈出かける〉は、ちょっと買物へ行くために家を出る場合にも、「主人は今東京へ出かけて留守でございます。」のように、家から遠く離れた所へ行く場合にも用いる。

立（た）つ　〔動五〕　そこを離れて他の場所へ移動する。旅に出る。〈立つ〉は、今いる場所を離れることに重点があり、〈出かける〉は、どこかへ向かって行くということに重点がある。現にいる場所と離れて移動する場所との距離は、〈立つ〉も、〈出かける〉と同じように、「ちょっと便所に立つ。」のように近い場合もあれば、「昨夜羽田を立った。」のように、遠い場合もある。

旅立（たびだ）つ　〔動五〕　旅に出る。「パリへ向けて旅立って行った。」のように、かなり遠い場所へ長期にわたって旅に出る場合に使う。　(転)旅立ち(名)

出発（しゅっぱつ）する　〔動サ変〕　出かける。家（根拠地）から、目的の所へ向かって出かける。〈出かける〉に比べると、はっきりした目的があって出かけるというニュアンスが強い。「私達は、次の目的地へ向かって出発した。」また、〈出発する〉は、新しい行動を始める意にも用いる。　(反)帰着する、(名)出発

類語　出立（しゅったつ）する・発足（ほっそく）する

てかげん

手加減（てかげん）・手心（てごころ）・斟酌（しんしゃく）

手加減（てかげん）　〔名・スル動サ変〕　物事を一律に厳しくするのではなく、その場に応じて適当に計らうこと。手心。また、物の取り扱いかたのコツの意にも用いる。「教育に手加減は禁物だ。」「女学校は初めてなの

で、手加減が分からない。」

手心（てごころ）〔名〕ほどよく事をあんばいする要領。〈手心〉は、対人関係に配慮して言うのが普通だが、〈手加減〉は、人以外に、「味のつけかたにちょっとした手加減がいる。」のように、物の取扱いかたのコツについても使う。また、〈手心〉は、〈手加減〉と同じように、厳しさをゆるめることに使い、「手心を加える。」の言いかたで用いることが多い。

斟酌（しんしゃく）〔名・スル動サ変〕相手の事情や心中をくみとって手加減すること。〈手心〉は、厳しさをゆるめることに重点があるが、〈斟酌〉は、相手の事情や心中をくみとることに重点がある。「斟酌を加える。」

類語 酌量（しゃくりょう）

てがみ

手紙（てがみ）・書簡（しょかん）・便り（たより）

手紙（てがみ）〔名〕たより。〈手紙〉には、広い意味と狭い意味とがある。広い意味では、「葉書」も含めて〈手紙〉と言うが、狭い意味では封書にしたものを指して言う。

書簡（しょかん）〔名〕改まった言いかたで、公的なものを表わすことが多い。「ブッシュ大統領から宇野首相にあてて書簡が届いた。」

便り（たより）〔名〕手紙。何かについての情報。〈手紙〉と同義に用いる場合は、〈手紙〉の広い意味、つまり、葉書と封書の両方を含めた意に用いる。「ぼつぼつ桜の便りが伝えられる。」

てがるだ

手軽だ（てがるだ）・簡略だ（かんりゃくだ）

手軽だ（てがるだ）〔形動〕簡単で、手間がかからない様子。〈手軽だ〉は、書類や手続きをはじめとして、物の製作や人間との関係など、広い範囲に使う。「手軽な料理」「手軽にひきうける。」 転 手軽さ（名）

簡略だ（かんりゃくだ）〔形動〕尽くさなければならない手続きを省きはするが、当面の目的に必要な実質だけは十分に生かす様子。説明や文章、書類などについて使うことが多い。「この問題については、簡略にまとめて説明することにします。」 反 繁雑・煩雑、名 簡略

類語 簡約だ（かんやくだ）・簡明だ（かんめいだ）・手短だ（てみじかだ）

てき

敵（てき）・仇（あだ）・かたき

敵（てき）〔名〕戦い・試合などの相手。また、自分に害を与える者の意にも用いる。「敵の敵は味方だ。」また、まともな相手になれないとき、「敵で（は）ない」という慣用句を用いて表現する。 反 味方

仇（あだ）〔名〕仕返しをしてやろうと思う憎い相手。また、悪意を持っての仕返しの意にも用いる。「親の仇をうつ。」

かたき〔名〕〈仇〉とほぼ同義だが、古くは、「かたきが攻めて来た。」のように、〈敵〉とほとんど同義に用いられることがあった。今は、競争しあっている相手の意に用いることが多く、「目のかたきにする」という慣用句の中で、あるい

は、「商売がたき」のような複合語の成分として使う。類語 仇敵・ライバル

できごと
出来事・事件・事故

出来事 〔名〕世間で起こる、いろいろな事件。ふと起こった事や、小さな事件について言い、あまり重大なことや、世間を騒がせるようなことにはほとんど使わない。私的で、身近なところにおいて起こった事件について言う。「今日の出来事」

事件 〔名〕出来事。やや改まった言いかた。〈出来事〉より重大な事柄について使い、私的な出来事にも社会的な出来事にも用いる。多く、悪い意味、世間を騒がせる場合に使う。「重大事件」「事件記者」

事故 〔名〕不注意などが原因で起こる人災。〈事故〉は人災に限って言うが、〈事件〉は災害だけでなく、人が起こす世間の話題になるようなさまざまの悪い出来事について使う。自動車が人をはねて重傷を負わすのは「交通事故」だが、だれかが銀行から二億円を強奪して自動車で逃走するのは「事件」である。

てきせつだ
適切だ・適当だ・適確だ

適切だ 〔形動〕その場（物）などにぴったり当てはまる様子だ。「適切な発言」「適切な助言を受ける。」 転 適切さ（名）

適当だ 〔形動〕ある性質・状態・要求などにちょうどよく合うこと。また、度合がちょうどよい様子の意にも用いる。〈適切だ〉は、その場や物によく当てはまる表現・処置・方法・要求などについて言い、当てはまる度合をかなり厳密にとらえて表現する場合に用いるが、〈適当だ〉は、その度合をもっとゆるやかにとらえて表現する場合に使う。したがって、「適当にやっておけ。」「あの人はその場その場で適当なことを言うので信用できない。」のように、いい加減である意にも用いる。反 不適当

適確だ 〔形動〕〈てっかく〉とも言う。的確だとも書く。判断したことや取り上げた事柄が、よくそのものの本質をついていたり、事実と一致していたりする様子。転 適確さ・的確さ（名）、名 適確 類語 最適だ・うってつけだ

てぎわ
手際・手口

手際 〔名〕物事を処理する方法・やりかた・腕前。また、物事のできばえ。〈手際〉は、物事を処理する方法・やりかた・腕前を、そのやりかたの良さ・悪さとは直接関係なく、客観的に言う場合に用いる。「手際がよい。」とも、「手際がわるい。」ともいう。

手口 〔名〕やりかた。主として、犯罪や悪事の手段・やりかたを指し、マイナスの意味合いが強い。「この事件は、一箇月前の事件と手口が実によく似ている。」 類語 手順・やり口

でし

弟子（でし）・門弟（もんてい）・生徒（せいと）・教え子（おしえご）

弟子（でし）　〔名〕学問・芸道などについて師から教えを受ける者。〈弟子〉は、このグループの中で最も意味が広く、学問を受ける者をはじめとして、技芸やスポーツなどの全般にわたって用いる。また、〈弟子〉は、学校で教えを受ける者についても、学校以外の場所で個人的に教えを受ける者についても使う。「私には弟子がいない。」（反）師匠・先生

門弟（もんてい）　〔名〕特定の先生について教えを受けている人。主として、学問上の弟子について用いる。〈弟子〉は、師から教えを受けている人の方に重点を置いて言うが、〈門弟〉〈門人〉〈門下生〉のように〈門〉をとる語形は、いずれも先生を指示する意味合いが強く、特定の先生についている人の意に用いられることが多い。「彼は山田先生の門弟だね。」

生徒（せいと）　〔名〕学校で教えを受ける者。〈弟子〉は、「弟子をとる。」「内弟子」のように、学校以外の場所で個人的に教えを受ける者について使うことが多いが、〈生徒〉は、中学校や高校で学んでいる者についてだけ言う。⇩児童・学生

教え子（おしえご）　〔名〕〈生徒〉と同じく、学校で教えを受ける者を言うが、〈生徒〉が客観的な言いかたであるのに対して、〈教え子〉は、教える側に重点を置いた言いかたであって、「この人は私の教え子だ。」のように、特定の先生（個人）と結びつくことが一般的である。〈生徒〉は、現在教えている者について言うが、〈教え子〉は、昔教えた者についても言う。

類語　門下（もんか）・門人（もんじん）・舎弟（しゃてい）

でたらめ

でたらめ・出任せ（でまかせ）・ちゃらんぽらん

でたらめ　〔名・ダ形動〕出鱈目と書く。口から出るままに、いい加減なことを勝手に言ったり、無責任なことをしたりすること。「でたらめもいいところだ。」

出任せ（でまかせ）　〔名・ダ形動〕口から出るにまかせて、いい加減なことを言うこと。〈でたらめ〉は、話の内容だけでなく、広く、文字や作品の状態、さらには性格・生活態度などについても使うが、〈出任せ〉は、口から出るにまかせていい加減なことを無責任に言う場合に限って用いる。

ちゃらんぽらん　〔名・ダ形動〕定見がなくて、いい加減なこと。また、そういう様子。「ちゃらんぽらんを言う」のように、口から出るままにいい加減なことを勝手に言ったり、「ちゃらんぽらんなやりかた」のように、定見がなくて無責任なことをしたりすることを言う。俗語的な言いかた。

類語　いい加減（いいかげん）・ルーズ

では

では・じゃ・じゃあ・それでは・それじゃあ

では　〔接〕物事の始め・終わりなどの切り目をつけるときに使うことば。また、前の事柄を受けて、〈それなら〉の意味を表わす。〈では〉は、「では、ぼつぼつ出かけましょうか。」「では、さようなら。」のように、相手に行為を促したりする場合とか、別れのあいさつことばにおいて用いることが多い。

じゃ・じゃあ　〔接〕〈では〉とほとんど同義だが、かなりくだけた言いかた。〈では〉は、男性の改まった言いかたに多用されるが、〈じゃあ〉は男女ともに用いる。「じゃあね。」

それでは　〔接〕〈では〉のもとの形。〈では〉よりも改まった感じがある。「それでは失礼いたします。」

それじゃあ　〔接〕〈それでは〉のくだけた言いかた。「それじゃあ、また。」

類語　すると・そしたら・それなら・そんなら

てほん

手本（てほん）・模範（もはん）・示し（しめし）

手本（てほん）　〔名〕それを見て文字や絵の習練をする基準となる書・画、またはそれを書いた本。転じて、何か物事をするにあたって、模範とすべき人・行為の意にも用いる。「先生に手本を書いてもらう。」「彼を手本にして勉強しなさい。」

模範（もはん）　〔名〕見習ってまねすべきもの。〈手本〉には、習字や図画についても、物事を行う場合の模範となる人の状態や行為についても使うが、〈模範〉は、手本とすべき人の状態や行為についてしか使わない。ややかたい、改まった言いかた。

示し（しめし）　〔名〕人に対して手本を示して、教えさとすこと。〈模範〉は、下位者が見習ってまねすべきものを言うが、〈示し〉は、上位者が範を垂れて、下位者に働きかける場合に使い、上位者に重点が置かれる。「示しがつかない。」　動 示す

類語　範（はん）・規範（きはん）

てらう

てらう・もったいぶる・ぶる

てらう　〔動五〕自慢して見せかける。また、優れた知識・才能があるかのようにふるまう意に用いる。「奇をてらう」「Hさんはてらったところがないから好きだ。」

転 てらい（名）

もったいぶる　〔動五〕必要以上に重々しそうにする。もったいをつける。〈てらう〉は、知識や才能がないにもかかわらず、いかにもあるかのようにふるまう場合に用いるが、〈もったいぶる〉は、きどって、重々しく見せかける場合に使う。「もったいぶったもの言い。」

ぶる　〔動五〕誇るべきものを持っているという様子を人に見せつける。〈ぶる〉は、「偉ぶる」「高尚ぶる」のように、接尾辞としての用法もある。やや俗語的な言いかた。「彼は二人で話してるときはいいんだが、周りに仲間がいるとすぐぶる

からねえ。」

てんさい

天才・秀才・俊才・鬼才

天才　〔名〕　生まれつき、普通の人にはまねができない優れた才能を持っている人。

秀才　〔名〕　才能があって、勉強のよくできる人。また、なんでも小器用にできる要領のいい人の意にも用いる。〈秀才〉は、勉強のよくできる人について言うことが多く、〈天才〉ほどの優れた才能はない。「彼は、この学校始まって以来の秀才だ。」

㊇鈍才

俊才　〔名〕　優れた才能の人。〈秀才〉は、学校の成績のいい人について使うことが普通であるが、〈俊才〉は、学校以外の場所で評価される優れた才能についても使う。「彼は漱石門下の俊才だ。」

鬼才　〔名〕　世間をあっと言わせる鋭い才能の持ち主。芸術の分野での、特に鋭い才能の持ち主について言う。〈偉才〉よりも、さらに優れた才能に用いる。「彼は画壇の鬼才だ。」

類語　偉才・奇才・非凡

てんせい

天性・天賦・生得・生来・生まれながら

天性　〔名〕　死ぬまで直したり変えたりすることのできない生まれつきの性質。「彼は天性の教育者だ。」「彼は天性情け深い人で、あの性格は一生変わらないだろう。」

天賦　〔名〕　生まれつき授けられたもの。〈天性〉は生まれつきの性質・性格を言うことが多いが、〈天賦〉は、「天賦の才能」のように、素質・才能を言うことが普通である。かたい文章語。

生得　〔名〕　生まれつきそういう性質であること。

生来　〔名・副〕　生まれつき。生まれて以来ずっと。ややくだけた言いかたで、あまりプラスの意味には用いない。「彼は生来虚弱で、激しい運動には耐えられない。」

生まれながら　〔名・副〕　生まれたときから。〈生来〉は、「生来の虚弱体質」「生来の怠け者」のように、否定的な意味合いに使うことが多いが、〈生まれながら〉は、「生まれながらの詩人」「生まれながらの鬼才」のように、プラスの評価に用いることが多いようである。

類語　天稟

でんせつ

伝説・昔話・民話

伝説　〔名〕　民間に昔から言い伝えられてきた歴史上の人物や地名、事件などに関する言い伝え。「羽衣伝説」など。

昔話　〔名〕　自分達が以前に経験したことなどの話。また、「昔むかし」などの言いかたで語りはじめて、子供に聞かせる昔からの伝え話。「舌切り雀」など。〈伝説〉は特定の土地や人や物にまつわる話であるが、〈昔話〉は、それをこえて、広く語られている話。

民話（みんわ）〔名〕民衆の中から生まれ、民間に語り伝えられて来た話。民間に語り伝えられてきた伝説・昔話の両方を含めて〈民話〉と呼ぶ。

類語 言い伝え・民間説話・神話

でんたつ

伝達・言づて・伝言

伝達（でんたつ）〔名・スル動サ変〕命令・指示・連絡事項などを他に伝え届けること。〈伝達〉は、命令・指示・連絡事項などを他へ正確に伝えることを言い、公的な場面や事柄について用いることが多い。「伝達事項」

言づて（ことづて）〔名〕人を介して伝え聞くこと。また、「言づてを頼む。」のように、人に頼んで伝えてもらうことばの意にも用いる。〈伝達〉は、公的な性格の命令・指示・連絡事項などを他へ伝える場合に用いることが多いが、〈言づて〉は、私的な事柄を、だれかを介して伝え聞いたり、人に頼んで伝えてもらう場合に用いる。「言づてに聞く。」

伝言（でんごん）〔名・スル動サ変〕〈言づけ〉の意の漢語的表現。

類語 言付け・人づて・伝令

てんでに

てんでに・思い思いに・めいめい

てんでに〔副〕「手に手に」が変化したもの。めいめいに。各自に。「てんでに勝手なことを言う。」

思い思いに（おもいおもいに）〔副〕各自が思うようにする様子。めいめいに。〈思い思いに〉は、〈てんでに〉とほとんど同義だが、〈てんでに〉は、「てんでに好き勝手なことを言っている。」とか、「てんでばらばら」のように、一人一人が、ばらばらに勝手なことを言ったりしたりする場合に用いることが多く、マイナスの評価を伴うのに対して、〈思い思いに〉は、一人一人の言動が一致しない点では〈てんでに〉と同じであるが、マイナスの評価を伴うことが少ない。

めいめい〔副・名〕一人一人。おのおの。〈てんでに〉〈思い思いに〉は、一人一人の言動が統一されていない場合に使うが、〈めいめい〉は、「この問題について、めいめいご意見をおっしゃって下さい。」「切符はめいめいにお持ち下さい。」のように、同一の言動を、一人一人が個別に行う場合に用いる。

類語 一人一人・各自に

と

とい

問い・質問・質疑・発問

問い（とい）〔名〕尋ね聞くこと。問題の意にも用いる。「問いは学問の始めであり終わりである。」

(反)答え、(動)問う

質問（しつもん）〔名・スル動サ変〕分からないことや疑わしいことについて問いただすこと。教室や会議など、公的な場での問いについて用いることが多く、やや改まった言いかた。

質疑（しつぎ）〔名〕会議や学会など、公の場で、分からないこと、または疑わしいと思ったところを人にたずねて、明らかにすること。〈質問〉は、私的な場で個人的に問う場合にも使うが、〈質疑〉は、学会や会議などの発表、説明に対して問う場合に限って用いる。「質疑のある方は手を挙げて下さい。」「質疑応答」

発問（はつもん）〔名・スル動サ変〕相手にこちらが考えた質問を投げかけること。おもに、教育用語として使う。「発問形式」

類語 尋問（じんもん）・詰問（きつもん）・設問（せつもん）

とういつ

統一（とういつ）・統合（とうごう）・統括（とうかつ）・総括（そうかつ）・取（と）りまとめ

統一（とういつ）〔名・スル動サ変〕いくつかに分かれている物事を一つにまとめること。また、まとまりの意にも用いる。「色を統一する。」「天下統一」 反 分裂

統合（とうごう）〔名・スル動サ変〕二つ以上のものをまとめて一つにすること。〈統一〉は、人と人、人の気持ち、仕事の内容、国家、団体、党派、ものの構成など、広い対象について使い、精神的・抽象的な内容にも、行動的、具体的な内容にも用いる。また、小さな事柄から大きな事柄まで言い、意味内容が広い。これに対して、〈統合〉は、二つ以上の機関や組織、建物などを一つにまとめる場合に使うことが多く、意味内容がかなり狭く限られる。「このたび、この村にある中学の分校が、本校に統合されることになった。」「市町村を整理統合する。」「意見を統合する。」

統括（とうかつ）〔名・スル動サ変〕個々のものを、一つにまとめ合わせること。「主語は述語に統括される。」〈統一〉〈統合〉は、まとめられる個々のものの間に、価値の違いや中心・周辺の差がある場合にもない場合にも用いることができるが、〈統括〉は、ある中心や重要な点をよりどころとして、個々のものをまとめていく場合に使う。法令用語としては、上級の行政機関などが、その管理権のもとにある、他の下級の行政機関などを包括的に総合調整しつつ統べるという意味をもつことばとして使う。

総括（そうかつ）〔名・スル動サ変〕別々のものを一まとめにすること。〈統一〉〈統合〉は、同種のもの、相互に関連するものを一まとめにすることを言うが、〈総括〉は、「クラスの意見を総括する。」のように、別々の内容のものを、一つのものにまとめることに使う。

取りまとめ（とりまとめ）〔名〕「総括する」の和語的表現。また、争いごとなどを解決する意にも用いる。「辞表を取りまとめて提出する。」 動 取りまとめる

類語 包括（ほうかつ）・概括（がいかつ）・合一（ごういつ）

どういつ

同一（どういつ）・同上（どうじょう）・大同小異（だいどうしょうい）

同一（どういつ）〔名・ダ形動〕同じであること。二つ以上の物事の間に差別をしないこと。「同一に扱う。」「同一人物」

同上（どうじょう）〔名〕前に記した事柄と同じであること。横書きの書類などで、前に書いたことを繰り返さないで省略するときに使う。

大同小異（だいどうしょうい）〔名・ダ形動〕細かな点では差があっても、大体において同様であること。〈同一〉は、二つ以上のものの大きさ・色彩・性質などが同じであることを言うが、〈大同小異〉は、発言の内容や行為、状態などについて用い、否定的な意味合いに使うことが普通である。「彼のことばづかいの粗雑さは、彼が非難している当の相手と大同小異だ。」

類語 同断（どうだん）・似（に）たりよったり

どうか

どうか・どうぞ・何（なに）とぞ・くれぐれも

どうか〔副〕①相手に勧めたり、頼んだりする気持ちを表わす。「どうかお願いします。」②どんなふうにか。なんとか。③様子がおかしいさま。常識をはずれているさま。「あいつはどうかしている。」

どうぞ〔副〕相手に勧めたり頼んだりする気持ち、または物事を希望するさまを表わす。〈どうぞ〉は、〈どうか〉の第①義と同義であるが、〈どうか〉の第②義、第③義は、〈どうぞ〉には認められない。したがって、「どうかなりませんか。」とか、「あいつはどうかしている。」などの「どうか」を、「どうぞ」に置き換えることはできない。〈どうか〉は無理難題を承知で、そこをなんとか頼む気持ちが強い。また、〈どうか〉よりも〈どうぞ〉の方が、いくらかやわらかな言いかたという感じがする。

⇩ひとつ

何とぞ（なにとぞ）〔副〕何とかして。〈どうぞ〉とほぼ同義だが、やや古めかしい言いかたで、丁寧度が高い。「今後とも何とぞよろしくお願いします。」

くれぐれも〔副〕繰り返し繰り返し。非常に念を入れて物事を行うことを言う。改まった言いかたで、主に、手紙とか別れのあいさつ表現などに用いる。「旅行中は、くれぐれもおからだに気をつけてください。」

類語 願（ねが）わくは・できれば

どうさ

動作（どうさ）・振舞（ふるまい）・挙動（きょどう）・そぶり・所作（しょさ）

動作（どうさ）〔名〕何かをするからだの動き。立ち居振舞。「きびきびした動作」「動作がすばやい。」

振舞（ふるまい）〔名〕振る舞いとも書く。人前で物事を行う態度。また、来客に対する酒・食事のもてなしの意にも用いる。〈動作〉は、広く、何かをするときのからだの動きを言い、小さな動き、からだの一部の動きにも、また、大きな動き、からだ全体の動きにも使うが、〈振舞〉は、人前で、そこにいる人びととの関係を意識して行われる、からだ全体の動きや態度について言い、評価の視点を伴う。「立ち居振舞」　動 振舞う

挙動（きょどう）　〔名〕立ち居振舞。様子。〈動作〉は、その時どきのからだの動きを客観的に言うが、〈挙動〉は、何げなく行っている普段の一つひとつの動作を言い、その人に身についた立ち居振舞の意に用いることが多い。また、〈挙動〉は、〈振舞〉と同じように、その場にいる人たちとの関係において表現することが一般的である。〈動作〉は、からだ全体の動きについても使うが、〈挙動〉は、「挙動不審」のように、からだ全体の動きから感じられる意図、目的についても用いる。改まったかたい言いかた。

そぶり　〔名〕素振りと書く。顔色や動作などによって知られる気配・様子。〈挙動〉は、からだ全体の動きから知られる、その人の意図や目的について使うが、〈そぶり〉は、「知らぬそぶり」のように、顔色やちょっとした動作などから感じられる気配や心の状態について用いる。

所作（しょさ）　〔名〕その場に応じての立ち居振舞。また、体のこなしの意に用いる。〈そぶり〉は、ある意図や考えがあって、それが顔色や動作に現れる場合に使うが、〈所作〉は、その人の身についているからだの動きについて言う。女性の身のこなしに使うことが多い。「所作をまねる。」

類語　挙措（きょそ）・一挙手一投足（いっきょしゅいっとうそく）

とうぜんだ

当然（とうぜん）だ・当（あ）たり前（まえ）だ・尤（もっと）もだ

当然だ（とうぜんだ）　〔形動〕道理から考えて、そうあるべきだ。当り前だ。「そんな計画では失敗するのは当然だ。」また、「当然そうなる。」というように、副詞としても用いる。

当り前だ（あたりまえだ）　〔形動〕〈当然だ〉のくだけた言いかたとして用いることが多いが、〈当り前だ〉は、この意味以外に、「気取らないで当り前に行動したい。」「当り前の料理」のように、変わったこともなく普通だの意にも用いる。

尤もだ（もっともだ）　〔形動〕道理にかなっている。当然だ。〈当然だ〉は、自分の考えについても相手の考えについても言うが、〈尤もだ〉は、相手の考えに全面的に同意する場合に用いる。また、〈尤もだ〉は、「僕は先に帰る。もっとも君が食事をおごってくれれば話は別だが。」のように、「しかし」の意で接続詞としても用いる。

類語　至当（しとう）だ

とうとい

尊（とうと）い・貴重（きちょう）だ・高貴（こうき）だ

尊い（とうとい）　〔形〕貴いとも書く。「たっとい」のやや改まった言いかた。身分が高くて、人から敬われる。また、非常に価値があって大切にすべき意にも用いる。〈尊い〉は、身分にふさわしい品位・人格が備わっている場合に用いることが多いが、人や人の心がけ・経験にも用い、また、物や事柄についても言う。「古代人の生活を知る尊い資料だ。」　動尊ぶ、反卑しい、転尊さ(名)

貴重だ（きちょうだ）　〔形動〕あるものが非常に価値があること。かけがえのないこと。命・時間・財産・品物など、人間にとって非常に大切なものについて言う。〈貴い〉には敬虔な気持ちがあるが、〈貴重だ〉には、この語感はない。「貴重な体験」

高貴だ（こうき） 〔形動〕 社会的地位が高いこと。現在は、皇族について言うくらいである。地位や身分が高く、それにふさわしい人柄や品位が備わっていること。「高貴なお方の車らしいわ。」 (転)高貴さ(名)

どうとく

道徳（どうとく）・徳（とく）・倫理（りんり）・モラル

道徳（どうとく） 〔名〕 社会生活の秩序を保つために、ひとりひとりが守るべき、行為の基準。良心と社会の規範に従って正しい行いをすること。「公衆道徳」「道徳教育」

徳（とく） 〔名〕 人としての正しい道にはずれない立派な品性や行い。〈道徳〉は、ひとりひとりが、社会生活の秩序を保つために守るべき行為の基準を言うが、〈徳〉は、その人に備わっている優れた品性・人柄・行いを言い、すべての人の模範とすることについて使う。「徳をしたう。」

倫理（りんり） 〔名〕 行動の規範としての道徳観や善悪の基準。また、倫理学の略としても用いる。

モラル 〔名〕 morale. フランス語から入った外来語。道徳。「ジャーナリストのモラル」

どうぶつ

動物（どうぶつ）・けもの・けだもの・生物（せいぶつ）

動物（どうぶつ） 〔名〕 自由に運動し酸素を吸って生きる、植物とともに生物を構成するもの。広義に用いるときは人間を含み、狭義に用いるときは含まない。「動物園」 (反)植物

けもの・けだもの 〔名〕 獣。毛のあるもの。〈動物〉の中の四足動物の通称。〈けだもの〉は、幾分か卑しめの意を含む。また、〈けだもの〉は、非道の人間をののしって言うときにも使う。「けもの道」「あの男はけだものだ。」

生物（せいぶつ） 〔名〕 生きて活動するもの。動物と植物のすべてを指して言う。やや改まった言いかた。「地球上には無数の生物が棲んでいる。」 (反)無生物

とおりがかり

通（とお）りがかり・通（とお）りすがり・行（ゆ）きがかり

通りがかり（とお） 〔名〕 通りかかること。また、どこかへ行く途中の意にも用いられる。「通りがかりの人だから名前は分からない。」 (動)通りがかる ⇩通りがけ

通りすがり（とお） 〔名〕 通るついで。通りがけ。〈通りがかり〉は、何かの用事でどこかへ行く途中という意にも用いられるが、〈通りすがり〉は、たまたまそこを通っただけであることの意に用いる。また、〈通りがかり〉は、自分だけの行為について言うことが多いが、〈通りすがり〉は、自分とだれかがすれ違う場合に、自分の方に重点を置いて言うのに用いる。 (動)通りすがる

行きがかり（ゆ） 〔名〕 「いきがかり」とも言う。行きかか

るついで。〈行きがかり〉は、〈通りがかり〉とほぼ同義に用いられることがあるが、物事がすでに進行し、個人の意志では止められない状態にまで来ていることの意で用いられることの方が多い。「行きがかりで仕方なかった。」
[動]行きがかる

ときどき

時時(ときどき)・時折(ときおり)・時(とき)たま・時(とき)に・時(とき)として

時時(ときどき) 〔副・名〕 そのとき、そのとき。そうしょっちゅうではないが、ある程度の間隔を置いて何かを繰り返しする様子。「昔の友人が時時訪ねて来る。」

時折(ときおり) 〔副・名〕 〈時時〉とほとんど同義だが、やや改まった感じがあり、文章語的である。「時折小雨がぱらつく程度だった。」

時たま(とき) 〔副〕 〈時時〉〈時折〉よりも、前回同じことが行われてから次に繰り返されるまでの時間的な間隔が長く、忘れかけた時分に、また、同じことが行われる様子を表わす。

時に(とき) 〔副・接〕 そのときに。いつもというわけではないが、何かのはずみにそうなることを言う。また、〈時に〉は、会話の途中で、別の新しいことを言い出す場合に用いる、接続詞としての用法がある。「ときに、彼は最近元気にやってますか。」

時として(とき) 〔副〕 時には。場合によっては。やや古風な言いかたで、文章語に用いる。「丈夫そうに見えるが、時として病気になることもある。」

[類語] 折折(おりおり)・よりより・たまさか

どくじ

独自(どくじ)・独特(どくとく)・特有(とくゆう)

独自(どくじ) 〔名・ダ形動〕 自分ひとりのもの。ひとりだけ他と違っていること。「独自のやりかた」

独特(どくとく) 〔名・ダ形動〕 その物だけが持っているもの。他の物になく、その物にだけある特別なもの。〈独自〉は、人の考えかた・生きかた・存在などについて言うことが多いが、〈独特〉は、「日本酒独特の風味」のように、人以外のものについても使い、意味が広い。また、〈独自〉は、「独自性」のようにも言うが、〈独特〉は、あとに「性」をとって複合語になることはない。[転]独特さ(名)

特有(とくゆう) 〔名・ダ形動〕 特別に持っているもの。あるものにだけ備わっていること。〈独特〉は、特徴自体に重点があるが、〈特有〉は、「この地方特有の風俗」「和菓子特有の風味」のように、持つことに重点をおいたことばである。[反]通有

[類語] 固有(こゆう)

とくちょう

特徴(とくちょう)・特長(とくちょう)・特色(とくしょく)

特徴(とくちょう)**・特長**(とくちょう) 〔名〕 他と違っていて、特に目立つ点。また、しるし。〈特徴〉は、他と違っていて、特に目立つ点を客観的に言うのに用い、人にも人以外のさまざまの物にも、また、外見的なことにも内面的なことにも広く使う。〈特長〉は、〈特徴〉の中で、特に実用的な利

点の認められる場合に限って用いる。すなわち、〈特徴〉は、よい点も悪い点も含み、特に評価の視点と関わりなく用いられるが、〈特長〉は評価の視点を伴うわけである。「この西瓜は肉の黄色いのが特徴だ。」

特色(とくしょく)　〔名〕他のものと目立って違う点。また、他と比べて優れている点の意にも用いる。〈特色〉は、〈特徴〉と〈特長〉の二つの意味を合わせ持っている。

類語　オリジナリティ・異色(いしょく)

とくに

特(とく)に・特別(とくべつ)・殊(こと)に・取分(とりわ)け・別(べつ)して

特に(とくに)　〔副〕ほかの一般の場合とは全く異なった扱いである様子。「特に選ばれて出席した。」

特別(とくべつ)　〔副・ダ形動〕普通一般のものと同じ扱いができない様子。「特別、どうということはない。」「特別教室」のように名詞としての用法や、「数学に特別の才能を示す。」のように形容動詞としての用法がある。

殊に(ことに)　〔副〕特に。その物事の程度が、同種の他のものとひどくかけ離れている様子。〈特に〉は、「君のために特に注文したんだ。」「その夜は外が特に暗かった。」のように、動詞・形容詞（形容動詞）の両方を修飾するが、〈殊に〉は、「その日は殊に静かだった。」「ここしばらく殊にいそがしい日が続いた。」のように形容詞（形容動詞）を修飾して、形容詞を表わす状態の程度が、普通の場合と比べてひどくかけ離れていることを意味し、動詞を修飾することはない。

取分け(とりわけ)　〔副〕殊に。平均水準と比べて、特に、そのような傾向が目立ってくる様子。回りのものと比べて、あるいは今までの状況と違って、同種の状態の程度が強い（強くなる）場合に言う。〈殊に〉と同じく、形容詞しか修飾しない。やや改まった言いかた。

別して(べっして)　〔副〕取分け。特に。多くのものの中で、主体が、そのものに特別強い関心や注目を寄せて取り立てる場合に用いる。改まった言いかた。「別して君には頑張ってもらわなければならない。」

類語　格別(かくべつ)・スペシャル

どこ

どこ・どこら

どこ　〔代〕「いづこ」の変化「いどこ」の上略。何所、または何処と書く。不定の場所を表わす指示代名詞。〈どこ〉は、その場所が不明確であることを言うが、「この本のどこが悪いのか。」「あなたは、あの人のどこが気に入っているのですか。」のように、土地以外の、考えかたや感じかたの中の、ある一点やある部分についても使う。また、「どこへ行って来たの。」のように、相手へ聞く場合、〈どこ〉は、場所を明確に確認しようとする意識が強いが、次の〈どこら〉は、場所を明確に限定しようとする意識が比較的弱い。

どこら　〔代〕〈どこいら〉とも言う。どのあたり。どの辺。「あの船は今ごろどこらを走っているのかしら。」

ところ

所（ところ）・とこ・場所（ばしょ）・場（ば）

所（ところ）〔名〕物のある位置・場所。また、「便利な所に住んでいるな。」のように、住んでいる場所や、「これくらいのところで我慢しよう。」のように、具体的な事物の問題の部分の意などにも用いる。

とこ〔名〕〈所〉のくだけた言いかただが、〈所〉が、「所を尋ねる。」のように、文頭に来る用法もあるのに対して、〈とこ〉は、必ず、文頭以外の箇所で用いられる。

場所（ばしょ）〔名〕所。いる所。〈所〉は、「その店のある所を教えてくれ。」「所の物知りに聞いてみよう。」のように空間的な場合にも、「彼の言うところはおかしい。」「これくらいのところで許してください。」のように非空間的な場合にも使う。これに対して、〈場所〉は、「以前工場があった場所に学校が建つことになった。」「自分の場所を確保する。」のように、空間的な場合にしか使うことができない。また、空間を指示する場合にも、次のような言いかたにおける〈所〉は、〈場所〉で言い換えることができない。「ぼくのところに遊びに来ないか。」（すまい・住所）、「ストーブのところに蜜柑がある。」（ものがある傍）など。

場（ば）〔名〕所。場所。〈場〉は、〈場所〉よりも意味が広く、映画の一場面や、「その場に及んで逃げ出す。」のように、場合の意味にも用いる。「子供の遊び場」

類語 地（ち）・地点（ちてん）・個所（かしょ）

としつき

年月（としつき）・年月（ねんげつ）・歳月（さいげつ）

年月（としつき）〔名〕年と月と。長い年月。雅語的語感がある。「思えば淋しかったこの年月。」

年月（ねんげつ）〔名〕〈としつき〉の漢語的表現。やや改まった、かたい言いかた。「完成までには、相当の年月がかかりそうだ。」

歳月（さいげつ）〔名〕〈としつき〉〈年月〉とほとんど同義だが、改まった文章語的な表現。「歳月人を待たず。」

類語 春秋（しゅんじゅう）・星霜（せいそう）

としより

年寄り（としより）・老人（ろうじん）・老年（ろうねん）・老齢（ろうれい）・老境（ろうきょう）・高年（こうねん）・高齢（こうれい）

年寄り（としより）〔名〕年を取った人。人生を長く生きてきて、経験を積んだ人。また、相撲の相談役についても言う。「お年寄りをいたわるようにしましょう。」動 年寄る

老人（ろうじん）〔名〕〈年寄り〉とほとんど同義だが、やや改まったかたい言いかた。「老人ホーム」

老年（ろうねん）〔名〕年を取ること。年を取った年齢。〈年寄り〉は、「年寄りの冷や水」（年寄りが自分の体力の劣えたのもわきまえないで、無理な行動をすること）のように、ややマイナスの意味合いを伴うことがあるが、〈老年〉は、年を取った年齢であることを客観的に言い、評価の意識を伴わない。「老年期」

老齢(ろうれい)　〔名〕〈老年〉とほぼ同義だが、やや改まった言いかた。「私の恩師は、八十五歳の老齢で、今なお研究に専心していられる。」

老境(ろうきょう)　〔名〕老年の境涯。〈老年〉とほぼ同義だが、〈老境〉は、客観的な年齢だけでなく、心理的なものも含む。「老境に達する。」「老境に入る。」の言いかたで用いることが多い。

高年(こうねん)**・高齢**(こうれい)　〔名〕年齢の多いこと。年を取っていること。〈老年〉のうち、特に年齢の高いことを言う。「八十歳の高年に達する。」「高齢者」

類語　老体(ろうたい)・老骨(ろうこつ)・ロートル

とじる

閉(と)じる・閉(と)ざす・締(し)める・たてる

閉(と)**じる**　〔動上一〕開いていたものが閉まる。また、今まで続いていたものをそこで終わりにする意にも用いる。「これで会を閉じることにいたします。」「店を閉じる。」　反 開く

閉(と)**ざす**　〔動五〕内外の通路が完全にふさがれて、出たい（入りたい）と思っても、そうすることができない状態にする。また、中に入れて、動けなくする意にも用いる。〈閉じる〉は、口・目・本など小さいものを締める場合にも、戸・扉など大きなものを締める場合にも使うが、〈閉ざす〉は、戸・門・扉など大きなものを締める場合に使い、「心を閉ざす。」のように、抽象的な内容の事柄にも使う。また、〈閉じる〉は、開いていたものを締めることを言うが、〈閉ざす〉は、「暗雲に閉ざされた山陰の冬の空は、そこに生きる人びとに耐えることを教えた。」のように、開いている空間を何かがふさぐ意にも用いる。　反 開く

締(し)**める**　〔動下一〕閉めるとも書く。戸や窓を締めて、すきまがないようにする。〈締める〉は、この意味以外に、帯・紐などを堅く結ぶ、強く押しつけて絞る、ゆるんだ状態にあるものを緊張させる、あるいは、「帳簿をしめる。」のように、そこまでを一段落として決算するなどの、広い意味に用いる。　反 開ける

たてる　〔動下一〕立てると書く。戸や障子など、大きなものでも、手で軽く動かせる状態にあるものを締める場合にしか言わない。また、〈締める〉は、引き戸の場合にも開き戸の場合にも使うが、〈たてる〉は、引き戸の場合だけに用いる。やや改まった言いかた。「ふすまをたてる。」

類語　塞(ふさ)ぐ・封(ふう)じる・緘(かん)する

とちゅう

途中(とちゅう)・中途(ちゅうと)・中(なか)ごろ・中(なか)ほど

途中(とちゅう)　〔名〕ある場所へ行くまでの間のひとところ。道中。また、物事が最後まで終わり切らないうち。「中途」の意にも用いる。「話の途中で席を立つ。」

中途(ちゅうと)　〔名〕道の中ほど。〈途中〉とほぼ同義だが、〈中途〉は、「計画は中途で挫折した。」のように、物事の半ばの意で用いることが多

い。「中途でひき返してきた。」」

中ごろ 〔名〕ある期間の真ん中あたり。中ほど。〈中ごろ〉は、「六月の中ごろ」「この辺の景色は秋の中ごろが一番いい。」のように、時間的な中途を言い、空間的な中途の意には用いない。

中ほど 〔名〕中ごろ。〈中ほど〉は、「試合の中ほどで急に雨が降り出した。」のように時間的な中途の意にも、「もっと電車の中ほどへお詰めください。」のように、空間的な意にも用いる。〈中ほど〉を、空間的な意味に用いる場合には、〈中途〉と違って、全体における中間的な場所を言う。

類語 途上・中道・中間・半ば・中葉

とっくに

とっくに・とうに・とうから

とっくに 〔副〕ずっと前に。早く。「もうとっくに着いたはずだが。」

とうに 〔副〕〈とっくに〉とほぼ同義。「とうに亡くなりました。」

とうから 〔副〕はやくから。とうに。〈とっくに〉〈とうに〉は、「とっくに終わってしまった。」「とうに忘れてしまった。」のように、ある行為、状態が、現在よりもかなり早い時点において完了していて、現在は、その状態が続いていないことを言うが、〈とうから〉は、「そのことはとうから知っていた。」のように、ある状態が現在よりも早い時点に始まって、現在もそれが継続していることを表わす。

とても

とても・とっても・とてつもない・滅法・とびきり

とても 〔副〕非常に。すこぶる。また、いかにしても、どうしてもの意に用いる。「僕のお父さんってのはとても変わった人だったらしいんだ。」また、「とてもそんな事はできない。」のように、あとに打ち消しの言いかたを伴って、到底の意にも用いる。

とっても 〔副〕〈とても〉の強調形。〈とても〉は、文章語・話しことばのどちらにも用いられるが、〈とっても〉は、話しことばにしか使わない。主として、女性が用いる。〈とても〉〈とっても〉は、筆者の主観的な意見を強く表わす。

とてつもない 〔形〕常識はずれである。無茶である。また、考えられないほど大きい、途方もないの意にも用いる。〈とても〉は、人や物の状態の程度がはなはだしいことを言い、「とても立派だ。」「とても美しい。」のようにプラスの意味合いにも、「とても見られたものではない。」「とても汚い。」のようにマイナスの意味合いにも用い、評価ということとは直接関係がない。それに対して、〈とてつもない〉は、「とてつもなく高い値段をふっかけたものだ。」「とてつもない事を考える。」のように、自分が考えている常識的な範囲をはるかに超えているという判断が込められ、マイナスの意味合いにも用いることが多い。

滅法（めっぽう） 〔副〕 非常に。むやみに。また、常識・常軌を逸脱している様子の意にも用いる。程度の大きさは、〈とても〉とあまり変わらないと思われるが、〈滅法〉は、「めっぽう汚い。」「めっぽう寒い。」のように自分にとって好ましくない状態のひどさを言う場合に使うことが多いようである。くだけた話しことばに用い、文章語では使わない。

とびきり 〔名・副〕 「とびっきり」とも言う。ずばぬけて優れている様子。「とびきり上等の品だ。」「とびきりの美人だ。」のように、常に、プラスの意味合いに用いる。ややくだけた言いかた。

[類語] 法外（ほうがい）だ・空前（くうぜん）・最上（さいじょう）

とにかく
とにかく・ともかく・ともあれ

とにかく 〔副〕 いずれにしても。何にせよ。ほかの事情はさておいて、あるいは結果がどうなるかはっきり確信は持てないが、ある行動を起こしたり、決心したりすることを言う。「とにかく用心がたいせつだ。」

ともかく 〔副〕 とにかく。どうにもあれ。〈ともかく〉は、「成績はともかく、人柄はいい。」のように、その事は当面の問題外として、ほかの点は優れていることを言う用法がある。「ともかく行ってみましょう。」のように、それに付随して起こる事柄は一応別にして、ある行動を行うことを表わす用法は、〈とにかく〉とほとんど同義だが、先の文例の〈ともかく〉は、〈とにかく〉に置き換えにくい。

ともあれ 〔接〕 とにかく。いろいろの事情や意見はあるにしても。〈とにかく〉と同様に、意見や結果のことはひとまずおいて、何かをする場合に用いる。かなり改まった言いかた。「何はともあれ、急いで先方と会ってほしい。」

[類語] とにもかくにも

とぼける
とぼける・そらとぼける・しらばくれる・しらを切（き）る

とぼける 〔動下一〕 ①知っていて、知らないふりをする。「おとぼけ名人」②間の抜けた滑稽なふり(表情)をする。[転]とぼけ(名)

そらとぼける 〔動下一〕 わざと知らぬふりをする。〈とぼける〉よりも、さらに意図的に知らぬふりをする場合に用い、それに対する批判的な意味合いも強くなる。「そんなふうにそらとぼけても、ちゃんと証拠があるからだめだよ。」

しらばくれる 〔動下一〕 話しことばでは、〈しらばっくれる〉〈しらっぱくれる〉とも言う。知っていて知らないふりをする。〈そらとぼける〉は、いかにも知らないというとぼけた表情をして、適当にごまかす場合を言うが、〈しらばくれる〉は、知っているにもかかわらず知らないと言い張って、自分の立場を有利に保とうとする場合に用い、

〈そらとぼける〉よりもさらに意図的で、自分の立場を守ろうとする気持ちが強い。そのため、批判的な意味合いもさらに強くなる。

しらを切る　〔句〕知らない顔をする。しらばくれる。居直ったニュアンスがあり、批判的な表現。「しらを切るつもりだ。」

類語　知らん顔をする・頬被りする・知らんぷりをする

ともすると
ともすると・ややもすると

ともすると　〔副〕どうかすると。そうなる可能性が決してないとはいえない様子。意識的にそうなるのではなく、無意識のうちに（ひとりでに）そうなりがちであることを言う。「へやには電灯があったが、ともするとつかないことがあった。」

ややもすると　〔副〕ともすると。なにかにつけて。とかくそうなりがちであることを表わし、「ややもすると反抗する気分も強まりがちであった。」のように、〈ともすると〉よりも、否定的な状態になることを表わす場合が多いようである。改まった言いかた。

類語　ともすれば・どうかすると

とりなす
取り成す・取り持つ

取り成す　〔動五〕争い事を、中に立って仲なおりさせる。また、怒っている人をなだめて、機嫌よくさせる意にも用いる。「勘当されかけた息子を取り成してやる。」

㊫取り成し(名)

取り持つ　〔動五〕双方の間に立って世話をする。また、男女の間の仲立ちをする。〈取り成す〉は、争っている両人の間に立って、仲なおりさせることを言うが、〈取り持つ〉は、双方の間に立って世話をすること、特に、男女の間に入って、交際の仲立ちをする場合に用いる。

㊫取り持ち(名)

類語　取り次ぐ・橋渡しする・仲立ちする

とりはからう
取りはからう・取り扱う

取りはからう　〔動五〕判断してうまく片付ける。処理する。「それじゃあ適当に取りはからっておこう。」

取り扱う　〔動五〕よそから来た人を処遇する。また、物事を扱うこと、手で物を動かしたり使ったりする意にも用いる。〈取りはからう〉は、相手の頼みや立場を考えて、うまく（適当に）片付ける場合に用いるが、〈取り扱う〉は、「国賓として取り扱う。」のように、相手をうまく待遇することに使う。「この種の犯罪は大変取り扱いにくい。」

どりょく
努力・励み・勉強・精励・精進

努力　〔名・スル動サ変〕ある目的を達成するために、途中で休んだり怠けたりせず、持てる能力のすべてを傾けてすること。「努力がみのる。」「努力家」

励み（はげみ）〔名〕精を出すことが原義だが、名詞としては、普通、やろうとする意欲をかきたてる刺激の意に用いる。「友人の声援を励みにして頑張る。」 動 励む

勉強（べんきょう）〔名・スル動サ変〕学業や仕事に努め励むこと。また、俗語的に、利益を無視して商品を安く売ることの意にも用いる。

精励（せいれい）〔名・スル動サ変〕勉強や仕事に一生懸命に励むことを言う。かたい文章語。「勉学に精励する。」

精進（しょうじん）〔名・スル動サ変〕一心に努力すること。もとは仏教語で一心に仏道を修行し、身を清め心をつつしむこと。美食・肉食を避け、粗食・菜食をすることなどの意にも用いる。かたい文章語。「芸の道に精進する。」

類語 頑張（がん）り・努（つと）める・尽力（じんりょく）・奮闘（ふんとう）・骨折（ほねお）り

とる

取（と）る・ぶんどる・かすめる・盗（ぬす）む

取る（と）〔動五〕自分のものでない物を暴力を使って奪ったり、またはこっそりと盗む。自分のものにする。〈取る〉は、これ以外に、必要のあるものをもとの場所から移動させて一時自分の手の中に収める、必要としないものを自分が努力して取り除く、手を自分の思いどおりに動かして何かをする、要点をとらえてうまい具合に進めるなどの広い意味に用いる。「強盗に五十万円取られた。」

ぶんどる〔動五〕戦場で、敵の物を奪い取る。また、他人のものを奪い取る。〈ぶんどる〉は、〈取る〉よりも意味がはるかに狭く、力ずくで他人の物を奪い取る場合に限って使う。「彼は、夜、ひとりで出かけて行って、敵の戦車をぶんどって帰ってきた。」

かすめる〔動下一〕こっそりと人の物を取る。また、目をくらます、ごまかすの意にも用いる。〈ぶんどる〉は、力づくで他人の物を奪い取る場合に使うが、〈かすめる〉は、すきをねらって、さっと物を盗む場合を言う。「人の目をかすめる。」

盗む（ぬす）〔動五〕他人のものをこっそり取る。〈ぶんどる〉は、力ずくで奪い取ることを言うが、〈盗む〉は、他人の物をこっそり取って、自分の物とする場合に使う。また、〈ぶんどる〉は、具体的な物を盗む場合に使うが、〈盗む〉は、「技術を盗む。」「よその製品のデザインを盗む。」のように、具体的でないものについても用いる。

類語 引（ひ）ったくる・せしめる　転 盗み（名）

どれ

どれ・どっち・どちら

どれ〔代・感〕限られた範囲の中で、条件に合う物を何かに決めて指示することができないことを表わす。「どれですか。」〈どれ〉は、また、「どれ、ぼつぼつ出かける

ことにしよう。」のように、自分に向けてある動作を促す感動詞としての用法がある。「贈物をどれにしようかと迷う。」

どっち 〔代〕〈どちら〉の口語的表現。事物だけでなく、場所・方向についても使う。また、「どっちにしましょうか。」と言う場合は、範囲が二つに限られ、そのうちのどれを選ぶかという意になる。

どちら 〔代〕どの方向（人）の意のやや古風な用語。「どちらさまですか。」

とんざ
頓挫・停頓

頓挫 〔名・スル動サ変〕それまで順調に進んで来た仕事が、中途で急にだめになること。〈頓挫〉は、事業や計画、研究などについて使うことが多く、普通、「一頓挫を来す。」の言いかたで用いる。

停頓 〔名・スル動サ変〕〈頓挫〉とほぼ同義だが、〈停頓〉は、事業や作業などが、中途で行き詰ってはかどらなくなることを言う。

類語 停滞・立ち往生

とんでもない
とんでもない・とんだ・もってのほか

とんでもない 〔形〕思いがけない。また、非常識だ、あるべきことでないの意にも用いる。「この吹雪の中を外へ出て行くなんて、とんでもない。」

とんだ 〔連体〕とんでもない。思いもかけない出来事で迷惑な。〈とんでもない〉は、「とんでもないところで、彼に出会った。」のように、普通ではありえないような意外なことだというところに重点があり、〈とんだ〉は、「とんだ災難に遭ったものです。」のように、だれかに迷惑をかける（または自分が迷惑をこうむる）ような悪いことだというところに重点がある。「とんだ事をしでかしたものだ。」

もってのほか 〔連語〕以ての外と書く。思いもよらぬこと。意外。〈とんでもない〉〈とんだ〉は、自分のことにも相手あるいは第三者のことにも使うが、〈もってのほか〉は、普通、相手あるいは第三者のことを強く非難する場合に用いる。やや改まった、古風な言いかた。「国民の模範とならなければならない政治家が、そのようなことをするとはもってのほかだ。」

な

ないしょ
内緒・内密・内内・ひそかだ

内緒 〔名〕内証とも書く。みんなには知らせないで、秘密にしておくこと。〈内緒〉は、少しくだけた日常語。「内緒で出かける。」

内密 〔名・ダ形動〕ほかの人に知らせないように、こっそりと何かをすること。〈内緒〉は、「内緒にする。」のように、秘密にしておくことの意に用いることが多いが、「内緒で出かける。」のように、行為を表わす場合には、親しい関係にある人にも知らせないで、こっそりと何かを行う意を表わす。このように〈内緒〉は仲間うちの私的な行為に対して用いる。これに対して、〈内密〉は、「内密に調査する。」「内密にすませる。」のように、お互いの関係が疎である場合にも、また、私的でなく一定の機関が、外にもれることを警戒してこっそりと何かを行う場合にも用いる。〈内密〉は、文章語に用いることが多い。

内内（ないない）　〔名・副〕「うちうち」とも言う。また、副詞としては、「内々に」の形でも使う。外には、分からないように。〈内密〉は、ほかの人に知られないように、こっそりと何かをすることの意に用いるが、〈内内〉は、「内内の話」のように、ごくうちわの人にはこっそりと知らせる場合や、「内々お知らせします。」のように、公に発表する前に、個人的に非公式に伝える場合に用いる。

ひそかだ　〔形動〕密かだ。私かだ・窃かだとも書く。こっそりと、他人に知られないで何かをする様子。〈内密〉は、具体的な行為について用いるが、〈ひそかだ〉は、「ひそかに決意する。」のように、心の中のことに用いる。

類語　こっそり・秘密（ひみつ）

ないしん
内心（ないしん）・内意（ないい）・本心（ほんしん）・真意（しんい）・本音（ほんね）

内心（ないしん）　〔名・副〕心の中。「内心軽蔑していたに違いない。」「内心嬉しく思ったが、顔には全く出さなかった。」のように、副詞として用いることが多い。「内心の動揺を隠すことができない。」のように、外に現れていないという点に重点がある。

内意（ないい）　〔名〕内々の意向。自分の頭の中にある考えで、まだ公にしていないものを言う。「前もって先生の内意を確かめる。」「社長の内意を受けて、部長が交渉している。」のように、何か重要な事柄について、まだ公にしていない個人の意向や考えについて使う。〈内心〉は心の中の状態を言うが、〈内意〉は意向・考えの意に用いる。

本心（ほんしん）　〔名〕その人の本当の心。たやすくは人にもらさない本当の心を客観的に表現する場合に用いるのが基本で、ことば自体に評価意識はない。また、〈本心〉は、「やっと本心に立ち帰る。」のように、物事の区別をきちんと判断できる心の意にも用いる。「本心をうち明ける。」

真意（しんい）　〔名〕本当の気持ち。〈本意〉の意味に近いが、「この部分の表現の真意をつかみかねる。」のように、表現された文章や、話の本当の意味や意図の意にも用いる。

本音（ほんね）　〔名〕口に出しては言わない本心。「本音と建前」「なかなか本音を吐かない。」のように、はっきりと口に出して言わない、あるいは言うことがはばかられる本心について使い、ことばに表現されないというところに重点がある。(反)たてまえ

類語　本意（ほんい）・心底（しんてい）

ないよう

内容（ないよう）・内実（ないじつ）・内包（ないほう）・中身（なかみ）

内容（ないよう）〔名〕そのものの内部を構成していて、そのものを価値づけるもの。ことばや絵などで表現されている事柄の意味について使うことが多い。また、「内容物」のように、包みなどの中に入っているものの意にも用いる。㊐形式

内実（ないじつ）〔名・副〕内部の事情、実情。「会社の内実を聞く。」のように、表からは見えない、内部の様子について使う。また、「平気をよそおってはいるが、私も内実弱っている。」のように、副詞としても使い、実際のところの意を表わす。

内包（ないほう）〔名・スル動サ変〕内部に持つこと。また、一つの概念中に含まれている属性の意にも用いる。たとえば、「魚」という概念の内包は、「水中にすむ、ひれによって進む、卵生」などの性質である。「武力抗争は収まったが、まだ内紛の可能性を内包している。」㊐外延

中身（なかみ）〔名〕中味とも書く。容器などの中に入っているもの。また、中に含まれているもの。〈内容〉は、「表現の内容」「形式と内容」のように、抽象的な事柄の内部の意味に用いるが、〈中身〉は、「話の中身」のように抽象的な事柄よりも、「この蟹は、中身があまり入っていないね。」のように、具体的な物について用いることが多い。したがって、〈中身〉は、容器と分離できるものについて使うことが多く、やや口語的な言いかたである。「中身が濃い。」

なお

なお・ただ・さて・もっとも

なお〔接〕話を一応言い終わったあとで、何かをつけ加える、ということを示す。「これできょうの会議は終わります。なお、次回は来月の十五日に開きます。」

ただ〔接〕前に述べた事柄について、全面的な肯定を保留することば。〈なお〉は、今まで述べたことにさらにつけ加えることを表わすが、〈ただ〉は、「ただ、わがままなのが欠点だ。」のように、その人や物、あるいは事柄などのほとんどの部分を肯定するが、ある特定の部分が肯定できないことを示すことによって、結論を保留することを表わす。

さて〔接〕話題を変えて、次の話題を切り出すときに使う。「さて、次の問題にうつろう。」

もっとも〔接〕前に述べたことを補うために、その例外などを示すときに使う。「年を取ると、だれしも若々しい情熱を失うものだ。もっとも、ゲーテのような例外もあるが。」

類語　ところで

なおざり

なおざり・ないがしろ・ゆるがせ・粗略（そりゃく）・粗雑（そざつ）・おろそか

なおざり〔名・ダ形動〕等閑と書く。物事をきちんと

やらないで、ほうっておくこと。「なおざりな返事」「なおざりにする。」のように、何かをいい加減にしておくことを言う。

ないがしろ 〔名〕 大事に扱わなければならないものの扱いかたが、いい加減な様子を言う。「親をないがしろにする。」のように、大事にしなければならない人について使うことが多い。対して、〈なおざり〉は、「なおざりに聞き流す。」のように、人の行為についても、また、「庭の草をなおざりにのばしたままにしていた。」のように、人間以外のものについても使う。

ゆるがせ 〔名〕 注意を払わないで、適当に扱っておくこと。「ゆるがせにできない。」「ゆるがせにする。」のように、大事なこととは考えずに、いい加減にしておくことを言う。〈ないがしろ〉〈ゆるがせ〉は、どちらも、「ないがしろにする。」「ゆるがせにする。」のように言うことが多い。

粗略(そりゃく) 〔名・ダ形動〕 疎略とも書く。物事のやりかたがぞんざいで、内容がいい加減な様子。〈なおざり〉〈粗略〉〈おろそかだ〉は、自分の相手に対する行為や扱いかただけでなく、「あの人の親切を、決して粗略にしてはならない。」のように、相手の自分に対する行為についての、こちらの態度や考えかたについて使うことも多い。「粗略に扱う。」「彼は長男だったが、父の後妻に子供が三人もできたので、その後ずっと粗略に扱われ続けた。」 ㊦丁重・入念

粗雑(そざつ) 〔ダ形動〕 細かいところまで注意が行き届かず、大ざっぱな様子。〈粗略〉は、物事や人の扱いかたに心がこもらず、いい加減なことを言うが、〈粗雑〉は、仕事などのやりかたが荒っぽくて、いい加減な様子について用いる。「粗雑な仕事」 ㉄粗雑さ(名)

おろそか 〔ダ形動〕 疎かだと書く。しなければならないことをしないで、ほったらかしている。〈なおざり〉とほぼ同義の日常語だが、「努力がおろそかになる。」のように、そうする方がいい、あるいはそうしなければならないことを、そうしないでほうっておく場合を言う。「人の親切を、あだやおろそかにしてはならない。」

類語 等閑(とうかん)

なおす
直(なお)す・改(あらた)める・正(ただ)す

直す(なおす) 〔動五〕 もとの状態にする。また、「文章を直す。」のように、正しくする、訂正するの意や、「規則を直す。」のように、変え改める意などにも用いる。 ㊦こわす、 ㉄直し(名)

改める(あらためる) 〔動下一〕 間違いがないか、本物かどうかよく調べる。また、「規則を改める。」のように、新しくするの意や、「教科書の内容を改める。」のように、古いものを新しいものと入れ替える意、「悪い風習を改める。」のように、新しくてよいものにする意などにも用いられる。〈直す〉は、「病気を治す。」「機械を直す。」のように、悪いところ、間違ったところをもとの正しい状態にもどす点に重点があるのに対して、〈改める〉

は、「教科書の内容を改める。」のように、間違っていなくても、質的に新しいものと取り替え、よりよくするという点に重点がある。

正(ただ)す 〔動五〕 間違っているものを直す。また、「姿勢を正す。」のように、姿や格好がゆがんでいるのを正しくきちんとする意や、「物事の是非を正す。」のように、間違いかどうかをはっきりさせる意などにも用いる。〈正す〉は、〈直す〉よりもさらに、間違っているものを正しくきちんとするという意味合いが強い。かなり改まった言いかた。

なおる

直(なお)る・癒(い)える・回復(かいふく)する

直(なお)る 〔動五〕 治るとも書く。病気が回復する。また、「悪い習慣が直る。」のように、改まって正しくなる意や、「ラジオが直る。」のように、修理してよくなる、もとの状態にもどる意などにも用いる。

癒(い)える 〔動下一〕 病気・傷・痛みなどが治ることを言う。やや古風な言いかた。

回復(かいふく)する 〔動サ変〕 悪い状態になったものが、よくなって元どおりになること。「病気が回復する。」のように、病気についても使うが、「景気が回復する。」「生活程度がやっと戦前なみに回復した。」「天候が回復した。」のように、景気や生活程度、天候などについても用いる。また、「失った面目を回復する。」のように、一度失ったものを取り返して、また、所有する意にも用いる。〈直る〉には、「テレビの故障が直る。」のように、機械の故障などについても言うことができるが、〈回復する〉は、この場合には使えない。また、〈直る〉は、ちょっとしたかすり傷程度のけがにも使えるが、〈回復する〉は、治るまでにかなり時間がかかる、比較的大きな病気について用いる。さらに、〈治る〉は、「肺病が治る。」「顔の傷が治る。」のように、具体的な一つの病気やけがについて使うことができるが、〈回復する〉は、「健康が回復する。」「病気が回復する。」のように、ある特定の病気やけがではなく、からだ全体の状態を言う場合に用いる。 名 回復

類語 治癒(ちゆ)する・本復(ほんぷく)する

なか

中(なか)・内(うち)・内部(ないぶ)

中(なか) 〔名〕 何かの仕切りで取り囲まれた所。また、「中の兄」「中を取る」のように、両端から等しい距離にあるものの意や、外からは見えない奥の方、あるいは、「多数の応募者の中から選ばれた人。」のように、ある範囲のうちの意などにも用いられる。 反 外

内(うち) 〔名〕 何かで区切られた内部。自分を中心に一つの輪を描き、輪の向こう側とこちら側とを区別したとき、向こう側が「外」で、こちら側が〈内〉となる。〈中〉も〈内〉も、何かで区切られた空間的な範囲を言う点では一致し、「寒いからうちで遊ぶ。」の〈内〉は、〈中〉に置き換えることができる。しかし、「三日のうちに回答してほしい。」「若いうちにうん

と勉強しなさい。」のように、時間の一定の限度内を言う場合には、〈中〉を使うことができない。㊍外

内部（ないぶ）　〔名〕ものの内側の部分。また、「内部の事情」「内部の人」のように、組織の内側、または組織の中の人の意にも用いる。㊍外部

なかたがい

仲たがい・絶交・不和・断交・反目・確執

仲たがい（なかたがい）　〔名〕仲違いと書く。人と人との仲が悪くなること。「二人の仲違いには手をやく。」㊍仲直り

絶交（ぜっこう）　〔名・スル動サ変〕今までつき合っていたのを、全くやめること。人と人との仲が悪くなることを言うが、〈絶交〉は、何かの理由によって、いままで交際していたのを全くやめる場合に使う。また、〈仲たがい〉は、夫婦や親子についても使うが、〈絶交〉は、恋人・友人・親類縁者について使い、夫婦や親子には用いない。特に友人関係について使うことが多い。「友と絶交する。」『あんな男とは、もう絶交だわ。」

不和（ふわ）　〔名・ダ形動〕仲がうまくいかないこと。「家庭不和」のように、家族の仲がうまくいかないことに使う場合が多い。

断交（だんこう）　〔名・スル動サ変〕その相手との交際をいっさいやめること。〈絶交〉は、個人的な関係について使うが、〈断交〉は、「A国とB国とは、長年の確執の末、ついに断交するに至った。」のように、国家間のつき合いをやめる場合に用いる。

反目（はんもく）　〔名・スル動サ変〕互いに仲が悪く、にらみ合うこと。〈仲たがい〉は、人と人との仲が悪くなることに用いるが、〈反目〉は、仲が悪いだけでなく、互いににらみ合って対立する場合に使う。また、〈仲たがい〉は、比較的身近の小さな出来事について使うが、〈反目〉は、「国家民族間の反目をあおり立てる。」のように、国家・民族間の大きな出来事についても使う。

確執（かくしつ）　〔名・スル動サ変〕「かくしゅう」とも言う。互いに自分の考えや説を強く主張して、少しも譲らないことから起こる不和について使う。人と人との仲についても、国家・民族間の関係についても使う。

類語　離反・絶縁・対立

なかなおり

仲直り・和睦・和解・講和

仲直り（なかなおり）　〔名〕けんかをやめて、また、元どおり仲よくなること。「いいかげんになかなおりをしたらどうだ。」㊍仲たがい

和解（わかい）　〔名・スル動サ変〕今まで、対立して争っていたものが、仲直りすること。〈仲直り〉は、日常生活のちょっとしたこじれやけんかをやめて、元にもどすことに言う。したがって、おとなだけでなく子供の場合にも使う。〈和解〉は、〈仲直り〉よりも正式なもので、夫婦・親子・友達など、おとなの間については言えるが、子供の場合には使えない。法律ざ

たになったような争いや、団体同士の争いには〈和解〉を用い、〈仲直り〉は使うことができない。また、〈仲直り〉は、元どおり仲よくなることという精神面に重点があるが、〈和解〉は、「和解が成立した。」のように、以後、両者の間でごたごたを起こさないよう約束をするという形式面に重点がある。「和解がなりたつ。」

講和（こうわ）〔名・スル動サ変〕 戦争をやめて、国際関係を戦前の平和状態にもどすこと。「講和条約を締結する。」

和睦（わぼく）〔名・スル動サ変〕 争っていた国と国とが仲直りすること。〈和睦〉は、おもに戦争について言い、しかも、一国内の戦争について用いることが多い。古風な言いかた。「和睦が成立した。」

なかま

仲間（なかま）・グループ・グル・同志（どうし）・同輩（どうはい）

仲間（なかま）〔名〕 心を合わせて、何かを、一緒にする人。また、その間柄。狭義では、同僚を指す。

グループ〔名〕 group. 同じことをする人の集まり。また、「グループに分ける。」のように、同じような性質を持つものの集まりの意にも用いる。〈仲間〉とほぼ同義だが、〈仲間〉が、狭義では同僚を指し、お互いに親しい関係にあって、心を合わせて何かを一緒にする人の集まりを言うのに対して、〈グループ〉は、「グループ学習」のように、同じことをする人の集まりを言い、ひとりひとりが特に親しくない場合にも使う。また、〈グループ〉は、似通った点によって分けたものを言い、人以外のものについても使う。「彼はどのグループに所属しているのか。」のように、ある大衆団体の内部における特定の政党員の意にも用いる。

グル〔名〕 悪いことをする仲間について言う。俗語的な言いかた。「グルになる。」

同志（どうし）〔名〕 自分と同じ意見や目的、理想などを持つ人。〈同志〉は、同じ種類の人やものを言う場合は、「同士」と書く。「好きな者同士で遊びに行く。」「弱い者同士」〈同志〉は、やや古風な言いかた。

同輩（どうはい）〔名〕 年輩・経歴のあまり違わない仲間。〈同志〉は、自分と同じ思想や考えを持つ人のことを言うが、〈同輩〉は、同じ学校・職場に同じ頃に入った人について使うことが多い。

類語 同類（どうるい）・同人（どうじん） 反 先輩・後輩

ながめ

眺め（ながめ）・見晴らし（みはらし）・眺望（ちょうぼう）・景観（けいかん）

眺め（ながめ）〔名〕 目に入る自然の風景。また、目に入る光景を見て、「いい眺めじゃないね。」のように皮肉って言ったり、汚れた場末の光景を見て「汚ならしい眺め」のようにも言うが、なんらかの意味で目をこらして見るに値する情景の意に使うことが多い。 動 眺める

見晴らし（みはらし）〔名〕 主に自然の風景について用い、〈眺め〉とほぼ同義だが、〈見晴らし〉は、「見晴らしがいい。」「見晴らしがきく。」

のように、前方に障害物がなく、自然の風景や人工の景観が広く、また遠くまで見渡せる場合に使うことが多い。
動 見晴らす

眺望(ちょうぼう) 〔名・スル動サ変〕〈眺め〉の意の漢語的表現で、かなりかたい文章語的な言いかた。

景観(けいかん) 〔名〕見るだけの価値を持った、特色のある眺め。自然の風景にも人工の光景にも使うが、人を引き付ける自然のスケールの大きい優れた風景について用いることが多い。ややかたい文章語的な言いかた。

類語 展望(てんぼう)・光景(こうけい)

ながら
ながら・かたがた・がてら・つつ

ながら 〔接助〕ある動作をすると同時に、ほかのこともしているという意味を表わす。また、「お金がありながら買おうとしない。」「体格は立派ながら、どこかもろいところがある。」のように、前に述べたことと、後で述べることとが食い違うという意味を表わす場合にも用いられる。

かたがた 〔接尾〕一つのことをするついでに、ほかのことをすることを表わす。〈ながら〉は、ある動作をすると同時に、ほかのこともする意を表わし、前の動作の方に重点があるが、〈かたがた〉は、あることをするついでにほかのことをする意を表わし、特に価値の重点の違いはない。また、〈ながら〉は、接続助詞で、動詞・形容詞・形容動詞・一部の助動詞に接続するが、〈かたがた〉は、「散歩かたがた買物をする。」のように、名詞に接続する。

がてら 〔接尾〕〈かたがた〉とほとんど同義の日常語である。〈かたがた〉と〈がてら〉は、ほとんどの言いかたにおいて置き換えることができるが、〈かたがた〉は、改まったやや古風な言いかたなので、「お礼かたがたうかがわせていただきます。」のように、改まった丁寧な言いかたにおいても使うことができるが、〈がてら〉は、使いにくい。

つつ 〔接助〕ある動作をすると同時に、ほかのこともしているという意味を表わす。また、「世界には食糧や薬品の不足に悩みつつある地域も少なくないのである。」のように、「……つつある」の形で、あることが続いているという意味を表わす場合に用いる。〈ながら〉とほとんど同義だが、〈つつ〉は、やや古風で、かたい文章語的な言いかたである。また、〈ながら〉は、「お金がありながら買おうとしない。」「機械のしくみをよくは知らないながら、なんとか操作をしてみた。」のように、前に述べた事柄と後に述べる事柄とが矛盾なく共存することを表わす場合にも用いるが、〈つつ〉には、この意味用法がない。

なぐさめ
慰(なぐさ)め・慰(なぐさ)み・うさ晴(ば)らし・気晴(ば)らし

慰め(なぐさめ) 〔名〕ことばをかけたり、何かをしたり与えたりすることによって、不幸に打ちひしがれた人の悲しみや、どうしようもない寂し

さや不安、疲れなどを、一時忘れさせること。 動 慰める

慰み（なぐさみ） 〔名〕 何かによって、一時心を晴らすこと。また、そのための手段。〈慰み〉は、「慰みに釣りをする。」「何の慰みもない毎日を送っている。」のように、自分の心を晴らすことやそのための手段、物を言うが、〈慰め〉は、「そんなことをしても、彼にとって何の慰めにもならないだろう。」のように、自分だけでなく、相手や第三者の寂しさや不安、疲れなどを忘れさせ、心を晴ればれとさせる場合にも使う。 動 慰む

うさ晴らし（うさばらし） 〔名・スル動サ変〕 憂さ晴らしと書く。うさをなくしたり忘れたりすること。また、その手段。上役に叱られるとか、みじめな思いをしたときの気持ちを晴らすために何かをすること。〈慰め〉は、退屈・不安・疲れなどを、一時忘れるための手段に使うが、〈うさ晴らし〉は、いやな思い、みじめな思いを、何か楽しいことをすることによって、なくしたり忘れたりする場合に限って用いる。「うさ晴らしに酒を飲む。」

気晴らし（きばらし） 〔名・スル動サ変〕 ゆううつで沈んでいる気持ちを、何かほかのことをして、さっぱり晴れやかにすること。〈うさ晴らし〉は、強いうさを感じた場合に使うので、酒を飲んだり騒いだりしなければ気を晴らすことができないが、〈気晴らし〉は、うさの程度がそれほど強くないので、「気晴らしに散歩する。」のように、散歩することなどによって、晴れやかになる場合を言う。

類語 慰藉（いしゃ）・労（いたわ）り・ねぎらい

なぐさめる

慰（なぐさ）める・労（いたわ）る・ねぎらう

慰める（なぐさめる） 〔動下一〕 悲しんだり、寂しがったりしている人をやさしくいたわって、元気を出させるようにする。「不幸を慰める。」 転 慰め（名）

労わる（いたわる） 〔動五〕 弱い立場の人を、同情して親切に扱う。また、下の人が努力したことについて、その苦労をねぎらう。〈慰める〉は、下の人が努力したことについて、苦労をねぎらう意に用いることはない。 転 労わり（名）

ねぎらう 〔動五〕 その人の骨折りに対して、ご苦労だという気持ちを、なんらかの行為で示す。下の人の努力に対して感謝の気持ちをことばや行動で表わすという意に用いる場合は、〈労わる〉も〈ねぎらう〉も同じように使うことができるが、「病人を労わる。」のように、弱い立場にある人を親切に扱う意を表わす場合は、〈ねぎらう〉を使うことができない。〈ねぎらう〉は、「労をねぎらう。」の言いかたで用いることが普通で、やや古風で改まった言いかた。 転 ねぎらい（名）

なくなる

なくなる・なくす・紛失（ふんしつ）する・喪失（そうしつ）する・消失（しょうしつ）する

なくなる 〔動五〕 いままであったものが、見当たらな

くなる。また、「金がなくなる。」「夢がなくなる。」のように、使ってしまったり、消えてしまったりする意にも用いる。〈なくなる〉は、事物の消滅を、自己の所有権とは関係なく表わす場合に用いる。

なくす

〔動五〕 いままで持っていたものを失う。〈なくなる〉は自動詞で、〈なくす〉は、「本をなくす。」のように他動詞として用いる。」また、〈なくなる〉は、「家がなくなっていた。」「近所にあった空き地がすっかりなくなってしまった。」のように、いままであったものが、そこに見当たらなくなる意に用いられることが多いが、〈なくす〉は、いままで自分のもの（財産）として所有していたものを失う意に用いることが多く、「家をなくす。」と言うと、自分の所有していた家を何かの理由で人手に渡すことを言い、自分とは関係のない存在物としての家について用いることはない。

紛失する

〔動サ変〕 不注意などのために、ものをなくすこと。〈なくす〉は、「全財産をなくす。」「夢をなくす。」のように、自分の所有しているものについて広く用いるが、〈紛失する〉は、「大切な書類を紛失する。」「紛失物」のように、比較的小さな具体物について使う。いくらかかたい文章語。 图紛失

喪失する

〔動サ変〕 心の中などにある大切なものを失うことを言う。「すっかり自信を喪失してしまった。」 图喪失、㊦獲得する

消失する

〔動サ変〕 それまであったものが、すっかりなくなること。「権利が消失する。」「心の中にある彼の存在が、すっかり消失した。」のように、抽象的な内容の事柄について言う。〈喪失する〉は、心の中にある大切なものをなくすことを言うが、〈消失する〉は、ものや権利などがなくなる場合に使う。〈喪失する〉と同様、かたい文章語。 图消失

類語 失う・うせる・失する・消滅する・消える・散逸する・消えうせる

なげだす

投げ出す・投げる・うっちゃる

投げ出す

〔動五〕「足を前に投げ出す。」「小銭がばらばらと投げ出したままになっていた。」のように、手につかんでいるものや足などを、ある目標や前方にさっと投げて出すこと。転じて、命・財産・権利など、自分に属する一番大切なものの保有をあきらめることに使う。

投げる

〔動下一〕 放る。「投げるようにして銭を与える。」と言う場合は、「投げ出すようにして銭を与える。」と言い換えることができるが、〈投げる〉がボール・ごみ・タオルなどについても使うのに対して、〈投げ出す〉は使えない。また、〈投げる〉は、「さじを投げる。」「試合を投げる。」のように、ある目標に向かっての行動を、何かの事情によってあきらめる、あるいはいい加減な気持ちでやめてしまう場合にも使うが、〈投げ出す〉は、行動ではなく、「仕事

を投げ出す。」「命を投げ出す。」のように、自分にとって大切なものを保有することをあきらめるという、こちらの態度や心構えに重点を置いて言う場合に使う。また、〈投げる〉は、「淡い光を投げる。」「話題を投げる。」のように、少し離れたところまで作用が届くようにする意にも用いるが、〈投げ出す〉が、この意味に用いられることはない。[転]投げ(名)

うっちゃる　〔動五〕投げ捨てる。「紙くずを窓からうっちゃる。」と言う場合は、ポイと軽く投げ捨てることを言うが、〈投げる〉をこの文脈で使う場合には、紙くずを丸めていくらか力を入れてある目標に届くようにする意を表わす。また、〈うっちゃる〉は、「仕事をうっちゃる。」のように、手をつけずにそのままにしておく意に用いるが、継続していた行動を、中途で断念する場合には使わない。口語的な言いかた。[転]うっちゃり(名)

[類語] 放擲(ほうてき)する・なげうつ・ほったらかす・放棄(ほうき)する

なげやりだ

なげやりだ・いい加減(かげん)だ・あやふやだ

なげやりだ　〔形動〕投げ遣りと書く。無責任であったり根気が続かなかったりして、仕事などを途中までやってほうっておくこと。また、その様子。「なげやりな態度」

いい加減(かげん)だ　〔形動〕好い加減と書く。無責任な様子。一貫性や明確さを欠いていて、それに接する者に、うそやごまかし、でまかせ、行き当たりばったりという印象を与える様子を言う。〈なげやりだ〉は、「根気がなくてどうしてもなげやりになってしまう。」のように、根気や精力が続かなくて、仕事などを途中でほうり出す場合についても用いるが、〈いい加減だ〉は、きちんとやろうとする責任感がないために、でまかせであったり、行き当たりばったりであったりする場合に使う。また、「ふざけるのもいい加減にしろ。」のように、適当な程度であることを表わしたり、「いい加減いやになる。」のように、限度を超えていて、そろそろなんとかしてもらいたい感じがすることを表わす副詞的な用法もある。また、〈なげやりだ〉は文章語として用いるが、〈いい加減だ〉は、口語的な言いかたである。[反]丹念・丁寧

あやふやだ　〔形動〕はっきりしていなくて、どうにもたよりない様子だ。〈いい加減だ〉は、無責任なために、仕事などがでたらめであったり、一貫性を欠いたりしていることを言うが、〈あやふやだ〉は、一貫性がなくてでたらめな場合だけでなく、考えや技術などが未熟で、どうにもたよりない様子についても使う。「あやふやな態度」

[類語] 遊(あそ)び半分(はんぶん)だ

なげる

投(な)げる・ほうる・放(はな)つ・投(な)げつける

投(な)げる　〔動下一〕腕を動かして、手に持っているもの

を遠くへ飛ばす。また、「話題を投げる。」のように、ずっと遠くまで届くようにする意や、「試合を投げる。」のように、もうだめなものとして捨てたり、力を入れることをやめたりする意などにも用いる。(転)投げ(名)

ほうる　〔動五〕 手で遠くへ投げる。また、「宿題をほうったままで、遊びに行く。」のように、中途でやめる意にも用いる。〈ほうる〉は、〈投げる〉とほぼ同義だが、〈投げる〉は、「身を投げる。」のように、もうだめだとあきらめて、大切なものを捨てたりすることを言う場合に使うが、〈ほうる〉は、「仕事をほうってテレビを見る。」のように、重要でない、あるいは特に急がないものとして、積極的には取り上げないでおく場合に使う。「ボールを遠くへほうる。」

放つ　〔動五〕 光や音を発する。また、「矢を放つ。」のように、矢や弾丸などをとばす意や、「虎を野に放つ。」のように、動物などを逃がしてやる意などにも用いる。〈投げる〉〈ほうる〉は、物、仕事、行為などについて使うが、〈放つ〉は、光、音、声、火、矢、弾丸など、動きが速いものを、手元あるいは口元から遠くへ出す場合に用いる。また、〈放つ〉は、雅語的な表現である。

投げつける　〔動下一〕 目標をめがけて、とっさに何かを投げる。「腹立ちまぎれに荒々しいことばを投げつける。」のように、ものやことばなどを、自分の気持ちを抑え切れないで、相手に向けて衝動的に投げる場合に用いる。

なごやかだ

和やかだ・和気藹藹・仲よく・むつまじい

和やかだ　〔形動〕 気持ちがうちとけて、いいムードだ。怒った顔色やとげとげしい空気が見られず、親しみが感じられる様子を言う。(転)和やかさ(名)

和気藹藹　〔名・ト副〕 人びとの間に、争いや混乱もなく、和やかな気分が満ちあふれている様子。〈和やかだ〉は、「和やかな表情」「和やかな気分になる。」のように、表情や気持ちについても使うが、「和気藹々とした雰囲気」のように、人びとの間に和やかな気分が満ちあふれている様子について言う。〈和気藹藹〉は、やや古風で、かたい言いかた。

仲よく　〔副〕 少人数の人たちが親しい友達関係にあって、何かをすること。「遊園地で数人の子供が仲よく遊んでいる。」のように、主として子供について使う。

むつまじい　〔形〕 睦まじいと書く。身内の者の気持ちがしっくり合っていて、けんかやもめごとなどがないさま。〈和やかだ〉〈和気藹藹〉は、他人同士の関係について使うことが多いが、〈むつまじい〉は、普通、「仲むつまじい夫婦」のように、夫婦の気持ちがしっくり合って、仲がよい場合に用いる。(転)むつまじさ(名)

なさけない

情けない・嘆かわしい・馬鹿馬鹿しい

情(なさ)**けない**　〔形〕期待にはずれた状態や場面に出会い、ひどすぎて、見たり聞いたりするのがいやになる感じ。(転)情けなさ(名)

嘆(なげ)**かわしい**　〔形〕思わず嘆きたくなるほど情けない。〈情けない〉は、「僕の気持ちが分からないとは、全く情けない。」「情けない成績」のように、期待する気持ちが前提にあって、それだけに自分のがっかりした気持ちや残念に思う気持ちを直接表わす場合に用いるが、〈嘆かわしい〉は、「嘆かわしい世相だ。」のように、自分だけでなく、だれでもそう思う客観的な状態について使い、決めつけるような言いかたになる。やや古風で、かたい言いかた。「最近の若者の夢のなさは、全く嘆かわしい限りだ。」(転)嘆かわしさ(名)

馬鹿馬鹿(ばかばか)**しい**　〔形〕全く意味や価値がない。〈情けない〉は、期待する気持ちや同情する気持ちが前提にあることを表わすが、〈馬鹿馬鹿しい〉は、そのような気持ちはなく、対象に、意味や価値を全然認めない場合に言う。(転)馬鹿馬鹿しさ(名)

類語　馬鹿(かば)らしい・くだらない・苦苦(にがにが)しい・笑止千万(しょうしせんばん)だ

なじる

なじる・そしる・非難(ひなん)する・ののしる

なじる　〔動五〕詰ると書く。相手の悪い点を、問いつめて非難する。「面と向かってなじる。」のように、相手を直接非難する場合に使う。「弱気をなじる。」

そしる　〔動五〕謗る、または譏ると書く。人のことをあれこれ悪く言う。〈なじる〉は、相手の悪い点を問いつめて、激しく非難することに重点があるが、〈そしる〉は、第三者のことをあれこれ悪く言う場合に使うことが多い。「人をそしる。」(転)そしり(名)

非難(ひなん)**する**　〔動サ変〕批難するとも書く。間違いや欠点、おかした悪事などについて、相手を強く責めること。〈なじる〉〈非難する〉は、相手を強く責めて責任を追求する場合に用いるが、〈そしる〉は、人のことを悪く言うだけで、責任を追求することには使わない。また、〈なじる〉は、多く、私的な事柄について使うが、〈非難する〉は、私的な事柄にも公的な事柄にも用いる。「非難をまぬがれない。」㊔非難

ののしる　〔動五〕罵ると書く。大声で相手の悪口を言う。〈そしる〉は、第三者の欠点を悪く言う場合に用いることが多いが、〈ののしる〉は、相手に対して、大声で悪口を言う場合に使う。また、〈なじる〉よりも相手を非難する程度が強い。「大声でののしる。」

類語　咎(とが)める・皮肉(ひにく)る

なぜ

なぜ・なんで・どうして

なぜ　〔副〕どういう理由で。このグループの中では、最も一般的に用いる日常語。「使ったらなぜ自分でかたづけないの。」

なんで　〔副〕〈なぜ〉とほとんど同義だが、かなりくだ

けた俗語的な言いかたである。また、〈なぜ〉と比べて、単に、理由を確かめたり疑問に思ったたことを表わすだけでなく、相手を叱責したり詰問したりする気持ちを強く表わすように思われる。「なんでこんなつまらないことをしたんだ。」

どうして　〔副〕〈なぜ〉とほとんど同義のややくだけた言いかただが、「どうして解決すればよいか分からない。」のように、どのような方法での意に用いることがある。

類語　何故(なにゆえ)・どういうわけで

なでる
なでる・さする・こする

なでる　〔動下一〕撫でると書く。指先や手のひらを、何回か表面に沿って軽くある方向に動かす。手のひらなどで、そっとふれるようにして、そのまま動かす。「髪をなでる。」「なでつける」

さする　〔動五〕摩ると書く。強い刺激を与えない程度に、手のひらや指先などを当てて、なめらかに動かす。〈さする〉は、〈なでる〉よりも手のひらや指先に力がはいる。また、〈なでる〉は、人や動物などに対して、愛情をこめて、頭や背中を指先や手のひらで軽く刺激する場合に使うが、〈さする〉は、疲れた手足やからだの痛みをいたわるために刺激を与える場合に用いる。「腰をさする。」

こする　〔動五〕擦ると書く。何かの面に強く押し当てて、前後左右あるいは上下に続けて動かす。〈さする〉〈なでる〉は、おもに、手をじかにつけるが、〈こする〉は、手だけでなく、布・金属などを用いる場合も多い。また、〈こする〉は、つやを出したり、暖めたりすることを目的とする動作を言い、〈なでる〉〈さする〉よりも動作が強く、連続的である。「車体のさびをこすって落とす。」

なにげない
なにげない・ふと・なんとなく

なにげない　〔形〕特にどうということもない感じだ。「何気なくふりむく。」⇩何の気なしに

ふと　〔副〕そうしようとは思わないで、何かをする様子。「なにげなく言ったことが、相手の心をひどく傷つけた。」のように、はっきりした意図を持ってそうしたわけではないことを表わす場合には、〈なにげなく〉を〈ふと〉と置き換えることができるが、〈なにげない〉は、「生活はかなり苦しかったらしいが、なにげないさまを装っていた。」のように、相手にそれらしい様子を感じさせない意にも用い、この場合は、〈ふと〉を使うことができない。〈ふと〉は、「ふと思い出す。」「ふと立ちどまる。」のように、自分の行為について使うからである。

なんとなく　〔副〕これといってはっきりした理由もなく。〈なにげなく〉は、「なにげなくふりむく。」のように、行為について使うが、〈なんとなく〉は、「なんとなく面白くなさそうだ。」「なんとなく行

ってみたい。」のように、状態や自分の心の様子について用いる。

類語 うっかり・うかうか・さりげない・漫然(まんぜん)と

なにぶん

なにぶん・なにせ・なにしろ

なにぶん

〔副〕相手の適当な判断や取り扱いを期待する気持ちを表わす。また、「なにぶんまだ子供ですので、よく教えてやってください。」「なにぶん急な事なので、参りかねます。」のように、あれこれ考えたところで、その事実は変わらないことを表わす。〈なにぶん〉は、かなり改まった気持ちで、相手にものを頼んだり期待したりする場合に使う口頭語。

なにせ

〔副〕〈なんせ〉とも言う。なんと言っても。〈なにぶん〉は、しかるべき善処方を相手に期待する場合にも使うが、〈なにせ〉は、どういう事情を考慮するにせよ、その事柄自身は変わることがない様子を表わす場合に限って用いる。やや俗語的な言いかた。「なにせすごい薬だから一ころですよ。」

なにしろ

〔副〕〈なにせ〉とほぼ同義の日常語だが、〈なにしろ〉は「なにしろやってみたまえ。」のように、とにかくの意に用いられることがある。〈なにせ〉は、この意味に用いることがない。

類語 いかんせん

なにやかや

なにやかや・あれこれ・かれこれ・なにくれ

なにやかや

〔副〕関連する事柄や品目に、これといって制限のないことを表わす。〈なにやかや〉は、「なにやかやと心配してくれた。」のように、よい行いに対しても、また、「なにやかやけちをつけた。」のように、悪い行いに対しても使い、評価という点ではニュートラルである。互いに関連する事柄がいろいろ認められるが、その一つ一つを取り立てて具体的に言うほどの価値がない場合や、正確に思い出せない場合などに用いる。「年末は何やかやといそがしい。」

あれこれ

〔副〕あれやこれや。いろいろの事や物、人や場合などについて考えたりしたりすることを言う。〈なにやかや〉と同じように、評価を含まない。また、〈なにやかや〉は、やや古風で改まった言いかただが、〈あれこれ〉は、最も客観的な表現に用いられる日常語である。「今になって、あれこれ言ってみても仕方がない。」「あれこれと考える。」

かれこれ

〔副〕特に一つの事に限定しないで、大きな事ではない、いくつかに関係する様子。「かれこれ思うと、気がめいる。」また、「かれこれ十年前の話だ。」のように、厳密な意味では、必ずしもその数量を限定できないことをも表わす。〈あれこれ〉よりも古風で、かたい言いかた。

なにくれ

〔副〕あれこれと。何かにつけて。〈なにくれ〉は、〈なにくれとなく〉の言いかたで用いる。「なにくれとなく心配してくれた。」「なにくれとなく世話を焼いてくれた。」のように、相手に対する思いやりの気持ちが働いている場合に使われる。「あれこれ口を出す。」のように悪い行いの場合は、使うことができない。

類語 いろいろ・それからそれ・どうだのこうだの

なまいきだ

生意気だ・小生意気だ・小賢しい・小憎らしい

生意気だ 〔形動〕 身分や年齢、知識などからして適当と思われる以上に、偉そうなことを言ったりすること。また、分別くさいことを言ったりして、とにかくしゃくにさわる様子の意にも用いる。「生意気によくもそんなことが言えるな。」

小生意気だ 〔形動〕 年のわりにませたなまいきな様子。「小生意気なことを言う。」

小賢しい 〔形〕 能力や誠実さが伴わないのに、口だけはうまい様子。また、りこうぶった口をきいて、生意気に思われることを言う。(転)小賢しさ(名)

小憎らしい 〔形〕 いかにも生意気で、しゃくにさわる感じがする。「小憎らしい子供」のように、子供や若者について使うことが多い。憎悪感は小さい。(転)小憎らしさ(名)

類語 横柄だ・高慢だ

なまける

怠ける・怠る・ずるける・さぼる

怠ける 〔動下一〕 しなければいけないことをしないで、いい加減に過ごす。「仕事を怠ける。」(反)精出す・励む

怠る 〔動五〕 すべきことをしないでいる。〈怠ける〉は、そうしようと思ってするのだが、〈怠る〉は、「注意を怠って事故を起こした。」のように、ついうっかりしてすべきことをしなかった場合にも言う。また、〈怠ける〉は、「学校（工場）を怠ける。」のように、勤務先（場所）を目的語にとることができない。また、〈怠ける〉は日常語だが、〈怠る〉は文章語的な言いかたである。(反)勤める・励む、(転)怠り(名)

ずるける 〔動下一〕 〈怠ける〉とほとんど同義のやや俗語的な言いかた。〈怠ける〉は、働く場所や勉強する場所を目的語にとることができないが、〈ずるける〉は、「会社をずるける。」のように、目的語にとることができる。〈怠ける〉は、会社に出勤はするが、仕事に精を出さないことを言い、〈ずるける〉は、会社へ出勤することを怠る場合に使うからである。「学校をずるける。」

さぼる 〔動五〕 できることをしないで、怠ける。サボタージュをする。〈怠ける〉は、休むことはしないが、その時間を、いい加減に過ごす場合に使うのに対して、〈さぼる〉は、「授業をさぼる。」のように、ずる休みをする場合にも用いる。(名)サボ

類語 休む・骨惜しみする・油を売る

なまはんか

なまはんか・生かじり・一知半解

なまはんか 〔名・ダ形動〕 生半可と書く。物事が、十分ではなくて中途半端なこと。「なまはんかな気持ちではとてもやっていけない。」「なまはんかな知識」⇩なまなか

生かじり 〔名〕 〈なまっかじり〉という形でも使う。ほんの少し知っていること。〈なまはんか〉は、「なまはんかな気持ち」「なまはんかな知識」のように、正確さや徹底を欠く状態について言うが、〈生かじり〉は、黙って聞いていると知識があるようにも思われるが、ちょっと尋ねてみると、あやふやであったりして、本当は十分な知識がないことを言い、「生かじりの知識」のように、知識についてしか使わない。

一知半解 〔名〕 知識が浅く、よくは分かっていないこと。〈生かじり〉の意の漢語的表現で、古風なかたい言いかた。「一知半解の人間が、あまりにも多すぎる。」

類語 半可通

なまめかしい

なまめかしい・色っぽい・妖艶だ・つやっぽい

なまめかしい 〔形〕 女の人に、上品な美しさの中に、性的な魅力が感じられる様子。
転 なまめかしさ(名)

色っぽい 〔形〕 女の人に、性的な魅力が感じられる様子。〈なまめかしい〉は、上品な美しさの中に性的な魅力が感じられることを言うが、〈色っぽい〉は、特に上品な美しさが認められなくても使う。

妖艶だ 〔形動〕 女の姿があやしげなほどあでやかで美しく、性的な魅力が強く感じられる様子。かたい文章語。「妖艶な舞台姿」

つやっぽい 〔形〕 艶っぽいと書く。色っぽい様子。また、男から見る男女関係の状態。〈色っぽい〉は、女の人に性的な魅力が感じられることを言うが、〈つやっぽい〉は、男から見た場合の男女の色っぽい関係についても使う。やや俗語的な言いかた。「つやっぽい話」

類語 艶・あだっぽい

なみ

並・普通・ありふれる・凡庸

並 〔名〕 全体の中で占める割合が最も多い、一番普通のもの。また、その程度。人やものの状態が、普通程度で、特に優れた点や目立つ点がないという価値判断を含む。「並の人間では、とうてい思いもつかない事ばかりだ。」「並の成績」

普通 〔名・ダ形動〕 世間にざらにあり、なんら変わったところが見られない様子。ありふれていて、世間に多く見られるという点に意味の重点があり、評価的な観点が強く表面に出ることはない。「ごく普通の人」 反 特別

ありふれる 〔動下一〕 どこにでもあって、珍しくな

い。「ありふれた」の形で用いることが多い。あまりにも平凡で、少しも珍しくないという点に意味の重点があって、〈普通〉よりも、マイナス評価の意味合いが強い。

凡庸(ぼんよう)　〔名・ダ形動〕　特別すぐれた能力や変わったところのない様子。人間の資質や状態について使い、価値的に見て特に優れたところがないという評価が含まれる。かたい文章語。

類語 月並(つきなみ)み・人並(ひとなみ)み・凡俗(ぼんぞく)　㊫ 凡庸さ(名)

なみはずれる

並外(なみはず)れる・頭抜(ずぬ)ける・ずばぬける

並外(なみはず)**れる**　〔動下一〕　普通の性質や能力と非常に違っている状態。「並外れた」「並外れて」の形で用いることが多い。「皮膚の色が並外れて黒い。」　㊫ 並外れ(名)

頭抜(ずぬ)**ける**　〔動下一〕　図抜けるとも書く。普通のものよりずっと優れている。「頭抜けて成績のよい子」「頭抜けて背の高い人」のように、多くのものの中で、他を大きく引き離して目立つ意に使い、プラスの意味に用いることが普通である。〈並外れる〉は、必ずしもプラスの意味合いだけに用いるわけではなく、「彼は並外れた大食漢だ。」「彼は並外れて色が黒く、その上ひどい近視だ。」のように、マイナスの方向で用いることもある。

ずばぬける　〔動下一〕　多くのものの中で、他を大きく引き離している。「彼はクラスでもずばぬけてよくできる。」のように、〈頭抜ける〉よりもさらに程度の大きい場合に用いる。口語的な言いかた。

類語 別格(べっかく)・特別(とくべつ)

なめる

なめる・しゃぶる

なめる　〔動下一〕　嘗めると書く。口の中に入れて、歯でかんだりなどしないで、舌で味わう。また、「炎が天井をなめる。」のように、あたかも舌でなでるようにする意や、「辛酸をなめる。」のように、つらいことを経験する、あるいは、「相手をなめる。」のように、ばかにする意などにも用いる。

しゃぶる　〔動五〕　口の中に入れて、なめたり、吸ったりする。〈なめる〉は、もっぱら舌で味わうことを言うが、〈しゃぶる〉は、舌だけに限らず、歯や下あごの動きも加わり、しかも、何度も繰り返す動作について使う。〈なめる〉は、一回きりでも何度繰り返してもよい。また、〈なめる〉は、塩・砂糖・ソースなど、口の中ですぐにとけてしまったりするものを対象にとることができるが、〈しゃぶる〉は、「飴をしゃぶる。」「指をしゃぶる。」のように、すぐにはなくならないもの、あるいはいくらなめてもなくならないものについて使う。

ならべる

並(なら)べる・連(つら)ねる・配列(はいれつ)する

並(なら)**べる**　〔動下一〕　並んだ状態に位置させる。また、「店頭に並べる。」のように、人に見える

ように いくつも置くことの意や、「欠点を並べたてる。」のように、いくつものことを、次々に言う意にも用いる。

連ねる　〔動下一〕 たくさんのものを列にして並べる。また、「名を連ねる。」「袖を連ねる。」のように、会合や組織などに、その一員として加わる意にも用いる。〈連ねる〉は、〈並べる〉とほぼ同義だが、〈並べる〉は、「料理を並べる。」のように、お膳の上に料理をしかるべく配置する場合にも、また、「民家が並んでいた。」のように、大体一列に並んでいる場合にも使うが、〈連ねる〉は、「車を連ねる。」「軒を連ねる。」のように、一列に長い列で並んでおり、先頭（先端）からずっと続いているような状態である場合に使う。〈連ねる〉は、文章語で、かなり古風であり、「たもとを連ねる。」「車を連ねる。」「百万言を連ねる。」のような慣用句において用いることが多い。

配列する　〔動サ変〕 排列するとも書く。何かの順序に並べる。順序を決めて並べる。〈配列する〉は、必ずしも一列になっていなくていいが、しかるべきものがしかるべき位置にきちんと置かれていることを言う。かたい文章語。　名 配列

類語 揃える

なる

鳴る・響く・とどろく

鳴る　〔動五〕 楽器、電話などから音が出たり、鐘や木の葉が音を立てたりする。また、「名声が天下に鳴る。」のように、広く世間に知れ渡る意にも用いる。　⇩音がする

響く　〔動五〕 音声や震動などが回りに伝わる。また、「鐘の音がかすかに響いている。」のように、余韻が長く聞こえる意や、「家計に響く。」のように、悪い影響を与える意などにも用いる。〈鳴る〉は、ある物から音が出たり、音を立てたりすることを言うが、〈響く〉は、音声が、震動となって回りに伝わる場合や、大きい音や雑音が、何かにぶつかり、はね返って聞こえる場合について使う。

転 響き（名）

とどろく　〔動五〕 轟くと書く。「遠雷がとどろく。」「勇名が天下にとどろく。」のように、雷や潮、比喩的には名声などが、遠くから広い地域にわたって鳴り響く場合に使う。〈鳴る〉よりも大きな音について言う。〈とどろく〉は、古風で、やや雅語的な表現。

類語 きしむ・きしる

なるべく

なるべく・なるたけ・できるだけ

なるべく　〔副〕 可能なかぎり。できるなら。「なるべく金持ちと結婚したい。」この場合、実現への決意はあまり強くない。

なるたけ　〔副〕 〈なるべく〉とほとんど同義だが、口頭語的な言いかた。

できるだけ　〔副〕 〈なるべく〉とほぼ同義だが、「できるだけ努力してみます。」のように、可能な範囲で最善を尽くすという意が、〈なるべく〉よりは強い。

なんでも

類語 極力(きょくりょく)・精一杯(せいいっぱい)

なんでも・なんなりと・なにもかも・ことごとく

なんでも

〔副〕どんなことでも。みんな。また、「なにがなんでも」の形で、なんであっても、事情がどうあってもの意や、「なんでも彼は大分もうけたそうだ。」のように、はっきりとは分からないが、どうやらの意などにも用いる。

なんなりと

〔副〕何なりと。〈なんなり〉の語形でも使う。〈なんでも〉とほぼ同義だが、「なんでも彼は会社を辞めて故郷へ帰ったそうだ。」のように、はっきりとは知らないが、どうやらの意に使うことはない。また、〈なんでも〉は日常語だが、〈なんなりと〉は、「お望みのものはなんなりと差し上げます。」のように、丁寧で改まった口頭語である。

なにもかも

〔副〕すべて。いっさい。「戦炎でなにもかも失ってしまった。」「なにもかも忘れてしまいたい。」のように、自分が所有しているもののすべてをなくす場合に使うことが多い。また、「なにもかもすっかり変わってしまった。」のように、すべてのものの存在が認められなくなると同時に、それに代わる別のものが存在していることを表わす用法もある。

ことごとく

〔副〕そこに存在するものすべて。〈なにもかも〉は、そこに存在するものすべてを失ったりなくしたりする場合に使うが、〈ことごとく〉は、「ことごとく失敗に終った。」のように、おなじ用法と同時に、それがあることにも用いる。かなりかたい文章語。

類語 あらいざらい・根(ね)こそぎ・すべて

なんと

なんと・さても

なんと

〔感・副〕想像の範囲を超えるようなものに出会ったとき、思わず発することば。「なんということだ。」また、「なんとしたものだろう。」のように、〈どのように〉の意にも用いる。

さても

〔感〕ことの意外さに、どう対処してよいか分からずにいる気持ちを表わす。「なんとりっぱな物」という言いかたにおいては、〈さても〉で置き換えることができるが、「なんときれいな花だろう。」「方々捜したが、なんとすぐ手もとにあった。」のような言いかたにおいては、〈さても〉で言い換えることはできない。すなわち、〈なんと〉は、単純な驚きや純粋な感動を表わすが、〈さても〉は、「さても不思議な。」のように、ことの意外さや不思議な状況に直面して、それに、どう対処したらよいか分からない場合に使う。古風な言い方。

類語 はてさて

なんもん

難問(なんもん)・難題(なんだい)・問題(もんだい)

難問(なんもん)

〔名〕解決の難しい問題。「難問をかかえる。」

難題（なんだい）〔名〕受け入れられるはずがないと知っていて、ためしに言っている、無理な注文。言いがかり。数学などの難しい問題については、普通、〈難問〉を使う。〈難題〉は、「無理難題をふっかける。」などの言いかたで、受け入れられるはずがない注文を言うことが多い。注文された側からみれば、どう解決するか具体的に考えはじめると、それは、〈難問〉になる。高価な服を買ってくれとねだるのは〈難題〉をふっかけたことになるが、ねだられた方が、どうやって金を工面するか、または服を買わなくてすむかは、〈難問〉になる。

問題（もんだい）〔名〕解決しなければならない、または、解決を求められている事柄。「問題の人物」のように、たくさんの人の話題になっている事柄の意などにも用いる。〈難問〉は、解決の難しい問題を言うが、〈問題〉は、解決しなければならない当面の事柄について使う。

類語 奇問（きもん）・珍問（ちんもん）・難物（なんぶつ）

に

にあう

似合（にあ）う・似（に）つかわしい・ふさわしい

似合う（にあう）〔動五〕相手または目的物との間に矛盾や違和感がなく、いかにもふさわしい感じでぴったり合う。「富士には、月見草がよく似合う。」 転 似合い(名)

似つかわしい（につかわしい）〔形〕その人にちょうどよい取り合わせだ。〈似合う〉は、人と人、人と物、あるいは物と物とがふさわしい感じでぴったり合う場合に使うが、〈似つかわしい〉は、「その話は、いかにも彼に似つかわしい。」のように、ある噂話や行為、あるいは事柄が、その人にちょうどよい取り合わせである場合に使うことが多い。かたい文章語的な言いかた。 転 似つかわしさ(名)

ふさわしい〔形〕相応しいと書く。その物にぴったり似合う様子。〈似つかわしい〉は、噂話や行為、あるいは事柄が、その人の日ごろの性向や様子にぴったり合う場合に使うことが多いが、〈ふさわしい〉は、「学生にふさわしい服装だ。」「年齢と実力にふさわしい地位だ。」のように、その人の現在の地位や実力、立場などに、ある物や事柄などがぴったり似合う場合に使う。つまり、〈ふさわしい〉は、価値評価の観念に根ざしているのである。 転 ふさわしさ(名)

類語 うってつけ・もってこい

にぎやかだ

賑（にぎ）やかだ・繁華（はんか）だ

賑やかだ（にぎやかだ）〔形動〕賑やかだと書く。人や物がたくさん出そろって、活気のある様子。また、「外がずいぶんにぎやかだ。」のように、人声や物音が盛んに聞こえる様子の意や、「君はずいぶんにぎやかな人

だねえ。」のように、陽気にしゃべる様子の意などにも用いる。(反)寂しい、(転)にぎやかさ(名)

繁華だ（はんか）〔形動〕人が多く集まっていて、賑わう様子。〈にぎやかだ〉は、人や物がたくさん出そろって、活気のある様子を言うが、〈繁華だ〉は、「繁華街」のように、店がたくさん立ち並んでいて、それらの店や通りに人がたくさんいる場合に使う。また、〈にぎやかだ〉は、人声や物音が盛んに聞こえる場合にも使うが、〈繁華だ〉は、視覚的にとらえた状態について用いる。(名)繁華

にぎる
握る・つかむ・つまむ

握る（にぎる）〔動五〕対象を手中に収めて、離すまいとする。また、すしやおむすびを作る意にも用いる。「手に汗を握る。」

つかむ〔動五〕摑むと書く。欲しいと思う対象を手中に収める。〈握る〉と〈つかむ〉は、「相手の手を握る（つかむ）。」「ボールをつかむ（握る）。」のように、置き換えられる場合が多い。しかし、〈握る〉は、五本の指をすべて内側に曲げて、手のひらが対象物とぴったり接触し、その対象にまわりから圧力を加える点に重点があるが、〈つかむ〉は、手のひらと対象物が密着している必要はなく、ただ持つ点に重点がある。したがって、寿司を〈握る〉ことはできても、〈つかむ〉ことはできず、それを食べる場合は、〈つかむ〉ことはできても、〈握る〉ことはできない。また「大金をつかむ。」と言う場合は、突然、何かの事情で金銭を獲得することを意味するが、「大金を握る。」と言うと、しっかりつかんだまま離さないでいるという意味合いが強い。また、「手掛かりをつかむ。」「問題点をつかむ。」のような用法は、〈握る〉にはない。(反)はなす

つまむ〔動五〕抓むと書く。小さい物を、指先や二本の棒状の物ではさみ、軽く圧力を加える。「虫をつまむ。」「塩をつまむ。」のように、小さなもの・軽いものを指先ではさみ、軽く圧力を加えて取る場合に使うことが多い。

類語 締める・つねる

にくむ
憎む・ねたむ・そねむ・やく

憎む（にくむ）〔動五〕憎らしいと思う。自分に痛手を与えた相手がひどくうらめしくて、復讐してやりたいと思う。〈憎む〉は、次の〈ねたむ〉と違って、相手をうらやむ気持ちには、あまり重点がない。(反)愛する

ねたむ〔動五〕妬むと書く。他人の幸せや長所などをうらやんで、憎らしいと思う場合に使う。(転)ねたみ(名)

そねむ〔動五〕他人の幸せや長所などを見て、自分にはそれが望みえないことを不満に思い、相手に悪いことが起こればいいと思う。〈そねむ〉は、〈ねたむ〉とほぼ同義だが、他人の幸せや長所を見て、憎らしいと思ったり邪魔してやりたいと思う気持ちが強い場合を言うように思われる。また、〈ねたむ〉は、「ねたま

しい」という形で、形容詞としても用いるが、〈そねむ〉には、この言いかたがない。「人の幸せをそねんでみてもはじまらない。」 (転)そねみ(名)

やく 〔動五〕 妬く、または嫉くと書く。〈ねたむ〉とほぼ同義の俗語的な言いかた。特に、自分の好きな人が、ほかの異性と親しかったりするのを知って、憎らしいと思う場合に使うことが多い。「やきもちをやく。」

[類語] 恨む・嫌う・忌む・呪う・嫉妬する

にげる
逃げる・逃れる・ずらかる

逃げる 〔動下一〕 追われて捕まらないように、遠くへ去る。また、「刑務所から逃げる。」のように、自由を縛るものから離れるの意や、「われわれはその問題から逃げるわけにはいかない。」のように、面倒なものに近づかないようにする意などにも用いる。 (転)逃げ(名)

逃れる 〔動下一〕 危ない、あるいは不快な状態から遠ざかる。また、「責任を逃れる。」のように、面倒なことをしないでもいい状態になる意にも用いる。〈逃げる〉は、人に追われて捕まらないように遠くへ去ることを言うが、〈逃れる〉は、「危うく災いを逃れる。」「都会の騒音を逃れる。」のように、難・重圧・災い・騒音など、危険な状態や不快な思いから遠ざかる場合に使う。〈逃れる〉は、文章語的な言いかた。

ずらかる 〔動五〕 逃げて、姿を隠す。何か悪事を行った、あるいは現に行っている者たちが、警官や刑事、あるいはやくざなどの手を逃れて、姿を隠す場合に使うことが多い。俗語的な言いかた。「授業の途中からずらかって、映画に行く。」「早くずらかれ。」

[類語] 逃げのびる・エスケープする

にこにこ
にこにこ・にやにや・にたにた

にこにこ 〔副・スル動サ変〕〈にこにこと〉〈にこっと〉とも言う。笑いを浮かべた、嬉しそうな様子。〈にこにこ〉は、本当に嬉しそうに笑う様子を言い、見ている人にも、快感を与える場合に使う。「にこにこと話しかけてきた。」 ⇩にこやかだ

にやにや 〔副・スル動サ変〕〈にやにやと〉〈にやっと〉とも言う。ひとりで、笑い顔をする様子。また、意味ありげな笑い顔をする様子の意にも用いる。〈にやにや〉は、他人には分からない思い出し笑いなどに使い、見ている人に不快感を与える様子を表わす。「にやにやするな。」

にたにた 〔副・スル動サ変〕〈にたにたと〉〈にたっと〉とも言う。薄気味悪い顔をして笑う様子。〈にやにや〉よりも一層不気味で、回りの人に強い不快感を与える場合を言う。「ひとりの男が、さっきからにたにたと、薄気味悪い笑顔をこちらに向けていた。」

[類語] へらへら・にやり

にっこう

日光（にっこう）・陽光（ようこう）・日差し（ひざし）

日光 〔名〕太陽の光。「日光にさらす。」「日光浴」

陽光（ようこう） 〔名〕〈日光〉の意。古風で、かたい言いかた。〈日光〉は、太陽の光を客観的に言い、「強い日光にさらされる。」のように、マイナスの意味合いを伴って用いることもあるが、〈陽光〉は、「明るい陽光」「陽光をからだいっぱいに浴びる。」のように、プラスの意味合いを伴って用いられることが普通である。「明るい陽光をからだいっぱいに浴びる。」

日差し（ひざし） 〔名〕日射。陽射とも書く。太陽の光が差すこと。〈日光〉は、太陽の光を客観的に表現する場合に使うが、〈日ざし〉は、太陽の光が差すことを言い、「日ざしが強い（弱い）」のように強弱について用いることが多い。

類語 薄日（うすび）・曙光（しょこう）・天日（てんぴ）・残照（ざんしょう）

にる

似（に）る・似通（にかよ）う・類（るい）する

似（に）る 〔動上一〕形や性質が同じように見える。〈似る〉という終止形・連体形で使うことは少なく、「似ている」「似た」という形で使うことが多い。また、「この子は、親の私に似て、そそっかしい。」のように、ほかのものを引き合いに出して、そのものの様子や特徴を言い表わすことがある。

似通（にかよ）う 〔動五〕お互いに似たところを持つ。〈似る〉は、「僕は、父よりも母に似ていると言われる。」のように、何かが、比べられるもとのもの、中心になるものと共通点を持っていて、それを通じて同じように見えることを言うが、〈似通う〉は、「君と彼とは、性格が似通っている。」のように、対等の立場や関係にあるものが、お互いに似たところを持つ場合に使う。

類（るい）する 〔動サ変〕あるものと似通っている。〈似通う〉は、二つのものや二人の間に、似たところが認められることを言うが、〈類する〉は、「けんかやばくち、これに類する行為はすべて禁止する。」のように、その前に、似通っているものをいくつか挙げ、「〜に類する」「これに類する」のように受けることが多い。かなりかたい文章語。　图類

類語 類似（るいじ）する・紛（まご）う

にわかあめ

にわかあめ・夕立（ゆうだち）

にわかあめ 〔名〕急に激しく降って来て、すぐにやむ雨。「山道でにわかあめにであった。」

夕立（ゆうだち） 〔名〕夏の午後、急に曇って局地的に一時激しく降り、しばらくたってやむ雨。雷を伴うことが多い。〈にわかあめ〉は、ある特定の季節に限られることはないが、〈夕立〉は、夏の午後に降る雨を言う。〈にわかあめ〉〈夕立〉は、いずれも短時間で降りやむという点で共通する

が、〈夕立〉の方が、雨の降りかたが激しい。「夕立にあう。」

類語 むらさめ・しぐれ

にん

人（にん）・者（しゃ）・屋（や）・家（か）

人（にん） 〔接尾〕 その人の意の古風な言いかた。また、人を数える場合にも用いる。「見物人」

者（しゃ） 〔接尾〕 あることをする人。また、「弱者」「関係者」のように、ある状態にある人の意や、「前者」「後者」のように、あるものやある事柄の意などにも用いるが、〈人（にん）〉のように人を数える場合には用いない。〈者〉は日常語。

屋（や） 〔接尾〕 性質などを表わすことばにつけて、そういう性質をもっている人、という意味を表わす。また、「八百屋」「飲み屋」などのように、職業に関することばにつけて、それを職業とする人や家という意味も表わす。

家（か） 〔接尾〕 芸術や学問などに優れた人。また、「民家」のように、人の住む家の意や、「一家」のように、肉親が一緒に暮らしている家の意などにも用いる。「政治家」を「政治屋」と言いかえると蔑称になる。

にんき

人気（にんき）・魅力（みりょく）・受（う）け・評判（ひょうばん）

人気（にんき） 〔名〕 その社会で好ましいものとして受け入れられること。「あの歌手は、最近、人気が出てきた。」のように、芸能界に属する人について使うことが多いが、「彼はクラスの人気者だ。」のように、芸能会以外の世界に属する人についても用いる。

魅力（みりょく） 〔名〕 それに接する人の心や気持ちを強くとらえ、遂にとりにこさせるような素晴らしさのあるもの。〈魅力〉は、「彼は魅力に欠ける。」のように、その人に備わった素晴らしいものという点に意味の重点があるが、〈人気〉は、その人よりも、その人が属している社会の人の受け入れかたの方に重点がある。また、〈魅力〉は、「これはきわめて魅力のある作品だ。」のように、人間以外のものにも使う。

受け（うけ） 〔名〕 回りの人がその人から受ける感じを言い、この語自体には、〈人気〉「人好き」のようなプラスに評価される意味合いはない。「彼は、この店では、なかなか受けがいいんだ。」「最近どうも受けがよくないんだ。」口頭語的言い方。

動 受ける

評判（ひょうばん） 〔名〕 そのものがいいか悪いかについての世間の人びとの評価。また、「評判が立つ。」のように、世間によく知られて話題になることの意にも用いる。〈人気〉は、その社会で好ましいとして受け入れられるプラスの評価で用いられるが、〈評判〉は、いい方向にも悪い方向にも、世間の人びとが話題にする場合に使う。「評判がいい。」

類語 人望（じんぼう）・信望（しんぼう）・人好（ひとず）き・世評（せひょう）

ぬ

ぬきさしならない
抜き差しならない・のっぴきならない

抜き差しならない　〔句〕動きがとれなくて、どうしようもない。「抜き差しならない事態においこまれた。」

のっぴきならない　〔句〕どうしても動きがとれない。〈ぬきさしならない〉とほぼ同義に用いることがあるが、「のっぴきならない用事が生じた。」のように、どうしてもやらなければならないの意にも用いる。〈ぬきさしならない〉は、長く続けてきたことから逃れようとしてもどうしても逃れることのできない場合に使うが、〈のっぴきならない〉は、「のっぴきならない事情があって断れない。」のように、急にある事が生じて、それを避けようにも避けられない場合に使う。

類語　にっちもさっちもいかない

ぬくもり
ぬくもり・暖かみ・暖かさ・暖

ぬくもり　〔名〕わずかに感じられるぬくみ。〈ぬくもり〉は、主として物理的現象について使い、触れてみて感じる、かすかな、または、柔らかいあたたかみを言う。「肌のぬくもりが、セーターを通してかすかに感じられた。」　動 ぬくもる

暖かみ　〔名〕温かみとも書く。寒さ、冷たさなどを感じない様子。日の光のぬくもりについて使うことが多い。また、「あの人はあたたかみのある心の持ち主だ。」「心のあたたかみが伝わる。」のように、同情・理解のある様子の意にも用いる。〈ぬくもり〉は、物理的な現象についてしか使わないが、〈暖かみ〉は、物理的現象にも心の状態にも使う。　形 暖かい

暖かさ　〔名〕温かさとも書く。〈暖かみ〉とほとんど同義だが、〈暖かみ〉よりも、物理的な現象について使うことが多いように思われる。　形 暖かい

暖　〔名〕暖かいこと。〈ぬくもり〉の余熱など、広い範囲について使うが、〈暖〉は、「暖をとる。」のように、火などを燃やしてからだをあたためる場合に使うことが多い。

類語　温気

ぬすびと
盗人・泥棒・窃盗・強盗・かっぱらい

盗人　〔名〕俗語的な言いかたでは、〈ぬすっと〉と言う。他人の持ち物を取る人。

泥棒　〔名〕泥坊とも書く。〈盗人〉とほとんど同義だが、〈盗人〉がやや古風な言いかたであるのに対して、〈泥棒〉は、普通の日常語としてよく用いる。「泥棒に入る。」

窃盗（せっとう）〔名〕他人のものを、気づかれないように盗み取る人。〈盗人〉〈泥棒〉は、盗みを働く人を指して言うが、〈窃盗〉は、「窃盗を働く。」「窃盗罪」のように、他人のものを気づかれないように盗み取るという行為そのものの意にも用いる。かたい文章語。

強盗（ごうとう）〔名〕暴行・脅迫などの暴力を用いて、他人の物を盗む人。「おしこみ強盗」

かっぱらい〔名〕人の油断につけこみ、置いてある品物をさらって行く泥棒。〔動〕かっぱらう

〔類語〕掏摸（すり）・空き巣（あきす）・ギャング

ぬれる
濡れる（ぬれる）・湿る（しめる）・潤う（うるおう）

濡れる（ぬれる）〔動下一〕水がかかって湿った状態になる。〔反〕乾く

湿る（しめる）〔動五〕湿気を帯びる。〈濡れる〉は、「雨に濡れる。」「泥水がかかってズボンが濡れる。」のように、水や雨が直接かかることを言うが、〈湿る〉は、「海苔が湿る。」「煎餅がすっかり湿ってしまった。」のように、本来かわいていることが望ましい物が水を含んだ状態になる場合に使い、直接水がかからず空中湿度のため、もの全体が湿気を帯びる場合に用いる。〔転〕湿り(名)

潤う（うるおう）〔動五〕木や地面などに、待望していた水分が与えられる。また、「臨時収入でふところが潤う。」のように、不足がちであったものが、何か他の原因によって豊かな状態になる意にも用いる。「雨で田畑が潤う。」〔転〕潤い(名)

ね

ねころぶ
寝転（ねころ）ぶ・寝（ね）そべる・寝転（ねころ）がる

寝転ぶ（ねころぶ）〔動五〕人間などが横になる。ごろりと寝る。「寝転んで本を読んではいけない。」

寝そべる（ねそべる）〔動下一〕腹ばいになって、からだを伸ばす。「寝そべって本を読んでいた。」これに対して、〈寝転ぶ〉は、横向きになる場合や仰向けになる場合にも使う。

寝転がる（ねころがる）〔動五〕「ねっころがる」とも言う。〈寝転ぶ〉は、人間などが単にごろりと横になることを言うが、〈寝転がる〉は、疲れたり、降伏したり、何もやる気が起こらなかったりして、からだの力を抜いてごろりと寝る場合に使う。

ねだる
ねだる・せがむ・せびる

ねだる〔動五〕どうしてもそれが欲しいと、むりやり頼む。普通に頼んだのではできないことを、相手の好意に甘えるようにして、頼み求める場合に使う。「おもちゃをねだる。」〔転〕おねだり(名)

せがむ 〔動五〕 甘える気持ちで、むりに何度も頼む。〈ねだる〉も〈せがむ〉も、少し甘えている感じがあり、子供がおとなに対してすることが多い。しかし、〈ねだる〉は、たとえば、「私、おねだりしていいかしら。」のように、被保護者の女性が保護者の男性に甘えて、むりに頼む場合に用いる。保護関係が逆転すれば、むろん男女がいれかわることもある。また、〈ねだる〉は、「おこずかいをねだる。」のように、金銭や物を対象とする場合に使うことが多いのに対して、〈せがむ〉は、「孫に動物園につれて行ってくれとせがまれた。」のように、行動を要求する場合に用いるのが普通である。

せびる 〔動五〕 ちょっとした金や物をくれと、しつこく頼む。〈ねだる〉〈せがむ〉は、金や物だけでなく行動を要求する場合にも使うが、〈せびる〉は、金や物を要求する場合に用いるのが普通である。また、〈せびる〉は、〈ねだる〉よりも相手に強いる度合が強く、やや俗語的な表現で、マイナスの意味合いが強い。「金をせびる。」

類語 ゆする・無心する・強要する

ねっしんだ

熱心だ・真剣だ・本気だ

熱心だ 〔形動〕 あることに情熱をそそいで、一生懸命になっている様子。「仕事熱心」「熱心な人」 反 不熱心、転 熱心さ(名)

真剣だ 〔形動〕 ごまかしや遊びの気持ちが全くなく、全力をあげて何かをする様子。〈熱心だ〉は、あることに情熱をそそいで、一生懸命になっている様子を言うが、緊張している状態に幅があって、ある程度余裕を持ちながら対象に相対する場合も含む。また、〈熱心だ〉は、「熱心に本を読んでいる。」「熱心に仕事に打ち込んでいる。」のように、具体的な行為について使うことが多い。それに対して、〈真剣だ〉は、普通の場合よりもはるかに程度の強い緊張状態で、何かをする場合に使い、「真剣に愛する。」「真剣に生きる。」のように、やや抽象的な内容の事柄について使うことが多い。また、〈真剣〉は、本物の刀の意にも用いる。転 真剣さ（名）

本気だ 〔形動〕 遊びやごまかし、気まぐれからではなく、心からそうする気持ちになっている様子。気まぐれからではなく、まじめで、ひたむきな気持ちであることに意味の重点がある。「本気で働く。」

類語 真摯だ・一心だ・懸命だ

ねばる

粘る・ねばねばする・べたつく

粘る 〔動五〕 柔らかくて、伸ばしても簡単にはちぎれなかったり、ものによくくっついたりする。また、「最後まで粘って、ついに逆転した。」のように、簡単にあきらめないで、根気よく続ける意にも用いる。転 粘り(名)

ねばねばする 〔動サ変〕 よくねばって物につく様

子。〈粘る〉は、餅や水を含んだ粉、あるいは粘土や赤土などが、柔らかくなって、伸ばしても簡単にはちぎれなかったり、手などにくっついて離れなくなったりするのに使い、伸ばしても簡単にちぎれない意に重点があるが、〈ねばねばする〉は、ものや手などにくっついてなかなか離れないさまに重点があり、〈粘る〉よりも、さらに粘着性が強く、不快感を催す意味合いを含む。また、〈ねばねばする〉は、あきらめないで根気よく続ける意には用いない。

べたつく　〔動五〕　物が粘ってくっついている様子。〈ねばねばする〉は、ものについて使うが、〈べたつく〉は、ものだけでなく、「あの二人、やけにべたついているね。」のように、人についても言う。また、〈ねばねばする〉は、ものや手などにくっついてなかなか離れないさまを表わすが、〈べたつく〉は、物などが粘ってくっついてくる点に重点がある。

類語　べとつく・へばりつく

ねむる

眠る・まどろむ・寝入る

眠る　〔動五〕　心身の緊張がゆるみ、自律的な活動がやんだ状態になる。多く、目をつぶり横になる状態を指すが、「地下に眠る財宝」のように、まだ利用されないまま放置されている意にも用いる。「一日に八時間は眠ることが必要です。」　㊋覚める、㊌眠り(名)　⇩睡眠をとる

まどろむ　〔動五〕　短い時間、うとうとといい気持ちで眠る。〈眠る〉は、人が、短い時間目をつぶり横になる場合にも、長い時間そうする場合にも使い、また、人以外の財宝・土地・資源などについても用いるが、〈まどろむ〉は、人に限って使い、短い時間眠る場合を言う。また、〈まどろむ〉は、やや雅語的な表現として用いる。　㊌まどろみ(名)

寝入る　〔動五〕　「寝る」は、横になって休むことを言うが、〈寝入る〉は、深く眠って、少々の刺激を与えても目をさまさない状態になる場合に使う。「ぐっすりと寝入る。」　⇩寝入りばな

ねんいりだ

念入りだ・入念だ・周到だ・細心だ・丹念だ・克明だ・綿密だ

念入りだ　〔形動〕　物事の細部にまで注意が払われて、よく点検されている様子。「念入りに整備する。」　㊋ぞんざいだ

入念だ　〔形動〕　十分に心がこもり、すみずみまで注意がいきわたっている。〈念入りだ〉とほとんど同義の文章語。「入念に点検する。」「入念な準備」　㊋粗略だ

周到だ　〔形動〕　準備や注意がよく行き届いていて、手落ちなどのない様子。〈入念だ〉は、「入念に点検する。」のように、注意をすみずみまでくばって何かをするという具体的な行為について用いるが、〈周到だ〉は、「周到な計画」のように、行為について使うだけでなく、「周到な配慮」「用意が周到だ。」のように、

相手に対する心くばりといった抽象的な内容の事柄についても使う。また、〈入念だ〉は、「入念に用意する。」のように、連用修飾語として用いることが多いが、〈周到だ〉は、「周到な計画」「用意が周到だ。」のように、連体修飾語や述語として用いることが多い。　㊔周到さ(名)

細心だ（さいしん）　〔形動〕　細かいことにまで、心が行き届くこと。〈周到だ〉は、行為についても使うが、〈細心だ〉は、「細心の注意」「細心の配慮」のように、細かな心くばりについて用い、行為には使わない。また、〈周到だ〉は、準備や注意がよく行き届いていて、手落ちなどの全くない様子に意味の重点があるが、〈細心だ〉は、細かいことにまで注意が行き届く様子を言う。「細心の注意を払う。」
㊔細心さ(名)、图細心

丹念だ（たんねん）　〔形動〕　心をこめて丁寧にする様子。「丹念に調べる。」のように行為について用い、〈入念だ〉と意味が近いが、〈入念だ〉よりも、さらに具体的な行為について使うことが多い。また、〈入念だ〉は、「入念に点検する。」「入念に調べる。」のように、何かをする場合、注意をすみずみまで細かく配ることを言うが、〈丹念だ〉は、「忙しいにもかかわらず、こちらの質問に丹念に答えてくれた。」「丹念に見て回る。」のように、十分に心がこもっていて丁寧であることに意味の重点がある。したがって、〈入念だ〉は、「入念な下調べ」「入念な準備」のように、細かな注意が要求される行為について用いる。

克明だ（こくめい）　〔形動〕　細かいところにまで注意がいきわたっていて、詳しい。「克明にしるす。」「克明なメモ」「克明に調べる。」のように細かい点にわたってまで詳しく書きしるしたり調べたりする場合に使うことが多い。　㊔克明さ(名)

綿密だ（めんみつ）　〔形動〕　細かいところまで考えてあって、欠点・見落としなどがない様子。〈丹念だ〉と意味が近いが、〈丹念だ〉は、心をこめて丁寧にする様子を言うのに対して、〈綿密だ〉は、細かい点にまで注意が行き届き、厳密で正確な点に重点がある。また、「細密」は、「細密に描写する。」「細密に看取する。」のように、細かいところまで手を抜かずに何かをするという行為について用いるが、〈綿密だ〉は、行為だけでなく、「綿密な計画」「綿密に計算して行動する。」のように、事前に細かいところまで十分に考えられている場合にも使う。　㊦疎雑だ、㊔綿密さ(名)
類語　精到（せいとう）だ・緻密（ちみつ）だ・精密（せいみつ）だ

の

のぞく

除（のぞ）く・取（と）り除（のぞ）く・退（の）ける・どける・外（はず）す

除く（のぞく）　〔動五〕　余計なもの、あってはならないもの、例外的なものを取りのける。「腐敗の根を除く。」
㊦加える

取り除く 〔動五〕 邪魔になるもの、不要なものなど、マイナスとなる要素を取って、捨てる。「障害を取り除く。」「不安を取り除く。」のように、よけいなもの、あっては困るものを取りのける場合には、〈取り除く〉は、〈除く〉とほとんど同義に用いるが、「この点を除けば、賛成です。」のように、例外的なものを取りのける〈除外する〉意には、あまり用いない。

退ける・どける 〔動下一〕 そこにある物を、ほかの位置へ移す。「邪魔なものをのける。」「通路をふさいでいる自転車をのける。」のように、そこにある邪魔なものを他の場所に移す場合に使い、不安・不信感・障害など、抽象的な内容の事柄については使わない。また、現在は、文語的な〈退ける〉よりも口語的な〈どける〉を使うことの方が多い。また、〈退ける〉は、「言いにくいことを言ってのける。」「はなれわざを見事にやってのける。」のように、接続助詞の「て」を介して補助動詞としても用い、普通はやりにくいことを思いきりよくする意を表わす。

外す 〔動五〕 そこに位置を占めているものを、一時、他の位置に移す。また、「予定から外す。」のように、取り除くの意や、「タイミングを外す。」のように、相手が仕向けた動作をまともに受けないようにする意、あるいは、「機会を外す。」のように、つかみそこなうの意などにも用いる。〈除く〉は、そこから取りのけて、捨てる意に用いるが、〈外す〉は、「眼鏡を外す。」「雨戸を外す。」のように、一時、他の位置に移す場合に使うことが多い。また、〈退ける〉は、「箱をのける。」のように、具体的な物をほかの位置に移すことを言うが、〈外す〉は、具体的なものにも、抽象的な内容の事柄にも使う。 (反)はめる

[類語] 排する・取り去る

のぞみ

望み・希望・期待・願望・本望

望み 〔名〕 こうなってほしい、こうありたいと願うこと。また、「望みをつなぐ。」のように、今よりも好ましくなるだろうという期待の意にも用いる。 [動]望む

希望 〔名・スル動サ変〕 自分がこうなりたい、人にこうしてもらいたいと、よりよい状態を期待してその実現を願うこと。また、その事柄。「望みを持つ。」「望みがある。」のような場合は、〈希望〉も同じように使う。しかし、「明るい希望がある。」という場合には、〈望み〉で置き換えることができない。また、〈希望〉は、「世界平和の実現に対する人類の希望」のように、抽象的で大きな願いについてもよく使うが、〈望み〉は、多く、比較的身近で、具体的な願いについて用いる。また、〈望み〉は、「望み薄」のように、よくなりそうな見込みの意に用いるが、〈希望〉は、「燃える希望」「明るい希望を抱く。」のように、もっと主体的、積極的に願う場合について使う。 (反)失望

期待 〔名・スル動サ変〕 将来のよい結果やよい状態をあてにして待っている。〈望み〉〈希望〉は、自分が行って実現する、あるいは

実現しなければならない願いについても言うが、〈期待〉は、「期待にこたえる。」「あなたの将来に期待しています。」のように、相手の自分に対する、あるいは、自分の相手に対する望みについて用い、自分自身の願いについては使わない。

願望（がんぼう）　〔名・スル動サ変〕　あることやある状態が実現するように強く望むこと。また、その望み。〈希望〉とほぼ同義のかたい文章語だが、〈希望〉が、「小さな希望を抱く。」「いくらか希望が見えてきた。」のように、小さな望みについても使うのに対して、〈願望〉は、強く切実な願いについて用いる。

本望（ほんもう）　〔名〕　以前から、かなえたいと思い続けてきた望み。また、「そこまでやってくれれば本望だ。」のように、だれかが熱心にやってくれた行為に満足することの意にも用いる。

類語　希求（ききゅう）・念願（ねんがん）・志望（しぼう）・大望（たいもう）・大志（たいし）・願い（ねがい）

のちほど

のちほど・あとで・今（いま）に・そのうち・いずれ・追（お）って・追（お）っつけ・近近（きんきん）・やがて

のちほど　〔副〕　少し時間がたってから。現在の時点を基準にして、未来に向かって少し時間がたってから、何かをする場合に用いる。「のちほど、またうかがいます。」と言うと、今から数時間後にまた来ることを指す場合が多い。少し改まった言いかたで、普通には、〈あとで〉を使う。「のちほど、またお目にかかります。」

あとで　〔句〕　後でと書く。現在を基準にして、未来に向かって少し隔たった時点で何かをする。〈後程〉の意に近い日常語だが、「一年あとに実現するはずだ。」「ずっとあとでそのことを知った。」のように、遠い未来を表わす場合にも使う。

㊎先に

今（いま）**に**　〔副〕　そのうちに。近い将来そうなるということを思い描いて言う。〈後程〉は、今から数時間後に何かを行うことを言うが、〈今に〉は、数日ないし数か月後を指して使うことが多く、〈後程〉よりも遠い未来を表わす。また、〈今に〉は、「今に見ていろ。」「今にやっつけてやるぞ。」のように、強い意志を表わすときに使うが、〈のちほど〉〈そのうち〉は、この場合には用いない。

そのうち　〔副〕　近いうち。少し時間がたてば。〈そのうち〉は、「空が明るくなっていたから、そのうち雨はやむだろう。」のように、数時間後にある状態が実現される場合にも、また、「そのうち景気もよくなるだろう。」のように、数か月後に実現される場合にも用い、時間の幅が広い。〈後程〉は、行為の実現について用いるが、〈そのうち〉は、状態の実現について使うことが多い。また、〈そのうち〉は、過去のある時点を基準にして、少し時間がたったのちに、ある状態が別の状態に変化する場合にも使う。

いずれ 〔副〕「いずれまた」「いずれそのうち」の形で用いることが多い。いつかは分からないが、近い将来において。現在の時点を基準にして、近い将来に何かを行うことを言うが、そのときがいつであるかはっきりしないということを表わす点に意味の重点がある。かなり改まった言いかた。また、「いくら隠したって、いずれ分かることだ。」のように、遅いはやいの違いはあるが、同じ結果になることを表わす場合にも用いる。〈のちほど〉〈あとで〉には、この意味用法がない。

追って 〔副〕あとで。のちほど。数日後に、そのことを行う場合に用いる。「結果は、追って郵便でお知らせします。」のように、公的な文書で用いることが多く、かなり改まった言いかたである。

追っつけ 〔副〕まもなく。やがて。あまり長い時間待たないうちに、あることが行われる場合に使う。〈そのうち〉とほぼ同義のやや古風な言いかた。「彼も追っつけ来るだろう。」

近々 〔副〕〈ちかぢか〉とも言う。あまり日数がたたないうちに。「近々いなかの父が上京する予定です。」のように、近いうちに何かが行われることを表わす。説明の表現、意志の表現に用い、〈そのうち〉のように、推量の表現に使うことは少ない。また、〈そのうち〉は、「そのうち、政治家もいくらかましになるだろう。」のように、比較的近い将来において、何かが実現されることを、確かな根拠もなく希望的に推測する場合に使うことが多いが、〈近近〉は、「近々、部長がおうかがいする予定です。」のように、将来実現される根拠が、比較的明確な場合に用いることが多い。

やがて 〔副〕その時点からそれほど多くの時間を隔てることがない様子。「やがて来るだろう。」のように、現在の時点を基準にする場合にも、「やがて三年になる。」のように、過去の時点を基準にする場合にも用いる。この点、〈あとで〉〈今に〉も同じであるが、これらの語の場合は、「そのとき、あとで必ず後悔すると思った。」のような言いかたにおいて使う。また、〈やがて〉は、「自然を守ることは、やがて人間社会を救う道につながるだろう。」のように、そのことの継続の結果として、ある事態が予想されることを表わす場合にも使う。〈そのうち〉よりも、かたい言いかた。

類語 いつか・早晩・近いうち

のどかだ
のどかだ・うららかだ

のどかだ 〔形動〕空が晴れて、暑くも寒くもなく、おだやかだ。また、「のどかな気分」のように、静かでのんびりしているさまの意にも用いる。㊨のどかさ(名)

うららかだ 〔形動〕麗らかだと書く。空がよく晴れておだやかで、寒くも暑くもない様子。春の天気について言うことが多い。また、心や表情などが明るく、心配など一つもない様子の意にも用いる。天気や気候について使う場合には、〈のどかだ〉とほとんど同義だが、心の様子について使う場合は、〈のどかだ〉は、静かでのんびりした様子の意に用いるが、〈うららかだ〉は、明るくて心配などがない様子について使う。文章語的な言いかた。反どんより、転うららかさ(名)

類語 のんびり・ぬくぬく・安閑・悠悠

のぼる
登る・上がる・昇る

登る 〔動五〕上るとも書く。高い所へ行く。また、「川を船で上る。」のように、川上の方へ進む意や、「死者が数百人に上った。」のように、数量がかなりの多さに達する意などにも用いる。また、「話題に上る。」のように、問題になっているものがその場に出るの意にも用いる。

反下る・降りる

上がる 〔動五〕高い所へ行く。また、資格・価値・勢い・程度などが、大きく優れたものになる意や、「雨が上がる。」のように物事が完了する意、「歓声が上がる。」のように出て来るの意などに用いる。さらには、「おおぜいの見物人の前へ出てすっかり上がってしまった。」のように、のぼせたり興奮したりして、落ち着きを失う意など、多くの意味に用いる。〈登る〉も〈上がる〉も、基本的な意味の特徴は、「上への移動」であって、その点では、二語の意味はかなり近い。しかし、「川を上ぼる。」とは言うが、「川を上がる。」とは言わないことや、「山に歩いて登る。」とは言うが、「山に歩いて上がる。」とは言えないことなどによって、〈登る〉は、途中の経過に重点のあることが分かる。それに対して、〈上がる〉は、「呼ばれて二階に上がった。」「座敷に上がる。」のように、到達点に重点がある。また、「さっと、五、六人の手が上がった。」とは言えるが、この文例の「上がった」を「登った」に置き換えることができないことによって、〈上がる〉の場合、上への移動を行うのは、ものの部分であってもよいが、〈登る〉は、自分で動きうるものの全体でなければならないことが分かる。さらに、〈登る〉は、経過に重点があるために、上への移動を連続的にとらえるのに対して、〈上がる〉は、到達点に重点があるために、「血圧が上がった。」「雨が上がった。」のように、上への移動を非連続的にとらえたり、また、「仕事は五時で上がった。」のように、完了した事態として認識するといった違いが見いだされる。反下がる

昇る 〔動五〕「日が昇る。」「月が昇る。」のように、日や月などが高く上がることを言う。

類語 揚がる・よじ登る　反沈む

のんびり
のんびり・悠悠・ゆっくり

のんびり 〔副・スル動サ変〕〈のんびりと〉とも言う。心やからだがゆったりして、あわてたり心配したりしない様子。また、「のんびりした田園風景」のように、風景などが、ゆったりしておだやかな様子の意も表わす。「全くのんびりし

た奴だ。」反せかせか

悠悠（ゆうゆう）　〔副・タル形動〕〈悠悠と〉とも言う。ゆったりとあわてない様子。また、「悠悠間に合う。」のように、ゆとりがある様子の意や、「悠々二千年」のように、ゆったりと長い年月が流れている様子の意などにも用いる。〈のんびり〉と〈悠悠〉は、意味がかなり近い。しかし、〈のんびり〉は、心やからだがリラックスしてゆるんでいるのに対して、〈悠悠〉は、自信があって、ゆったりとあわてない様子を言う。「敵を前にして悠々と眠っている。」と言うと、敵に勝てるという自信があってそうしていることを表わすが、「敵を前にしてのんびりと眠っている。」と言うと、心がゆるんで、敵の恐ろしさに気づかずに油断して眠っていることになる。〈のんびり〉〈悠悠〉は、「船が悠々と進んでいる。」「船がのんびりと進んでいる。」のように、人間以外のものにも使うが、この場合も、やはり、〈のんびり〉がリラックスした気分を感じさせるのに対して、〈悠悠〉は、自信に満ちたような進みかたを感じさせるという違いがある。また、「長年の教師生活から解放されたので、これからはのんびりと晴耕雨読の生活を送りたい。」「悠悠自適の生活」の〈のんびり〉と〈悠悠〉とは、きわめて意味が近いが、この場合も、〈のんびり〉は、一切の制約から解放されて意の向くままに行動する様子を表わし、〈悠悠〉は、ゆとりを十分に持っている様子を表わすという違いが認められる。

ゆっくり　〔副・スル動サ変〕〈ゆっくりと〉とも言う。時間にかまわず、落ち着いて何かをする様子。また、「日曜日は、いつもゆっくり過ごすことにしている。」のように、〈のんびり〉とほとんど同義に用いることもある。〈のんびり〉は、人の全体的な様子から感じられる気分的にゆるんだ状態について使うが、〈ゆっくり〉は、「ゆっくりと歩く。」のように、急がずに何かをすることを言う。反せかせか・速く

類語　悠長（ゆうちょう）・悠然（ゆうぜん）・鷹揚（おうよう）

は

はいふ　配付（はいふ）・配布（はいふ）・頒布（はんぷ）

配付（はいふ）　〔名・スル動サ変〕配って、渡すこと。「所得税用紙を配付した。」「必要書類を配付する。」

配布（はいふ）　〔名・スル動サ変〕広く配りばらまくこと。〈配付〉は、特定の人びとに間違いなく配り渡すという意味合いが強いが、〈配布〉は、広く一般に配り渡すというニュアンスがあり、間違いなく渡すという意味合いは弱い。法令用語においては、この二語は、〈配布〉に統一することとされている。

頒布（はんぷ）　〔名・スル動サ変〕分け配ること。〈配布〉とほぼ同意義だが、特に不特定の者に配り渡す

というニュアンスがある。法令用語としても同様である。「無料頒布」

類語 配達・配給

ばか

馬鹿・愚かだ・あほう・たわけ・まぬけ・のろま・とんま・ぼんくら

馬鹿　〔名・ダ形動〕頭の鈍いこと。また、その人。「ばかにつける薬はない。」また、無意味なこと、つまらないことの意にも用いる。さらに、「ばかなことをするな。」「ばか正直」「ばかを言うな。」「ばか力」などのように、程度のひどさをやや軽蔑して言うこともある。〈あほう〉〈とんま〉〈まぬけ〉などに対して、最も普通に使う語である。 反りこう、 転ばからしい(形)・ばかばかしい(形)・ばかに(副)

愚かだ　〔形動〕頭の働きが鈍く、言うことが当たらない。〈馬鹿〉は、「出費がばかにならない。」「ばか正直」のように、程度がはなはだしいことを表わす場合にも使うが、〈愚かだ〉は、知能や考えが足りない様子を言う場合にだけ用い、意味が狭い。〈馬鹿〉と比べて、やや古風で、文章語的なことば。「愚か者め！」 転愚かさ(名)・愚かしい(形)

あほう　〔名・ダ形動〕阿呆と書く。〈馬鹿〉とほとんど同義。西日本では、〈馬鹿〉よりも〈あほう〉を普通に用いる。近畿方言では「あほ」と言う。

たわけ　〔名〕「たわける」から転じて、馬鹿者の意味に使う。ふざけてばかなことをする行為に対して用いることが多い。おもにののしりことばとして使う。「たわけもいい加減にしろ。」

まぬけ　〔名・ダ形動〕間抜けと書く。頭の働きが周密でなく、手落ちの多い者へののしりことば。することに抜かりがある様子についても言う。「抜けさく」などと言うこともある。「おまえのようなまぬけは、今まで見たことがない。」

のろま　〔名・ダ形動〕頭の働きや動作の敏活でない者。〈薄のろ〉の方がののしる程度が強い。

とんま　〔名・ダ形動〕頓馬と書く。ばかげたことを言ったりしたりする者についてよく用いる。「とんまなことをしては、上役から叱られている。」

ぼんくら　〔名・ダ形動〕ぼんやりしていて、物事の見通しのきかない者を言う。〈馬鹿〉〈愚かだ〉は、知能や考えが足りないことを言うが、〈ぼんくら〉は、特別優れた能力もなく、先の見通しもきかない平凡な人を言う。「おまえのようなぼんくらでは役に立たない。」

はかく

破格・異例

破格　〔名・ダ形動〕普通の、あるいは従来の程度を大幅に越えていること。「賓客として破格の待遇を受ける。」また、詩や文章などのきまりからはずれることにも言う。

異例　〔名・ダ形動〕前例にはない、特別なこと。「～の待遇」「～の出世」などと言うときは、

〈破格〉〈異例〉のどちらも使うことができるが、「〜の措置」「〜の事態」などと言うときは、〈異例〉の方を用いる。すなわち、おもに〈破格〉は、人の置かれた状態について言うことが多いが、〈異例〉は、それ以外に事柄の状態について言うことも多いわけである。「異例の措置として、今回に限り許可する。」

類語 異数（いすう）・格別（かくべつ）

はくちゅう

伯仲（はくちゅう）・互角（ごかく）

伯仲（はくちゅう）〔名・スル動サ変〕両者ともに優れていて、優劣の差がほとんどないこと。力が接近していること。「勢力が伯仲する。」「実力伯仲」

互角（ごかく）〔名・ダ形動〕両者の力量、勢力がほとんど同じで、優劣の差がないさま。両者の力量が特に優れていない場合にも使う。したがって、〈伯仲〉よりも〈互角〉の方が意味が広い。「互角の勝負」

類語 五分五分（ごぶごぶ）

はげしい

激しい（はげしい）・強烈だ（きょうれつだ）・猛烈だ（もうれつだ）・過激だ（かげきだ）

激しい（はげしい）〔形〕烈しいとも書く。勢いが強く、程度がひどいさま。「気性が激しい。」のように人間について用いるだけでなく、「雨が激しい。」のように自然現象にも、また、「競争が激しい。」のように社会現象にも、広く使う。動きを内包する語と結びつくことがつねである。また、〈激しい〉は、〈強烈だ〉〈猛烈だ〉〈過激だ〉〈激烈だ〉を用いる文脈において、必ずしも自由に置き換えることができない。つまり、次の三語の意味を包みこむ関係ではなく、意味の一部が重なりあう関係にある。[反]穏やか、[転]激しさ(名)

強烈だ（きょうれつだ）〔形動〕印象・刺激などの力が激しく強いさま。「強烈な印象」　[転]強烈さ(名)

猛烈だ（もうれつだ）〔形動〕勢いが激しく、程度が常識を越えるほどはなはだしいさま。〈強烈だ〉は、人の内面に強いはたらきかけがある場合に使うのに対して、〈猛烈だ〉は、外に現れた動きを表わす場合に使うことが基本的な用法である。「猛烈な速さですっとんで行った。」「猛烈社員」

[転]猛烈さ(名)

過激だ（かげきだ）〔形動〕考えかたが激しく、すぐ行動に出たがる様子。政治活動や思想について使うことが多い。「年をとったら、過激な運動は避けたほうがよい。」「過激派」

[転]過激さ(名)

類語 激烈だ（げきれつだ）・激越だ（げきえつだ）

はし

端（はし）・先（さき）・先端（せんたん）

端（はし）〔名〕続いている物の先の方を言う。また、「ことばの端」のように、中心的ではない一部分の意にも用いる。関東では、「はじ」と言う人が多い。「端に座る。」

先（さき）〔名〕〈端〉とほぼ同義だが、〈端〉は、「紙の端」「道の端」のように、広がりのあるものの中心から離れた部分を指して使うのに対し、

〈先〉は、「列の先」「枝の先」のように、細長いものの先端について用いる。また、〈先〉は、「何より先に水を汲め。」「話の先を忘れる。」のように、時間や順序の上で初めの方に位置したり、これから展開される方にあるものを言う場合にも使うが、〈端〉には、この意味用法が認められない。

先端（せんたん）　〔名〕とがった物の一番先の部分。また、「流行の先端」「時代の先端を行く。」のように、時代や世相をリードする、新しい考えかたを持っていることの意にも用いる。〈端〉は、「道路の端」「板間の端」のように広がりのある物についても使うが、〈先端〉は、「塔の先端」「枝の先端」のように、長く伸びてとがった物の一番先の部分について用いる。

類語 末端（まったん）・はな

はじめ

初め（はじめ）・始まり（はじまり）・最初（さいしょ）・当初（とうしょ）・初頭（しょとう）・冒頭（ぼうとう）・発端（ほったん）・端緒（たんしょ（たんちょ））・いとぐち・とっつき

初め（はじめ）　〔名〕始めとも書く。新しく始まった、また、始めたことの最初のころ。〈初め〉は、「初め食事をして、次に映画を見る。」のように、副詞的に用いることがある。
反 終わり

始まり（はじまり）　〔名〕物事を開始すること。「さあさあ、紙芝居の始まり、始まり。」また、物事の起こるもとになったこと。「あれが仲たがいの始まりだ。」〈始まり〉は、新たに物事が行われたり、新しい状態に入ることに意味の重点があるが、〈初め〉は、物事の最初のときを限定して言う。また、〈初め〉は、「美術館をはじめ、各種の文化施設が作られている。」のように、多くのものの代表物を、まず例として上げることを表わす意味用法があるが、〈始まり〉には、この意味用法が認められない。　動 始まる

最初（さいしょ）　〔名〕一番初め。　反 最後

当初（とうしょ）　〔名〕何かをした、その初めのころ。〈最初〉は、物事や行為の一番初めを客観的に言う場合に用いるが、〈当初〉は、「計画の当初から問題があった。」のように、ある事を始めたその事の初めのころを言う場合に使う。したがって、〈当初〉は、その前に多く連体修飾語がくる。

初頭（しょとう）　〔名〕一年、一世紀など、ある期間の初めのころを言う。かたい文章語。「二十世紀初頭の西欧文学」

冒頭（ぼうとう）　〔名〕物事の初め。特に、文章や話の初めの部分を言うことが多い。「冒頭において述べた通りです。」

発端（ほったん）　〔名〕事の始まり。事件や出来事などの始まりについて言う。「事件の発端」　反 結末・終局

端緒（たんしょ（ちょ））**・いとぐち**　〔名〕〈いとぐち〉は、緒とも書く。そこから物事が始まったり、また解決したりするきっかけ、手がかりの意を表わす。〈端緒〉は、文章語的な言いかた。「事件解決の端緒が得られた。」

とっつき　〔名〕物事へ取りつく最初。「とっつきの部屋」また、つきあいやすいかどうかを

中心としての第一印象の意にも用いる。「あの人は、とっつきの悪い人だ。」

類語 緒(しょ)・ふり出し

はじる

恥(は)じる・恥入(はじい)る・赤面(せきめん)する

恥(は)じる 〔動上一〕「恥ずかしく思う」のやや改まった言いかた。 反 誇る、 名 恥

恥入(はじい)る 〔動五〕心の底から恥ずかしいと思う。「深く恥入る。」のように、〈恥じる〉の程度の大きい場合に使う。やや改まった言いかた。

赤面(せきめん)する 〔動サ変〕恥ずかしく思って顔を赤くする。「彼女はこちらを見て、ちょっと赤面した。」 名 赤面

はずかしい

恥(は)ずかしい・きまり悪(わる)い・照(て)れくさい

恥(は)ずかしい 〔形〕人前に出ることをためらったり、欠点や不始末、不名誉なことを知られて、人に顔向けができないと思ったりする様子。また、「ほめられて恥ずかしい。」のように、嬉しいような、困ってしまうような感じがする様子にも用いる。 反 誇らしい、 転 恥ずかしさ(名)

きまり悪(わる)い 〔形〕「きまりが悪い」とも言う。何か失敗して恥ずかしいようなところを人に見られて、具合が悪い、体裁が悪いと思う気持を言う。また、自分の欠点を感じて、体裁が悪いと思う場合にも使う。 転 きまり悪さ(名)

照(て)れくさい 〔形〕きまりが悪くて、顔が赤くなるような感じを言う。人に注目されたりほめられたりして感じる恥ずかしさ、きまり悪さを言う場合に使うことが多い。〈きまり悪い〉〈照れくさい〉は、〈恥ずかしい〉に含まれる関係にあるが、どちらも罪悪感や劣等感の感情とは関係がない。「人前でほめられて、照れくさい。」 転 照れくささ(名)

はたす

果(は)たす・遂(と)げる・仕上(しあ)げる

果(は)たす 〔動五〕なすべきことを完全に実行し終える。〈果たす〉は、「目的を果たす。」のように、自分がやろうと思った事を完全に実行する場合にも、「責任（約束）を果たす。」のように、期待される仕事をやってのける場合にも使う。

遂(と)げる 〔動下一〕望み、こころざしたことを確実に貫き通す。〈果たす〉は、「彼との約束を果たした。」のように、人に対する責任を完全に実行し終えることを言う場合に使うことが多いが、〈遂げる〉は、「自分の目的を遂げる。」のように、自分自信の望みやこころざしについて使う。

仕上(しあ)げる 〔動下一〕仕事などを完成させる。ある具体的な作品やものについて言う。「細工は流流、仕上げを御覧じろ。」 転 仕上げ(名)

はたらき

働き（はたらき）・機能（きのう）・性能（せいのう）

働き（はたら） 〔名〕①仕事をして生活をたてること。また、仕事をして得る収入や、仕事の結果としての業績。「都会へ働きに行く。」②あるものが活動したり、作用したりして生じる結果。また、その活動や作用。「この歯車はどんな働きをするのですか。」動働く

機能（きのう） 〔名・スル動サ変〕〈働き〉の②とほぼ同義で、相互に関連しあいながら働くもの（言語・機械・集団・組織）などの、各部分が持っている役割、能力を言う。文章語的な言いかた。「電話交換台は、神経中枢のような機能をもっている。」「ことばの機能」

性能（せいのう） 〔名〕機械や道具の持っている能力。動き具合。「この車はかっこうはよくないが、性能は実に素晴らしい。」

類語 職能（しょくのう）・作用（さよう）・功績（こうせき）・手柄（てがら）・活動（かつどう）

はっせい

発生（はっせい）・生起（せいき）・勃発（ぼっぱつ）・突発（とっぱつ）

発生（はっせい） 〔名・スル動サ変〕新しい事態が起こること。「事件発生後三時間でスピード解決した。」また、新しい生命が生まれることにも言う。〈発生〉は、人間・動物を初めとして、ものや事件などについても使うので、〈生起〉以下の語より、ずっと意味が広い。「個体発生」「毒蛾が大量に発生した。」 反消滅

生起（せいき） 〔名・スル動サ変〕事件や状態などが起こること。かたい文章語。「予期せぬ事態が生起した場合の対応策を練る。」

勃発（ぼっぱつ） 〔名・スル動サ変〕急に大事件が起こること。戦争などについて使い、小さな事件には用いない。「第二次世界大戦の勃発」

突発（とっぱつ） 〔名・スル動サ変〕予想していなかったことが、突然起こること。〈突発〉も、小さな事件にはあまり使わない。「突発事故」

類語 激発（げきはつ）・惹起（じゃっき）

はったつ

発達（はったつ）・発展（はってん）・展開（てんかい）

発達（はったつ） 〔名・スル動サ変〕心身・能力などが成長し、物事がより高度に進歩すること。「近代人は頭ばかり発達している。」

発展（はってん） 〔名・スル動サ変〕より高度な段階に進み、拡大、成長していくこと。〈発展〉は、人間の心身・能力が成長することには使えないから、〈発達〉より意味が狭い。「学園都市としての発展を期待する。」

展開（てんかい） 〔名・スル動サ変〕物事が動いて新しく範囲が広がること。時間的な連続だけでなく、空間的な連続においてとらえる用法も認められる点で、〈発展〉と区別される。「この海は西の方へ展開している。」

類語 進歩（しんぽ）・進展（しんてん）・成長（せいちょう）

はっぴょう

発表（はっぴょう）・公表（こうひょう）

発表（はっぴょう）〔名・スル動サ変〕 口頭、文書、報道などによって、広く知らせること。「研究発表」

公表（こうひょう）〔名・スル動サ変〕 広く世間に知らせること。公にすること。〈発表〉は、ある事実や自分の考え、技能や作品などを、広く世間に知らせることを言うが、〈公表〉は、当事者の間だけに秘密にしておくのではなく、関係者や世間一般に広く知らせるようにする場合に使う。「社会に広く公表する。」

類語 公開（こうかい）・宣言（せんげん）・公布（こうふ）・披露（ひろう）・披瀝（ひれき）

はつらつ

溌剌（はつらつ）・活発（かっぱつ）・颯爽（さっそう）

溌剌（はつらつ）〔タル形動〕 動作、表情などが生き生きとして元気が満ちあふれているさま。「元気溌剌」

活発（かっぱつ）〔ダ形動〕 元気よく活動的に行動したり、発言したりするさま。〈活発だ〉は、表情については言わない。「活発な発言」 反不活発

颯爽（さっそう）〔タル形動〕 態度や身なりがきりっとして、見た目にさわやかで気持ちのよいさま。「新しい背広を着て、颯爽として出かける。」

はて

果て（はて）・最果て（さいはて）・極（きょく）・究極（きゅうきょく）

果て（はて）〔名〕 行き着く最後のところ。一番端のところ。〈果て〉は、「地の果て」「世界の果て」のように、具体的なものについて言う用法があるが、後の〈究極〉は、「究極の目的」のように、抽象的なものについてしか使わない。「なれの果て」「果てし」は〈果て〉の文語的強調形。「果てしなき欲望」「あの子のわがままをいちいち聞いていたら、果てしがない。」 動果てる

最果て（さいはて）〔名〕 果てのまた果て。〈最果て〉は、たとえば、北海道の北端などを言う場合に使うが、やや感傷的なニュアンスがある。「最果ての港」

極（きょく）〔名〕 もうそれ以上になりようのない限界に達した状態。「きわみ」とも言う。「絶望の極に達する。」また、南極、北極、磁石の両端などを言う場合にも使う。

究極（きゅうきょく）〔名〕 窮極とも書く。物事を徹底的に押し進めた結果、最後に残る本質的なもの。〈極〉は「絶望の極」のように、常に被修飾語になるが、〈究極〉は、「究極の目的」のように、修飾語になることが多い。「君の究極の目的はいったい何なのか。」

類語 終極（しゅうきょく）・終局（しゅうきょく）

はなし

話（はなし）・話合い（はなしあい）・会談（かいだん）・座談（ざだん）・対談（たいだん）・会話（かいわ）・スピーチ

話（はなし）〔名〕 ①声に出してしゃべること。「授業中に隣りと話をしてはいかん。」②話のすじ道や展開のしかた、またその内容。③話の種類、話題。④人に話しかけて相談する

こと。「おい、ちょっと話があるんだが、そこまで付き合ってくれないか。」⑤作り事、物語、落語などを言う。「今のは全部うそだよ。単なるお話さ。」「はなし家」⑥うわさ。「彼の話で持ち切りだ。」　他の語と復合して、「世間話」「むだ話」「ばか話」「ひそひそ話」などの熟語をつくる。　(動)話す

話合い(はなしあい)　〔名〕　問題を解決するために、互いに話をし、意見を述べ合うこと。　(動)話合う

会談(かいだん)　〔名・スル動サ変〕　組織の代表者などが会合して話合うこと。「首脳会談」

座談(ざだん)　〔名・スル動サ変〕　少人数(三人以上)が対座して、互いに、自由に話合うこと。また、そういう場合の話。「座談会」「座談の名手」

対談(たいだん)　〔名・スル動サ変〕　二人が向かい合って話すこと。

会話(かいわ)　〔名・スル動サ変〕　二人、またはそれ以上の人が、互いに話を交わすこと。また、その話。「日常会話」「英会話」

スピーチ　〔名〕　speech. 人前でする話。小さい演説。「テーブル・スピーチを頼まれた。」

類語　談話(だんわ)・ディスカッション

はなしべた

話し下手(はなしべた)・口下手(くちべた)

話し下手(はなしべた)　〔名・ダ形動〕　すじ道を立てて話すことが下手なこと。また、その人。「今度の校長さんは話し下手だなあ。」　(反)話し上手

口下手(くちべた)　〔名・ダ形動〕　表現がまずく、思う事がすらすらと人に言えないこと。また、その人。〈話し下手〉は、すじ道を立てて話せないことに重点があるが、〈口下手〉は、表現がまずく、思う事を人に向かってうまく言えない点に重点がある。

類語　訥弁(とつべん)

はなばなしい

華華しい(はなばなしい)・華やかだ(はなやかだ)・華麗だ(かれいだ)・輝かしい(かがやかしい)

華華しい(はなばなしい)　〔形〕　動きが大きかったり、変化が常の程度を越えたりしていて、人目をひく様子。次の〈華やかだ〉のように、色彩が豊かで、それに接する人に素晴らしいという感じを与える様子の意に用いることはない。「外交官として華々しい活躍をする。」　(転)華華しさ(名)

華やかだ(はなやかだ)　〔形動〕　ぱっと開いた花のように色あざやかで明るく、目を奪うようなさま。「彼女は、いつも華やかな雰囲気を持っている。」また、目で見た様子以外の勢いが盛んなさまなどにも言う。「常に実業界の第一線にいて、華やかな人生を送る。」　(転)華やかさ(名)

華麗だ(かれいだ)　〔形動〕　華やかで美しいさま。〈華やかだ〉の漢語的表現。〈華麗だ〉は、「華麗な演技」「華麗なショー」のように、動きを伴うものについて使う。　(転)華麗さ(名)

輝かしい(かがやかしい)　〔形〕　輝くばかりに立派で見事なさまを言い、活動について使うことはない。「輝かしい勝利をおさめて凱旋する。」

㊟輝かしさ(名)
類語 はでやかだ

はは

母・母親・お母さん・おふくろ

母（はは） 〔名〕 文章語としては最も普通に用いられる言いかただが、話しことばとしてはやや改まった言いかたである。直接呼びかける場合には、〈母〉〈母親〉は使えない。また、「母なる大地」「必要は発明の母」のように、ものを生み出すおおもとの意にも用いる。 ㊄父

母親（ははおや） 〔名〕 母である親。その人を産み、また育てた人として〈母〉を言うことば。 ㊄父親

お母さん（おかあさん） 〔名〕 〈母〉の尊敬語。文脈により、夫が妻を指すこともある。「お母さん」「母さん」「母さま」「お母さま」「母ちゃん」「お母ちゃん」「おっかさん」「ママ」「母上」など、いろいろの言いかたをする。それぞれ、親しみ、敬意、丁寧の度合によって使い分ける。 ㊄お父さん

おふくろ 〔名〕 お袋と書く。男性が自分の母親のことを、親しい相手に言うときに用いる。 ㊄おやじ
類語 母上・母ちゃん・ママ・慈母

はびこる

はびこる・蔓延する

はびこる 〔動五〕 雑草などが茂り広がる。また、悪いもの（悪人や犯罪、暴力など）が勢力を得て、世間に広がり、手がつけられなくなることの意にも用いる。「悪徳業者がはびこる結果になったのは、消費者にも責任がある。」

蔓延する（まんえんする） 〔動サ変〕 伝染病など、よくないことがそこらじゅうに広がること。〈はびこる〉〈蔓延する〉は、人間にとって役に立たないものが広がることを言う。「日本脳炎の蔓延を最少限にくいとめることができた。」 ㊔蔓延
類語 横行する・のさばる・茂る

はやい

はやい・速やかだ・迅速だ・敏速だ・すばやい

はやい 〔形〕 大別すれば、〈速い〉は「ひかり号は速い。」「理解が速い。」のように速度について言い、短時間で物事が進む様子に使うが、〈早い〉は、「朝早く起きる。」のように、時刻・時点について用いる。しかし、〈速〉と〈早〉は、明確に使い分けられてはいない。「早足」「早口」「早業」「早合点」「早見表」などは、基本的には速度・動作の速いことを意味するが（〈速〉をあてた例もある）、〈早〉を使うのが一般的である。「どうしてあんなに早く歩くの。」などもこの例である。 ㊄遅い・のろい、㊟早さ・速さ(名)

速やかだ（すみやかだ） 〔形動〕 人間の動作が敏捷なことを言う。「速やかにここを立ち去れ。」は「さっさと」の意の古風で、かたい言いかた。〈速やかだ〉は時間の短いこと、物事を手早くする様子を言う場合に用

い、「早く」のように時点について言うことは少ない。

迅速だ　〔ダ形動〕物事を処理するのが速いこと。車の速度や人間の動きの速さについては使わず、「迅速に届ける。」のように、仕事を処理するのが速い場合に用いる。「運送業は『迅速第一』をモットーとする。」 名 迅速

敏速だ　〔ダ形動〕動作がすばやいこと。〈迅速〉は、物事を処理するのが速いことを言うが、〈敏速〉は、「敏速に動く。」のように、動作などがてきぱきしてすばやいことに使う。 反 緩慢だ

すばやい　〔形〕素早いと書く。動作、頭の回転など、反応が速いさまを言う。「すばやく逃げる。」 転 すばやさ(名)

類語 スピーディ

はやる

はやる・流行する

はやる　〔動五〕流行ると書く。①人気があって急激に世に広がる。②繁盛する。③病気など悪いことが急に広がる。「今年は、たちの悪い風邪がはやっている。」 反 すたる、 名 はやり

流行する　〔動サ変〕服装や歌、あるいは思想・主義などが一時的にもてはやされ、世に広がること。〈流行する〉と〈はやる〉とはほとんど同義だが、〈流行する〉の方が、もてはやされるという意味合いが強いようである。また、〈はやる〉は、店が繁盛する意にも用いられるが、〈流行する〉は、この意味用法がない。「流行を追う。」 名 流行

類語 風靡する・ブーム

はりあい

張り合い・気乗り・乗り気

張り合い　〔名〕①ライバルと張り合うこと。②何かをしようとする意気込み。また、努力のしがいがあることにも使う。「雑用ばかりなので、ちっとも張り合いがない。」 動 張り合う

気乗り　〔名〕やる気十分で気合いが乗ってくる意であるが、「気乗り薄」「気乗りがしない」というような否定的な使いかたをすることが多い。

乗り気　〔名〕やる気のある様子。〈気乗り〉が否定的に使われるのに対し、これは、つねに肯定的に使われる。「乗り気になる。」

類語 やる気

はれんち

破廉恥・恥知らず・恥さらし

破廉恥　〔名・ダ形動〕悪いことをしても平気で、恥を恥とも思わないこと。「あんな破廉恥なことをしでかして、よく人前に出られたものだ。」「破廉恥罪」

恥知らず　〔名・ダ形動〕周囲の者が恥ずかしくなるようなことをしても平気でいること、また、その人。〈破廉恥〉とほとんど同義だが、この語だけで人を指す用法のある点が異なる。「それは誤解だ。あ

んな恥知らずと一緒にされては困る。」

恥さらし（はじ）〔名・ダ形動〕恥を世間にさらけ出すこと、また、その人。〈恥知らず〉は、普通他人について言うが、〈恥さらし〉は、仲間や、その人が属する家族・集団の人について言うことが多い。「そんな恥さらしなことはやめてくれ。」

はんえい

繁栄（はんえい）・繁昌（はんじょう）・隆盛（りゅうせい）

繁栄（はんえい）〔名・スル動サ変〕豊かに栄えること。「国家の繁栄」(反)衰微・衰退

繁昌（はんじょう）〔名・スル動サ変〕商売がうまくいき、活気に満ちていること。〈繁栄〉が、国家や社会など大きな規模を持つものについて用いるのに対して、これは商売の賑いを言う。「商売繁昌」

隆盛（りゅうせい）〔名・スル動サ変〕繁栄し、勢いが盛んなこと。〈繁栄〉よりも勢いが強く、ぐんぐん盛り上がっていくことに使う。「国運隆盛」

はんかん

反感（はんかん）・憎悪（ぞうお）・敵意（てきい）

反感（はんかん）〔名〕相手の存在、やり方を不愉快に感じて、反発し反抗する感情。(反)好感

憎悪（ぞうお）〔名・スル動サ変〕〈憎〉も〈悪〉も憎む意で、人などを強く憎むこと。〈反感〉は、相手に対して、腹を立てたり、いやな感じを持つ場合に使うが、〈憎悪〉は、相手をひどく憎み、きらう場合に用い、相手にいやな感じを抱く度合がはるかに強い。文章語。「憎悪の念」

敵意（てきい）〔名〕相手をかたきと思い、はむかっていこうとする感情。「敵意をむきだしにする。」

はんせい

反省（はんせい）・内省（ないせい）・自省（じせい）

反省（はんせい）〔名・スル動サ変〕自分の今までの行為や心のありかたを顧みること。「反省しています。」

内省（ないせい）〔名・スル動サ変〕自分の心に深く顧みて思うこと。〈反省〉は、自分で気づいて行う場合と人からの注意や指摘で行う場合の両方に用いるが、〈内省〉は、人とは関係なく行う心の動きを言う場合に用いる。文章語。「彼は鋭敏な内省家であった。」

自省（じせい）〔名・スル動サ変〕自分で、自分の行いや、考えかたなどを反省すること。「自省心」

はんたい

反対（はんたい）・逆（ぎゃく）・さかさま

反対（はんたい）〔名・ダ形動・スル動サ変〕①前後、左右、上下などひと組みになっていて、たがいに対立したり、逆の関係になったりすること。「右の反対は左、大の反対は小だ。」②相手の考えなどに対して、逆の態度をとること。「反対をとなえる。」(反)賛成

逆（ぎゃく）〔名・ダ形動〕〈反対〉の①とほぼ同義。物事の順序や進むべき方向が反対になっていること。

「正解はその逆だ。」「逆にさかねじをくわす。」また、他の語と複合して、「逆効果」「逆宣伝」「逆探知」「逆コース」などのように用いる。㊀順

さかさま　〔名・ダ形動〕　逆様とも書く。「さかさ」とも言う。本来は、ものの上下が逆になっていることを言うが、ものの左右、順序や考えかたなどにも使う。「本がさかさまに立ててあるのを見ると不愉快になる。」ただし、表裏の関係を言う場合には使いにくい。

類語　あべこべ・反(はん)・対(つい)・アンチ

はんめん

半面(はんめん)・片面(かためん)・反面(はんめん)

半面(はんめん)　〔名〕　顔の縦の半分。物事の半分（または片方）の面。「半面はジキル、半面はハイド」

片面(かためん)　〔名〕　表裏両面があるものの一方の面。㊀両面

反面(はんめん)　〔名〕　反対の面。また、反対の面においてはの意で、副詞的に用いる。「反面教師」「観光開発は、地元の人々を経済的に豊かにした反面、都会の荒廃をそのまま持ち込んでしまった。」

類語　他面(ためん)・一方(いっぽう)

はんらん

反乱(はんらん)・暴動(ぼうどう)・騒乱(そうらん)

反乱(はんらん)　〔名・スル動サ変〕　叛乱とも書く。政府などにそむいて内乱を起こすこと。「反乱軍は間もなく鎮圧された。」文章語。

暴動(ぼうどう)　〔名〕　多くの者が集まって、たとえば警察を襲うなどして騒ぎを起こし、社会の秩序を乱すこと。〈反乱〉は軍の組織を持つ場合に言うが、〈暴動〉は、普通軍の組織を持たない場合に使う。「各地で起こった暴動は、ついに内乱まで発展した。」

騒乱(そうらん)　〔名〕　暴動を起こして社会の秩序を乱すこと。かたい文章語。「メーデー事件は、騒乱罪の成立をめぐって争われた。」

類語　内乱(ないらん)・謀反(ぼうはん)・謀反(むほん)

ひ

ひあい

悲哀(ひあい)・哀愁(あいしゅう)

悲哀(ひあい)　〔名〕　心に深く感じられる悲しさを言う。「去って行く人を見送る彼女の顔には、人知れぬ深い悲哀の影が浮かんでいた。」㊀歓喜

哀愁(あいしゅう)　〔名〕　どことなくしみじみともの悲しい感じについて言う。心に感じられる悲しみの程度は、〈悲哀〉よりも弱い。「哀愁がただよう。」

類語　哀感(あいかん)・哀傷(あいしょう)・あわれ

ひがい

被害(ひがい)・罹災(りさい)・遭難(そうなん)

被害（ひがい） 〔名〕 害、災いなどを受けること、また受けた害。「今年は台風による被害が例年になく大きい。」「被害者意識」 [反] 加害

罹災（りさい） 〔名・スル動サ変〕 災難を受けること。地震や大火など、天災やそれに近い大きな災難を受けることに用いる場合が多い。「関東大震災の罹災者は空前の数に上る。」

遭難（そうなん） 〔名・スル動サ変〕 災難にあうこと。前の二語は、害や災難が避け難いものとして身に及ぶときに使い、したがって、受身的なニュアンスの強い言いかたである。それに対して、この語は、災難がかなり限定された状況のもとで起こり、したがって、避ければ避けることもできたのに運悪くそれに出遇ったというような場合に用いる。「この連休中、三つのパーティーが北アルプスで遭難した。」

[類語] 難（なん）・受難（じゅなん）・被災（ひさい）

ひかく

比較（ひかく）・照合（しょうごう）・対照（たいしょう）・対比（たいひ）

比較（ひかく） 〔名・スル動サ変〕 比べ合わせること。「比較文学」

照合（しょうごう） 〔名・スル動サ変〕 二つのものを比べ合わせて調べること。〈比較〉は、比べられるものに特に限定はないが、〈照合〉は、本来等しいはずの二つのものを比べ合わせて、誤りがないかどうかを確認するときに使う。「原本と照合する。」

対照（たいしょう）**・対比**（たいひ） 〔名・動サ変〕 二つの物を比べて、その間の違いを見ること。〈対照〉〈対比〉は、比べられるものが抽象的な内容の事柄であることが多く、しかも、はっきり対になっている場合に使う。「対照の妙」「対照的」「対比的」

[類語] コントラスト・突（つ）き合（あ）わせ

ひきたてる

引（ひ）き立（た）てる・取（と）り立（た）てる

引き立てる（ひきたてる） 〔動下一〕 人に目をかけて、親切に世話をする。特に、商人や芸人をひいきにする場合に使う。また、「松の緑が城壁の白さを一段と引き立てている。」のように、ほかのものが目立ってよく見えるようにする意にも用いる。「彼は、私を引き立ててくれた恩人です。」

取り立てる（とりたてる） 〔動下一〕 後進の者を、特に選んで重要な役につける。抜擢する。〈引き立てる〉とほとんど同義だが、〈引き立てる〉の方が、親切に世話するという意味にも用いられ、用法が広い。また、「借金を取り立てる。」のように、強制的に金をとることの意にも用いる。

[類語] もり立（た）てる・バックアップする・任用（にんよう）する

ひく

弾（ひ）く・奏（かな）でる・演奏（えんそう）する

弾く（ひく） 〔動五〕 楽器（絃楽器、鍵盤楽器）を演奏すること。

奏でる（かなでる） 〔動下一〕 楽器を鳴らす。比較的やわらかい文体の文章語に用いる古風な言いかた。「曲を奏でる。」

演奏する（えんそうする） 〔動サ変〕 〈弾く〉とともに、今日、最も一

般的に用いる言いかた。「奏する」も〈演奏する〉も、単一の楽器を奏でることだけでなく、広く音楽を奏する場合にも用いる。「炎天下の甲子園球場では、今しも優勝校の校歌が高らかに演奏されている。」 图演奏(名)

類語 奏する・爪弾く・調べる・弾ずる

ひく

引く・減じる

引く 〔動五〕 少なくなる。少なくする。「水が引く。」「十引く四は六である。」 反足す

減じる 〔動上一〕「減らす」の意の文章語。〈減ずる〉とも言う。意味は〈引く〉とほとんど同じであるが、完全に重なるわけではない。たとえば、「電車が速度を減じる。」とは言っても、「電車が速度を引く。」とは言わない。〈減じる〉は、「速度」「威力」のような抽象的な内容のものを主体にとることができる。かたい文章語。 图減

類語 マイナス・減らす

ひじょうしき

非常識・無分別・世間知らず

非常識 〔名・ダ形動〕 常識にはずれていること。また常識のないこと。「彼の言動は全く非常識だ。」「非常識な考え」

無分別 〔名・ダ形動〕 分別のないこと。ものの道理をわきまえないこと。「彼は子供のように無分別だ。」 反上分別

世間知らず 〔名・ダ形動〕「世間見ず」とも言う。世の中の事情を知らないこと、またその人。〈非常識〉〈無分別〉は、非難の気持ちを強く含むが、〈世間知らず〉には、それがあまり強く含まれていない。「世間知らずのおぼっちゃん」 反苦労人

類語 無定見・不見識

ひたすら

ひたすら・いちずに

ひたすら 〔副〕〈ひたすらに〉とも言う。ただそればかりをする様子。ひたむきに。話し手の態度や行為について言うことが多い。「ただひたすらに走り続けた。」

いちずに 〔副〕 一つのことを思いつめること。主体の気持ちが〈ひたすら〉それにとらわれて、ほかのことを考えないこと。

類語 ひとえに・いつに・ひたむき

ひつうだ

悲痛だ・悲愴だ・沈痛だ

悲痛だ 〔形動〕 悲しい出来事のため、心に大きな打撃を受けて、痛みに耐えない様子。

悲愴だ 〔形動〕 悲しく、身のひきしまるような思い。〈悲痛だ〉は、「彼は悲痛なおももちで立ちつくしていた。」「悲痛な叫び」のように、第三者の表情や様子について使うことが多いが、〈悲愴だ〉は、「私はそのとき悲愴な決心を固めた。」のように、自分の心の中のことにも用

い、また、その場の雰囲気についても使う。〈悲愴だ〉は、〈悲痛だ〉よりも古風で、かたい文章語的な言いかた。「悲愴美」「悲愴感がただよう。」

沈痛（ちんつう）だ　〔形動〕胸を痛めること。悲しみに沈んで死にともなう感情について言うことが多い。前の二語に比べて、悲しみが、深く沈潜している感じがする。また、「沈痛なおももち」のように、表情について使うのが普通である。「集まった村人は、皆沈痛な表情を浮かべて座っていた。」

ひとがら

人柄（ひとがら）・人格（じんかく）・人（ひと）となり

人柄（ひとがら）　〔名〕①ものの言いかたや振舞を通して感じられる、その人を特徴づけている性質や品位。②人柄の優れていること。「あなたのお父さんは、なかなかのお人柄でした。」「人柄がにじみでる。」

人格（じんかく）　〔名〕人間に備わっている性格や道徳性。「人格者」と言えば、りっぱな人格を持った人の意になるように、普通、プラスの意味に使う。「人格の陶冶」

人（ひと）となり　〔名〕生まれつきの〈人柄〉のことを言う。〈人柄〉は、その人の現在の性質や品位を言うが、〈人となり〉は、生まれつきの性質や品位について使う。「彼のおだやかな人となりは、だれからも愛される。」

ひとつびとつ

一（ひと）つ一（びと）つ・一（ひと）つずつ・いちいち

一（ひと）つ一（びと）つ　〔副〕〈ひとつひとつ〉とも言う。多数のものを各個に（一つごとに）取り上げて、そのすべてに及ぶ場合に使う。「梨は一つ一つ丁寧に紙に包まれていた。」

一（ひと）つずつ　〔副〕〈一つ一つ〉とほとんど同義だが、幾分、使用範囲が広く、小さいものにも大きいものにも使う。「製品は一つずつ念入りに検査される。」また、多数のものに、それぞれ一個を割り当てる場合にも使う。「子供たちには、りんごを一つずつ配った。」

いちいち　〔副〕前の二語よりもさらに使用範囲が広く、人の行為についても使う。また、〈いちいち〉は、めんどくさい、うるさいという感じを伴うことが多い。「いちいち口答えをするな。」

ひとまず

ひとまず・さしあたり・さしずめ

ひとまず　〔副〕とにかく。一往。物事の面でも、気持ちの面でも、十分ではないが、一段落ついた、あるいは一段落つけたときに言う。「これでひとまず出来上がりだ。」「ひとまず家へ帰ろう。」

さしあたり　〔副〕当座。目下。現在のところ。〈ひとまず〉に対して、さし迫った当面のことを問題にする場合に用いる。「さしあたり必要なものは何ですか。」

さしずめ　〔副〕①〈さしあたり〉とほとんど同義。「さしずめ欲しいのは食料品です。」

②つまるところ。結局のところ。つまり。〈さしあたり〉には、この結論を言う意味用法がない。「とすると、さしずめ彼が一番の黒幕ということになりますね。」

類語 当面

ひとりでに

ひとりでに・おのずから・自然に

ひとりでに　〔副〕他の力なしに。自然の成り行きで。「ひとりでに歩けるようになった。」「ひとりでになおる。」

おのずから　〔副〕〈ひとりでに〉とほとんど同じ意味に用いるが、〈ひとりでに〉が、「傷がひとりでになおる。」「足がひとりでに前へ進む。」「窓がひとりでにあく。」のように、具体的な現象・行為について用いるのに対して、〈おのずから〉は、「おのずから平静な気分になった。」のように、自分の気持ちの自然な変化などの抽象的な内容の事柄について使うことが多く、状態性の現象に多用される。文語的な言いかた。「おのずと」も、〈おのずから〉とほとんど同義。

自然に　〔副〕そうしようと思わないのに、その物の持つ性質・本能や、ときの成り行きなど自然の理によって、そうなる様子。なんとなく。「自然」という形で使うこともある。「話題は、自然（に）彼のところへ落ちていった。」

ひなん

非難・難癖・苦情

非難　〔名・スル動サ変〕相手の欠点や過ちなどを、責めとがめること。「非難にたえる。」

難癖　〔名〕とがめるべき欠点。「難癖をつける。」という言いかたで、たいしたことではない、ちょっとした欠点を、ことさらに取り上げてとがめる意味に用いることが普通。やや俗語的な表現である。

苦情　〔名〕他から受けた損害や不利益などに対する不満や怒りの気持ち。「苦情をもちこむ。」

類語 異議・クレーム・物言い・批判

ひにく

皮肉・風刺・当てこすり

皮肉　〔名〕冷笑を含んだ、意地の悪い遠回しの非難。自分の言いたいことの反対を言ったり、ずらした言い方をしたりして、当てこする。その裏には優越意識が潜んでいる。〈皮肉〉は、相手に聞こえないように言うこともあるが、あとの〈当てこすり〉は、相手に伝わることを期待する気持ちが強い。「あなたのお母さんは美人でしたね。」や「ろばのおりこうさんがやってきた。」のような言いかたを指す。　動 皮肉る

風刺　〔名・スル動サ変〕他のことにかこつけて、遠まわしに社会・人物の欠陥・罪悪などを責め笑うこと。〈皮肉〉と違って、単なる冷笑でなく、匡正・改良を志向する批判精神に裏付けられている苦い笑いである。〈皮肉〉は、常にことばによっ

て表現されるが、〈風刺〉は、「風刺画」のように、絵画によっても表現される。「風刺文字」「風刺劇」

当てこすり 〔名〕他のことにかこつけて、それとなく相手に分かるように遠回しに悪口を言う。あるいはそれを態度で示すこと。「そんな当てこすりをしないで、はっきり言ってくれ給え。」 動当てこする

類語 当てつけ・いや味

ひねくれる

ひねくれる・いじける・ひがむ・すねる

ひねくれる 〔動下一〕性質や考えかたが、ねじけて素直でない。「彼はちょっとひねくれたところがある。」

いじける 〔動下一〕自分を卑下して、ひねくれて臆病になる。自分をだめだとして、ねじけたり委縮したりする。〈ひねくれる〉は、性質や考えかたについて使うが、〈いじける〉は、動作や状態に表わす場合を言うことが多い。

ひがむ 〔動五〕自分が差別されている、不当な扱いを受けていると感じて、相手を恨めしく思ったり、曲げて考えたりする。〈ひねくれる〉〈ひがむ〉は、そのような言動を行う人を非難する気持ちが強いが、〈いじける〉には、普通、非難する気持ちが伴わない。「彼はひがみっぽい人だ。」「自分がもてないからといって、そうひがむなよ。」 転ひがみ（名）

すねる 〔動下一〕素直に従わないで、不平らしく我意を張る。相手が自分より年上であったり、上位の者である場合に行う言動を言うので、いささか甘えた気分を伴う。「そんなにいつまでもすねていないで、早くお父さんのおっしゃる通りになさい。」

ひひょう

批評・批判

批評 〔名・スル動サ変〕物事の是非・善悪・美醜などについて、論じ判定すること。第三者的な立場から客観的に行うことを言う場合が多い。「文学批評」

批判 〔名・スル動サ変〕対象を批評し、わるいところを指摘すること。否定的ニュアンスで用いる。「自己批判」

類語 評・評判・評価

ひま

暇・余暇・寸暇・レジャー

暇 〔名・ダ形動〕隙。①仕事のない間。用事のない時間。「暇をもてあます。」「暇つぶしをする。」②そのほか、この語には、時間、余裕、あいだ、機会などの意味があり、また、休むこと、離縁すること、奉公をやめることなどの意味にも使われる。「二三日暇をもらって田舎へ帰る。」

余暇 〔名〕仕事がなくて余った時間、余分の時間。〈暇〉の①とほぼ同義の漢語的表現。かなり長い〈暇〉を言うことが多く、自分でも自由に使えるという意味合いが強

い。「余暇を楽しむ。」

寸暇（すんか）〔名〕わずかの〈暇〉を言う。「彼は寸暇を盗んで読書した。」

レジャー〔名〕leisure.〈余暇〉とほぼ同義の外来語。今日では特に遊興・レクリエーションの意で使用される。「レジャー産業」「夏のレジャーをどう過ごそうか。」⇩ヴァカンス。

ひょうか

評価（ひょうか）・品評（ひんぴょう）・品定（しなさだ）め

評価（ひょうか）〔名・スル動サ変〕①物の値段を決めること。「あの土地は、一坪当たり十万円に評価されている。」②物や人の価値を論じて定めること。「過大評価」

品評（ひんぴょう）〔名・スル動サ変〕物の良しあしを、批評して定めること。「農産物の品評会」「彼はまた得意の品評をやっている。」人や抽象物については使わない。

品定め（しなさだめ）〔名〕〈品評〉とほぼ同義。〈品評〉は、産物・製品や作品などの評価を行う場合に用いるが、〈品定め〉は、人の評価を行う場合に用いることが多い。〈評価〉と比べると、この二語はかなり大ざっぱな評定の場合も含む。「『源氏物語』の雨夜の品定めは有名である。」

類語 値踏（ねぶ）み・格付（かくづ）け

びょうきする

病気（びょうき）する・病（や）む・煩（わずら）う

病気する（びょうきする）〔動サ変〕生物の生理状態に悪い変化が生じる。〈病気をする〉という言い方もする。「病気しないように、からだには十分気をつけなさい。」 图病気

病む（やむ）〔動五〕〈病気する〉の意の和語。古風な言いかたで、現在は、話しことばではこのままの形で用いることはあまりない。「病みあがり」「気に病む」などの連語として用いる。

煩う（わずらう）〔動五〕古風で、改まった言いかた。〈病む〉と同じく、話しことばではあまり用いない。「悩む」という意味の「思い煩う」は、よく用いる。 (転)煩らい（名）

ひょうげん

表現（ひょうげん）・表明（ひょうめい）

表現（ひょうげん）〔名・スル動サ変〕内面的、主観的なものを外面的、感性的にとらえられる手段・形式によって伝達しようとすること。表情・身ぶりのほか、記号・言語・音楽・絵画・造型などの方法がある。「表現方法」

表明（ひょうめい）〔名・スル動サ変〕考えや決意などを、公に表わすこと。〈表現〉の方が、より広い用いかたをする。〈表明〉は、普通、公式の方法を用いて、しかも広範囲に知らせることを目的とする場合に用いる。「決意を表明する。」

類語 表出（ひょうしゅつ）・描写（びょうしゃ）

ひょうばん

評判（ひょうばん）・聞（き）こえ・人聞（ひとぎ）き・外聞（がいぶん）

評判（ひょうばん）　〔名・スル動サ変〕　世間の人の批評や噂。または、名高いこと。プラスの意味合いにもマイナスの意味合いにも使う。このグループでは、最も普通に用いる語。「人々の評判を気にする。」

聞こえ（き）　〔名〕　世間の人々が、ある事柄を聞いて抱く印象や感じ。あるいは評判や噂。〈評判〉は、「評判の映画」「評判が高い。」のように、世間の人の下す評価を客観的に言う場合に用いるのが普通だが、〈聞こえ〉は、「聞こえがいい（悪い）」のように、世間の人が物事を聞いて感ずる気持ちや思わくを主観的にとらえて表現する場合に使うことが多い。「世間の聞こえも悪かろう。」　[動]聞こえる

人聞き・外聞（ひとぎ・がいぶん）　〔名〕　自分あるいは身内のことを、他人や世間に聞かれること。また、その結果もたらされる世間の批判、聞こえ、あるいはそれに対するこちら側の面目の意を表わす。話しことばとしてよく用いられる。「人聞きが悪い。」「外聞をはばかる。」

ひらたい

平（ひら）たい・平（たい）らだ・平坦（へいたん）だ

平たい（ひら）　〔形〕　①厚くなくて面が広い。「落石のため、平たくつぶれた。」②でこぼこがない。「平たい地面」「平たい顔」③分かりやすい。やさしい。「平たいことば」「平たく言えば」

平らだ（たい）　〔形動〕　高低・でこぼこのないこと。「平らな地面」〈平たい〉の①②とほぼ同義だが、ものが薄いことを言う場合には、〈平らな〉は使えない。

平坦だ（へいたん）　〔形動〕　土地が平らなことを言う。いくらか文章語的な言いかた。「平坦な道が続いている。」　[反]険阻だ、[転]平坦さ

[類語]　担担（たんたん）・フラット

ひる

昼（ひる）・昼間（ひるま）・昼時（ひるどき）・日中（にっちゅう）

昼（ひる）　〔名〕　①朝から夕方までの間。「地球の表面には、昼と夜とが交互にやってくる。」「仕事は昼の内にすませた。」②正午ごろ。まひる。③昼飯の意。「お昼食べた？」　[反]夜

昼間（ひるま）　〔名〕　チュウカンとも言う。〈昼〉の①に同じ。

昼時（ひるどき）　〔名〕　正午ごろ。昼飯を食べる時分。「そろそろ昼時だろう。仕事をやめて弁当にしよう。」

日中（にっちゅう）　〔名〕　太陽の照っている間。昼間よりも範囲が狭くて、正午前後の何時間かを指して言う。「日中の気温は三十度を越えるでしょう。」

[類語]　昼中（ひるなか）・白昼（はくちゅう）・デイ

ひわいだ

卑猥（ひわい）だ・淫猥（いんわい）だ・猥褻（わいせつ）だ

卑猥(ひわい)だ 〔形動〕 話題などが、性を興味本位に扱っていて、見たり聞いたりするに耐えない様子。(転)卑猥さ(名)

淫猥(いんわい)だ 〔形動〕 肉欲を刺激するようにみだらなこと。かたい文章語。「淫猥な絵」(転)淫猥さ(名)

猥褻(わいせつ)だ 〔形動〕 人前でみだらな行為をしたり、隠すべきところをわざと出して見せたり、のぞきこんだりして、いやらしい様子。また、「わいせつな映画」「わいせつな話」のように、それを見たり聞いたりする人に性的興味と興奮を感じさせる様子の意にも用いる。〈淫猥だ〉よりも、意味が広い。「彼は猥褻罪で起訴された。」(転)猥褻さ(名)

びんかんだ

敏感(びんかん)だ・鋭敏(えいびん)だ・さとい

敏感(びんかん)だ 〔形動〕 ちょっとした事も、すぐ感じとる様子。「鷗外は世評に敏感であった。」(反)鈍感だ、(転)敏感さ(名)

鋭敏(えいびん)だ 〔形動〕 感覚や才知が、きわめて鋭くさといこと。〈敏感だ〉よりも程度が強く、「才知」についても使う点で、意味も広い。(反)遅鈍だ、(転)鋭敏さ(名)

さとい 〔形〕 聡いと書く。わかりが早く、鋭い。ものっぱら才知について使い、〈鋭敏だ〉よりも意味が狭い。やや古風な言いかた。「この子はさとい子だ。」

類語 聡明(そうめい)だ・鋭(するど)い・シャープだ

ひんこう

品行(ひんこう)・素行(そこう)・行状(ぎょうじょう)

品行(ひんこう) 〔名〕 人柄と行い。道徳的な面から見て言う場合に用いることが普通である。「品行がよい(悪い)」

素行(そこう) 〔名〕 平素の行い。日常の行い。〈素行〉も良しあしという観点から見て使うが、〈品行〉ほど道徳的な見かたが強くない。「素行調査をする。」「素行がよくない。」

行状(ぎょうじょう) 〔名〕 人の日々の行為のありさま。次の〈行跡〉に、意味の近い言いかた。「君のこのところの行状は、いったいどうしたのだ。」「行状を改める。」

類語 操行(そうこう)・私行(しこう)・行跡(ぎょうせき)・身持(みも)ち

びんぼう

貧乏(びんぼう)・貧困(ひんこん)・貧窮(ひんきゅう)

貧乏(びんぼう) 〔名〕 貧しいこと。財産や物が乏しく、生活が苦しいこと。意味が最も広く、いろいろな程度の場合を含む。(反)裕福

貧困(ひんこん) 〔名・ダ形動〕 貧乏で生活が苦しいこと。〈貧乏〉とほぼ同義だが、〈貧困〉は、「政治の貧困」「哲学の貧困」のように、知識・思想など、より高等な生活に必要とされるものが不足している様子の意にも用いる。「貧困に耐えて勉学する。」(反)富裕、(転)貧困さ(名)

貧窮(ひんきゅう) 〔名〕 貧しくて生活に行きづまること。〈貧困〉よりも、さらに貧しさの程度がひどい場合を言う。かたい文章語。「貧窮のどん底に陥る。」

ふ

ふあん

不安（ふあん）・憂慮（ゆうりょ）・懸念（けねん）・胸騒ぎ（むなさわぎ）・危惧（きぐ）

不安（ふあん）〔名・ダ形動〕悪い結果になるのではないかと思って、心が落ち着かないこと。〈不安〉は、自分の気持ちにも、相手や第三者の気持ちにも使う。いくらか文章語的な言いかた。「不安な思いで一夜を過ごした。」㊎安心

憂慮（ゆうりょ）〔名・スル動サ変〕ひょっとしたらよくないことになるのではないかと、心配すること。「不安におそわれる。」〈不安〉は、自分だけでなく、相手や第三者の気持ちについても用いるが、〈憂慮〉は、「憂慮すべき事態となった。」「今年も出水時の災害が憂慮されている。」のように、自分も含めて、多くの人びとが共通にかかえている客観的な不安について、第三者的に表現することが普通である。また、〈不安〉は、「明日発表される試験の結果が良くないのではないかという不安が、彼を苦しめた。」のように、すぐに起こる結果についても使うが、〈憂慮〉は、それよりも少し遠い将来のことについて言う。かたい文章語である。

懸念（けねん）〔名・スル動サ変〕先の見通しが立たず、どうなるかと不安に思うこと。「懸念をいだく。」相手や第三者の事態について用いることも多い。「御懸念には及びません。」

胸騒ぎ（むなさわぎ）〔名〕不安や恐れで気持ちが落ち着かないこと。〈胸騒ぎ〉は、「ゆうべ父がなくなった夢を見て、胸騒ぎがした。」のように、単なる不安ではなくて、心配事や不吉な予感、恐れなどのために、胸がどきどきする場合に使う。口頭語的な言いかたである。

危惧（きぐ）〔名・スル動サ変〕結果や将来が悪くなりはしないかと、心配すること。〈不安〉〈懸念〉の意に近いが、それらよりも心配する気持ちがさらに強く、恐れを感じる場合を言う。かなりかたい文章語である。

類語 寒心（かんしん）・杞憂（きゆう）

ふいに

不意に（ふいに）・不慮（ふりょ）・突然（とつぜん）・いきなり

不意に（ふいに）〔副〕急で、思いがけないこと。また、そういうことが起こるとき。〈不意に〉は、「不意に人に来られる。」「不意に子供が飛び出す。」のように、対処する構えができていないところや予期していないときに何かに接してあわてたりする意や、「汽車が不意にとまる。」「物音が不意にやんだ。」のように、継続することが期待される（予想される）状態が急に変わって、意外に思う様子の意を表わす。「不意を突く」

不慮（ふりょ）〔名〕予想もしていなかった。急なこと。〈不慮〉は、「不慮の出来事」「不慮の災難」のように、全く予想していなかったことが、急に起こる場合に使い、〈不意に〉の

意に近いが、〈不慮〉が予想もしていない不幸な事件という点に意味の重点があるのに対して、〈不意に〉は、「不意をつく。」「不意を襲う。」「不意をくらう。」のように、急で思いがけないため、それに対処する構えができていないという、こちらの態度に意味の重点があり、〈不慮〉よりも意味が広い。また、「不慮の出来事」と言うと、たとえば、全く予想もできない事故などで、人が死んだり重傷を負ったりする不幸な出来事を表わすが、「不意の出来事」と言うと、全く予想もしていなかった出来事という点では同じだが、不幸な出来事だけとは限らず、もっといろいろの場合を表わす。〈不慮〉は、かなり改まった、かたい言いかた。

突然（とつぜん）　〔副・ダ形動〕　予想していなかったのに、急に起こる様子。〈突然〉は、「今までよく晴れていたのに、突然雨が降り出した。」「突然変異」のように、今まで続いていた事態や状態が、全く予想していなかった別の事態や状態に急に変化することを言い、連続していた事態や状態の急変に意味の重点がある。〈不意に〉は、事態や状態の連続性は、特に問題としない。また、〈突然〉は、事態を客観的に叙述する言い方で、主体の主観とは特別のかかわりはない。

いきなり　〔副〕　なんの前ぶれもなく、事が起こる様子。また、「委員会にはからないで、いきなり学長に申し入れた。」のように、物事の順序を踏まないで、一足とびに何かをする様子の意にも用いる。〈いきなり〉は、「いきなり相手になぐりかかっていった。」のように意志的な動作に使い、無意志的な動作や自然現象について、「いきなり腹が痛くなった。」「いきなり雨が降り出した。」のように言うことはない。

類語　急（きゅう）・虚（きょ）・俄（にわか）に

ふうふ

夫婦（ふうふ）・夫妻（ふさい）

夫婦（ふうふ）　〔名〕　結婚している一組の男女。夫と妻。「夫婦になる。」「夫婦というものは、苦しいときにこそ心のつながりが必要なんだ。」というように、抽象名詞としても用いる。

夫妻（ふさい）　〔名〕　〈夫婦〉の意味だが、特定の夫婦の呼称として使うのが普通である。「山田氏夫妻」さらに丁寧に言うときには、「先生御夫妻」のように、「御（ご）」をつけて使う。「稲賀夫妻」は一般的な言いかたで、「稲賀さん」に向かって直接言うのは失礼で、「稲賀さん御夫妻」のように言うのが普通である。

類語　めおと

ぶか

部下（ぶか）・手下（てした）・手先（てさき）・配下（はいか）

部下（ぶか）　〔名〕　ある人の下で命令を受け、行動する人。〈部下〉は、たとえば、軍隊・官庁・会社など、近代的な組織で、下の地位にある者を言うことが多い。「私には五人の有能な部下がいる。」　反　上司

手下（てした）　〔名〕　人の手先となって行動する人。〈手下〉は、「泥棒の手下」のように、あまり好ましくない組織の部下に使う。

手先（てさき）〔名〕言いなりに人に使われる者。〈手先〉は、〈手下〉とほぼ同義だが、「悪の手先」のように、他人のために働くという機能的な意味が強い。〈手下〉と同じように、あまり好ましくない組織の部下について言う。また、〈手先〉は、まったく別に、指や指先、またはその働きの意にも用いる。

配下（はいか）〔名〕ある人の命令通りに行動することだけが求められている存在。〈部下〉とほとんど同義だが、人自身を指すよりも、「彼の配下には人材が多い。」など、状態を表わすことが多い。また、「配下の子会社」のように、人以外にも使う。かたい文章語。

類語 家来（けらい）・家臣（かしん）・下役（したやく）　(反)首領

ふく

拭（ふ）く・ぬぐう

拭く（ふく）〔動五〕きれいにするために、布や紙などでこすって、汚れや水気などを取り去る。

ぬぐう〔動五〕拭うと書く。なにかで拭いて、そこについた水分や汚れを取り去る。「汗を拭く。」「ひたいを拭く。」「汚れを拭く。」のような場合には、〈拭く〉と〈ぬぐう〉を使うことができ、〈拭く〉と〈ぬぐう〉の間には、大きな違いはない。しかし、〈拭く〉は、「レンズを拭く。」「ガラスを拭く。」のように、きれいにされるものの方に重点があり、しかも、かなり力を入れて何度もこすることが多い。これに対して、〈ぬぐう〉は、「手で汗をぬぐう。」のように、布や紙以外のもので取り去る場合にも使い、取り去るものの方に重点がある。また、二度も三度もこすらないで、一度の動作で終える場合が多い。すなわち、水分や汚れを軽くふき取るという意識が強い。〈拭く〉は、ひたい・机・ガラス・鏡・廊下など、きれいにされるものの方に重点があるので、「廊下を隅から隅まで拭く。」のように、広い場所の全部を対象とする場合にも使うが、〈ぬぐう〉は、この場合には用いることができない。

類語 磨（みが）く・払拭（ふっしょく）する

ふくそう

服装（ふくそう）・装（よそお）い

服装（ふくそう）〔名〕身につけた衣服の様子。洋服にも和服にも使い、身につけた衣服の状態について言う。「服装が派手だ。」

装い（よそおい）〔名〕「平安朝の装い」という場合は、〈服装〉とほとんど同義だが、〈装い〉は、「外出の装いにひまがかかる。」のように、顔に化粧をしたり身なりを飾ったりする意や、「装いも新たに華々しく開店する。」のように、設備・装飾の意にも用いられ、意味が広い。文章語的な言いかた。　動 装う

ふくれる

膨（ふく）れる・膨（ふく）らむ・膨張（ぼうちょう）する

膨れる（ふくれる）〔動下一〕また、脹れるとも書く。中からおされるような感じで、外側に盛り上がって、大きくなる。また、「雪だるまの

ように膨れる。」のように、次第に規模が大きくなる意や、「むっとして、膨れる。」のように、不平・不満が顔に現れ、ほおを膨らませた顔つきをする意にも用いる。「腹がふくれる。」「ふくれっ子」

膨（ふく）らむ　〔動五〕「つぼみが膨らむ。」のように、開花の時期が近づき膨らむの意に用いる。また、「黒字（期待・希望）が膨らむ。」のように、当初の規模よりも大きくなる意にも用いる。〈膨らむ〉は、「つぼみが膨らむ。」「気球が膨らむ。」「ふとんが膨らんだ。」のように使い、柔らかく外側に盛り上がって大きくなることを言う。「ふとんが膨れる。」「指が膨れる。」と言うと、ふわふわに柔らかく膨らむのではなく、何か異常な状態が起こって体積が増えたことを表わす。また、「風でカーテンが膨らむ。」のように、全体の体積ではなく、形が一方に盛り上がるという場合にも〈膨らむ〉を使うが、この場合には、〈膨れる〉は使えない。また、〈膨れる〉〈膨らむ〉は、どちらも、当初の規模よりも大きくなる意に用いるが、〈膨らむ〉は、「希望が膨らむ。」のように、プラスの意味合いに使うことが多いのに対して、〈膨れる〉は、「予算が膨れる。」のように、マイナスの意味合いに用いることが多いように思われる。　(反)しぼむ、(転)膨らみ(名)

膨張（ぼうちょう）する　〔動サ変〕　物体が熱でその体積を増すこと。膨れること。また、「経費の膨張」「都市が膨張する。」のように、全体の規模が大きくなる意にも用いる。〈膨張する〉は、かなりかたい文章語なので、日常的なことにはあまり使わず、「予算が膨張する。」「都市がとめどもなく膨張する。」のように、抽象的な現象について使うことが多い。
(反)収縮する、(名)膨張
類語 拡張（かくちょう）する・拡大（かくだい）する・広（ひろ）がる・広（ひろ）げる

ふこう

不幸（ふこう）・不運（ふうん）・不遇（ふぐう）

不幸（ふこう）　〔名・ダ形動〕　つらく悲しい状態にあること。また、「不幸がある。」のように、親や兄弟など、身近な人の死も意味する。
(反)幸福

不運（ふうん）　〔名・ダ形動〕　幸運に恵まれないこと。「人の運不運は分からない。」のように、巡り合わせが悪く、運がよくないことを言い、人の力ではどうすることもできないというところに、意味の重点があるのに対して、〈不幸〉は、つらく悲しい状態にあることを客観的に言い、「彼女の身に、突然の不幸が襲った。」のように、幸せな状態からつらく悲しい状態へ急に変わる場合に用いる。　(反)幸運

不遇（ふぐう）　〔名・ダ形動〕　才能や能力がありながら、世間に認められないで、しかるべき地位や身分を得られないでいること。〈不幸〉には、経済的に恵まれないとか、独りぼっちであるとか、恋人の突然の死とか、さまざまの原因があり、状態があるが、〈不遇〉は、〈不幸〉の一つの状態で、不運で世間に認められない場合を言う。また、〈不幸〉は、だれが見てもそのように思う場合に使うが、〈不遇〉は、本人がそのように思っているだけ

で、世間は、それで当然だと受けとめているというニュアンスを含む場合が多い。「一生を不遇のうちに終える。」

類語 災難(さいなん)・凶(きょう)・厄(やく)

ぶさいくだ

不細工(ぶさいく)だ・無格好(ぶかっこう)だ

不細工(ぶさいく)だ 〔形動〕 無細工とも書く。ものを作ったりするのが下手なこと、また、その作ったもののできがひどいこと。「不細工な顔」のように、顔かたちが整っていないことの意にも用いられる。「不細工なかぼちゃ」 転 不細工さ(名)

無格好(ぶかっこう)だ 〔形動〕 不恰好とも書く。どうもかっこうのよくないこと。〈不細工だ〉は、ものや顔について言い、〈無格好だ〉は、ものについても、動作・状態についても使う。箱については、〈不細工だ〉も〈無格好だ〉も使うことができるが、顔については、おもに〈不細工だ〉が使われる。また、「不細工な箱」と言うと、たとえば、形がゆがんでいるだけでなく、すきまがあったり、釘が出ていたり、色の塗りかたが下手だったりすることも表わすが、「無格好な箱」というと、かっこうについて言うだけで、釘や色の塗りかたは関係がない。また、〈不細工だ〉は、巧みさを問題にしているので、全くの自然物や自然現象には使わないが、〈無格好だ〉は、「無格好な山の形」のように、自然物についても用いることができる。 転 無格好さ(名)

類語 ぶざまだ・見苦(みぐる)しい・不体裁(ぶていさい)だ・不器量(ぶきりょう)だ

ふさぐ

ふさぐ・ふさぎこむ・めいる

ふさぐ 〔動五〕 塞ぐと書く。ゆううつになって気分がすぐれない。「君はふさいでいる人じゃない。」また、「穴をふさぐ。」のように、空いている所に何かをかぶせて、閉じる意や、「場所をふさぐ。」のように、何かを置いて、通ったり使ったりできなくする意などにも用いる。その方が原義である。

ふさぎこむ 〔動五〕 うまくいかないことがあって、気持ちが落ち込む。〈ふさぐ〉は、「穴をふさぐ。」「場所をふさぐ。」のように、閉じる意や、何かを通路において、通ったり入ったりすることができないようにする意にも用いるが、〈ふさぎこむ〉は、「何があったか知らないが、彼はさっきからすっかりふさぎこんでいる。」のように、何か悲しい（落胆する）出来事のために、どうしようという見込みもなく、すっかりゆううつな気分になったように見受けられる意だけを表わす。また、〈ふさぎこむ〉は、〈ふさぐ〉よりも、ゆううつな気分が、表により強く現れる場合に使う。

めいる 〔動五〕 滅入ると書く。元気がなくなって、ゆううつそうである。〈ふさぐ〉は、主に相手や第三者の様子について言うが、〈めいる〉は、「全く気のめいる話だねえ。」「三人ともすっかりめいってしまった。」のように、自分の気持ちについても、自分以外の相手や第三者の気持ちについても使う。また、〈ふさぐ〉

は、外面的な様子についても言うが、〈めいる〉は、内面的な気持ちを表わす場合に用いる。

類語 しずむ・意気消沈する

ふさわしい
ふさわしい・似つかわしい

ふさわしい 〔形〕 相応しいと書く。よく似合っている。適当である。やや文章語的な言いかた。転 ふさわしさ(名)

似つかわしい 〔形〕 似合わしい。ぴったりあてはまる様子。「紳士に似つかわしい行動」のように、外面的・客観的な様子に重点を置いて言う場合には、〈似つかわしい〉も〈ふさわしい〉も同じように使うことができるが、「彼にふさわしい奥様だ。」「彼の性格には学者が一番ふさわしい。」のように、性格・能力などの内面的な意味に重点を置く場合には、〈似つかわしい〉よりも〈ふさわしい〉の方が、より落ち着くように思われる。また、〈ふさわしい〉は、人間だけでなく、「美の極致と言うにふさわしい。」とか、「祭りにふさわしいにぎわいを呈していた。」のように、人間以外のものについても用い、抽象的な内容の事柄についても多く使う。また、「その話は彼にいかにも似つかわしい。」と言うと、彼の日ごろの言動にぴったり合っているという意を表わすが、「その話は彼にいかにもふさわしい。」と言うと、評価的な観点が入って、彼の社会的地位や、教養などをも考慮に入れてよく合っているという意を表わす。 名 似つかわしさ(名)

類語 相応だ・似合だ・応分だ

ぶじょく
侮辱・侮蔑・軽侮

侮辱 〔名・スル動サ変〕 相手を見くだして、ひどい扱いをすること。人をばかにして、恥ずかしい思いをさせること。

侮蔑 〔名・スル動サ変〕 人をばかにすること。〈侮辱〉は、相手をばかにして、恥ずかしい思いをさせることを言うが、〈侮蔑〉の方が、相手を見下げる気持ちが強く、相手の人間性を全く認めないという意味合いを伴う。また〈侮辱〉は、「大衆の面前でひどい侮辱を受けた。」「私は人目を意識して、必死にその侮辱に耐えていた。」のように、周りに人がいる所であからさまに、ことばによって相手に恥ずかしい思いをさせる場合に使うことが多い。それに対して、〈侮蔑〉は、一対一の関係のところで、しぐさや行動によって示すことが多く、ことばによって相手を見くだしたりばかにしたりすることは少ない。「ひとりじっと侮蔑に耐えていた。」

軽侮 〔名・スル動サ変〕 人を軽くみて、ばかにすること。あなどること。「彼のことばを聞いて、軽侮の感情がこみあげた。」

類語 嘲弄・愚弄・あなどり

ふせぐ
防ぐ・防止する・防御する・食い止める

防ぐ（ふせぐ）〔動五〕害を与えようと向かってくるものに対し、備えをして、身を守る。また、「風を防ぐ。」のように、うっかりしていると被害を受けそうになるものから身を守る意に用いる。　(反)攻める

防止する（ぼうしする）〔動サ変〕防ぎ止めること。〈防止する〉は、「危険を防止する。」「事故を防止する。」のように、人間に害を与えることが予想される大きな危険について使うことが多く、風、雪の害などには、〈防ぐ〉を用いることが普通である。また、〈防止する〉は、望ましくないことが起こらないように、あらかじめ手を打つという意味合いが強い。
图防止

防禦する（ぼうぎょする）〔動サ変〕敵の攻撃を防ぐこと。敵に攻撃を加えられた際に、手段を尽くして食い止めることに使う。　(反)攻撃する、
图防禦

食い止める（くいとめる）〔動下一〕「事故を食い止める。」「敵を食い止める。」のように、よくないことがそれ以上進むのを防ぐことを言う。〈防ぐ〉〈防止する〉は、危険や害から未然に身を守る場合に使うが、〈食い止める〉は、「被害を最小限に食い止める。」「敵の攻撃を水際で食い止める。」のように、すでに、ある程度進んでいるよくないことが、それ以上進行するのを防ぐ場合に用いる。

類語 せきとめる・遮（さえぎ）る・阻（はば）む・阻止（そし）する

ふそく

不足（ふそく）・欠乏（けつぼう）・払底（ふってい）・品切（しなぎ）れ

不足（ふそく）〔名・ダ形動・スル動サ変〕必要なだけないこと。また、「不足を言う。」のように、不満であることの意にも用いる。〈不足〉は、ある基準に対して足りないことを言うが、次の〈欠乏〉は、絶対量が足りないことの意に使う。ただし、〈不足〉の基準がきわめて一般的で、特に言う必要もないときには、「看護婦が不足している。」「看護婦が欠乏している。」のように、〈欠乏〉とほとんど同義に用いる。また、〈不足〉は、「資金が不足だ。」のように、形容動詞の用法もあるが、〈欠乏〉には、この用法が認められない。　(反)過剰

欠乏（けつぼう）〔名・スル動サ変〕必要なものが足りなくなること。〈不足〉は、相対的で、〈欠乏〉は絶対的という違いがある。〈不足〉は、「資金が不足している。」のように、ある事業か何かをするのに現在の資金が足りないことを言うが、その足りない額は、場合によってはかなり幅があって、要するにある基準に対して足りないことを言う。それに対して、〈欠乏〉は、資金がなくなってしまったことを言い、ある基準に対して足りないことを表わすわけではない。また、〈不足〉は、「相手にとって不足はない。」「不足を言う。」のように、質的に不十分な点とか、不満だという意味にも用いる。〈不足〉よりも〈欠乏〉の方が、かたい文章語的な言いかたである。

払底（ふってい）〔名・スル動サ変〕必要なものがひどく欠乏すること。「食糧が払底する。」「資金が払底する。」のように、ものについて使い、「酸素が欠乏する。」「看護婦が全国的

に欠乏する。」のように、人や現象については用いない。また、〈払底〉は、〈欠乏〉よりも、足りない程度がはなはだしく、供給できるものがほとんどないことを表わす。

品切れ（しなぎれ）〔名〕その品物が全部売れたり、作るのをやめたりしたために、在庫がなくなることを言う。〈払底〉は、ものがひどく欠乏している状態を言うが、まだ、全くなくなってしまったわけではない。それに対して、〈品切れ〉は、「ただいま、お求めのものは品切れでございます。」のように、品物が全くなくなることを言う。

類語 不十分（ふじゅうぶん）・不自由（ふじゆう）・物足りない（ものたりない）

ふぞく

付属（ふぞく）・帰属（きぞく）・従属（じゅうぞく）

付属（ふぞく）〔名・スル動サ変〕形は独立しているが、成立・機能・機構上、本体の物に属していることを言う。「この中学校は大学に付属している。」「付属病院」「付属品」

帰属（きぞく）〔名・スル動サ変〕財産や権利が、ある個人や団体のものになること。〈付属〉は、成立や機能、機構について言うが、〈帰属〉は、「千島の帰属をめぐる問題はややこしい。」「あの権利は、結局、だれに帰属するのか。」のように、財産や権利について使う。また、〈付属〉は、本体とそれに属するものとの関係が最初から決まっているが、〈帰属〉は、本体とそれに属するものとの関係は重要でなく、どこの物なのか、どっちに入るのかということの方が重要である。また、〈帰属〉は、財産や権利が、個人や個個の機関よりも団体や国のものになる場合に使うことが多い。

従属（じゅうぞく）〔名・スル動サ変〕自分より強いものに付属したり、依存したりすること。「従属的地位」「従属国」のように、人と人との関係、団体と団体、国と国との関係について言う。〈付属〉の意に近いが、〈付属〉が、本体とそれに属するものとの関係を言うのに対して、〈従属〉は、人や国について使い、勢力的に上位であるものと下位であるものとの関係について言う。

類語 隷属（れいぞく）・所属（しょぞく）・配属（はいぞく）・直属（ちょくぞく）・専属（せんぞく）

ふたたび

再び（ふたたび）・再度（さいど）・また

再び（ふたた）〔副〕もう一度。重ねて。繰り返して。

再度（さいど）〔名・副〕もう一度。「失敗にこりず、再び挑戦した。」「病癒えて再び指揮棒を握る。」のように、もう一度何かをする場合には、〈再度〉は、ややかたい文章語的な言いかたという違いがあるだけで、そのまま言いかえることができる。しかし、〈再び〉は、「彼は再び突進した。」のように、肯定の言いかたにも、「寝込んで再び立てなかった。」のように、打ち消しの言いかたにも用いるのに対し、〈再度〉は、肯定の言いかたにおいてしか使わない。

また〔名・副・接〕又と書く。あとに来る事柄が、前にも一度ならずあった意を表わす。〈再び〉の意に近いが、〈再び〉が、下に来る事柄が前に一度しかなく、今度が二度目であることを言うのに対して、〈また〉は、「さっき食べたのに、また食べるのか。」のように、二度以上あったことに用いる。また、「彼もまた彼女が好きだ。」のように、ある事柄が、他の事柄と同じである様子の意にも用いる。下に否定の言いかたがきて、「彼は再び現れなかった。」と言うと、再び現れることが起こらなかったことを表わすのに対して、「彼はまた現れなかった。」と言うと、現れないという事態がまた生じたことを意味する。〈また〉は、「学者でもあり、また音楽家でもある。」のように、接続詞としての意味用法もあり、事柄を並べて示したり、つけ加えたりするときに使う。「またの機会」

類語 さらに・さらにまた

ふだん

普段（ふだん）・平素（へいそ）・平生（へいぜい）・いつも

普段（ふだん）　〔名・副〕不断とも書く。何事もなく、毎日繰り返される起居。常日ごろ。また、特別の場合に対して、普通の場合の意にも用いる。「普段の心がけ」

平素（へいそ）　〔名・副〕毎日の起居。常日ごろ。〈普段〉は、「ふだん着」「はれ着」の対立からも分かるように、何か特別のことが起こらない普通の場合という質的な点に重点があるが、〈平素〉は、「平素はおとなしい子なんですよ。」のように、何かが起こる前の毎日の状態という時間的なとらえかたに重点がある。ややかたい文章語。「平素のごぶさたをわびる。」

平生（へいぜい）　〔名・副〕特に取り立てるほどの事件とか、からだの異常などがない毎日。何も特別のことの起こらないときという点に重点があり、〈普段〉の意に近い。ややかたい文章語。「平生より遅く、春の日がすっかり暮れてから帰ってきた。」

いつも　〔副〕「いつものようにやれば大丈夫だ。」のように、〈普段〉とほぼ同義に用いられることもあるが、「いつも同じ背広を着て来る。」のように、どんな場合でも変わらない状態が、長い期間にわたって、続く意に用いることが多い。

類語 常常（つねづね）・常日（つねひ）ごろ・日（ひ）ごろ・日常（にちじょう）

ふつう

普通（ふつう）・通常（つうじょう）・一般（いっぱん）

普通（ふつう）　〔名・副・ダ形動〕世間一般に、どこでも、いつでも見られることで、何も珍しくないありさま。また、程度の上での中くらいさ、正常さ、日常性など、少しずつ違った意味で使う。また、副詞としても用い、「親は、普通、子供より先に死ぬ。」のように、〈通常〉の場合の意を表わすこともある。「普通の成績」

(反)特別・特殊

通常（つうじょう）　〔名・副〕特別でなく、普通である。〈普通〉の意味に近く、「普通の状態」「営業時間は普通五時までです。」のような場合には、〈通常〉に置き換えることができ、〈普通〉よりも、ややかたい言いかたとして用いる。しかし〈普通〉は、〈通常〉よりも意味が広く、「この寒さは普通ではない。」「そんな事、普通じゃありませんか。」のように、平均的にその傾きが見られる様子の意や、一般にそう考えられる様子の意に用いる。〈通常〉は、何かが、特別の事情に基づかずに行われることに意味の重点があり、いつでもそうであること（日常性）を表わす。したがって、珍しくないありさまとか正常さとかいった意味合いは含まない。

一般（いっぱん）　〔名〕　特殊（一部）の事例に限られず、多くのことや場合にわたって広く認められること。〈普通〉は、程度の上での中くらいさ、正常さ、日常性など、広い範囲に用いられるが、〈一般〉は、全般性・普遍性に意味の重点があり、全体に広く共通していることを言う。また、〈普通〉は、結果として、価値的に見て特に優れたところはないという評価が含まれるが、〈一般〉には、評価的な観点はきわめて弱い。また、「一般に」という語形で副詞としても用い、概しての意を表わす。「以上が一般の見解である。」　[反]特殊

[類語]あたりまえ・なみ・月並（つきなみ）・尋常（じんじょう）

ふっかつ
復活（ふっかつ）・再現（さいげん）・再生（さいせい）

復活（ふっかつ）　〔名・スル動サ変〕　一度衰えてしまったものやとぎれてしまったものが、もとの状態になること。「祭りが復活する。」「記憶が復活する。」また、一度死んだ人が生き返ること。「キリストの復活」

再現（さいげん）　〔名・スル動サ変〕　一度消えてなくなったものを、もう一度作り出すこと。〈復活〉は、祭りのような制度・行事や、記憶のような意識など、抽象的な内容の事柄について使うことが多いが、〈再現〉は、「なつかしの名場面を再現する。」のように、ある状況を一時的にもう一度作り出す場合に使う。

再生（さいせい）　〔名・スル動サ変〕　「トカゲの尾が再生する。」のように、生物が失われた一部の組織や器官を生命力により再び作り出すこと。また、「再生の一歩を踏み出す。」のように、いままでの自分の間違った生活を反省して、きちんとした生活を始めることの意や、「再生品」のように、廃物を加工して、もう一度使えるようにすることの意などにも用いる。〈再生〉は、ものや人間、あるいは生物について使い、制度や状況については用いない。また、〈再現〉は、もとの状況を一時的に作り出すことを言うが、〈再生〉は、もとのものと同じ能力・機能を有するものをもう一度作り出すことに使い、一時的ではない。

[類語]再起（さいき）・再挙（さいきょ）・新生（しんせい）・リバイバル

ふとる
太る（ふとる）・肥える（こえる）・肥満（ひまん）する

太る（ふとる）　〔動五〕　脂肪や肉がついて、からだが大きくなる。東京語では、人間については、「坊やはよく太ってるね。」のように、「太ってる」を使い、〈肥える〉と言うと、なにか動物の子供を連想して、下品な感じがするようである。また、「財産が太る。」のように、量が多くなるの意にも用いる。　[反]やせる

肥える　〔動下一〕〈太る〉とほとんど同義だが、共通語では、一般に、「馬が肥える。」「土地が肥える。」のように、動物や土地に使うことが普通である。しかし、関西では、人間についても言う。また、〈肥える〉は、「目が肥える。」「耳が肥える。」「舌が肥える。」のように、いいものを数多く見たり、聞いたり食べたりした結果、鑑賞能力が備わるの意にも用いる。　反やせる

肥満する　〔動サ変〕からだが太りすぎること。丸々と太ること。〈太る〉とほぼ同義だが、〈肥満する〉は、〈太る〉よりも、さらに丸々と太ることを言う。〈肥満する〉は、ややかたい文章語的な言いかた。「肥満した白いからだ」　图肥満

ぶぶん

部分・一部・一部分

部分　〔名〕全体を小分けにした一つ。全体を作りあげている一つ一つ。〈部分〉と「全体」の関係は、「…は…の一部分である。」というふうに言い表わす。たとえば、あの窓は「教室」の一部分、「教室」は「校舎」の一部分、「校舎」は「学校」の一部分、などである。　反全体

一部　〔名〕全体のうちの、ある部分。〈部分〉は、全体に対して、全体を構成する小さなものという質的な観点が強く、〈一部〉は、全部に対して、すべての部分ではないという量的な観点が強い。「自動車の一部に泥がついている。」「放送の一部に聞きとりにくいところがあった。」などは、〈部分〉で言い換えることができないが、これは量的な観点でとらえているからである。「自動車のタイヤの部分」「放送の最初の部分」というように、全体の中でどの部分かを具体的に示すと、〈部分〉を使うことができる。「一部の人は知っています。」のように、量を表わす修飾語として使う用法が、〈部分〉に認められないのもそのためである。　反全部

一部分　〔名〕広い広がりのなかの限られたところ。全体のなかの、わずかな部分。〈一部〉とほとんど同義だが、全体から大部分を除いたごく一部という意味合いが強い。また、〈一部〉は、書物・印刷物などの一冊の意にも用いられるが、〈一部分〉には、この意味用法がない。

類語　局部・一半

ふほんいだ

不本意だ・心外だ

不本意だ　〔形動〕自分の本当の望みと違うこと。自分の本当の気持ちに合っていないこと。「不本意ながら承知した。」

心外だ　〔形動〕相手の気持ちや態度、物事の結果などが、大きく期待にはずれていて、残念だ。〈不本意だ〉は、相手の申し出や事態が、自分の本当の望みとは違っていて、本当はそれを認めたくないのだが、自分の気持ちを抑えて相手や事態に合わせることに使うが、〈心外だ〉は、「君がそんなことを言うとは、実に心外だ。」のように、「慮外」と同じく、「意外」の意味を含み、「そんなことがあってもよいのか」という、相手に対

して憤慨する気持ちが加わる。〈不本意だ〉には、意外性が含まれない。

類語 残念だ・無念だ

ふまん

不満・不服・不平

不満（ふまん）〔名・ダ形動〕思いどおりにならなくて、不愉快であること。「不満をいだく。」

不服（ふふく）〔名・ダ形動〕満足できなくて従うことができない様子。〈不満〉は、自分のことばや行動、仕事についても、相手のそれについても使うが、〈不服〉は、相手のことばや行動について、満足できない場合にかぎって用いる。したがって、「自分で自分のやりかたに不満がある。」の〈不満〉を〈不服〉に置き換えることはできない。「どうも彼はこの決定に不服らしい。」

不平（ふへい）〔名・ダ形動〕不満で気持ちがおさまらない様子。〈不平〉は、〈不満〉の意に近いが、表情やことばに現れている場合を言うことが多く、「不平を言う。」「不平を並べる。」などの言いかたで用いることが多い。

ふもと

ふもと・山すそ・山麓

ふもと〔名〕麓と書く。山のすそ。山のもと。〈ふもと〉は、山のいただきに対して山のもとを言い、なだらかな広い山すそがなくても使うことができる。「ここは天城山のふもとの小さい村である。」 反 いただき

山すそ（やますそ）〔名〕山裾と書く。山の下の方の、なだらかな広い斜面の部分。〈山すそ〉は、長くゆるやかに続いているのを言うのに適当で、平地から急に切り立った崖になったものや、おわんを伏せたようになっている場合には使わない。それに対して、〈ふもと〉は、山のいただきに対して、山のもとを言い、なだらかな広い部分が認められなくても、用いることができる。したがって、〈ふもと〉の方が意味が広い。「山すそに散在する村の全体が見えた。」 反 いただき

山麓（さんろく）〔名〕山のふもと。〈山すそ〉とほとんど同義の漢語的表現。「町のすぐ近くの山麓」

ぶりかえす

ぶりかえす・再発する

ぶりかえす〔動五〕一時はよい方に向かっていた病気が、また悪くなる。また、「猛暑がぶりかえす。」のように、いったんおさまりかけていた暑さや寒さが、再びもどってくる意にも用いる。

再発する（さいはつする）〔動サ変〕おさまっていた病気や事件などが、もう一度起こること。病気の場合には、〈ぶりかえす〉も〈再発する〉も、ほぼ同じ意味を表わすが、〈ぶりかえす〉は、完全に治りきっていない状態からまた悪くなるような場合に使うが、〈再発する〉は、「ここ四五年すっかりおさまっていた持病が再発して、入院しなければいけないことになった。」のように、かなり長い期間おさまっていたものが、また再び悪くなる場合に用いる。したがって、五年も

十年もたってから、また、同じ病気になることには、〈再発する〉を用いて〈ぶりかえす〉は使わない。また、〈ぶりかえす〉は、不愉快な感じを与える異常な暑さ寒さが、再びもどってくる場合にも使うが、この場合には、〈再発する〉では言えない。一方、「事故が再発した。」「同じような事件が再発した。」のように、事故や事件については〈再発する〉を使い、〈ぶりかえす〉は用いない。　[名]再発

[類語] 再然する

ふるい

古い・古臭い・古めかしい・旧式だ

古い　〔形〕　長い年月がたっている。また、「頭が古い。」のように、これまでと同じであまり変化が感じられない、時代遅れであるの意にも用いる。〈古い〉は、「古い建物」「古い考えかた」のように、かなり年月がたっていて、時代遅れであることを客観的に表現する場合に用いるが、次の〈古臭い〉は、もっぱらマイナス評価の意味合いを含めて言う場合に使い、主観的なとらえかたが強い。
(反)新しい、(転)古さ(名)

古臭い　〔形〕　いかにも古くて、珍しさも価値もない。「古臭い考え」「今ではもう古臭い技術になってしまった。」のように、今では世間にあまりにもありふれていて、価値のないことを言う。考えかたや技術のように抽象的な内容の事柄にも、「古臭い建物」のように、具体的なものにも使う。　(転)古臭さ(名)

古めかしい　〔形〕　いかにも古い感じがする。〈古めかしい〉も、別段価値が高いわけではないが、「古めかしい建物」と言うと、古いことによって権威づけられるという面がある。また、「古臭い考え」「古めかしい考え」とを比べると、〈古めかしい〉は、より純粋に時間的な性質を言い、〈古臭い〉は、世間にありふれている価値がないという意味合いが強い。　(転)古めかしさ(名)

旧式だ　〔形動〕　古臭い型、あるいは様式。ものの形や物事に対する考えかたが古臭いこと。〈古臭い〉と意味が近いが、〈古臭い〉が、珍しさも価値もないことを言う意味合いが強いのに対して、〈旧式だ〉は、「旧式な考え」のように価値が低いことを言う場合もあるが、「旧式な車」「旧式の建物」のように、新式に対して時間的に古いという性質を意味する場合もある。また、〈旧式だ〉は、「旧式な車」「旧式の電気製品」「旧式の時計」のように、機械製品や電気製品について用いることが多く、単に形が古臭いだけでなく、性能も劣るという意味合いを伴う。　(反)新式だ

[類語] 陳腐だ・古びる・古ぼける・古風だ

ふるえる

震える・揺れる・振動する・震動する・動揺する

震える　〔動下一〕　細かく連続して揺れ動く。特に、寒さや恐怖、病気などで、からだの全体や一部分が小さく揺れる場合に使うことが多い。「足が震える。」「声が震え

る。」(転)震え(名)

揺れる（ゆれる） 〔動下一〕 ものがゆらゆらと動く。また、「心が揺れる。」のように、心が落ち着かない状態になる意にも用いる。〈揺れる〉は、〈震える〉のように、寒さや恐怖、あるいは病気などでからだが小さく揺れることには使わない。一方、「地面が揺れる。」「船が揺れる。」のように、地面や船など、人間以外のものに〈震える〉を使うことはない。「風で木や草が震えている。」というのは、擬人的な言いかたである。(転)揺れ(名)

振動する（しんどう） 〔動サ変〕 揺れ動くこと。「ふりこの振動」のように、規則正しく揺れ動く場合や、機械などが規則的に、しかも小刻みに動く場合などに使い、大地など、大きなものが揺れ動くことには用いない。 图振動

震動する（しんどう） 〔動サ変〕 どっしりしたものが震え動くこと。「大地が震動する。」とか「地震でビルが震動する。」のように、大きなものが揺れ動く場合に用いる。 图震動

動揺する（どうよう） 〔動サ変〕 ぐらぐら揺れること。〈揺れる〉は、小さな動きにも大きな動きにも使うが、〈動揺する〉は、「車体が動揺する。」「電車が動揺して、ゆっくり本も読めない。」のように、比較的大きな動きについて言う。「心が動揺する。」のように、精神的なショックなどによって、不安で落ち着かなくなる意にも用いる。ややかたい文章語　图動揺

ふるさと

ふるさと・故郷（こきょう）・郷里（きょうり）・郷土（きょうど）

ふるさと 〔名〕 自分が生まれ育った土地。「ふるさとをしのぶ。」のように、そこを離れて暮らしている場合に使う。〈ふるさと〉は、雅語的な表現で、話しことばではあまり使わない。

故郷（こきょう） 〔名〕 〈ふるさと〉とほとんど同義の漢語的表現。〈ふるさと〉と同じように、そこを離れて暮らしている場合に使い、「故郷を離れる。」「故郷を想う。」のように言う。また、生まれ育った土地と同じくらい大切な土地という気持ちで、「広島はわたしの第二の故郷です。」のように言うことがある。

郷里（きょうり） 〔名〕 〈ふるさと〉〈故郷〉と同じように、そこを離れて別の土地にいるときに使うのが普通である。「あなたのご郷里はどちらですか。」のように、相手の聞く場合には、「生地」〈故郷〉は使いにくい。

郷土（きょうど） 〔名〕 生まれ育った土地。〈郷土〉は、「ここが私の郷土です。」「この土地の青年は、みな郷土愛に燃えています。」のように、自分がその土地で生まれて、ずっと育ったところなら、現に住んでいるところについても使う。また、「郷土色」「郷土芸能」のように、特有の伝統や雰囲気を持つ土地の意にも用いる。

ぶるぶる

ぶるぶる・わなわな・がたがた

ぶるぶる 〔副〕 からだが震える（震わす）様子。〈ぶる

ぶる〉は、寒さやこわさのためにからだが震える場合だけでなく、船の震動がからだに伝わってきて震える場合にも使い、〈わなわな〉よりも、意味が広い。「右手がぶるぶるとふるえ出すのを感じた。」

わなわな　〔副〕恐れや興奮などのために、からだの部分が小刻みに震える様子を言う。〈ぶるぶる〉は、からだの部分が震える場合にも、全体が震える場合にも使うが、〈わなわな〉は、からだの部分が小刻みに震える場合に用いることが比較的多い。文章語的な言いかた。「手はわなわなとふるえて、自分の手のようではなかった。」⇩わななく

がたがた　〔副〕寒さやこわさのために、歯が合わないで強く震える様子。また、「この机は、もうがたがただ。」のように、ものの組立てがゆるみ、壊れかかっている様子や、組織などがゆるむことを表わすのにも用いる。さらに俗語的な言いかたで、「がたがた言うな。」のように、うるさく不平などを言う様子の意にも用いる。〈ぶるぶる〉と意味が近いが、〈がたがた〉の方が、全身的な震えに用いることが多く、また、震えかたも強い。したがって、「指先がぶるぶる震える。」というような場合は、〈がたがた〉で言い換えることはできない。

ぶれい

無礼(ぶれい)・失礼(しつれい)・失敬(しっけい)

無礼(ぶれい)　〔名・ダ形動〕礼儀を尽くさないこと。〈無礼〉は、「無礼者」「無礼な手紙」のように、特定の相手に対して使う。また、礼儀にはずれる度合は、次の〈失礼〉よりも大きい。身分をわきまえないニュアンスを伴い、かたい、古風な言いかた。

失礼(しつれい)　〔名・ダ形動・スル動サ変〕礼儀として必要なことが守られていないこと。また、それをわびるときのことば。「あいつは無礼なやつだ。」と言うときは、〈失礼〉で置きかえることができるが、「ちょっと前を失礼します。」と言うときは、〈無礼〉を使うことができない。また、〈失礼〉は、人と別れるとき、特に自分が先に帰るときに、「お先に失礼します。」のように用いたり、わびるときに、「これは失礼。」のように言ったりする。女性が、人の無礼を怒って、よく、「失礼ね。」とか「失礼しちゃうわ。」とか言うが、この〈失礼〉は、相手の態度を非難する言いかたである。〈失礼〉は次の〈失敬〉と違って、男女とも用いる。

失敬(しっけい)　〔名・ダ形動・スル動サ変〕相手に対して守るべき礼儀を欠いている。〈失敬〉は、〈失礼〉とほぼ同義だが、話しことば的で男性が使う。また、ややふざけた表現で、「これをちょっと失敬してきた。」のように、盗むの意にも用いる。礼儀にはずれる度合は、〈失礼〉よりもやや軽い。「今日はこれで失敬する。」

ふろば

ふろば・ふろ・浴場(よくじょう)・バスルーム

ふろば　〔名〕風呂場と書く。入浴の設備を整えた場所。一般家庭にあるものについて言うことが多く、最も普通の言いかたである。

「大きな風呂場」

ふろ　〔名〕 風呂。湯の中に入って、からだを暖めたり、からだを洗ったりできる場所。〈ふろ〉は、〈ふろば〉とほぼ同義に用いることもあるが、「風呂に入る。」「風呂をたてる。」「露天風呂」のように、入浴できる設備そのものを言うのに用いることが多い。

浴場（よくじょう）　〔名〕 何人も入れる大きなふろば。また、「大衆浴場」のように、ふろ屋、銭湯の意にも用いる。〈浴場〉は、普通の住宅にある〈ふろば〉には使わず、銭湯や温泉旅館の大浴場など、おおぜいの人が一度に入れるものを言う。

バスルーム　〔名〕 bathroom. 浴室。ホテルや純洋風の家の「浴室」の意の外来語。「バスルームは、それぞれの部屋についております。」

類語 浴室（よくしつ）・バス

ぶん
文（ぶん）・文章（ぶんしょう）

文（ぶん）　〔名〕 ことばを書きつらねて、まとまった考えを示しているもの。「文を練る。」また、「文武両道に優れる。」のように、武が武芸や軍事を指すのに対して、学問・芸術・政治・経済などを指す場合や、詩が韻文を指すのに対して、散文の意などにも用いる。語学上では、句点（。）で区切られる一文を言う。 反 武

文章（ぶんしょう）　〔名〕 いくつかの文が集まって、全体として一つのまとまった表現となっているもの。語学上は、二文以上のまとまった表現を言うが、一般には、「文をしたためた。」は、文章のことを指し、文と文章ははっきり区別されていない。「文章がうまい。」

類語 ふみ・センテンス

ぶんか
文化（ぶんか）・文明（ぶんめい）・文物（ぶんぶつ）

文化（ぶんか）　〔名〕 世の中が開けて、生活が便利になり、暮らしが豊かになること。また「文化の交流をはかる。」「西洋文化」のように、人間の精神的活動によって作り出された学問や芸術などを指して用いる。また、現在は、人間が学習によって習得した生活の様式や内容一般を指して用いることが多い。 反 自然

文明（ぶんめい）　〔名〕 知識や技術が発達して、高い文化を持っている状態。〈文明〉は、「文明の利器」「高度な文明」のように、発明・発見の積み重ねによって作り出された組織的な文物という、物質的なものに重点がある。「文明開化の時代」この〈文明〉と対比して言うときの〈文化〉は、物質的に進んでいるだけでなく、精神的にも優れていること、たとえば国民の知識が深く豊かで、芸術が愛され、学問を尊び、民主主義や政活倫理が確立されているといった状況について用いる。「文明社会」 反 野蛮

文物（ぶんぶつ）　〔名〕 一国の文化が生み出したもの。芸術・学問・宗教・制度などを含めた一切のものを指して言う。〈文化〉は、体系的で全体的なものを指して言うことが多いが、〈文物〉は、一国の文化によって作り出された、その国固有の具体的なもの

について使うことが普通である。やや古風な言いかた。「西洋の文物」

ふんそう

紛争（ふんそう）・抗争（こうそう）・内紛（ないふん）・トラブル・いざこざ

紛争（ふんそう）〔名〕いろいろの問題があって、互いの間がうまくいかず、ごたごたともめること。「国際間の紛争を解決するのは容易なことではない。」「紛争を引き起こす。」

抗争（こうそう）〔名・スル動サ変〕あることに反対し、それに逆らって争うこと。〈紛争〉は、互いの間がうまくいかず、お互いに争うことを言うが、〈抗争〉は、相手に対してこちらが抵抗して争う場合に使う。また、〈紛争〉は、一方がもう一方よりも勢力が大きい場合にも、また、対等の場合にも用い、双方に言い分がある場合に使うが、〈抗争〉は、一方がもう一方よりも勢力が強く、勢力の弱い側が勢力の強い側の考えかたややりかたに反対し、抵抗する場合に使う。かたい文章語。「抗争をくりかえす。」

内紛（ないふん）〔名〕内部のもつれ。内輪もめ。「他党の内紛を利用して自党の勢力を拡げる。」「隣国の内紛に巻き込まれる。」のように、政党や国の内部の者同志が争ったりしてごたごたすることに使い、〈紛争〉のように国際間のもめごとについては用いない。

トラブル〔名〕trouble.〈紛争〉とほぼ同義の外来語だが、「国際間の紛争」のような大きな出来事よりも、「いろいろのトラブルに悩まされる。」「試合中にトラブルが起こった。」のように、個人的な事柄や比較的小さな出来事について用いることが多い。したがって、心配・困難・骨折りなどとほとんど同義に用いる場合が少なくない。

いざこざ〔名〕人と人との間のもめごと。ごたごた。「嫁と姑とのいざこざが絶えない。」「隣家のいざこざにまきこまれる。」のように、家庭や小さな組織の内部での個人同士のもめごとについて使い、大きな勢力や団体間でのもめごとについては用いない。

類語　係争（けいそう）・軋轢（あつれき）・ごたごた・悶着（もんちゃく）

ぶんり

分離（ぶんり）・分裂（ぶんれつ）・分解（ぶんかい）・分化（ぶんか）

分離（ぶんり）〔名・スル動サ変〕それまで一つであったものが、二つ以上に分かれること。また、物理学で、ある物質から、それを作っている特定の物質を取り出すことを言う。ある団体から小人数の人が離れて独立するのは〈分離〉だが、ある団体が二つに分かれるのは〈分裂〉である。

分裂（ぶんれつ）〔名・スル動サ変〕一つにまとまっていたものが、いくつかに分かれること。〈分離〉は、「水と油が分離する。」のように、もともと別々のものだったのが分かれることを言い、〈分裂〉は、「政党が分裂する。」「細胞分裂」のように、一体で区別のつかなかったものが別々になることに使う。また、〈分裂〉は、もとのものから、それぞれ、対等に近い関係にある二つのものに分かれる場合に使うが、〈分離〉は、本体よりも、分かれた部分の方が小さい場合に用いることが多い。「分離する」は、自動詞としても、他動詞としても使うが、「分裂する」は、自動詞としてしか使わない。(反)統一

分解（ぶんかい）〔名・スル動サ変〕一つのまとまっていたものを、ばらばらにすること。また、「電気分解」のように、化学で、化合物を、それを構成している物質に分けることの意にも用いる。〈分解〉は、「ラジオを分解する。」「分解掃除」のように、機械・器具などを、それを構成している一つ一つの部分に分ける場合に使う。生物や人間については使わない。

分化（ぶんか）〔名・スル動サ変〕一つのものが発達して、いくつかのものに分かれること。「学問は、発達するに伴って、次第に専門が分化してきた。」のように、抽象的な内容の事柄について用いることが多い。「専門分化がはなはだしくなるにつれて、全体的な展望が困難になってきた。」

類語 分散（ぶんさん）・四分五裂（しぶんごれつ）・分割（ぶんかつ）・分断（ぶんだん）

へ

へい
塀（へい）・垣（かき）

塀（へい）〔名〕家・土地などの境目に作った、目隠しや用心のための囲い。土塀・板塀・煉瓦塀などがある。「塀のうえにのびた樟や椎が濃いかげを道にひろげていた。」

垣（かき）〔名〕「垣根」のやや改まった言いかた。自分の家の庭とそれ以外の土地を隔てる囲いや仕切り。「生垣」「竹垣」など、樹木や竹などで作られたものを指して使うことが多い。また、神社などの垣は、普通、「瑞垣」と言う。やや古い言いかた。「垣をめぐらす。」

類語 囲い（かこい）・ついじ・フェンス

へいき
平気（へいき）・平然（へいぜん）・泰然（たいぜん）・悠然（ゆうぜん）

平気（へいき）〔名・ダ形動〕苦しいことや具合の悪いことがあっても、少しも気にかけず、いつもの態度や気持ちが変わらないこと。〈平気〉は、日常語としてよく用いる。「平気をよそおう。」「平気な顔」

平然（へいぜん）〔タル形動〕あわてたりしないで、いつもの調子でいる様子。「平気で嘘をつく。」「平然と嘘をつく。」のように、〈平然〉と〈平気〉は、意味が近いが、〈平然〉は、その態度に嘘と分かるような様子が全く認められないことを言うのに対して、〈平気〉は、悪いという気持ちを表情などに全く表わさないでいることを言う。「平気な態度」と言うと、少しも気にかけない様子を言い、「平然たる態度」と言うと、あわてたりしない様子を表わす。すなわち、〈平気〉は、少しも気にかけていない様子が、主として「平気な顔」のように表情や

しぐさに現れる点に意味の重点があり、〈平然〉は、あわてたりしない様子が態度全体に認められる点に意味の重点がある。かなりかたい文章語。

泰然（たいぜん）〔タル形動〕何事にもあわてたりしないで、ゆったりと落ち着いている様子。〈平然〉は、何か苦しいことや具合の悪いこと、あるいは、びっくりするようなことがあった場合にも、あわてたりしないでいつもの調子を乱さないことを言うが、〈泰然〉は、何かに際してとるその場その場での態度ではなく、「いつも泰然としている。」のように、日ごろの生活態度や習慣的に身についた態度を言う。また、〈泰然〉は、プラスの意味合いに用いることが多く、「泰然とうそぶく。」のようには使わない。かたい文章語。「泰然自若としている。」のように自若と複合して用いることが多い。

悠然（ゆうぜん）〔タル形動〕さし迫った局面に関わりなく、普段の落ち着きを失わずにいる様子。〈泰然〉の意に近いが「死刑執行を前にして、悠然とかまえている。」のように、さし迫った事態に直面しているにもかかわらず、日ごろの落ち着きを失わない態度について言う。

類語 悠揚（ゆうよう）・悠悠（ゆうゆう）・平静（へいせい）

へいさ

閉鎖（へいさ）・封鎖（ふうさ）・密閉（みっぺい）

閉鎖（へいさ）〔名・スル動サ変〕中へ入れないように、入り口などを閉め切ること。〈閉鎖〉は、工場・事務所・港など、ある空間的な大きさを持った組織が活動をやめ、入口などを堅く閉ざして中へ入れないようにすることを言う。したがって、「彼は閉鎖的な生活態度を取りつづけているので、せっかくの良い性格や資質が、周りの人に理解されないでいる。」のように、自分の中や狭い範囲のグループに閉じこもりがちで、外に向かって働きかけたり、外部からの影響を受けない様子の意にも用いる。「中小企業は、不況の波をもろにかぶって、各地で工場の閉鎖が続いている。」 反 開放

封鎖（ふうさ）〔名・スル動サ変〕出入りや出し入れができないように、閉ざすこと。〈封鎖〉は、「道路を封鎖する。」「海上封鎖」のように、通路にあたるものをふさいで、通れないようにすることを言う。〈封鎖〉の方が、ほかのものの邪魔をするために、臨時の手段でふさぐというニュアンスがある。「門を閉鎖する。」は、普通に門を閉めればよいが、「門を封鎖する。」と言うと、さらに、机や椅子を積み上げて、容易なことでは通れないようにする、また、そこに人がいて通行を禁ずるという意味合いが含まれる。

密閉（みっぺい）〔名・スル動サ変〕どこにもすきまがないようにして、閉じること。「部屋を密閉する。」のように、ある空間を、すきまがないように閉じる場合に使う。小は容器から、大は部屋にいたるまで使う。ただし、封筒や紙袋などについては、「密封」を使う。

類語 閉塞（へいそく）・完封（かんぷう）・ふさがり

へいち

平地（へいち）・平野（へいや）・平原（へいげん）

平地（へいち）〔名〕でこぼこの少ない、平らで広い土地。〈平地〉は、普通、平らで広い土地を言うが、山の中の小学校の校庭も、ちょっとした造成地も平地と言えるから、比較的狭い場合にも使うことができる。「村外れの平地に杉の大木が一本生えていた。」 ㊎山地

平野（へいや）〔名〕海抜が低く、山などがなく、平らで広大な土地。〈平地〉は、比較的狭い場所にも使うが、〈平野〉は、次の〈平原〉と同じく、広々とした土地について使う。また、〈平地〉〈平野〉は、家があって人が住んでいても、森林や無人の野であってもよい。「関東平野」
㊎山地

平原（へいげん）〔名〕平らで広い野原。〈平原〉は、〈平野〉と同じく、山などが周りになくて、平らで広大な土地を言うが、〈平野〉は、家があって人が住んでいても、森林であってもよいのに対して、〈平原〉は、「無人の大平原を行く。」のように、無人の野を指して言うことが普通である。

へいゆ
平癒（へいゆ）・治癒（ちゆ）・全快（ぜんかい）・全治（ぜんち）

平癒（へいゆ）〔名・スル動サ変〕病気がすっかり治ること。〈全快〉とほぼ同義だが、古風な言いかたである。〈平癒〉よりも〈全快〉の方が、もっとすっかり治ったというニュアンスが強い。「父の病気平癒の祈願に参詣した。」

治癒（ちゆ）〔名・スル動サ変〕手当ての結果、病気が治ること。〈平癒〉は、病気がすっかり治ることを言うが、〈治癒〉は、病気だけでなく、けがについても使う。また、〈治癒〉は、治療した結果治ったということに意味の重点があり、すっかり治ったという点は、〈平癒〉ほど強くない。「傷がまだ治癒しない。」

全快（ぜんかい）〔名・スル動サ変〕病気が治って元どおりの健康な状態になること。〈全快〉は、〈平癒〉よりも、もっとすっかり治ったというニュアンスが強い。このグループの中では、最もよく用いる日常語的な言いかたである。「全快祝い」

全治（ぜんち）〔名・スル動サ変〕〈ぜんじとも言う。けがが、すっかり治ること。「全治一週間のけが」のように、病気でなく、けがについて使うのが普通である。

類語 回復（かいふく）・根治（こんち）・本復（ほんぷく）

へこむ
へこむ・ひっこむ・くぼむ

へこむ〔動五〕その部分が周りより一段低い状態になる。また、「言い負かされてへこむ。」のように、負けて、勢いを失う意にも用いる。「地面がへこむ。」 ㊕へこみ(名)

ひっこむ〔動五〕ひっ込むと書く。突き出ていたものが、もとの状態にもどる。また「田舎にひっこむ。」のように、退いて、人の目に立たないような所に行くの意や、「表通りからひっこんだ家」のように、表からは見えない、奥の方にあるの意にも用いる。〈へこむ〉は、「庭

のすみがへこんだ。」「トタン屋根がへこむ。」のように、ある平面を基準にして周りの平面よりさがって、くぼみができる場合に使うのに対して、〈ひっこむ〉は、「おできがすこしひっこんだ。」「釘の頭を打ってひっこませる。」のように、外へ突き出たもの、出すぎたものを、もとの状態にもどす場合に用いる。また、「このへんの海岸は、東西両側に比べてひっこんでいる。」のように、ある線を基準にした場合には、〈ひっこむ〉が使われる。
(転)ひっこみ(名)

くぼむ　〔動五〕凹む。また窪むとも書く。周りより低く落ちこんで、へこんでいる。〈へこむ〉は、「畳がへこむ。」「トタン屋根がへこむ。」のように、もともと平面であるものの一部が、周りより少し低くなることを言うが、〈くぼむ〉は、「目がくぼむ。」のように少し低くなる場合から、「地面がくぼんでいて、その中に二人で寝ころがった。」のように、かなり広い範囲にわたって、大きくへこんでいる場合まで使う。　(転)くぼみ(名)

へた

下手(へた)・不器用(ぶきよう)・不得手(ふえて)

下手(へた)　〔名・ダ形動〕技術などがうまくないこと、またはそのような人。また、「へたをすると大変なことになる。」「へたに手を出せない。」のように、物事をよく考えないこと、不注意なことの意にも用いる。
(反)上手　⇩下手くそ

不器用(ぶきよう)　〔名・ダ形動〕無器用とも書く。手先を使ってすることがへたくそなこと。また、物事をうまくスムーズに進めることができないことの意にも用いる。〈下手〉は、「下手な字を書く。」「下手の横好き」のように、学習によって身につける技術について使うが、〈不器用〉は「生まれつき不器用なたち」「手さきが不器用で困る。」のように、学習とは関係なく生まれつきのものに用いる。(反)器用、(転)不器用さ(名)　⇩ぶきっちょ

不得手(ふえて)　〔名・ダ形動〕能力や関心がそれに向かないで、得意ではないこと。「人前で話すのは不得手だ。」「僕は数学が不得手だ。」のように、技芸だけでなく、その方面の能力がないことを広く言う。
[類語] まずい・拙劣(せつれつ)だ・つたない

へだたり

隔(へだ)たり・間隔(かんかく)・距離(きょり)

隔(へだ)たり　〔名〕場所や時間が離れること。「隔たりができる。」「二人の心の間に隔たりがある。」のように、空間的、時間的な距離にも、また、心理的な距離にも使う。　(動)隔たる

間隔(かんかく)　〔名〕ある物事と次の物事の間にある隔たり。時間についても空間についても言う。〈隔たり〉は、心理的な距離についても使うが、〈間隔〉は、時間的・空間的な距離についてしか用いない。「五分間隔で電車が発着する。」

距離(きょり)　〔名〕二つの物や場所の間の隔たりや道のりについて言う。「親子の間柄なのに、距離のある態度をとる。」のように、相手との

間にできる気持ちの上での隔たりを言うこともある。「トップとの距離をちぢめる。」

類語 懸隔（けんかく）・遠近（えんきん）・間（あいだ）

へつらい

へつらい・おだて・おべんちゃら

へつらい

〔名〕 諂いと書く。「権力者に対するへつらい」のように、上の者、力のある者に気に入られようとして、自分のプライドを捨ててご機嫌を取ることを言う。文章語的な言いかた。 動 へつらう

おだて

〔名〕 何かをやらせる下心もあって、しきりにほめること。〈へつらい〉は、下の者の上の者に対する態度について使うが、〈おだて〉は、「あいつはおだてに弱いから、うまくおだててやらせよう。」のように、自分と対等の者や、目下・年下の者に対する行為についても用いる。また、〈へつらい〉は、ご機嫌をとることを言うが、〈おだて〉は、しきりにほめていい気にさせることを言う。したがって、〈おだて〉には、特に、卑屈な気持ちは含まれない。

動 おだてる

おべんちゃら

〔名〕 相手に取り入るために使う、その場かぎりの調子のいいことば。口語的な言いかた。

類語 おべっか・追従（ついしょう）・ごますり・おあいそ

へや

部屋（へや）・座敷（ざしき）・間（ま）

部屋（へや）

〔名〕 寝起きしたり物を置いたりするために、建物の中を区切った空間。〈部屋〉は、和風でも洋風でもよいが、居住部分としては、窓のあることが普通である。「隣の部屋から笑い声が聞こえてきた。」

座敷（ざしき）

〔名〕 畳を敷いた日本間の部屋の意。普通は、それらの部屋の中で、とくに客間として使う部屋について言う。「座敷にあがる。」

間（ま）

〔名〕 〈部屋〉とほとんど同義で、『次の間（部屋）』「間（部屋）数」のように使うが、「部屋は、みなふさがっています。」のように、主語として用いることはない。〈間〉は、「次の間」「三畳の間」「孔雀の間」のように、「～の間」の形で使うことが多い。

類語 室（しつ）・ルーム

へらす

減（へ）らす・へずる

減（へ）らす

〔動五〕 量や程度を少なくする。〈減らす〉は、「肉を減らして、もっと野菜を食べるといい。」「人口を減らす。」のように、具体的な量について言うことが多いが、「腹を減らす。」のように、程度を言う場合にも使う。また、「予算」「人口」のような具体的な内容のものについても、「機会」「苦情」のような抽象的な内容の事柄についても使う。

反 ふやす・増す

へずる

〔動五〕 削り取るようにして少し減らす。〈減らす〉は、わずかに少なくする場合から大量に少なくする場合まで、幅広く言

うが、〈へずる〉は、少し減らす場合に使う。また、〈へずる〉は、「食事の量をへずる。」「小遣いをへずる。」のように、具体的なものについて用いる。

類語 減じる・すり減らす

へる

経る・経つ・過ぎる・経過する

経る 〔動下一〕 時間が経つ。また、「京都を経て大阪へ行く。」のように、目的地へ行く途中に、そこを通って行くの意や、「困難を経る。」のように、あることをする途中の段階として、その過程をたどる意などにも用いる。

経つ 〔動五〕 時間が過ぎる。最も日常的な言いかた。〈経る〉と〈経つ〉とは、時間的な場合に限定すると、意味的にはほとんど同じである。しかし、文法的には、次のような違いがある。「それから六時間が～」と言うと「経った」を用い、「それから六時間を～」と言うと「経た」を用いる。また、〈経る〉は、目的地へ行く途中の経過点や、あることをする途中の段階の意を表わすが、〈経つ〉には、この意味用法はない。

過ぎる 〔動上一〕 時が経つ。〈過ぎる〉は、このグループの中で最も意味用法が広く、時間的な場合に限定しても、ある時点を経過することを表わす意以外に、「夏が過ぎた。」のように、ある時間的な幅を持った時期が終わること。「過ぎた昔」「過ぎた何日かを思い起こした。」のように、「～た」の形で、そのことがすでに過去のある時点で完了したことを表わす用法がある。また、「列車はいつのまにか静岡を過ぎていた。」のように、ある場所を通り越す場合や、「五十を少し過ぎた年ごろのおじさん。」のように、数量がある線を超える場合、あるいは、「いたずらが過ぎる。」のように、程度が普通のレベルを超える場合などにも用いる。

経過する 〔動サ変〕 時間が過ぎていくこと。〈経過する〉は、「それから六時間が経過した。」とも、「それから六時間を経過した今も～」のように、二つの文型のどちらにも使える。また「経過を説明する。」のように、物事が移り変わっていく状態を意味する名詞としての用法もある。 图経過

へん

変だ・変てこだ・妙だ・おかしい

変だ 〔形動〕 普通と違っていて、正常と思われない様子。「変な味」「変になる」

変てこだ 〔形動〕 「へんてこりん」とも言う。変な様子。妙な様子。〈変だ〉は、「頭が変だ。」「からだの具合が変だ。」のように、頭やからだの様子についても使うが、〈変てこだ〉は、「変てこな格好をしている。」のように、外見的な様子や視覚的にとらえることのできる状態についてしか用いない。また、〈変だ〉は、「変に気取っている。」のように、〈変に〉の形態で連用修飾語になる用法があるが、〈変てこだ〉には、この用法がない。〈変てこだ〉は、俗語的

な言いかた。

妙(みょう)だ　〔形動〕不思議だ。おかしい様子。〈変〉の意味に近いが、「今日は変な日だ。」と言うと、普通と違った変わったことがあった日という意を表わすが、「今日は妙な日だ。」と言うと、すぐには信じられないような不思議なことがあった日という意になる。〈変だ〉は、普通と違っていることを感覚的にとらえて表現するところに重点があるが、〈妙だ〉は、常識では考えられないという不審に思う内面的な気持ちに重点がある。

おかしい　〔形〕正常の働きや常識的なやりかた、判断などからはずれている様子。「ちょっとおかしいことになっている。」「頭がちょっとおかしいんじゃないか。」のように、〈変だ〉〈妙だ〉とほとんど同義に用いられることもあるが、「その答えは少しおかしいんじゃないか。」のように、通念や論理上からずれていて、そのまま認められないことの意にも使う。口頭語的な言いかた。

(転)おかしさ(名)

類語 異様(いよう)だ・奇妙(きみょう)だ・風変(ふうが)わりだ・珍妙(ちんみょう)だ・奇怪(きっかい)だ・奇異(きい)だ

へんか

変化(へんか)・変(か)わり・変異(へんい)

変化(へんか)　〔名・スル動サ変〕ある状態・性質・形などが、別の状態・性質・形などに変わること。時間的、空間的な推移によって、物事の性質や状態などに違いが現われることを言う。「変化に富む。」

変(か)わり　〔名〕変わること。変わった点。〈変化〉の意に近いが、〈変化〉は、ある状態・性質・形に変わることを客観的に言い、プラス・マイナスの評価とは関係なく用いるのに対して、〈変わり〉は、「その後変わりはないか。」「機械の調子には何の変わりもない。」のように悪い方向への変化を前提として用いることが多い。また、〈変わり〉は、「二人の意見の間には少しの変わりもない。」のように、いくつかのものの間に違い、差異の意にも用いる。(動)変わる

変異(へんい)　〔名〕それまでの状態を変えてしまうような出来事。変わった点。「変異が起こる。」「爆発で火山に大きな変異が認められた。」のように、自然界の変動、特に地殻の変動について使うことが多い。平常と変わった、予想外の大きな事件、事柄に用いる。また、「突然変異」のように、同種の生物の間で、全く変わった性質や形を示すことの意にも用いる。

類語 変動(へんどう)・異変(いへん)・変転(へんてん)

へんきゃく

返却(へんきゃく)・返還(へんかん)・返納(へんのう)・返済(へんさい)

返却(へんきゃく)　〔名・スル動サ変〕借りていたものを、元に返すこと。〈返却〉は、「図書を返却する。」「借り出していた書類を、もとの機関へ正式に返却した。」のように、借りていたものを元の所へ返すことに使い、個人的な場合にも公的な機関の場合にも用いる。

返還(へんかん)　〔名・スル動サ変〕取り上げたり借りたりしていたも

のを、元に返すこと。〈返還〉は、かなり公的な場合に使うことばで、「領土が返還されるまで実に十五年を要した。」「優勝旗の返還」のように使い、純粋に個人的な貸し借りには用いない。また、領土や接収された建造物のように、借りたというよりも、取り上げたものを返す場合にも言う。この場合には、〈返却〉は使えない。

返納（へんのう）〔名・スル動サ変〕おもに品物を返却することについて言う。かたくるしいことばで、公的な場合に使うことが多い。「長年お借りしていたものを、ご返納申し上げます。」

返済（へんさい）〔名・スル動サ変〕借りていた金やものを返すこと。個人や企業銀行から個人的に借りていたお金を返す場合に使うことが多い。

㊇借用

へんじ

返事（へんじ）・返答（へんとう）・回答（かいとう）

返事（へんじ）〔名〕相手に答えてするあいさつ、または、相手に答えることば。名前を呼ばれたり、戸をたたかれたりして、「はい」「うん」などと答えるのも〈返事〉にはいるが、この場合は、〈返答〉とは言わない。家族の間で、くだけた会話のやりとりをしているような場面に、最も、普通に使うことばである。また、「返事を出す。」のように、受けた手紙に対する答えの手紙の意にも用いる。

返答（へんとう）〔名〕呼ばれたときの受け答え。問われたことに答えること。〈返答〉は、〈返事〉の意に近いが、〈返事〉が、相手に呼ばれたときの単なる応答のことばや反射的に受け答えをする場合のことばを言うのに対して、〈返答〉は、「返答を求める。」「すぐに正確な返答ができない。」のように、相手に問われたことに答える場合に使うことが多い。また、〈返事〉は、手紙についても使うが、〈返答〉は、この意に用いることがない。

回答（かいとう）〔名〕問いに対する答え。〈返答〉は、個人的なことに使うが、〈回答〉は、「政府の回答を要求する。」「至急ご回答下さい。」のように、公的な事柄について使うことが多い。また、〈返事〉は、口頭で行う場合を言うが、〈回答〉は、文書で行う場合にも、文書にまとめたものを口頭で公表する場合にも用いる。

類語　答え（こたえ）・応答（おうとう）・答弁（とうべん）・返書（へんしょ）・返信（へんしん）

べんしょう

弁償（べんしょう）・償い（つぐない）・補償（ほしょう）・賠償（ばいしょう）

弁償（べんしょう）〔名・スル動サ変〕他人に与えた損害を償うために、金や物を出すこと。おもに、個人的な不注意による損害に対するものを言う。また、〈弁償〉は、他人に与えた損害に対して、きちんと金額が合っていなければいけない。「養家から出してもらった学資は、実家で弁償することになった。」

償い（つぐない）〔名〕相手に与えた損失の埋め合わせを金品ですること。また、犯した罪やあやまちの埋め合わせを、金品や労力などですることの意にも用いる。〈弁償〉は、金や物を出して、相手に与えた損害をきちんと埋め合わせることを言うが、〈償い〉は、「あの人は、私のあやまちを許してくれた。私はその償いのためにも、あの人を生涯支えてゆかなければいけない。」のように、精神的なものについて言うことが多く、おわびの気持ちを形に現わすことに重点がある。したがって、金額が相手に与えた損害に合わなくてもよい。 動 償う

補償（ほしょう）　〔名・スル動サ変〕　与えた損害などを償うこと。〈補償〉は、〈弁償〉よりも公的な性格が強く、個人が与えた小さな損害については使わない。〈補償〉は、〈弁償〉と同じく、きちんと金額が合っていなければならない。「商店街立ち退きの補償金がなかなか決まらない。」

賠償（ばいしょう）　〔名・スル動サ変〕　相手に与えた損害を金銭などで償うこと。たいしたことではない迷惑の償いについては〈弁償〉を使い、無視できない重大な損害の場合には〈賠償〉を使うのが普通。「両国家間での賠償交渉がなかなか進展しない。」

類語 弁済（べんさい）・代償（だいしょう）・贖い（あがない）

へんそう

変装（へんそう）・仮装（かそう）・扮装（ふんそう）

変装（へんそう）　〔名・スル動サ変〕　ほかの人に分からないように、姿形を変えること。「刑事は変装してはりこみをした。」のように、姿形を変えて、本人とは分からないようにすることを言う。

仮装（かそう）　〔名・スル動サ変〕　物語中の人物や動物など、いろいろのものに変装して、人に見せること。〈変装〉は、たとえば犯人などに分からないようにすることを目的として、どこにでもいるような別人の姿形を装うことを言うが、〈仮装〉は、パーティや舞踏会などで、集まった人びとに見せることを目的として何かに似せて装うことに使う。「仮装行列」

扮装（ふんそう）　〔名・スル動サ変〕　役者や俳優などが、衣裳や化粧に工夫を凝らして、ある人物の姿になることに使うことが普通だが、時には、一般の人がきちっとした身なりをする場合にも用いる。「扮装をこらす」

類語 擬装（ぎそう）・擬態（ぎたい）・カムフラージュ

べんりだ

便利（べんり）だ・重宝（ちょうほう）だ・簡便（かんべん）だ

便利（べんり）**だ**　〔形動〕　何かをするのに役に立ち、都合がよいこと。「便利がよい。」「ここは交通に便利なところだ。」 反 不便だ

重宝（ちょうほう）**だ**　〔形動・スル動サ変〕　便利なものとして使うこと。役に立って、便利なこと。また、「手先が器用なので、みんなから重宝がられる。」のように、希少価値があり、大事にされることの意にも用いる。〈便利だ〉は、「便利にできている。」「ここは、交通に便利なところだ。」のように、何かをするのに役に立ち、都合よく楽に行われる様子の意に使うが、〈重宝だ〉は、それ以外に、「この本を重宝しているんだ。」のように、便利なものとして使う意や貴重に思われたりする意などにも用い、〈便利だ〉よりも意味用法が広い。〈重宝だ〉は、

やや古風な用語。(転)重宝さ(名)

簡便だ(かんべんだ)　〔形動〕取扱いなどが、だれにでも簡単にできて、便利なこと。〈簡便だ〉は、簡単にできることに意味の重点がある。また、〈便利だ〉は、「便利なバス」「便利な本」のように、具体的なものにも使うが、〈簡便だ〉は、「簡便な方法」のように、抽象的な内容の事柄に使うことが多い。「これは扱いかたがきわめて簡便だ。」かたい文章語。

類語　有効(ゆうこう)だ・手軽(てがる)だ・軽便(けいべん)だ・都合(つごう)がいい

へんれき

遍歴(へんれき)・彷徨(ほうこう)・徘徊(はいかい)・放浪(ほうろう)・漂泊(ひょうはく)

遍歴(へんれき)　〔名・スル動サ変〕何かを祈願するため、諸国を回って歩くこと。また、「人生遍歴」のように、いろいろ変わった経験をする意にも用いる。

彷徨(ほうこう)　〔名・スル動サ変〕どっちへ行ったらよいか分からずに、迷い歩くこと。〈遍歴〉は、「彼は今までずいぶん苦しい人生の遍歴を重ねてきた。」のように、長い時間にわたって、さまざまの経験をする意に用いるが、〈彷徨〉はこれからどっちへ行ったらよいかはっきり分からないために、あちこちさまよい歩くことを言う。また、〈彷徨〉は、具体的な行為を表わすのに用いることが多いが、「苦しみの中をいたずらに彷徨していた。」のように、精神的なことについても用いる。かたい文章語。

徘徊(はいかい)　〔名・スル動サ変〕どこに行くというあてもなく、あちこちをゆっくりと歩き回ること。〈彷徨〉は、どっちへ行ったらよいか分からないために、あちこちさまようことを言うが、〈徘徊〉は、どこへ行くというはっきりとしたあてがないまま、一定の範囲をゆっくりと歩く場合に使う。また、「明暗二つの気持ちの間を徘徊していた。」のように、はっきりと気持ちが定まらないために、一定の範囲を心が揺れる意にも用いる。〈徘徊〉は、山野ではなく、「街を徘徊する。」のように、街の中を歩き回るのに使うことが多い。かたい文章語。

放浪(ほうろう)　〔名・スル動サ変〕一か所に長くとどまらず、気任せ・足任せに各地を旅すること。〈遍歴〉と意味が近いが、〈遍歴〉が何かを祈願するため、各地を巡り歩く場合に使うのに対して、〈放浪〉は、自分の性格とかやむをえない事情があって、各地を転々と旅する場合に使う。したがって、あまりよい意味には用いない。「放浪癖」

漂泊(ひょうはく)　〔名・スル動サ変〕一か所にとどまらないで、当てもなくあちこちさまようこと。特別の目的や用事もなく、土地から土地へと旅をして歩くことを言い、〈放浪〉と意味が近いが、〈放浪〉が自分の性格や、やむをえない事情があって、各地を転々と旅することを言うのに対して、〈漂泊〉は、「漂泊の人生」のように、ただ当てもなくさまようことに使う。〈放浪〉のようなマイナスの意味合いは少なく、逆に、「芭蕉の漂泊の旅」のように、風流感覚、美的感覚で使われることが多い。

類語　行脚(あんぎゃ)・さすらい・遊歴(ゆうれき)・周遊(しゅうゆう)

ほ

ほう

法・法律・ルール・規律・規則

法〔名〕法律。ある社会のなかで、してはいけないこと、しなければならないことについて、しきたりや習慣によって、または、その社会を統治する権力を持つ人や組織によって定められたきまり。また、「法にかなう。」のように、その場合場合にそうすることが期待されるきまりの意にも用いる。

法律〔名〕国民が従わなければならないと定められた、その国のきまり。〈法律〉は、議会などが決め、国民が守らなければならないきまりを言い、「法律で禁ずる。」「法律違反」のように使うが、〈法〉は、「法でそのように定められている。」のように、〈法律〉とほとんど同義に用いるとともに、「作法」「それ以外に法がない。」のようにも使い、意味が広い。「その点は法律で厳しく禁じられている。」

ルール〔名〕rule. 規則のこと。〈法律〉は、国民が守らなければならない国が定めたきまりを言うが、〈ルール〉は、「野球のルール」「交通ルール」「会議のルール」などのように、会議や運動競技などを公正に行うために取り決めた規則について使うのが普通である。

規律〔名〕団体や組織をきちんと運営したり、個人の生活をきちっとしたものにするためのきまり。〈規律〉は、「規律が乱れる。」「規律を守る。」のように、団体の秩序を保つために個人に要求されるきまりについて使うことが多いが、「規律ある生活」のように、個人の生活を秩序立てるためのきまりについても用いる。しかし、国民全体が守らなければならないきまりについては使わない。「規律があまりにも厳しすぎる。」

規則〔名〕国家や団体、組織などに属する人や、あるいは、自分自身が、一定の秩序を保つために定められたきまり。〈規則〉は、具体的に定められたきまりについて使うが、〈規律〉は、行為の基準について言うことが多い。また、「規則正しい生活」というと、日々の生活において具体的な行為が定められたとおりにきちっと行われることを言うが、「規律正しい生活」というと、生活に対する自分の心構えや姿勢に意味の重点がある。

類語 法則・理・摂理・掟・さだめ

ぼうかん

傍観・静観・座視

傍観〔名・スル動サ変〕第三者の立場に立って、何も手を出さずに見ていること。「喧嘩しているのに、みんな傍観しているだけで、止めようとしない。」のように、実際に目で見ている場合にも、「友達が破産しようとしているのに、ただ傍観しているつもりか。」のように、ある事実を知っているだけで、何もしない、という場合にも使う。もっと直接的に関係すべきなのに、知らん顔をしているというマイナスのニュアンスを伴って使うことが多い。

静観(せいかん)　〔名・スル動サ変〕　行動しないで、成り行きを静かに見守ること。「彼は事態の推移を静観した。」のように、何かの運動、闘争、世の中や事態の推移などに関わろうとしないで、わきからどうなるか静かに見守ることを言い、実際に目で見るということとは関係がない。また、「傍観」とちがって、マイナスの意味に使われることは少ない。

座視(ざし)　〔名・スル動サ変〕　傍にいながら、何もしないこと。「座視するにしのびない。」のように、否定的に使うことが多い。〈静観〉は、政治の動向や社会的な事件のように大きな問題についても、身の回りの小さな事柄にも使うが、〈座視〉は、身の回りの比較的小さな出来事や事態について使うことが多い。きわめてかたい文章語。

ぼうし

防止(ぼうし)・制止(せいし)・阻止(そし)

防止(ぼうし)　〔名・スル動サ変〕　望ましくないことが起こらないように、あらかじめ手を打つこと。望ましくないことを、未然に防ぎとめること。「未然に事故を防止する。」「今日の工事関係者の中には、危険防止に対する配慮の全く欠けている人が決して少なくない。」

制止(せいし)　〔名・スル動サ変〕　これからしようとすることを止めること。〈防止〉は、「事故を未然に防止する。」「危険防止」のように、危険を防ぐためにあらかじめ手を打つ場合に使うが、〈制止〉は、現にしていることを妨げる場合にも使う。また、〈防止〉は、山火事のような自然現象でも、青少年の不良化といった人間の現象でも、密輸のような意識的な行為でも、みな対象になるが、〈制止〉は、人が意識的にすることを止める場合に用いるのが普通である。また、〈防止〉は、公の機関や団体が具体的な対策を講じる場合が多いのに対して、〈制止〉は、一人の人や少人数がことばやからだで止める場合に使うのが普通である。「発言を制止する。」

阻止(そし)　〔名・スル動サ変〕　あることが行われないように、力で抑えとどめること。〈阻止〉も、〈制止〉と同じように、人が意識的にすることを、力で抑えとどめる場合に使う。したがって、密輸とか反対者の不法な行為などが〈阻止〉の対象となる。〈制止〉は、からだで止めるだけでなく、「しいっと制止する声がした。」のように、ことばによってとどめる場合にも使うが、〈阻止〉は、力で抑えとどめる場合に使う。また、〈阻止〉は、結果に重点が置かれるが、〈制止〉は、働きかけに重点がある。

［類語］抑止(よくし)・制御(せいぎょ)・防禦(ぼうぎょ)

ほうじる

報じる(ほうじる)・報告(ほうこく)する・通報(つうほう)する

報じる(ほうじる)　〔動上一〕　〈報ずる〉とも言う。「新聞の報じるところによると、年々自殺者が増えているとのことである。」のように、知らせるの意を表わす。また、「恩に報じる。」「恨みを報じる。」のように、自分が受けた恩や恨みに報いるの意にも用いる。普通、テレビ・新聞などが、広く世間の人びとにその日に起こった出来事や解決された問題、新しく生じた問題などを知らせる場合に言う。かなりかたい文章語。

報告する 〔動サ変〕実情について知らせること。また、「今、このような報告が届いた。」「中間報告を取りまとめる。」のように、与えられた任務について、その結果を通達する意にも用いる。〈報じる〉は、テレビや新聞などが、広く世間の人びとに、その日に起こった事件や解決された問題などについて知らせることを言うが、〈報告する〉は、ある組織や団体において、所与の任務の結果を、個人あるいは会議などにおいて述べる場合に使うことが多い。 图 報告

通報する 〔動サ変〕告げ知らせること。緊急の事態や様子について、電話や電報によって知らせる場合に使うことが多い。「事件を通報する。」 图 通報

類語 告知する・通じる

ほうしん

放心・虚脱

放心 〔名・スル動サ変〕突然の出来事などのために、心を奪われて、ぼんやりすること。「放心状態」また、「どうぞご放心ください。」のように、心配することをやめることの意にも用いる。「ご放心ください。」という言いかたは、多く、手紙文に用いる。

虚脱 〔名・スル動サ変〕がっかりして、ぼんやりしているだけで、何も手につかない状態になること。また、「疲労と不規則な生活が重なって、完全な虚脱状態に陥ってしまった。」のように、からだが弱って気力が尽き、意識がぼんやりすることの意にも用いる。〈放心〉は、突然の出来事や予期しない出来事のために自分を失い（気が抜けて）、ぼんやりすることを言うが、〈虚脱〉は、強く希望していたことや精神の支えにしてきたことなどがかなえられなかったり、急に失われたりして、ひどくがっかりし、自分を失ってぼんやりしている場合に使う。したがって、〈放心〉は、ぼんやりすることだけを言うが、〈虚脱〉は、なんの意欲もわいてこないような状態であることに意味の重点がある。「虚脱感」

類語 茫然自失・気ぬけ

ぼうぜん

茫然・ぼんやり・ぼうっと

茫然 〔タル連体〕または呆然と書く。あまりのことに、あっけにとられる様子。予想外の出来事に会って、自分を失ってしまい、どうしていいか分からなくて、ぼんやりしていることを言う。「茫然自失の状態」

ぼんやり 〔副・スル動サ変〕そのときしなければならないことを、うっかりしてやっていな

い様子。また、「ぼんやり考えこむ。」「一日中ぼんやりと暮らす。」のように、意識が一点に集中しない様子の意や、「ぼんやりとしか覚えていない。」のように、物の形や焦点がはっきりしない様子の意などにも用いる。〈茫然〉は、予想外の出来事に直面して、あっけにとられたり、どうしていいか分からないことについて使うことが多いが、〈ぼんやり〉は、これといって特別のことがあったわけではないのに、意識が一点に集中しなかったり、放心状態であったりする場合に使う。〈茫然〉はかたい文章語だが、〈ぼんやり〉は日常語。

ぼうっと 〔副・スル動サ変〕 ぼんやりしている様子。〈ぼうっと〉は、「半日ぼうっと過ごす。」のように、何も考えずに放心している様子の意に用いるが、「そんなことをぼんやり考えていた。」とか、「ぼんやりとあたりを見回していた。」のように、何かをしてはいるのだが、意識が一点に集中しない意には使うことができない。また、〈ぼうっと〉は、「あたりの景色がまるでもやがかかったようにぼうっとしていた。」のように、物の形がはっきりしない様子を表わす場合には使うが、「ぼんやりとしか覚えていない。」のように、考えや記憶の焦点がはっきりしない場合には使わない。

類語 あっけ・唖然（あぜん）と・ぽかんと

ほうほう

方法（ほうほう）・方式（ほうしき）・仕方（しかた）・手（て）だて

方法（ほうほう） 〔名〕 目的を果たすための計画的に考えたやりかた。何かをしたり、作ったりするときのやりかたについて使う。「よい方法を見出す。」

方式（ほうしき） 〔名〕 何かをする上についての決まった形式ややりかた。〈方法〉は、何かをしたり作ったりするために、計画的に考えたやりかたを言い、すでにやりかたが具体的に決まっている場合にも、まだ決まっていない場合にも使うが、〈方式〉は、何かをする上に、すでに実践的に固まっているやりかたについて使う。〈方法〉は、何かをしたり作ったりするための全プロセスに関わるやりかたについて言うことが多いが、〈方式〉は、形式や技術に意味の重点がある。「新しい方式に従う。」「この方式でやるのが一番いいだろう。」

仕方（しかた） 〔名〕 何かをする方法や手段。〈仕方〉は、「あいさつの仕方」「話の仕方」のように、具体的な行為を行うための方法や手段について使う。また、「仕方がない」という慣用句的な言いかたで、どうにもしようがないの意を表わす。

手（て）**だて** 〔名〕 手立てと書く。何かを成功させるための具体的な方法について言い、「手だてを講ずる。」「何かいい手だてはないか。」のように使うことが多い。

類語 方途（ほうと）・やりかた・やりくち

ほか

ほか・他（た）

ほか 〔名〕 外・他のどちらも使う。ここではない、別のところ。また、「ほかの人」「彼のほかに適当な人はいない。」のように、これ（この人）ではない別のもの（人）の意や、「思いのほか」「想像のほか」のように、そのなかにおさまっていないことの意にも用いる。

他（た）〔名〕それとは別のある物事。また、それ以外のすべての物事。または、「秘密を他へもらす。」のように、自分以外の人の意にも用いる。「ほかの人」「ほかにも目を向けるべきだ。」「ほかの場所へ移す。」のような言いかたにおいては、〈他〉でも言い換えることができるが、「彼のほかにこの仕事ができる人はいない。」「机のほかにはなにもなかった。」のように、前に、人称代名詞や他の修飾語がくる場合や、「思いのほか」「想像のほか」のように、ある範囲を超えたところの意に用いる場合には、〈他〉を使うことができない。また、〈ほか〉は、別のところ、ある範囲を超えたところのように、場所を指示する意にも用いるが、〈他〉は、この意を表わす用法がない。かたい文章語。

類語 別（べつ）・余（よ）

ほこらしい

誇（ほこ）らしい・晴（はれ）がましい・光栄（こうえい）だ

誇（ほこ）**らしい**〔形〕得意で、自慢したい気持ちだ。「誇らしい気持ち」のように、みんなの前で、自慢したくなるような気持ちの場合に使う。〈誇らしい〉は、「子供がよくできるので誇らしい。」のように、対象が自分以外の者である場合にも、また、「私は、自分の美しいのが誇らしかった。」のように、自分の場合にも使う。(転) 誇らしさ(名)

晴（はれ）**がましい**〔形〕りっぱな場所に出て、光栄に感じられる様子。〈誇らしい〉は、自分の子供や身内の者、あるいは教え子のように、自分の身近の者がよくできたり、出世したり、自慢したくなるような行為を行ったりした場合などに使うが、〈晴がましい〉は、自分が、おもてだった場所とか光栄に感じられるようなところなどに出て、気恥ずかしい思いをする場合に用いる。改まった言いかた。「晴れがましい表彰式」(転) 晴がましさ(名)

光栄（こうえい）**だ**〔形動〕自分の価値や存在を認められるような機会を得て、ありがたいと思うこと。〈晴がましい〉は、自分の立場や価値以上の場所に出て、気恥ずかしい思いをする場合に使うが、〈光栄だ〉は、自分のしたことの価値が認められて、誇らしく思うことを言う。改まった言いかた。「身にあまる光栄」(名) 光栄

類語 鼻高高（はなたかだか）・肩身（かたみ）が広（ひろ）い・天晴（あっぱれ）・得意（とくい）

ほこる

誇（ほこ）る・思（おも）いあがる・おごる・いばる・自慢（じまん）する

誇（ほこ）**る**〔動五〕みずから名誉とする。得意と思う気持ちをことばや態度に表わす。〈誇る〉は、〈自慢する〉と意味が近いが、「自分の腕を誇る。」「東洋一を誇るビルディングが完成した。」のように、自分自身のことにも、自分とは関係のないものや人のことにも使う。(反) 恥じる、(転)

誇り(名)

思(おも)いあがる

〔動五〕 自分が偉いものだとうぬぼれて、人を見下げる。〈誇る〉は、自分自身を名誉に思う客観的な根拠があり、そう思うことが当然であるという意識を伴うことが多いが、〈思いあがる〉は、実力もないのに、自分が偉いものだとうぬぼれるというマイナスのニュアンスが強い。また、〈誇る〉は、「誇るに足りない業績」「自分の腕を誇る。」のように、ものや行為について使うが、〈思いあがる〉は、「思いあがった態度」「お世辞でほめられたのに思いあがる。」のように、態度や心について用いる。 ㊔思いあがり(名)

おごる

〔動五〕 驕ると書く。自分の才能や権力などを人に示して誇る。また、「おごる平家は久しからず」のように、金や権力があるのにまかせて、わがままな振舞をする意にも用いる。「高ぶる」は、その場での表面的な態度について言うことが多いが、〈おごる〉は、態度だけでなく行為についても言い、自分の才能や権力などを誇示する場合も使う。古風な言いかた。 ㊔おごり(名)

いばる

〔動五〕 威張ると書く。くだけた場面では〈えばる〉とも言う。他人に対して、自分が偉いものだとして振舞う。〈誇る〉は、自分自身を優れたものとして自慢する態度を人に示すことを言うが、〈いばる〉は、名誉のあるなしとは関係なく、自分を偉いものだとして必要以上に偉そうな様子をしてみせ、結果的に他人を見下げる態度を取ることに使う。「いばりちらす」

自慢(じまん)する

〔動サ変〕 自分のことや、自分に関係のある物事について、人に誇ること。〈自慢する〉は、「盆栽の腕前を自慢する。」「子供のことを自慢する。」のように、自分のことにも、自分に関係のあることにも使う。 名自慢

類語 高(たか)ぶる・鼻(はな)にかける・えらぶる

ほしい

欲(ほ)しい・望(のぞ)ましい・思(おも)わしい

欲(ほ)しい

〔形〕 自分のものにしたい、手に入れたいの意。また、「もっと素直さが欲しい。」「自覚が欲しい。」のように、自分が相手に対して何かを望む意にも用いる。「こっちへ来てほしい。」

望(のぞ)ましい

〔形〕 それが実現することを積極的に期待する態度。「情勢も徐々に望ましい方向へ転換しつつある。」「望ましい生活環境の整備」のように、客観的な情勢や状況について、そうあって欲しいと積極的に期待する場合に多く使う。〈欲しい〉は日常語だが、〈望ましい〉は、かなり改まった、かたい文章語である。 ㊔望ましさ(名)

思(おも)わしい

〔形〕 望むとおりで、好ましい様子。「病状が思わしくない。」「最近、経営状態がどうも思わしくない。」のように、打ち消しの言いかたで用いることが普通であり、自分の望むとおりにならず、好ましくない意を表わす。かたい言いかた。

類語 願(ねが)わしい

ほったらかし

ほったらかし・放置（ほうち）・置（お）き去（ざ）り

ほったらかし

〔名〕　捨てておいて、顧みないこと。ほうっておくこと。「宿題をほったらかしにして遊びに行く。」「子供をほったらかして出かけてしまった。」のように、やらなければいけないことや義務づけられている事柄を捨てておいて顧みないことを言い、具体的な行為について用いることが普通である。

動ほったらかす

放置（ほうち）

〔名・スル動サ変〕　ほうってそのままにしておくこと。〈放置〉は、〈ほったらかし〉ときわめて意味が近いが、〈ほったらかし〉がやや俗語的な言いかたであるのに対して、〈放置〉は、ややかたい文章語的な言いかたである。また、〈放置〉は、「怪我人を治療もせずに放置する。」「工事は放置されたまま現在に至っている。」のように、具体的なものや事柄についても使うが、それに対して、〈ほったらかし〉は、描象的な内容の事柄には使わない。

置（お）き去（ざ）り

〔名〕　あとに残して置いて行ってしまうこと。「支度が遅ければ置き去りにするぞ。」「私だけ置き去りにされてしまった。」のように、だれか一人、あるいは少数の人をあとに残して置いて、先に行ってしまうことを言う。人について使い、事柄には用いない。「置き去りにする。」という言いかたで用いることが多い。

類語　置（お）いてきぼり・置（お）き捨（ず）て・遺棄（いき）・放棄（ほうき）

ほどく

ほどく・解（と）く・ほぐす

ほどく

〔動五〕　解くと書く。結んだもの、縫ったものなどをもとにもどす。結び目や縫い目を切ったりしないで、結んだり縫ったりしたのと逆の操作で、もとにもどすことを言う。「包みをほどく。」

反縛る

解（と）く

〔動五〕　結ばれていたり、絡み合っていたりする節（ふし）をもとにもどす。〈解く〉も〈ほどく〉も、「荷物を〜」「帯を〜」「ひもを〜」のような基本的な用法では、ほとんど同義に用いる。しかし、〈解く〉は、これ以外に、「試験問題を解く。」「誤解を解く。」のように、描象的な内容の事柄についても使うが、〈ほどく〉には、このような意味用法はない。また、〈ほどく〉は、たとえば、「卵をほどく。」とも言えない。このように、〈ほどく〉は〈解く〉よりも対象物に関する制限が強い。〈ほどく〉も〈解く〉も、ともに日常語だが、〈ほどく〉の方が、一層口語的な響きがある。〈ほどく〉〈解く〉のこの意味用法の差は、自動詞の「ほどける」「解ける」についても言うことができる。

反結ぶ

ほぐす

〔動五〕　くっつき合ったままでは困るものを、指先や箸などで、さばいて分ける。「もつれた糸をほぐす。」のように、〈ほどく〉とほぼ同義に用いることもあるが、「魚の肉をほぐす。」「肩のこりをほぐす。」のように、かたまりについても使い、また、「緊張感をほぐす。」のように、描象的な意味内容の事柄（自分にとって都合の悪い）についても用いる。

ほとんど

ほとんど・九分九厘（くぶくりん）・十中八九（じゅっちゅうはっく）・おおかた・たいてい

ほとんど

〔副・名〕殆どと書く。もう少しのところで。「あまりのショックにほとんど気を失いかけた。」のように、その程度が、ある状態にほぼ完全な近さであることを言う。また、「食べものをほとんど受けつけない。」「ほとんどの人が参加した。」のように、状態ではなく量についても言い、大部分、おおかたの意を表わす。

九分九厘（くぶくりん）

〔副・名〕九十九パーセント。ほぼ確かであること。「合格は九分九厘間違いない。」のように、その程度がある状態にほぼ完全な近さであることに使い、量の程度について用いることはない。また、〈九分九厘〉は、〈ほとんど〉に比べて、完全・完成・完璧により近いように思われる。

十中八九（じゅっちゅうはっく）

〔副・名〕物事の可能性が十の八か九までの割合で、大丈夫な様子。〈九分九厘〉とほぼ同義だが、「その話は、十中八九大丈夫だろう。」のように、完全・完璧への近さにやや幅があり、〈九分九厘〉の方が、より完全に近い。

おおかた

〔副・名〕大方と書く。全体のなかの多くの部分。また、「おおかたそんなことだろうと思っていた。」のように、自分の見るところ、大体はの意にも用いるが、〈ほとんど〉は、この意に用いることがない。また、〈ほとんど〉の方が、〈おおかた〉よりも完全な状態に近い。さらに、〈ほとんど〉は、「その点については、私はほとんど何も知りません。」のように、あとに打ち消しの言いかたを伴って、全くと言っていいほどの意を表わすが、〈おおかた〉は、あとに打ち消しの言いかたをとることがない。

たいてい

〔副・名〕大抵と書く。ほとんどすべて。〈ほとんど〉とほぼ同義だが、〈ほとんど〉〈おおかた〉が、全体の割合や量、または完全・完成の状態に、もう少しのところで達することを言うが、〈たいてい〉は、「行った日はたいてい晴れていた。」のように、何度も繰り返される行為におけるある状態が、全体的に見てほぼ同一であることを表わす場合が多い。したがって、「行った日はたいてい晴れていた。」と言うと、何度も行ったがそのほとんどの日が晴れていたことを表わし、「行った日はほとんど晴れていた。」と言うと、行ったその日がほぼ一日中晴れていたことを意味する。また、〈たいてい〉は、「あわててやると失敗する。」のように、動作・現象の起こる可能性をある客観的な根拠に基づいて問題にする意味用法があるが、〈おおかた〉にはこれがない。また、〈たいてい〉は、「言いわけもたいていにしろ。」のように、ほどほどの意に用いることもある。

類語 あらたか・たいがい・おおよそ

ほのめかす

ほのめかす・匂わせる・打明ける

ほのめかす

〔動五〕　仄めかすと書く。ことばや身ぶりで、伝えたいことを遠回しに知らせる。「辞意をほのめかす。」

匂わせる

〔動下一〕　臭わせるとも書く。それとなく分かるようにする。〈ほのめかす〉は、〈匂わせる〉とほとんど同義だが、〈ほのめかす〉は、伝えたいことを、ことばだけでなく、身ぶりでそれとなく知らせる場合にも使う。また、〈匂わせる〉は日常語だが、〈ほのめかす〉はいくらかかたい文章語である。「会長が引退を匂わせるような発言をした。」

打明ける

〔動下一〕　人に知らせないでいたことを、初めて話す。自分の秘密や他人に知られたくないことなどを、人に初めて話す場合に使う。〈ほのめかす〉は、自分がある意図をもって、周りの人に伝えたいことを、ことばや身ぶりで遠回しにそれとなく知らせる場合に使うが、〈打明ける〉は、人に問いつめられたり、それ以上黙っているのが苦しくなったりして、特定の相手や少数の人に、ことばではっきりと話すことを言う。「ぼくだけにはうち明けてくれよ。」

類語　言い触らす・告白する

ほめる

ほめる・もてはやす・たたえる・賞賛する

ほめる

〔動下一〕　褒める、賞める、誉めると書く。長所や立派な行い、あるいは努力した点などを認めて、よく言う。人のしたことや振舞などをたたえる。また、「あまりほめられたことではない。」のように、打ち消しのことばを伴う言いかたがあり、人の振舞や行動を非常識だとして、非難するときに使う。反けなす・そしる

もてはやす

〔動五〕　非常にほめる。多くの人びとがほめそやす。〈もてはやす〉は、〈ほめる〉よりも、大げさな場合を言い、すごいすごいと評判するさまに使う。また、〈ほめる〉は、一人の人が一人の相手をほめる場合にも、おおぜいの人をほめる場合にも使うのに対して、〈もてはやす〉は、「この雑誌は、若い人たちの間でもてはやされている。」「おおぜいの人にもてはやされて得意になる。」のように、おおぜいの人びとが共通してほめる場合に多く用いる。

たたえる

〔動下一〕　称える、または讃えると書く。立派な行いや美徳などを、尊敬の念をこめてほめあげる。〈ほめる〉が、自分と同等または自分よりも目下の者に対する行為であるのに対して、〈たたえる〉は、自分よりも目上の者に対する行為である。自分の子供の行為については、〈ほめる〉を使うが、たとえば恩師の優れた業績については、〈ほめる〉は使えず〈たたえる〉を用いなければならない。師が自分の弟子の業績を〈たたえる〉ことはあるが、この場合は、弟子がすでに自分と同列にある、あるいは自分を乗り越えた者とし

て、扱っているわけである。かなり改まった言いかた。「ほめたたえる」という言いかたもする。

賞賛(しょうさん)する　〔動サ変〕　称賛するとも書く。〈ほめたたえる〉とほぼ同義の漢語的表現。「世間から賞賛されている品物」「多くの人びとの賞賛を受けて、いよいよ責任を感じる。」のように、人にも人以外のものについても用いる。　图賞賛

類語　ほめちぎる・ほめそやす・ほめたたえる・賛美(さんび)する

ぼやく

ぼやく・こぼす・ぐちる

ぼやく　〔動五〕　不平や不満をぶつぶつ言う。〈ぼやく〉は、「あのとき、あと五分早く起きておけば、列車に乗り遅れることもなかったのに。」のように、自分のことについて言う。また、〈ぼやく〉は、「いいチャンスを逃したからといってぼやくな、ぼやくな。」のように、後悔を言い表わすこと自身に、意味の重点がある。俗語的な言いかた。　転ぼやき(名)

こぼす　〔動五〕　心の中に収めておくべきものを、口に出す。不平や不満、ぐちなどを、心の中にどうしてもしまっておけないで、だれかに向かって言う。〈こぼす〉は、自分のことではなく、たとえば、妻が主人のことを、「亭主が毎晩帰りが遅くて困るんですよ。」のように、自分に近い人や事柄に関する不平や不満、ぐちなどを、周りの人に漏らすことを言う。

ぐちる　〔動五〕　愚痴ると書く。ぐちを言う。〈こぼす〉〈ぐちる〉は、不平や不満などを、他人に訴えることに意味の重点がある。俗語的な言いかた。　图ぐち

類語　かこつ・歎(なげ)く

ほる

掘(ほ)る・掘(ほ)り出(だ)す・えぐる・うがつ

掘(ほ)る　〔動五〕　地面に穴をあけて、土をけずりとる。また、「芋を掘る。」のように、土の中から何かを取り出す意にも用いる。「トンネルを掘る。」

掘(ほ)り出(だ)す　〔動五〕　地面を掘って、埋まってある物を取り出す。また、「町を歩いていて、ひょっこり安い品物を掘り出した。」のように、たまたまいいものや安い品物を見つける意にも用いる。〈掘る〉は、多く、「芋を掘る。」「大根を掘る。」のように、そこにあることが地上から分かり、しかもほんの少しだけ埋まっている物を取り出すことを言うが、〈掘り出す〉は、「石炭を掘り出す。」「地中から掘り出す。」のように、地上からは見えないものを、かなり深く掘って取り出す場合に使う。また、〈掘る〉は、普通、地面に穴をあけて土をけずりとる意に使い、「土を掘る。」のように、土そのものを対象語にとることができるが、〈掘り出す〉には、その用法はない。　反埋(う)める・うずめる

えぐる　〔動五〕　抉ると書く。刃物などをそこに差し込んで、回すようにしてそっくり取り去る。「眼をえぐりとられた。」のように、具体的なものにも、また、「問題

の核心をえぐる。」のように、抽象的な内容の事柄についても使う。〈掘る〉は、地面の土をけずりとる場合に使うが、〈えぐる〉は、「肉をえぐりとる。」「傷口をえぐる。」のように、動物の体の一部や患部をおおもとからそっくり取り去ることに用い、道具は、鋭い刃物である場合が多く、取り去る動作も、〈掘る〉のように、向こうからこちら、逆にこちらから向こうのように前後に行うのではなく、回すようにしてそっくり取り除くことを言う。ややかたい文章語。

うがつ　〔動五〕穿つと書く。穴をあける意の雅語的な表現。岩壁とか大きな岩などの固い物に穴をあける場合に使うことが多い。土についてこの語を用いることはない。また、「うがったことを言う。」のように、人情の機微やことの真相などを的確に指摘する意にも用いる。「雨だれ石をうがつ。」

類語　ほじる・くり抜く・掘りうがつ・貫ぬく

ほろびる

滅びる・絶える・滅亡する・消滅する・壊滅する

滅びる（ほろびる）　〔動上一〕「滅ぶ」とも言う。全くなくなってしまう。「国が滅びる。」「かつて栄えた王朝もすっかり滅びてしまった。」のように、国や王朝、有力な一族など、人間の集団的な営みで、一度大いに栄えたものが、ついに勢いを失って、地上から姿を消してしまう場合に言う。また、「文明が滅びる。」のように、人間が集まって作り出したものについても使う。したがって、人間に関係しないものや、人間でも個人が死ぬことを、〈滅びる〉とは言わない。「保護鳥のトキが死滅しないように気をつけよう。」とは言うが、〈滅びる〉では言い換えにくい。(反)興る、(転)滅び(名)

絶える（たえる）　〔動下一〕続いていた物・動作・作用・状態が、そこでおしまいになる。〈滅びる〉は、人間の集団的な営みで、一度大いに栄えたものが、ついに勢力を失って、地上から全くなくなってしまうことを言う。〈絶える〉は、「送金が絶える。」「食糧が絶える。」「水が絶える。」のように、人間以外の具体的なものについて使うことが多いが、「二人の仲は絶えてしまった。」のように、人間関係についても使い、続いていたものが、そこで続かなくなることを言う。(反)続く

滅亡する（めつぼうする）　〔動サ変〕国などが亡びること。「国を滅亡に導く。」のように、一度大いに栄えたものが、勢いをすっかりなくして地上から姿を消すことに使い、〈滅びる〉とほとんど同義。しかし、「学問の伝統は滅びない。」「文明が滅びる。」のように、抽象的な内容の事柄には、言いにくいようである。かたい文章語的な言いかた。(名)滅亡、(反)興隆する

消滅する（しょうめつする）　〔動サ変〕消えてなくなること。それまであったものが、なくなってしまうこと。「自然消滅」「わずか一日のうちに、地上から消滅していた。」のように、かなりの年数が経過して跡方もなくなる

場合にも、瞬間的に消え去る場合にも使う。〈滅亡する〉よりも、さらに跡方もなくなってしまうという意味合いが強い。ややかたい文章語的な言いかた。 图 消滅、㊎ 発生する

壊滅する（かいめつする） 〔動サ変〕 潰滅するとも書く。他からの打撃によって、国や組織などのもとの形がめちゃめちゃになって、滅びる場合に使う。「壊滅の危機に瀕する。」 图 壊滅

類語 廃れる・衰滅する・廃滅する

ほん

本・書物・書籍・図書

本（ほん） 〔名〕 人に読んでもらいたいことを印刷してまとめたもの。書物。広義には、雑誌・パンフレットおよび一枚刷りの絵や図をも含む。「本にまとめる。」

書物（しょもつ） 〔名〕 〈本〉とほとんど同義の漢語的表現。本が日常語であるのに対して、〈書物〉は、ややかたい文章語。「書物をひもとく。」

書籍（しょせき） 〔名〕 個人の知識の源泉となり、生活を高め豊かにするものとしての本。〈本〉とほとんど同義だが、雑誌・パンフレット・絵本などは含まない。やや古風で、かたい言いかた。「書籍小包」

図書（としょ） 〔名〕 〈書物〉の意の漢語的表現。また、「基本図書」「優良図書」のように、公共が備え付ける本・図版、その他の文献資料を一つの総合体としてとらえた言いかたとしても用いる。「本が高くなったので、図書費がかさんでしょうがない。」

類語 書・冊子・ブック

ほんごく

本国・祖国・母国

本国（ほんごく） 〔名〕 その人の国籍のある国。また、父母または祖先が出た国。「密航者を本国に送還する。」

祖国（そこく） 〔名〕 祖先以来住んでいる自分の国。狭義では、他の国などに移住した民族にとって彼らがもと住んでいた国を指す。「わが祖国」

母国（ぼこく） 〔名〕 外国にいる人にとって、自分の生まれ育った国。〈祖国〉とほぼ同義だが、〈母国〉の方がややかたい文章語。「十年ぶりに母国へ帰ることになった。」「外国で久しぶりに聞く母国語に、彼は、思わず涙ぐむ思いがした。」

類語 本邦・故国・自国

ほんそう

奔走・忙殺・東奔西走・てんてこ舞い

奔走（ほんそう） 〔名・スル動サ変〕 目的をやりとげようとして、あちこち忙しく走り回ること。その事がうまく行くように、関係方面を頼み回って、世話をやく場合に使うことが多い。「負傷者の手当てに奔走しなければならなかった。」

忙殺（ぼうさつ） 〔名・スル動サ変〕 ものすごく忙しいこと。〈忙殺〉は、「仕事に忙殺される。」のように使い、じっと机に向かっていなければいけないような場合にも言うが、〈奔走〉

は、「資金集めに奔走する。」のように、忙しくあちこち走り回る場合に使う。また、〈忙殺〉は、義務的にやらなければならない仕事や人から依頼された仕事が重なって、ひどく忙しい思いをさせられる場合について用いるのが普通である。したがって〈奔走する〉は、受身形になることはないが、〈忙殺する〉は、「忙殺される」のように、受身形として用いることが多い。

東奔西走（とうほんせいそう）　〔名・スル動サ変〕　目的をなしとげようとして、あちらこちらと忙しく走り回ること。〈奔走〉とほとんど同義だが、〈東奔西走〉は、自分のことであちこち忙しく走り回ることに重点があるのに対して、〈奔走〉は、あることがうまくいくように、関係方面を頼み回って、世話をやく意に用いることが多い。また、〈奔走〉よりも〈東奔西走〉の方が、忙しい度合が大きく、走り回る範囲も広い。「彼は会社の出張で、連日、東奔西走している。」

てんてこ舞い（まい）　〔名・スル動サ変〕　忙しくて、どこから手をつけてよいか分からないほど、あわて騒ぐこと。〈奔走〉は、ある目的があって、そのためにあちこち忙しく走り回ることを言うが、〈てんてこ舞い〉は、急な来客や予期せぬ事件などのために、どこから手をつけてよいか分からないほど、ばたばたする場合に使う。また、〈奔走〉〈忙殺〉は、かたい文章語だが、〈てんてこ舞い〉は、ややくだけた言いかたである。「忙しさにてんてこ舞いした。」

類語　右往左往（うおうさおう）

ほんとうに

本当（ほんとう）に・まことに・まさに・まさしく・実（じつ）に

本当に（ほんとうに）　〔副〕「ほんとに」とも言う。偽りや冗談ではないこと。ことばの真実の意味において。実に。〈本当に〉は、もともと、偽りか真実かを表わすための表現だが、それが転じて、程度のはなはだしさにも用いるようになったものである。「君はあした本当に来るのか。」と言うと、嘘・偽りに対する意味であり、「きょうは本当に暑いねえ。」では、真偽の問題ではなく、単に、程度を表わしているにすぎない。〈本当に〉は、この両方の意味用法を通じて、広く用いる。　名本当

まことに　〔副〕　本当に。実に。「まことにそのとおりです。」と言うと、嘘・偽りに対する意味であり、事実のままであることを表わし、「まことに残念な次第です。」と言うと、程度のはなはだしいことを表わす。どちらかというと、程度のはなはだしいことを表わす場合に用いることが多い。〈まことに〉は、改まった場面で用いる、丁寧な言いかたである。

まさに　〔副〕　なんの疑いもなく、そのことが認められる様子。「まさにその通りだ。」「まさに人生の悲劇だ。」のように、真偽を問題にする表現において用いる。ややかたい文章語的な言いかたである。

まさしく　〔副〕　どう考えてみても、そのことに間違いがないと思われる様子。確かに。「あれはまさしく彼のしたことだ。」のように、〈まさに〉よりも、真実である

ことを強調する程度性が強い。ややかたい文章語的な言いかた。「これはまさしく本物だ。」

実に(じつ)　〔副〕　本当に。断定する気持ちを強めて表現することば。「実に愉快だった。」は、「たいへん愉快だった。」とほとんど同義で、程度のはなはだしいことを表わしており、真偽の判断を強調しているわけではない。「彼は実に真面目だ。」のように、形容のしようがない程度に、あるいは他に比較するものがない程度に、程度のはなはだしいことを言う。また、〈本当に〉〈まことに〉は、「本当にありがとうございました。」「まことにおめでとうございます。」のように、話し手の気持ちを表わすあいさつ表現に使うことができるが、〈まさしく〉〈実に〉は、このような場合には使えない。「この十四年実に苦しい日日であった。」

類語　正真正銘(しょうしんしょうめい)・真(しん)に・間違(まちが)いなく・正直(しょうじき)

ま

まいにち

毎日(まいにち)・日日(ひび)・日(ひ)ごと

毎日(まいにち)　〔名・副〕　その日その日。また「毎日同じことの繰返しだった。」のように、ある期間にわたって、どの日もどの日も何かが行われることを表わす。

日日(ひび)　〔名・副〕　一日一日。〈毎日〉とほとんど同義の文章語的な言いかただが、「日々仕事に打ち込む。」と言うと、〈毎日〉よりも、一日一日を大切にして、それを積み重ねていくという意味合いが強いように思われる。また、〈毎日〉は、「毎日が楽しくてたまらない。」のように、上に修飾語を伴わずに文の主語としても用いるが、〈日日〉は、「さびしくて不安な日日が待ちうけていた。」のように、上に修飾語を伴わないと、文の主語になりにくいという違いがある。

日ごと(ひ)　〔名・ニ副〕　毎日。いつも。〈日日〉とほぼ同義だが、〈日ごと〉は、「彼の病気は日ごとに快方へ向かった。」のように、一日一日と日がたつにつれての意にも用いる。〈毎日〉〈日日〉は同じ状態が続いたり、同じことを行う場合に使うことが多いが、〈日ごと〉は、事態がプラスやマイナスの方向へ推移する場合にも用いるわけである。

まかせる

任(まか)せる・委(ゆだ)ねる・委任(いにん)する

任せる(まか)　〔動下一〕　委せるとも書く。また、「まかす」という言い方もする。自分では手も口も出さないで、信用できる人にやらせる。また、「成り行きに任せる。」のように、自分の意志によらないで、ほかの力のままに動くようにする意や、「ひまに任せて歩き回る。」のように、あるだけのものを思うままに使う意などにも用いる。

委ねる 〔動下一〕物事をすっかりまかせる。また、「身をゆだねる。」のように、からだや心をすっかり託す意にも用いる。〈任せる〉は、「彼にうまくやれるかどうか分からないが、いちおう任せることにした。」のように、完全に信用しているわけでない場合にも使うが、〈委ねる〉は、「この仕事は、すべて彼にゆだねて、私は身を退くことにした。」のように、相手をすっかり信用して任せる場合に用いる。したがって、心を託す場合には、〈委ねる〉しか使えない。また〈委ねる〉は、人について使い、人以外の事柄やものについては用いないので、「ひまにまかせて歩き回る。」のような表現においては、〈委ねる〉で言い換えることはできない。やや改まった文章語的な言いかた。

委任する 〔動サ変〕信用できる人を選び、自分のすべきことを、代わりにその人にしてもらうこと。〈委ねる〉とほぼ同義の漢語的表現だが、「全権を委任する。」「委任状」のように、公的な役割や仕事を、その人を信頼して任せる場合に使うことが多い。「委任状」　名委任

類語 委嘱する・委託する

まく

まく・まき散らす・ばらまく

まく 〔動五〕撒くと書く。豆や紙などを、あたりに散らす。また、「水をまく。」のように、水などをそそぎかける意や、「人ごみに紛れて友人をまく。」のように、連れの者、あとをつける者などを途中でごまかしはぐれさせる意にも用いる。また、蒔くと書くと、植物の種を地面に降ろす意を表わす。「まかぬ種は生えぬ。」

まき散らす 〔動五〕〈まく〉は、水や種、あるいは粉などを規則正しくそそぎかける場合にも、また、豆や紙などをあたりに不規則に散らす場合にも用いるが、〈まき散らす〉は、水・紙・粉などを、あたりに乱雑に散らす場合に限って使い、動作もより激しいことを表わす。また〈まき散らす〉は、「デマをまき散らす。」「病原菌をまき散らす。」のように、相手や周りの人が迷惑をこうむるものを、一面にばらまく意にも用い、常に、マイナスの意味合いを伴う。

ばらまく 〔動五〕物をあちこちに散らす。また、「彼は選挙で大分ばらまいたらしい。」のように、金銭などを多くの人びとに与える意にも用いる。〈まく〉の意に近いが、より広い範囲に散らすことを言う。金銭などを多くの人びとに与える意味は、〈まく〉にはない。やや俗語的な言いかた。　転ばらまき（名）

類語 ふりまく・散らす・散布する

まごつく

まごつく・めんくらう

まごつく 〔動五〕どうしたらいいか分からなくて、迷う。まごまごする。

めんくらう 〔動五〕面喰うと書く。突然のことで、あわてる。〈まごつく〉の意に近いが、

〈まごつく〉が、どうしたらいいか分からなくて、まごまご、うろうろすることに意味の重点があるのに対して、〈めんくらう〉は、予想もしていなかったことに出会って、どうしていいか分からず、一瞬とまどうことに意味の重点がある。「突然質問されて、めんくらってしまった。」

類語 まごまごする・とまどう

まじる

交じる・交ざる・混入する

交じる 〔動五〕 混じるとも書く。ある物が、ほかの物の中に入って、一緒になる。「みんなに交じって歌う。」

交ざる 〔動五〕 混ざるとも書く。〈交じる〉とほぼ同じだが、〈交じる〉は、二種のものの一方が少数（少量）である場合に用いることが多いのに対して、〈交ざる〉は、ほぼ同数のものが一緒になる場合に使うことが普通である。「米と麦とまざってしまった。」

混入する 〔動サ変〕 あるものの中に、別の余計なものがまざっていること。「ある薬品に毒物が混入していた。」「うっかりして、別の成分を混入してしまった。」のように、あるものの中に、まざってはいけない余計なものが入ることを言う。 图混入

ます

増す・増やす・増える・増加する

増す 〔動五〕 数や量が、これまでよりも多くなる。また、多くする。次の〈増やす〉と違って、蓄えなどが多くなる意には用いない。 反減る

増やす 〔動五〕 殖やすとも書く。増やすと書く場合は、数や量を今までよりも多くする意を表わす。殖やすと書くと、蓄えなどを多くする意に用いる。〈増やす〉は、「人を増やす。」「草木を増やす。」のように、個別的に数えうる主体の数量について用いるが、〈増す〉は、「パチンコ屋の数が増した。」のように、具体物の数が増加する場合にも、また、「美観を増す。」「人気が増す。」のように、個別的には数えられない抽象物の程度についても使うので、〈増やす〉よりも意味が広い。また、〈増やす〉は他動詞だが、〈増す〉は、「水かさが増す。」「速さを増す。」のように、自動詞にも他動詞にも使う。〈増す〉は、〈増やす〉に比べて、ややかたい文章語的な言いかた。 反減らす

増える 〔動下一〕 数や量が多くなる。〈増やす〉と同義の自動詞である。「人口が増える。」「水かさが増える。」のように、具体物の数や量が今までよりも多くなる場合にしか使わない。 反減る

増加する 〔動サ変〕 数や量などが、それまでよりも増えること。また、増やすこと。〈増す〉とほぼ同義の漢語的表現だが、「交通事故は、増加の一途をたどっている。」のように、名詞としても用いる。「受験生の国公立離れが増加する傾向にある。」 反減少する、图増加

類語 加える・足す

まず

先（ま）ず・ひとまず・とりあえず

先ず（まず）　〔副〕「まずお茶を一杯。」「まずお礼まで。」のように、ともかく、何はともあれの意を表わす。また、「まずそこから見て回った。」のように、第一に、最初にの意や、「まず間違いない。」「まず降らないとは思うが、傘は持って行こう。」のように、恐らく、大体のところの意などにも用いる。

ひとまず　〔副〕とにかく。一応。〈先ず〉の意味に近いが、〈先ず〉が、ほかのことは一切考慮の外において、最も必要とされるもの、最も要求されるもの、最も可能性の高いものなどを第一に取り立てる気持を表わすことが多いのに対して、〈ひとまず〉は、次の行動や状態へ移るための一つの手続きとして、何かをする場合に使う。また、「まず間違いない。」のように、大体のところの意を表わす場合には、〈ひとまず〉に置き換えることができない。「ここはひとまず退却するとしよう。」

とりあえず　〔副〕取り敢えずと書く。差し当たってまず、第一番に。また、「とりあえず手付けを打っておく。」のように、いろいろ必要なことがあるが、間に合わないので仮にの意にも用いる。「必要な品だけとりあえず買い調える。」と言う場合は、〈ひとまず〉とほとんど同義であるが、〈ひとまず〉が、次の行動や状態へ移るための一つの手続きとして、何かが行われることを表わし、特に時間に追われているという意味合いはないのに対して、〈とりあえず〉は、「とりあえず電報を打っておいた。」「とりあえず学校へ連絡した。」のように、応急の措置として、何かが行われる点に意味の重点がある。

まずしい

貧（まず）しい・貧乏（びんぼう）・貧困（ひんこん）・無一物（むいちぶつ）

貧しい（まずしい）　〔形〕生活していくための金やものが少なくて、苦しい。また、「貧しい才能」「心が貧しい」のように内容が貧弱で、いいところがないの意にも用いる。　(反)富んだ・豊かだ

貧乏（びんぼう）　〔名・ダ形動・スル動サ変〕財産や収入が少なくて、経済的に苦しいこと。経済的状態について言う場合は、〈貧しい〉とほとんど同義だが、「心が貧しい。」とか、「食卓の上には貧しい料理が並んでいた。」のように、質的に取るに足りない貧弱なものであるという意は、〈貧乏〉にはない。また、〈貧乏〉は日常語だが、〈貧しい〉は文章語的な言いかたである。「貧乏ひまなし」　(反)裕福

貧困（ひんこん）　〔名・ダ形動〕生活が楽でないこと。〈貧乏〉は、個人の経済状態についていうことが普通だが、〈貧困〉は、「貧困家庭」のように、一般的な状態について使うことが多い。また、〈貧困〉は、「政治の貧困」のように、内容や知識、考えなどが、なさけないほど質がわるいという意味にも使う。　(反)富裕、(転)貧困さ（名）

無一物（むいちぶつ）〔名〕〈むいちもつ〉とも言う。金や物などを何も持っていないこと。「とうとう無一物になってしまった。」のように、貧しい状態を通り越して、金や物など、何一つ持っていないありさまを言う。

類語　一文なし・無一文・極貧・プアー

まだ

まだ・いまだ

まだ　〔副〕ある状態が変わらないで、ずっと続いているさま。また、「機会はまだある。」のように、同じようなものがほかにもある様子の意や、「十時なのに、まだ帰らない。」「まだ歩ける。」のように、予定の段階や状態にまで達していない様子の意、あるいは、「これでもまだましな方だ。」のように、十分ではないが、ほかよりは少しいいところがある様子の意などにも用いる。

いまだ　〔副〕いまになってもまだ。〈まだ〉とほぼ同義の古風で、かたい言いかただが、「まだやりかたはある。」「この本の方がまだましだ。」のように、同じようなものがほかにもある様子の意を表わす場合には、〈いまだ〉で置き換えることはできない。「これは、いまだかつてない大事業だ。」「いまだに忘れられない光景」

または

または・もしくは・あるいは

または　〔接〕並列的な二つの事柄のどちらかを選択してもよいことを表わす。「黒または青色のインクで書いてください。」

もしくは　〔接〕どちらか一つを選択することを表わす。〈もしくは〉は、前後の物事のどちらか一つを選択することを表わし、したがって「世界史もしくは日本史を選択すること。」のように言うが、〈または〉は、二つの事柄のどちらを選択してもよいということに意味の重点があるために、どちらか一つを選択することを強調する場合には、「世界史または日本史のうち、どちらかを選択すること。」のように言わなければならない。

あるいは　〔接・副〕「AあるいはB」で、AかBかのどちらかを表わす。「AあるいはB」で、Aか、そうでなければBのどちらか。〈または〉とほとんど同義だが、日常の口頭語では、〈または〉がよく使われる。〈あるいは〉は、「到着はあすの予定ですが、あるいは、一日延びるかも知れません。」のように、副詞としても用い、もしかしたら・ひょっとしたらの意にも使う。「あしたの天気は、雨あるいは雪でしょう。」

類語　それとも

まちまちだ

まちまちだ・ふぞろいだ・ちぐはぐだ

まちまちだ　〔形動〕そろっていることの期待されるものが、ばらばらでそろっていない様子。連体形には、「まちまちの意見」「まちまちな服装」のように、「〜の」

「〜な」の二つの語形が認められる。「ハイキングの日はまちまちな服で集まる。」「意見がまちまちでまとまらない。」

ふぞろいだ　〔形動〕　不揃いだと書く。ものの数や量、大きさなどがそろっていないこと。〈まちまちだ〉は、「ハイキングの日はまちまちの服で集まる。」とか、「意見がまちまちでまとまらない。」のように、そろっていたり一つにまとまることが望ましいものが、一人一人（一つ一つ）違っていて、共通性が全く認められない場合を言い、内容上の不一致、あるいは一種類の状態で統一されていないことに意味の重点があるが、〈ふぞろいだ〉は、「ふぞろいな茶碗」「ふぞろいな歯」「机がふぞろいだ。」のように、ものの数や量、大きさなどがそろっていない場合に使う。「歯がふぞろいだ。」と言うと、歯が欠けていることを表わす場合もあれば、歯ならびがそろっていないことを表わす場合もある。また、〈ふぞろいだ〉は、ものについて使うが、〈まちまちだ〉〈ちぐはぐだ〉は、ものの様子だけでなく、意見・気持ちなど、人間の考えや心の内面の状態についても用いる。

ちぐはぐだ　〔形動・スル動サ変〕　うまくそろわないでくい違ったり、調和がとれない。〈まちまちだ〉の意味に近いが、〈まちまちだ〉が、ふたり（二つ）以上の意見、服装、行為など、外に現れたものの不一致について使うのに対して、〈ちぐはぐだ〉は、「上下がちぐはぐな服装」「自分のちぐはぐな気持ちを持てあましていた。」のように、一人の外面や内面における状態の不一致について使い、全体として調和のとれていないことに意味の重点がある。〈ちぐはぐだ〉は、一人（一つ）の場合における不一致を言うことが普通だから、「話がちぐはぐする。」と言うと、一人の人の前に話した内容と後で話した内容とが、大切な点で一致せず、調和がとれていなかったり一貫性がなかったりすることを意味する。ふたりの話が一致しない場合に使っても、それは、たとえば、同じ会社の人が同じ問題について話した内容が、一致しない場合などに用いることが多く、たとえ人が違っていても、同じ（意見・考えを持っている）人と見なしていることが前提となっている。また、〈まちまちだ〉は、そろっているということが期待されるということが、前提的な意味として強く認められるが、〈ちぐはぐだ〉は、〈まちまちだ〉ほどそれが強くない。

類語　とりどりだ・ばらばらだ・まぜこぜだ

まっくら

真っ暗（まっくら）・暗黒（あんこく）

真っ暗（まっくら）　〔名・ダ形動〕　真暗とも書く。暗くて、何も見えない様子。〈真っ暗〉は、「真っ暗な部屋」のように、暗くて何も見えないという状態にも、また、「目の前が真っ暗になる。」「お先真っ暗だ。」のように、希望がなく、前途に見通しがつかないという状態にも使う。

暗黒（あんこく）　〔名・ダ形動〕　真っ暗なこと。光が全くなくて、何も見えないこと。また、「社会の暗黒面」

「暗黒時代」「暗黒を招来する。」のように、社会の秩序が乱れたり、極端に人命が軽視されたり、文明が遅れまた文化が衰えたりする意にも用いる。〈真っ暗〉の意とほぼ同義のかたい文章語だが、〈真っ暗〉が、「お先真っ暗だ。」のように、個人の前途に希望が持てない場合を言うのに対して、〈暗黒〉は、一国の社会や文化、文明が乱れたり衰えたりして、希望が持てない場合に使う。

類語 暗闇・真っ暗闇

まっさき

直っ先・先頭・トップ・一番乗り

真っ先 〔名〕全体のなかで、一番先であること。〈真っ先〉は、「列の真っ先」のように、空間的に見てほかのだれよりも先である場合にも、「真っ先に駆けつける。」のように、時間的に見て一番先である場合にも用いる。口頭語的な言いかた。

先頭 〔名〕列を作って進むものの一番先。〈先頭〉は、「先頭に立つ。」「先頭をきる。」のように、列の一番先や徒競争などで一番先に立つことを言うが、〈真っ先〉は、空間的にも時間的にも使い、意味用法が広い。しかし、「真っ先に帰ってしまった。」のように、時間的に一番早く何かをする場合に用いることが多い。また、〈先頭〉は、格助詞の「に」だけでなく、「先頭をきる。」のように「を」もとるが、〈真っ先〉は、「に」しかとらない。 ㊡最後尾

トップ 〔名〕top. 首位。先頭。また、「トップニュース」のように、新聞で、第一面に載せる重要な記事の意にも用いる。〈トップ〉は、〈先頭〉の意味に近いが、〈先頭〉が、空間的な事柄に限って用いるのに対して、〈トップ〉は、「トップクラス」「トップバッター」のように、成績や打順など、空間的な事柄以外にも広く用いられ、意味用法が広い。また、新聞の第一面に載せる重要な記事の意には、〈トップ〉しか使わない。

一番乗り 〔名〕みんなが目ざしている所へ、だれよりも先に乗り込むことを言う。〈一番乗り〉は、だれよりも早くやって来るという点で、〈真っ先〉にと意味が近いが、〈真っ先〉が、全体の中で一番先であることを客観的に言うのに対して、〈一番乗り〉は、「今日の編集会議は、先生が一番乗りですよ。」のように、会議、集会、登山など、そこへ行くことが義務づけられていたり、目標とされていたりする場合に、だれよりも早く到着することに使う。

類語 先鋒・嚆矢

まっすぐ

まっすぐ・まっしぐらに

まっすぐ 〔名・ダ形動〕真っ直ぐと書く。一定の方向をとって少しも曲がらないで進む様子。また、「まっすぐな人」のように、素直で正直な様子の意にも用いる。さらに、「まっすぐ家に帰る。」のように副詞的にも使い、間に何も入れないで直接的に行うさまの意も表わす。

まっしぐらに 〔副〕激しい勢いで、まっすぐに進む様子。〈まっすぐ〉は、少しも曲が

らないで進むことを言い、勢いの強い場合にも弱い場合にも使うが、〈まっしぐらに〉は、激しい勢いでまっすぐに進む場合に限って用いる。また、〈まっしぐらに〉は、間に何も入れないで直接的に行うさまは表わさない。また、〈まっすぐ〉は、「まっすぐな線」「車がまっすぐに進んで行く。」のように、物についても使うが、〈まっしぐらに〉は、普通、人間や動物の行為について用いる。「いのししがまっしぐらに突進してきた。」

類語 一直線に・ストレートに

まったく

全く・完全だ・徹底的だ

全く 〔副〕一つの例外もなく、完全に。「全くありません。」また、「全くもってあいそがつきた。」のように、そうとしか形容できないほど、強く感じられることを表わす場合にも用いる。

完全だ 〔ダ形動〕必要条件が満たされていて、文句のつけようがない様子。「完全な円」「完全雇用」「完全無欠」のように、必要条件がすべて満たされていて、例外や欠点が少しもないことを客観的な根拠に基づいて言う場合に使うが、〈全く〉のように、「全く素晴らしい。」「全く美しい。」のように物や事柄についての全体的な印象を、主観的に表現する場合には、〈完全〉は用いない。また、「全く失敗だ。」「彼はそのことを全く忘れていた。」のように、意味的には否定的なニュアンスを伴うが表現形式が肯定表現の場合には、〈完全〉に置き換えることができるが、「最近は全く会っていない。」「近ごろの若者は全く礼儀をわきまえていない。」のように、打消し表現に使う場合には、〈完全〉に置き換えることはできない。

徹底的だ 〔形動〕中途半端でなく、どこまでもやり抜く様子。〈完全〉は、「これで完全に仕上がった。」のように、行為や状態の結果について言うが、〈徹底的〉は、「徹底的に調べる。」「徹底的にやっつける。」のように、プロセスも含み、行為が余すところなく（すみずみにまで）及んでいる点に意味の重点がある。

類語 完璧だ・万全だ・パーフェクトだ

まつり

祭り・祭礼・祭典

祭り 〔名〕神霊に奉仕して、霊を慰めたり、祈ったりする儀式。また、そのときに行う行事。また、「港祭り」のように、記念、祝賀などのために行う行事の意にも用いる。広義では、「古本祭り」「婚礼祭り」のように、商店がある時期に行う特売宣伝をも指す。 動 祭る

祭礼 〔名〕神社などの祭り。〈祭り〉に比べて意味が狭く、神社などの祭りに限って言う。

祭典 〔名〕祭り。また、その儀式。「美の祭典」「若者の祭典」のように、神社の祭りとは関係のない祭りについて使い、特に、記念、祝賀の儀式に意味の重点がある。〈祭典〉はオリンピックなどについて言うこともある。

まねく
招(まね)く・招待(しょうたい)する・迎(むか)える

招(まね)く 〔動五〕 手などを振って人を呼び寄せる。また、「友人を家に招く。」のように、客として誘う意や、「米谷氏を工場長として招く。」のように、仕事をしてもらうために、人に頼んで来てもらう意などにも用いる。さらに、「危険を招く。」のように、あることをして、よくない結果を引き寄せてしまう意にも使う。このグループの中では、最も意味が広い。[転]招き(名)

招待(しょうたい)する 〔動サ変〕 人を客として呼ぶこと。〈招く〉とほとんど同義の漢語的表現だが、〈招く〉が、気軽に人を自宅に呼ぶ場合から、「結婚式にお招きする。」のように、会場を用意して正式に呼ぶ場所まで、広く用いるのに対して、〈招待する〉は、「結婚式に招待された。」「招待状」のように、何かの催しに、正式に客として呼ぶ場合に使い、手などを振って人を呼び寄せたり、あることをしてよくない結果を引き寄せたりする意などには用いない。[名]招待

迎(むか)える 〔動下一〕 来る人を待ち受ける。尋ねて来た人を中に入れる。また、「専門家を迎える。」のように、仕事などのために人を招く意や、「新年を迎える。」のように、ある時期になるの意にも用いる。〈迎える〉は、〈招く〉の意に近いが、〈招く〉が、客として誘う意に用いるのに対して、〈迎える〉は、「喜んで彼を迎えてくれたのは、ほんの二、三人の旧友であった。」「友人を出迎える。」のように、人を待ち受けることに意味の重点がある。また、「米谷氏を工場長に招く。」の〈招く〉を〈迎える〉に置き換えると、その位置がくる人にとって失礼にならない高さであるという条件が強く表面に出るので、より丁重な言いかたになる。また、「永尾氏を講師に招くことになった。」と言うと、例えば講演会の講師として、一時的に呼ぶ意を表わすが、「永尾氏を講師に迎えることになった。」と言うと、その大学の講師として呼び、ずっと、その大学に勤務してもらう意を表わす。すなわち、〈招く〉は、客として誘う意に重点があるのに対して、〈迎える〉は、仲間として招くという意に重点があるわけである。[転]迎え(名)

[類語] 招聘(しょうへい)する・呼(よ)び寄(よ)せる・召(め)す

まねる
まねる・まねする・倣(なら)う・模倣(もほう)する

まねる 〔動下一〕 真似ると書く。「真似」を動詞化したもの。練習や観察をして、ほかの者がするのとすっかり同じことをする。[名]まね

まねする 〔動サ変〕 真似すると書く。〈まねる〉とほとんど同義の口語的な言いかただが、「マチスの画風をまねる。」「作風をまねる。」のように、芸術的な模倣については使わず、おもに、「先生の口ぶりをまねする。」「泣くまねする。」のように、だれにでもできる具体的な行為を模倣する場合に使う。

倣う（ならう）〔動五〕 先の例をまねし、その通りにする。〈まねる〉は、「動きをまねる。」「作風をまねる。」のように、行為にも状態にも使うが、〈倣う〉は、「前例に倣う。」のように、状態について使い、すでにある先例を忠実にまねることを言う。また、〈まねる〉は、「…をまねる」と格助詞の「を」をとるが、〈倣う〉は、「…に倣う」と「に」をとって用いる。

模倣する（もほうする）〔動サ変〕〈まねる〉と同義の漢語的な言いかたで、かたい文章語である。「模倣はうまいが、独創性に欠ける。」のように、抽象的な内容の事柄について使うことが多く、「犬の鳴き声をまねる。」のような、ありふれた具体的な行為にはあまり用いない。(反)創造する、(名)模倣

まぶしい

まぶしい・まばゆい

まぶしい 〔形〕 眩しいと書く。光があまり強くて、じっと見ていられない。〈まぶしい〉は、光の強さに対する目の感じを表わすことが基本的な用法だが、心に感じるまぶしさを言うこともある。(転)まぶしさ(名)

まばゆい 〔形〕 光の強さ、色彩の華かさ、美しさなどに圧倒されて、目を明けていられない感じ。〈まばゆい〉は、〈まぶしい〉の意と近いが、〈まぶしい〉の方が、光の強さに対する目の感じをそのまま表わしている。〈まぶしい〉は対象の性質と、主体の感覚の両方について言うのに対して、〈まばゆい〉は、「雪晴れの前庭はまばゆかった。」のように、もっぱら対象の性質を言う。したがって、「私は日光がまぶしくて目をあけていられなかった。」のような文では、普通、〈まばゆい〉とは言わない。また、心に感じるまぶしさを言うときは、〈まばゆい〉は、美しさや華やかさに圧倒される感じを表わし、〈まぶしい〉は、「お世話になった先生に不義理ばかりしているものですから、先生のお顔がまぶしくてなりません。」のように、尊敬する人の前で、恐縮する感じを表わす。〈まばゆい〉は雅語的な表現で、日常の口頭語では用いない。(転)まばゆさ(名)

まよう

迷う（まよう）・惑う（まどう）

迷う（まよう）〔動五〕 どうしてよいか分からなくなる。また、「道に迷う。」のように、行こうとする方向が分からなくなる意や、「欲に迷う。」のように、よくないことに引きずられて、気持ちがおかしくなる意、あるいは、「死者の霊が迷って出る。」のように、死んだ人の霊が成仏できないでいる意などにも用いる。「路頭に迷う。」は、もともと、住むべきところがなくて道をうろつくことであるが、今は、生活できなくなることを言う場合が多い。(反)迷い(名)

惑う（まどう）〔動五〕 何をしたらよいか分からずに、うろたえる。〈惑う〉は、「四十にして惑わず。」のように、平常心をかき乱すようなことに心を奪われたり、「逃げ惑う。」のように、どう判断すべきか分からないで、ただおろおろする場合に使う。し

たがって、「道に迷う。」という具体的な行動を表わす場合には、〈惑う〉は使えない。古風な言いかた。㊇惑い(名)

まるい
丸い・まろやかだ

丸い〔形〕 円いとも書く。輪や球の形をしている様子。また、「角が丸くなる。」「鉛筆が丸くなる。」のように、角ばっていない意や「円い感じの人柄」「争いを円くおさめる。」のように、穏やかで、角が取れた感じだ、円満であるの意にも用いる。㊇丸さ(名)

まろやかだ〔形動〕 いかにも丸い様子。また、「まろやかな味」のように、しつこくなくて、口あたりがいい状態の意にも用いる。〈丸い〉は、輪や球のような形であることを客観的に言い、平面的なものにも立体的なものにも使うが、〈まろやかだ〉は、いかにも丸い様子を表わし、「まろやかな顔」「まろやかな乳房」のように、立体的なものにしか用いない。また〈まろやかだ〉は、「まろやかな味」のように、味についても使うが、〈丸い〉にはこの意味用法がない。〈まろやかだ〉は、上品な言いかたである。㊇まろやかさ(名)

まるっきり
まるっきり・てんで・皆目

まるっきり〔副〕 全然。まるで。「横文字はまるっきり分からない。」「まるっきりだめだ。」のように、下に打ち消し、あるいは否定的な意味内容のことばを伴って、ある状態の可能性を全面的に否定する意味を表わす。したがって、二者択一的な事態しかありえないような文脈の中での「Aではない」という場合には使えない。「まるで」とほぼ同義だが、〈まるで〉が、「まるで猿のような顔だ。」のように、表現形式だけでなく意味的にも肯定的な表現に用いて、そっくり似ていることを表わす意味用法があるのに対して、〈まるっきり〉は、否定的な状態が、全面にわたっていることを表わす意味用法しかない。「酒に酔いしれてまるっきりだらしなくなった。」

てんで〔副〕「彼のやりかたは、てんでなっていない。」のように、下に否定の意味合いを表わすことばができて、まるっきり、まったくの意を表わす。〈まるっきり〉とほとんど同義だが、やや俗語的な言いかたである。

皆目(かいもく)〔副〕 下に打ち消しのことばを伴って、全体で、「まるで…ない」「全く…ない」の意を表わす。何かの所在や、事の原因などが、どうしてもつかめない場合に用いることが多い。文章語的な言いかた。「皆目分からない。」

類語 とんと・さっぱり・ちっとも・てんで・一向(いっこう)

まるで
まるで・さながら・ちょうど

まるで〔副〕 すべての点から見て、そう言ってさしつかえないことを表わす。また、「彼は、まるで狐のように細い目をしている。」のように、「ちょうど……のようだ。」の意にも用いる。「まるで神様か仏様のようだ。」

さながら　〔副〕 そのままと言ってよいほど、よく似ている様子。〈さながら〉は、〈まるで〉が、「きょうはまるでだめだった。」のように、否定的な意味合いにも用いるのに対して、〈さながら〉は、そのような意味用法がない。また、〈まるで〉は、「まるで夢のようだ。」のように、名詞の意味だけでなく、「まるで常識を欠いている。」のように、動詞の意味を修飾限定することもあるのに対して、〈さながら〉は、「彼の酔った顔はさながら赤鬼のようだ。」のように、名詞の意味を修飾限定する用法が普通である。

ちょうど　〔副〕 「海はちょうど竜の背のようにうねり狂っていた。」のように、ある物の形や性質などが、ほかのあるものと、とてもよく似ている様子の意を表わす場合は、〈まるで〉の意と近いが、〈ちょうど〉は、「この服は君にちょうど合っている。」「ちょうど三時だ。」のように、数量や大きさ、時刻などが、ある目的や基準にぴったり合っている様子の意にも用いる。この意味用法は、〈まるで〉には認められない。

類語 あたかも・いかにも

まるみ

丸（ま）る（る）み・ふくらみ

丸（まる）み　〔名〕 丸い感じ。丸い様子。また、「丸みが出る。」のように、人柄が穏やかである感じの意にも用いる。 形 丸い

ふくらみ　〔名〕 ふくらんだところ。〈丸み〉は、「肩の丸み」「からだの丸み」のように、全体に認められる丸い感じについて使うが、〈ふくらみ〉は、「胸のふくらみが目立つようになった。」のように、からだの一部の丸みについて言う。また、〈丸み〉は、全体の丸い感じについて言うので、人柄についても使うが、〈ふくらみ〉は、人柄については用いない。また、〈丸み〉は、「丸みを帯びた山」「丸みを帯びた石」のように、人間以外の自然物にも広く使うが、〈ふくらみ〉は、自然物では、蕾についてしか用いない。 動 ふくらむ

類語 反（そ）り・まろやか・ふっくら

まわり

周（ま）り（わ）・ぐるり・周囲（しゅうい）・周辺（しゅうへん）

周（まわ）り　〔名〕 回りとも書く。その物のある（その人のいる）ところ。また、「身の回り」のように、そこに近い範囲の意や、「池の周り」のように、その物の外側の縁や表面に沿っているところの意にも用いる。また〈回り〉と書くと、「火の回りが速い。」のように、伝わるときの速さや様子の意を表わすことが普通である。〈回り〉は、また、接尾辞としても用い、「時計の針が一回りする。」のように、回る回数を数える場合や、「一回り小さい皿」のように、太さ・容積などの比較を表わすことばとしても使う。 動 回る

ぐるり 〔名・ト副〕 その物の周囲。「家の周りに垣根を作る。」と言う場合は、〈周り〉とほとんど同義だが、〈ぐるり〉の方が、その物を四方八方からすき間なく囲むという意味合いが強い。したがって、「彼の周りに人が集まった。」と言うと、必ずしも四方に人が集まらなくても、前と後に集まるだけでもよいが、「彼のぐるりに人が集まった。」と言うと、四方からとり囲むように集まることを表わす。また、「彼があんな人間になったのは、周りの人が悪かったからだ。」のように、空間的でなく、社会的な関係を言う場合には、〈ぐるり〉は使わない。〈ぐるり〉は、話しことば的である。

周囲（しゅうい） 〔名〕 物の外側の縁。物の周り。また、「周囲がうるさい。」のように、周りにいる人やものの意にも用いる。〈周り〉とほとんど同義だが、ややかたい言いかた。

周辺（しゅうへん） 〔名〕 ある場所や人などを囲む、その辺り一帯。〈周辺〉は、〈周り〉〈周囲〉よりも、やや広い場所をぼんやりと指す。「京都の周り（周囲）の農村」は、京都に接している農村のことを言うが、「京都周辺の農村」と言うと、京都から少し離れていてもよい。また〈周囲〉〈周り〉は、そのものの外側にある程度連続して認められる場合を言うが、〈周辺〉は、「中都市の周辺もどんどん宅地化が進んでいる。」のように、点在している場合に使うことができる。

まんいち

まんいち・もし・もしも・仮（かり）に

まんいち 〔副・名〕 万一と書く。その可能性は少ないが、もしかして。また、「私に万一のことがあったら、あとをよろしく頼む。」のように、ごくまれに起こるかもしれないことの意にも用いる。好ましくないことに使う場合が多い。

もし 〔副〕 将来起こりそうにない事柄や、過去や現実にない事柄を仮定して言うときのことば。〈まんいち〉は、そのことが起こる可能性がきわめて少ないことを前提として用いるが、〈もし〉は、そのことが、将来起こるかも知れないことを前提として使う。したがって、「もし午後雨が降ったら、傘を持って迎えに来てください。」のように、仮定的な条件は、順接条件となるのが普通である。また、〈まんいち〉は、「まんいち足りなかったら追加します。」「まんいち私が行かなかったら皆が困るだろう。」のように、好ましくない事態を仮定して言う場合に使うが、「もし私が若ければ」「もし私が美しければ」のように、好ましい事態を仮定する場合には、〈まんいち〉はほとんど使わない。それに対して、〈もし〉は、好ましい事態、好ましくない事態ということとは関係なく用いる。また、〈もし〉は、副詞としての用法しかないので、「まんいちに備える」のように、そのあとに格助詞をつけて用いることはない。

もしも 〔副・名〕 〈もし〉を強めた言いかた。また、「母にもしものことがあったら、どうするんだ。」のように、特に起こるかもしれないよくないことを仮定して言うときに使う。〈もし〉には、この意味用法がない。

仮に（かり）　〔副〕「仮に石油の供給がいまの五分の一になったら、日本はどうなるだろう。」のように、何かを仮定して言う。また、「受付の机の場所は、仮にここにしておきます。」のように、一時的に、間に合わせとしてそうする意にも用いる。〈もし〉とほとんど同義だが、一時的に間に合わせとして何かをする意味は、〈もし〉にはない。また、〈仮に〉は、やや改まった言いかたである。

類語　ひょっとして・もしかして

まんなか

真ん中（まんなか）・まっただなか・中心（ちゅうしん）

真ん中（まんなか）　〔名〕ものの中央の部分。両側あるいは四方から同じ隔たりの位置を言う。「部屋の真ん中」のように、一つのものの中央の部分にも、また「真ん中の部屋」のように、いくつかあるものの中央にも使う。また、「お菓子を真ん中で分ける。」のように小さな広がりのものについても、「校庭の真ん中」のように大きな広がりのものについても用いる。　反角・端っこ

まっただなか　〔名〕真っ只中と書く。「運動場のまっただなか」のように、何かの中央部分の意や、「けんかのまっただなかに割って入る。」のように、まさにそれをしているところの意に用いる。〈真ん中〉は、空間的な広がりについてしか使わないが、〈まっただなか〉は、空間的な広がりだけでなく、あることが行われているまさに最中という非空間的な場合にも用いる。

中心（ちゅうしん）　〔名〕物の真ん中の部分。円や地球の中心は、周囲、四方から等しい距離にある位置を指し、紙、布の〈中心〉は、半分に折って折れ目になる位置を指す。〈真ん中〉の意味に近いが、〈真ん中〉が具体的なものや場所についてしか使わないのに対して、〈中心〉は、「政策の中心」のように、抽象的な内容の事柄についても用いる。また、〈中心〉は、「彼は研究会の中心となって働いている。」のように、物事全体のまとめとなるような最も重要な部分の意にも用いる。　反周辺

類語　中央（ちゅうおう）・中核（ちゅうかく）・センター

み

みあわせる

見合わせる（みあわせる）・見送る（みおくる）・差し控える（さしひかえる）

見合わせる（みあわせる）　〔動下一〕やめる、中止する、の婉曲な言いかた。予定したことを一時やめて様子を見る、といった消極的なニュアンスがある。また、〈見合わせる〉は、「思わず顔を見合わせる。」のように、互いに見るの意にも用いる。　転見合わせ(名)

見送る（みおくる）　〔動五〕やむをえず中止する、の意。〈見合わせる〉は、予定したことを結局やらない場合に用いるが、〈見送る〉は、後に

やることを期待する気持ちが込められる場合に使う。また、〈見送る〉は、「ホームランを見送る。」のように、離れて行くものを見続ける、目で追う意や、「旅立ちを見送る。」のように、去って行く人に別れのあいさつをして、出発するのを見守る意にも用いる。「せっかくだが、その計画は見送ることにしよう。」 [転]見送り(名)

差し控える 〔動下一〕 先方の心中や周囲の事情を考えて、行為を中止したり、手加減したりする。〈見合わせる〉より相手の事情に重点を置く程度がかなり強い。「思うところがあって、それは差し控えます。」「発言を差し控える。」

[類語] はばかる・控える

みかけ

見かけ・外見・外観・みてくれ・みばえ・体裁

見かけ 〔名〕 外観から受ける、内容についての印象。外から見た様子。「人は見かけによらないものだな。」 [反]内幕

外見・外観 〔名〕 外から見たさま。〈見かけ〉は、「人は見かけによらないものだ。」「見かけ倒し」のように、否定的なニュアンスで用いることが普通だが、〈外見〉〈外観〉は、否定的な評価とは関係なく、外から見たさまを客観的に言う場合に使うことが多い。また、〈外観〉は、「建物の外観」のように、人間以外のものに使うことが多い。文章語。「外見にとらわれる。」 [反]内実

みてくれ・みばえ 〔名〕 〈見かけ〉〈外見〉のやや俗語的な言いかただが、〈みばえ〉は、「みばえがする。」のように、見る人に素晴らしい、立派だという印象を与える場合に使うのが普通である。ただし、〈みてくれ〉は、「みてくれを気にする。」のように、人に見られて気になる外見の意にも用いる。

体裁 〔名〕 外から見た物の形。「本の体裁」。また、人に見られて気になる自分の外見。〈体裁〉は、世間の人がどう見ているかを気にするという意味合いを含む点で、それを含まない〈みかけ〉〈外見〉と、はっきり区別される。〈体裁〉は、〈世間体〉と意味の近い語である。「体裁をつくろう。」「体裁がわるい。」

[類語] うわつら・見場・外貌

みくびる

見くびる・あなどる・見さげる・見くだす

みくびる 〔動五〕 相手の力を自分より劣っていると見、とるに足りないものとして軽視する。「力を見くびる。」

あなどる 〔動五〕 侮ると書く。〈みくびる〉のやや古風な言いかたで、〈みくびる〉よりも軽視する度合が大きい。敵対関係にある相手に対して言うことが多い。「あなどりがたい」「あなどれない」は、かなりの実力を評価する場合に使う言いかた。「向こうは子供チームだが、決してあなどれない相手だ。」 [反]敬う、[転]侮り(名)

見さげる・見くだす 〔動下一・動

五〕 相手を自分以下の者として蔑視する。〈みくびる〉〈あなどる〉は、相手の力を自分より劣っていると見て軽視したりばかにしたりすることを言うが、〈見くだす〉は、相手の人格や地位を自分以下と見て軽蔑する場合に言う。また、〈見さげる〉は、相手が人なみ以下だと思って軽蔑する場合に使う。「そんな人を見さげたような言いかたをするな。」「彼は、すぐ人を見くだした態度をとる悪いくせがある。」

㊀反 見上げる

みごとだ

見事だ・立派だ・結構だ・素晴らしい

見事だ 〔形動〕 風景、芸術作品、その他のものの優れていることをたたえて言う。また、製作者の腕前などが巧みなこと、あるいは状態の完全なことにも言う。「見事な出来」 ㊀転 見事さ(名)

立派だ 〔形動〕 堂々として美しいさま。また、優れていること、あるいは、完全なこと、十分なことにも言う。〈見事だ〉は、風景、芸術作品など、人間以外の状態の優れていることを視覚的な印象に基づいて言うが、〈立派だ〉は、「立派な建物」などのように、人間以外のものにも使うが、「立派な青年」「立派な人格」など、人間そのものの状態について使うことが多い。 ㊀転 立派さ(名)

結構だ 〔形動〕 〈見事だ〉とほぼ同義の丁寧な言いかただが、〈見事だ〉は、作品・品物・風景などについて用いることが普通であるのに対して、〈結構だ〉は、それ以外に天気や身分などについても使い、範囲が広い。丁重なあいさつのなかで用いることが多い。したがって、〈結構だ〉で文が終止することは少なく、〈結構です〉〈結構な〉の言いかたの方がよく用いられる。「これは結構なお茶碗でございますね。」また、申し分ない、完全とは言えないが、それでも十分うまくいくさまの意にも用いる。なお、「もう結構です。」は、十分だとして断る意を表わす。

素晴らしい 〔形〕 〈立派だ〉より称賛の意が強く、感嘆の気持ちが含まれる。「素晴らしいできばえ」 ㊀転 素晴らしさ(名)

類語 素敵だ・優秀だ・上出来だ・上乗だ

みさお

操・節操

操 〔名〕 道徳的に善と認められることを固く守り、それを貫くこと。また、女の貞操の意味にも使う。「操を守る。」

節操 〔名〕 身分・地位・職業などの程度によって、こうあるべきだと定められているきまりを、固く守って変えないこと。〈操〉は、道徳的に善と認められること、あるいは自分の主義・主張を固く守ることを言うが、〈節操〉は、身分・地位などの程度に応じて、社会が一応慣習によって定めていることを基準にして使う。「節操が固い。」「節操を守る。」「そのような節操のない振舞をするな。」

類語 貞操・貞節・純潔・忠節・節・節度

みじめだ
みじめだ・悲惨(ひさん)だ

みじめだ 〔形動〕とても見ていられないほど、あわれな情けない状態である。また、どうしてこんな目にあわなければならないのだろうかと、劣等感や屈辱感を持つ様子の意にも用いる。〈みじめだ〉は、他人のことにも自分のことにも使う。「その時味わった惨めな感情を彼はずっと後まで心の底に秘めていた。」 [転] みじめさ(名)

悲惨(ひさん)だ 〔形動〕見たり聞いたりして、心が痛む様子。痛ましい様子。〈みじめだ〉とほぼ同義であるが、状態の程度がさらに強いように感じられる。〈悲惨だ〉は、「その当時、私は悲惨な状態に追い込まれていた。」のように、自分のことについても使う。 [転] 悲惨さ(名)

みすぼらしい
みすぼらしい・貧相(ひんそう)だ

みすぼらしい 〔形〕外見が貧しそうである。見劣りがするさま。見るからに貧乏くさく、見劣りがするさまについて使うことが多い。「ひどくみすぼらしい小寺であった。」 [転] みすぼらしさ(名)

貧相(ひんそう)だ 〔形動〕顔形・からだつき・身なりなどが貧乏くさく、見栄えがしないさま。〈みすぼらしい〉は顔形については使わないが、〈貧相だ〉は顔形について言うことが多い。「貧相な身なり」 [反] 福相

[類語] 貧弱(ひんじゃく)だ・貧(まず)しい

みだりに
みだりに・むやみに・やたらに

みだりに 〔副〕妄りにと書く。正当な理由もなく、無秩序な行為をするさまを言う。「みだりに欠席するな。」「みだりに構内に立ち入ってはならない。」

むやみに・やたらに 〔副〕前後のみさかいもなく、でたらめな行為をするさま。〈むやみに〉〈やたらに〉は、この意味のほかに、「やたらに遊びに来る。」「むやみにかわいがる。」のように、その程度が必要以上であることを言う用法もある。「やたらにつばを吐く。」

[類語] むやみやたらに・めったやたらに

みな
みな・すべて・すっかり・そっくり・ありたけ・ことごとく

みな 〔名・副〕皆と書く。全員。全部。その場に存在する物事や人のすべてにわたることを表わす。話しことばで、くだけた言いかたの場合は、〈みんな〉を用いる。「みんな、すぐに集まれ。」また、〈みな〉は、次の例のように、副詞としても用いる。「本はみな売れました。」

すべて 〔名・副〕凡てと書く。全部。ことごとく。〈みな〉を名詞として使う場合は、人を表わすことが比較的多いが、〈すべて〉

は、人について使うことはなく、「出された案のすべてがよいわけではない。」のように、事柄やものについて用いる。「仕事はすべて終わった。」

すっかり　〔副〕隅から隅まですべて。全く。〈みな〉〈すべて〉は、人や物事など数えられるものについて使うが、〈すっかり〉は、「すっかり秋になった。」「すっかり忘れてしまった。」のように、状態の程度が隅から隅まで完全である場合に用いる。

そっくり　〔副・ダ形動〕①省いたり、残したりせず、全部について何かをする様子。「有金そっくりよこせ。」②そのまま、すべて一致すること。また、基準となるものに非常によく似ていることにも使う。「太郎君はお父さんにそっくりだ。」〈すっかり〉は、「すっかりおとなになる。」「すっかり食べてしまった。」のように、状態について言うが、〈そっくり〉は、「そっくり盗まれてしまった。」のように、状態にも、また、「参考書をそっくり写す。」のように行為にも使う。

ありたけ　〔副〕〈ありったけ〉は〈ありたけ〉の強調形。そこにあるものの全部。「ありったけの椅子」「金をありったけ出して買った。」

ことごとく　〔副〕悉くと書く。残りが少しもない様子。〈すっかり〉〈みな〉のかたい文章語的な言いかた。「見るもの聞くもの、ことごとく珍しい。」のように、別々のものを総合して言う場合に使うことが多い。それに対して、〈ごっそり〉〈根こそぎ〉は、最初から全体の量を問題にしている。

[類語] ごっそり・根(ね)こそぎ・一切(いっさい)・一切合切(いっさいがっさい)・残(のこ)らず

みなす

みなす・決(き)め込(こ)む

みなす　〔動五〕見做すと書く。実際にはどうあっても、いろいろな状況からしてそのようなものとして扱う判断をくだす。「返事のない者は、賛成とみなす。」「舞台を死に場所とみなして、病気を押して出演する。」

決(き)め込(こ)む　〔動五〕少しの誤りがあることに気づいていても、自分一人で強いてそれと決める。決定の仕方が、〈みなす〉より強く、事実に関係なく、一方的に決めてかかり、頑固にそれを守って改めようとしないことを言う。また、「知らぬ顔の半兵衛を決め込む。」のように、そうしていようと決めた、ある種の消極的行動を実際に行う意にも用いる。

みにくい

醜(みにく)い・醜悪(しゅうあく)だ・見苦(みぐる)しい

醜(みにく)い　〔形〕容貌・姿・心・行いなどが不快感を与えるさまを言う。対象それ自体の美的価値を、客観的に見て言う場合に用いる。また、内面的倫理的な汚なさの意にも用いる。「顔は美しく、心は醜い。」
[反]美しい・きれいだ、[転]醜さ

醜悪(しゅうあく)だ　〔形動〕〈醜い〉より程度がひどく、汚らわしいとして嫌悪する気持ちが強い。「醜悪

な金銭争い」 ㋫醜悪さ(名)

見苦しい 〔形〕汚なかったり、体裁が悪かったりして、とても見ていられない状態。〈醜い〉とほぼ同義であるが、人目を意識する気持ちがより強く、主観的評価が加わる。服装や態度などについて言う。「見苦しい服装」「いまさら泣きごとを言うとは見苦しいぞ。」 ㋫見苦しさ(名)

類語 みっともない

みぬく
見抜く・見通す・見透かす

見抜く 〔動五〕隠されている本当の性格や状態などを、はっきりと見てとる。「彼の真意はついに見抜けなかった。」

見通す 〔動五〕目に見えない物事の内部や人の心中、将来などをはっきりと見てとる。〈見抜く〉には、このうち、将来の動向を予側するという意味用法はない。「計画は立てたが、どの程度実現できるか、まだ、見通しはついていない。」また、一目で見渡せるという意で、「対岸の山々を見通す。」のようにも使う。 ㋫見通し(名)

見透かす 〔動五〕隠そうとしている人の思わくや心の中などをはっきり見てとる。「心底を見透かされた。」

みのがす
見逃す・見過ごす・看過する

見逃す 〔動五〕①そのつもりで見ていながら、気づかないで逃してしまう。「一人も見逃してはならぬ。」②見ていながら捕えたり、とがめたりしない。「この場だけは、どうか見逃してほしい。」また、見つけていながら逃してしまうことにも言う。「せっかく尾行していたのに、見逃してしまった。」 ㋫見逃し(名)

見過ごす・看過する 〔動五・動サ変〕見ていながら、そのまま過ごす。気づいている場合、気づいていない場合の、いずれにも用いる。〈見過ごす〉は、〈見逃す〉の古風な言いかたであり、〈看過する〉は、かたい文章語である。 名看過

類語 見落とす・見損なう・目をつぶる・大目にみる

みのる
実る・なる・結ぶ

実る 〔動五〕草木に実がなり、熟する。「柿の実がたわわに実っている。」「稲が実る。」また、努力や苦労の末に充実した成果が生じることにも言う。「長年の努力が実る。」 ㋫実り(名)

なる 〔動五〕生る、または成ると書く。草木が実を結ぶ。「一年中果物がなっている。」

結ぶ 〔動五〕一つの物が作り出される。ある結果を生じる。〈実る〉〈なる〉は、植物に実がなることを言うが、〈結ぶ〉は、植物について使うだけでなく、「露が結ぶ。」「夢を結ぶ。」のように、より広い範囲に用いる。ま

た、〈実る〉は、「愛が実る。」のように、格助詞の「が」だけをとるが、〈結ぶ〉は、格助詞の「が」とともに、「露を結ぶ。」のように、「を」をとることもある。

みはなす
見放（みはな）す・見捨（みす）てる・見限（みかぎ）る

見放（みはな）す　〔動五〕見離すとも書く。見込みがないとして、看護・世話・指導などをやめる。見放された方の人物が受身の形で表現されることが多い。「医者に見放された。」

見捨（みす）てる　〔動下一〕〈見放す〉とほぼ同義であるが、助けを必要としている相手を捨てて顧みようともしないといった、完全に無視する感じが強い。また、〈見放す〉は、普通、一人の人について使うが、〈見捨てる〉は、「彼は我々を見捨てて、一人で行ってしまったのだ。」のように、複数の人についても用いる。「私達を見捨てないでください。」

見限（みかぎ）る　〔動五〕見込みがないと思って、あきらめる。相手にしたり関係したりすることをやめるのを言う。物事に対してよりも、人間に対して用いることが多い。「そんな、見限ったような冷淡なことを言わないでください。」 [転] 見限り(名)

[類語] 諦（あきら）める・見切（みき）る

みぶり
身振（みぶ）り・手振（てぶ）り・しぐさ・ジェスチャー

身振（みぶ）り　〔名〕意志や感情を表わすからだの動き。「身振りで示す。」

手振（てぶ）り　〔名〕相手に自分の思っていることを伝えるために、手をいろいろと動かすこと。また、その手の動き。「彼の話しかたは、身振り手振りを交えて、実ににぎやかだ。」

しぐさ　〔名〕仕種と書く。〈身振り〉とほぼ同義だが、表情や思い入れを込めたその人特有のからだの動かしかたを表現するときに使うことが多い。「子供のくせに、おとなびたしぐさをする。」また、演劇や映画で俳優の演ずる表情や動作の意にも用いる。

ジェスチャー　〔名〕gesture. 身振り、手まね。また、思わせぶり、見せかけの意にも用いる。「ジェスチャーをまじえて語る。」「彼の行動はすべてジェスチャーだ。」

[類語] 素振（そぶ）り・態度（たいど）

みれん
未練（みれん）・愛惜（あいせき）・惜（お）し気（げ）

未練（みれん）　〔名〕愛着をきっぱり思い切ることができない気持ち。「未練を残す」「未練がましい」の形でよく用いる。

愛惜（あいせき）　〔名〕深い愛着を持ち、失われていくことを惜しむ気持ち。〈未練〉は、すでに失ってしまった場合に使い、〈愛惜〉は、今まさに失おうとする場合に使う。改まった、文章語的な言いかた。「愛惜の念を禁じえない。」

惜し気（おしげ）　〔名〕　惜しいと思う気持ち。「惜し気もなく」のように、否定的な意味を表わす言いかたで用いる。

みんしゅう

民衆（みんしゅう）・大衆（たいしゅう）・公衆（こうしゅう）

民衆（みんしゅう）　〔名〕　世間一般の人びと。国家・社会を構成している多くの人びと。「民衆政治」は、一部の支配階級の人たちによらず、一般の人びとによってなされる政治を言う。ほかに「民衆裁判」「民衆娯楽」などの例がある。かたい文章語。

大衆（たいしゅう）　〔名〕　世間一般の多数の人びと。〈民衆〉は、思想的・政治的用語として用いることが多く、「民衆の蜂起」というように使われるが、この語にはそういうニュアンスがなく、普通の人びとの意に使う。「一般大衆」「大衆文学」

公衆（こうしゅう）　〔名〕　ともにその地域に住み、その社会を形作っている一般の人びと。文章語。「公衆の面前でよくも恥をかかしたな。」

類語　民（たみ）・国民（こくみん）・人民（じんみん）・万民（ばんみん）

む

む

無（む）・空（から）・空（くう）・からっぽ・空白（くうはく）

無（む）　〔名〕　何もないこと。また、むだになること。「好意を無にする。」また、接頭辞として、「無学」「無医村」「無資格」「無欠勤」などのように用いる。「無の精神」というように、仏教に由来する独自の哲学用語としても使われる。（反）有

空・空（から・くう）　〔名〕　〈から〉は、具体的な中身が何もないこと。「箱の中は空だった。」また、接頭辞として、表面だけで、実質が伴わないという意味に用いる。「空元気」「空手形」「空まわり」。〈くう〉は、〈から〉に対して、抽象的観念的な内容の事柄について用いる。仏教用語で、現象は本来実体でないことを言う。「この世の現象はすべて空（くう）である。」

からっぽ　〔名〕　〈から〉の俗語的な言いかた。「財布がからっぽになった。」

空白（くうはく）　〔名・ダ形動〕　書かれていることが期待されるところに何も書かれていない白紙の状態を言う。また、あるべきことが期待されるのに、全く内容のないことにも使う。「心の空白」「病気中の空白を取り返す。」

類語　うつろ・空（むな）しい・空疎（くうそ）・空虚（くうきょ）・虚無（きょむ）

むかし

昔（むかし）・往時（おうじ）・往年（おうねん）・過去（かこ）

昔（むかし）　〔名〕　年月を遠く隔てた以前のこと。「昔のおもかげ」「遠い昔」また、副詞として、「昔そのよ

うなことがあった。」のようにも用いる。また、「ひと昔」の形で、全体で、過ぎ去った十年ぐらいの年月をひとまとめにして言う。日常語。 [反]今

往時(おうじ) 〔名〕過ぎ去った昔のある時点を指して言う。人間の状態に関することに限定して用いる。「華やかだった往時を追懐する。」 [反]近時

往年(おうねん) 〔名〕過ぎ去った昔のこと。人びとの思い出のなかにある過去を言い、〈往時〉のようにあまり遠い昔のことには使わない。「彼は往年の名選手ですよ。」 [反]近年

過去(かこ) 〔名〕〈往時〉のように人間の状態だけに限定された昔のある時点を指すだけでなく、過ぎ去った年月、時間を全体的にとらえて言う。また、〈往時〉〈往年〉が、人間の状態に関する過去の時間に限定されるため、昔を懐かしむ心情的な面を持つのに対して、〈過去〉は、過ぎ去った時を客観的に指示する場合に用いる。 [反]現在・未来

[類語] 昔日(せきじつ)・いにしえ

むきだす
むき出(だ)す・さらけ出(だ)す

むき出(だ)す 〔動五〕あらわに出す。かなり興奮したりして、感情的になったりして、何かを行う場合を言う。「歯をむき出す。」 [転]むき出し(名)

さらけ出(だ)す 〔動五〕ありのままを、すべて打ち明ける。〈むき出す〉も〈さらけ出す〉も、隠しておくべきものをすっかり見せるという点では同じであるが、〈むき出す〉が歯や品物など目に見える具体物について言うのに対して、〈さらけ出す〉は、恥や思っていることなど、抽象的な内容の事柄についても使う点で異なる。「恥をさらけ出す。」

むく
むく・はぐ・はがす

むく 〔動五〕何かの表面(皮)を、本体から薄くとり去る。「りんごの皮をむく。」「目をむく(怒ったり驚いたりして、目を大きく見開く)」のような用法もある。

はぐ・はがす 〔動五〕剝ぐ・剝がすと書く。表面にある薄いものや、身につけているものを取り去る。また、「官位をはぐ。」のように、取り上げてしまうの意にも用いる。〈はぐ〉〈はがす〉は、何かの面に張りついた状態になっている薄いものを、力を加えて本体から引き離すことを言い、〈むく〉の場合のように道具を用いることは普通しない。また、〈むく〉は、必ず何か目的(意図)があって行うが、〈はがす〉は、「爪をはがす。」のようにうっかりして行う場合にも使う。「爪をはがしてしまった。」 ⇩剝奪する

むく
向(む)く・向(む)かう・向(む)きあう・向(む)かいあう

向(む)く 〔動五〕顔やからだなどを、ある方向にまっすぐになるようにする。また、うまく合う、適するの意にも用いる。「正面を向

く。」「教師に向いている。」 (転)向き(名)

向かう　〔動五〕〈向く〉とほぼ同義だが、あるものにはっきりと顔を向けるという、強い意志が加わる。「面と向かう。」「壁に向かって九年」また、移動を表わしたり（「東京に向かう。」）、移動した結果ある位置を占めること（「鏡に向かう。」）を表わしたりする意味用法がある。また、相手に向かう、攻撃を仕掛ける意にも用い、〈向く〉よりも意味が広い。「素手で向かっていっても勝ち目はない。」 (転)向かい(名)

向きあう・向かいあう　〔動五〕互いに正面を向いて相対する。 (転)向かいあい（名）

むくいる

報いる・報復する・復讐する・仕返しする

報いる　〔動上一〕人から受けた好意、または悪意ある行為に対して、それに相当するものを返す。「親の恩に報いる。」「一矢を報いる。」 (転)報い(名)

報復する　〔動サ変〕被害をこうむった者が、恨みをはらすためいろいろ策をめぐらして、相手に仕返しをする。「仕返す」の意の漢語的表現。 (名)報復

復讐する　〔動サ変〕敵に仕返しをする。「復讐の鬼」のように、〈報復する〉よりも、相手を恨む気持ちが強い。仇を返す。「復讐の念に燃える。」 (名)復讐

仕返しする　〔動サ変〕ひどい目にあわされた人が、今度は相手を同じような目にあわせる。〈報いる〉は、好意に対しても悪意に対しても用いるが、後の三語は、いずれも悪意に対する仕返しに使う。「きのうは、こっぴどくやられたが、きょうは存分に仕返ししてやる。」 (動)仕返す、(名)仕返し

むごん

無言・無口・寡黙

無言　〔名〕ものを言わないこと、また、その状態。「無言の帰国」「無言の対面」などの言いかたで、死者や遺骨となっていることを、間接的に、しかも劇的に表現するのに使われることがある。

無口　〔名・ダ形動〕口数の少ないことを言い、「無口な人」のように、性格的なことに使うことが多い。 (反)おしゃべり

寡黙　〔名・ダ形動〕ことば数が少なく、黙りがちなこと。〈無口〉は性格的に口数の少ないことを客観的に言うが、〈寡黙〉は謙虚な姿勢から、口数少なく振舞う様子を肯定的に言う意味もある。「彼はいつも寡黙で、よほどのことがないかぎり、発言しなかった。」

[類語] 不言・黙黙

むさぼる

貪る・欲ばる

貪る　〔動五〕いつまでも満足しないで、そのことを続ける。〈欲ばる〉は、具体的なものをほしがる場合に使うが、〈貪る〉は、「安逸を貪る。」「知識を貪る。」のように、

抽象的な内容の事柄についても使う。また、〈貪る〉は、〈欲ばる〉よりも程度が強い。文章語的な言いかた。「惰眠を貪る。」

欲(よく)**ばる**　〔動五〕必要以上にほしがる。これで十分ということを知らないで、むやみにほしがる。「欲ばるとかえって損をする。」「両手に持ちきれないほど、欲ばって取る。」(転)欲ばり(名)

むし

無視(むし)・黙殺(もくさつ)・黙視(もくし)

無視(むし)　〔名・スル動サ変〕近くにいるのに、まるでいないかのように扱うこと。全く問題にしないこと。「信号無視は交通違反だ。」

黙殺(もくさつ)　〔名・スル動サ変〕見て見ぬふりをして存在を認めないこと。〈無視〉は、人の発言や行動だけでなく、規則・利害など、人が作ったものや人間関係などについても使うが、〈黙殺〉は、人の具体的な発言や行動について言うことが多い。〈黙殺〉は、〈無視〉より程度が強い。「せっかくの申し出を黙殺する。」

黙視(もくし)　〔名・スル動サ変〕干渉しないで黙って見ていること。かたい文章語。「黙視するに忍びない。」

むじょうだ

無情(むじょう)だ・非情(ひじょう)だ・不人情(ふにんじょう)だ・薄情(はくじょう)だ

無情(むじょう)**だ**　〔形動〕思いやりのない様子。また、「無情にも、妻子を振り切って出家した。」のように、人間らしい感情がない様子の意にも用いる。「無情なあつかい」(転)無情さ(名)

非情(ひじょう)**だ**　〔形動〕人間的な感情をいっさい持たないこと。また、木石の類を言う。〈無情だ〉よりも、人間らしい感情のない程度がかなり強い。「現代の都市は、人間に非常な生きかたを強いようとしている。」「非情な人だ。」(反)有情

不人情(ふにんじょう)**だ**　〔形動〕人間に対する思いやり・情愛がないこと。日常語としてよく用いる。「そんなやりかたは、不人情というものだ。」「不人情な人」(転)不人情さ(名)

薄情(はくじょう)**だ**　〔形動〕性格が冷たく、相手の立場に立ってものを考えたりする気持ちがない様子。〈不人情だ〉より、さらに生々しい直接的な感情表現であって、程度が強い。「そんな薄情なことを言わないで、私の願いも聞いてくださいよ。」「薄情な男」「薄情者」(転)薄情さ(名)

類語　冷淡(れいたん)だ・冷(つめ)たい・不親切(ふしんせつ)だ

むずかしい

難(むず)かしい・～にくい・～がたい

難(むずか)**しい**　〔形〕〈むつかしい〉とも言う。①複雑だ。理解が困難だ。②成功または回復の見込みがない。「甲子園出場の念願は果たしたが、優勝は難しいだろう。」「父の病気も何度かもち直したが、今度はどうも難しいようだ。」③相手の頑固さや苦情などのため、気分的にすっきりし

ない状態。「なんと難しい人だ。どう言えばわかってもらえるのだろう。」 (反)易しい、(転)難しさ(名)、難しがる(動)

~にくい 〔接尾〕 動詞に連用形について、「~するのが難しい」の意味を添える。「言いにくいこと」「読みにくい文字」 (反)~やすい

~がたい 〔接尾〕 難いと書く。動詞の連用形について、〈~にくい〉とほぼ同じ意味を表わすが、文語的な言いかたで、かなりかたい表現になる。「堪えがたい仕打ちに泣く。」「やみがたい願望」

むすぶ
結ぶ・結わえる・つなぐ

結ぶ 〔動五〕 ①糸やひもなどをつなぎ合わせる。「羽織のひもを結ぶ。」②二つ以上のものを関係づける。「AとBを直線で結ぶ。」③果実がなる。あるいは、物事の締めくくりをつける。「実を結ぶ。」「この物語は、感動的な場面で結ばれている。」 (反)解く

結わえる 〔動下一〕 ひもや縄などで結ぶことを言う。「おみくじを枝に結わえる。」

つなぐ 〔動五〕 繋ぐと書く。ひもやロープなど長いものを結んで、物が離れないように止める。「切れた糸をつなぐ。」また、「顔つなぎ」のように、もともと離れているものを結びつける意にも用いる。しかし、心や気持ちについては、この語を使わない。また、「話を結ぶ。」のように、終わりにする意も、〈つなぐ〉にはない。 (転)つなぎ(名)

むすめ
娘・息女・お嬢さん

娘 〔名〕 女の子。親子の関係で言う場合と、若い未婚の女を言う場合とがある。自分の子の場合にも、他人の子の場合にも使う。「お宅の娘さん、きれいになったね。」 (反)息子

息女 〔名〕 親子関係で言う、人の〈娘〉の古風で丁重な言いかたで、身分のある人の娘について使う。「あのかたが○○家のご息女でございます。」 (反)子息

お嬢さん 〔名〕 人の娘に対する敬称。「お宅のお嬢さんはスポーツマンですね。」広義では、未婚の女性に呼びかける場合に用いる。「お嬢さん、ハンカチが落ちましたよ。」また、苦労を知らない箱入り娘という意味にも用いることがある。「あの人はお嬢さん育ちだから、世間を知らない。」

類語 おとめ・子女・ギャル

むせる
むせる・むせぶ

むせる 〔動下一〕 煙や飲食物などがのどに入り、息がつまりそうになって、せきが出る。「たばこの煙にむせる。」

むせぶ 〔動五〕 〈むせる〉とほぼ同義だが、泣くときに用いることが多い。やや文語的な用語。「涙にむせぶ。」「むせび泣く。」

むだぼね

無駄骨(むだぼね)・徒労(とろう)・むだ足(あし)

無駄骨(むだぼね)　〔名〕　せっかくの努力が無益になってしまうこと。むだな骨折り。「無駄骨を折る。」

徒労(とろう)　〔名〕　何の役にも立たない、甲斐のない骨折り。むだな労力。かたい文章語。「徒労に帰す。」「徒労に終わる。」のように用いることが多い。

むだ足(あし)　〔名〕　せっかく出かけて行っても、目的が果たせないこと。「またむだ足を踏まされるのなら、いっそ行かない方がましだ。」

[類語] 無駄飯(むだめし)・無駄花(むだばな)

むちゃだ

むちゃだ・むちゃくちゃだ・めちゃめちゃだ・めちゃくちゃだ・無法(むほう)だ・不法(ふほう)だ

むちゃだ　〔形動〕「無茶」の字を当てる。道理・常識をはずれたひどい状態。でたらめ。また、からだのことを考えないで、仕事などを強行する場合は、〈無理〉とほぼ同義に用いる。「そんなむちゃをするな。」「むちゃな値段」

むちゃくちゃだ　〔形動〕「無茶苦茶」の字を当てる。〈むちゃだ〉を強めた言いかた。「むちゃくちゃな言い分」

めちゃめちゃだ・めちゃくちゃだ　〔形動〕「滅茶滅茶」「滅茶苦茶」の字を当てる。形のあるものがあとかたがないほど壊れたり、秩序を乱したりした状態。形のあるものが二度ともとの状態に戻せないように壊れる意味は、〈むちゃだ〉にはない。むちゃをすることによって壊れるのは、形ではなく機能である。〈めちゃくちゃだ〉の「くちゃ」は、「めちゃ」に添えて語調を整えるための語。また、〈めちゃめちゃだ〉は、何かの力や影響を受けて、その物が二度ともとに戻せないように壊れることを言うが、〈むちゃくちゃだ〉は、「むちゃくちゃに押し込む。」「部屋の中はむちゃくちゃだ（とてつもなく散らかっている）。」のように、秩序・筋道が全くない点に、意味の重点がある。

無法(むほう)**だ**　〔形動〕　規則・道理など念頭になく、自分勝手で乱暴な状態。〈むちゃだ〉と〈無法だ〉とでは、周りの人が受ける迷惑の度合がかなり違う。「むちゃを言う。」は、笑って許せる場合もあるが、「無法をはたらく。」は、怒りの感情を伴う。〈無法だ〉の方が、相手との緊張関係の度合がはるかに大きい。「無法な振舞」「無法者」　[転] 無法さ（名）

不法(ふほう)**だ**　〔形動〕　みんなが守っている法律や決まりを守らないこと。また、「そんな不法なことを言われても困る。」のように、常識をはずれたひどいことの意にも用いる。

[類語] 支離滅裂(しりめつれつ)だ・非道(ひどう)だ・理不尽(りふじん)だ

むちゅうだ

夢中(むちゅう)だ・無我夢中(むがむちゅう)だ・熱心(ねっしん)だ

夢中だ(むちゅうだ) 〔形動〕 ほかのことを忘れて一つの事に心を打ち込むこと。「夢中になる。」

無我夢中だ(むがむちゅうだ) 〔形動〕 我を忘れるほど夢中になること。周囲の状況を冷静に見る余裕もなく、がむしゃらに行動するさまを言う。「無我夢中で逃げた。」

熱心だ(ねっしんだ) 〔形動〕 根気よく心を打ち込んでするさま。〈熱心だ〉は、はっきりした目的があって、対象に意識的、主体的に打ち込む様子を言うが、〈夢中だ〉は、無意識のうちに（自分を忘れて）一つの事に心を奪われ、ほかの事には全く関心を示さない様子について使う。「熱心に説く。」 (転)熱心さ(名)

むのう

無能(むのう)・無策(むさく)

無能(むのう) 〔名・ダ形動〕 仕事などする能力・才能が全然ないこと。「私は無能な男ですよ。」 (反)有能、(転)無能さ(名)

無策(むさく) 〔名〕 解決しなければならない問題に対して、その手だて・方策をたてられないこと。「物価問題については、無策の状態である。」 (転)無策さ(名)

類語 無為(むい)・無為無策(むいむさく)

むり

無理(むり)・むりやり・むりむたい

無理(むり) 〔名・ダ形動〕 普通では実現困難なことに言う。また、連用形〈無理に〉の形で、不可能に近いことをことさらしようとする意に用いる。「無理を重ねる。」なお、〈無理〉の基本義は、理屈に合っていないことを言い、「無理が通れば道理が引っこむ。」のように用いるが、「〜するのも無理はない」のように否定的な言いかたを伴って使うことが多い。

むりやり 〔副〕 「無理矢理」の字を当てる。無理にそうしても結果がよくないということを知りながら、何がなんでも思ったとおりにしようとする様子。「むりやり食べさせられた。」〈無理だ〉の連用形〈無理に〉とほぼ同義だが、程度がより強い。 ⇩無理強い

むりむたい 〔名・ダ形動〕 「無理無体」の字を当てる。どう考えてみても無理だと思われることを強引にすること。「無理無体なことを言う。」のように、相手の要求が、呆れてものが言えないほど無理である場合に使うことが多い。〈むり〉〈むりやり〉は、自分の行為にも相手の行為にも使うが、〈むりむたい〉は相手の自分に対する行為に使うことが普通である。

め

め

目(め)・まなこ・目玉(めだま)・目(め)の玉(たま)

目（め）〔名〕眼とも書く。〈眼〉と書くときは、主として、ものを見る器官としての〈め〉を指示する語として用い、それ以外の意味に用いることはほとんどない。これに対して〈目〉は、ものを見る器官を意味する以外に、数多くの意味用法がある。①注意深く見ること。「目を配る。」②ものの価値を見分ける力。「目が高い。」③会うこと。機会。「お目にかかる。」「ひどい目にあう。」④線や細いものが隣接または交叉してできる小さな隙間。密度。「鋸の目」「網の目」⑤順序。「五番目」⑥そのほか、「目をかける。」「目にあまる。」「目のかたき」「目にものを見せる。」などの慣用句的な言いかたもある。

まなこ〔名〕眼と書く。視覚器官としての〈め〉のやや古風で雅語的な言いかた。「まなこをじっと見つめる。」「どんぐりまなこ」

目玉（めだま）**・目の玉**（めのたま）〔名〕目の中の玉。眼球。〈目の玉〉は、目の中の玉を言うが、〈目玉〉は、この意以外に、「お目玉をくう。」のように、叱られることの意にも用いる。「目玉が飛び出るほど高い（物価の意）。」「目玉商品」は買手の注意を引く中心となる安い商品の意を表わす。

類語 目もと（めもと）・眼球（がんきゅう）・瞳（ひとみ）

めいげん

名言（めいげん）・名句（めいく）・至言（しげん）

名言（めいげん）〔名〕事柄の本質をよくとらえていたり、人生の機微をよく表現し得ていて、人に感銘を与える優れた短いことば。「名言を吐く。」「けだし名言だ。」

名句（めいく）〔名〕〈名言〉とほぼ同義であるが、賞美するに足る優れた表現を有する場合に言う。また、優れた俳句の意もある。「名句を吐く。」「古今の名句」

至言（しげん）〔名〕物事の核心をずばり表現した、これ以上的確な言いかたはないと思われる文句。「彼のあのことばは、まさしく至言というべきだ。」

類語 名文句（めいもんく）・美辞（びじ）・麗句（れいく）

めいさく

名作（めいさく）・傑作（けっさく）・佳作（かさく）

名作（めいさく）〔名〕歴史に残る優れた作品。文学・美術など芸術作品について言うことが多い。「古今の名作を一堂に集めた観がある。」

傑作（けっさく）〔名〕特に飛び抜けて優れた作品。また、やや俗語的な言いかたとして、滅多にないことや失敗などを面白がるときにも使う。「先生のあわてぶりは、実に傑作だった。」

佳作（かさく）〔名〕他に比べて出来のいい作品。しかし、〈傑作〉というほどの出来については言わない。狭義では、入選作品に次ぐよい作品の意に用いる。「選外佳作」

めいしょ

名所（めいしょ）・名勝（めいしょう）・景勝（けいしょう）

名所（めいしょ）〔名〕景色や古跡などで名高い所。「名所旧跡を尋ねる。」また、特別ないわれのある有名な所の意にも用いる。

名勝（めいしょう） 〔名〕 景色の優れた所。古跡については言わない。「華厳の滝は天下の名勝である。」

景勝（けいしょう） 〔名〕 景色のよいこと。また、その土地。〈名勝〉の方が、有名で人によく知られている程度が大きい。「景勝の地」

めいよ

名誉（めいよ）・誉れ（ほまれ）・栄誉（えいよ）

名誉（めいよ） 〔名・ダ形動〕 優れたものとして世に認められ、自分でも誇りに思うこと。また、「名誉市民」のように、功績のあった人に、尊敬の印として与える呼び名の意にも用いる。 ㊋不名誉

誉れ（ほまれ） 〔名〕〈名誉〉とほぼ同義の和語だが、〈名誉〉は、「この上の名誉はない。」のように、自分に与えられた事柄について自分で誇りに思う場合にも使うのに対し、〈誉れ〉は、「一家の誉れ」「碩学の誉れが高い。」のように、自分以外の者の事について使うことが多い。〈名誉〉よりも古風な言いかた。「彼の出世はわが一族の誉れである。」

栄誉（えいよ） 〔名〕 はえある名誉。世間からほめたたえられる名誉について言う。「栄誉を祝す。」「栄誉に浴する。」

類語 栄光（えいこう）・光栄（こうえい）・面目（めんぼく）

めいわく

迷惑（めいわく）・当惑（とうわく）・困惑（こんわく）・閉口（へいこう）

迷惑（めいわく） 〔名・スル動サ変・ダ形動〕 ある事のために、困ったり、いやに感じたりすること。主として、ある行為が他に影響して困らせることに用いる。「迷惑をかける。」「近所迷惑」 ㊟迷惑さ（名）

当惑（とうわく） 〔名・スル動サ変〕 どうしてよいかわからず、思いまどうこと。わけや事情がよく分からない場合に使う。「当惑の色をかくせない。」「当惑顔」

困惑（こんわく） 〔名・スル動サ変〕 面倒な事を持ち込まれたり、やっかいな事にかかわり合ったりして、どうしてよいか分からなくなって判断がつかず、困ること。〈迷惑〉は、ある人がしたことが原因となって、周りの人がこうむる事柄について言うが、〈当惑〉〈困惑〉は、その人が、ある事態に直面して、自分自身でどう判断してよいか分からないために感じる心の動揺を言う。〈困惑〉の方が、〈当惑〉よりも困ったという気持ちが強い。「困惑の表情を浮かべる。」

閉口（へいこう） 〔名・スル動サ変〕 うまい解決策が得られず、その状態を続けることに耐えられなくて困ること。〈当惑〉〈困惑〉〈困却〉は、かたい文章語だが、〈閉口〉は、会話によく用いる。「あんなに面と向かってほめられると閉口だよ。」といったてれの表現にも使う。

類語 困却（こんきゃく）・辟易（へきえき）

めぐむ

恵む（めぐむ）・施す（ほどこす）

恵む（めぐむ） 〔動五〕 情けをかける。また、哀れに思って、自分が持っている金や物を与える意にも用い

る。「お金を恵む。」　(転)恵み(名)

施す(ほどこす)　〔動五〕①恵みとして与える。〈恵む〉は日常語で、〈施す〉はやや文章語である。また、〈施す〉には、「恵まれない子供たち」のような用法はなく「貧しい者に金銭を施す。」のように言う。また、〈施す〉には、〈恵む〉に認められない次のような意味用法があって、〈恵む〉よりも意味が広い。②何かの上にそれを与える。「手のほどこしようがない。」③施設をつくったり手を加えたりする。　(転)施し(名)

めぐりあい

巡(めぐ)り会(あ)い・解逅(かいこう)・出会(であ)い

巡り会い(めぐりあい)　〔名〕長い間別れていた者が、回りまわって再び、思いがけない所で出会うこと。「まぶたの母との巡り会い」　(動)巡り会う

解逅(かいこう)　〔名・スル動サ変〕〈巡り会い〉とほぼ同義だが、人生の途上における運命的な出会いの意に用いることが多い。かなりかたい文章語。「旧友との解逅を喜ぶ。」

出会い(であい)　〔名〕「出合い」とも書く。行き合うこと。「出会い頭」。また、初めて会ったときのことにも言う。「私と彼との出会いは十年前のことです。」　(動)出会う

めずらしい

珍(めず)らしい・まれだ・稀有(けう)だ

珍しい(めずらしい)　〔形〕滅多にない。目新しい。次の〈まれだ〉が、そのような事態が客観的に見て少ないことを純粋に表わすのに対して、〈珍しい〉は、そのような事態に対して好奇心をいだいたり、強い関心を寄せたりする感じを伴う。その場合、当然、プラス評価が付随する。「その頃珍しい事件が起こった。」　(転)珍しさ(名)

まれだ・稀有だ(けうだ)　〔形動〕ほんのときたましかないこと。珍しいほど少ないこと。〈珍しい〉のような、珍重する気持ちは特に含まれていない。〈稀有だ〉は文語的な、かたい言いかた。〈まれだ〉より一段と少ないことを表わす。「これは稀有な事件に属する。」

めだつ

目立(めだ)つ・際立(きわだ)つ

目立つ(めだつ)　〔動五〕特徴があって、特に人の目を引く。「目立たない存在」

際立つ(きわだつ)　〔動五〕周りにある他の多くのものに比べて、特にそれだけはっきり区別される。「際立ってやかましい。」「際立って美しい。」「際立った成績」のように、〈際立って〉〈際立った〉の形で使うことが多く、〈目立つ〉よりも他と区別される程度が大きいように思われる。

めばえる

芽生(めば)える・芽(め)ぐむ・発芽(はつが)する

芽生える(めばえる)　〔動下一〕草木の芽が出初める。主として、草について言う。また、「愛情が芽生

える。」のように、何かが始まろうとするきざしが現れる意にも用いる。「恋が芽生える。」 ㊨芽生え(名)

芽ぐむ 〔動五〕 植物が芽を出す。〈芽生える〉は、草について言うことが多いが、〈芽ぐむ〉は、木について使うことが多い。また、〈芽生える〉は、はっきり芽が現れる場合に使うが、〈芽ぐむ〉は、芽がふくらむ状態に用いる。「柳が芽ぐみ始める。」

発芽する 〔動サ変〕 植物の種が芽を出すこと。「発芽試験」「発芽率」のように、科学的な用語として用いることが多い。名発芽

類語 芽吹く・萌える

めんかい

面会・面接・会見・インタビュー

面会 〔名・スル動サ変〕 人と会うこと。一方が、勤務時間中とか病院に入院している場合など、拘束された状態にあるときに用いることが多い。「面会謝絶」

面接 〔名・スル動サ変〕 その人がどの程度の人かを知るために、会うこと。おもに、入学や入社試験の一つとして受験者を試問する場合に用いる。「面接試験を受ける。」

会見 〔名・スル動サ変〕 人と会うこと。公の場合に、双方の代表者が正式の立場で会うことに用いるのが一般的である。「記者会見」「明治三十八年一月五日、乃木大将は水師営においてステッセル将軍と歴史的な会見をした。」

インタビュー 〔名・スル動サ変〕 interview. 新聞・雑誌記者やアナウンサーが特定の人に面会して意見を求めること。「ヒーロー・インタビュー」

類語 対面・接見・謁見

めんしょく

免職・解雇・解職・解任・罷免・首切り

免職 〔名・スル動サ変〕 雇い主の一方的な都合で雇傭契約関係を破棄し、職をやめさせること。法令用語としては、〈罷免〉とほぼ同義に用いるが、〈罷免〉が、本人の意に反して免ずる場合に限られるのに対し、〈免職〉は、本人の意思による場合を含んでいる。

解雇 〔名・スル動サ変〕 〈免職〉とほぼ同義。〈免職〉は、その人の意思に反しない「依願免職」もあるが、〈解雇〉は、「不当解雇」のように、本人の意思は無視してやめさせる場合に使う。「人員整理により大量解雇する。」

解職 〔名・スル動サ変〕 〈免職〉の意の、よりかたい言いかた。「解雇処分」。法令用語としては、ある職にいる者を、いわゆるリコールによって失職させる場合に多く用いられる。

解任 〔名・スル動サ変〕 ある任務や職務をやめさせること。高い地位の人をやめさせるときに言うことが多い。法令用語としては、株式会社の取締役・監査役、特殊法人の役員などを、これを選任した者がやめさせる場合に多く用いる。

罷免(ひめん) 〔名・スル動サ変〕 一方的に職務・任務などをやめさせること。たとえば、部課長・大臣などの役職を解くのではあるが、基本的な社員・職員などの地位まで免ずるのではない。法律用語。

首切り(くびき) 〔名〕〈解雇〉と同義。俗語的な言いかた。「くび」「馘首(かくしゅ)」などとも言う。「合理化による首切り反対!」

めんどうだ

面倒(めんどう)だ・面倒(めんどう)くさい・七面倒(しちめんどう)だ・煩(わずら)わしい

面倒(めんどう)**だ** 〔形動〕 手数がかかってやっかいなこと。「面倒をおかけしてすみません。」(転)面倒さ(名)

面倒(めんどう)**くさい** 〔形〕〈面倒〉の意を強めた語形。やや俗語的な言いかた。よりくだけた言いかたとしては、〈めんどくさい〉がある。〈面倒〉は、「面倒な事件が起こった。」のように、解決することが容易でない大きな問題についても使うが、〈面倒くさい〉は、比較的身近の小さな事柄や行為について使うことが多い。(転)面倒くさがる(動)

七面倒(しちめんどう)**だ** 〔形動〕〈面倒〉を強めた言いかた。「また七面倒な話をもち込んで来た。」

煩(わずら)**わしい** 〔形〕 心を悩ますほどにやっかいである。事態が入り組んでいる場合にも、その事が自分の予定や計画を乱して面倒に思われる場合にも使う。(転)煩わす(動)、煩わしさ(名)

類語 大儀(たいぎ)だ・おっくうだ

も

もう

もう・すでに

もう 〔副〕①時や事柄が早くも到来したこと、また過ぎ去ったことを言う。次の〈すでに〉に比べて意味が広い。日常語。「もうお帰りですか。」②時や事柄が近づいていること。間もなく。「あざみの花がもう咲くぞ。」③その上に。さらに。「もう一つください。」この場合には、〈も〉とも言う。

すでに 〔副〕 事柄の終わったことを言う。文章語。今までに。今となってはもう。「すでにその絵は売れてしまっていた。」

もうける

設(もう)ける・備(そな)える

設(もう)**ける** 〔動下一〕 何かを運営するために、組織・基準・設備などを作る。また、「一席設ける。」のように、前から用意して、その機会を作るの意にも用いる。「新しい制度を設ける。」(転)設け(名)

備(そな)**える** 〔動下一〕①使うために、機械・器具などを整えて置く。〈設ける〉は、何かを運営するために、組織や制度、あるいは設備などを作ることに使うが、〈備える〉

は、機械や器具を用意することに用いる。②これから起ることに対応できるように、前もって準備することにも言う。「備えあれば憂いなし」③ある才能や性質を生まれながらに身につけているという意に用いる。この場合には、〈具える〉と表記することもある。「みなそれぞれの才能をそなえている。」㊍備え(名)

もうしわけない

申し訳ない・すまない

申し訳ない　〔形〕自分の犯した誤りや失敗などについて、相手に申し開きをし、詫びることば。言い訳のしようがないという意味。次の〈すまない〉より、丁寧で改まった言いかたである。「ほんとうに申し訳ないことをしました。」

すまない　〔形〕〈申し訳ない〉と同様、詫びるときに使うが、そのほかに、礼を言うとき、物事を依頼するときなどにも使う。礼ことばとしては、「すみません。」ということばが多用される。「すまないが、ちょっとそれを取ってくれないか。」
㊍すまなさ(名)　類語　心苦しい

もくてき

目的・目標・目あて

目的　〔名〕なんのためにするかを考えて行動するときの、「なんのため」の内容。成し遂げようと目ざす事柄。「本会は会員の研究を深め、親睦をはかることを目的とする。」

目標　〔名〕ある行動をするときに、「あそこまで到達したい」として目指すもの。〈目的〉をいっそう具体的にしたもの。〈目的〉は、質的なものであるのに対して、〈目標〉は、どれだけはかどったかという量的な観点を含んでいる。「目標額に達する。」

目あて　〔名〕目標として目ざす所や物、または人。常にある具体的な個人・個物を対象とする場合に用いる。「賞金目あてに出場する。」

もちろん

勿論・無論・言うまでもなく

勿論　〔副〕いまさら言うまでもないこと。「それは勿論だよ。」　⇩もちろんのこと

無論　〔副〕〈勿論〉とほとんど同義の古風な言いかた。

言うまでもなく　〔句〕わざわざ言う必要もないくらい、自明の事だ。〈勿論〉とほぼ同義だが、かなり改まった言いかた。「彼女はね、言うまでもなく女だよ。」

もつ

持つ・携える・受け持つ

持つ　〔動五〕①対象を自分の手中にする。身につけている。「かばんをお持ちしましょう。」「鉛筆を持っていませんか。」②仕事を引き受ける。担当する。「私は一年生

のクラスを持っている。」③そのままの状態で続く。「それほど無理をしてはからだが持つまい。」④負担する。「会費は私が持ちましょう。」⑤ある属性や心的態度を内部に備えている。「自信を持つ。」「確信を持つ。」
㊔持ち(名)

携える（たずさえる）〔動下一〕〈持つ〉の①とほぼ同義だが、〈携える〉は、「妻子を携えて帰国する。」のように、手を取って連れて行く意にも用いる。文章語的な言いかた。

受け持つ（うけもつ）〔動五〕自分の責任範囲として引き受ける。〈持つ〉の③とほぼ同義。「販売の仕事を受け持つ。」㊔受け持ち(名)
類語 有する・保つ・担う

もっこう

黙考・沈思・瞑想

黙考（もっこう）〔名・スル動サ変〕黙ってじっと考え込むこと。このグループの語は、すべてかたい文章語である。「沈思黙考」の言いかたで用いることが普通。

沈思（ちんし）〔名・スル動サ変〕深く考え込むこと。〈黙考〉の意味に近いが、〈黙考〉が、黙って考えることに意味の重点があるのに対して、〈沈思〉は、深く考えることに意味の重点がある。

瞑想（めいそう）〔名・スル動サ変〕目を閉じて静かにものを考え、現実を離れて想像をめぐらすこと。〈沈思〉も〈黙考〉も、明らかにしなければいけない問題があって、それについて考え込むことに使うが、〈瞑想〉は、普通、何かの問題を明らかにするという意識を伴わない。「瞑想にふける。」宗教用語としてよく使われる。

もっと

もっと・もう・も

もっと〔副〕現状以上に何かの程度が高まることを表わす場合に用いる。その上に。さらにつけ加えて。「前よりもっと悪い事態になる。」

もう〔副〕現在の状態に、さらにわずかのものを加えるときに用いる。〈もう〉は、この意以外に、現在、すでにその状態や時期になっていることを表わす意味用法がある。「もう一度お願いします。」

も〔副〕〈もう〉と同義だが、使用範囲が狭い。「も一度」「も少し」とは言うが、「も一杯」「も一息」とは言わない。また、〈もう〉には、「もうたくさんだ。」のように、さらにわずかのものを加える余地が全くないことを言う意味用法があるが、〈も〉には、これがない。
類語 より・さらに・ずっと

もっとも

最も・いちばん・いっとう・最一・無上

最も（もっとも）〔副〕ほかのものに比べて、その程度がいちばん上であることを表わす。次の〈いちばん〉はくだけた言いかたであるが、〈最も〉は、文章語に用いることが多く、やや改まった言いかたである。「これは私の最も得意とするものです。」

いちばん・いっとう 〔副〕一番・一等と書く。〈最も〉とほぼ同義だが、話しことばに多用されるくだけた言いかた。本来は、順番の第一位を言う。「人間にとって一番大切なものは誠実さだ。」

最（さい）― 〔接頭〕ある語の上について〈最も〉の意を表わす。「最高」「最低」「最大」「最小」「最善」「最悪」「最年長」「最敬礼」

無上（むじょう） 〔名〕この上もないこと。最上。かなり改まった言いかたである。「おほめにあずかりましたことは、無上の光栄でございます。」「無上の喜び」

もとめる

求（もと）める・要求（ようきゅう）する・せがむ・せびる

求（もと）める 〔動下一〕①ほしいと心の中で望む。「平和を求める。」②自分の希望にかなうものはないかと捜す。「職を求める。」③「買う」のやや改まった言いかた。「これはどこでお求めになりましたか。」④人に対して、してくれと頼む。「同意を求める。」⑤そうする義務があることを相手に伝え、その実現を迫る。「反省を求める。」「退陣を求める。」 転 求め（名）

要求（ようきゅう）する 〔動サ変〕しいて願い求める。〈求める〉は、自分が心の中で望んだり、ほしいものを自分で捜すことを言う場合に用いることが多いが、〈要求する〉は、ほしい、必要だ、または当然の権利だとして、その実現を相手に求めることを言い、自分の願いを相手に具体的な方法で示す場合に使うことが多い。〈求める〉に比べて、意味が狭い。「賃上げを要求する。」「要求に応ずる。」 名 要求

せがむ 〔動五〕目上・年上の人に無理に何度も頼み求める。「車を買ってくれとせがむ。」

せびる 〔動五〕ぜひとも願いがかなうようにせがむことで、むりやり頼む度合が〈せがむ〉より強い。また、〈せがむ〉には、甘えた様子があるが、〈せびる〉にはそれがない。また、〈せがむ〉は、何かをしてくれ（させてくれ）と要求することを言うが、〈せびる〉は、「金をせびる。」のように格助詞の「を」をとって、ちょっとした金や物を要求する場合に用いる。

類語 請（こ）う・ねだる

もの

物（もの）・の・分（ぶん）

物（もの） 〔名〕人間の感覚で知ることのできる有形の物体や、思惟によって認められる無形の事物のすべてを指し、さらに形式名詞まで含めれば非常に多くの意味用法があるが、ここでは、所有する事物に限定する。「あれが彼のものです。」

の 〔助〕物、または事などの意味を表わす。「この本は私のです。」「冷たいのが好きだ。」「遅れるのは困る。」

分（ぶん） 〔名〕分け与えられた所有者の物。「ぼくの分を君にあげよう。」また、分際、なすべきつとめなどの意にも用いる。「分に過ぎた振

舞。」「分を尽くす。」

ものごし
物腰・身ごなし・居ずまい

物腰 〔名〕人に接するときのものの言いかたや動作。「やわらかな物腰」

身ごなし 〔名〕からだの動かしかた。しぐさ。「あの人の身ごなしはいつも若々しい。」

居ずまい 〔名〕坐っている様子・姿勢。「居ずまいを正す。」

や

やがて
やがて・まもなく・程なく・そのうち

やがて 〔副〕①その時点からそれほど多くの時間を隔てることがない頃合。いくらかの時間が経過したのち。「やがて帰って来るだろう。」②究極においては。結局は。「雨や風が蝕んでやがて土に帰ってしまう。」

まもなく 〔副〕間もなくと書く。いくらも時間がたたぬうちに。〈やがて〉よりも、時間の隔たりが短い場合に使う。

程なく 〔副〕時間の隔たりがほとんどない様子。〈まもなく〉と同義だが、改まった言いかたである。〈程〉は時間的な長さの意を表わす。「式が程なく始まります。」「お車を呼びましたから、程なく参りましょう。」

そのうち 〔副〕漠然としたある時間内にの意。〈やがて〉から〈じき〉までの四語は、すでに行われたことにもこれから行われることにも使うことができるが、〈そのうち〉は、これから行われることに限って用いる。「そのうち来るだろう。」

類語 じき・早晩・おそかれはやかれ

やくそく
約束・契約・誓約

約束 〔名・スル動サ変〕将来の事を取り決めること。また、取り決めた事柄。また、「競技の約束に違反する。」のように、ある集団でのきまりの意や、「これも前世の約束とあきらめる。」のように、前から定まっている運命の意にも用い私的な事柄にも公的な事柄にも使う。

契約 〔名・スル動サ変〕二者以上の意向が合致して、約束を取り交わすこと。特に、法律上の効果を生じさせる約束について使う。「契約書」「契約をとる。」

誓約 〔名・スル動サ変〕約束すること。また、その約束。誓いを立てるほどの堅い約束について言う。「誓約書」「誓約が交わされる。」

類語 確約・盟約・協定・協約・取り決め・申し合わせ・約定

やけ

やけ・やけくそ・自暴自棄・捨て鉢・破れかぶれ

やけ 〔名〕普通、〈自棄〉の字を当てる。物事が自分の思うようにならないため、心の平静を失ってつい不摂生を重ねたり、前後のわきまえなく乱暴な言動をしたりすること。また、その気持ち。「やけを起こす。」 ⇩やけのやんぱち

やけくそ 〔名〕〈やけ〉を強めて言う語。「やけくそになる。」 ⇩やけっぱち

自暴自棄 〔名・ダ形動〕自分の思うとおりにならないので、もうどうでもいいという気持ちになって、なげやりな行動をする様子。〈やけ〉とほぼ同義のかたい文章語。「自暴自棄になる。」

捨て鉢・破れかぶれ 〔名・ダ形動〕〈自暴自棄〉の俗語的な言いかた。どうなってもかまわないという気持ち。

やさしい

易しい・やすい・たやすい・生やさしい

易しい 〔形〕簡単に理解したり、解決したりすることができる様子。「きょうの英語の問題はやさしかった。」 [反]難しい、[転]易しさ(名)

やすい 〔形〕易いと書く。だれにでも簡単にできる様子。「おやすいご用だ。」また、〈やすい〉は、動詞連用形について、「……するのがやさしい」「簡単に……する状態だ」の意を表わすのに用いる。「読みやすい」 [反]難い・〜にくい、[転]やすさ(名)

たやすい 〔形〕〈た〉は強意の接頭辞で、〈やすい〉を強めた言いかた。〈易しい〉は、行動だけでなく、理解について言うが、〈たやすい〉にはその意味用法はない。「たやすい仕事」 [転]たやすさ(名)

生やさしい 〔形〕〈生〉は、中途半端、少し、なんとなくの意。否定的な言いかたを伴って用いられ、普通考えられるように易しいことではないの意を表わす。「何でもないことのように見えるが、実際やってみると生やさしいことではない。」 [転]生やさしさ(名)

[類語] 容易だ・平易だ・やすやす

やすむ

休む・休憩する・休息する

休む 〔動五〕仕事や勉強を一時やめて、心身を楽にする。また、「学校を休む。」のように欠勤(欠席)する意や、「もう遅いから休みなさい。」のように、寝る意にも用いる。「きょうは風邪のため休みます。」「床がとってありますから、いつでもお休みください。」 [転]休み(名)

休憩する・休息する 〔動サ変〕仕事などを一時中止して心身を休ませること。〈休憩する〉は、「休憩時間」のように短時間の休みを言うが、〈休息する〉

はかなり長い時間の休みについても使う。また、〈休憩〉は、仕事やスポーツなどの途中で休むことを言うが、〈休息〉〈休み〉は、途中でも、終わってからでも使う。「しばらく休息したい。」　图休憩・休息

やたらに
やたらに・いやに・ばかに・べらぼうに

やたらに
〔副〕 矢鱈は当て字。程度のひどいさま。規律や秩序を無視して、必要以上に何かをするさま。また、「彼にはやたらなことは言えない。」のように、根拠のない、いい加減なことの意にも用いる。「やたらに口をはさむな。」「近ごろの母親はやたらに子供をかわいがる。」「やたらなことを言うな。」

いやに
〔副〕 状態や程度が普通とひどく違っているさま。不快な感じや不安などを感じさせる様子について言う。〈やたらに〉にある根拠のない、いい加減なことという意味はない。「いやに急ぐじゃないか。」

ばかに
〔副〕 普通と違って、程度がひどいさま。並はずれて。否定的な意味合いを表わすという点では、〈やたらに〉〈むやみに〉と同じであるが、〈ばかに〉は、「ばかに暑い。」「ばかに景気が悪い。」のように、形容詞を修飾することが普通である。「きょうはばかに陽気だね。」

べらぼうに
〔副〕 箆棒と書く。程度のひどい、ばかげたさま。〈ばかに〉よりも、さらに程度がひどい場合に使う。したがって、その事態に対して強く非難する気持ちを伴う。また、「べらぼうめ」の言いかたで人を罵るときに使う。「きょうは魚の値段がべらぼうに高い。」「べらぼうに暑い。」

類語 めったやたらに・むやみやたらに・無性(むしょう)に

やっつける
やっつける・痛(いた)めつける・やりこめる

やっつける
〔動下一〕 ひどい目にあわせる。打ち負かす。また、「やっつけ仕事」のように、物事をぞんざいに仕上げるの意にも用いる。俗語的な言いかた。「徹底的にやっつけてやる。」「敵をやっつけろ。」

痛(いた)めつける
〔動下一〕 ひどい目にあわせる。〈やっつける〉より、さらに程度が強い。

やりこめる
〔動下一〕 遣り込めると書く。〈やっつける〉は、相手をひどい目にあわせる手段として、議論以外に手足や武器を用いることも多いが、〈やりこめる〉は、ことば（議論）に限られる。議論して相手を負かす。

やっと
やっと・ようやく・ようよう

やっと
〔副〕 ①望んでいたことが、もう少しでだめだと思うぎりぎりのところで実現する様子。「苦労の末やっと完成した。」②十分ではないが辛じての意。「四人でやっと暮らせるだけの収入しかない。」

ようやく　〔副〕漸くと書く。①待ち望んでいた事態が、遅れはしたが、実現する様子。〈やっと〉とほぼ同義の改まった言いかたで、文章語的。「トンネルは三年目にしてようやく開通した。」②次第にある状態になっていくこと。「東の空がようやく白み始めた。」

ようよう　〔副〕〈ようやく〉とほぼ同義。「ようよう念願がかなった。」

類語　どうにか・なんとか

やはり

やはり・やっぱり・はたして・案の定

やはり　〔副〕矢張りは当て字。①以前、または他と同じである様子。「やはり毎日三十九度以上の熱が出た。」②違うことが予想されたが、結局は以前に思っていたとおりであったことに言う。「君だろうと思ったらやはりそうだ。」③そのものについての一般的な考えを、あらためて認める気持ちを表わす。予想どおりに。「暖かくてもやはり冬だ。」

やっぱり　〔副〕〈やはり〉と同義のやや俗語的な言いかた。話しことばに多く用いる。①以前と同様に。「やっぱり春のことだった。」②予想どおり。思ったとおり。「やっぱり来てたんか。」③結局。つまるところ。「富士山はやっぱりいいねえ。」

はたして　〔副〕果してと書く。〈やはり〉の③とほぼ同義の文語的な言いかた。「はたして期待にたがわぬ働きをしてくれた。」「台風は、はたして東海地方を直撃した。」また、結論を出すのが疑わしいことにも言う。本当にそうだろうかと疑問に思う気持ちを表わす。「はたして事実であろうか。」

案の定　〔副〕やっぱり思ったとおり。〈やはり〉の③とほぼ同義だが、単なる予想ではなく、確信に近い気持ちを含む。したがって、予想が的中した場合に使う。「案の定うまくいった。」「案の定雨が降ってきた。」

類語　なるほど・思った通り

やりそこなう

遣り損なう・しそこなう

遣り損う　〔動五〕やりかたを間違えて失敗する。〈しそこなう〉の口語的な用語。「落ち着いてしないと、またやりそこなうぞ。」　転　遣り損い(名)

しそこなう　〔動五〕やりかたを間違えたために、目的が達せられなくなる。〈遣り損う〉と同義のやや古風な言いかた。「インチキをしそこなう。」　転　しそこない(名)

類語　どじを踏む・仕損じる・失敗る・ミスる

やわらかい

柔らかい・柔軟だ・しなやかだ・ふくよかだ・ふっくら

柔らかい　〔形〕ふわふわしていて力を加えると、たやすく変形する様子。物体の柔らかいことだけでなく、見た感じのおだやかなこと、心情的に堅苦しくないことにも言う。「柔らかい話」 (反)かたい、(転)柔らかさ(名)

柔軟（じゅうなん）だ 〔形動〕 柔らかくて、しなやかである。また、「柔軟な態度」のように、決まった考えにとらわれないで、その場の変化に応じて、考えを変える様子の意にも用いる。〈柔軟だ〉は、柔らかさを感覚的にとらえる場合には使わず、「柔軟な考え方」のように抽象的な内容について用いることが多い。「準備運動をしてからだを柔軟にする。」「柔軟なものの考え方」 (反)強硬だ、(転)柔軟さ(名)

しなやかだ 〔形動〕 柔らかで弾力性があり、曲げてもすぐ元に戻ること。この意味で用いる場合は、柳の枝とかむちなど、長細くなめらかなものについて言うことが普通である。また、動作にぎこちなさがなく、なめらかなことも言う。心や生活態度について使う場合は、柔軟性の中に弾力のある強さが認められることを表わす。「しなやかな柳の枝」 (転)しなやかさ(名)

ふくよかだ 〔形動〕 柔らかそうにふくらんでいて、豊かで感じのいい様子。「ふくよかな頬をした女の子だ。」 (転)ふくよかさ(名)

ふっくら・ふっくり 〔副〕 柔らかに丸みをもってふくらんでいるさま。〈ふっくり〉と〈ふっくら〉とは同義だが、今は、〈ふっくら〉の方をよく用いる。〈ふくよかだ〉は、「ふくよかな胸」「ふくよかなからだ」のように、人のからだについて言い、柔らかそうにふくらんでいるなかに、弾力のある豊かさが感じられる場合に使うが、〈ふっくら〉は、「ふっくらした手」のように、人のからだの小さな部分にも言うが、「ふっくらとしたふとん」「ふっくらとした饅頭」のように、人のからだ以外のものについても使い、柔らかに丸みをもってふくらんでいるところに意味の重点がある。「ふっくらとしたかわいらしい手」

類語 ふんわり・ふわふわ・ふかふか・やんわり・ソフト

やわらぐ

和（やわ）らぐ・和（なご）む

和（やわ）らぐ 〔動五〕 波・風・寒さや、怒り・悲しみ・痛みなどのはげしさが弱まる。また、「危機が和らぐ。」のように、対立感がなくなって平静になることにも言う。「数日にわたる与野党のにらみ合いもいくぶん和らいできた。」「痛みがすっかり和らいだ。」他動詞は「やわらげる」。 (転)和らぎ(名)

和（なご）む 〔動五〕 人の気持ちやその場の雰囲気などが穏やかになる。自然の状態や人のからだの痛みなどには使わない。やや古風な言い方。「すさんだ心が和む。」「うれしい知らせを聞いて、心もなごむ思いがした。」他動詞は「なごます」。 (転)和み(名) ⇩和やか

類語 緩（ゆる）む・打（う）ち解（と）ける・解（ほぐ）れる・くつろぐ

ゆ

ゆううつだ

憂鬱（ゆううつ）だ・陰鬱（いんうつ）だ・鬱陶（うっとう）しい

憂鬱（ゆううつ）だ 〔形動〕 心配事があったり、天気が悪かったりして、心が沈んで晴れ晴れしない状態。(反)明朗だ、(転)憂鬱さ(名)

陰鬱（いんうつ）だ 〔形動〕 陰気で心の晴れないさま。活気や明るさの全く認められないことに意味の重点があり、心の沈む程度が、〈憂鬱だ〉よりも、さらに強い。〈憂鬱だ〉よりもかたい文章語。「陰鬱な空」 (転)陰鬱さ(名)

鬱陶（うっとう）しい 〔形〕 天候や気分が晴れず、重苦しいさま。〈憂鬱だ〉は人の気分の晴れ晴れしないことを言い、〈鬱陶しい〉は天候の悪いことを言う場合が多い。したがって、「朝から雨が降り続いて憂鬱だ。」は、雨が降ることが原因となって気分がすぐれないことを言っているわけだが、「鬱陶しい天気だ。」は天気そのものが悪いことを言う。転じて、「鬱陶しい人」のような使い方もする。(反)すがすがしい、(転)鬱陶しさ(名)

ゆうえつ

優越（ゆうえつ）・傑出（けっしゅつ）・凌駕（りょうが）

優越（ゆうえつ） 〔名・スル動サ変〕 ほかのものより優れ勝っていること。「優越感に浸る。」 (反)劣等

傑出（けっしゅつ） 〔名・スル動サ変〕 才能や能力などが、他ほの者よりずばぬけて優れていること。〈優越〉より、優れている度合がはなはだしい場合を言い、〈優越〉が「優越感」のように主観的であるのに対して、〈傑出〉は、誰もが認めるという客観性がある。したがって、「傑出感」といった熟語はない。「傑出した人物」「傑出した能力」

凌駕（りょうが） 〔名・スル動サ変〕 他の存在や点をさらに上回って追い越すこと。かなりかたい文章語。「日本は、西欧の先進国を凌駕するほどの経済成長を示している。」

ゆうがた

夕方（ゆうがた）・夕（ゆう）・夕べ（ゆうべ）・夕刻（ゆうこく）・夕暮（ゆうぐ）れ・夕暮（ゆうぐ）れどき・日暮（ひぐ）れ・日（ひ）の暮（く）れ・暮（く）れ方（がた）・薄暮（はくぼ）・たそがれ

夕方（ゆうがた） 〔名〕 日が西に傾きはじめてから、あたりが暗くなるまでの間。いちばん普通に使われる日常語。「夕方になる。」 (反)朝方

夕（ゆう）・夕（ゆう）べ 〔名〕 〈夕方〉の雅語的な表現。「朝に夕に」「夕べの秋」 (反)あさ、あした

夕刻（ゆうこく）・夕暮（ゆうぐ）れどき 〔名〕 〈夕刻〉は、〈夕方〉とほとんど同義の改まった言いかた。〈夕暮れどき〉は、日が沈み、あたりが一面に薄暗くなるころを言い、〈夕方〉〈夕刻〉よりも、短い時間

を指す。「夕刻にうかがいます。」

夕暮れ・日暮れ・日の暮れ・暮れ方 〔名〕すべて、日が暮れるころの意。(反)夜明け・明け方

薄暮 〔名〕日が沈んで、かすかに暗くなるころ。〈夕暮れどき〉の意の漢語的表現。〈薄〉は「せまる」意を表わす。

たそがれ 〔名〕黄昏と書く。「誰そ彼」からきた語。つまり薄暗くてよく見えず、「そこに居るのはだれか。」と問わなければならないころの意。〈夕暮れどき〉の文語的な用語。「人生のたそがれを感じる。」のように、盛りを過ぎて衰えを感じはじめる時期を言うこともある。

動たそがれる

ゆうぐう

優遇・厚遇・礼遇

優遇 〔名・スル動サ変〕給料手当など、他よりよい待遇をすること。物質的な面に重点を置いて用いることが多い。「運転免許所有者は特に優遇します。」「優遇措置」(反)冷遇・薄遇

厚遇 〔名・スル動サ変〕相手を丁重に扱い、手厚いもてなしをすること。細かい所にまで気を配り、相手に不快感を与えないようにもてなすことを言い、物質的なことだけでなく、精神的な面にも配慮して言う場合に用いることが多い。また、高給、高位でやとうことをも言う。「破格に厚遇されている。」(反)冷遇

礼遇 〔名〕礼儀を尽くして、厚くもてなすこと。「礼遇を受ける。」

類語 知遇・優待

ゆうこう

友好・親善・親睦・懇親

友好 〔名〕友だちとしての仲のよいつきあい。主として、国家間のことに使う。「隣国と友好関係を結ぶ。」

親善 〔名〕互いに親しく交わり、仲よくすること。主として国家間、団体間のことに使う。「日米親善使節団」「親善外交」「親善が深まる。」

親睦 〔名〕親しさを増すために、仕事などの目的を抜きにして、室外・室内の遊びごとや飲食を共にすること。「会員相互の親睦をはかる。」「親睦会」

懇親 〔名〕人びとが互いにうちとけて親睦をはかること。〈親睦〉とほとんど同義のかたい言いかただが、今は、「懇親会」の形で用いることが多い。

類語 友誼・交誼・好誼・親和

ゆうめいだ

有名だ・名高い・著名

有名だ 〔形動〕マスコミなどを通じて、広く世間にその名を知られている様子を言う。人だけでなく、「有名な作品」「有名な古寺」のように、物にも、また、「有名な山」「有名な土地」のように、自然や場所

についても言う。このグループの中では、最も普通に用いる語である。「有名校なので競争率が高い。」 (反)無名だ

名高い（なだかい） 〔形〕 そのことがよく知られている。〈有名だ〉とほぼ同義のやや古風な言いかた。「湯沢温泉は、川端康成の名作『雪国』の舞台として名高い。」

著名だ（ちょめいだ） 〔形動〕 〈有名だ〉より文章語的なかたい言いかたで、「著名の士」「著名な人」のように、おもに人に対して用いる。また、〈有名だ〉〈名高い〉よりも、評価の度合が高いものについて言う。「彼は著名な劇作家だ。」 (転)著名さ(名)

ゆうゆう

悠悠（ゆうゆう）・悠然（ゆうぜん）・のんびり・ゆったり

悠悠（ゆうゆう） 〔タル形動〕 こせこせしないで、落ち着いているさま。また、「悠々間に合う。」のように、ゆとりがある様子の意や、「悠々三千年」のように、ゆったりと長い時間が流れている様子の意にも用いる。「明日は試験だというのに悠々としている。」「悠々自適（勤めなどをやめて引退し、自分の思うままに心静かに日を過ごすこと）」

悠然（ゆうぜん） 〔タル形動〕 〈悠悠〉より、さらに落ち着きはらって、自信に満ちあふれたさまを言う。かたい漢語的な表現。「悠然たる態度」

のんびり 〔副〕 心やからだがゆったりとして、あわてたり心配したりしない様子。また、「のんびりした田園風景」のように、風景などがゆったりしていて、隠やかな様子を言う。

ゆったり 〔副〕 しなければならないことがなく、心が落ち着き、のびのびとした様子。〈のんびり〉は、くつろいでいるさまを客観的に言うことが多いが、〈ゆったり〉は、その様子から自信とか大きさを感じる場合に用いることが多いように思われる。「たまの休暇には温泉にでも行ってゆったりした気分でいたい。」「ゆったりした大人物」また、人の様子以外にものについても使い、十分にゆとりのある状態、きつくない様子にも言う。「大きくゆったりしたソファ」「ゆったりした服」

ゆがむ

ゆがむ・ひずむ・曲（ま）がる

ゆがむ 〔動五〕 歪むと書く。押されたり引っ張られたりして、その物の形が変わる。また、「ゆがんだ根性」のように、心や行いが正しくなくなる意にも用いる。他動詞は〈ゆがめる〉。 (転)ゆがみ(名)

ひずむ 〔動五〕 歪むと書く。物の形が変わっていびつになる。心については言わない。文章語。「精密機械には、わずかなひずみも許されない。」 (転)ひずみ(名)

曲がる（まがる） 〔動五〕 まっすぐでなくなる。〈曲がる〉は、「道が曲がる。」「腰が曲がる。」のように、ものがまっすぐでなくなる状態を客観的に言う。対して、〈ゆがむ〉は、人の表情や性格が、普通の状態と比べて変な方向へねじれ曲がっていることに使う。したがって、常に否定的なニュ

アンスを伴う。また、〈曲がる〉は、物の形だけでなく、性格などがねじれ曲がることにも言う。他動詞は「曲げる」。㊟曲がり(名)

類語 たわむ・ねじれる

ゆずりあう

譲り合う・折り合う・妥協する

譲り合う 〔動五〕互いにへりくだって、相手を立てようとする。「席を譲り合う。」㊟譲り合い(名)

折り合う 〔動五〕「折れ合う」という言いかたもある。意見の対立しているものが、互いに自分の主張の一部を取り下げて、お互いにある線で納得する。〈折り合う〉は、「値段の点で折り合わなかった。」のように、主として金銭的な条件について使うが、〈譲り合う〉は、「席を譲り合う。」「先を譲り合う。」のように、ある権利を、互いに相手に与えようとすることに用いる。㊟折り合い(名)

妥協する 〔動サ変〕対立した状態をなんとかするために、自分の主張や意見をゆずる。文章語。「妥協をはかる。」图妥協

ゆする

揺する・揺すぶる・揺さぶる・揺るがす

揺する 〔動五〕振って動かす。「ふるいをゆする。」「からだを小刻みに揺する。」のように、小さくふるえるように動かす場合に使うことが多い。また、人をおどして無理に金品を出させることにも用いる。㊟揺すり(名)

揺すぶる・揺さぶる 〔動五〕〈揺さぶる〉は、「大木を揺さぶる。」のように、〈揺する〉より、やや動きが大きい場合に用いる。したがって、頭や足を揺り動かす場合には〈揺する〉を用い、体全体を揺り動かす場合には〈揺すぶる〉を用いる。また、〈揺さぶる〉は、「心を揺さぶる。」のように、なんらかのショックを与えて、相手の気持ちを動揺させる意にも用いる。「からだを揺すぶるようにして歩いて来た。」「枝を揺さぶって、木の実を落とす。」㊟揺さぶり(名)

揺るがす 〔動五〕自動詞「揺るぐ」に〈す〉が付いてできた他動詞。「天地を揺るがす。」「世界を揺るがす。」のように、〈揺さぶる〉よりもさらに大きな振動に言う。「戦車部隊が大地を揺るがして通過した。」

ゆたかだ

豊かだ・豊富だ・潤沢だ

豊かだ 〔形動〕十分満ち足りている上に、まだゆとりがあるさま。経済的な面だけでなく、「古代人の豊かな精神生活」のように、肉体面・精神面やもの・場所についても用いる。㊎乏しい、㊟豊かさ(名)

豊富だ 〔形動〕財産や物資など、おもに物質的な面の豊かなさまを言い、〈豊かだ〉よりも

意味が狭い。文章語。「ミカンが豊富にある。」 反 貧弱だ、転 豊富さ（名）

潤沢だ（じゅんたくだ） 〔形動〕 物質的・金銭的に豊かなさま。かなり使ってもまだ余分があるということに意味の重点がある。「潤沢な資金」

類語 豊満だ・豊潤だ

ゆだん

油断・ぬかり・手抜かり

油断（ゆだん） 〔名・スル動サ変〕 気を許して、必要な注意を怠ること。自分のことにも使うが、「なかなかのやりてだから油断がならない。」のように、人の能力や勢力、行動などに対して使うことが多い。

ぬかり 〔名〕 肝心な注意が抜けていること。ほとんど、「ぬかりない」「ぬかりがない」の言いかたで用いる。「その点はぬかりないさ。」 動 ぬかる

手抜かり（てぬかり） 〔名〕 必要な処置や手段のどこかに、不注意による欠陥や不十分な点があること。手落ち。自分がやるべき仕事について、不注意による欠陥や不十分な点があることを言う場合に用いる。「計画に思わぬ手抜かりがあった。」

類語 等閑・なおざり・上の空

ゆめ

夢・夢路・夢ごこち・夢見ごこち

夢（ゆめ） 〔名〕 眠っているときに、実際にいろいろなことを自分が見たり経験したりしたように感じる現象。また、「新婚の夢」「夢を描く」のように、美しく、はかないことや、実現しそうもないが、美しい理想として描いている事柄にも言う。 反 現 ⇩夢見る

夢路（ゆめじ） 〔名〕 夢を見続けることを、道を行くのにたとえた言いかた。雅語的な表現で、「夢路をたどる。」の言いかたで用いるのが普通である。

夢ごこち・夢見ごこち（ゆめごこち・ゆめみごこち） 〔名〕 夢を見ているような、ぼんやりした、または、うっとりとした心持ち。信じられないほどの幸福にぼうっとしてしまった状態について言うことが多い。「花嫁は、夢見ごこちでうなずいた。」

類語 夢うつつ・幻

ゆらい

由来・来歴・沿革

由来（ゆらい） 〔名・スル動サ変・副〕 ある物事が今までたどってきた、その経過。また、どうしてそうなったかという事情の筋道。「由来、日本は自然の美しいことで知られている。」のように副詞としても用い、もともとの意を表わす。「由来をたずねる。」

来歴（らいれき） 〔名〕 ある物事が今までたどってきた、その歴史。〈由来〉とほとんど同義だが、かたい文章語。「故事来歴」

沿革（えんかく） 〔名〕 物事の移り変わり。歴史。学校や会社などのような組織体の移り変わりについて使うことが多い。「母校の沿革を語る。」

類語 いわれ・由緒・縁起

ゆるす

許(ゆる)す・勘弁(かんべん)する・容赦(ようしゃ)する

許(ゆる)す　〔動五〕①道徳や法律に反する行動や失敗を、とがめないことにする。また、義務・負担などを免除することにも言う。「差押えだけは許してほしい。」②願いを聞き入れて、そのとおりにさせる。「入学を許す。」③してもよい、差しつかえのないと認める。「自由行動を許す。」④認める。「優等生であることを自他ともに許す。」⑤相手を信用して、必要な警戒を怠る。緊張をとく。「気を許す。」　転 許し(名)

勘弁(かんべん)する　〔動サ変〕他人の過失などを無理もないとして許す。〈許す〉の①とほぼ同義だが、やや古風な言いかた。　名 勘弁

容赦(ようしゃ)する　〔動サ変〕用捨とも書く。相手の過ちや罪などを許してとがめない。また、「情け容赦のない仕打ちだ。」のように、相手の事情などを考えて手加減することの意にも用いる。〈容赦する〉は、「不行届きの点はご容赦ください。」のように相手に許しを請う場合に用いることが多い。改まった言いかた。

類語 寛恕(かんじょ)する・許容(きょよう)する

ゆるむ

緩(ゆる)む・たるむ

緩(ゆる)む　〔動五〕弛むとも書く。他動詞は「緩める」。ぴんと張っていたもの、かたく締っていたもの、緊張していたものなどが、緩やかになる。ものだけでなく、広く、自然現象や心の状態、規律などについても使う。たとえば、「寒さが緩む。」「国際緊張が緩む。」「心の緊張が緩む。」など。　反 締まる(名)、転 緩み(名)

たるむ　〔動五〕弛むと書く。ぴんと張っていたものが、ゆるんで下にたれさがる。〈たるむ〉は、「腹がたるむ。」「たるんだ頰」のように、人のからだについても使うが、〈緩む〉は使わない。また、〈緩む〉は、「ねじが緩む。」「たがが緩む。」のように、中のものが小さくなったりしたために、緩くなることを言うが、〈たるむ〉は、「ひもがたるむ。」のように締めるのに使うものが緩くなることに使う。〈たるむ〉は、心が緩むことにも言うが、その場合は、「君は近ごろ少したるんでいるぞ。」のように、マイナスの評価が与えられることを表わす。　転 たるみ(名)

類語 弛緩(しかん)する・だれる・だらける

ゆれる

揺(ゆ)れる・揺(ゆ)らぐ・揺(ゆ)るぐ

揺(ゆ)れる　〔動下一〕不安定な状態になって、前後、左右、上下に揺れ動く。「船が揺れる。」「地面が揺れる。」のように、具体的なものについても言うが、「考えが揺れる。」「揺れる日本語」「心理が微妙に揺れる。」のように、抽象的な内容の事柄についても使う。　転 揺れ(名)

揺(ゆ)らぐ　〔動五〕かたい文章語的な用語。①旗や炎など軽いものがゆらゆら揺れ動く。「風に揺らぐ。」②土台や家屋など重量感のあ

るものがぐらぐら揺れて不安定な状態になる。自信や信念など精神的なものが不安定な状態になる。〈揺れる〉は、不安定な状態になって、前後、左右に揺れ動くことを客観的に言うが、〈揺らぐ〉は、決定的な打撃を受けたりして、あるものの存立が危うくなることを表わす場合に使うことが多い。「信念が揺らぐ。」「基盤が揺らぐ。」「信頼が揺らぐ。」

揺るぐ　〔動五〕〈揺らぐ〉の②とほぼ同義だが、慣用上、「信念が揺らぐ」とは言うが、「揺るぎない基礎を固める。」のような場合には、「揺るぎない」を用いて「揺らぎない」とは言わない。また、〈揺るぐ〉は、「信念が揺るぐ。」「価値感が揺るぐ。」のように、精神的なものについて使うことが多い。古風な言いかた。　[転]揺るぎ(名)

[類語] ゆらめく・ゆらゆらする・動揺する・振動する

よ

よあけ

夜明け・明け方・未明・暁・あけぼの

夜明け　〔名〕朝、太陽が昇り、戸外が明るくなること。また、その時刻。「夜明けを待って出発することにしよう。」　[反]日暮れ

明け方　〔名〕夜が明けようとするところで、まだ明るくなりきっていないころを言う。〈夜明け〉は「夜明けが遅い。」「夜明けが美しい。」のように、夜が明けること、また、そのときの状態を表わすこともあるが、〈明け方〉は、純粋に時間を言う。「明け方は寒い。」　[反]暮れ方

未明　〔名〕夜がまだ明けきらないころ。〈明け方〉よりも、さらに少し早い時分を言う。かなりかたい文章語。「未明に出発した。」

暁　〔名〕〈夜明け〉の意の雅語的表現。今は、あまり使わず、比喩的用法で、ある事が実現したときの意味によく使う。「成功（当選）のあかつきには……」

あけぼの　〔名〕曙と書く。夜がほのぼのと明けそめるころ。〈夜明け〉の意の雅語的な用語。〈暁〉や〈明け方〉と指す時間は変わらないが、〈あけぼの〉は、「春はあけぼの」のように、うららかな春の場合に言うことが多く、〈暁〉〈明け方〉は、季節に関係なく使う。また、「文明のあけぼの」のように、望ましいものの始まる時期を表わす場合にも使う。

[類語] 早暁・払暁・有り明け・しののめ

よい

良い・いい・よろしい

良い　〔形〕かな書きにするのが一般的であるが、そのほかに、善い、好い、佳い、吉い、可いな

どの漢字を当てることがある。①優れている、美しい、正しいなど、高く評価されることに言う。「彼は頭がよい。」「景色がよい。」「よいと信ずることを行え。」②適当である、十分であるの意。「この答えでよい。」③好ましい状況、好都合であること。「よかった。間に合って。」④めでたい。「よいお日柄」⑤同意、承諾の意を表わす。「もう帰っていいよ。」⑥動詞の連用形について、「……しやすい」の意を表わす。「書きよいペン」[反]悪い・～しにくい、[転]良さ(名)

いい　〔形〕〈よい〉の話しことばの形。ただし、終止形と連体形に限られる。「頭がいい。」「景色がいい。」などのように、〈よい〉を〈いい〉と言い換えても不自然な例はほとんどない。むしろ、話しことばでは、〈いい〉の方が一般的である。ただし、〈いい〉は、「しくじっていい気味だ。」「いい年をしてみっともない。」「おれにはいい迷惑だ。」のように、皮肉な調子で、むしろ相手を非難する気持ちを込めて使うことがあるが、〈よい〉を皮肉な調子で使うことは少ない。また、相手をやじるようなとき、「いいぞ、いいぞ。」とは言うが、「よいぞ、よいぞ。」とは言わない。上の〈よい〉の番号順に用例を示す。①「いい腕前だ。」②「あのへんにいい家でもあればいいがと思った。」③「あの大学に受かるといいが。」④「今日はいい日だ。」⑤「先に行ってもいいよ。」⑥「糖衣錠はのみいい薬だ。」

よろしい　〔形〕宜しいと書く。〈いい〉の意の改まった言いかた。「そちらのご都合さえよろしければ……」「これでよろしい。」「ご病気は、もうおよろしいのですか。」また、承知した意を表わす場合にも用いる。「よろしい、引き受けました。」「よろしい、万事まかせておきたまえ。」

ようい
用意（ようい）・準備（じゅんび）・支度（したく）

用意（ようい）　〔名・スル動サ変〕①何かをしようとするとき、それに必要な物を前もって整えること。「食事を用意する。」②細かい心くばりをすること、用心の意。「万一に備えて、用意を怠らない。」⇩用意周到

準備（じゅんび）　〔名・スル動サ変〕〈用意〉の①とほぼ同義。「旅行の準備」〈用意〉の②の意味で用いるときには、「心の準備」のような言いかたをする。また、「準備運動」「準備体操」のように、物ではなく、身体の調子を整えておくことにも用いる。

支度（したく）　〔名・スル動サ変〕仕度とも書く。①〈用意〉〈準備〉と同じく、前もって物を整えておくこと。日常的な用語である。「支度がととのう。」②とりわけて、食事の用意や外出の際の服装の準備の意に用いる。「食事の支度」「身支度」

ようきゅう
要求（ようきゅう）・請求（せいきゅう）・要望（ようぼう）・要請（ようせい）

要求（ようきゅう）　〔名・スル動サ変〕必要だとし、また当然の権利だとしてそれを求めること。「出動」などの動作、「食料」などの物、「人材」などの人の、いずれについても言う。

「賃上げの要求」

請求（せいきゅう）〔名・スル動サ変〕 金銭の支払、物品の返却などを要求すること。〈要求〉と比べて、意味がずっと狭い。法令用語では、〈請求〉は、私法上、相手方に一定の行為を要求することを言う。「請求書」「請求額」

要望（ようぼう）〔名・スル動サ変〕 あることをしてほしいと相手に望むこと。〈要求〉のような、当然の権利だとする意識はほとんどない。「ご要望通り実現に努力します。」「要望事項」

要請（ようせい）〔名・スル動サ変〕 筋道を通して申し出て、頼むこと。願い求めること。〈要求〉よりも、低姿勢で頼むという感じが強いが、〈要望〉よりは要求度が強い。私的な事柄にはあまり用いない。「福祉予算の増額を要請する。」

類語 強要（きょうよう）・強請（きょうせい）

ようし

容姿（ようし）・風貌（ふうぼう）・風采（ふうさい）

容姿（ようし）〔名〕 顔かたちとからだつきの両方を指して言う。女性に関して用いることが多い。「容姿端麗」「容貌」「みめ」は、顔かたちだけを言い、からだつきは含まない。

風貌（ふうぼう）〔名〕 身なり・姿・顔かたちなど、全体的に感じられる風姿。外見的な感じだけでなく、その人の人となりや性質なども含めた総合的な感じにも言う。「きりっとした風貌。」

風采（ふうさい）〔名〕 外見的な姿かたち、身なりを言う。「りっぱな風采」というふうにも使うが、マイナスの意味にもよく使い、たとえば「風采の上がらない男」は、小柄で、やせて、身なりもよくなく、豊かな感じのしない人を言う。

ようす

様子（ようす）・模様（もよう）・ありさま・状況（じょうきょう）・状態（じょうたい）・様相（ようそう）

様子（ようす）〔名〕 ①見たり聞いたりすることによって感じとられる物事のありさま、状態、状況。〈状態〉〈状況〉より、柔らかい話しことば的な用語である。「はじめての場所なので様子が分からない。」②人の身なり、姿、または態度。「見すぼらしい様子。」③物事が起こりそうな気配、兆候。「帰りそうな様子。」④特別な事情があるらしいさま。「何か様子ありげな振舞だ。」

模様（もよう）〔名〕 本来は飾りとしての絵や形を意味するが、〈様子〉の①③の意とほぼ同義の語として用いる。〈様子〉〈模様〉は、眼前の場面のある状態について使うだけでなく、「どんな様子でしたか。」「廃止する模様だ。」のように、過去の経緯や、今後の変化を表わす意味用法がある。「明日は荒れ模様だろう。」

ありさま 〔名〕 有様と書く。〈様子〉の①の意とほぼ同義であるが、現に眼前にある具体的な様子を視覚的にとらえる場合に使い、しかもあまりよくない状態に多く用いる。文章語的な言いかた。「来てみればこのありさまだ。」

状況（じょうきょう）〔名〕情況と書くこともある。〈様子〉の意の漢語的表現。〈状態〉とほぼ同義であるが、〈状態〉が物事のある一時点のありさまをとらえるのに対して、〈状況〉は、物事の変化するさまを含めて言うことが多い。「今年の就職状況について報告します。」

状態（じょうたい）〔名〕情態とも書く。〈様子〉の①の意とほぼ同義。

〈状況〉ともほぼ同義で、どちらもかたい文章語であるが、〈状況〉のところで記したように、若干ニュアンスの違いがある。また、「状況判断」「健康状態」のように、それぞれ慣用的にきまった表現があり、両者を単純に入れ替えるわけにはいかない。

様相（ようそう）〔名〕物事が見せる状態。

また、「波乱含みの様相を呈する。」のように、物事が変化する過程における一つの局面の意にも用いる。その様子から、内面的な変化が感じられる時にも使う。「今回の選挙は、政策論議よりも派閥抗争の様相を呈してきた。」「様相ががらりと変わる。」

類語　気配（けはい）・気色（けしき）・態（てい）

ようだ

ようだ・みたいだ・らしい・そうだ

ようだ　〔助動〕①ある物事が他の何かに似ているという判断を表わす。「蚊のなくような声」「トンボのような眼鏡」②一つの具体的な例を挙げるときに用いる。「針のようなとがったもの」「水泳のような全身運動が望ましい。」③不確実な断定の気持ちを表わす。「ここは通れないようだ。」「これは読んだことがあるような気がする。」④目的を表わす。「相手に伝わるようにうわさを流す。」⑤願望・依頼・注意などの気持ちを表わす。「今度こそ合格しますように。」「少々お待ちくださいますように。」「ころばないようにしろ。」

みたいだ　〔助動〕〈ようだ〉の①②③の意の俗語的な用語。①「あの雲はお母さんの顔みたいだ。」②「乞食みたいなまねをするな。」③「どうも留守みたいだ。」「そうみたいね。」

らしい　〔助動〕〈ようだ〉の③とほぼ同義で、推量・遠回しの断定を表わす。ただし、〈ようだ〉は、〈らしい〉と比べて、推量の根拠の確実性が高い。たとえば、「ゆうべおれは酔っぱらって喧嘩したようだ。」と言う場合は、「喧嘩したこと」を推量する直接的な根拠となる、痣や服のほころびなどのはっきりした証拠が残っているような場合であるが、この文の〈ようだ〉を〈らしい〉に置き換えると、それほどはっきりした証拠がない場合か、人から言われたというような間接的な根拠しかない場合になる。また、〈らしい〉は、〔接尾辞〕として、体言について、いかにもそれにふさわしい感じを備えている様子を表わす。「いかにもアメリカ人らしい。」さらに、やや俗語的な言いかたとして、前の文を受けて、確かにその判断が成立するに違いないということを表わす。「きょうは、彼欠席かな?」「うん、らしいね。」

そうだ　〔助動〕①他から伝え聞いたことを表わす。「午後から雨になるそうだ。」「彼も留学するそうだ。」②推量して現在そういう様子であること、または予想して今にもそうなる様子であることを言う。「今にも降り出しそうな空模様だ。」

よく
欲・欲望・欲求・貪欲

欲（よく）〔名〕慾とも書く。自分のほしいものを自分のものにしたいと思う、自己中心的な気持ち。特に必要以上にほしがる心。ほしがる気持ちの対象が、「物欲」「金銭欲」「食欲」のように、具体的な物である場合によく用いるが、「知識欲」のような使い方もある。「欲が深い。」「食欲」「名誉欲」

欲望（よくぼう）〔名〕自分のものにしたい、不足を満たしたいと願う心。「欲望に目がくらむ。」

欲求（よっきゅう）〔名〕何かを欲しい、したいと思い、強くそれを求めること。〈欲望〉よりも、その求める対象・目的が、はっきりとした具体性を持っている。したがって、「……に対する欲求」「……したいという欲求」のように、上に連体修飾語を伴って用いることが普通である。「欲求不満」

貪欲（どんよく）〔名・ダ形動〕飽くことなく欲望をつのらせ、満足することを知らない様子。金銭欲など具体的な物について欲心をどこまでもつのらせることを言う場合が多いが、「貪欲なまでの知識欲」のように、抽象的な内容の事柄について使うこともある。「胴欲」も同義で、〈貪欲〉の変化したものと言われる。「そんな貪欲な考えでは成功しない。」「きわめて貪欲な男」（転）貪欲さ(名)

類語 欲心・強欲・貪婪

よごす
汚す・けがす

汚す（よごす）〔動五〕きたなくする。物質について使うのがほとんどだが、比喩的には、精神・行動についても言う。「洋服を泥で汚す。」「つら汚し」（転）よごし(名)

けがす〔動五〕汚すと書く。〈よごす〉の文語的な言いかたで、「体面をけがす。」「名誉をけがす。」のように、神聖なもの、美しいもの、大切なものをきたなくし、傷つける場合に使う。多分に精神的・倫理的な使い方をする語で、比喩的な用法を除けば、「手」「服」「本」などのような具体的な物について、〈けがす〉を用いることはない。「末席をけがす。」の言いかたは、下座の席につくこと、また、名誉ある団体の一員であることを謙遜して言う意を表わす。

よこやり
横槍・差出口

横槍（よこやり）〔名〕他人の話し合いや仕事に、わきから口を出して文句をつけること。「横槍を入れる（他人の話や仕事にわきから口を出して、文句をつける）」という慣用句がある。

差出口（さしでぐち）〔名〕出しゃばって、余計なことにまで口を出すこと。文句をつけるという意味合いはない。「そんなに差出口ばかりしていると、人にきらわれるぞ。」

よそう
予想・予測・予見・見込み・見通し

予想（よそう） 〔名・スル動サ変〕 これから先がどんなふうになるか、見当をつけて思い描くこと。また、その内容。「予想を立てる。」「予想通り（予想外）の結果」

予測（よそく） 〔名・スル動サ変〕 これから先がどうなるか、見当をつけること。〈予想〉とほぼ同義だが、〈予測〉の方が将来の推しはかりかたに、やや具体性があり、なんらかの客観的な根拠に基づいて行う場合を言うことが多い。「長期予測」「梅雨明けの日を予測する。」

予見（よけん） 〔名・スル動サ変〕 物事が起きない前に、前もって知ること。〈予想〉も〈予測〉も、物事が確定する前に、結果について見当をつけることを言うので、当然、予想や予測した内容が結果と一致しないことがあるが、〈予見〉は、予想した内容と結果とが一致することを言う場合に使う。〈予測〉よりもさらにかたい文章語。「あれほど政変の多い国の一年後の情勢を予見することは難しい。」「予見のとおりになった。」

見込み（みこみ） 〔名〕 将来そうなることが確実だという予測、予定。「卒業見込証明書」「見込み違い」 動 見込む

見通し（みとおし） 〔名〕 将来に対してかなり確かな予測を立てることの意に用いる。また、〈お見通し〉の形で、他人の心や物事の隠された部分を、正しく判断することの意にも用いる。「隠したって、おれさまにはちゃんとお見通しさ。」〈見込み〉も〈見通し〉も、将来に対する予測ということでは同じだが、〈見込み〉には、そうなってほしいという期待の気持ちがこめられることが多い。「今後の見通しは非常に明るい。」「見通しが甘い。」 動 見通す

類語 予期・読み・憶測

よそおう
装う・着飾る・めかす

装う（よそおう） 〔動五〕 身なりを美しく整える。「美しく装う。」また、本当はそうでないのに、そのように見せかける意に用いる。文章語。「平気を装う。」 名 装い

着飾る（きかざる） 〔動五〕 美しい、あるいは人目につくような派手な着物を着て、外見を飾る。〈着飾る〉は、人目を引くような盛装をすることに使い、「平気を装う。」のように、実際は違うのに、一見そのように見せかけるの意に用いることはない。「いつものように着飾っていた。」

めかす 〔動五〕 着飾り、化粧して美しく見せる。「お」をつけて、「おめかしをする。」のように名詞として用いることも多い。「きょうはずいぶんめかしてるじゃないか。」 転 おめかし(名) ⇩めかしこむ

類語 しゃれる・扮する

よそよそしい
よそよそしい・そっけない・すげない・水臭い

よそよそしい　〔形〕余所余所しい、と書く。もと もと親しい間柄であるのに、あたかも無関係であるかのように冷淡に振舞う様子。「よそよそしい態度。」㊇よそよそしさ(名)

そっけない　〔形〕素っ気ない、または卒気ないと書く。相手の気持ちを無視し、冷淡で、とりつくしまもないような態度をとるさま。〈そっけない〉は、もともと親しい間柄にあるという条件を特に必要としない。また、「味もそっけもない」と言うと、何のおもしろみも味わいもない意を表わす。「そっけない返事。」㊇そっけなさ(名)

すげない　〔形〕素気ないと書く。愛想がなくて、ぶっきらぼうだ。思いやりがなくて冷たい。〈そっけない〉とほとんど同義であるが、やや古風な言いかた。「すげなくことわる。」㊇すげなさ(名)

水臭い（みずくさい）　〔形〕もともとは食物の味が薄く、水っぽいことを言うが、親しい間柄なのによそよそしくするさまにも使う。〈よそよそしい〉は冷たい態度について言うが、〈水臭い〉は、何か含むところがあって、相手を隔てるような態度について使う。「兄弟分じゃないか、水臭いことを言うなよ。」㊇水臭さ(名)

よふかし

夜更（よ ふ）かし・夜明（よ あ）かし・徹夜（てつ や）・夜通（よ どお）し

夜更（よ ふ）かし　〔名・スル動サ変〕夜遅くまで起きていること。「夜ふかしが体にはいちばんいけないんだ。」

夜明（よ あ）かし　〔名・スル動サ変〕一晩中眠らずに、夜明けまで起きていること。「夜明かしで遊ぶ。」

徹夜（てつや）　〔名・スル動サ変〕〈夜明かし〉の意の漢語的表現であるが、ぼんやり一晩を過ごすのではなく、何かを精力的にするときに用いることが多い。「さあ、徹夜で頑張るぞ。」

夜通（よ どお）し　〔副〕夜の間ずっと。一晩じゅうずっと続けて。〈夜明かし〉は、夜明けまで起きていることに意味の重点があるが、〈夜通し〉は、一晩じゅうずっと続けて何かをする（される）ことに意味の重点がある。「ゆうべは夜通し子供の看病をした。」

よむ

読（よ）む・ひもとく

読（よ）む　〔動五〕①文字で書いたことばを声に出しながらたどっていく。「読んで聞かせる。」「経を読む。」②文字で書いたことばや図表、記号などを見て、その意味を理解する。「小説を読む。」「新聞を読む。」③数える意にも用いる。「票を読む。」「目盛を読む。」「さばを読む。」④表に現れた事柄から、中に含まれた意味を推察する。「顔色を読む。」「手のうちを読む。」⑤歌や俳句を作る。この意味で用いる場合は、普通、〈詠む〉と書く。「和歌を詠む。」「花を詠む。」㊇読み(名)

ひもとく　〔動五〕繙くと書く。〈ひもどく〉とも言い、本を広げて読むことを言う。もともと巻物や帙のひもを解く意を表わした。〈読む〉の③以下の意味用法は、〈ひもとく〉にはない。また、〈ひもとく〉は、本についてだけ使い、図表や新聞などについては用いない。「文学書をひもとく。」

よる
夜（よる）・夜間（やかん）・夜分（やぶん）・夜中（よなか）・夜半（やはん）

夜（よる）　〔名〕日が暮れてから翌朝明るくなるまでの暗い間。「夜のとばりがおりる。」〈夜〉は、〈よ〉〈や〉とも読む。「雨が夜（よ）を徹して降りつづいた。」〈や〉と読む場合には、右のように単独で用いることはなく、「一夜」「昼夜」「夜雨」「夜曲」のように造語成分として用いる。㊛昼

夜間（やかん）　〔名〕「夜の間」の意の漢語的表現。「夜間受付」「夜間営業」㊛昼間

夜分（やぶん）　〔名〕夜の時分の意味で、夜、夜中、夜半などを含むかなり大まかな言いかた。夜遅く。丁寧な会話表現において、副詞的に用いることが多い。「夜分は家にいます。」

夜中（よなか）　夜の半ば。夜のまっ盛りの時分。「真夜中」〈やちゅう〉と音読した場合は、漢語的表現で、〈夜分〉もほぼ同義に用いる。

夜半（やはん）　〔名〕〈夜中〉とほぼ同義であるが、文語的な言いかたである。「夜半来の雨が降り続く。」〈よわ〉と読む場合は、雅語的な表現となる。

よる
縒（よ）る・よじる・ねじる・ひねる

縒る（よる）　〔動五〕撚るとも書く。他動詞。糸・縄・綱などを作るときに、繊維性の細いものをねじって互いにからませること。「糸をよる。」「糸によりをかける。」という基本義だけでなく、「腕によりをかける。」「夫婦のよりを戻す。」のような比喩的用法がある。㊟縒り（名）

よじる　〔動五〕捩じると書く。他動詞。無理な力を加えて、よじれた状態にする。「身をよじって笑いこける。」

ねじる　〔動五〕捩じると書く。他動詞。棒状の物の一部分を、ひねったり両端によりをかけるような力を加えたりする。〈よじる〉は、対象物が、からだのように大きいもので、その全体をねじって曲げる場合に用いるが、〈ねじる〉は、普通、棒状の物の一部分をかなり力を入れて無理にひねり曲げることを言う。「水道の栓をねじる。」「手をねじる。」

ひねる　〔動五〕捻る、撚ると書く。①指先でつまんで、ねじって回す。〈ねじる〉よりもさらに軽くて細長い物を、あまり力を入れないで、折り曲げたりしないまま向きが変わるようにする場合に用いる。〈ねじる〉は、腕全体を使って行うが、〈ひねる〉は、指先を使って行うことが多い。②からだの上半身をねじって、向きを変える。「腰をひねる。」③あれこれ考えをめぐらす。「頭をひねる。」「へたな俳句をひねりまわす。」④問題にならないくらいの力の差を見せて、相手を負かす。「軽くひねられ

た。」

よる

よる・基(もと)づく・ちなむ

よる　〔動五〕因る、由る、依る、縁る、拠るなどと書く。①依る、拠ると書く。何かを根拠とする。頼りにする。「憲法による保証」「前例により原案を作成する。」「扶助料による生活」②由ると書く。原因する。手段とする。「交通事故による負傷」「奉仕作業により整備する。」③由る、縁ると書く。関係がある。「事の成否は、今後の努力いかんによる。」④縁ると書く。もたれかかる。「欄干に縁って涙を流す。」

基(もと)づく　〔動五〕あるものを基礎・基本とする。〈よる〉の①の意味に近い。「既定の方針に基づいて行動する。」また、ある事実やとらわれた主観が材料あるいは原因となって、何かが行われることを言う。これは、〈よる〉の②の意味に近いが、〈よる〉が、ほとんど客観的事実について使われるのに対して、〈基づく〉は、「信念に基づいて行動する。」「自分の経験に基づいて判断する。」のように、主観的な判断についても用いる点が異なる。「誤解に基づく喧嘩」

ちなむ　〔動五〕もとを尋ねると、関係・因縁があるとする。「この踊りは、源平合戦にちなむ、由緒あるものです。」

類語 従(したが)う・則(そく)する・のっとる・依拠(いきょ)する

よろこび

喜(よろこ)び・歓喜(かんき)・こおどり・狂喜(きょうき)

喜(よろこ)び　〔名〕歓び、欣び、慶びとも書く。うれしいこと。うれしく思う気持ち。「喜びをかみしめる。」また、「およろこび」の形で、めでたいこと、祝いのことばの意を表わす。「新年のお慶びを申し上げます。」　㊦憂い・悲しみ、㊍喜ぶ

歓喜(かんき)　〔名・スル動サ変〕心がわくわくするような大きな喜び。文章語。〈喜び〉は、うれしく思う程度に幅があるが、〈歓喜〉は、大きな喜びに限って使う。「歓喜に酔う。」

こおどり　〔名・動サ変〕躍り上がって喜ぶ。「こおどりしてよろこぶ。」

狂喜(きょうき)　〔名・スル動サ変〕気が違ったみたいに思われるほど喜ぶこと。〈歓喜〉よりも喜びの程度が大きい。「狂喜乱舞」

類語 喜悦(きえつ)・愉悦(ゆえつ)・満悦(まんえつ)

よろこぶ

喜(よろこ)ぶ・うれしがる・楽(たの)しむ・興(きょう)じる

喜(よろこ)ぶ　〔動五〕悦ぶとも書く。いいことがあって、うれしく思い、心がはずむような思いをする。「勝利の知らせに手をたたいて喜んだ。」「父はたいそう喜んでおりました。」　㊦憂える・悲しむ、㊟喜び(名)

うれしがる　〔動五〕うれしく思う。また、その気持ちをことさら表情や行為に表わす。〈喜ぶ〉は、自分・相手・第三者のい

ずれの行為にも使うが、〈うれしがる〉は、第三者の行為に限って使う。「彼女はひどくうれしがっていた。」

㊎うれしい

楽しむ（たのしむ）　〔動五〕その物の持つよさをしみじみと味わう。「音楽を楽しむ。」また、「ピアノを楽しむ。」「盆栽を楽しむ。」のように、自分の好きなことをする意や、「孫の成長を楽しむ。」のように、その事の早く実現することを、心待ちに待つの意にも用いる。〈喜ぶ〉は、何かよいことがあってうれしく思い、心がはずむような状態になることを言うが、〈楽しむ〉は、対象の持つよさをゆとりを持って味わう気持ちを言うときに使う。また、〈喜ぶ〉は、「貴兄の栄転を知り、喜んでおります。」のように、現在の自分の気持ちを表わす場合に使うが、〈楽しむ〉は、「今は釣りを楽しんでいます。」のように現在の状態を言う場合にも使うとともに、「長年盆栽を楽しんできました。」のように、かなり長期にわたって、その物のよさをしみじみと味わい続ける場合にも用いる。　㊏楽しみ(名)、㊎楽しい

興じる（きょうじる）　〔動上一〕〈興ずる〉は文語的な語形。〈楽しむ〉の漢語的な表現。何かを楽しんでする。興に乗ってする。「娘たちはいかにも楽しそうに笑い興じている。」「かるた取りに打ち興じている。」　㊔興

よわい

弱い（よわい）・弱弱しい（よわよわしい）・かよわい・ひよわだ

弱い（よわい）　〔形〕力・からだ・意志・立場・権限・物などの力や勢いが十分でない。頼りにならない。また、「日ざしが弱い。」のように、はたらきかけが小さい意にも用いる。「意志が弱い。」　㊍強い、㊏弱さ(名)、㊌弱る

弱弱しい（よわよわしい）　〔形〕いかにも弱そうに見えるさま。見るからに弱そうだ。〈弱い〉は、人の意志やからだをはじめとして、自然現象、ものなど、広い範囲の主体について使うが、〈弱弱しい〉は、「弱弱しい声」「弱弱しい眼差し」のように、人のからだにかかわる状態について用いることが多い。　㊏弱弱しさ(名)

かよわい　〔形〕いかにも弱弱しく頼りなさそうに感じられるさま。女や子供の弱くて頼りない状態に対して用いることが多い。「いかにもかよわい女の子だった。」「かよわい女の身で五人の子供を育てた。」　㊏かよわさ(名)

ひよわだ　〔形動〕いかにも弱弱しく、いまにも病気になりそうで、生きる力の乏しいさま。〈かよわい〉は、人間の女や子供に対して用いるが、〈ひよわだ〉は、「ひよわな子供」のように、人間について使うだけでなく、人間以外の小さな動物などについても用いる。　㊏ひよわさ(名)

類語　虚弱（きょじゃく）だ・病弱（びょうじゃく）だ・脆弱（ぜいじゃく）だ

よわき

弱気（よわき）・弱腰（よわごし）・逃（に）げ腰（ごし）

弱気（よわき）　〔名・ダ形動〕どうせ勝ち目はないとあきらめてしま

う、消極的な弱弱しい気持ち。「弱気を出す。」「弱気な人」 [反]強気

弱腰（よわごし）〔名〕相手に対して強い態度に出られず、引っ込み思案であること。〈弱気〉は弱々しい気持ちを客観的に表現する場合に用いるが、〈弱腰〉は相手に対する弱々しい態度を言う。「初めから弱腰ではだめだ。」 [反]強腰

逃げ腰（にげごし）〔名〕逃げ出しそうなかっこうや態度。責任などを逃れようとする場合に使う。「彼は形勢不利と見るとすぐ逃げ腰になる。」

[類語] および腰（ごし）・尻込（しりご）み

よわみ

弱み（よわみ）・ひけ目（め）

弱み（よわみ）〔名〕弱味とも書く。相手ににぎられている弱い点、負い目。「人の弱みにつけこむ。」

[反]強み

ひけ目（め）〔名〕相手に対して自分が劣っていると意識すること。〈ひけ目〉は、相手の実力や様子に対して、自分の方が劣っていると感じるときに抱く自分自身の気持ちを言うが、〈弱み〉は、より客観的に、相手に及ばない、あるいは相手ににぎられている弱点を言う。「ひけ目を感じる。」

[類語] 弱点（じゃくてん）・コンプレックス

ら

らい

来（らい）・明（みょう）・次（じ）

来（らい）〔接頭〕現在の次に来る意。「来週」「来春」また、接尾辞として、過去のある時点から現在に至るまでの意にも用いる。「昨夜来の雨」

明（みょう）〔接頭〕一夜（または年など）明けた次の。〈来〉は日常語で、〈明〉は文章語。〈明〉には、〈明日〉の言いかたがあるが、〈来〉にはない。逆に、〈来〉には〈来週〉の言いかたがあるが、〈明〉にはない。「明朝」「明十日」「明年」「明春」

次（じ）〔接頭〕次の意。「次週公開」「次年度」「次回」また、二番目の意もある。「次男」「次善の策」

[類語] 後（ご）・翌（よく）

らくたん

落胆（らくたん）・気落（きお）ち・拍子抜（ひょうしぬ）け

落胆（らくたん）〔名・スル動サ変〕期待に反した結果のために、がっかりして、元気をなくしてしまうこと。〈気落ち〉の漢語的表現。「大学受験に失敗し、すっかり落胆してしまった。」

気落ち（きおち）〔名・スル動サ変〕張り切っていた気持ちが失敗や期待はずれなどによってしぼんでしまい、気力を失ってしまうこと。〈落胆〉とほぼ同義のくだけた言いかた。「ポチが殺されて、私はすっかり気落ちしてしまった。」

拍子抜け（ひょうしぬけ）〔名・スル動サ変〕勢い込んでいたのに、期待をはずされてがっかりすること。

「相手があまり弱くて、拍子抜けしてしまった。」のように、張り合いがない気持ちについて言い、気力を失う度合はかなり小さい。

類語 失望・力落とし

らんぼう

乱暴・暴行

乱暴　〔名・ダ形動・スル動サ変〕①荒っぽいこと。手荒なこと。「乱暴にとりあつかう。」「乱暴な字」②荒荒しく振舞って、人に迷惑をかけたり、ひどいことをしたりすること。規範や習慣にはずれた無茶で、無暴なことをする。「乱暴をはたらく。」

(反)丁寧、(転)乱暴さ(名)　⇩乱暴者

暴行　〔名・スル動サ変〕乱暴な行い。他人に暴力を加えることを言う。女性への性的暴力という意味で用いることも多い。「暴行を加える。」「いたいけな少女に暴行を加える異常者がふえている。」

類語 凶行・蛮行・狼藉

り

り

理・道理・ことわり

理　〔名〕①原理。②理論。理屈。「理の当然」「理に落ちる。」③事柄の筋道。わけ。「盗人にも三分の理」「理にかなう。」

道理　〔名〕論理的に考えていけば、当然こうなるという筋道。〈理〉の③の意とほぼ同義のややくだけた言いかた。「無理が通れば道理が引っ込む。」また、〈道理で〉は副詞で、なるほどそういうわけだったのかと、原因・理由が分かったときに言う。「中身は本ばっかりだったのか。道理で重いはずだ。」

ことわり　〔名〕理と書く。そうなるべき物事の道理、筋道。〈道理〉とほとんど同義の古風な言いかた。「ことわりなしとしない。」

りえき

利益・もうけ・利潤

利益　〔名〕①都合よく、得になることに言う。「国の利益につながる政策をとる。」②売買などしてもうけた金。「利益をあげる。」

(反)損失

もうけ　〔名〕儲けと書く。もうけること。もうけた金または物。〈利益〉の②とほぼ同義のくだけた言いかた。「金儲け」「大儲け」

動もうける

利潤　〔名〕〈もうけ〉とほぼ同義の文章語で、「利潤を追求する。」のように使う。

りくぞく

陸続・続続・連綿

陸続　〔タル形動〕人馬の往来などが、絶えることなく、ひっきりなしに続くさまを言う。かたい

漢語的表現。「観客が陸続とつめかける。」

続続（ぞくぞく）〔副〕ひっきりなしに次々と。〈陸続〉よりも意味が広く、人だけでなく、物事や事件などにも言う。「続々と集まる。」

連綿（れんめん）〔タル形動〕国や民族の血、伝統などが、長い年月を通して、いつまでも絶えまないさまを言うのが普通だが、「連綿と語る。」のように、長々と話しを続ける場合にも使う。「民族の血は連綿として続いている。」

りこうだ

利口（りこう）だ・賢（かしこ）い・賢明（けんめい）だ・聡明（そうめい）だ・明敏（めいびん）だ・怜利（れいり）だ

利口（りこう）**だ**〔形動〕利巧とも書く。①頭の回転が速くて、口先のうまいこと。頭がよくて、賢いこと。②要領がよく、抜け目のないことにも使う。関東では〈利口だ〉を使うが、関西では、次の〈賢い〉の方をよく用いる。そのため、「賢い動物」と言うよりも「利口な動物」と言う方が、東京人には普通に聞こえる。「さし当っては損なようだが、結局はその方が利口なやり方だ。」（反）馬鹿だ、（転）利口さ(名)　⇩小利口

賢（かしこ）**い**〔形〕頭の働きが優れている。また、「なかなか賢いやりかただ。」のように、要領がいいの意にも用いる。（転）賢さ(名)

賢明（けんめい）**だ**〔形動〕賢いことの漢語的表現で、情勢の判断に明るく、道理にはずれていないことを言う。「賢明な処置」「賢明なやりかた」などのように、方法について使うことが多い。「今回は身を引く方が賢明だろう。」（反）暗愚だ、（転）賢明さ(名)

聡明（そうめい）**だ**〔形動〕理解が広く、また深くて、すべて見通す頭のよさを言う。賢明であることに加えて、人格的に優れているというニュアンスを伴い、「利口に立ち回る。」のように、マイナスのニュアンスで使うことはできない。（転）聡明さ(名)

明敏（めいびん）**だ**〔形動〕頭の働きが鋭く、理解が速いこと。マイナスのニュアンスを伴うことはない。「頭脳明敏なる諸君は、いかなる困難にも判断を誤ることはないであろう。」（転）明敏さ(名)

怜利（れいり）**だ**〔形動〕頭の切れがいいこと。要領のよさなど、方法については言わない。「怜利な目をした子」のように、利口そうな様子についても使う。（転）怜利さ(名)

［類語］利発（りはつ）だ・さとい・小賢（こざか）しい

りゅうこう

流行（りゅうこう）・はやり・ブーム

流行（りゅうこう）〔名・スル動サ変〕ある物事が一時的に世間に広まること。服装、持ち物、歌、ことば、行動、病気などによく用いる。このほか、「流行色」「流行歌」「流行性感冒」など、複合語として用いることも多い。（反）不易

はやり〔名〕流行と書く。〈流行〉とほとんど同義の和語。「はやり歌（うた）」「はやり病（やまい）」「はやり眼（め）」など、複合語も全体が和語表

現となる。㊦すたり、動 はやる

ブーム　〔名〕boom. 急に人気が出て、一時的に流行となった現象を言う。「一時のブームに乗った商売をして失敗した。」「劇画ブーム」

りょう

両(りょう)・双(そう)・ダブル

両(りょう)　〔造語〕二つ。一対になっているものの二つとも。「両方」「両腕」「両親」「両側」「両端」「一挙両得」「水陸両用」

双(そう)　〔造語〕〈両〉と同義だが、文章語であって、〈両〉ほど多くは使わない。「双眼鏡」「日本の将来は、諸君の双肩にかかっている。」

ダブル　〔名〕二人用。また、「ダブルパンチ」のように、二重のの意や、「ダブルの背広」のように、洋服の上着で、前の合わせ目が深く、ボタンが二列についているものの意にも用いる。「ダブルスチール」「ダブルベッド」。日本語動詞化して、〈ダブる〉と言うこともある。落第することにも使う。

りょうど

領土(りょうど)・領地(りょうち)・領分(りょうぶん)

領土(りょうど)　〔名〕国家の主権が及ぶ範囲の土地。「領土を守る。」「北方領土返還運動」

領地(りょうち)　〔名〕昔、貴族や大名などが持っていた土地。広義では、〈領土〉とほとんど同義に用いる。「領地をたまわる。」

領分(りょうぶん)　〔名〕土地に限らず、支配・勢力の及ぶ範囲にも使うが、〈領地〉とほとんど同義にも用いる。「最初からここはぼくの領分だ。」

類語 領域(りょういき)・縄張(なわば)り

りょうよう

療養(りょうよう)・闘病(とうびょう)・養生(ようじょう)

療養(りょうよう)　〔名・スル動サ変〕病気を直すために、からだを休め、手当てをすること。結核など、長い病気の場合に用いる。「結核療養所」

闘病(とうびょう)　〔名〕病人が重病にも負けず、直そうとする強い意志を持って療養に専念すること。「闘病生活」

養生(ようじょう)　〔名・スル動サ変〕①病気にならないように健康に留意し、からだを大切にすること。「医者の不養生」②栄養、環境などに留意して、病気を直すようにつとめること。また、病後、体力の回復をはかることの意にも用いる。「養生のため城崎温泉へ出かけた。」

りょうり

料理(りょうり)・調理(ちょうり)・炊事(すいじ)

料理(りょうり)　〔名・スル動サ変〕①材料を切ったり、火を通したりして、食べられるようにすること。「料理にうでをふるう。」また、こしらえた食べ物。「西洋料理」②困難な仕事を処理したり、人をやっつけたりすること。「あの強敵を何とか料理したいものだ。」「ややこしい仕事をうまく料理する。」

調理（ちょうり）〔名・スル動サ変〕食べ物を料理することであるが、専門用語で、専門家が専門の方法で食べ物をこしらえてみせることに使う。〈料理〉の②の意味は認められない。「調理室」「調理師」

炊事（すいじ）〔名・スル動サ変〕食べ物の煮たきをすること。「主婦の仕事は、炊事、洗濯、育児などが中心となる。」

りょうりつ

両立（りょうりつ）・並立（へいりつ）・並存（へいぞん）・共存（きょうぞん）・鼎立（ていりつ）

両立（りょうりつ）〔名・スル動サ変〕二つのものが同時に成立すること。両方ともうまくいくこと。「勉強と運動」「職業と趣味」のように、一見、相対するように思われる二つの事柄が、両方とも同時にうまくいく場合に使う。「勉強と運動とを両立させる。」

並立（へいりつ）〔名・スル動サ変〕二つ（以上）のものが、互いに他を妨げることなく、ほぼ同等の資格で一緒に並び立つこと。「一国に二つの政府を並立させることは不可能だ。」

並存（へいぞん）〔名・スル動サ変〕〈へいそん〉とも言う。併存とも書く。二つ（以上）のものが、同時にそこに存在すること。〈両立〉〈並立〉は、行為、組織などの具体的なものについて用いることが多いが、〈並存〉は、それ以外に、思想・観念・現象などの抽象的な内容の事柄についても広く用いる。「東西両ドイツの並存」

共存（きょうぞん）〔名・スル動サ変〕〈きょうそん〉とも言う。本来異質のものが、対立したり喧嘩したりしないで、ともに存在すること。「共存共栄」「平和共存」

類語 鼎立（ていりつ）

りろん

理論（りろん）・論理（ろんり）・理路（りろ）・理屈（りくつ）

理論（りろん）〔名〕個々の事象に適用し得るものとして組み立てられた法則的、体系的な仮説。「理論と実際」「理論家」 反 実践 ⇩理

論理（ろんり）〔名〕ものを考え、論証するときの、理にかなった正しい筋道。「論理の飛躍」「論理学」

理路（りろ）〔名〕話や文章、あるいは議論や考えの理に合った筋道。〈理路〉だけで用いることは少なく、「理論整然」という言いかたで用いる。

類語 筋（すじ）・筋道（すじみち）・条理（じょうり）・つじつま

りんじゅう

臨終（りんじゅう）・いまわ・末期（まつご）・最期（さいご）

臨終（りんじゅう）〔名〕人の生命が今終わろうとする間際。「御臨終です。」

いまわ〔名〕死にかかっていること。〈臨終〉とほぼ同義の和語で、やや古風な言いかた。「いまわのきわ」という慣用句で用いる。

末期（まつご）〔名〕人の一生が終わるときを言う。〈臨終〉は、最も一般的な用語で、〈末期〉はその雅

語的用語。「末期の水」は、「死に水」の意の美的表現である。

最期（さいご）〔名〕生命あるものの死に際を言うが、民族や国家などの滅びるときにも使う。「ポンペイの最期」

る

るいじ
類似（るいじ）・相似（そうじ）・近似（きんじ）

類似（るいじ）〔名・スル動サ変〕二つ以上のものの間に共通点があり、同類と思われるほど、よく似かよっていること。「類似品」「私はできるだけ過去に類似の状況を探してみた。」

相似（そうじ）〔名〕形や性質などが、そっくり写したようによく似ていること。また、「相似形」のように、大きさは違うが、同じ図形であることの意にも用いる。

近似（きんじ）〔名・スル動サ変〕ほとんど差がないほど、よく似かよっていること。「近似値（真の値に近い数値を言う）」

類語 酷似（こくじ）・空似（そらに）

るす
留守（るす）・不在（ふざい）

留守（るす）〔名〕①主人や家人の外出中、その家の番をすること。また、その人。「留守居」「留守番」と同義。「留守を頼んで外出する。」②外出して家にいないこと。「留守にする。」③転じて、他のことに気をとられて、すべきことをしないでほうっておくこと。「手もとがお留守になる。」

不在（ふざい）〔名〕いるべき所にいないこと。〈留守〉の②の意とほぼ同義だが、〈不在〉は、「不在者投票」のように、ある地点にいないことや、「国民不在の政治」のように、抽象的な内容にも用い、意味が広い。「社長が不在なので、何ともお答えできません。」「不在地主」 反 在宅

れ

れい
例（れい）・ケース

例（れい）〔名〕①「実例」の〈例〉で、実際にあった事柄の意。「いまだかつて例のない事件だ。」②「通例」「例外」の〈例〉で、以前から同じようなことがあって、それが普通のこととされていること。③「例年」「例会」「定例」の〈例〉で、いつもそうであることの意。④「先例」「凡例」「悪例」の例で、手本、標準とされる事柄の意。⑤「用例」「事例」「例証」の〈例〉で、証拠として示す事柄の意。⑥お互いが、すでに知っている事柄を示す。また、互いに知っていることをはっきり言うのを避ける場合にも用いる。「例の場所で会おう。」

ケース　〔名〕 case. 実際に起こった、または起こりうる、個々の出来事。場合。〈例〉の①とほぼ同義であるが、「いまだかつて例のないケースだ。」のような言いかたもする。

れいこくだ

冷酷だ・残酷だ・残忍だ・残虐だ・むごい

冷酷だ　〔形動〕 冷淡で思いやりのない、ひどい態度・状態を言う。「あいつは、もともと冷酷な男さ。」 ㊞冷酷さ(名)

残酷だ　〔形動〕 人を痛いめに合わせ、苦しませても平気な態度・様子。〈冷酷だ〉は、人に対する仕打ちについて言うが、〈残酷だ〉は、人だけでなく動物に対しても言う。また、〈残酷だ〉は、相手に対するひどい仕打ちの程度が、〈冷酷だ〉よりも強い。「どんな残酷なことにも耐えてみせる。」 ㊞残酷さ(名)

残忍だ　〔形動〕 普通の人では正視できないようなひどいことを平気でする性質・様子。「あの犯人には、常識では考えられない残忍性がある。」 ㊞残忍さ(名)

残虐だ　〔形動〕 むごたらしいほどの、殺傷のありさま。〈残忍だ〉は性質についても言うが、〈残虐だ〉は、もっぱら行為に用いる。「残虐な行為」 ㊞残虐さ(名)

むごい　〔形〕 ①目をそむけたくなるほど、ひどくいたましいさま。義憤を感じる気持ちを含むニュアンスがある。②思いやりの心がなくて、やりかたが残酷なこと。「それでは、あまりにむごい仕打ちではないか。」 ㊞むごさ(名)

れいしょう

冷笑・せせら笑い・薄笑い

冷笑　〔名・スル動サ変〕 さげすんで笑うこと。相手をばかにした、冷たい感じの笑い。人の行為や発言の内容に対して使うことが多い。「冷笑をあびせる。」「冷笑を浮かべる。」

せせら笑い　〔名〕 人を軽蔑し、ばかにした笑い。〈冷笑〉とほぼ同義の和語。「あいつのせせら笑いが気になる。」 ㊍せせら笑う

薄笑い　〔名〕 〈うすらわらい〉とも言う。人をばかにしたような、ニヤッとした笑い。声を出さずに、ちょっと口をゆがめてかすかに笑う場合を言う。〈せせら笑い〉は、声を出して笑うが、〈薄笑い〉は、声を出さずに笑う場合に使う。「思わず薄笑いをもらす。」

れんしゅう

練習・稽古・訓練・習練・鍛練

練習　〔名・スル動サ変〕 運動・技術・芸事などを身につけるために何度もやってみること。「練習にはげむ。」

訓練　〔名・スル動サ変〕 決められたとおり正確に実践できるように、繰り返し練習させること。〈練習〉も、運動・技術・芸事など、

特定の目的をかかげて行うものであるが、〈訓練〉の場合は、その目的がさらに具体的に限定される場合が多い。また、〈練習〉は、達成度がそれほど厳しく問題にされないが、〈訓練〉は、ほぼ完全に身につけることが要求されるような感じが強い。また、〈練習〉は、一人で行う場合にも使うが、〈訓練〉は、おおぜいの人が行う場合に言うことが多い。「訓練をつむ。」「職業訓練」

習練（しゅうれん）〔名・スル動サ変〕練習を重ね、努力して、精神や技術を鍛え上げること。技術中心に言う。「スポーツを人間形成に役立てるためには、技術の習練だけでなく、精神面の指導が重要である。」

鍛練（たんれん）〔名・スル動サ変〕金属を打ち鍛えることから、体力や精神力を厳しく鍛え上げることを言う。「心身の鍛練」

類語 稽古（けいこ）・修練（しゅうれん）・練磨（れんま）

れんぼ

恋慕（れんぼ）・愛慕（あいぼ）・思慕（しぼ）

恋慕（れんぼ）〔名・スル動サ変〕異性を恋い慕うこと。「恋慕の情を抱く。」「横恋慕」

愛慕（あいぼ）〔名・スル動サ変〕〈恋慕〉とほぼ同義。深く愛し慕うこと。愛する対象は、おもに異性であるが、異性だけに限らない。かたい文章語。「愛慕の情を抱く。」

思慕（しぼ）〔名・スル動サ変〕ひそかに思いを寄せ、慕わしく思うこと。〈恋慕〉よりも慕わしく思う度合が弱く、多少隔たりのある人に対して用いることが多い。「やみがたきは亡き妻への思慕の情」

ろ

ろうこうだ

老巧（ろうこう）だ・老練（ろうれん）だ・老獪（ろうかい）だ

老巧だ（ろうこう）〔形動〕万事にぬかりがないさまを言う。「老巧なプレーで若手を翻弄する。」(反)稚拙だ、(転)老巧さ(名)

老練だ（ろうれん）〔形動〕経験豊かで、どのような状況にも、うまく対応できる熟達した技術や能力を備えているさまを言う。〈老巧だ〉とほとんど同義であるが、〈老巧だ〉は、前もって隅ずみまで配慮がいき届いている場合を言い、〈老練だ〉は、何かの事態・状況に対応する際の技術が優れている場合に使うことが多い。「ますます老練になる。」

老獪だ（ろうかい）〔形動〕経験を積んで、悪賢く、抜け目がないさま。「老獪な手口」のように、常に悪い意味に用いる。(転)老獪さ(名)

ろうどう

労働（ろうどう）・勤労（きんろう）・仕事（しごと）

労働（ろうどう）〔名・スル動サ変〕賃金や利益を得るために、からだや頭を使って働くこと。「無理な労働はからだをこわす。」「重労働」「肉体労働」「精神労働」

勤労（きんろう）〔名・スル動サ変〕職務としての仕事をすること。自分のつとめとして働くこと。〈労働〉よりもやや古風な感じのする用語である。「勤労精神」「勤労感謝の日」

仕事（しごと）〔名〕からだや頭を使って働くこと。〈労働〉は、賃金を得るために、どこかに勤めて自分以外の人と一緒に働く場合を言うことが多いが、〈仕事〉は、一人で行う場合や、賃金を得ることを目的としない場合も含み、また、職種を意味することもあって、このグループの中では、意味が最も広い。また、職務の意もある。「お仕事は何をしていらっしゃるのですか。」「自分の仕事には責任をもて。」

ろうひ

浪費（ろうひ）・濫費（らんぴ）・無駄使い（むだづかい）

浪費（ろうひ）〔名・スル動サ変〕金銭、物品、時間、精力などを、不必要なこと、役に立たないことに使うこと。「精力を浪費する。」「時間の浪費」 反倹約

濫費（らんぴ）〔名・スル動サ変〕金銭や物品などを、無計画に、無駄なことにまでたくさん使うこと。時間や精力については用いない。かたい文章語。「決算前になると予算を残すまいとして、濫費する傾向がある。」

無駄使い（むだづかい）〔名・スル動サ変〕無駄遣いとも書く。金銭や物を役に立たないことに使うことを言い、精力や時間については使わない。〈浪費〉はかたい文章語だが、〈無駄使い〉は、たとえば、子供などに向かって「無駄使いしてはだめよ。」のように言い、ややくだけた言いかたとして用いる。「無駄遣いさえしなければ、仕送りだけで足りるはずだ。」

類語 空費（くうひ）・散財（さんざい）

ろくに

ろくに・ろくろく・めったに

ろくに〔副〕あとに打ち消しのことばを伴って、「十分…しない」の意を表わす。「ほとんど見もしない。」と言うと、全くと言っていいほど見ることをしようとしないことを表わすが、「ろくに見もしない。」と言うと、見ることは見るのだが、ちょっと見るだけで熱心に見たり時間をかけて見たりしないことを言う。また、「ろくに話も聞いてくれない。」のように、こちらの期待が裏切られた腹立ちや不服など、相手に対する批判の気持ちがこめられる。このことばは、打ち消しの言いかたにしか使わない。

ろくろく〔副〕〈ろくに〉とほとんど同義だが、〈ろくに〉よりもやや改まった感じを伴う。「仕事もろくろく手につかない。」

めったに〔副〕あとに打ち消しのことばを伴って、「ほとんど…ない」の意を表わす。〈めったに〉は、「忙しくてめったに休めない。」「彼とはめったに会わない。」のように、何かをする回数がきわめて少ないことに使う。

類語 ほとんど・ついぞ・ろくすっぽ

ろてん

露店（ろてん）・夜店（よみせ）・屋台（やたい）

露店（ろてん）〔名〕お祭りや縁日などで、道ばたに簡単な台を置いて物を売る店。「露店もたくさん出ていて、大変なにぎわいだった。」

夜店（よみせ）〔名〕夜、道ばたで物を売る店。露店。〈夜店〉は、夜、道ばたに出している〈露店〉を言うが、〈露店〉には、特に夜昼の区別はない。「ゆかたがけで夜店をひやかして歩く。」

屋台（やたい）〔名〕道ばたで物を売るための屋根のついた台、またその店。移動しやすいように車をつけたものもある。夜、街角で酒や中華そばなどを売るのによく使われているものを指して言う。「屋台ででも一ぱいやるか。」

ろんじゅつ

論述（ろんじゅつ）・陳述（ちんじゅつ）・口述（こうじゅつ）

論述（ろんじゅつ）〔名・スル動サ変〕自分の考えを論理的に述べること、また、述べたもの。〈論述〉は、口頭で述べることと文章で記述することの両方に使う。「君の論述に矛盾はないと思う。」

陳述（ちんじゅつ）〔名・スル動サ変〕意見や考えを口頭で述べることを言う。特に、法廷で事件に関する見解を述べることによく使う。「彼の陳述するところは大体事実に近い。」

口述（こうじゅつ）〔名・スル動サ変〕口で述べること。日常会話での話しかたとは異なり、「口述試験」「口述筆記」のように、文章語的な内容の述べかたを言う。

わ

わかい

若い（わかい）・若若しい（わかわかしい）

若い（わかい）〔形〕①人間で言えば、青年期を言い、一人前になる前の成長期にある。「近ごろの若い者はだらしがない。」②経験が浅く、未熟である。「まだまだ、それでは考えが若すぎる。」③年齢から考えられるよりはるかに元気で、血気盛んな様子である。「気分だけは、まだ若いつもりだ。」④人と比べて、年齢（数字）が少ないこと。「五十五歳の若さで停年退職とはねえ。」「整理番号の若い方から先に受付けます。」(反)老いる、(転)若さ(名)

若若しい（わかわかしい）〔形〕いかにも若さを感じさせる様子。〈若い〉は、気分や考えかたについても使うが、〈若若しい〉は、いかにも若さを感じさせる外観・様子について言う。(転)若若しさ(名)

わがままだ

わがままだ・気（き）ままだ・勝手（かって）だ

わがままだ〔形動〕我まま（儘）と書く。他人の迷惑などを考えないで、自分の思いどおりに行動し、我意を押し通そうとすること。〈わがままだ〉は、そのような行動をすることが性格的に認められる場合に言うが、後の〈勝手だ〉は、いちいちの行動について使う。したがって、〈勝手に〉は、「歌う」「食べる」「帰る」など具体的な行為を表わす動詞を修飾するが、〈我ままに〉はそういうふうには使えない。「わがまま（なこと）を言うな。」

気(き)**ままだ**　〔形動〕自分の気の向くままに振舞うさま。〈気ままだ〉は、束縛を受けずに振舞うという点では、〈勝手だ〉とほぼ同義だが、〈勝手だ〉が、「手が勝手に動く。」「勝手にしろ。」のように、具体的な行為について使うことが多く、また、自分の気持ちとは無関係な行動についても言うのに対し、〈気ままだ〉は、「気ままな生活」のように抽象的な内容の事柄についても用いる。文章語的な言いかた。[転]気ままさ(名)

勝手(かって)**だ**　〔形動〕他人の都合を無視して、自分本位に行動するさま。具体的な行為について言い、性格一般については言わない。「勝手に帰れ。」また、台所や事情などの意もある。「勝手口」「勝手が違う。」

[類語] 好(す)き勝手(かって)だ・放逸(ほういつ)だ・自分勝手(じぶんかって)だ

わかれ

別(わか)れ・別離(べつり)

別(わか)**れ**　〔名〕一緒だったものが、離れ離れになること。また、その別れ目、別れ際を言う。「別れを惜しむ。」[動]別れる

別離(べつり)　〔名〕〈別れ〉とほぼ同義の漢語的表現。〈別れ〉は、長い別れにも短い別れにも使うが、〈別離〉は、かなり長い別れについてしか使わない。「妻子との別離を悲しむ。」

わく

枠(わく)・外郭(がいかく)・輪郭(りんかく)

枠(わく)　〔名〕物を取り囲むふち。また、ある範囲を示す制限、制約をも言う。「セメントが固まったら、枠をはずす。」

外郭(がいかく)　〔名〕建物など、物の外側の枠。「建物の外郭をこわす。」また、その物の外形を形作る輪郭を言う。「外郭団体」[反]内郭

輪郭(りんかく)　〔名〕物の周囲を形作っている、縁取りの線。「鉛筆で輪郭をとる。」また、物事のあらましを言う。アウトライン。

わけ

訳(わけ)・理由(りゆう)・根拠(こんきょ)

訳(わけ)　〔名〕①なぜそうなるのかという事情・理由。「わけもなく泣き出す。」②事柄やことばなどの内容・意味。「何を言っているのか、わけがわからない。」③物事の道理。当然のこととしてそうなること。はず。「わけを説いて聞かせる。」「そういうわけね。」④「わけはない」は、難しいことはない、簡単だ、容易だの意を表わす。

理由(りゆう)　〔名〕物事がそのようになる（なった）原因・事情。「別に深い理由はない。」また、「かぜ

を理由に欠勤した。」のように、起きた事柄のもとを理屈でつじつまを合わせる場合にも用いる。

根拠（こんきょ）〔名〕 主張や行動などのもととなるたしかな理由、よりどころ。客観的な理由について言う。「推定の根拠を示す。」「合理的な根拠を失う。」

わける
分（わ）ける・仕切（しき）る・くぎる

分（わ）**ける** 〔動下一〕 全体を二つ（以上）にする。たくさんあるものを基準を設定して区別する。「朝鮮半島を三十八度線で南北に分ける。」なお、分類する、分配する、進むための道をあける、仲裁に入るなどの意もある。「金を分ける。」「血を分けた子」「人波を分けて外に出た。」また、勝負ごとで、あいこになることを「星を分ける。」と言う。この分けるは、均等に分け合うこと。「明暗を分ける。」は、人の運命などについて言い、区別をはっきりさせることを表わす。

仕切（しき）**る** 〔動四〕 境をはっきりさせて、いくつかの部分に分ける。〈分ける〉は、事物・現象・財産・国土・人など、多くの対象物について用いるが、〈仕切る〉は、部屋などの、続いている空間について使うことが普通である。「部屋を仕切る。」 ㊕仕切り（名）

くぎる 〔動四〕 区切ると書く。平面上にしきりをつけるだけでなく、文章や仕事などを一まとまりごとに分ける（切れ目をつける）ことにも言う。〈くぎる〉は平面について言い、空間については使わない。「文章を段落にくぎる。」 ㊕くぎり（名）

わざと
わざと・故意（こい）に・ことさら（に）

わざと 〔副〕 自然にそうするのではなく、動作の主体が意識的にそうするさま。「わざと知らん顔をする。」また、しなくてもいいことをするときにも用いる。「わざとひどく突き当たった。」 ⇩わざとらしい

故意（こい）**に** 〔副〕 同義の漢語的表現で、よくない結果になることを知っていながら、そのことを目的として、意識的にするさま。「故意に車をぶつける。」

ことさら（に） 〔副〕 殊更と書く。そうまでしなくてもよいことをするさま。特殊な行動を行うことによって、何らかの反応を期待しているような場合に用いる。この意味用法は、〈わざと〉にも認められる。「ことさら病人らしく振舞う必要もないのに。」

わざわい
災（わざわ）い・災害（さいがい）・災難（さいなん）

災（わざわ）**い** 〔名・スル動サ変〕 禍いとも書く。その人の迷惑になり、不幸になるような悪い事柄。おもに、人間の力では防ぎがたい事柄を言うが、自然の力によるものを天災と言い、人間が原因を作った場合を人災と言う。「口は災いのもと」「自信過剰が

災いして、かえって失敗してしまった。」 (反)福(名)

災害(さいがい) 〔名〕 暴風雨、大火、地震などによる被害を言う。「災害対策本部」

災難(さいなん) 〔名〕 思いがけず降りかかってくる不幸な出来事。

〈災害〉は自然現象に限って使うが、〈災難〉は、車にはねられるとか、人に金を持ち逃げされるとか、あるいは類焼に合うなどの、人間や人工的なものによって引き起こされる不幸な出来事について言う。また、〈災害〉は、多くの人が同時に同じような被害を受ける場合に言うが、〈災難〉は、複数の場合にも個人の場合にも言う。「災難をまぬがれる。」

類語 禍(か)・凶事(きょうじ)・災厄(さいやく)・難(なん)

わずかだ

僅(わず)かだ・僅少(きんしょう)だ・些少(さしょう)だ・ちょっと・ほんの・たった

僅かだ(わずかだ) 〔形動〕 ものや時間、人などの数量、状態の程度などが少しばかりであって、特に問題として取り上げることもないほどであることを表わす。「わずかだが貯金がある。」のように、連体修飾語として用いたり、述語として用いたりすることもあるが、副詞的に用いることがかなり多い。「夕映えの名残りがわずかに残っていた。」なお、語幹「わずか」は、副詞として用いる。「背が高いといっても、わずか三センチの違いじゃないか。」 (反)あまた

僅少だ(きんしょうだ) 〔形動〕 ほんの少し、ごくわずかである意の漢語的表現。「残部僅少」「僅少差」のように、ものや時間がごくわずかであることに使う。

些少だ(さしょうだ) 〔形動〕 〈僅少だ〉とほぼ同義だが、ほんの少しで取るに足らぬという意が加わる。「些少の品ですが、お受け取りください。」のように、自分が差し出す物を謙遜して、改まった調子で言うときに使うことが多い。

ちょっと 〔副〕 一寸、の字を当てる。わずかな時間・分量・程度などを表わす。ほんの少し。ほんのしばらく。おもに、話しことばにおいて用いる。「ちょっと顔を赤くする。」また、あとに打ち消しの言いかたを伴って、「かんたんには……できない」の意を表わす。「町のその後の変わりようは、ちょっと想像もつかない。」

ほんの 〔連体〕 ごくごく、全くの意で、次の語を強める働きがある。「ほんのわずか」「ほんの少し」「ほんの気持ちだけですが、お受け取りください。」

たった 〔副〕 「ただ」の変化した口語的表現で、非常に少ないことを強める言いかた。「たった一人でこんなに持てるものか。」「たったのこれだけか。」

類語 少少(しょうしょう)・ちょっぴり・ごく

わすれ

忘(わす)れ・ど忘(わす)れ・失念(しつねん)

忘れ(わすれ) 〔名〕 おぼえていたことが思いだせなくなること。「一生忘れはしない。」「もの忘れ」

動 忘れる

ど忘れ（わす）　〔名・スル動サ変〕　覚えているはずのことを忘れてしまって、一時的にどうしても思い出せないこと。口語的な言いかた。「ど忘れしてしまって、どうしても思い出せないんだ。」

失念（しつねん）　〔名・スル動サ変〕　忘れることの漢語的表現。一時つい忘れたような場合に使う。年配の人が丁重な言いかたをするときに用いる。「お約束の時間をうっかり失念しておりまして。」

類語　忘却（ぼうきゃく）・物忘れ（ものわすれ）

わたくし

私（わたくし）・わたし・あたくし・あたし・わし・僕（ぼく）・俺（おれ）・自分（じぶん）

私（わたくし）　〔代名〕　一人称代名詞の単数を表わす。自分を指して言うことば。普通に使う〈わたし〉〈僕〉に比べると、標準的で、改まった丁重な言いかた。「わたくしのような者でも、何かのお役に立てようかと存じまして。」なお、「公」の反義語として用いる場合は、個人的の意を表わす。「私事」「私の用件」

わたし　〔代名〕　私と書く。〈わたくし〉よりくだけた言いかたで、最も一般的に用いるが、会話では女性が多用し、男性が使うと、やや改まった言いかたになる。文章に〈私〉と漢字で表記してある場合は、その読みが〈わたくし〉〈わたし〉のいずれであるか判断しかねることが多い。「わたしにまかせてくださいよ。」　(反)あなた

あたくし　〔代名〕　〈わたくし〉のくだけた言いかたであるが、上品さは失われていない。女性が話しことばにおいて用いる。「あたくしのところへもお遊びにいらしてください。」

あたし　〔代名〕　〈わたし〉のくだけた言いかた。女性が話しことばにおいて用いる。「母さん、あたしもう何とも思ってやしないわよ。」

わし　〔代名〕　おもに男性の年配の人が用いる。〈わたし〉より力強さが感じられるが、やや尊大ぶった感じもある。〈俺〉よりは改まった言いかた。「わしにも一杯くれないか。」

僕（ぼく）　〔代名〕　男性の自称として多用されていることば。親しみのある、くだけた言いかたであって、目上の人に対しては使わない方がよいとされている。老人は、あまり用いない。おもに、話しことばにおいて用いる。「ぼく、いくつ？」のように、大人が幼児にむかって年を聞く場合にも使うことがある。　(反)君

俺（おれ）　〔代名〕　男性専用の語で、〈僕〉よりやや乱暴な感じがあるが、力強さも感じられる。目上の人に対しては使わない。「安心しろ。おれがついているから。」　(反)お前

自分（じぶん）　〔名〕　本来は、「自分のことは自分で」のように、自身の意を表わすが、〈私〉と同じく主語にも用いる。かつて、軍隊用語としてよく用いられた。　(反)貴様

類語　手前（てまえ）・我（われ）・こちとら

わらい

笑い・ほほえみ・笑み・微笑・苦笑・苦笑い・あざわらい・嘲笑・失笑

笑い　〔名〕うれしいときに顔の表情をくずしたり、おかしいときに声を立てることを言う。「彼女は花のように笑うのだった。」また、「人の笑いをまねく。」のように冷笑の意にも用いる。　動笑う

ほほえみ　〔名〕頬笑みと書く。声を出さないで、にっこり笑うこと。〈ほほえみ〉は、にっこり笑った表情について言うが、〈笑い〉は、表情だけの場合と声を立てる場合のどちらにも用いる。また、〈ほほえみ〉は、かすかに笑うことに使う。「モナリザのなぞのほほえみ」　動ほほえむ

笑み　〔名〕〈ほほえみ〉とほぼ同義の古風な言いかた。「満面にえみを浮かべる。」　動笑む

微笑　〔名・スル動サ変〕〈ほほえみ〉の意の漢語的表現。「微笑をうかべる。」

苦笑・苦笑い　〔名・スル動サ変〕怒ることも、抗弁することもできないで、やむをえずもらす笑い。失敗したときや、照れ隠しなど、心の中ではとても笑える気分ではない場合にも使う。「苦笑を禁じえない。」「苦笑いを浮かべる。」

あざわらい・嘲笑　〔名〕〔名・スル動サ変〕人の失敗などを喜んで、ばかにして笑うこと。「心ない嘲笑は、人を傷つける。」　動あざわらう

失笑　〔名・スル動サ変〕思わず吹き出してしまうこと。「失笑を買う。」

類語　しのび笑い・せせら笑い・嬌笑・スマイル・薄笑い・薄ら笑い・冷笑

わりに

割に・割合(に)・比較的

割に　〔副〕〈割と〉とも言う。ある基準、予想、またはほかのものと比べてみて程度が大きいことを表わす。比較的。最も普通に用いる語である。「割にいい線いっている。」

割合(に)　〔副・名〕〈割に〉とほぼ同義だが、〈割合〉は、「五人に一人の割合で眼鏡をかけている。」のように、そのものが全体において占める量、または基準となるものに対するそのものの量の多い（少ない）の意を表わす名詞としての用法もある。「割合にきれいな借家だね。」

比較的　〔副〕〈割合（に）〉とほぼ同義で、他と比べてみての意に用いるが、やや改まった、文章語的な表現である。〈割に〉〈割合(に)〉〈比較的〉は、いずれも、ほかのものと比べて程度量がやや大きい場合に使い、肯定的な言いかたである。「比較的しのぎやすい。」

わるい

悪い・よこしまだ

悪い（わる）〔形〕人間として守るべき道徳に背いている状態。「悪いやつ。」「意地が悪い。」また、道徳とは関係なく、「気分が悪い。」「成績が悪い。」「味が悪い。」など、広い主体について用いる。㊞よい・いい、㊕悪がる(動)

よこしまだ〔形動〕邪の字を当てる。道理にはずれていて正しくないさま。悪いことを意識的にしようとする精神状態を言う。「よこしまな考えをもってはならない。」

わるくち

悪口（わるくち）・陰口（かげぐち）・ののしり・悪罵（あくば）

悪口（わるくち）〔名〕ありもしないことをでっちあげたり、事実を拡大したりして、他人を悪く言うこと、またそのことば。「悪口を言う。」「お互いに遠慮のない悪口をたたき合った。」

陰口（かげぐち）〔名〕当人のいないところで、その人の悪口を言うこと。「陰口をたたく。」

ののしり〔名〕罵り、と書く。ひどいことばを使って悪口を言うこと。〈悪口〉は当人の前ではあまり言わないが、〈ののしり〉は当人に向かって言うことも多い。「彼の罵りに対しての憤りはより強くなるばかりであった。」㊍ののしる

悪罵（あくば）〔名・スル動サ変〕口ぎたなくののしることの漢語的表現。当人に向かって直接言う場合にも用いる。「聞くに堪えないような悪罵を浴びせる。」

索　　引

☆この索引は見出し項目，列挙類語，解説文中の関連語形・反義語・転成語などすべてを収録した。

☆解説をつけた語（小見出し）の頁数はボールド体（太字）で示した。

☆類語グループの代表見出し語には語のあとに☆印を付した。

あ

う

え

お

か

き

く

け

さ

す

せ

そ

た

つ

て

と

な

に

ぬ

ね

の

は

ひ

ま

み

め

ゆ

よ

ら

り

る

れ

ろ

わ

編者略歴

磯貝英夫（いそがいひでお）
大正十二年愛知県に生まれる。昭和二十年広島文理科大学卒業。広島大学文学部教授を経て、広島大学・ノートルダム清心女子大学各名誉教授、ふくやま文学館館長を歴任。著書に『昭和文学作家研究』（柳原書店）『森鷗外──明治二十年代を中心に』（明治書院）『文学論と文体論』（明治書院）など。平成二十八年没。

室山敏昭（むろやまとしあき）
昭和十一年鳥取県に生まれる。昭和三十九年広島大学大学院文学研究科博士課程修了。広島大学文学部教授を経て、現在広島大学名誉教授。著書に『方言副詞語彙の基礎的研究』（たたら書房）『地方人の発想法』（文化評論出版）『生活語彙の基礎的研究』（和泉書院）など。

類語活用辞典　新装版

＊本書は、一九八九年に小社から刊行した『類語活用辞典』（四六判）の新装版です。新装に際し、Ａ５判に拡大しています。

二〇二〇年四月二〇日　初版発行
二〇二一年一〇月二〇日　再版発行

編　者　磯貝英夫
　　　　室山敏昭
発行者　大橋信夫
印刷・製本　中央精版印刷株式会社

発行所　株式会社　東京堂出版
東京都千代田区神田神保町一―一七（〒一〇一―〇〇五一）
電話　〇三―三二三三―三七四一

ISBN978-4-490-10916-0
C0581